다시 쓰는
韓國현대사 70년

"역사는 과거 사실들로 구성되지만 나라의 현재와 미래를 향도하는 힘을 가진다. 과거와 현재, 미래는 결코 동떨어진 시공간이 아니다. 과거라는 씨줄에 현재라는 날줄을 엮어 미래라는 이름의 또 다른 과거를 만들어낸다. 영원히 순환하는 역사의 연속성을 역사 이해의 기본으로 삼아야 한다."

다시 쓰는 韓國현대사 70년

ⓒ 박진용, 2019

지은이 & 펴낸이 박진용
제작총괄 이진용
편집·디자인 권영교
초판 1쇄 인쇄 2019년 6월 24일
초판 1쇄 발행 2019년 6월 24일

펴낸곳 (주)아이컴
주소 41965 대구광역시 중구 명륜로 40
전화 053-422-1472
팩스 053-422-1475
등록번호 제 2001-000022호

Printed in Korea
ISBN 979-11-954873-3-2

정가 20,000원
도서구입문의 010-9359-8204

다시 쓰는
韓國현대사 70년

박진용 지음

종속자폐공론에서 자주개방실용으로
북한해방과 한중일 삼국정립鼎立 지향해야

Information & Communication
아이컴

머리말

▎마르크스 독수毒水에 취한 나라

초대 러시아 대통령 옐친은 소련이 와해된 1991년 6월 "마르크스주의의 실험국가가 된 소련은 운이 없었다. 마침내 우리는 마르크스주의를 성공시킬 곳이 세상 어디에도 없다는 것을 입증했다."고 말했다. 20세기 중후반 50년 동안의 자유주의(시장경제)와 공산주의(계획경제)의 체제경쟁은 자유주의의 일방적 승리로 끝났다. 지구상에 남은 공산국가는 이제 중국, 북한, 베트남, 쿠바 등 한 줌에 불과하다. 중국에 이어 베트남, 쿠바까지 사유재산을 공식 인정하고 시장경제를 도입함으로써 경제적 사회주의는 소멸되고 말았다.

한국과 북한은 세계사적 체제경쟁의 축소판이었다. 한국은 1948년 자유민주주의 이념으로 건국 한 이래 50여년 만에 세계 최빈국에서 주요 선진국 대열에 합류했다. 단군 이래 처음 있는 국가 성공의 역사였다. 북한은 공산주의 이념에 세습독재라는 혹을 덧붙여 아프리카 후진국보다 못한 인권과 경제력으로 잔명을 할딱이고 있다. 이런 세계사적 진실에 눈을 감고 있는 21세기의 낮도깨비 같은 나라가 대한민국이다. 죽은 공산주의 이념의 독수에 취해 온갖 환각 증세에서 깨어나지 못하고 있다.
그 원인을 추론해보는 것은 그리 어렵지 않다. 북한의 공산 세습독재 정권은 지난 70년 동안 일관되게 한국의 체제를 전복하기 위해 무력도발, 위장평화 공세, 남한 지하당 구축, 프락치 심기 등 각종 공산혁명전술을 구사해왔다. 거짓말, 폭력 등 수단과 방법을 가리지 않는 공산정권이 안보의식이 해이된 자유민주국가의 정신을 허무는 것은 그리 어려운 일이 아니다. 1950년대 초반의 미국이 그랬다.

북한의 체제전복 기도는 한국의 권위주의라는 배지 위에서 1980년대부터 좌경용공의 흐름을 길러왔다. 좀비화된 좌경이념이 정치, 사회, 노동, 종교, 학술, 언론 등 각 분야를 물들이면서 진보와는 거리가 먼 용공진보가 나타났다. 우리 사회는 거기에 용공을 뺀 소위 진보라는 얼토당토 않는 이름표를 달아줬다. 김대중-노무현 좌파정권의 10년 체제동란(1998-2007)은 북한에 부화뇌동하는 좌경세력이 독버섯처럼 피어나도록 만들었다. 한국에 좌경세력이라는 북한 공산당의 숙주가 없었다면 세계사를 역류하는 이런 해괴망측한 일들이 일어날 수 없었을 것이다.

뻐꾸기 둥지 된 역사 교과서 세계 10대 경제 선진국 대한민국에서 사회주의화에 대한 비판의식을 마비시킨 중대한 요인이 좌경 역사 교과서다. 1980년대부터 역사학계를 장악한 좌경세력은 2002년 대한민국 역사교육을 뒤집는데 성공해 이후 20년 가깝게 좌경용공에 익숙한 세대를 길러냈다.
그 결과 초중고대 좌경 역사 교과서는 대한민국의 정통성과 현대사의 성취를 허무는 대신 북한의 공산당과 세습독재를 슬그머니 그 자리에 앉혔다. 자유사관은 무너지고 21세기의 유령과도 같은 마르크스 종북사관이 대한민국 역사의 주인공이 된 것이다. 2008년 이후의 우파정부들이 이를 바로잡아 보려 했지만 전략 부족에 역부족이었다. 좌경세력의 합법, 비합법을 가리지 않는 방해공작에 가로막혀 뜻을 이루지 못했다.

3기 좌파정부 들어서는 자유민주주의가 민주주의로 뒤집히고 한반도 유일의 합법정부라는 국가 정통성이 폐기되기에 이르렀다. 북한의 수없는 무력도발과 세계 최악의 인권 상황은 교과서에서 삭제키로 해 대한민국이 공산주의 세습폭정의 후원자가 되기로 작정해버린 것이 2018년의 일이다. 그런 현대사 교육이 민족반역자인 김일성·김정일·김정은에 대한 원초적 분노를 마비시키고 있다.

좌경사관의 종속자폐공론 대한민국의 변함없는 국가목표는 주변 강대국들과 어깨를 나란히 하며 국가의 자주와 위상을 지켜나가는 것이다. 역사 서술의 지향 또한 거기서 벗어날 수 없다. 그러나 지금의 좌경 역사 교과서들은 종속, 자폐, 공론으로 세계사적 기적을 이룬 한국현대사를 부정하고 헐뜯기에 바쁘다. 국가의 지주인 자주정신을 제대로 표현하지 못하고 있으며, 한반도가 세상의 모두인 양 자폐적 시야에 갇혀 있고, 공리공론을 대단한 담론으로 착각하고 있다.

이 병증들을 치유하기 위해서는 나라를 바꾸는 것과 같은 길고도 힘든 노력이 요구된다. 먼저 조선조 유가주의, 일제 식민사관, 마르크스 사관의 찌꺼기 종속에서 벗어나야 한다. 한반도 남북에 매몰된 우리 현대사 인식을 세계 차원으로 개방시키는 노력도 필요하다. 국제관계를 벗어난 역사는 물을 떠난 물고기 같은 신세가 될 뿐이다. 지금까지의 역사 서술이 이런 종속과 자폐에 머물렀기 때문에 역사의 담론조차 우리끼리 물고 뜯는 공리공론이 되고 말았다.

한국 현대사의 거목인 이승만·박정희 대통령에 대한 좌경사관의 음해는 종속과 자폐 두 가지 병증이 겹쳐서 일어난 역사 자해극이다. 식민사관과 마르크스 사관에 겹으로 종속돼 한국 현대사를 한반도 내부의 자폐적 시각으로 재단하고 있다. 장기독재와 군사정변이 일상화된 그 시대 후진국에서 이승만, 박정희 같은 지도자를 갖게 된 것이 대한민국의 행운이었다는 사실을 역사 먹칠로 부정하고 있다.

자주개방실용으로의 전환 대한민국이 미래로의 국운을 전진시키기 위해서는 이런 종속자폐공론을 자주, 개방, 실용으로 바꿔주지 않으면 안 된다. 세계에서 가장 불행한 지정학을 가진 나라의 역사라면 강고한 자주정신이 그 바탕에 깔려야 한다. 참담한 과거사를 되풀이하지 않기 위해 세계를 역사 이해의 무대로 삼는 역사의 개방화가 필요하다. 세계사 속의 한국사를 통해 역사의 상관관계, 인과관계를 제대로 이해할 수 있게 해야 한다는 말이다. 소득주도성장, 탈핵과 같은 공리공론을 배격하고 국리민복에 도움이 되는 실용을 역사 서술의 기본으로 삼아야 한다.

박은식, 신채호, 김교헌 등 민족주의 1세대 역사학자들은 1920년대 만주에서 무장독립투쟁을 하며 조선의 해방뿐 아니라 옛 강토인 만주를 수복해 대조선을 건설하겠다는 목표를 세웠다. 이들이 만든 역사책은 우리 역사의 중심 무대를 만주에 두고 요나라, 원나라, 청나라를 한국사로 편입시켜 서술했다. 그 연장선상에서 거란족, 만주족(여진족), 몽고족 등을 배달겨레로 동화시키려는 역사인식을 드러냈다(박은식 2010). 한국이 이런 정도의 자주개방실용 정신을 가져야 중국, 일본과 어깨를 나란히 하는 삼국정립三國鼎立의 꿈을 이룰 수 있을 것이다.

▌책의 구성과 용어, 표기

이 책은 이런 역사인식을 바탕으로 낡고 옹색한 좌경사관을 개방적 자유사관으로 재구성해본 것이다. 좌경사관의 비뚤어지고 왜곡된 사실들을 일일이 지적하는 것은 이미 무의미한 단계가 돼버려 아예 전체 현대사 체계를 새로 제시해보지 않을 수 없었다. 좌경사관의 횡행으로 막다른 골목에 몰린 자유사관의 줄기를 이으려는 노력의 일환이다.

이 책은 서장에서 대한민국 국민들이 공유해야할 역사인식을 짚어보고 최 빈국에서 선진국으로의 도약을 이룬 현대사 70년을 5개의 장으로 나눠 서술했다. 1장은 1940년대까지, 2장은 1950년대(이승만), 3장은 1960, 1970년대(박정희), 4장은 1980, 1990년대(전두환, 노태우, 김영삼), 5장 은 2000, 2010년대(김대중, 노무현, 이명박, 박근혜)를 다뤘다. 전 6개 장에는 역사 사실과 역사 평론(역사 돋보기 외)이 혼재돼 있다. 1~5장의 각 장에서는 한국사에 영향을 미친 그 시대의 국제 흐름을 짚어보고 한국 사를 정치·외교·안보, 경제, 사회, 북한 순으로 정리해 국제사회와 연결 짓고자 했다. 한국의 외환위기, 북한 핵 문제 등은 당대 세계사 흐름에 포 함시켰다.

역사용어가 역사인식의 표현 역사용어의 선택은 워낙 복잡하고 난해한 문 제여서 여러 변이를 수용하지 않을 수 없었다. 현행 역사용어나 외래어표 기법에 구애되지 않고 자주정신에 부합하도록 용어선택을 했다. 역사용어 는 그 자체가 역사 평가의 인식을 반영하는 것이니 만큼 좌경 교과서가 등장 한 7차 교육과정(2002) 이전의 용어로 거슬러 올라간 경우도 없지 않다. 역사 교과서에 널리 쓰이는 유교는 부적절한 것으로 보아 유가주의, 성 리학, 주자학 등으로 썼다. 1945년 8.15는 해방, 1948년 8.15는 건국 또 는 광복이 적합한 것으로 해석했다. 남북의 명칭은 대비가 필요할 때는 남 북, 국가 정통성을 따질 때는 한국과 북한으로 썼다. 4.19는 의거와 혁명, 5.16은 군사정변(쿠데타)과 군사혁명의 중의적 의미를 가진 것으로 봤다.

보수와 진보는 가급적 사용을 자제했고 자유우파(우파), 용공좌파(좌파) 등으로 문맥과 상황에 따라 용어 선택을 달리했다. 영어 용어의 사용은 최 대한 줄였다. ○○게이트, 사람 이름을 앞세운 ○○○법과 같은 미국식 표현 도 지양하는 것이 옳다고 본다.
동아시아 한자 인명과 지명, 기업명, 사건명 등은 외래어 표기원칙에 구애되지 않고 가급적 한글 발음으로 고쳐 썼다. 한자 문화권에서 만큼은 외래어 표기원칙이 아니라 한글 발음을 살리는 것이 자주정신에 부합하는 것으로 생각된다. 한글 발음을 사용하면 대만의 징제스는 장개석蔣介石, 중국의 시진핑은 습근평習近平, 싱가포르의 리콴유는 이광요李光耀, 일본의 아베는 안배安倍, 베트남의 호치민은 호지명胡志明이 된다. 독자들의 이해와 편의를 돕기 위해 習近平시진핑, 安倍아베 식으로 쓰기도 했다. 베트남은 우리와 같은 한자 문화권(단어의 60% 정도가 한자)이나 식민 종주국인 프랑스가 표기법을 알파벳으로 바꿔버려 한자가 퇴출된 상태다. 한글 발음 월남越南과 월맹越盟을 베트남과 베트민으로 읽는다. 한글 발음과 베트남 발음을 편의대로 썼다.

▌ 감사의 말씀

저자는 대한민국 현대사를 두루 겪어본 세대의 일원이다. 초대 대통령 이승만은 큰 할아버지뻘이었고, 박정희 대통령은 아버지 세대였다. 전두환, 노태우, 김영삼, 김대중 대통령은 모두 삼촌이나 큰 형님뻘 되는 사람들이다. 노무현, 이명박 대통령은 작은 형님, 박근혜 대통령은 동년배다. 할아버지 시대부터 동년배 시대까지 다 살고 경험해봤기 때문에 저자가 쓰는 역사는 나름의 이유와 현실성을 가진다고 믿고 싶다.

이 책은 2차 자료를 엮어내는 작업이었으나 생각보다 오랜 시간이 걸렸다. 복잡하고 때로는 상반되는 역사의 사실과 해석들 속에서 합리성과 타당성이 높다고 생각되는 것들을 뽑아 쓰거나 전후 맥락을 봐가며 줄거리를 잡았다. 상당한 실수가 동반됐을 것으로 보인다. 역사 전공자들이 집필진을 구성해 쓰는 역사 교과서들도 책 한 권에 수백 곳의 오류와 상처가 나타나는데(졸저 역사 의병, 한국사를 말한다 참조) 저자 같은 개인 작업에서는 더 말할 나위가 없을 것이다. 역사라는 서술의 특성이 그런 실수들과 오류를 수반하는 것으로 묻어주시기 바란다.

이 책은 기존 자료들을 바탕으로 저자의 인식과 40년 언론경험을 버무려 하나의 새로운 체계, 새로운 역사인식을 만들어낸 것이다. 선행 역사서의 저자들에게 대부분의 지식을 빌려 썼다는 점에서 그분들에 대한 감사를 빠트릴 수 없다. 특별히 거명하고 싶은 몇몇 선생님들에게 일일이 양해와 감사의 뜻을 전하지 못한 것을 아쉽게 생각한다.

여러 가지로 모자란 점들이 많겠지만 우리 역사 서술의 틀을 구축하는 새로운 시도 정도로 이해하고 활용해주었으면 한다. 이 책이 제대로 살피지 못한 내용들은 뜻 있는 분들이 바로잡고 확장시켜줄 것을 기대하고 싶다. 이 책이 있도록 원근에서 성원해주신 분들의 존함을 머리말에 함께 올리고 싶으나 혹 폐가 될까 하여 마음만 밝혀둔다. 저술 작업을 곁에서 묵묵히 지켜봐준 아내와 아들 내외, 그리고 연진이의 응원을 고맙게 생각한다.

2019년 낮도깨비 나라에서
月村 박진용 배상

차례

머리말 _ 4

서장 한국 현대사 서술의 지향　　　　　　　　17

1. 역사 현실주의에 충실해야　　　　　　　　　18
1) 역사에 정의는 있는가?　　2) 종속자폐공론 벗어나야
3) 역사현실과 역사윤리의 조화

2. 국가과제, 좌경사관의 추방　　　　　　　　45
1) 자유민주주의와 공산주의　　2) 현대사 교육의 궤도 이탈
3) 한국사의 지향과 그 장애물

3. 다시 써야할 자폐증 현대사　　　　　　　　67
1) 자유국가인가 공산국가인가　　2) 국가개조 성공한 군사혁명
3) 친일청산에서 일제청산으로

1장 냉전…남북분단과 대한민국 건국　　　　　　　97

1. 공산주의 등장에서 냉전까지　　　　　　　98
1) 러시아 혁명과 공산주의　　2) 2차 세계대전과 동서냉전
3) 냉전 하의 중일과 동아시아

2. 남북 분단과 해방정국의 혼돈　　　　　　　127
1) 소련의 북한 단독정권 수립　　2) 미군정 출범과 남한의 혼돈
3) 미소공위와 좌우합작 정국

3. 파란과 역경 속 대한민국 건국　　　　　　　151
1) 미국의 남한 포기와 유엔 이관　　2) 남로당 도발로 얼룩진 건국
3) 건국 초기 국정과 사회상

2장 북한 6.25 남침과 전후 국가재건　　　　　　　185

1. 미소 냉전이 한반도 열전으로　　　　　　　186
1) 북중소의 모의와 기습 남침　　2) 미국 신속대응과 인천상륙작전
3) 중공군 참전과 전세 역전

2. 정전 협정과 이후의 세계정세　　　　　　　211
1) 불발된 휴전 반대운동　　2) 미중소의 삼각관계 형성
3) 한국전쟁과 일본, 동남아

3. 전후 복구와 국가 기틀 정비　　　　　　　233
1) 여야 개헌 갈등과 반일정책　　2) 전후 경제사회 정책의 시동
3) 북한 1인 독재와 국영경제

3장 군사정부 등장과 산업화의 달성   265

1. 베트남 전쟁과 동아시아의 여진   266
1) 남남내전에서 세계전쟁으로   2) 중소갈등이 부른 중월 전쟁
3) 중일의 문화대혁명과 고도성장

2. 장면 정부 붕괴와 3공화국 성립   287
1) 국정혼란이 부른 군사정변   2) 3공화국 출범과 1차 5개년 계획
3) 2차 5개년 계획과 3선 개헌

3. 유신체제 성립과 산업화의 달성   315
1) 닉슨 독트린과 자주국방 전환   2) 3,4차 경제계획과 개도국 진입
3) 개발시대의 사회상과 생활상   4) 북한의 군사노선과 경제침체

4장 중진국 진입과 자유민주주의 발전   353

1. 소련 개혁개방과 공산진영 붕괴   354
1) 냉전 격화시킨 레이건 독트린   2) 중국과 동남아의 개혁개방
3) 탈냉전 시대 일본의 부침

2. 12.12 군사정변과 5공화국 7년   375
1) 신군부의 등장과 강권통치   2) 북한 도발 속 고도경제성장
3) 6월 항쟁과 1987년 체제 성립

3. 6공화국 성립과 평화적 정권교체   399
1) 노태우 정부 민주화의 명암   2) 김영삼 정부의 경제파탄
3) 중진국 시대의 사회문화상   4) 탈냉전 시대의 남북관계

5장 선진국 도약과 건국이념 훼손 433

1. 21세기 신질서와 동아시아 외환위기 434
1) 테러와의 전쟁과 북핵 사태   2) 중러 패권주의와 관리민주주의
3) 동아시아 외환위기의 파장

2. 좌파정권 교체와 10년 체제동란 457
1) 김대중 정부 제2건국의 지향   2) 노무현 정부의 2차 체제동란
3) 자유우파 정부의 재집권 10년

3. 2000년대 이후의 한국 경제와 사회 483
1) 선진국 진입과 경제동력 저하   2) 국가지향 상실시대의 사회상
3) 북한 3대 세습체제의 파탄

차례 15

1968
다리가 드물어 도선渡船으로 강을 건너던 시절

서장
한국 현대사 서술의 지향

한국현대사는 4400년 민족사에서 큰 성취를 이룬 시기이나 좌경사관의 자해적 이념공세로 구차하고 뒤틀린 모습이 되고 말았다. 대한민국이 선진국 시대에 걸맞은 국가 위상과 진운을 개척하기 위해서는 역사적 개명이 이뤄져야 한다. 거기에 나라의 미래가 있다.

1948년 건국 이후 6차 교육과정까지 50년 동안 대한민국 역사교육은 자유사관에 입각한 서술을 해왔다. 그러나 김대중 정부 말기의 7차 교육과정(2002) 이후 현재까지 20년 가까이 자해적 좌경사관이 역사교육의 주인자리를 꿰차고 있다. 세계사적 흐름을 역행하는 좌경 역사교육으로 대한민국은 훼손되고 북한과 인민대중이 강조되는 주객전도의 상황이 벌어지고 있다.

좌경사관이 대한민국을 공격하는 주요 목표는 이승만, 박정희, 친일파다. 이 세 가지 문제를 집요하게 물고 늘어져 대한민국 역사를 부정하는 근거로 삼고 있다. 이는 한국을 북한, 더 나아가 중국, 일본의 종속국, 아류국, 주변국으로 전락시키려는 기도나 다를 바가 없다. 선의를 버리고 불의를 좇으며, 자주를 버리고 종속을 열망하는 낮도깨비 같은 좀비사관이 아닐 수 없다. 좌경사관의 허구성과 비현실성을 추적해 우리 역사의 바른 진로를 찾아보고자 한다.

1. 역사 현실주의에 충실해야

천 톤 무게의 큰 비행기도 공기의 역학을 받으면 공중에 뜨고, 수만 톤 무게의 배도 물위에서는 가랑잎 같은 존재가 된다. 거기에는 어떤 누구의 의지도 개입되지 않는다. 우주에는 자기 목적성이라는 것이 없다. 그저 우주에 존재하는 만물의 법칙대로 움직일 뿐이다. 세계사의 주인공 절반 정도가 당대 최고의 악당이었다는 것은 역사에 아무런 선의가 없다는 것을 확인시켜주는 일이다. 그것을 천지불인天地不仁이라고 한다. 우주는 만물을 생성화육生成化育함에 있어 어진 마음을 쓰는 것이 아니라 자연 그대로 맡겨둘 뿐이라는 말이다. 정의나 양심은 어떤 사람들의 지향이나 주장일 뿐 자연이 요구하는 것은 아니다.

천지불인이 지어낸 역사는 부조리로 점철됐지만 인지의 발달과 함께 조리를 향해 나아가고 있다. 그러나 위선적 인간 역사에서 부조리를 제거한다는 것은 영원히 불가능한 일이다. 사회가 아무리 발달하더라도 부조리가 여전히 조리를 능가하는 것이 인간이 직면한 변함없는 진실이다. 역사란 조리로 흘러들어가는 거대한 부조리의 기록인 것이다. 이런 자기 모순적 상황에서 인간성 신장을 향해 나아가야 하는 것이 인간 역사의 운명이다.

1) 역사에 정의는 있는가?

인간 세상에서 갑을구조를 피해갈 수 있는 관계나 구조라는 것은 없다. 힘 있는 나라들이 힘 없는 나라들의 운명을 결정하는 것은 역사의 일관된 모습이다. 미국이 자국 내부 사정으로 금리를 급격히 올릴 때마다 외채가 많은 신흥국들은 부도 위기를 겪어야 했다. 유엔안보리의 거부권은 힘이 정의라는 사실을 보여주는 부조리의 한 단면이다. 지구촌의 악성 인권침해국인 중국과 러시아가 인류보편의 인권을 지향하는 유엔을 좌지우지하는 현실은 모순이자 난센스가 아닐 수 없다. 역사란 그런 것이다. 원하는 바는 아니지만 역사에서 정의가 무엇이며, 무엇이 맞고 틀리는가에 대한 의문은 접어둬야 할 때가 많다.

더욱 분명한 것은 힘이 없으면 정의도 없다는 사실이다. 우리가 정의를 지키고자 한다면 먼저 국가의 힘을 키워야 한다. 그렇지 않으면 불의에 의해 우리의 정당한 요구와 기대들이 질식당하고 말 것이다. 한민족 역사의 많은 부분이 그런 내용들이다. 한국인의 역사인식에는 역사 현실주의가 어느 나라보다 강하게 투영돼야 한다. 불의와 부조리를 맹종하라는 것이 아니라 우리가 바꿀 수 없는 내부적, 외부적 현실은 있는 그대로 이해하는 자세가 필요하다는 것이다. 그런 역사인식이 있어야 역사의 실체에 제대로 접근할 수 있다.

▎역사의 실체 있는 그대로 봐야

스탈린, 모택동, 김일성은 20세기의 불의를 상징하는 세쌍둥이 같은 공산 독재자들이다. 천수를 누리며 역사를 어지럽히고도 아직까지 인민들의 추모를 받는 부조리가 이어지고 있다. 그러나 긴 세월의 역사에서 사필史筆의 단죄를 피하기는 어려울 것으로 보인다.

스탈린은 사회주의적 공업화를 달성해 소련을 산업국으로 끌어올렸지만 그 과정에서 공전절후의 공포통치로 소련을 피로 물들였다. 20여년의 집권 동안 매년 평균 100만 명의 국민을 총살, 구금, 추방했다. 소련 인구의 3분의 1인 최소 6000만 명이 탄압과 차별을 겪었다. 1937년 대숙청 기간에는 1년 6개월 동안 70만 명을 살해했다. 국가의 산업화를 위해 추진한 폭압적 집단농장화 사업(1932~1933)으로 농민 500~700만이 목숨을 잃었다. 공산혁명(계획경제)에서 노동자·농민은 수단이지 목표가 아니었다(독1-3).

후세인들은 스탈린을 피에 굶주린 살인마로 지탄했으나 지금의 러시아인들은 강대국 소련의 향수를 자극하는 인물로 떠올린다. 2017년 러시아의 여론조사에서 응답자의 38%가 스탈린을 러시아에서 가장 위대한 인물로 꼽았다. 스탈린에 대한 러시아인들의 향수는 인간사회의 부조리와 모순을 단적으로 보여준다. 인간의 삶, 즉 역사란 이런 것이다. 조리와 합리를 버려서는 안 되겠지만 그것이 모두가 아니라는 사실을 잊어서는 안 된다.

불의에 질식당한 20세기 스탈린과 닮은꼴인 중국의 모택동 역시 근현대사를 피로 물들인 냉혹한 악당 중의 하나였다. 모택동은 1949년 중화인민공화국 수립 이후 공산정권의 토대를 굳히기 위해 국민당 잔당세력과 신사紳士층(엘리트층) 지주, 상공업 자본가, 인문 지식인을 차례로 숙청했다. 자신의 30년 독재 권력을 지키기 위해 후계자로 꼽혔던 동북왕 고강, 6.25전쟁을 지휘했던 팽덕회, 실용파 국가주석 유소기, 문화대혁명의 지원자 임표를 차례로 제거했다.

모택동은 소련을 거울삼아 영국과 미국을 따라 잡는다는 허황된 목표를 내걸고 공업화와 농업근대화를 위한 대약진운동(1958~1962)을 벌였다. 그러나 문책을 의식한 엉터리 식량증산 보고가 만연하면서 4500만 명(중국 공식발표는 2150만 명)이 아사하는 참사를 빚었다. 대약진운동이 한창이던 1959년 3월 먹을 것이 없어 사람들이 굶어죽어 간다는 보고를 받자 "인민의 절반을 죽게 내버려 두어 나머지 절반이 그들 몫을 먹을 수 있게 하는 것이 낫다."고 말했다. 대기근은 자연재해가 아니라 인간 청소 또는 대량 학살이었다.

대약진운동 실패로 권력 입지가 좁아진 모택동은 급진 공산좌파운동인 문화대혁명을 일으켜 다시 500만을 자살이나 타살로 숨지게 하고 1억 명을 직간접적 피해자로 만들었다. 모택동은 문화대혁명(문혁)을 통해 유소기를 몰아내고 권좌에 복귀하는데 성공했다. 그 과정에서 중국 인민 모두의 손에 피를 묻히도록 만들어 중국 전체가 대혁명의 정신적 트라우마에서 헤어나지 못하게 했다. 이런 악행에도 불구하고 문화대혁명 말기 중국인의 분노는 문혁4인방에 집중돼 모택동은 아무런 비난을 받지 않았다. 뒤를 이은 등소평은 모택동에 대해 공7과3의 역사적 평가를 내려 그를 옹호했다. 등소평은 국가적 모순을 피하기 위해 야수적 과거사를 긍정한 것이다(왕단, 2015, 중2-8, 중2-10).

약자에게 정의란 없다 마키아벨리에서 막스 베버로 이어지는 서구 현실주의 정치사상에서는 정치 윤리를 개인윤리 차원의 선악과 구분한다. 개인 윤리에서는 좋은 의도에 기인된 것이라면 나쁜 결과를 가져왔어도 그 정황이 충분히 참작된다. 그러나 정치 윤리는 좋은 동기만으로 좋은 평가를 받는 것이 아니다. 실행에 옮기는 능력이 부족해 나쁜 결과를 가져왔다면 무능과 악정으로 받아들여질 뿐이다(강경희 세1-21).

국제사회에 대한 개별 국가의 정치윤리는 더 냉혹하고 위선적이다. 국익이라는 이름으로 보통의 개인이라면 부끄러워할 행동을 서슴지 않는다. 1차 대전 이후 미국 대통령 윌슨이 민족자결주의를 제시하자 러시아의 레닌은 "(독일 등이 지배한) 폴란드, 세르비아, 벨기에, 오스트리아, 헝가리 인민의 자유를 말하면서 (영국, 미국이 지배한) 아일랜드, 이집트, 인도, 필리핀의 자유에 대해 언급하지 않은 것을 이상하게 생각한다."고 논평했다. 민족자결주의에 앞서 내놓은 레닌의 소위 평화의 호소 역시 패권주의라는 점에서 위선적이기는 마찬가지였다. 중앙아시아의 우즈베키스탄, 타지키스탄, 카자흐스탄, 키르기스스탄, 투르크메니스탄은 소련의 압박으로 자주국가 수립 기도를 번번이 무산 당했다.

역사의 다중성과 흑백논리 동북아의 상대적 약자인 대한민국이 역사에서 가장 경계해야할 사고가 2분법 또는 흑백논리다. 역사에서 선과 악, 정의와 불의, 좋고 나쁨과 같은 2분법이나 흑백논리로 접근할 수 있는 국면은 많지 않다. 판단을 유보해야 하는 공간도 존재할 수 있다. 일본 내각의 야스쿠니 신사 참배는 전통과 국제현실, 종교와 현충, 국가와 종교 등이 뒤섞여 발생하는 문제다. 2분법이나 흑백논리로 해결하기 어려운 문제의 하나다.

종횡무진 하는 역사의 역학에서 한 가지 차원으로 해석할 수 있는 일은 거의 없다. 상호 갈등하는 다중적 모순 상황에서 해답을 찾게 되면 나쁜 답이 최선의 답이 될 수도 있다. 그래서 바른 길은 굽어보인다고 하는 것이다. 상황을 흑백논리로 재단하고 상대를 몰아세우며 큰소리치는 자는 대개 민주주의의 적이다.

대한민국의 건국 초기 독재를 흑백논리로 재단하는 것은 역사의 연속성과 다중성을 무시하는 장님사관이다. 전제정치(식민통치)에서 권위주의 독재나 군사정변 같은 곡절 없이 바로 민주주의로 넘어간 나라는 없다. 독재나 정변이 들끓으며 주변상황과 어울려 전진과 퇴보를 거듭하다 조금씩 나아가는 것이 역사의 운행 방법이다. 역사가 하루아침에 바뀌어야 된다고 하거나 바뀔 수 있는 것처럼 주장하는 것은 선동적 흑백논리에 불과하다.

친일의 문제도 마찬가지다. 역사의 연속성과 관성을 무시한 채 친일과 반일의 2분법적 시각으로 바라봐서는 충분치 않다. 친일청산이 중요한 가치이지만 그것이 다른 모든 가치를 희생하더라도 지켜내야 하는 가치라고 말할 수는 없다. 현실을 떠난 친일청산 지상주의는 탁상공론으로 이어지기 십상이다. 프랑스도 그런 시행착오를 겪었다.

베트남은 1995년 중국의 남중국해 굴기를 견제하기 위해 미국과 수교할 때 전시 피해에 대한 사과를 요구하지 않았다(김태훈 세1-14). 명분과 이념이란 현실과 부합하면 다행이고 부합하지 않으면 적절히 구부려 쓸 줄 알아야 한다. 국제경쟁의 더 큰 이익을 위해 국내적인 모순과 불편을 대승적으로 수용하는 여유가 필요할 때도 있다. 현실주의 역사인식 이외에는 아무 것도 용납하기 어려운 것이 대한민국의 변함없는 처지다.

한국의 지정학과 역사인식

역사는 특정 국가와 그 국가의 내외부적 조건이 상호작용을 일으켜 만들어내는 현실이다. 특히 지리정치학적 조건은 역사의 다중성과 특수성을 만들어내는 중대한 변수다. 한국은 그 점에서 동북아 최악의 환경에서 살고 있다. 패권적 강대국 중국, 러시아, 일본이 아래위로 포진해 있고, 북한이라는 괴물까지 머리에 이고 산다. 그 뿐 아니라 공산세력과 자유세력의 경계선상에 있어 국제적 압력과 파장을 고스란히 떠안아야할 형편이다.

한국의 지정학을 규정하는 세계 4강의 공통점은 힘자랑을 즐기는 패권국가라는 사실이다. 미국, 러시아, 중국은 세계 1,2,3위의 군사강국들이다. 공산국가이거나 공산국가였던 중국과 러시아는 주변국에 대한 침략성에서 앞서거니 뒤서거니 하는 나라들이다. 한국의 배후에는 민주국가라고는 하지만 군국문화를 가진 일본이 패권주의의 칼을 갈고 있다. 세계 3위의 경제력을 가진 일본은 군대를 보유할 수 없는 상황에서도(평화헌법) 세계 7,8위 수준의 군사력을 유지하고 있다.

국제사회를 움직이는 강대국의 변함없는 논리는 힘없고 분열된 나라들을 자국 이익 추구의 제물로 삼는다는 것이다. 동북아에서 상대적 약자인 한국이 주변 4강의 제물이 되지 않으려면 대외관계에서 지혜로운 전략과 단합된 국론을 유지할 수 있어야 한다. 원칙과 실익을 2분법적 양자택일로 생각지 말고 함께 추구해야할 과제로 생각하는 유연성이 필요하다. 동북아 정세의 격동이 그런 선택을 요구하고 있다.

이런 분명한 현실 앞에서 한국은 외부 세계를 바라보는 눈이 퇴화하다 못해 장님이 돼버렸다. 한국이 존립하기 위해서는 세계 4강에 대한 이해의 지평을 넓히고 4강의 동향을 시시각각 정확하게 읽고 있어야 한다. 그런 국가지향을 정립하기 위해서는 종속자폐공론에 찌든 국민들의 역사인식부터 바로 잡을 필요가 있다(김태익 동북1-8, 이주흠 관2-10, 강천석 동북1-7).

러시아, 중국의 폭력주의 공산 종주국이었던 러시아는 패권주의와 폭력적 남성국가 전통을 가진 나라다. 러시아는 19세기 후반 중국의 청나라가 쇠약해진 틈을 타 유라시아 극동지역을 차지하고 1858년 아무르 지역, 1860년 연해주 지역(태평양 진출), 1875년 사할린 섬을 영토로 편입시켰다. 뒤를 이은 소련은 2차 대전을 전후해 발트3국과 동유럽을 위성국으로 만들고 폴란드와 핀란드의 땅을 움푹 베어갔다(관련기사 참조). 아시아에서는 외몽고를 중국에서 분리시켜 완충 위성국으로 독립(1924)시켰다. 중국의 동북3성(만주)에도 위성국을 세우기 직전 단계까지 갔으나 중국의 6.25 전쟁 개입에 대한 보상으로 특수화를 중단시켰다(1952). 냉전 이후의 러시아도 체첸 침공(1994), 우크라이나의 크림반도 침공(2014) 등 나라에 도움이 된다면 무력행사를 거리끼지 않는 모습을 보이고 있다.

현대 중국 역시 공산당 일당독재의 폭력 국가적 전통을 가진 나라다. 동아시아에서 일어난 7차례의 전쟁에 중국이 개입되지 않은 경우가 없다. 중국은 1949년 공산 정권 수립 후 분리 독립한 티베트와 신강新疆을 무력으로 병합했다. 공산혁명 당시 소수민족의 독립을 지원한다는 약속은 헌신짝처럼 내던져버렸다. 모택동은 1950, 1960년대 삼반운동, 오반운동, 쌍백운동, 대약진운동, 문화대혁명 등 급진좌경 정치운동을 통해 국가 폭력을 일상화시켰다. 등소평 등장 이후에도 1989년 천안문 사태를 유혈 진압하는 등 공산주의의 폭력성을 그대로 드러냈다.
2000년대 들어서는 동북공정, 서남공정, 서북공정 등 5개 공정으로 주변국에 대한 역사침략을 불사했다. 미국에 이어 세계 2위의 경제대국으로 성장한 이후에는 패권주의의 완력을 수시로 과시하고 있다. 남사군도, 구단선 등의 무리한 해양 영유권 주장으로 동남아 국가들을 불안하게 만들었다. 2019년 습근평은 대만 통일에 대한 무력사용 노선을 노골화시켰다.

역사 돋보기 - 폴란드의 고달픈 지정학

폴란드는 같은 처지의 한국이 역사 성찰의 귀감으로 삼을만한 나라다. 한국이 중러일 3개국에 둘러싸인 것처럼 폴란드는 러시아, 프러시아(독일), 오스트리아 3개국의 영향 아래 있었다. 불운한 지정학으로 인해 1772년, 1793년 주변국들에 의해 영토를 분할 당한 끝에 1795년부터 1918년까지 123년간 나라가 소멸됐었다. 미국 윌슨 대통령이 제창한 민족자결주의 원칙으로 1918년 11월 독립국가로 재등장할 수 있었으나 불운은 거기서 끝나지 않았다.

1939년 9월 2차 대전 발발과 함께 앙숙관계인 독일과 소련은 불가침조약 비밀의정서(리벤트로프·몰로토프 조약)에 따라 폴란드를 동서로 반분했다. 소련은 폴란드의 재기를 꺾기 위해 포로 등 2만2000명에 이르는 폴란드 엘리트들을 소련 카틴 숲으로 끌고 가 학살하는 만행을 저질렀다(1940). 소련은 2차 대전 종전 무렵인 1944년 8월 폴란드의 시민들이 진군하는 소련군을 돕기 위해 봉기를 일으켰을 때 이를 방치해 폴란드 지하운동 세력이 독일군에게 전멸당하도록 내버려뒀다 (외교부 PDF23, 권희영 외 2014, 이길성 유1-12).

군국주의의 나라 일본 일본은 명치유신(1867) 이후 2차 대전이 끝날 때까지 군국문화를 배경으로 폭력적 팽창주의 노선을 걸었다. 1876년 오가사와라 제도, 1879년 유구(오키나와), 1894년 대만(청일전쟁 이권), 1895년 첨각(센카쿠) 열도, 1898년 미나미토리시마를 병합하거나 영토로 편입시켰다. 1905년 러일전쟁 승전으로 한국을 식민지로 만들었고 기존의 쿠릴 열도 18개 섬 외에 사할린 섬 전체를 관할했다(1925). 1931년 만주사변 이후 아시아·태평양 전쟁 때는 동아시아 각국을 침략해 잔혹행위를 일삼았다.

미국은 1945년 아시아·태평양 전쟁에서 패배한 일본의 군국문화를 청산하기 위해 전범 단죄와 비군사화 노선을 추진했다. 그러나 동서냉전으로 인해 전범 단죄는 흐지부지되고 비군사화 노선은 역코스로 치달았다. 한국전쟁을 계기로 일본의 군국문화는 오히려 재생의 길로 접어들었다.

일본이 1931년 이후 1945년까지의 중국, 동남아에 대한 침략전쟁을 반성하지 않는 것은 기사회생한 군국문화 때문이다. 각종 망언과 역사 교과서 왜곡, 독도에 대한 억지 영유권 주장 역시 청산되지 않은 군국문화가 그 배경이다. 한국이 일본에 비견할 강력한 국력을 갖지 않는 한 외교와 역사에서 다툼이 계속될 수밖에 없다. 그러면서도 중국, 러시아 견제를 위해 협력해야할 상황도 피할 수 없는 처지다.

경찰국가 미국의 한계 미국이 한국의 가장 중요한 동맹국인 것은 틀림없지만 세계 경찰국가로서의 한계는 분명히 짚고 넘어가야 한다. 미국은 1949년 중국 국공내전에서 장개석 국부군의 패망을 방치해 중국 공산화를 도와준 꼴이 됐다. 1950년 한국전쟁에서는 남북통일이 아닌 현상유지로 전쟁을 마무리 지었다. 1971년 월남전 조기종전을 위한 포석으로 미중수교를 할 때 미중관계가 개선되면 대만 미군을 철수하겠다고 약속했다. 대만은 미국의 오랜 우방이었지만 미중관계 정상화라는 문제에서는 작은 변수에 지나지 않았다.

월남전에서는 동맹국 남베트남을 결국 포기하고 말았다. 1973년 북베트남과 파리 평화협정을 체결하고 미군을 철수시켜 남베트남의 공산화를 방치했다. 파리평화협정은 미국에게는 철군, 북베트남에게는 적화통일, 남베트남에게는 망국의 신호탄이었다. 닉슨 독트린은 미국의 안보책임을 동맹국들에게 떠넘겨 한국과 일본 등을 비상사태로 몰아넣었다.

카터 대통령은 주한미군 철수를 인권정책의 볼모로 삼는 망상에 빠져 한국이 주한미군 철수를 유보시키는데 3년이나 걸렸다. 그동안 한국은 안보

불안에 부심한 나머지 유신체제까지 성립시켰다. 트럼프는 대통령 후보 시절 미국이 한국을 지켜주는 것은 미친 짓이라고 말했다.

한국이 미국 대선을 국내 대선만큼 중시하는 것은 안보동맹인 미국의 변덕과 변심이 두렵기 때문이다. 4년 단위로 새로 뽑는 미국 대통령의 성향에 따라 한국의 운명이 크게 달라질 수 있다. 한국은 이런 위험변수들을 관리하며 안보와 경제를 지켜나가야 하는 위태로운 입장에 있다. 주변 강대국들의 실체를 이해하고 거기에 대응하는 것을 역사인식의 기초로 삼지 않을 수 없는 이유다(김태익 동북1-8, 선우정 관미2-11).

2) 종속자폐공론 벗어나야

한국이 주변4강의 압력을 극복하고 세력균형을 유지하기 위해서는 종속자폐공론의 문화를 배격하고 자주개방실용으로 나아가야 한다. 우리 역사에서 자주개방실용의 전통은 고조선, 부여, 고구려, 백제, 신라, 발해를 거쳐 대략 12세기 고려 중엽 대몽 항쟁까지 이어진 것으로 보인다. 그러나 몽골족 원나라의 흥기로 100년간 자주성을 속박 당했다가 고려 말, 조선 초 그 전통을 한동안 유지했다. 그러나 17세기 조선 중기 이후 유가 성리학이 모든 판단의 절대적 기준이 되면서 한민족의 기상은 보잘 것 없어졌고 탁상공론으로 세월을 보냈다. 역사인식의 범위는 한반도에 갇혀버렸고 소모적 내부 투쟁이 국론의 중심이 됐다.

그 결과 근대사가 시작되자마자 망국의 길로 빨려 들어갔고 일본은 식민사관을 통해 한국을 유가주의의 유산 속으로 몰아넣어 재기를 싹을 잘라 놓으려 했다. 그 잘못된 역사의 잔재가 신생 대한민국에서 지금의 선진 대한민국까지 이어지고 있다. 역사에 대한 개명이 이뤄지지 않아 지금까지 방황의 늪에서 헤어나지 못하고 있는 것이다.

▮ 한국사 정립의 3가지 장애물

한국사의 정립을 저해하는 세 가지 장애물이 중국 유가주의, 일제 식민사관, 소련 마르크스주의로 이어지는 종속사관들이다. 한국이 2단계 선진화를 통해 새로운 미래를 개척하려면 이들 사관의 찌꺼기를 청산하고 우리 역사의 초점을 고대사로 돌려 거기서 새로운 국가정신을 찾아내지 않으면 안 된다.

한국의 역사학은 해방 후 일제 식민사관과 그 파생물인 실증주의 역사관의 침식을 받아 좁고 쩨쩨한 한국을 보여줬을 뿐 크고 건실한 본래의 한국을 그려내지 못했다. 역사 서술의 거시성이 결여돼 국가의 지향을 고리타분하게 만들었다는 이야기다. 그와 동시에 마르크스사관의 편협성, 부정성까지 보태지니 역사가 지저분하고 옹색하기 짝이 없어졌다. 나라의 운수를 꽉 막히게 하는 비색사관이 되고 만 것이다.

자폐적 유가주의의 청산 종속사관의 큰 뿌리인 유가주의 철학은 그 근본이 진보를 부정하고 기존의 계급질서에 안주하는 자폐성(훈고학)과 공리공론(주자학)이다. 주자학은 북방 금나라(만주족)의 발호로 쇠잔해가던 송나라(남송)의 주희(1130~1200)가 집대성한 학문이다. 학문적 체계성에서 매력을 가진 것은 사실이나 금나라에게 온갖 수모를 겪으면서 정신만은 우리가 선진국이라는 패자의 공론이라는 점도 부정하기 어렵다. 중국에서는 주자라는 높임말도 사용하지 않는다.

유가주의 철학은 국리민복에 도움을 주지 못했다. 조선 초기의 실용적 유가주의는 중기 이후 공리공론으로 변질돼 권력투쟁을 위한 당쟁과 백성을 수탈하고 압박하는 수단으로 사용됐을 뿐이다. 실용을 천시한 결과 임진왜란이라는 국난을 맞았고 서인들의 인조반정 이후 유가주의는 더욱 수구적으로 치달아 병자호란이라는 국난을 초래했다.

그럼에도 불구하고 소중화小中華를 내세우며 임진왜란 때 구원병을 보내준 최악의 명나라 군주 신종과 마지막 군주 의종을 위해 사당(만동묘)을 짓고 유학을 유교 수준으로 맹신했으니 이보다 더한 의식적 종속이 없다. 6.25 전쟁을 도와준 미국 대통령 트루먼의 사당을 짓고 미국 기독교를 국교로 한 것이나 마찬가지다. 서인정권의 뒤를 이은 노론정권은 타락을 거듭해 인동김씨, 풍양조씨의 세도정치와 시원의 토색질로 민생을 도탄에 빠드리다 결국 망국을 초래하고 말았다. 그 노론들의 다수가 한일합방과 함께 일제의 작위를 받았던 민족반역자들이다.

유가주의를 역사에서 어떻게 평가하고 부정적 요소들을 어떻게 청산해야 할 것인가에 대해서는 차분한 성찰이 필요하다. 그러나 상징적 조치는 역사 교과서 안팎에서 어렵지 않게 이뤄질 수 있다. 교과서 안에서는 유가주의에 대한 비판적 접근과 함께 이퇴계, 이율곡, 송시열 등 상징인물들에 대한 역사 기술이나 삽화 등을 최대한 절제하는 것이 21세기 한국의 역사정신에 부합하는 것이 아닐까 생각된다.

교과서 밖에서는 성균관과 향교 같은 유가주의 전통시설을 국학진흥원으로 전환하고 사대주의의 상징인 공자, 맹자, 주자 등의 위패들을 땅 속에 파묻어야할 것이다. 대한민국의 화폐인물들 중 이퇴계, 이율곡, 신사임당 같은 부류는 우리 역사에 허다한 실용주의 인물들로 바꿔주는 게 좋을 것 같다. 퇴계로, 율곡로와 같은 도로 이름, 함정 이름, 대명동, 명륜동 같은 유가주의 지명은 활용의 범위를 절제하는 것이 바람직하겠다.

식민사관의 사악한 의도 일본의 식민사관은 박은식의 한국통사(1915)가 국내외에 널리 유포돼 독립투쟁 정신을 고취하자 이에 대한 대응 책으로 내놓은 관제사관이다. 1916년 조선반도사편찬위원회(1925년 조선사편수회)가 시작한 조선사 편찬작업은 16년의 작업 끝에 1937년 완간됐다. 한국사의 밝고 자랑스러운 자료를 고의로 빼버린 것이 특징이다.

일제가 날조한 식민사관은 일본을 제외한 동양사회는 정체, 후진적이었다는 편향된 관념에서 출발했다. 그러나 한국의 사회경제적 발전 정도나 문화적 수준이 일본을 능가해 식민사관 작업이 쉽지 않았다. 거기서 머리를 짜낸 것이 타율성론과 정체성론이다. 타율성론의 근거로 제시된 것이 만선사관滿鮮史觀, 반도성론半島性論, 일선동조론日鮮同祖論이다.

만선사관은 한국이 고대부터 북부는 중국, 남부는 일본의 식민지로 출발했다는 황당무계한 논리다. 반도성론은 사대주의론, 민족성론으로 확장시켜 한민족의 자존심을 깎아내렸다. 일선동조론은 일본의 식민 지배가 갈라진 한일 두 민족을 복구한다는 견강부회의 주장이었다.
한국사의 발전을 부정하는 논리인 정체성론은 일본 식민지배의 덕으로 조선이 문명화, 근대화 될 수 있었다는 아전인수의 궤변이다.

일본의 관제 식민사관은 조작적 논리에 불과하지만 우리가 뼈저리게 반성해야할 내용도 없지 않다. 식민사관이 한국을 폄하하고 얕잡아 보는 근거의 하나는 한국의 주변성·또는 종속의식이다. 그것은 유가주의의 폐습을 지적한 것으로 일제의 정체성론과도 맞닿아 있다. 식민정책이라는 나쁜 의도로 꿰맞춘 것이긴 하지만 한민족이 가슴에 사무치게 받아들여야할 내용이다.

우리 역사학계는 대만과 달리 아직 식민사관의 사악한 의도를 제대로 걸러내지 못하고 있다. 일제와 타협한 실증주의 역사관을 해방 후 자주적으로 바로잡지 못해 아직까지 나라 역사를 정상화시키지 못하고 있다. 식민지 근대화론 같은 일제의 장단에 춤을 추는 이들도 없지 않다. 일제의 친일파 양성정책의 농간을 꿰뚫어보고 역사적인 해법을 제시하는데도 실패했다. 식민사관이 의도하는 바대로 지금 이 시간까지 일제 청산보다 우리끼리 물고 뜯는 친일 청산에 나라의 에너지를 고갈시키고 있다.

마르크스 종속의 난센스 한국 현대사는 죽은 지 수십 년 된 마르크스 공산주의에 종속돼 아직도 미망을 벗어나지 못하고 있다. 소련에서는 공산주의가 300년 정도는 갈 것이라고 예상했지만 1917년에서 1991년까지 80년을 채우지 못한 상태에서 붕괴되고 말았다. 일당독재, 국유경제, 전체주의 이념으로는 현내 지구촌의 국가 간 경쟁에서 살아남을 수 없있기 때문이다. 결국 의도하지는 않았지만 동구, 소련을 필두로 아시아 공산주의가 차례로 무너지고 중국, 북한, 베트남 등에 의해 간신히 잔명을 유지하고 있다.

이런 세계사적 변화를 외면하고 변형된 공산주의와 그 역사관을 신주 모시듯 하는 나라가 대한민국이다. 공산주의는 실현 불가능한 공상적 체제라는 것이 실증됐음에도 좌경사관은 그 진실에 눈을 감아버린다. 좌경 역사 교과서들은 나라의 자주성을 북한에 저당물로 잡히고 말았다. 국가의 정체성인 자유민주주의를 팽개치고 공산 좀비의 종속적인 삶을 살겠다는 것이나 다름없다. 중국 유가주의에 매몰됐던 조선의 종속주의가 되살아나는 듯하다. 자칭 군국주의자인 일본의 아베 총리가 한국을 어리석은 국가로 낙인찍은 것은 이런 난센스들의 누적에 대한 반응이 아닐까 싶다.

콩 심은 데 콩 나고 팥 심은 데 팥 난다고 했다. 이런 종속의 역사를 배우는 청소년들이 세계 중심국가로서의 포부와 자부심을 기를 수 없다. 좀생이 같은 역사 서술로 인해 나라에 대한 혐오감을 갖게 만들 뿐이다. 역사 서술의 기본 틀을 바꾸지 않으면 대한민국의 새로운 도약은 고사하고 현재의 국가 위상도 지키기가 쉽지 않을 것 같은 생각이 든다.

▎자주개방 실용으로 돌아가라

새 술은 새 부대에 담는다고 했다. 대한민국이 세계 꼴찌의 최빈국에서 10대 산업국가로, 민주화·정보화 성공 국가로 진입했다면 그에 걸맞은 역사학적 전환이 있어야 한다. 국가적 진보에 맞춰 국가 정체성의 근본인 역사를 수리하고 역사유전자를 개조해야 정상국가라 할 수 있다. 역사는 고정불변의 것이 아니라 나라의 현실에 맞게 가꾸고 정리돼야 하는 생명체이기 때문이다.

새 시대의 역사학은 종속자폐공론의 역사관을 자주개방실용의 역사관으로 전환시키는데 이미 성공했어야 했다. 그러나 우리 현대사는 1980년대 마르크스 종속 구조에서 한 걸음도 빠져나오지 못하고 있다. 나라는 커졌지만 역사는 뒷걸음질을 쳐 대한민국이 도저히 입을 수 없는 옷이 되고 말았다. 일본에 나라를 빼앗기고, 소련에 의해 나라가 두 동강 나고도 그 실패의 역사에 대한 치열한 반성이 없다. 교육기적, 경제기적, 정치기적을 이룬 나라치고는 참으로 한심한 정신자세요, 문화적 퇴행이다.

한민족의 성공사와 실패사 지금까지 우리 역사 교육은 국민들에게 한민족의 성공사와 실패사를 제대로 가르쳐주지 않았다. 역사의 서술자들이 거시적 안목과 인식으로 조선 유가주의를 건너뛰어 한민족 고유의 모습을 역사관으로 재생시켜내지 못했기 때문이다. 대한민국의 새로운 국운 개척을 위해서는 역사학계가 지금껏 말해주지 않은 한민족의 성공사와 실패사를 통해 자주개방실용의 역사인식을 새로이 정립해내야 한다.

기원전 2333년 단군조선에서 시작되는 한민족의 역사는 지금까지 4400년 가깝게 이어지고 있다. 그 역사를 개관하면 성공사 7회, 실패사 8회의 매듭이 발견된다(도표 참조). 7회의 성공사는 전근대사에서 6회, 근현대사에서 1회가 나타나는데 이는 우리 역사의 무게 중심이 전근대사에 있음을 의미한다. 고구려 광개토대왕의 동북제국 건설, 수·당을 격퇴한 고구려의 천하제패, 해동성국 발해제국의 건설, 거란을 물리치고 송나라·요나라와 함께 삼국정립을 이룬 고려, 사군육진을 개척하고 대마도 정벌을 성공시키는 한편 민족문화의 주춧돌을 놓은 세종대의 치세가 그것이다. 1876년 이후 근현대의 성공사는 박정희 정부 크게는 이승만·전두환 정부까지를 포함하는 시기의 근대화의 달성 한 가지가 있을 뿐이다.

한편 실패사에 있어서는 고조선의 멸망, 고구려의 멸망, 발해의 멸망, 고려의 원나라 속국화, 임진왜란, 병자호란, 조선의 망국, 6.25 전쟁과 한반도 분단의 8가지를 들 수 있다. 이들 사건들은 하나 같이 한민족에게 크나큰 고통과 상처를 남겼다. 힘과 힘이 맞부딪치는 고대사에서 국력이 부족해 나라가 망하는 것은 어쩔 수 없는 일이다. 고조선, 고구려, 발해의 망국과 고려의 40년 항쟁 끝 복속은 이해할 수 있는 부분이 있다.

그러나 임진왜란, 병자호란, 조선의 망국은 공허한 유가주의 이념에 사로잡혀 자초한 측면이 크다. 바깥세상과 담을 쌓고 내부 권력투쟁을 일삼다 나라가 무너지고 백성들은 갖은 수모를 겪어야 했다. 마지막 6.25 전쟁과

〈표0-1〉 4400년 한민족의 성공사와 실패사

연대	성패	성공사와 실패사
BC109	패1	고조선, 한나라에 멸망
400	성1	광개토대왕 동북제국 건설
612	성2	고구려, 천하제패(수, 당 격퇴)
676	패2	고구려, 당나라에 멸망
780	성3	해동성국 발해 제국 건설
830	성4	동아시아 해상무역 장악
926	패3	발해, 요(거란)에 멸망
1018	성5	고려, 삼국정립(고려 · 요 · 송)
1200	패4	고려, 원나라의 속국화 80년
1440	성6	조선, 세종 민족문화 정립 등
1592	패5	조선, 선조 임진 · 정유왜란
1636	패6	조선, 인조 정묘 · 병자호란
1905	패7	조선, 고종 을사조약 식민40년
1950	패8	한국, 국토분단, 6.25동란
1988	성7	한국, 근대화 달성(중국 추월)

한반도 분단은 냉전이라는 세계정세의 산물이기도 하지만 자주의식을 상실한 한민족 최악의 역사로 기록돼야 할 사건이다. 동시대 좌우 협력으로 통일국가 건설에 성공한 오스트리아의 저력을 되돌아보게 된다.

한민족 성공사의 핵심요인은 강한 자주성과 외부 지향의 개방 진취적 국가인식이었다. 실패사는 종속성과 내부 지향의 폐쇄적 국가인식에 그 원인이 있었다. 한민족이 실용을 숭상하고 외부 지향의 개방 진취적 역사인식을 공유할 수 있었다면 실패사를 없애거나 줄일 수 있었을 것이다.

고대사의 성취 현대에 되살려야 우리가 역사에서 자주개방실용의 정신을 계승, 확대시키고자 한다면 고대사나 고려사에서 그 해답을 찾아야 할 것 같다. 국가의 지표나 국가정신의 구현에 필요한 한민족의 역사적 성취가 그 시기에 주로 이뤄졌기 때문이다. 그렇다면 역사 교과서의 구성도 그에 비례 되도록 하는 것이 바람직한 방향일 것이다. 그러나 역사 교육 현실은 그에 역주행하는 인상을 준다. 한민족이 강조해야할 고대사와 고려사 등의 서술 비중이 오히려 약화되고 있다는 것이다.

2018년 마련된 3기 좌파정부의 고교 역사 교과서 시안(2020년 적용)은 현재의 교과서 편성인 전근대사 3장, 근현대사 3장을 전근대사 1장, 근현대사 4장으로 후퇴시키고 있다. 중학교에서 전근대사를 배우니 고교에서 중복학습 할 필요가 없다는 것이 주된 이유였다. 그 말은 중학교에서 국어나 영어를 배웠으니 고등학교에서는 같은 과목을 배우지 않아도 된다는 발상과 크게 다르지 않다.

모든 학습은 초등·중학·고등·대학으로 연결되는 이해능력의 단계에 따라 학습 내용을 차별화, 심화시켜 나간다. 나라의 미래가 걸린 역사를 좀 더 체계적으로 깊이 있게 가르치기 위해서는 단계별 중복학습이 불가피하다. 따라서 전근대사와 근현대사의 비중을 현재처럼 3장-3장 체제로 하거나 4장-3장 체제로 변화시키는 것이 바람직한 방향으로 생각된다. 근현대사 중시의 사고는 한민족의 역사를 옹색하고 졸렬하게 만들 가능성이 크다. 좌경사관이 강조하는 일제 하 독립운동사, 해방 후 좌우 갈등사를 보면 대한민국 역사에 혐오감을 느끼게 만들 뿐이다. 독립정신이나 투쟁은 당연히 강조돼야겠지만 그것은 거시적인 흐름으로 조명돼야 한다. 공산주의(사회주의)를 부각시키기 위해 소소한 전투나 활동을 일일이 열거하며 역사를 지엽화, 파편화시키는 것은 종속자폐공론의 또 다른 모습이다. 1980년대 이후의 종속적 마르크스 사관이나 그 변형인 민중사관 역시 한국사를 부정하고 왜곡해 역사 교육을 비루하게 만드는 원인이 되고 있다(박진용 2018-1).

국제관계를 역사인식 중심으로 또 한 가지 문제는 개방진취성 즉 대외관계 취급의 빈약성이다. 고대사, 중세사에서 다루는 대외관계는 학습의 중심요소가 아니라 부차요소로 격하되고 있다. 대외교류 항목에서 국가 운명을 결정한 외교안보 문제들을 경제, 문화 교류와 함께 설명하는 것은 어불성설이다. 근현대사에 들어와서도 대외관계는 중심요소가 아니라 보조요소로 설명되는 정도에 그치고 있다. 이런 자폐적 역사인식이 나라의 정체성을 잘못 이해시키고 국가의 지향에 대해 무신경한 국민들을 만들어내고 있는 것이다.

자주개방실용의 역사 교과서를 만들기 위해서는 고대사와 중세사는 동아시아사의 입장에서, 근현대사는 세계사의 지평에서 다뤄져야 한다. 그렇지 않으면 역사가 불구화 되고 만다. 한국과 치명적 이해관계를 가진 중국과 일본에 대해서는 특별한 관심이 필요하다. 중국의 고대사와 중세사 서술에서는 한족들의 중국과 이민족들의 중국(북국과 서국)이라는 세 개의 울타리로 나눠주는 것이 합리적이다. 현재의 중국을 만든 것은 한족이 아니라 이민족인 몽고족의 원나라와 만주족의 청나라라는 사실이 강조돼야 한다.
근현대사에서는 제국주의 열강(근대사)과 미일중러의 세계 4강(현대사)에 대한 실체적 설명과 역학관계, 이해관계를 반영한 역사 서술이 이뤄져야 할 것이다. 그런 역사인식을 심어주지 못하면 우리 국민들은 옹졸하고 무지한 상태로 세계를 바라보게 된다. 역사교육의 개방 진취성을 높이기 위해서는 초등학교부터 한국사를 세계사와 묶어 구성하는 통합교과로의 혁신이 필요하다. 평생 역사학습의 마지막이 될지도 모를 고등 교육과정에서는 대외관계를 절반 정도는 할애해야할 것으로 보인다(박진용 2018-1). 이 책은 통합교과의 방식으로 한국현대사를 재구성해 본 것이다.

3) 역사현실과 역사윤리의 조화

역사는 천의 얼굴을 가진 현실의 기록이다. 그 속에는 인간의 고상하고 아름다운 자취도 있지만 냉혹하고 지저분한 악취도 넘쳐난다. 역사 속의 권력은 국리민복이 아니라 자리자복自利自福의 수단이 되거나 국해민고國害民苦를 초래하는 무능과 악덕으로 점철되고 있다. 역사가 존재하는 이유는 국가사회에 대한 자기희생과 공로를 현창해 국민들의 애국심과 의기를 북돋우고 악덕과 무능, 만행을 단죄해 같은 실수를 되풀이되지 않도록 경계하는데 있다.

따라서 역사의 서술자는 국가에 대한 무거운 책임의식을 갖고 춘추필법의 엄정성을 유지해야 한다. 그와 동시에 역사서술의 윤리규범인 공정성과 객관성을 생명처럼 여기고 진실성과 정확성을 존재의 이유로 해야 한다. 이들 가치를 외면할 경우 역사는 권력과 이념의 노예가 되거나 국가의 미래를 파괴하는 사학邪學이 되고 말 것이다.
여기서 한 가지 염두에 둘 것은 역사현실이 항상 모두에게 똑 같은 의미를 가지지 않는다는 사실이다. 역사는 세계인이 만들지만 역사 기록을 세계인이 공유하지는 않는다. 일본이 보는 伊藤博文이토 히로부미는 명치헌법을 초안한 초대 총리이자 일본 근대화의 영웅이겠지만 한국에서는 간악한 침략 흉적에 지나지 않는다. 러시아의 스탈린은 자국에서 국가 위상을 드높인 영웅 취급을 받지만 한국에서는 남북분단과 동족상잔의 비극을 가져온 난적亂賊 이상으로 평가하기 어렵다.

그 점에서 역사윤리라는 것은 다분히 개별 국가 차원의 판단이 우선될 수밖에 없다. 인류의 이상을 추구하는 세계화 시대의 역사윤리라는 것은 인간존중에 대한 공통분모를 넓혀나가는 것으로 만족해야 할 것 같다.

역사 서술의 엄정성

역사는 한 나라의 생존과 함께 하는 국가의 기본경전과 같은 문서다. 건국이념과 국민의 정체성을 담고 있으며 과거, 현재, 미래를 아우르는 국가의 지표 역할을 한다. 역사 서술이 엄정해야 하는 것은 국가 차원의 생존지침서이자 청백서나 다름없기 때문이다. 비장한 각오와 판단으로 시시비비를 가리고 숨어 있는 역사의 지향을 찾아내야 한다. 그것이 다른 학문에서 찾아볼 수 없는 역사학의 남다른 특성이다(박진용 2015).

역사 앞에서 모든 권력집단은 국가운영의 결과에 대해 무한책임을 져야 한다. 국민이 위임한 최상의 도구인 권력을 올바로 행사하지 못해 국가를 망치거나 국민을 고통 속에 빠트렸다면 역사적 대처분을 받아 마땅하다. 한국사는 그런 역사의 준엄한 심판 없이 유야무야 넘어가는 바람에 권력집단의 국가나 민족에 대한 책임의식을 일깨우지 못했다.

역사 서술의 우유부단함은 국민들의 건전한 역사인식 형성에까지 악영향을 끼치고 있다. 한국이 대외관계에서 기상이나 기백을 보여주지 못하는 것은 흐리멍덩한 역사인식에서 비롯된 바 크다.

국난 부른 선조, 인조, 고종 조선조의 역사 서술에서는 국가적 파탄과 망국을 초래한 선조, 인조, 고종과 서인-노론에 대한 역사적 추궁을 미뤄서는 안 된다. 이들의 무능과 무책임, 후안무치한 행적을 역사 교육에 반영해 권력자와 권력집단에 대한 경계의식을 분명히 해야 한다.

선조는 질 나쁜 임금이었다. 임진왜란이 발생하자 서울에서 먼저 파천을 주장해 큰 소동을 일으켰고, 자신의 권력이 약화될 것을 우려해 비상사태에 대비한 세자 책봉 주장을 유야무야 넘기려 했다. 국가 위급지경에서도 수시로 선위를 들먹여 왜란 극복의 힘을 엉뚱한 데로 소진시켰다. 여차하면 요동으로 도주할 궁리를 하다가 제후 대접을 기대하며 명나라에 나라를 들어 바치는 내부內附까지 주장했다. 반역의 군주가 아닐 수 없다(이덕일 2007).

인조가 초래한 정묘호란과 병자호란은 민생을 무시한 유가 공론의 한 단면이었다. 서인 세력이 그 공모자요 동조자다. 인조는 선조와 달리 항쟁의 기백은 보였지만 국가의 실력을 모른 채 공허한 명분에 사로잡혀 나라와 백성을 풍비박산내고 말았다. 백성들에게 세금을 짜내고 권력을 휘두르면서 국가 위기 시에 아무런 보호조치를 해주지 못한다면 그런 조정은 없느니만 못하다. 중화 사대주의에 파묻혀 반정정권의 선명성만 추구한 무책임한 군주와 권력집단으로 단죄를 받아야 할 것이다.

고종은 국가존망의 결정적인 시기에 등장한 어리석고 무능한 군주였다. 고종의 암우로 500년 조선이 무너지고 한민족은 40년간 일본의 압제에 시달려야 했다. 고종은 강화도 조약, 임오군란, 갑신정변, 동학 민중봉기, 청일전쟁, 러일전쟁, 을미사변, 아관파천, 을사조약, 경술국치의 모든 사태에 대한 책임을 져야한다. 조선이 문호를 개방한 강화도 조약(1876)은 일본의 명치유신(1867)과 9년의 시차밖에 없었다. 그 9년 동안 고종이 해놓은 일은 외척의 발호와 부패의 확산, 외세의존이었다. 국가 존망의 시기에 이런 빗나간 행적을 보인 군주를 역사적으로 응징하지 않는다면 역사의 소용이 무엇이겠는가. 고종이 망국의 군주로서 당시 백성들의 동정과 연민을 받아 민족적 구심점(3.1 운동) 노릇을 한 것은 사실이지만 그것이 군주로서의 무능과 악덕을 가릴 수는 없다.

대한민국 대통령들의 탈선 대한민국 현대사에서는 이승만, 박정희, 전두환, 노태우, 김영삼, 김대중, 노무현, 이명박, 박근혜 등 9명의 대통령이 4년 이상 국정을 맡았다. 이들 가운데 역사적 추궁을 피할 수 없는 인물이 김영삼, 김대중, 노무현 대통령이다.

김영삼 대통령은 민주투사로서 정치를 끝냈어야 자신의 명예를 지킬 수 있었다. 머리는 빌릴 수 있어도 건강은 빌릴 수 없다는 그의 어록은 국가적 불행을 예고한 대목처럼 들렸다. 그가 초래한 IMF 외환위기는 국가는 물론 국민 대다수에게 6.25 전쟁 이후 가장 혹심한 고통을 안겨줬다. OECD 선진국 클럽에 가입한 정부가 후진국형 위기를 자초해 일본 제국주의에게 국권을 상실한 이래 처음으로 경제주권을 빼앗겼다.

이어진 김대중 대통령은 헌법상의 국시를 무시하고 대한민국의 국가이념을 용공주의로 변질시켰다. 김 대통령은 제2의 건국이라는 난데없는 구호를 내세우며 무조건적인 대북포용정책을 추진했다. 수조 원에 이르는 대북 경협자금은 북한이 핵무기와 미사일을 개발하는데 결정적 도움을 줬다. 햇볕정책은 존망의 기로에 있던 북한 세습체제를 기사회생시켜 북한 주민들이 광명 조국으로 해방되는 길을 방해했을 뿐이다. 연합연방제 통일방안 합의는 북한의 적화통일전략에 조응한 배임으로 지적돼야 한다(5장 참조).

노무현 대통령의 지향도 자유민주주의가 아니라 용공주의에 가까웠다. 노 대통령은 2003년 7월 중국 청화대淸華大를 방문해 존경하는 중국 정치인으로 모택동과 등소평을 꼽았다. 대한민국의 역사를 반칙과 기회주의로 비판하면서 한국의 자유통일을 방해한 중국의 잔혹한 독재자들을 존경한다는 것은 어불성설이다. 사대주의 이외에는 설명이 어려운 논리적 혼란이다. 무모한 좌파 이념에 경도돼 체제동란을 일으키고 국가안보를 위험으로 내몬 일도 비판을 면하기 어렵다(5장 참조).

대한민국 현대사를 돌아보면 다수 대통령들은 훌륭한 이상과 이상의 현실화 능력을 갖춘 사람들이 아니라 권력투쟁으로 정권을 쟁취한 정치꾼이나 망상에 사로잡힌 환자에 지나지 않았다. 이들이 국가를 바로 이끌기 위해 노심초사한다거나 할 것이라는 기대는 잘못된 고정관념이거나 환상에 불과하다. 국가관과 역사관, 국정 능력이 뒷받침되지 않은 대통령의 권력은 흉기나 다름없다. 섣부른 지식과 이념으로 나라와 국민을 만신창이로 만들기 십상이다. 선조처럼 국가를 배신하는 길을 걸을 수도 있다. 서독의 어떤 총리처럼 간첩에 의해 조종당할 수도 있다. 국민들이 이런 대통령들에 대한 감시와 견제의 경각심을 늦춰서는 안 된다.

▍윤리규범 안 지키면 역사위조

역사윤리에서 강조돼야할 윤리규범의 하나는 '적절한 불편부당성'이다. 불편부당성이란 역사 사건이나 인물의 서술에서 특정 관점이나 당파에 편향되지 않고 중립적인 자세를 유지해야 한다는 말이다. 여기에 '적절한'이란 말을 덧붙이면 모든 사상에 불편부당한 것이 아니라 가치가 인정되는 것들에 한해 불편부당해야 한다는 의미가 된다. 자유와 폭압, 정의와 불의, 진실과 거짓의 대립에서 폭압, 불의, 거짓에 불편부당할 필요는 없다는 것이다.

국가의 지향인 자유민주주의를 부정하는 가치(공산주의, 좌경이념)와의 대립에서도 마찬가지다. 개인의 자유와 창의성을 말살하는 사회주의(북한) 체제를 주장하거나 동조하는 행위를 좌시해서는 안 된다. 표현의 자유, 집회시위의 자유가 있다고 자유민주 체제를 부정하거나 혼란에 빠뜨리는 집단이나 주장까지 용인할 수는 없다. 자유의 적에게는 자유를 허용해서는 안 된다는 이야기다.

공시성과 통시성의 유지 역사라는 학문의 탐구 대상은 국가 또는 민족단위로 다른 어떤 분야보다 폭넓은 통찰을 전제로 한다. 역사의 서술자는 자칫 현재의 경험 때문에 길게는 수천 년, 짧게는 수십 년의 과거사를 오독하거나 오판할 개연성이 높다. 은연중에 현재의 자신이 가진 미시적 가치와 성향을 역사 서술에 투영할 가능성이 크다.

그런 함정 때문에 역사 서술은 사건이 일어난 당대의 시각으로 주변국 상황을 참작해가며(共時性) 전체 역사의 흐름 속에서 추이를 판단하는(通時性) 거시적 공정성과 객관성을 유지할 수 있어야 한다. 역사 서술의 오류를 줄이기 위해 공시성이라는 x좌표, 통시성이라는 y좌표를 제대로 설정해야 한다는 말이다.

한국 고대사, 중세사에서는 동아시아사라는 공시성을, 근현대사는 세계사라는 공시성을 역사 이해와 평가의 기준으로 삼아야 한다. 한민족의 역사는 이웃나라들과의 협력과 경쟁을 통해 이뤄진 것인 만큼 비교역사학적인 접근이 아니면 역사를 온전히 설명하기가 어렵다. 이승만 시대(1948~1960)는 미국, 소련, 중국, 일본, 북한 역사의 공시성 위에서 이해와 평가가 이뤄져야 한다. 같은 신생국인 미얀마(아웅산), 말레이시아(압둘라만), 베트남(호지명), 인도네시아(수카르노) 등과의 비교인식도 빠트릴 수 없다. 우리 역사 교과서들에서 나타나는 결함 중 하나가 이 같은 공시성에 대한 고려가 턱없이 부족하다는 사실이다.

역사 서술의 통시성은 역사가 추구하는 시비선악이 통시적인 적절성과 일관성을 유지해야 한다는 의미다. 통시성의 기본 형태는 고대·중세·근대·현대라는 시간의 매듭이다. 이들 매듭에 따라 역사인식이 달라지고 시대에 대한 이해와 평가가 가감돼야 한다는 것이 적절성이다. 현대의 잣대로 고대나 중세, 근대를 바라볼 수는 없다. 같은 근대, 현대라도 사회제도의 발전 정도를 무시한 역사 접근은 탁상공론이 될 우려가 크다.

반면 시대에 상관없이 판단의 일관성을 유지해야 하는 불변의 속성들도 있다. 일례로 인간존중이 인류 역사의 최고 가치라면 고대사나 현대사를 가릴 것 없이 그런 역사에 대해서는 긍정적 평가의 기조가 이어져야 한다. 어떤 시대의 인간존중은 무시하고 어떤 시대의 인간존중은 대서특필하는 것은 통시성을 허무는 행위다.

우리 역사 교과서들은 통시성의 점에서 부적절성과 비일관성이 자주 발견된다. 사대주의 비판이 일관성을 잃어 울퉁불퉁하고, 임진왜란과 6.25전쟁의 포로 처리에 대한 서술도 서로 기조가 다르다. 남북관계 서술에서는 이중 잣대를 들이대 북한의 맹독성 독재는 모른 척하고 남한의 안보 독재에 대해서만 목을 조른다. 역사 인물의 평가에서도 상황, 동기, 결과, 영향 등에 대한 인식이 들쭉날쭉해 통시적 일관성과 적절성이 유지되지 않고 있다. 동대문시장의 분신 근로자를 김좌진, 안중근, 유관순보다 더 높이 평가하는 식의 비상식적 잣대를 들이대서는 안 된다(박진용, 2015).

왜곡·조작에 대한 경계심 가져야 역사 서술에서의 진실성과 정확성을 구현해내는 것은 지난한 일 중의 하나다. 역사 서술자가 학문적 양심을 포기하고 왜곡, 조작의 악마적 유혹에 빠져들면 그를 제어할 방법이 거의 없다. 사실의 단순 나열이나 의도적 나열, 핵심 사실의 제외만으로도 역사를 왜곡시킬 수 있다. 혹자는 그래서 역사적 사실 속에는 객관성과 주관성이 함께 존재한다고 말한다.

특정 방향으로 사실을 비트는 왜곡보다 더 심각한 역사범죄가 조작이다. 시대를 막론하고 개인이나 각종 세력, 국가들의 역사 조작에 대한 사악한 열망이 넘쳐났다. 개인의 위선적 권위를 세우기 위해, 당파의 이익과 권력투쟁을 위해, 침략전쟁이나 공산주의, 파시즘, 제국주의를 정당화하기 위해 역사를 조작한 사례가 세계사나 한국사에 널려 있다.

고려 말의 문익점은 목화씨를 몰래 붓두껍에 숨겨 들어온 것이 아니다. 고려사에도, 태조실록에도 그런 기록은 전혀 없다. 얻어 갖고 왔다거나 주머니에 넣어 가져왔다고 돼 있다. 목화씨는 알려진 것처럼 국외 반출 금지 품목도 아니었다. 목화가 성공을 거두면서 문익점 당파세력에 의해 미화하는 이야기들이 덧붙여지고 역모 가담 사실까지 충성 사실로 뒤집혀졌다(박은봉 2007).

율곡의 '10만 양병설' 역시 허구다. 10만 양병설의 출처는 이이의 제자 김장생이 1597년 정유재란 때 쓴 율곡행장이다. 김장생은 율곡과 서애의 양자 간 대화로 서애 류성룡이 10만 양병을 반대해 임란의 참화를 초래했다는 기록을 창작했다. 반대 당파 인물들에 대한 악의적 창작을 일삼은 김장생은 서인의 종주가 되어 성균관 문묘에까지 배향됐다. 10만 양병설은 김장생의 허구를 대본으로 이정구, 이항복, 송시열의 글에 속속 등장하며 내용이 첨가되고 구체화됐다. 이것을 해방 이후 이병도가 한국사대관에 인용했고, 1974년 박정희 정부의 율곡사업으로 연결됐다(이덕일 2007).

명성황후는 한미한 집안 출신이 아니었으며 사고무친의 외로운 고아는 더더욱 아니었다. 명성황후 여흥 민씨는 태종의 왕비 원경왕후와 숙종의 왕비 인현왕후를 배출한 명문 노론 집안이었다. 명성황후를 고아 소녀로 부각시킨 것은 일본의 국민신문 특파원이자 관변학자인 菊池謙讓기쿠치 겐죠로 을미사변 때 황후 시해에 직접 가담했던 인물이다. 그는 1910년 저술에서 대원군과 명성황후의 갈등을 부각시키며 대원군이 시해를 주모한 것처럼 사실을 조작했다. 이런 식민사학을 해방 이후에도 그대로 답습해 명성황후의 출신에 대한 오류가 확대 재생산됐다.

구한말 의병운동을 일으킨 최익현이 단식사 했다는 이야기는 1926년 일본

재야 역사가가 단식 직전의 상소문을 보고 그렇게 예단한 데서 비롯됐다. 함께 의병을 일으키고 대마도에 같이 유배된 제자 임병찬의 대마도일기나 제자 최제학이 쓴 반구일기에는 사인이 모두 풍증으로 나와 있다. 대마도 입도 첫날, 일본 관리의 무리한 의전과 삭발 요구에 분격한 최익현은 그날 밤부터 음식을 거부했고 이틀 후인 7월 11일 정중한 사과를 받은 뒤 죽을 먹기 시작했다. 10월 19일 갑자기 풍증이 생겨 한 달 만에 눈을 감았다(박은봉 2007).

2003년 발표된 정부의 제주 4.3 사건 진상조사보고서는 편향적 집필진에 의해 작성된 반역사적 정치문서로 비판받고 있다. 조사위원회는 대한민국 건국을 방해한 반란이라는 점은 외면하고 진압 과정의 인권만 문제 삼아 보고서를 작성했다. 집필진의 한 사람은 이 사건이 먼 역사의 관점에서 최초의 통일 시도로 봐야할 것이라는 용공 인식을 드러냈다. 조사위원회는

역사 돋보기 - 세계사의 가짜 역사

이탈리아의 탐험가 아메리고 베스푸치는 1497년 날조된 항해보고서를 만들어 자신이 콜럼버스보다 일찍 아메리카 본토를 발견했다고 거짓 보고를 했다. 후에 한 지도 제작자가 베스푸치의 보고서에 속아 미국 땅을 아메리카로 명명했고 그것이 세계적으로 통용됐다. 베스푸치는 콜럼버스의 공로를 훔쳐 아메리카 대륙에 자신의 부정직한 이름(아메리고)을 붙이는 데 성공한 것이다(솅크만 2006). 일제의 극우세력은 1920년대 한국 식민 지배를 정당화할 목적으로 남연서南淵書를 조작했다. 남연서는 南淵請安미나미부치라는 인물이 640년경 만주의 집안集安으로 가서 광개토대왕 비문을 필사했다는 가공의 책자다. 관변학자인 權藤成卿곤도세이고 등이 9년간에 걸쳐 사실을 조작해 1922년 일왕 裕仁히로히토에게 바쳤고 이듬해 일본 정부에 의해 처음 모습을 드러냈다. 1933년 당시 일본의 대표적 역사학자인 구로이타 도쿄대 교수는 남연서 3권이 위서라고 단언했다(최성규 2000).

남로당 인민유격대 노획문서, 미군정 자료 등 공적인 1차 자료는 무시하고 피해자 증언과 회고록만 중시했다. 사건의 발발 이유에 대해서도 남로당 제주도위원회의 치밀한 준비는 간과한 채 관련 자료 없음으로 처리했다(현길언 대4-6).

2. 국가과제, 좌경사관의 추방

21세기 대한민국은 정통 자유사관을 팽개치고 좌경사관의 망상에서 빠져나오지 못하고 있다. 숨 가쁘게 돌아가는 국제사회에서 사망선고를 받은 좌경이념이 한국에서는 어떻게 세를 잃지 않고 있는 것일까. 그것은 유가주의를 맹신한 조선 역사의 재현과 같은 인상을 준다. 조선은 1644년 이후 200년 이상 망한 명나라의 연호를 쓰며 종속자폐공론에 젖어 있었다. 지금의 한국은 명나라 대신 변형된 공산주의를 그 자리에 올려놓고 있다.

해방 이후 남한에서는 6.25 전쟁이라는 비극을 겪으면서도 좌경이념에 경도된 세력들을 완전히 제거하지 못했다. 군사정부의 강권통치 등이 좌경의 불씨를 유지시키는 원인이 됐다. 1980년대 전국교직원노조(전교조), 한국대학총학생회연합(한총련) 등의 좌경세력을 기반으로 1990년대 말 좌파 대통령이 등장하면서 좌우 대치가 시작됐다. 70여년 지속된 북한과 중국 공산체제의 영향이 적지 않았을 것이다. 그 바람에 대한민국은 죽은 공산주의 망령과의 씨름으로 20년 가깝게 국가 역량을 소진해왔다.

좌경사관은 대한민국의 존재를 부정하는 것으로 그 출발점을 삼는다. 기적과 같은 대한민국의 성취를 무시하고 모든 역사를 부정과 갈등으로 몰아 현대사를 누더기로 만들었다. 건국 논쟁, 친일 시비 같은 과거사를 부정과 갈등의 고리로 활용했다. 그들에게 국가 통합이나 미래 발전 같은 역사의 지향은 관심 밖의 문제였다. 세계사회의 변화에 눈과 귀를 막고 오직 대한민국의 정통성을 와해시키는데 온 힘을 기울였다. 그 결과 좌경사관에 장악된 2000년대 이후의 대한민국 역사는 자해의 틀을 벗어나지 못하고 있다. 자유민주주의와 공산주의를 다시 구차하게 설명해야 하는 이유가 여기에 있다.

1) 자유민주주의와 공산주의

계몽주의 정치철학에 근거해 자유를 국가의 기초이념으로 발전시킨 것은 16~18세기의 서구 문명이다. 밀은 자유론에서 자유의 3가지 기본영역으로 의식의 자유(양심, 생각, 의견), 기호와 희망을 추구할 자유, 결사의 자유를 꼽았다. 동양에서는 노자의 무위자연사상이 자유주의 사상을 지향했다. 사람들이 권력과 제도의 왜곡을 벗어나 자연스럽게 살도록 만드는 것이 무위자연과 자유주의 사상의 공통점이다.

자유의 개념은 서구 근대 시민사회 형성과정에서 개인에 대한 국가권력의 간섭을 최소화 한다는 의미로 출발했다. 사회제도가 발전하면서 국가 권력에 대한 개인의 방어권 즉 기본권 신장으로 의미가 확장됐다. 자유의 개념은 주권재민의 정치적 민주주의와 시장경제의 발전을 자극하며 상호 발전을 이끌어왔다. 대한민국 헌법의 역사적 기원도 계몽주의 철학에 근거하고 있다.

자유주의 정치철학으로 건설된 최초의 나라가 미국이다. 1776년의 미국 독립선언서는 모든 사람은 평등하게 태어났으며 양도할 수 없는 행복추구권, 자유권, 생명권을 가진다고 규정했다. 또 정부가 이러한 목적에 부합하지 못할 때는 국민에 의해 교체되거나 폐지될 수 있다는 점을 명시했다. 이 같은 자유주의 이념은 1787년의 미국 헌법과 1791년의 수정헌법 1~10조(권리장전)에 의해 더욱 구체화됐다. 지금의 시각으로 보면 다소 어수선해 보이지만 수정헌법은 종교, 언론 및 출판, 집회와 시위의 자유(1조), 신체, 사생활, 통신의 자유(3조), 사유재산의 보호(5조), 공정한 재판을 받을 권리(6조) 등을 담고 있다. 이 같은 자유의 이념은 1789년 프랑스 대혁명 이후 몇 차례의 파동을 거치며 전 세계로 퍼져나갔다.

반면 공산주의는 자본주의와 제국주의의 착취를 끝내야 한다는 공허한 이념에 사로잡혀 개인의 자유와 기본권보다 공산당 전체주의로 나아갔다. 공산당 독재 권력을 은폐하기 위해 노동자·농민 주도의 무산계급독재(인민대중사회), 허울뿐인 민주주의, 시장경제가 아닌 국유 계획경제를 내세웠다. 공산주의는 실현 불가능한 허위적 이념에 불과했지만 폭압적 전제정치와 식민통치에 허덕이던 많은 신생국들에게 호응을 받으며 20세기 중후반 지구촌을 풍미했다(밀 2006, 이영훈 2013, 권희영 외 2014).

▎자유민주주의의 작동조건

자유민주주의는 자유주의, 민주주의, 시장경제라는 3가지 요소로 구성된다. 자유주의는 인간이 살아 숨쉬기 위해 필요한 공기와 같다. 사람들에게는 자기 성향대로 각자 다른 삶을 사는 자유가 허용돼야 한다. 그러기 위해서는 우리 헌법 제2장이 규정하는 바와 같이 신체의 자유, 주거이전의 자유, 종교의 자유, 언론의 자유, 집회 및 결사의 자유, 사생활의 자유 등 여러 기본권이 충족돼야 한다. 행복추구권은 이런 자유주의의 확장이라고 할 수 있다. 공산주의의 붕괴는 이 같은 기본적 자유를 부정한데 가장 큰 원인이 있다. 인간을 계급지배로부터 해방해 평등사회를 만든다는 공산이념은 인간의 자유를 억압하는 도구가 됐을 뿐이다.

자유주의는 기본권을 보장해주는 장치일 뿐 아니라 정치적 민주주의나 경제적 시장주의를 작동케 해주는 바탕이다. 자유민주주의에서의 민주주의는 국민의 집합이 국가 권력의 주체라는 것을 명시한다. 우리 헌법은 제1

조에서 대한민국의 주권은 국민에게 있고 모든 권력은 국민으로부터 나온다고 적고 있다. 민주주의는 다당제와 선거제, 대의제를 통해 그 정당성을 부여받는다.

공산진영의 소위 인민민주주의(관련기사 참조)는 국민이 배제된 공산당 일당제, 결과가 정해진 선거제, 형식적 대의제 등 민주주의와는 거리가 먼 것이다. 2차 대전 종전 무렵 소련이 공산혁명 수출을 위해 자유진영의 민주주의에 대응하기 위한 선전적 방편으로 인민민주주의를 내세웠을 뿐이다. 공산진영의 용어 훼손으로 민주주의에 대한 의미의 혼란이 일어나자 자유진영은 자유주의를 민주주의의 앞에 명시하게 된 것이다.[1]

시장주의는 경제 부문에서의 자유주의다. 경제적 자유가 보장되지 않으면 시장이 성립되지 않거나 불완전한 모습을 보이게 된다. 자유의 기초인 사유재산권과 경제활동에 상응하는 보상이 인정돼야 사람들은 자발적으로 행동할 동기를 갖는다. 공산주의는 이런 원리 즉 인간의 자유의지에 반하는 길을 걸었기 때문에 자멸하고만 것이다. 국가에 의한 계획경제, 인위적

> **역사 돋보기 - 인민민주주의**
>
> 인민민주주의는 자본주의에서 사회주의로 넘어가기 위한 중간단계의 정치체제다. 공산혁명의 성공을 위해 유산계급인 양심적 지주, 중소 자본가, 지식인을 일시적으로 포용하는 혁명 전략이기도 하다. 공산혁명이 달성되면 이들 유산계급은 철저히 배척된다. 사회주의는 공산당 일당 독재, 국가 계획경제, 사유재산 폐지 등 공산혁명이 정착된 정치체제를 말한다. 인민들이 완전평등을 이루는 사회주의의 완성 단계가 공산주의다.
> 유사한 용어인 사회민주주의는 자유민주주의의 틀 안에서 큰 정부라는 수단을 통해 평등, 사회정의, 약자 보호 같은 공동체적 가치를 추구한다. 영국의 노동당, 프랑스 사회당, 독일 사회민주당 등이 여기에 속한다. 공산주의는 사회민주주의를 용납하지 않는다(한영우 2016, 류세환 2006).

인 직장 배치 등 타율 일변도의 경제체제에서 창조적인 경제활동이 일어날 수는 없다.

1948년의 우리 제헌헌법은 당시의 이념 환경을 반영해 기간산업 국유화 등 일부 사회주의적 조항을 받아들였다. 하지만 이후의 개헌에서 이를 모두 폐기해 시장경제 지향성을 분명히 했다. 그러나 2000년대 이후 정부들이 경제민주화를 기치로 임금, 노무, 경영 등 시장경제에 대한 과도한 간섭으로 시장주의가 훼손되고 있는 것이 요즘의 현실이다(밀 2006, 이영훈 2013).

중산층, 시민사회 형성 긴요 자유민주주의의 이념적 우월성과 현실 적용은 또 다른 차원의 문제다. 자유민주주의가 정상적으로 작동하기 위해서는 적정수준의 국민소득, 중산층과 시민사회 형성, 법치주의, 삼권분립, 복수정당과 같은 조건들이 두루 갖춰져야 한다. 선진국에서는 수백 년에 걸쳐 서서히 이런 조건들이 형성됐지만 2차 세계대전 이후 독립한 140여 신생국들은 어느 조건도 충족시키기가 어려웠다.

다수 신생국들이 자유민주주의 정부를 출범시켰지만 국민소득, 중산층과 시민사회 기반이 갖춰지지 않아 곧 권위주의 체제로 넘어갔다. 복수정당제, 보통선거제 등 민주주의의 중요 요소들이 형식화되고 특정 정치인 중심의 세력이 권력을 독점하는 체제가 대신한 것이다. 인도네시아는 건국의 아버지로 추앙받는 수카르노 대통령이 건국 후 10년 만에 의회를 해산하고 일당독재로 넘어갔다. 아시아의 민주주의 선도국이었던 필리핀도 과두적 지주세력 내부에서 정권을 교체하다가 중산층 형성이 안 되면서 곧

---

1) 이승만 대통령은 1948년 8월 15일 대한민국 정부수립 기념 연설에서 민권과 개인 자유 보호 등 자유민주주의의 요체를 강조했다. 1950년 3월 미 국무장관 애치슨은 상원외교위에서 한국이 자유민주주의 국가로 존속할 수 있도록 도와야 한다는 의견을 밝혔다. 동아일보 1955년 5월 5일자는 '자유민주주의의 옹호'라는 기고문을 실었고 1958년 5월 22일자 사설은 '자유민주주의의 수호를 위해 대공 사찰에 전력하라'는 사설을 싣기도 했다(이철순 이4-20, 권희영 2013).

마르코스 독재체제로 바뀌었다.

이에 비해 한국은 1980년대 말 산업화의 성공으로 1인당 국민소득 4000~7000달러와 중산층 조건을 충족시키면서 자유민주화 단계로 진입할 수 있었다. 전두환 집권 마지막 해와 노태우 정부 무렵의 일이다. 그런 조건을 갖추지 못한 나라들은 21세기에 들어서도 여전히 민주화를 정착시키지 못하고 있다. 2010년 12월 튀니지의 재스민 혁명은 중동 전역으로 번져나가 이집트, 리비아, 예멘의 독재정권을 잇달아 무너트렸다. 세계는 아랍의 봄을 예견했지만 그것은 지나친 기대였다. 이집트는 다시 군부 독재로 되돌아갔고, 리비아와 시리아는 혁명이 내전으로 바뀌어 돌파구를 찾지 못하는 상태다(이영훈 2013, 한희원 세1-10).

▎공산주의의 두 가지 생존수단

공산주의 사상을 체계화시킨 마르크스는 독일의 유태 가문 출생으로 베를린 대학을 졸업하고 29세 때 공산당 선언(1847)을 내놨다. 마르크스 사상의 핵심은 의식은 물질로부터 파생된다는 유물론으로 경제관계를 역사의 동력으로 파악했다. 마르크스는 정반합의 변증법적 논리에 따라 유산계급이 봉건제도를 전복시켰듯이 무산계급이 자본주의를 전복시킬 것이라고 믿었다. 그런 혁명의 결과로 모든 인류는 갈등이 없는 자유와 평등의 세상 즉 공산주의로 넘어갈 수 있다는 망상적 결론에 이르렀다.

마르크스에 이은 레닌은 자본주의가 궁극에는 제국주의가 되고, 독점 및 금융자본이 세계를 지배하게 될 것이라며 공산주의의 필연성을 강조했다. 그러면서도 공산주의의 생존과 국제적 고립을 피하기 위해 공산혁명 수출을 러시아의 국가과제로 삼았다. 그러나 유럽에서 공산혁명 수출에 실패하자 식민지배로 착취당하는 아시아 국가들로 눈길을 돌렸다.

레닌은 공산혁명을 추진해갈 때의 이용 가능성 말고는 민주주의의 가치를 인정하지 않았다. 러시아 역시 한 번도 민주정치를 해본 경험이 없는 상태에서 1917년 공산당 독재로 넘어갔다. 레닌과 뒤를 이은 스탈린은 자본가 계급의 독재를 막고 공산주의 국가를 건설하려면 프롤레타리아(무산계급) 독재가 필요하다고 주장했다.

그러나 수천 년 인류역사에서 지배계급 없는 통치는 생각해내지 못했고 인민 즉 무산계급이 주인이 되는 세상은 너너욱 만들어내시 못했다. 그것은 자유와 평등의 세상을 호언한 공산주의 사회에서 그대로 실증됐다. 이런 결함에도 불구하고 20세기에 전 세계적으로 마르크스・레닌주의와 공산혁명이 확산된 것은 공산주의 이념이 자본주의와 제국주의의 횡포에 저항하는 도구가 될 수 있었기 때문이다(랴자놉스키 외 2017, 이덕주 2007).

거짓말과 폭력의 정당화 체제 존망의 위기 속에서 탄생한 공산주의는 잘 짜인 조직과 엄격한 위계질서를 필요로 했기 때문에 새로운 특권과 불평등을 낳을 수밖에 없었다. 계급이 사라진 자리에 새로운 계급이 들어선 것이다. 그런 점에서 사회주의나 사회주의의 완성단계인 공산주의는 유토피아(어디에도 없는 세계)를 만들어보겠다는 백일몽에 불과했다.

공산주의는 출생 때부터 현실 적응에 많은 어려움을 겪었다. 소련은 독일, 폴란드 등 주변국가로 공산주의를 확대시키지 못하면 체제 생존에 위기가 닥칠 것이라는 조바심을 가졌다. 그러나 공업국인 독일은 물론이고 폴란드에서까지 공산주의는 환영을 받지 못했다. 지지 세력으로 간주했던 근로자 계층까지 공산주의를 경원했다. 그들은 공산주의에 착취당하기보다 자본주의에 착취당하는 것이 낫다는 현실인식을 가지고 있었다.

이처럼 체제 존립에 대한 우려가 커지자 레닌과 스탈린은 공산혁명에서 수단과 방법을 가리지 않는 목표 지상주의에 빠져들었다. 거짓말과 폭력 사용을 국가 차원에서 정당화시킨 것이다. 여기서 창안된 것이 체계적 거짓말로 대중을 조작하는 선전선동술이다. 선전(프로파간다) 선동(아기타치야)은 여러 거짓에 진실 일부를 보태 대중을 의도한 방향으로 끌고 가는 속임수다. 레닌은 '잉크는 독가스, 펜은 기관총'이라고 말 할 정도로 선전선동을 중시해 신문, 연극, 영화 등 매체를 대중투쟁의 핵심수단으로 삼았다. 그 후 대부분의 공산국가에서는 선전선동부를 두고 거짓 논리로 공산당 정책의 정당성과 대중성을 주입시켜나갔다.

공산주의가 폭력을 정당화시킨 것은 사람들을 죽이고 공포에 몰아넣지 않고는 급진 공산혁명이 불가능하다고 생각했기 때문이다. 레닌은 러시아 정권을 장악한 1918년 3월부터 10월까지의 공산혁명에서 170만을 죽음으로 몰아넣었다. 이후 레닌 사망 시까지의 5년간 2000만이 희생된 것으로 추산되고 있다. 뒤를 이은 스탈린 역시 무산계급 독재는 폭력에 입각한 혁명적 권력이라며 혁명 과정의 파괴와 폭력행위를 당연시 했다(김태익 세 1-12, 김용삼 2017).

공산혁명의 폭력성은 종주국인 소련은 물론 중국, 북한 등 20세기 지구촌 전체를 피로 물들였다. 공산국가의 폭력적 전통은 현재까지도 이어지고 있다. 2017년 프리덤하우스의 국가별 자유도 지수(정치적 권리와 기본권

⟨표0-2⟩ 2017년 주요국의 자유도 지수 (소득 단위: 1000달러)

나라	국체	소득	지수	나라	국체	소득	지수
일본	자유	38.8	96	말레이	자유	9.5	44
대만	자유	22.0	91	태국	자유	5.9	32
미국	자유	57.4	89	러시아	-	8.7	20
한국	자유	27.5	82	베트남	공산	2.1	20
인니	자유	3.5	65	중국	공산	8.1	15
필리핀	자유	2.9	63	북한	공산	-	3

자료 : https://freedomhouse.org/ 재구성
※ 소득은 세계은행 2016년 1인당 GNI(대만 2015년)

총합)를 보면 공산국가 또는 과거 공산국가였던 나라는 빈부와 무관하게 최하 수준의 자유도를 기록했다(도표 참조).

2) 현대사 교육의 궤도 이탈

우리나라 근대 역사학은 1920년대 이후 민족주의, 마르크스주의, 실증주의의 세 갈래 흐름을 보여 왔다. 박은식, 신채호로 대표되는 민족주의 사학은 일제 강점기 민족정신을 강조하는 학맥으로 정인보, 문일평, 안재홍으로 이어졌다. 문일평은 역사상의 반역자를 집중 연구했고 정인보는 한사군의 압록 이북설을 주장했다. 사회경제사학으로 지칭되는 마르크스주의 사학은 사회주의 사상이 풍미하던 일제시대의 산물이었다.

실증주의 사학은 일제 강점기의 문화 탄압과 직접적 마찰을 피하기 위해 사료비판 등 역사를 기술적으로 탐구했던 학파다. 민족적 저항운동에서 한 걸음 물러서 현실 타협적 연구방법을 선택했으며 1934년 진단학회를 결성했다. 대표학자는 이홍직, 이상백, 이병도 등이다. 역사연구 방법론에서 발전을 가져왔지만 당시의 민족 현실 극복이라는 문제를 외면하고 학문 영역에만 안주했다는 비판을 받는다. 식민체제를 동조, 묵인하거나 관변역사기구인 조선사편수회에 종사하면서 식민사학에 협조하는 길을 걸었다(노중국 외 2016).

▮ 좌경사관의 역사 뒤집기

1945년 해방 정국에 재빠르게 대응한 것은 마르크스주의 사학이었다. 뒤에 북한 교육상(교육부장관), 최고인민회의 의장(국회의장)을 지낸 백남운은 해방 이튿날 조선학술원을 설립하고 1946년 5월 민족문화연구소를 설립해 연구와 현실정치(신민당 위원장)에 뛰어들었다. 민족사학의 안재홍, 정인보, 손진태, 이인영 등은 신민족주의를 주창했다. 안재홍은 좌우합작 건국준비위원회 부위원장, 국민당 당수, 미 군정청 군정장관을 지냈다. 실증사학의 이상백, 이병도, 김상기 등은 서울대에서 자신들의 입지를 굳혔다. 이병도는 김상기와 더불어 미 군정청의 역사 교과서인 국사國史교본을 집필했다. 그러나 식민사학의 주장을 벗어나지는 못했다.

6.25전쟁 이후 마르크스주의 사학은 북한 역사학계의 주도권을 잡았고 민족주의 사학의 대표학자들은 전쟁 통에 납북돼 어디서도 뿌리를 내리지 못했다. 실증주의 사학은 남한의 대학 강단을 차지해 대한민국의 역사학을 이끌게 됐다. 주류가 됐어야할 민족주의 사학의 맥이 끊김으로써 우리나라 역사학은 절름발이가 되고 말았다. 민족과 국가의 정신을 표현할 학맥이 사라져버린 것이다. 실증주의 사학에 의해 역사의 정기가 흩어지고 마르크스주의 사학에 의해 역사가 침식된 현실이 오늘에 이어지고 있다(노중국 외 2016).

좌경 수정사관의 허구성 마르크스주의에 뿌리를 둔 좌경 수정사관은 1970년대 유신통치 시절에 반체제 이론으로 등장해 역사학계와 언론, 출판, 문단 그리고 대학생들 사이에 널리 유포됐다. 좌경 수정사관은 반독재 투쟁이라는 이념 목표에 따라 한국 근현대사의 전통적 역사해석을 부정하고 나섰다. 1980년대 이후에는 좌경 민중주의(민중적 민족주의) 사관이 등장해 이승만·박정희에 대한 비판연구가 이뤄졌다.

민중주의 사관은 대학가를 장악한 운동권의 논리로 발전했고 초중 교과서로까지 세를 넓혔다. 좌경사관들은 권위주의 정부와 상호작용을 일으키며 자폐적 남북 민족 지상주의로 흘렀다. 1980년대 중반 미국 반체제 학자 브루스 커밍스의 한국전쟁의 기원(한국어판)이 좌경 수정사관을 확산시키는 촉매제가 됐다. 북침설을 주장하는 엉터리 책이었다.
1990년대 좌경 수정사관은 정치적, 이념적 목적에 따라 역사적 사실마저 왜곡하는 도구로 전락하기에 이르렀다. 김영삼 정부 시기인 1994년 11월 6차 교육과정 국사교과서 준거안은 대구 10.1 폭동과 제주 4.3 폭동을 항쟁으로 기술하고 여수·순천 반란사건을 여수·순천 10.19 사건으로 바꿔놓았다. 공산주의자들의 폭력을 정당화하거나 얼버무리기 위한 시도였다. 또 좌익운동사와 주체사상을 다루도록 하는 등의 행직으로 좌편향 파동을 일으켰다(차하순 외 2015, 정경희 2015).

역사교육 바로 잡기 실패 김대중·노무현 좌파정권 시기에는 좌경 학자 및 문화계 종사자들의 영향력이 커지면서 현대사 왜곡의 폐해가 심각해졌다. 김대중 정권 말기인 2002년 7차 교육과정(2002~2010)에 채택된 한국근현대사 검정 교과서 6종은 역사 갈등을 본격화시켰다. 7차 교육과정 교과서들은 6차까지의 교과서들과 달리 대한민국의 건국, 국가 정체성, 6.25 전쟁과 국난 극복, 안보노력 등을 언급하지 않거나 부정 기술했다. 통일 문제에서도 남북 간 화해와 교류 협력만을 강조하고 자유민주주의에 입각한 통일원칙을 외면했다. 이때부터 좌경화된 현대사 교육이 2019년 현재까지 이어지고 있다.

이명박 정부는 좌편향 논란이 제기된 한국근현대사 검정 교과서 6종을 수정보완(206곳)하는 비상조치로 2008년 12월 문제를 1차 봉합했다. 이어 2009년 개정 교육과정(2010년 검정, 2011년 교재 사용)을 도입해 좌편향을 바로 잡으려 했으나 6종 중 일부는 근현대사의 편향성이 더 심해졌다. 대한민국 건국의 주역들을 폄훼하고 북한정권 성립을 우호적으로 서술하는 등의 문제가 노골화됐다.
2009년 개정 교육과정 2013년 검정(2014년 교재 사용) 교과서 8종 역시 대한민국의 정통성 훼손, 북한체제의 무비판적 접근, 대한민국의 발전과 번영 축소평가 등 문제점을 지니기는 마찬가지였다. 이명박 정부는 2013년 10월 8종의 교과서에 대해 829건의 수정(41건), 보완을 지시했으나 심각한 오류가 해소되지 않았다(정경희 2015). 이에 박근혜 정부는 2015년 개정 교육과정(2018년 교재 사용)에 따라 자유사관에 입각한 국정교과서로의 전환을 시도했으나 탄핵사태를 맞아 교과서가 발간되자마자 폐기처분되고 말았다(도표 참조).

〈표0-3〉 건국 이후 역사과 교육과정 및 교과서 변화

교육과정	연도	체제	과목명	종수	평가
1차	54~63	검정	국사/한국사/문화사	8	정상
2차	63~73	검정	국사	11	정상
3차	74~81	국정	국사	1	정상
4차	82~89	국정	국사 상/하(근현대사)	1	정상
5차	90~95	국정	국사 상/하(근현대사)	1	정상
6차	96~01	국정	국사 상/하(근현대사)	1	정상
7차	02~10	국/검정	국사/근현대사	1/6	좌경
-09개정	11~13	10검정	한국사	6	좌경
	14~16	13검정	한국사	8	좌경
-15개정	17	국정	한국사	1	정상

자료: 정경희 2015 재구성

역사 교과서의 좌경 실상

김대중 집권 말기의 2002년 7차 교육과정(이하 7차) 이후 다수 역사 교과서들은 대한민국의 정체성을 매도하고 북한을 옹호하는 방향으로 현대사를 뒤집었다. 연합국이 카이로 선언을 통해 한국의 독립을 약속한 부분에서 7차 이후 교과서들은 이승만의 외교활동 등은 간과한 채 무장 독립투쟁만 강조하는 미시성과 편향성을 보였다. 일부 교과서(금성)는 연합군 승리로 해방이 새 국가 건설의 장애가 됐다고 적어 북한 교과서와 비슷한 시각을 드러냈다.

6차까지는 신탁통치 반대의 주체를 우리 민족, 우리 국민, 대다수의 국민으로 하고 찬성의 주체를 공산주의자로 서술했었다. 그러나 7차에서는 일

부(금성, 두산) 교과서가 반탁의 주체를 우익으로 좁혔고 공산주의 대신 사회주의, 좌익이란 용어를 썼다. 공산좌익의 찬탁은 5차까지 찬탁으로 표현했으나 7차부터 미영소 3국 외무장관 회담의 결정을 받아들이기로 했다는 식의 우회적 표현으로 빠져나갔다. 북한 교과서와 별 차이가 없었다.

찬탁 이유에 대해서는 6차까지 소련의 사주를 받아서였다고 기술했으나 7차 이후는 다수 교과서가 '3국 외무장관 회담의 본질이 신탁통치보다 임시정부 수립에 무게가 있다고 보아서'라는 회피적 이유를 들었다. 1946년 1월 3일 소련의 지시에 따른 북한의 지령을 받고 찬탁으로 돌아섰다는 사실이 아예 사라졌다. 미소공위가 소련의 억지 주장(신탁통치 반대 정당 및 사회단체 임시정부 구성 협의에서 제외) 때문에 결렬됐다는 사실도 언급하지 않았다(정경희 2015).

공산폭동, 반란의 용어 세탁 7차 이후에는 1946년 대구 10.1 폭동, 1948년 제주 4.3 폭동, 여순(여수·순천) 10.19 반란사건 등에 대한 역사 뒤집기가 본격화됐다. 제주 4.3 폭동의 주체는 6차까지 공산주의자였으나 7차부터 좌익, 남로당으로 바뀌었고 제주 도민들을 이 사건의 주체로 포함시켰다. 일부 교과서는 공산주의자에 대한 언급 없이 단선에 반대하는 도민들의 궐기로 서술하기도 했다.[2] 여순 반란사건은 10.19 사건으로 바꾸거나 여순 봉기, 여순 군민 항쟁으로 용어를 뒤집었다. 대한민국 건국을 방해하기 위한 공산주의자들의 폭동, 반란을 은폐하기 위해 용어를 세탁하고 폭동 주모자와 반란 가담자를 통일조국 건설의 희생자인 양 서술한 것이다. 6차까지 교과서들은 대한민국이 유엔의 승인을 받은 한반도 유일의 합법 정부라는 정통성을 특히 강조했다. 임시정부의 법통을 계승했으며 정치적

---

2) 4.3 폭동의 진상규명은 남로당 폭동 및 반란 가담자와 무고한 희생자를 구분하는 데서 출발해야 한다. 폭동 및 반란을 소요사태나 민중항쟁으로 조작하려는 시도에 경각심을 가져야 한다.

으로 자유민주주의를, 경제적으로 자본주의를 기본으로 삼았다고 기술했다. 그러나 7차에서는 2종만이 한반도 유일의 합법정부라고 적어 대한민국이 한반도에 세워진 두 개의 정부 중 하나라는 그릇된 인식(민중사관)을 심었다.

북한정권 수립을 정당한 절차에 의해 수립된 것처럼 정부 수립 또는 조선인민공화국 수립으로 합법적 지위를 부여하기도 했다. 북한의 정권 수립과 관련한 1948년의 선거는 북한노동당이 지명한 단일후보에 대한 흑백투표로 보통, 평등, 직접, 비밀의 민주선거와는 거리가 멀었다. 5종 교과서는 흑백투표함에 의한 찬반 공개투표라는 사실을 언급하지 않았다(김용삼 2017, 정경희 2015).

남침, 김일성 독재 얼버무리기 7차 이후에는 북한의 남침을 명시하지 않고 전면적인 공격으로 전쟁이 시작됐다는 식으로 에둘러 쓰는 교과서가 등장했다. 소련과 중국, 북한의 침략 모의를 간과한 채 38선에서의 남북 간 분쟁을 강조하는 식으로 전쟁의 원인을 얼버무렸다. 북한 군대의 명칭은 1차에는 괴뢰군, 2차~6차는 공산군으로 하다 7차에서는 북한군(인민군)으로 바뀌었다.

일부 교과서는 유엔군의 참전을 개입, 중공군의 개입을 참전으로 써 본말을 뒤집었다. 6차까지는 모든 교과서가 유엔군 참전, 파견(지원, 원조), 중공군 개입(침입, 침략)으로 썼다. 중국의 군대 명칭은 6차까지는 중공군으로 썼으나 10검정에서는 중공군이 완전히 사라지고 중국인민지원군이라는 용어를 쓰는 교과서가 6종 중 3종이나 됐다.

일부 7차 교과서는 야당과 언론의 비판기능이 살아 있던 이승만 정부를 김일성 절대 독재 정권과 병치시켰다. 남한의 권위주의 체제와 북한의 전체주의 독재체제를 동류로 취급하는 오류를 범한 것이다. 어떤 교과서는 남한 40년 역사에 독재 표현을 13차례 사용한 반면 북한에는 한 차례도 사용하지 않았다. 7차 교과서들이 김일성 중심의 통치체제, 김일성 유일체제, 김정일 후계체제로 부르는 것은 북한 독재를 옹호하는 표현이 아닐 수 없다. 7차 이후 세습이란 표현을 쓴 것은 3종뿐이었고 9종은 후계체제가 확립됐다는 식으로 미화했다. 7차와 10검정에서 5가지 북한의 중요 도발사건(1.21 사태, 울진·삼척 무장간첩 침투, 아웅산 테러, 칼기 폭파, 동해 잠수정 침투) 가운데 하나도 언급하지 않은 교과서가 12종 중 4종이나 됐다(정경희 2015).

근현대 인물평가의 비역사성 13검정 고교 교과서 8종(2014년 발행)에서도 대한민국 부정, 북한 옹호의 기조가 이어졌다. 좌편향은 물론이고 역사사실의 객관적, 합리적 평가가 이뤄지지 않았다. 10검정 3종을 포함한 11종의 교과서에 수록된 안중근, 유관순, 김좌진과 1970년 동대문시장 분신근로자에 대한 서술을 보면 분신 근로자가 근현대사에서 가장 비중 있는 인물로 다뤄졌다. 다음이 김좌진, 안중근, 유관순이었다. 11종의 서술 합산 점수는 분신 근로자가 60.5점, 김좌진과 청산리 대첩이 59.0점, 안중근이 46.0점, 유관순이 20.7점으로 나타났다.

13검정 8종에 대한 교과서 평가에서 적합 판정이 가능한 것은 교학사 1종뿐이었다. 책의 내용과 구성, 학습자료 구성, 디자인, 서술의 적합성(과거사, 현대사) 등 4가지 요소(A·B·C·D를 10·9·8·7 비율로 배점)를 분석한 결과 총평 우수(A) 등급은 1종도 없었고 양호(B) 등급도 1종뿐이었다. 나머지는 교과서로 적합하다고 보기 어려운 무난 등급(C)이 3종, 그보다 심각한 상태의 보류 등급(D)이 4종이었다(도표 참조). 여러 요소에서 문제가 나타났지만 가장 큰 결함으로 꼽힌 것이 현대사의 좌편향 서술이었다. 대한민국의 국격과 위상에 걸맞지 않은 심각한 불량품 교과서였다(박진용 2015).

이런 현실이 2017년 박근혜 정부에 의한 교과서 국정화를 불러왔다. 한국의 좌경 역사교과서가 법정관리에 들어간 사건이나 다름없었다. 정치적 소용돌이 속에서 선을 보인 국정교과서는 문제들이 있었지만 논란의 핵심이었던 현대사는 무난하게 처리해 양호 등급을 줄 수 있을 정도였다(박진용 2016). 그러나 뒤이은 좌파 정부가 갓 태어난 국정교과서를 폐기시키는 바람에 좌경 교과서들이 여전히 활개를 치고 있는 상황이다.

〈표0-4〉 2013 검정 고교 역사 교과서 적합성 평가 (일부)

구분	구성	학습	디자인	과거사	현대사	적합성
배점	20	10	10	20	40	100
교학사	C	B	B	B	B	B(양호)
18국정	C	B	C	B	B	B(양호)

출처: 박진용 2015, 2016

3) 한국사의 지향과 그 장애물

일제 식민사관과 중화 패권사관(동북공정)은 한 세기 가까운 시차를 두고 한국사에 대한 침략에 나섰다. 두 사관의 중심목표는 고조선 등 고대사의 시간과 공간을 축소시키는 것이었다. 고조선의 시간 축소를 위해 단군조선의 실재를 부인하고, 공간 축소를 위해 고조선 영역을 한반도 북부로 가둬버렸다. 우리 역사학계는 좌경 체제투쟁에 빠져 지금까지 이런 일본, 중국의 역사침략에 제대로 대응하지 못하고 있다(이덕일 외 2006).

대한민국은 나라가 존속하는 한 중국, 일본과의 대립과 투쟁, 협력을 피할 수 없는 관계다. 역사전쟁, 경제전쟁, 안보전쟁을 슬기롭게 이끌어갈 국민적 각성과 국가지성을 키워나가지 않으면 안 되는 입장이다. 그 점에서 국가목표에 바탕을 둔 대한민국의 역사인식이 중국, 일본과의 관계를 가늠하는 중요한 지표가 된다. 나라 없는 역사라는 것은 애초에 성립될 수 없기 때문에 역사인식은 국가목표에 종속될 수밖에 없다.
한국의 변함없는 국가목표는 자유민주적 남북통일과 한중일이 역학의 균형을 이루는 삼국정립이다. 남북통일은 세습독재에 신음하는 북한 주민 해방이라는 민족회복의 의지를 바탕으로 해야 마땅하다. 삼국정립은 고려의 거란 퇴치와 고려·요·송의 관계를 현대적으로 되살려내는데서 그 해답의 실마리를 찾을 수 있을 것 같다. 대한민국의 역사는 이런 국가목표를 서술의 기준점으로 수렴해 들일 수 있어야 한다.

▎국가정신, 국가의지, 국가목표

남북통일과 삼국정립에 다가서기 위해서는 거기에 걸맞은 국가정신과 국가의지가 뒷받침돼야 한다. 그것은 먼저 국가윤리와 국가이성의 건전화라는 문제와 연결된다. 국가 지도층의 윤리가 무너진 사회에서 역사적 성취나 진전을 이룬 예는 없다. 국가이성이 정상적으로 작동되지 않는 사회에서는 역사 운행이 올바르게 나아갈 수 없다. 현재의 대한민국은 이 두 가지 점에서 낙제점 수준에 가깝다. 국가목표를 달성할 정신적 역량이 전혀 갖춰져 있지 않다는 말이다.

2002년 여중생 두 명이 미군 장갑차에 치여 죽은 사고 때 대한민국은 미국을 비난하는 촛불로 밤을 지새웠다. 좌경세력들은 당시 여중생 사고사를 살인으로 선전 선동했다. 그러나 2010년 북한의 천안함 폭침으로 46명의 장병이 전사했을 때 우리 국민들은 걸맞은 분노를 보여주지 않았다. 우발적인 사고사와 무력 도발에 의한 전사는 범죄성에서 비교가 될 수 없는 일이다. 단순 교통사고와 국가안보에 비상이 걸린 사건에 대해 국민들은 도착된 반응을 보였다. 엇나간 종북 민족주의의 선전선동이 국가윤리와 국가이성의 정상적 작동을 막은 사건이 아닐 수 없다.
우리가 지도급 인사들에 대한 인사청문회를 여는 것은 국가윤리를 지키고 실용능력을 점검하기 위한 것이다. 그러나 인사청문회가 지금까지 보여준 것은 타락한 윤리, 후안무치한 이기심과 자기합리화였다. 국가이성을 드러낸 것이 아니라 비상식적 이념과 허망한 공론의 노예들이라는 사실을 확인시켜줬을 뿐이다. 대중영합주의로 국민들을 썩고 병들게 만드는 소위 선출된 권력들도 수두룩하다. 권력에 부화뇌동하며 일신의 영달을 구하는 지식인, 교수, 학자들의 악취도 넘쳐난다. 이런 부조리들을 개혁하지 않으면 한국이 일류 선진국으로 도약할 가능성은 점점 줄어들게 된다.

한국에 비해 문화, 교육 여건이 뒤떨어지는 싱가포르가 한국보다 질 높은 생활을 유지하는 것은 정치와 사회가 깨끗해 일의 효율성이 높기 때문이다. 국가윤리가 살아 있고 사회가 깨끗해지면 내외부적 환경이 실용을 중시하고 일하는 사람들의 능력을 앞세우게 된다(이영훈 2013, 이동훈, 이한수 혼3-24, 정주영 1992).

국가목표의 몇 가지 하위목표 대한민국이 당면한 국가목표를 이루기 위해서는 적어도 몇 가지의 하위목표들을 염두에 두고 있어야 한다. 미래지향적인 헌법의 마련, 정치 과잉의 해소와 지방자치제의 구조조정, 통일 이후의 정신적·물질적 대비, 기업부국의 인식 확대, 국민소득 5,6만 달러의 달성, 국토균형개발과 분권화의 실용적 접근 등등이다.

언젠가 마련될 새 헌법에는 종속자폐공론의 찌꺼기들을 쓸어내고 대한민국의 정통성을 공고히 하는 조치가 필요하다. 세계 4강에 둘러싸인 국가비상인식을 담아내는 등 자주개방실용의 국가 지표를 분명히 구현해내야 한다. 국민의 권리만 있고 의무는 없는 방종적 삶에 대한 반성도 있어야 할 것이다.[3] 입법부, 행정부의 윤리 강화를 위해 자신들의 예우나 처우에 유리한 어떤 법도 만들지 못하게 못을 박아야 한다. 대통령과 고위공직자, 선출직의 사상검증과 능력검증을 위한 강력한 제도 설계도 필요하다.
국력 낭비를 부르는 정치 과잉을 줄이는 방안도 충분히 검토해봐야 한다.

법률에 2중, 3중의 정치권 진입장벽과 책임장벽을 만들어 인간쓰레기들이 국정을 좌지우지하게 방치해서는 안 된다. 정치권의 먹이사슬에 불과한 지방자치제는 과감한 구조조정이 필요하다. 미국의 1개주, 중국의 1개성 정도의 작은 나라에 권력기관, 완장기관만 우후죽순으로 늘어나 정치가 국가의 진보를 방해하고 있는 것이 지금의 현실이다.

통일 이후의 정신적·물질적 대비를 위한 조치도 착실히 진행시켜야 한다. 남북이 평준화된 삶을 누릴 수 있도록 남한의 과도한 욕구수준을 억제하는 대승적 조치가 있어야 할 것이다. 남한의 재정을 건실화하고 무차별적인 복지를 제한해 통일에 대비하지 않으면 통일이 국난으로 뒤바뀔 수 있다.

국가의 경제력 확충은 통일과 삼국정립의 기본 조건이다. 기업이 곧 국가라는 정도의 실용적 접근을 통해 적어도 세계 GNP의 3%를 달성한다는 거시적 국가목표가 있어야 대한민국이 미래를 기약할 수 있다. 엎어지면 코 닿을 작은 나라에서 국토균형개발과 분권화 주장은 불필요한 갈등과 비생산성을 부를 뿐이다. 실용논리가 아닌 정치논리들이 국가 발전을 가로막고 있는 것이 어제오늘의 일이 아니다.

좌파정부의 옹색한 역사인식

대한민국은 세계 최악의 빈곤국에서 10위권의 경제대국으로 성장한 세계사적 성공국가다. 그런 열매는 아무 나라에게 주어지는 것이 아니다. 그렇다면 나라의 주춧돌을 놓고 그것을 지키며 조국의 근대화를 이룬 건국의 지도자들에게 합당한 평가가 이뤄져야 정상적인 국가라 할 수 있다. 한

---

3) 국민기본권은 절대권이 아니다. 다른 기본권과의 충돌로 인해 여러 가지 제약을 받을 수밖에 없다. 공공의 안녕을 위한 시위 제한이나 폭력시위 집단에 대한 징벌적 시위금지 조치는 자유민주주의 법치이념에 위배되지 않는다. 대한민국 체제전복을 위한 표현의 자유도 용납돼서는 안 된다.

민족 역사에 처음 있는 삼성, 현대, LG 등의 세계 제패도 역사 서술에서 의미 있게 조명돼야 마땅하다. 후세들에게 자부심과 긍지, 동기를 부여하는 역사가 있어야 새로운 도약이 이어질 수 있기 때문이다. 그것이 국가통합과 정체성의 공유라는 역사의 본래적 기능에 부합한다.

하지만 대한민국 부정의 좌경사관은 이런 성취를 깎아내리고 용공으로 치닫는 종속자폐공론에서 헤어나지 못하고 있다. 2018년 좌파 여당의 자유 빠진 개헌안 해프닝에 이어 교육부는 사실상 자유민주주의를 민주주의로 바꾼 역사교과서 집필기준 시안을 확정했다. 교육과정 내용체계, 학습 성취기준, 학습요소에 있던 자유민주주의를 모두 민주주의로 바꿔치기한 것이다. 교육부는 민주주의가 자유민주주의(인민민주주의, 민중민주주의)를 포괄하는 상위개념이라는 이유를 들었지만 그런 궤변이 없다.

자유민주주의 부정의 궤변들 자유민주주의나 그 대척점의 공산주의(사회주의)는 최상위의 개념이다. 북한이나 중국이 내세웠던 인민민주주의는 공산주의의 하위개념 또는 전술적 수단에 불과하다. 이를 자유민주주의와 묶어 쓰면 사람과 옷을 같은 부류로 취급하는 모양새가 된다. 더구나 중국, 북한이 사회주의를 표방하고 있는 마당에 구시대의 인민민주주의를 민주주의의 하나로 들러리 세우는 것은 난센스에 가깝다. 자유민주주의 헌법의 나라 역사 교과서에 인민민주주의, 민중민주주의가 들어설 자리는 없다.

교육부는 성취기준이나 학습요소가 아닌 성취기준 해설에서 자유민주적 기본질서라는 한 마디를 삽입해 눈 가리고 아웅 하는 시늉만 했다. 좌파 진영 일부에서는 자유민주주의를 유신헌법 반공 이데올로기의 잔재라는 얼토당토 않는 주장으로 교육과정에서 자유를 삭제할 것을 주장했다. 이런 괴상한 논리에 오염된 사람들이 의외로 많다(도표 참조).

〈표0-5〉 헌법·교육과정의 자유주의 용어 사용 변천

헌법	연도	자유주의 표방
제헌헌법	1948	전문, 5조 모든 영역 개인 자유
4공 헌법	1972	전문 자유민주적 기본질서
5공 헌법	1981	전문 자유민주적 기본질서
6공 헌법	1987	전문, 4조 자유민주적 평화통일
교육과정	연도	자유주의 표방
3차 과정	1973~81	자유민주주의 36년 계속 사용
5~7차 과정	1987~09	김대중, 7차 검정 6종 중 4종 사용
2007개정	2007	노무현, 집필기준 자유민주→민주
2009개정	2011	이명박, 집필기준 민주→자유민주
2018개정	2020?	문재인, 집필기준 자유민주→민주

대한민국은 제헌헌법부터 현재의 6공화국 헌법에 이르기까지 70년 이상 자유 또는 자유민주라는 용어를 헌법 전문이나 조문에서 빠트린 적이 없다. 역사학과 교육과정에서도 1973년 이후 2006년까지 36년간 자유민주주의를 강조해왔다. 노무현 정부가 2007년 교육과정에서 이를 뒤집어 민주주의로 바꿨으나 이명박 정부가 곧바로 자유민주주의로 바로잡았다. 3기 좌파 정부의 자유 삭제 시도는 노무현 정부에 이어 두 번째다.

무력도발과 북한인권 무시 3기 좌파정부의 2018년 역사 교과서 집필기준은 한국의 한반도 유일 합법정부 지위와 북한의 각종 도발, 인권 실태를 의무적인 서술내용에서 제외시켰다. 역사 서술의 기본 틀을 좌경으로 완전히 뒤집겠다는 발상이다. 그런 의도는 고교 현대사 단원(대주제)의 소주제 내용·체계에서도 어느 정도 읽어낼 수 있다. 이들 소주제는 얼핏 문제가 없어 보이지만 좌경의 함정들이 숨어 있다(도표 참조).
집필기준의 8.15 광복과 통일정부 수립 노력이라는 소주제는 역사 사실의 오도에 가깝다. 통일정부 수립은 소련의 야욕과 방해로 애초에 불가능한 상태였고 남북회담은 김구 등이 북한의 농간에 놀아난데 불과했다. 엉뚱한 곳에 방점을 찍은 꼴이다. 마지막 소주제의 남북화해는 역사의 특정 일면만을 부각시키려는 좌경 왜곡의 한 단면이다. 남북이 화해를 이뤘다면 각종 도발이나 북한의 핵, 미사일 개발 같은 일이 없어야 한다. 한국의 지향은 북한해방이지 남북화해가 아니다. 동아시아 평화노력이라는 소주제는 냉엄한 역사현실을 무시하고 공론적 환상을 심어줄 우려가 있다. 동북아시아의 갈등과 협력이라는 국가 현실을 제대로 반영한 소주제로 바꿔줘야 한다(박진용 2018-1).

이에 대한 반론으로 제시한 저자의 소주제 시안은 교육부 내용체계의 문제점을 이해하는 참고자료가 될 수 있다. 산업화의 달성, 중진국 진입, 자유민주주의의 발전, 선진국 도약과 같이 시대를 포괄하면서도 사실에 충실한 소주제들이 현대사의 중추를 이루게 해야 한다. 남북화해라는 소주제는 북한의 파탄과 통일안보 정책의 공전 정도로 바꿔주는 것이 합당하다. 그것이 공산주의 붕괴라는 세계사적 흐름과 일치한다.

〈표0-6〉 고등 현대사 단원의 제목 체제 비교

교육부 집필기준(8소주제)	저자 시안(6소주제)
대한민국의 발전	대한민국 건국과 선진화의 과정
8.15 광복과 통일정부수립 노력	냉전…남북분단과 대한민국 건국
대한민국 정부수립	
6.25 전쟁과 남북분단 고착화	북한의 6.25 남침과 전후 국가재건
4.19 혁명과 민주화 노력	
경제성장과 사회, 문화 변화	군사정부 등장과 산업화의 달성
6월 민주항쟁과 민주주의 발전	중진국 진입과 자유민주주의 발전
외환위기와 사회,경제적 변화	선진국 도약과 세계화 시대의 굴곡
남북화해와 동아시아 평화노력	북한의 파탄과 통일안보 정책 공전

자료: 박진용 2018-1

3. 다시 써야할 자폐증 현대사

역사의 인과관계에는 기적이나 속임수라는 것이 없다. 전제정치와 식민지배의 경험밖에 없는 신생국이 군사정변이나 권위주의 독재 같은 중간역을 거치지 않고 민주정치로 직진한 예는 없다. 중후진국에서는 아직도 민주화를 이루지 못한 나라들이 더 많다. 그 점에서 대한민국은 자유민주 체제(이승만)의 이식과 산업화(박정희)를 달성해 민주화의 기반을 닦음으로써 세계 중후진국의 모델국가가 됐다. 좌경사관은 이 같은 현대사의 성취를 부정하고 무시하는 것으로 자신들의 자폐적 정체성을 지키려 한다. 두 대통령과 연관된 대한민국의 건국, 권위주의 독재, 군사정변, 친일 문제를 집요하게 공격해 현대사를 비루하게 만들고 있다.

건국 논쟁은 좌우합작의 성격을 띤 상해 임시정부를 대한민국의 건국으로 간주해 자유민주의 국가 정통성에 흠집을 내려는 시도의 하나다. 문제도 아닌 일을 문제로 만들어내는 종속자폐공론의 또 다른 모습이다. 1919년 임시정부 수립은 우리가 잊지 말아야할 역사기억(건국이 아님)의 하나이고 1948년은 대한민국이 영토, 국민, 주권을 회복해 새로 건국한 해임이 분명하다. 건국이라는 표현을 쉽게 와 닿는 정부 수립으로 바꿔 썼을 뿐이다. 이를 대한민국 수립 또는 정부 수립이라고 하는 것은 당당하지 못하다.

우리 역사 교과서들은 고조선은 물론 고구려, 백제, 신라, 발해, 고려, 조선을 모두 건국한 것으로 서술한다. 유독 대한민국만 정부 수립 또는 수립으로 적고 있다. 고대나 중세, 근세의 국가들이 표현의 유무와 관계없이 건국한 것으로 이해되는 것처럼 대한민국 역시 건국된 것으로 봐야 마땅하다(박진용 2015, 2016).

이 절에서는 나머지 세 가지의 주제 즉 권위주의 독재, 군사정변, 친일문제에 대한 좌경사관의 부적절성과 부당성을 차례로 짚어봤으면 한다. 이승만의 반공독재는 1990년대 공산권 붕괴로 정당화됐고, 박정희 개발독재는 모방자인 중국의 약진으로 정당화됐다는 사실을 먼저 상기시키고 싶다.

1) 자유국가인가 공산국가인가

이승만 대통령에 대한 역사 해석은 좌우 사관의 첨예한 대치점을 형성해왔다. 결론부터 말하자면 좌경사관의 이승만 비판은 시각의 편향성과 편협성으로 인해 귀담아 들을만한 가치가 없다는 것이다. 역사 현상을 거시적, 종합적으로 파악하는 것이 아니라 특정의 국면에 초점을 맞춰 억지로 꿰맞추려 드는 인상을 준다. 당시의 국가 상황, 국제적 흐름, 이후의 결과나 여파 등 공시적, 통시적 고려가 결여돼 있다는 것이다. 특히 북한과 남한에 이중적 잣대를 들이대 학문존립의 근거인 객관성을 의심하게 만든다.

1940,1950년대 이승만 시대의 한국 역사는 민주-독재의 2분법이 아니라 당시 신생국들과의 비교사 입장에서 접근, 평가할 필요가 있다. 당시 동아시아에서 한국보다 민주화가 진전된 나라는 필리핀 정도에 불과했다. 장개석이 이끈 중화민국(대만)에서는 정부에 의한 백색 테러가 공공연했고 1989년까지 다당제조차 허용되지 않았다. 좌경사관은 이런 현실을 역사 서술에 반영하지 않음으로써 역사학을 황폐화시키고 있다.

▎이승만 평가의 부정편향

이승만 대통령(1875~1965)은 자유민주주의를 지켜낸 것으로 건국 대통령으로서의 1차적 소임을 다한 것으로 봐야 한다. 이승만이 강경한 반공주의자가 아니었다면 한반도는 공산화됐을 가능성이 크다. 소련·중국·북한 등 공산체제의 위협 속에서 자유민주주의 국가를 건실하기 위해서는 상낭

한 정도의 강권통치가 불가피했다. 비상한 시국에서는 비상한 조치가 필요한 법이다. 지금과 같은 한가로운 시각으로 폭력 공산정권들과 맞섰던 당시를 판단할 수는 없다.

이승만 대통령의 업적은 녹립투사로서의 활동, 자유민주주의 건국이념 채택, 농지개혁, 한반도 유일 합법정부의 지위 확보, 6.25 전란 극복, 반공포로 석방과 안보체제 구축, 평화선 선포, 교육혁명(문맹률 감소), 국제협력 노선을 통한 국가 발전의 토대 마련(원조경제 21억 달러), 4.19 무혈혁명의 마무리 등을 꼽을 수 있다. 작고 가난한 나라였음에도 자주노선으로 국가의 자존심과 위신을 지켜냈다.

이런 수다한 업적들에 대해 7차 교육과정(2002~현재) 이후의 좌경 역사 교과서들은 충분한 주의와 합당한 서술을 끌어내지 못하고 있다. 이승만 대통령의 업적을 폄훼하거나 외면하고 독재정치와 부정부패에 초점을 맞추는 편협성과 이중성을 드러내고 있다.

농지개혁, 휴전협정의 왜곡 2차 대전 이후 산업화에 성공한 한국, 일본, 대만의 공통점은 농지개혁을 철저하게 시행했다는 점이다. 필리핀은 1946년 독립 이후 여러 차례 농지개혁에 나섰으나 지주가문의 세습적 기득권과 엘리트 관료들의 정경유착 그리고 고질적 부패로 번번이 실패했다. 농지개혁이 흐지부지되면서 아직도 아키노 가문 등 15대 지주 가문이 국부의 50%를 차지하고 있다.

좌경 교과서들은 전 농민의 소작민화를 초래한 북한의 토지개혁은 긍정 평가하면서 이승만의 농지개혁에 대해서는 불철저했다는 식으로 깎아내린다. 소유권을 갖지 못하고 경작권만 인정받은 북한 농민들은 이후 집단농장으로 편입되면서 농노나 다름없어졌지만 남한에서는 지주가 사라지고 자영농 체제가 정착됐다. 대한민국 건국이후 최대의 국책사업이었던 농지개혁은 지주세력의 기반을 무너트린 경제적 친일청산이기도 했다.
6.25 전쟁 휴전 성립에 대해서는 6차 교육과정까지 공산군 측 휴전 제의에 대해 우리 정부와 국민은 민족분단 영구화를 우려해 반대했다고 적었다. 또 휴전에 반대하는 범국민적 시위가 전국적으로 일어났다고 기술했었다. 그러나 7차 이후 좌경 교과서들은 반공포로 석방으로 휴전협정을 무산시킬 수 있었다거나 휴전협정을 위기로 몰아넣었다는 식으로 역사의 초점을 흐리고 있다. 반공포로 석방은 한미방위조약 체결을 위한 포석이었으나 이에 대한 설명도 없다. 또 공산포로와 반공포로 심사와 분류가 강압성을 띠어 북한군 포로들이 폭동을 일으켰다는 터무니없는 창작을 하기도 한다(차하순 외 2015, 정경희 2015).

친일청산과 개헌파동의 배경 친일 반민족행위 청산 실패와 개헌 파동은 이승만 시대의 역사적 취약점이다. 친일청산 실패는 반공과 국가운영 인력의 한계라는 다급성에서 비롯된 것이긴 하나 민족정기를 훼손한 점에서 국가 백년대계를 그르친 아쉬움이 있다. 제헌국회는 1948년 9월 반민족행위처벌법을 만들어 15개 유형의 반민족행위자들을 사형에서 10년 이하의 징역에 처하고 재산 전부 또는 2분의 1 이상을 몰수한다는 처벌 규정을 두었으나 이승만 정부의 애매한 입장으로 용두사미가 되고 말았다.

당시 친일청산을 어렵게 만든 것은 공산주의자들의 도전과 폭력적 준동이었다. 건국 초기 대한민국은 공산세력과 국가존망을 놓고 싸움을 벌이는 상황에 몰려 있었다. 제헌국회가 반민족행위처벌법을 통과시킨 1948년 9월 무렵 남한에서는 제주 4.3 폭동 지속, 10.19 여순 반란사건, 3차에 걸친 대구 반란사건(11, 12월) 등 남로당 폭동, 반란이 잇따라 안보가 와해지경에 있었다. 뿐만 아니라 1948년 5월 소해정 3척 월북, 국군 8연대 1대대 집단월북, 6월 국군 9연대장 피살, 9월 군용기 월북 등 안보체계에 커나란 구멍이 뚫려 친일청산이 뒷전으로 밀릴 수밖에 없었다(이덕주 2007,

김용삼 2017).

좌경사관은 이런 상황조건은 무시한 채 친일파 청산을 방해하거나 친일파를 기용했다는 2분법적 잣대로 이승만을 친일세력의 대부로 음해하고 있다. 그것은 공산화가 되든 말든 친일청산에 국가의 모든 것을 걸어야 했다는 무책임한 논리와 다르지 않다. 이승만이 초대 내각에 전문 기술 분야 2명을 제외하고는 친일파를 기용하지 않았다는 사실은 친일파에 대해 충분한 경계의식을 가지고 있었음을 보여준다. 이후의 평화선 선포나 일본 기술과 일본인 입국 금지 등 강경한 반일 정책은 좌경사관의 주장이 터무니없는 것임을 확인시켜주고 있다.

1952년의 대통령 직선제 발췌개헌, 1954년의 3선 연임제 사사오입 개헌 역시 상황적 접근이 필요하다. 발췌개헌 비판은 대통령의 권력욕과 부산 정치파동이라는 절차에 초점을 맞추고 있으나 그런 피상적 접근으로는 설명이 충분하지 않다. 6.25 전쟁이라는 전란 상황, 당시의 수준 낮은 정치문화, 국정 리더십 공백의 위험성, 제헌헌법의 불완전성 등을 두루 고려해 판단할 문제다. 제헌헌법은 내각제 골격에 대통령제를 덧붙인 기형적 모습이었고 대통령과 부통령이 서로 다른 정당에서 선출될 수 있는 불안정성을 안고 있었다. 3선 연임을 위한 사사오입 개헌은 민주질서를 위협한 사변임에 분명하다. 그러나 당시 신생국 정치사에서 다반사로 나타나는 집권연장 기도의 하나로 한국만의 특수성으로 강조해서는 안 될 일이다.

권위주의 독재의 상황요인들 이승만 정부의 또 다른 취약점은 권위주의 독재다. 그러나 역사가 현실을 벗어나 윤리지상주의에 빠져들면 탁상공론이 되고 만다는 사실을 분명히 해둘 필요가 있다. 이승만 시대의 민주주의는 1인당 국민소득 50달러의 극빈상태, 문맹률 86%, 민주주의 경험 전무라는 당시 국가수준을 기준으로 평가돼야 한다. 북한이 적화통일을 노리는 국가 위기상황에서 민주와 독재로 두부모 자르듯 재단하는 것은 역사학의 시야를 좁히는 흑백논리나 다름없다.

이승만의 반공독재에 대한 비판을 정당화하기 위해서는 공산독재에 대해 몇 배나 가혹한 비판의식을 보여줄 수 있어야 한다. 스탈린, 모택동, 김일성 등의 거악을 외면한 채 이승만의 양반독재를 비난한다는 것은 연쇄살인마 대신 보행위반자를 때려잡는 꼴이나 마찬가지다. 권위주의 체제와 북한의 절대독재를 같은 부류로 얼버무리는 것도 진실을 조작하는 행위다. 인권과 국민 기본권, 법치주의, 다당제 등 자유민주주의의 테두리를 지키는 가운데 정치적 제한이 일부 가해지는 권위주의 체제와 자유민주주의의 모든 것을 부정하는 공산독재를 동렬에 놓을 수는 없다.

독재에서 비롯된 부정부패는 80대의 노쇠한 이승만에게 직접적인 책임이 없었다하더라도 자신이 안고 가야할 멍에다. 그러나 이승만은 일부 동남아시아 권력자들처럼 개인적 비리 같은 추문을 남기지 않았다. 수많은 애

> 🔍 **역사 돋보기** - 민주화에 대한 시각
>
> 한국 현대사에서 민주화의 개념은 자폐적, 2분법적 관점에 머물러 있다. 1950년대 이승만 체제, 1960년대 박정희 군사정부와 1970년대 유신체제, 1980년대 전두환 체제에 대한 저항과 항거를 민주화 운동으로 규정한다. 그러나 민주화 운동이 민주화의 전부요, 본질인 것처럼 생각해서는 안 된다.
>
> 한국의 핵심적 민주화 작업은 1948년 자유민주주의 헌법을 제정한 것이었다. 해방 이후의 극심한 혼란 속에서 자유민주주의 국가를 건설하는 기적을 이루지 못했다면 이후의 민주화라는 도정은 있을 수 없는 일이었다. 이승만 정부가 6.25 전쟁을 극복하고 자유민주 체제를 지켜낸 것은 민주화의 최대 공로로 지적해도 지나치지 않다. 이후 박정희·전두환 정부가 안보를 튼튼히 하고 산업화, 시장경제를 촉진한 것도 민주화의 밑거름이 됐다. 두 정부가 민주주의의 하부구조를 안정시켰다는 점에서 민주화의 최대 기여자였다는 사실도 부정하기 어렵다(차하순 외 2015).

첩과 상상을 초월하는 재산을 긁어모으고 족벌비리가 넘쳐나 나라를 골병들게 한 질 나쁜 여러 독재자들과는 구분돼야 한다. 하야 때까지 단돈 몇 달러까지 아끼며 청정한 생활과 도덕성을 유지한 이승만 같은 지도자는 역사에서 유례를 찾기 힘들다. 무엇보다 지금까지의 역대 대통령들이 이승만 대통령만한 도덕성과 통치술을 보여 준 경우가 드물었다는 점에서 이승만 비판의 정당성에 의문을 제기하게 된다.

▎신생국 독재는 역사의 진행과정

2차 대전 이후 신생 독립국들의 건국 주역들은 질적 차이는 있지만 모두 독재 권력을 행사한 공통점이 있었다. 중국의 모택동, 북한의 김일성, 월맹의 호지명 등 공산진영은 말할 것도 없고 대만의 장개석, 인도네시아의 수카르노, 말레이시아의 마하티르, 한국의 이승만 등 자유진영도 마찬가지였다. 1950년대는 자유-공산 진영의 냉전이 본격화된 시기로 공산화 위협이 자유민주주의의 착근을 어렵게 한 점도 무시할 수 없다.

전제정치나 식민통치의 경험밖에 없는 자유진영 신생국들이 독재나 군사정변 같은 곡절 없이 바로 성숙 단계의 민주주의로 넘어간다는 것은 불가능한 일이다. 역사에는 비약이라는 것이 없기 때문이다. 구시대의 정치문화를 하루 만에 청산하고 민주국가로 돌변해야 한다는 것은 그야말로 망상에 지나지 않는다. 시행착오와 우여곡절, 시간의 경과 없이는 민주주의라는 체제를 만들어낼 수 없다. 그것은 서구 선진국의 민주주의 발전과정에서도 마찬가지였다. 신생국들은 외형적인 민주제도만 이식했을 뿐 민주주의를 정착시킬 조건들은 아무 것도 갖추지 못했다. 그 형식에 내용을 채워간 것은 나라마다 달랐으며 일정한 틀을 가진 것도 아니었다.

자유진영의 일당 장기 독재 동아시아의 신생 자유국가들은 민주화를 이룰 때까지 독재와 일당 장기집권이라는 오랜 과도기적 현상을 거쳤다. 일본에서는 1인 통치의 상징적 존재인 일왕의 군림 아래 자민당 일당체제가 38년간 이어졌고 대만에서는 51년간 국민당 일당체제가 계속됐다. 말레이시아, 인도네시아, 태국, 싱가포르 등 나머지 국가들도 40~75년간 일당체제로 나라를 운영했다(도표 참조). 한국은 건국 때부터 다당제를 시행했다는 점만으로 양호한 민주주의를 출범시켰다는 평가를 받을 만하다.

일당체제라는 것은 일본과 같은 예외적 경우를 제외하고는 1인 독재를 의미했다. 대만에서는 장개석 총통이 1975년까지 47년, 아들인 장경국 총통이 1988년(심장병 사망)까지 12년간 세습 독재정권을 이어갔다. 싱가포르의 이광요·이현룡李顯龍 부자도 중간에 오작동吳作東수상 재임기를 건너뛰며 40년 넘게 집권을 했다.

인도네시아의 수하르토, 필리핀의 마르코스, 말레이시아의 마하티르, 태국의 피분은 독재기간이 20년을 넘었다. 이들 독재자들의 말로는 대체로 험악했다. 다만 말레이시아의 마하티르는 독재자로서는 특이하게 합법적으로 수상이 됐고 재임 중 헌정 질서 유린이 없었다. 정계를 은퇴(2003)한 뒤 15년 만에 자신이 후계자로 키운 나집 총리를 누르고 93세의 나이로 권좌에 복귀(2018) 하기도 했다.

〈표0-7〉 동아시아 각국의 일당 장기집권(1945~2018) 정당들

나라	집권당	집권 기간	비고
일본	자민당	1955~1993(38년)	연립정권 포함 54년
말레이시아	국민전선(BN)	1957~2013(56년)	14개정당 연합
싱가포르	인민행동당	1959~현재(58년)	1968~2015 의석 80%차지
대만	국민당	1949~2000(51년)	일당체제, 1989 복수정당
몽골	인민당	1921~1996(75년)	일당국가, 1992 복수정당
중국	공산당	1949~2018(69년)	일당국가(8개 관제정당)
북한	노동당	1948~2018(70년)	일당체제
라오스	인민혁명당	1975~2018(43년)	일당국가
미얀마	인민자유연맹	1948~1988(40년)	군부 장기집권

독재는 구시대의 일로 생각하기 쉽지만 현재까지도 중후진국들에 널려있는 현상이다. 리비아, 봉고, 알바니아는 40년 이상, 적도기니, 카메룬, 콩고, 우간다는 30년 이상, 미얀마, 캄보디아, 우즈베키스탄, 이란, 수단, 차드, 타지키스탄은 20년 이상 독재가 이어졌거나 이어지고 있다. 이승만의 12년은 독재의 기간이나 형태에서 독재랄 것도 없는 독재였다.

공산진영의 일당·세습 독재 한편 무산계급 일당독재를 헌법과 당헌에 명시한 공산국가들은 1990년대 공산체제가 붕괴될 때까지 독재 권력의 수중에서 벗어나지 못했다. 공산국가들이 내세운 인민민주주의는 전술적 방편 또는 선전에 불과해 민주주의와는 애초부터 거리가 멀었다. 그 결과 당이 인민을 대표하고, 중앙위원회가 당을 대표하며, 정치국이 중앙위원회를 대신하고, 최고 통치자가 정치국을 좌지우지하는 1인 독재체제로 귀결되고 말았다. 공산 종주국 소련이 이런 식이었으니 중국, 몽골, 북한, 월맹(북베트남), 미얀마, 라오스 등 신생 공산국가는 더 말할 나위가 없었다. 지금까지 공산체제가 지속되고 있는 중국, 북한, 베트남은 집단독재 또는 1인 독재가 계속되고 있다. 공산 종주국이었던 러시아(푸틴)와 중국(습근평)은 스탈린·모택동 시대 이후 가장 강력한 1인 독재로 회귀한 상태다.

공산국가의 1인 독재는 질 나쁜 세습독재로 변질되기도 했다. 2018년 현재 북한이 3대 70년, 쿠바가 형제 60년, 시리아가 부자 50년 세습독재를 이어가고 있다. 대만, 싱가포르와 같은 자유국가의 세습독재는 경제적 도약을 이루면서 정치적 자유를 일부 유보시킨데 비해 공산국가의 세습독재는 악성 빈곤에 빠져들며 국민을 폭압하는 차이점을 보이고 있다.

이승만 반공독재의 통시적 평가 70년 전 망국의 위기에 처했던 신생 후진국 대한민국의 독재는 시대적 필연이었다. 그런 역사의 맥락을 무시하고 케케묵은 반독재 사고에 매몰돼 있으면 21세기 지구촌 현실 적응이 불가능해진다. 이승만 권위주의 독재에 혐오감을 드러내면서 러시아의 푸틴, 중국의 습근평 독재를 모른 척 해야 하는 자가당착에 빠지게 된다는 것이다. 두 사람 말고도 세계에 널려 있는 것이 여러 종류의 독재자들이다.

이승만은 우리나라가 배출한 역대 대통령들 가운데 개인 자질과 정치적 역량에서 수석에 올라도 손색이 없는 인물이다. 대한민국의 역사가 앞으로 전진하기 위해서는 이승만 시대에 대한 혐오감을 털어내고 일찌감치 역사적 화해를 이뤘어야 했다. 그러나 후임 대통령들이 전임자를 부정하는 편협한 정치문화로 인해 건국 대통령 이승만은 물론이고 대한민국까지 초라하고 옹색한 모양새가 됐다.

이런 자승자박의 정치문화가 좌경사관 확산의 빌미를 제공했다. 좌경사관

> **역사 돋보기 - 아시아 독재정권들의 부정부패**
>
> 필리핀은 2차 세계대전 이후 1960년대까지 동아시아에서 일본 다음으로 높은 경제수준과 민주주의 발전을 자랑했다. 그러나 마르코스 대통령의 20년 장기독재(1965~1986)와 그에 따른 부정부패로 국가발전이 완전히 정체되고 말았다. 마르코스는 1972년의 친위 쿠데타와 계속된 선거조작으로 1인 독재를 하며 집권 동안 50억~100억 달러의 치부를 했다.
>
> 1957년 9월 태국 군부의 사릿은 쿠데타에 성공한 뒤 곧 부정부패의 늪에 빠져들어 1963년 사망 때까지 6년 동안 3200ha의 토지와 빌딩, 회사 지분 등 막대한 재산을 축재하고 50명의 애첩을 남겼다. 말레이시아의 나집 총리(2009~2018)는 재임 중 1조1300억 원을 횡령해 형사처벌을 앞두고 있다.
>
> 우즈베키스탄의 25년 독재자 카리모프 대통령은 2003년 자신과 그 가족들은 어떤 범죄를 저질러도 영구 면책을 받는다는 법률을 제정했다. 카리모프는 3선 연임을 금지하는 헌법을 고쳐 평생 동안 대통령에 재임할 수 있도록 해놓고 2016년 78세를 일기로 사망했다(최병욱 2016, 외교부 PDF20, 김경필 동남1-21).

은 1948년 건국 체제를 부정하기 위해 이승만 죽이기 교육을 계속했고 임시정부와 대한민국을 갈라놓으려는 시도를 그치지 않았다. 좌경사관은 평생 반일노선을 걸은 이 대통령을 친일이라 낙인찍고 평생 민족주의를 추구한 그를 친미라고 매도했다. 이승만을 바로 세워야 대한민국이 남북통일과 한중일 삼국정립의 국가 복표에 한 걸음 다가설 수 있을 것이다.[4)]

2) 국가개조 성공한 군사혁명

역사는 현실의 기록이다. 군사정변이기 때문에, 독재정권이기 때문에 악이라는 규범적 논리로 접근하면 독재국가인 현재의 중국, 러시아, 북한이나 수많은 중후진국들과는 아예 교류를 할 수 없는 문제가 생긴다. 대한민국이 민주화를 지향한다고 민주화가 절대선이라는 집착에 빠져서도 곤란하다. 국가 현실에 맞지 않는 민주화는 독재보다 못한 결과를 가져올 수 있다. 세상의 온갖 모순과 부조리를 발전적으로 수용하려면 사고가 경직되지 않아야 한다는 이야기다.

박정희의 군사정변이나 독재를 평가하려면 당시의 상황과 동기, 목적, 그리고 결과 등을 두루 살펴보는 여유가 필요하다. 역사의 평가에서 정변이나 독재 같은 수단이나 절차의 정당성을 따지지 않을 수는 없지만 그보다 우선돼야할 것이 시대상황이다. 한국의 1960년대는 북한 공산정권의 적화야욕을 막아내고 절대빈곤을 해결하는 것이 무엇보다 절실했다. 그런

---

4) 중국의 모택동, 베트남의 호지명처럼 이승만 대통령을 화폐인물로 지정하고, 대만의 중정(장개석 아호)기념관처럼 우남(이승만 아호)기념관이 국가기관으로 건설돼야 한다. 인도 간디공항, 터키 아타튀르크공항, 이스라엘 벤구리온공항, 인도네시아 수카르노공항처럼 대한민국 인천공항은 우남공항으로 명명하는 등의 기념사업 추진이 필요하다.

국가현실을 기초로 개발독재, 유신체제를 해석해야 역사가 공론에 빠져들지 않는다.

군사정변이나 독재의 결과 측면에서 박 대통령 치세는 한국 현대사에서 가장 걸출한 업적을 남겼다. 세계인들을 놀라게 한 한강의 기적을 일으켜 초기 산업화와 근대화를 달성해냈다. 시대를 앞선 경제 전략과 정책으로 연10% 내외의 경제성장이 이뤄지면서 자본 축적, 고용 증대, 기술 발전 등 경제구조의 근대화를 촉진시켰다(차하순 외 2015). 박정희 시대의 산업화 성공원리는 역사로 묵혀둘 것이 아니라 국가 미래 동력의 자료로 삼아야 마땅하다. 그것이 중후진국들의 표상이 되고 있는 대한민국의 위상과도 부합된다.

군사정부 비판의 자폐성

7차 교육과정 좌경 교과서에서 박정희 대통령이 비판받는 부분은 5.16 군사정변, 민정 이양 약속 파기, 한일 국교정상화, 베트남 파병, 3선 개헌과 유신독재 등이다. 이 가운데 다수가 공과에 대한 다툼의 여지가 있거나 다면성을 가지는 내용들이다. 개개의 역사 사건은 각본, 무대, 조명, 음악, 출연진, 연출진이 창조해내는 종합예술과 같은 것이다. 조명이 나쁘다고 전체 작품이 잘못됐다고 말 할 수 없는 것처럼 장님 코끼리 만지기 식으로 평가를 내려서는 안 된다. 특히 선과 악이라는 윤리적 잣대와 2분법적 접근은 역사를 왜곡시키기 십상이다.

5.16 군사정변은 헌법 규범만으로 해석할 수 없는 환경의 산물이자 현실의 상호 작용이었다. 당시 북한의 동향이나 국내의 혼란상황은 정변을 일으킬만한 유인을 제공했고 정변에 상당한 정당성이 부여됐던 것도 사실이다. 군사정부의 민정 이양 약속은 애초 실현이 불가능한 이상론에 가까웠다. 성공하면 집권, 실패하면 반역자가 되는 생사의 기로에서 민정이양은

설사 의지가 있었다 하더라도 언약을 지키기가 쉽지 않았을 것이다. 실제로 5.16 혁명주체세력 내부의 격렬한 노선 대립 끝에 민정 참여로 가닥을 잡았다. 역사 해석도 그런 방향에서 이뤄지는 것이 적절할 것 같다. 약속 파기를 비판하고자 한다면 후대 대통령들의 정계 은퇴선언 번복, 후보사퇴 선언 번복 같은 행위도 함께 질책할 수 있어야 한다.

한일회담, 베트남 파병, 유신체제 한일국교 정상화는 단선적인 평가가 곤란한 문제의 하나다. 시급한 경제개발의 종자돈을 마련해 산업화를 추동한 것은 긍정적 측면이었다. 그러나 식민지배 사과 등 한일관계를 제대로 정리하지 못한 것은 외교적 실책이라 할 수 있다. 좌경 교과서들은 매국 등의 극단적 용어를 써가며 한일국교 정상화(6.3 사태)를 비판하고 있다. 이 역시 후진적 역사관의 한 단면이 아닌가 생각된다. 박정희 정부가 한일 과거사 문제의 단초를 잘못 연 것은 사실이나 비판적 내부 시각만을 앞세우는 것은 역사에 대한 냉철한 접근을 어렵게 만든다.

한일 국교 정상화 회담은 세계 회담사상 가장 오랜 시간이 걸린 데서 그 과정의 복잡성과 험난성을 짐작할 수 있다. 회담은 한미일 동북아시아 3각 동맹체제 구축을 원했던 미국의 강권으로 이뤄졌으며 북한, 중국, 대만과도 얽히고설키는 문제였다. 50개국 가까운 나라들과 국교 정상화 및 배상책임 문제를 처리해야 했던 일본은 난감한 상황을 빠져나가기 위해 몸부림쳤다.

특히 일본의 국수주의적 정치 환경이 미래지향적 정상화의 걸림돌로 작용했다. 한일 국교 정상화에 대한 일본 내부의 반대도 한국 못지않았다. 이런 전후 맥락을 무시하고 현재의 한국 정부들도 해결하지 못하는 과거사 문제를 당시의 박정희 정부에게 떠넘기는 것은 타당할지는 몰라도 야박한 느낌이 든다.

베트남전 파병은 복잡다단한 국제현실과 국내 사정을 두루 고려해야 이해할 수 있는 사안이다. 반공전쟁(미국)과 해방전쟁(북베트남 및 베트콩)이라는 전쟁의 성격부터가 다수의 전쟁 참가국들을 난처하게 만들었다. 6.25 전쟁의 부채가 있는 한국으로서는 곤경에 처한 미국을 외면하기가 어려웠다. 베트남전 참전은 안보강화와 경제개발의 호재가 된 반면 장병 희생, 파병 부작용 등의 부정적 측면들이 있었다.

좌경 교과서들은 부정 측면에 서술의 분량을 늘리는 것으로 비판의 입장을 강조한다. 이에 비해 일본의 일부 역사서는 '한국전쟁으로 일본이 부흥하고, 베트남 전쟁으로 한국이 일어섰다'는 식의 역사적 흐름을 중시하고 있다. 좌경 교과서들과 달리 장병 희생, 파병 부작용에 대해서는 언급을 거의 않는다. 그것이 자폐공론의 역사관을 가진 우리와의 차이점이다.

박 대통령이 가장 비판받는 부분은 3선 개헌과 유신체제다. 북한의 적화야욕 등 상황요인이 있었지만 절차적 민주주의를 후퇴시킨 것은 틀림없는 사실이다. 그러나 1960,1970년대 지구촌의 중후진국은 독재의 시대, 군사정변의 시대였다는 역사의 공시적 맥락을 소홀히 해서는 안 된다. 시대상황이 독재를 합리화시켜주지는 않겠지만 독재를 하지 말았어야 했다고 하는 것은 역사를 너무 안이하게 바라보는 것이다. 그것은 뒤를 이은 전두환 독재가 설명을 대신해주고 있다(박진용, 2015).

박정희 정부의 정치경제적 유산 대한민국이 세계의 중심국가로 도약할 수 있었던 것은 5.16 혁명이라는 기폭제가 있었기에 가능했다. 세계 10위의 경제 대국, 군사 대국, 정보기술 대국의 출발점이 5.16이었다. 그 점에서 5.16은 군사정변이면서 동시에 국가 개조의 혁명이었다고 할 수 있다. 18

년을 집권하는 동안 박정희가 사리사욕에 얽매였던 흔적이 없었다는 점이 혁명의 순수성을 높이고 있다.

박정희 대통령의 정치적 유산은 이후의 역사에도 커다란 영향을 미쳤다. 5.16 군사정변이 일어난 1960년대 초에서 박정희 사후 10년이 지난 1980년대 말까지 30년 동안 대한민국은 농업사회에서 산업사회로 탈바꿈했다. 국민총생산은 30년 동안 줄곧 연10% 내외로 성장했다. 한국은 1960년대 초 1인당 국민소득이 필리핀(240달러)의 3분의 1에 머물렀으나 30년 만에 필리핀을 8배로 뒤집었다. 고도성장은 국민소득 1만 달러를 돌파한 1997년까지 이어졌다(차하순 외 2015).

대한민국이 세계에 자랑스럽게 내세울 수 있는 근대화의 성공 역사는 새로운 도약의 디딤돌이 돼야 한다. 군사정부가 이룬 일이라는 이유로 이를 깎아내리는 것은 대한민국에 대한 자해 행위다. 박정희 대통령의 개발독

🔍 역사 돋보기 - 건국, 산업화 이념 계승

새로운 시대를 연 인물치고 허물없는 사람은 없다. 인류역사에 족적을 남긴 인물들은 하나같이 결점과 허점을 가졌지만 국민들은 그들을 국가정신의 구심점으로 삼고 있다. 베트남 건국의 아버지 호지명은 공산 토지개혁에 저항한 국민 1만~1만5000명을 살해한 어두운 기억이 있다. 베트남 통일 이후에는 90만 명이 보트피플로 바다를 유랑해야 했다. 그럼에도 불구하고 베트남인들은 호지명을 국가의 지주로 여겨 화폐인물로 등장시키고 호지명 박물관도 문을 열었다. 중국은 역대 집권자의 통치이념을 헌법 전문에 명문화하며 국가 구심력을 강화하고 있다. 작은 흠집을 이유로 위대한 대통령들의 동상을 못 세우게 하는 나라는 한국밖에 없다(김태훈 박4-12). 대한민국은 다음 헌법 전문에 이승만 대통령의 건국이념과 박정희 대통령의 근대화 이념을 삽입할 수 있어야 나라다운 나라가 될 수 있다.

재는 당시 세계적 추세였던 독재 사실보다 국리민복에 얼마나 유용한 결과를 가져왔느냐에 초점을 맞추는 것이 합리적인 태도다.

어느 좌경 교과서처럼 한강의 기적의 주체를 우수한 관료들과 근면 성실로 무장된 대한민국 국민으로 기록하는 것은 정당하지 못하다. 박정희의 지도력이 빠진 한강의 기적이란 성립될 수 없다. 러시아가 스탈린 독재를, 중국이 모택동 독재를 영웅시하는 현실과 한국이 박정희 독재를 거악으로 간주하는 현실은 모두 비정상이다. 이런 가치의 전도를 어떻게 바로잡아 나갈 것이냐가 역사가 대한민국에 묻는 물음일 것이다.

▎박정희·전두환 시대의 군사정변

20세기 후반 아시아, 아프리카에서는 동서 냉전이라는 세계정세를 타고 군사정변을 일으킨 장군들이 독재 권력을 휘두르는 신생국들이 많았다(도표 참조). 그러나 대부분 신생국들의 군사정변은 권력을 장악하는 것으로 끝나 국가발전에 별다른 도움을 주지 못했다. 경제는 침체되고 부정과 비리가 누적되면서 군사정변이 반복되기만 했다. 그 점에서 한국의 군사정변은 부정과 비리가 적은 편이었고 유일무이하게 산업화까지 성공시켜 대한민국 재탄생이라는 결과를 가져왔다.

동남아시아에서는 1940~1960년대 식민지 해방시대부터 1980년대까지 미중소의 반공-공산 전략이 맞부딪치면서 나라별로 엄청난 분쟁과 고통을 겪었다. 1960년대 공산당과 연계된 사회폭동의 빈발은 권위주의 군사정부의 출현을 정당화시켜 다수의 군사정권들이 등장했다. 공산혁명의 위협에 놓인 반공국가들에서 군사정변이 많았던 것은 자연스런 현상이었다. 태국과 신생독립국 인도네시아, 필리핀, 말레이시아, 싱가포르 등의 반공국가들은 공산주의 침투를 체제위협의 최대변수로 생각했다. 그러나 1960~1980년대까지 이들 국가의 군사정변 세력은 경제 침체, 비리 확대 등의 도식을 벗어나지 못했다(윤진표 2017).

〈표0-8〉 아시아 주요국 현대사의 군사정변들

나라	회	연도	주도자	집권	비고
인니	2	1950, 1965	1965 수하르토	32년	대통령6선, 반정퇴진
미얀마	2	1962, 1988	네윈, 소몽	26년, 4년	2011까지 군정
캄보디아	2	1970, 1997	론놀, 훈센(현)	5년, 20년	1979~1997헌정유지
태국	19	1932~2014	2014 쁘라윳	80년	군부가 정권 실세
라오스	9	1959~2007	1975 카이손	17년	공산혁명, 왕정폐지
필리핀	4	1972~1989	1972 마르코스	17년	국민 퇴진운동
터키	8	1960~2016	1980 에브렌	9년	군부 정치개입 문화
한국	2	1961, 1980	박정희, 전두환	18년, 8년	산업화, 군정종식

군사정변 다발국 태국과 필리핀 입헌군주 불교국가인 태국에서 불교는 왕실과 국민을 연결해주는 고리 역할을 해왔다. 20세기 초중반 아시아 각국에서 공산혁명이 맹위를 떨치자 태국은 공산주의 차단을 위해 국력을 총동원했다. 군주제와 불교는 공산주의와 공존할 수 없는 제도였기 때문이다. 공산주의를 막기 위해서는 조직력과 위계를 갖춘 군부의 역할이 중요했다. 그런 현실을 배경으로 1932년 이래 최근까지 태국에서는 19차례나 군사정변이 발생했다(윤진표 2017).

태국은 군사문화에 익숙한 전통으로 인해 지금까지도 군부가 정치를 좌지우지하는 상황이 계속되고 있다. 2016년 새 헌법은 250명의 상원의원 가운데 244명을 최고군정기구인 국가평화질서회의가 뽑도록 했다. 새 군사정부가 절반 직선, 절반 지명제에서 지명 비율을 대폭 높인 것이다. 또 총선에서 승리한 당대표가 총리를 맡는 구 헌법과 달리 하원 투표로 선출하도록 해 과반 득표자가 나오기 어렵도록 만들었다. 선출이 불발되면 총리 선출권은 상원으로 넘겨져 군부가 사실상 총리를 지명하게 된다.

필리핀에서는 1930년대 맥아더가 치안과 군대 양성을 맡으면서 군이 정치에 개입하지 않는 미국의 전통을 그대로 이식했다. 신생국이 우후죽순으로 생겨나던 1940~1960년대에 필리핀이 군사정변의 예외국이었던 이유가 여기에 있었다. 필리핀은 2차 세계대전 이후 1960년대까지 동아시아에서 일본 다음으로 높은 경제수준과 민주주의 발전을 자랑했다. 1966년 대통령이 된 마르코스는 1969년 재선에 성공했으나 베트남 전쟁의 엄청난 달러 홍수 속에서 부패에 빠져들고 말았다. 최초의 연임 대통령으로 명예롭게 물러날 수 있었으나 1972년 9월 계엄령을 선포하고 친위 쿠데타를 일으켜 후임 대통령으로 지목됐던 아키노를 포함, 수천 명을 구금했다.

계엄령이 해제된 1981년까지 필리핀의 헌정 질서는 마비되고 살해, 고문 등 공포정치가 계속됐다. 노골적 부정과 족벌정치로 마르코스의 아내, 아들, 딸, 조카들이 요직과 이권을 독점하고 부패로 모은 돈은 해외계좌로 송금했다. 1980년대 들면서 냉전이 완화되자 독재의 명분이었던 공산주의의 부적이 효능을 잃어갔다. 마르코스는 언론장악과 선거조작을 통해 1986년까지 장기집권 했으나 군부의 지원을 받은 시민혁명으로 하와이로 쫓겨났다(최병욱 2016). 필리핀에서는 1972년 이래 4차례의 쿠데타가 발생했다.

인도네시아, 미얀마의 군사정권 독립운동가 출신으로 인도네시아의 국부로 추앙받는 수카르노는 1959년 서구식 의회민주주의 제도가 인도네시아에 적합하지 않음을 호소하고 헌법을 폐기시켰다. 이후 대통령인 자신에게 권력을 집중시킨 교도민주주의 체제를 수립하고 종신대통령에 취임했다. 1965년 9월 인도네시아 공산당이 쿠데타를 일으키자 당시 전략사령관(육군소장)이었던 수하르토가 이를 제압했다.
이후 인도네시아 군부는 인도네시아 전역에서 50만~100만에 이르는 공산당원 및 지지자들에 대한 대숙청에 들어갔다. 1966년 수하르토는 군사정변으로 수카르노를 권좌에서 몰아내고 32년간 독재 권력을 행사했다(외교부 PDF7). 재임 이후 부패가 걷잡을 수 없이 확산된 가운데 수하르토 정부는 1998년 외환위기와 연계된 자카르타 폭동(1000명 이상 사망)으로 붕괴되고 말았다.

1962년 군사정변에 성공한 미얀마의 네윈은 혁명위원회를 구성한 다음 군인당인 버마사회주의프로그램당을 만들어 토지와 산업의 국유화(인도, 중국인 재산권 박탈), 배급경제, 농민부채 말소, 소작료 폐지 등을 단행했다. 외교에서는 중국, 인도와 우호적 관계, 반공국가들과는 최소한의 관계만 유지하는 중립노선을 걸었다. 그러면서도 인도차이나 공산혁명을 지지하지 않았고 제3세계 비동맹회의나 아세안 가입을 거부했다. 결과적으로 버마식 사회주의와 군사독재만 지속됐다.

네윈 집권 후 불과 몇 년 사이 미얀마의 경제는 최악의 상태로 곤두박질쳤다. 사회주의 체제에서 농민들은 일할 이유를 잃어 쌀 수출국에서 쌀 수입국으로 전락하고 말았다. 네윈 군사정권(1962~1988)은 시기적으로 박정희·전두환 시대와 정확하게 맞아 떨어진다. 양자의 차이점은 미얀마가 사회주의 고립노선을 걸은 반면 한국이 자유민주주의 개방노선을 선택한 점이다. 미얀마는 경제파탄으로 1987년 사회주의 실패를 공식 인정했다(최병욱 2016).

터키 군사문화의 성격 한국의 형제나라로 잘 알려진 반공국가 터키에서는 1960년 이후 8차례의 군사정변이 일어났다. 1980년 전두환 정권과 같은 시기에 군사령관 에브레 장군은 군사정변을 주도해 대통령에 취임한 뒤 정치, 경제 및 사회혼란을 수습했다. 1981년 구성된 제헌입법회의는 다소 파격적인 신헌법을 국민투표로 통과시켰다. 신헌법은 국가 안보유지 및 헌정질서를 회복하기 위해 국민기본권 일부의 유보조항을 담았다. 언론기관은 국가안보 및 국민의 단결을 해치는 보도를 할 수 없게 하고 노조 및 기타 단체는 정당과의 연계나 본연의 활동 이외의 집회 및 시위를 못 하게 했다(외교부 PDF22). 터키는 이후 정치안정이 이뤄져 군사정변의 악순환을 종식시켰으나 군부의 정치개입 문화는 현재까지 지속되고 있다. 2016년 친위로 의심되는 불발 쿠데타가 일어났다.

3) 친일청산에서 일제청산으로

한국 현대사의 아킬레스건인 친일 청산은 건전한 양식과 유연한 사고를 바탕으로 하지 않으면 안 된다. 부조리와 모순으로 범벅된 역사의 운행에는 법과 제도가 미칠 수 없는 일들이 숱하다. 국가의 큰 모순을 피하기 위해 약간의 외면과 망각 같은 작은 모순을 인내할 줄도 알아야 한다. 편벽된 기준을 만들어 친일파로 옭아매거나 피상적인 사실을 들춰내 모두에게 상처를 주는 식의 청산은 국가발전의 발목을 잡을 뿐이다. 역사의 건강성을 살리는 방향으로의 청산이 이뤄져야 한다.

문제는 대한민국을 헐뜯는 좌경사관이 일의 목표나 순서에 대한 고려 없이 좌충우돌 인민재판식으로 접근하고 있다는 점이다. 망국의 원인이나 일제에 대한 묵은 빚을 청산하려는 일제청산의 의지와 노력은 보이지 않고 일제가 던져놓은 식민사관의 포로가 되어 내부 투쟁에만 혈안이 돼있다는 것이다.
조선의 마지막 총독 아베 노부유키는 조선을 떠나면서 이런 말을 남겼다. "우리 일본은 총, 대포보다 무서운 식민교육을 심어놓았다. 조선인들은 서로 이간질하며 노예적 삶을 살 것이다."(전계완 2014). 좌경사관은 일제에 대한 역사적 응징에는 관심도, 실력도, 대책도 없이 대한민국 자해극을 벌여 아베의 예언을 충족시키고 있다. 이런 자해극에 논리적 대응을 하지 않을 수 없는 것이 21세기 대한민국의 서글픈 현실이다.

좌경사관의 편벽성과 불순성

좌경사관은 대한민국 건국의 정당성을 문제 삼기 위해 일제 청산이라는 거시적, 개방적 접근보다 친일청산이라는 미시적, 자폐적 목표에 집중해 왔다. 또 친일 청산을 자유민주주의와 공산주의의 이념 대립으로 결부시켜 문제를 더욱 복잡하게 만들었다. 친일은 겉으로 드러난 명분이고 실상은 이념 주도권 장악을 위한 수단으로 활용했을 뿐이라는 것이다.

해방공간에서 친일 문제를 처음 제기한 것은 1946년 2월 좌익연합단체인 민주주의민족전선(민전)이었다. 공산주의가 친일파 처단에 열을 올린 것은 유산계급 특히 지주세력에 적대적이었던 점을 생각해보면 당연한 일인지도 모른다. 이는 민족정기를 바로잡아야 한다는 민족진영의 지향과는 성격이 다른 것이었다. 친일청산을 공산혁명을 위한 수단, 더 나아가 대한민국을 부정하기 위한 수단으로 등장시켰다는 이야기다.

실제로 해방 후 북한에서는 김일성과 소련군 지도부에 협조적이면 친일 여부를 가리지 않고 요직에 기용했다. 임시인민위원회 상임위원장 강양욱, 사법부장 장헌근, 검찰총장 한낙규 등 북한의 초대내각에는 한국 초대내각보다 친일파가 더 많았다. 그러면서도 대한민국을 친일파가 세운 나라라며 적반하장의 공격을 해왔다(정경훈 이4-19).

좌경사관의 병적인 친일인식 1991년 설립된 반민족문제연구소(1995년 민족문제연구소로 개칭) 역시 친일 청산을 좌경 이념으로 접근하고 있다. 이 연구소가 1993년 발간한 친일파 99인과 2016년 좌파 정권의 지원으로 발간된 친일인명사전이 그런 시각을 반영한다. 1993년 저술은 연구소가 편찬할 친일인명사전의 준비사업으로 시작했다고 밝히고 있다(반민족문제연구소 1993). 이 저술의 머리말과 서장은 대한민국을 부정하는 것으로 일관하고 있다. 그 가운데 세 대목만 발췌해보자.

― 일제 패망 이후 친일 민족반역자를 청산해 새 나라를 건설한다는 희망은 미군 때문에 이뤄질 수 없었다. 미국은 38선 이남을 대소 전략기지로 만들기 시작했다. 민족 해방과 일제 패망을 위해 싸웠던 애국자들은 미국 정책의 방해물로 인식돼 철저히 소탕됐다.

― 민족의 원수인 조선총독이 가졌던 식민지 통치권이 한국의 대통령에게 살아남아 있다는 것이야말로 우리 역사의 현주소가 아닌가 싶다. 이런 구조 위에서 친일 정책이 수립되고 과거 역사가 청산되기보다는 확대, 심화되고 예속성이 강화되는 것은 당연한 일이다.

― 정치 분야가 친일 세력에게 점유된 결정적 계기는 단정 수립이었다. 전 민족이 단독선거·단정 수립을 반대한데도 불구하고 미군정과 친일 세력이 이를 강행해 정치판은 친일 모리배와 친일 성향의 출세주의자들의 독무대가 되고 말았다. 이런 구조 위에서 뽑힌 역대 대통령은 친일 세력의 대부 이승만을 비롯해 장면 총리, 박정희, 최규하까지 이어진다. 후 3자는 식민지 시절 일제에 직접 봉사하던 사람들이고 그 이후는 재생산 구조 위에서 성장한 사람들이다(반민족문제연구소 1993).

요약하면 대한민국 전체가 친일로 범벅이 돼 구제불능이라는 것이 이들의 시각이다. 역사의 연속성을 무시한 채 신생국 대한민국의 모든 분야를 친일이라는 한 구멍으로만 바라보는 자폐성이 드러난다. 주어진 현실에서 어느 나라도 완벽한 과거 청산을 해내지 못했다. 과거와 현재를 분리시키는 일 자체가 불가능하기 때문이다. 친일 청산이 모든 것의 전부인 것처럼 생각하는 청산 방식은 중세의 종교재판과 다를 바가 없다.

친일 청산의 비역사성 이 연구소의 후신인 민족문제연구소 주도로 발간된 친일인명사전은 노골적 반 대한민국의 서술은 피했지만 저류에 흐르는 인식은 이와 크게 다르지 않았다. 사전은 매국노, 민족반역자, 부일협력자의 세 범주 인사들 중 역사적 책임이 무겁다고 판단되는 4389명을 친일파로 규정해 해방 전후 행적을 담았다고 밝혔다(민족문제연구소 2012).

친일 청산 열기가 뜨거웠던 1949년 국회 반민족행위특별위원위가 확정한 친일파 688명을 60년이 지난 2016년 6배 이상으로 늘려놓은 것은 자의성에 대한 의심을 피할 수 없다. 독립유공자로 지정됐던 인물들까지 일부 포함시켰다. 대한민국을 세우고, 지키고, 발전시킨 사람들을 대거 친일파로 몰아붙이는 '친일혁명'을 불사한 것이다.

그동안 혹독하게 친일파로 몰아세우던 소위 친일 세력의 대부 이승만이 사전에서 빠진 것은 불가사의다. 강경한 반일 민족주의자인 이승만을 친일파로 지목한 오류를 실토하는 것이나 다름없다. 대한민국 건국 대통령에 대한 친일 공격이 잘못된 것이라면 다른 이들의 경우는 더 말할 나위가 없을 것이다. 친일의 개념이나 대상, 판단이 너무 편협하고 자의적으로 처리돼 청산의 정당성을 받아들일 수 없게 됐다는 이야기다.

특별법에 따른 일제 강점 하 반민족행위 진상규명위원회(2004)와 마찬가지로 친일인명사전(2016)은 출발부터 단추가 잘못 꿰어진 것으로 보인다. 비슷한 친일이라도 좌파나 월북자에 대해서는 너그러운 잣대를 사용하는 불공정의 문제를 남겼다는 지적도 받았다. 결과적으로 이 사전은 친일 청산을 더 혼란스럽게 하고 말았다.

친일인명사전이 국가적 합의에 의한 것이 아니라 좌파 정권의 비호와 혜택 아래 민간단체에 의해 만들어졌기 때문에 그런 의심이 증폭된다. 김대중·노무현 정부는 국사편찬위원회를 통해 8억 원의 국가예산을 이 민간단체에 지원했다. 국사편찬위원회가 사업의 필요성이나 발간에 동의한 것이 아니라 국회 직권으로 예산을 만들어 내려 보냈다. 국사편찬위원회는 자신들이 이 사업에 개입되지 않았음을 회의록으로 남겨놓았다(김태훈 탁7-12).

역사 돋보기 - 이승만의 반일주의

좌경사관이 친일 세력의 대부로 몰아세우는 이승만 대통령의 행적을 보면 반일주의가 지나치다 싶을 정도였다. 이 대통령은 민족정기에 위배된다는 이유로 일본과의 교역, 친선을 최대한 미뤘다. 1953년 삼성물산의 제일제당 공장 플랜트 수입 때는 일본인 기술자를 한 사람도 입국시키지 않아 공장 건설에 큰 어려움을 겪었다. 1954년 제일모직 건설 때도 일제 기계 대신 서독 기계를 사용하는 조건으로 모직공장 건설허가를 내줬다.

1958년 5월의 岸信介기시 노부스케 일본 수상(A급 전범, 현 아베 수상 외조부)의 개인사절로 이 대통령을 방문한 矢次一夫의 이한離韓 성명을 보면 일본인 입국금지가 그때까지 지속됐음을 알 수 있다. (전략)"본인은 한국의 위대한 지도자이시고 반공세계의 영도자이신 이 대통령을 알현한 첫 일본인이었다는 것을 크게 명예로 여기고 있습니다." 이런 사실을 근거로 2차 교육과정(1968) 역사 교과서는 이승만 정부의 성격을 철저한 반일·반공주의로 서술했다. 그러나 6차에서는 반공 우선 정부로 바뀌었고 7차(2002) 이후에는 친일정부인 양 매도하고 있다(이병철 1986, 중앙일보사 1975, 정경희 2015).

일제 청산의 목표와 방향성

아시아·태평양 전쟁 시기 일본의 침략을 받았던 동남아 국가들은 일본에 대해 전시 잔혹행위를 한 부정적 일본과 오랜 서구 열강의 식민 지배를 종식시킨 해방자로서의 긍정적 인식을 동시에 가지고 있다. 일본에 대한 기대가 커진 민족주의자들은 자발적 친일파가 되기도 했고 용일用日 차원의 제휴를 당연시했다. 인도네시아(네덜란드 식민지), 필리핀(미국), 베트남, 캄보디아(이상 프랑스), 버마, 말라야, 싱가포르(이상 영국)가 모두 그런 흐름을 보였다(윤진표 2017).

일제 강점 4년의 동남아와 달리 40년 가까운 압제를 겪었던 한국인들은 일제에 대한 민족주의적 상처를 갖고 있다. 그것은 한국인들의 정서에 강한 혐오감으로 녹아들어 망국과 친일에 대한 객관적이고 이성적인 판단을 어렵게 만들었다. 또 친일 응징이라는 감정에 도발된 나머지 더 중요한 일제 청산에 대한 고려를 소홀히 하고 말았다.

우리가 친일 청산보다 앞세워야할 국가과제는 일제 청산이다. 대마도, 간도, 연해주의 상실은 일제가 우리 땅을 강탈하거나 외국에 이권교환을 위해 포기한 땅이다. 이런 땅을 되찾으려는 의지의 확인이 일제청산이다. 수십 년을 내다보고 학술연구와 정책개발을 차분히 진행시키는 한편 영토 상실에 대한 향후의 대응자세를 가다듬는 것이 올바른 대응일 것이다.

일제 청산의 미해결 과제들 일본제국주의의 침략행위와 식민 잔학통치의 주범들을 역사적으로 응징하는 작업도 좀 더 구체화시켜야 한다. 박은식의 한국통사가 지적하는 침략 주범은 통감 伊藤博文이토 히로부미 등 9명이다. 여기에 잔학통치의 주범인 역대 총독 8명을 보태 이들을(중복 제외 15명) 국적國賊으로 기억하고 교육하는 국가적 각성이 필요하다(도표 참조).

이들의 침략과 잔학통치가 가져온 국가 치욕을 잊지 않기 위해서는 친일 인명사전에 앞서 일제만행사전을 펴내는 것이 일의 순서가 아닐까 싶다. 일제 잔혹사 박물관 같은 시설을 만들어 국민적 각성과 결의의 장으로 삼는 방안도 검토해볼 수 있을 것이다. 역사재판소를 설치해 일제의 만행과 친일행위를 심판하는 것도 고려해볼만한 방안의 하나다. 식민사관, 전통문화 단절 등에 대한 폭넓은 연구와 극복노력도 차분하게, 지속적으로 이뤄지도록 해야 할 일이다.

내부적으로는 역사적 실패를 되풀이하지 않겠다는 각오를 다지는 일에 청산의 목표를 둬야 한다. 근대사의 잘못된 국가운영이 망국을 가져왔다면 거기에 대한 역사적 성찰과 미래지향적 대안이 무엇인지를 생각해보는 것이 제대로 된 나라의 자세다. 나라가 망하는 것을 막아내지 못한 고종, 민씨 정권 등 대한제국 말기 위정자들의 실정을 냉엄하게 비판해 암우와 무책임성에 대한 역사적 경계의식도 분명히 해야 한다. '고종의 길' 같은 비역사적 문화유산을 만드는 난센스는 없어야할 것이다.

고위직과 왕족으로 권세를 누리다 나라를 팔아먹고 거액의 은사금과 작호를 받은 수작자 60여 명은 을사오적(일부 중복)과 같은 차원에서 다뤄져야 마땅하다. 수작자 가운데 56명이 노론 가문 출신이며 그들이 국가를 배신한 이유가 무엇이었는지에 대한 성찰도 역사 기록으로 남겨야 한다. 우리 역사교과서는 이런 사실들을 제대로 지적하지 않음으로써 일제 청산을 겉돌게 하고 있다.

〈표0-9〉 일제 침략주범과 잔학통치 주범(총독)들

침략주범	범죄 내용	잔학통치	범죄 내용
다케조에 공사	갑신정변사주, 왕궁침범	데라우치	토지수탈, 문화말살
이노우에 외무	갑신정변 후속조약 강요	하세가와	3.1운동 탄압, 학살
오토리 공사	내정개혁강제, 대궐침입	사이토	경찰폭압기구 확대
이노우에 공사	대원군축출, 내각장악	우가키	황국신민화 추진
미우라 공사	을미사변, 왕비시해	야마나시	황국신민화 추진
하야시 공사	자원탈취, 의정서강제	미나미	황국신민화 추진
하세가와사령관	군대 감축안 강제	고이소	조선의 전쟁동원
이토 대사	을사보호조약 강제	아베	조선의 전쟁동원
가쓰라 총리	한국합병조약 주도		
데라우치 대신	한국합병조약 주도		

건국 70년…아직도 친일파 정리 못해 일제 청산의 일환으로 처리해야할 문제 중 하나가 친일 청산이다. 우리 역사교과서는 현재까지도 친일 반민족 행위자를 명확하게 규정짓지 못하고 있다. 고교 교과서의 전체 반민족 행위 수록인물은 30명에도 못 미치는데 교과서별로 언급이 서로 다른 실정이다. 일부 교과서는 홍난파, 현제명을 친일파로 보는 반면 다른 책에서는 민족주의자로 서술하고 있다. 민족주의자였다가 뒤에 친일파로 변절한 독립협회 3대회장 윤치호의 인물사진을 긍정적 의미로 게재하는 난센스가

빚어지기도 한다. 건국 70년이 되도록 이런 문제 하나 제대로 정리하지 못하고 있는 것이 우리 역사학계의 실상이다.

친일 청산의 난해성은 일제 식민통치 기간이 4, 5년이 아니라 한 세대를 뛰어넘는 장기간이었다는데 있다. 이런 상황에서는 친일과 반일의 차이가 종이 한 장일 수도 있고 때로는 동전의 양면 같은 것일 수도 있다(관련기사 참조). 이를 일도양단할 경우 당시의 생존 자체를 친일로 모는 딜레마에 빠질 위험성이 있다. 먼저 태어난 자의 슬픔이요, 늦게 태어난 자의 행운과 같은 솥뚜껑으로 자라 잡는 식의 청산이 돼서는 안 된다는 말이다. 시간이 걸리더라도 조사의 정당성을 확보한 주체가 전체 역사의 맥락을 다치지 않으면서 국민 다수가 수긍할 수 있는 결과를 내놓는 것이 중요하다.

친일 청산의 네 가지 기준 친일청산에서는 적어도 친일의 상황, 동기, 결과와 목표 부합성이라는 네 가지 요소는 고려돼야 할 것 같다. 친일의 상황에서는 당시 일본의 현실을 판단의 준거로 삼아야 한다. 1937년 중일전쟁 이후 일본 국민들은 군국주의 정부의 꼭두각시나 다름없는 상태에 놓여 있었다. 지식인들은 전쟁 선전 동원을 피할 수 없었고, 국가의 명령에 불응하면 생활물자 배급이 안 돼 생존을 위협받는 처지였다. 식민지 한국에서는 이보다 더했을 것이다. 따라서 중일전쟁 이후의 비자발적, 소극적 친일은 불문에 붙이는 것이 합당한 것으로 보인다. 생존을 위협받는 불가항력에서의 비상윤리가 적용돼야 한다는 것이다.

친일의 동기는 아주 복잡한 문제다. 동기를 확인하기도 어렵거니와 자발성과 비자발성, 수단적 친일과 목적적 친일을 가리기가 쉽지 않다. 한국의 산업, 교육, 문화적 실력양성을 위해 수단적 친일을 했다면 이는 제외대상으로 하는 것이 합리적일 것이다. 억울한 피해자의 발생을 막기 위해 동기가 확인되지 않으면 무죄 추정의 원칙이 원용돼야할 것 같다.

친일의 결과는 민족과 역사에 미친 부정적 영향의 크기를 말한다. 여기서는 해당자의 사회적 위치, 지식 정도, 결과에 대한 인식, 전반적인 생활 성향, 생존에 대한 위협 정도 등이 두루 고려돼야 할 것이다. 문제는 판단을 정당화할 수 있는 기준을 제시하는 것이 쉽지 않다는 점이다. 여론의 도마에 오르거나 사회적으로 물의를 일으킬 정도로 결과가 분명한 경우가 아니면 제외하는 것이 청산의 정당성을 훼손시키지 않을 것으로 보인다.

청산의 목표 부합성은 일제 식민사관의 간계(내분과 자멸)에 빠져들지 않으면서 역사의 유연성을 확보하기 위한 조치다. 아무런 국가적 실익이 없는데도 친일파를 양산하거나 내부다툼의 소재가 되도록 하는 일은 피해야 한다는 의미다. 역사는 죽은 자를 딛고 나아가는 산 자의 기록이다. 친일 청산이 중요하더라도 국가의 정체성이나 국가 상징을 다치게 하는 일은 막아야 한다. 박정희 대통령, 장면 국무총리, 음악가 안익태, 홍난파 등을 친일파로 규정한다는 것은 그 실제를 인정하기도 어렵거니와 식민사관의 덫에 걸린 자충수가 될 우려가 크다.

🔍 역사 돋보기 – 현모양처는 친일파?

현모양처는 개화기에 외국에서 들어온 자녀교육 담당자로서의 계몽 여성상이었다. 열녀와 효부를 이상적 여성상으로 했던 조선시대에는 현모양처라는 말 자체가 없었다. 조선시대 자녀교육은 아들 중심이었고 그 담당자는 아버지였다. 문헌에 현모양처가 처음 등장하는 것은 1906년 양규의숙의 설립취지문에서다. 계몽운동가들은 일본, 중국과 마찬가지로 문명개화와 부국강병을 위해 현모양처가 필요하다고 강조했다. 문제는 일제가 현모양처를 일본의 식민지 가족정책에 악용했다는데 있다. 현모양처를 앞세워 여성과 가정을 일본에 동화시키고자한 것이다. 일본은 현모양처를 조선시대 전통 여성상과 일치시켜 민족적 저항을 막고, 일본식 교육이라는 거부감을 잠재우려 했다(박은봉 2007).

1949
대한민국 정부가 1949년 처음 사용한 10원, 100원 조선은행권

1장
냉전…남북분단과 대한민국 건국

현대사의 출발점인 1945년 8월 2차 세계대전 종전부터 한반도는 자유-공산체제의 대립이라는 국제조류에 휩쓸려 엄청난 파란을 겪었다. 1945년 유엔이 창설돼 국제평화와 안전, 인권보호, 민족 자결권 보장 등을 내세웠지만 공산 종주국인 소련의 팽창정책으로 유엔헌장은 공허한 수사가 되고 말았다. 공산혁명 수출에 나선 소련은 세계 곳곳에서 미국 등 자유진영 국가들과 마찰을 일으켰다. 그 과정에서 신생국가들의 민족자결권은 힘으로 짓밟히고 폭력으로 질식당했다.

한반도는 1945년 해방 이후 미소가 남북을 분할 점령하면서 세계 자유-공산진영 간 체제대결의 축소판 같은 형세를 연출했다. 일본 대신 한반도가 분할되면서 한민족은 고려의 후삼국 통일(936) 이래 1000여 년간의 단일국가 시대에서 분단시대로 넘어갔다. 1946년 2월 북한에 김일성 임시정권이 들어선 이후 남한은 소련의 사주를 받은 북한과 남한 좌익의 끊임없는 도발에 시달려야 했다. 대구 10.1 폭동, 2.7 폭동, 제주 4.3 폭동, 10.19 여순 반란사건 등 대한민국 건국을 전후한 수많은 도발들은 대한민국을 피로 물들였다. 그런 시련을 딛고 간신히 자유민주주의 국가를 출범시켰지만 체제전복을 노리는 북한의 공산화 위협은 계속됐고, 절대빈곤과 경제파탄 등 시급한 국정 과제들은 신생정부의 어깨를 짓눌렀다.

1. 공산주의 등장에서 냉전까지

　러시아혁명은 한민족의 운명에 깊은 영향을 미친 사건이다. 1차 대전 중이던 1917년 레닌의 러시아 공산주의 세력은 자본주의 타도를 목적으로 10월 혁명을 일으켜 차르 전제정권을 몰아내고 세계 최초의 공산 소비에트(평의회) 정권을 수립했다. 혁명 러시아의 체제는 통상적 국가기구와 실질적 권력 주체인 공산당 조직으로 이원화됐다.
미국, 영국, 프랑스, 일본 등은 공산주의가 확산될 경우 자국 안보에 위협이 될 것으로 판단해 1918년 6월 시베리아에 군대를 파견해 반혁명세력(백군)을 지원하며 공산주의 봉쇄에 나섰다. 그러나 1919년 가을 시베리아 반혁명 정부가 적군에 붕괴되면서 무력간섭은 흐지부지 되고 말았다.

　일본은 1922년까지 동 시베리아에 눌러앉아 꼼수를 부리려다 국제적 반발이 커지자 5000명의 사상자와 막대한 전비를 낭비하고 철군하지 않을 수 없었다. 서구 강대국들은 공산정권 등장으로 힘이 정의라는 사고의 틀 속에 안주할 수 없음을 깨닫게 됐다. 러시아(소련)는 1917년 이후 2차 세계대전 종전 때까지 세계 유일의 공산국가였다(권희영 외 2014, 한중일편찬위 2015, 김용삼 2017).

1) 러시아 혁명과 공산주의

　레닌은 자국 공산혁명의 와중에도 세계 식민지 해방운동에 동조하며 강대국의 약소국 병합을 반대하는 입장을 취했다. 1차 대전 종결을 위해 1917년 제안한 평화의 호소에서 제국주의 전쟁 반대, 무병합-무배상 원칙, 민족자결 이념 등을 표방했다. 이에 대응해 미국의 윌슨 대통령은

1918년 1월 민족자결주의 원칙을 포함한 14개조 평화안을 내놨다. 윌슨의 민족자결주의는 독일 등의 지배하에 있던 민족을 염두에 둔 것으로 1차 대전 승전국 식민지나 아시아의 민족 독립을 지원하려던 것은 아니었다.

1918년 11월 선생이 끝나고 1919년 1월부터 승선 27개국이 참가한 파리강화회의가 열렸다. 중요사항을 결정하는 최고회의는 미국, 영국, 프랑스, 이탈리아, 일본의 5개국으로 구성됐다. 강화회의에서는 레닌이 제안한 평화의 호소와 이에 대응한 윌슨의 14개조 평화안이 주목을 받았다. 그러나 현실의 베르사유 조약은 승전국의 권리만 강조되고 강대국 이외 국가들의 이해는 등한시됐다. 독립청원서를 전달하려 했던 대한민국 임시정부의 면담 요구도 거절당하고 말았다.

▎레닌·스탈린의 공산 생존전략

최초의 공산국가인 러시아(1922년 소련으로 발전)는 국제적 고립을 벗어나기 위해 1919년 3월 세계 소비에트 공화국 건설을 위해 국제공산당(코민테른)을 조직했다. 1943년까지 지속된 코민테른은 일국일당 원칙에 따라 각국에 국제공산당 지부를 두고 공산혁명 수출에 나섰다. 가맹을 원하는 각국 (지하)공산당은 소련에 대한 무조건적인 지원(14조) 등 21개 조항을 수락해야 했다. 코민테른은 공산주의, 모스크바에 대한 충성이 자국의 충성에 우선한다는 제국주의적 논리를 강요하는 이중성을 드러냈다. 서구 제국주의를 비판한 공산 러시아 역시 제국주의이기는 마찬가지였다.

자본주의의 모순이 폭발 직전에 있었던 유럽에서는 자본가 계급 타도와 만민평등을 부르짖는 공산주의가 큰 파장을 일으켰다. 그러나 모스크바와의 종속적 관계 때문에 합법 활동을 보장받은 프랑스, 이탈리아에서조차 공산당의 지지기반은 취약했다. 자생적 공산주의가 기대됐던 독일, 폴란드 등 주변국가의 공산화도 불발돼 공산체제 생존에 대한 의구심이 커졌다.

당시 러시아(소련)는 공산체제 생존에 급급해 마르크스주의 이념보다 국제 현실에 입각한 대외정책을 추구했다. 주변 국가들의 적대감을 완화하고 경제 회복을 위해 일시적으로 평화공존 정책을 취하기도 했다. 그런 가운데 레닌은 주변지역에 대한 공산혁명 수출로 1922년 러시아를 5개 공화국의 소련으로 확장할 수 있었다(이덕주 2007, 가시모토 2015, 차하순 외 2015, 한중일편찬위 2015).

폭력적 러시아 공산개혁 레닌이 10월 혁명(1917)에 성공해 정권을 장악하자 러시아는 새 시대에 대한 기대로 부풀었다. 인민들에게 많은 권한이 부여됐고 토지는 공공의 소유가 됐다. 레닌이 공산혁명의 당위성을 내세우기 위해서는 인구의 80%가 농민들인 중세적 러시아를 현대 산업국으로 변모시켜야 했다. 그 과업의 수행은 레닌 사망(1924)이후 권력을 장악한 스탈린에게 넘겨졌다.

스탈린은 레닌이 고육지책으로 도입한 제한적 시장경제(1921)를 폐기하고 공산당에 의해 모든 산업이 관리되는 계획경제로의 전환을 추진했다. 스탈린이 집권한 이후 이상주의적 공산국가는 전체주의 국가로 변질되고 있었다. 스탈린은 1920년대 말 소련을 8개 공화국 체제로 확장했다.

소련은 두 차례의 5개년 계획(1929~1937)에서 산업화에 필요한 자원을 농촌에서 강제 수탈하는 방식으로 중공업 우선정책을 폈다. 농민들을 공장으로 몰아넣는 한편 소규모 자영농장은 국영집단농장 체제로 강제 전환시켰다. 이 과정에서 공산화 정책에 걸림돌이 된 부농(쿨라크)과 중농 수백만 명이 살해되고 500만의 부농들이 시베리아로 추방됐다. 또 농업 집단화에 따른 기근으로 수백만 명이 목숨을 잃는 희생을 치러야 했다.

스탈린은 1930년대 피의 대숙청을 통해 공산당 독재를 1인 독재체제로 바꿔 놓았다. 당시의 세계 지식인들은 스탈린 집권 이후 공산당이 포악한 1

인 독재로 돌변한 사실을 몰랐거나 알면서도 눈을 감았다(도표 참조). 스탈린 시대 소련의 학문, 문학, 예술은 국가에 고용된 상태였다. 과학은 소련 사회의 특권 영역이었으나 공산 이념을 완전히 벗어나지는 못했다. 이론의 수용에 제약이 가해지거나 허위적 학문이 장려되는 등의 난센스가 빚어졌다. 아인슈타인의 소부르주아적 이론은 공산주의 이념성에 배치됐지만 실용성 때문에 수용하지 않을 수 없었다. 소련 공산당은 유전법칙을 인정하지 않는 리센코의 생물학(유전학)을 강제하는 등 과학파괴도 서슴지 않았다(랴자놉스키 외 2017, 김용삼 2017, 차하순 외 2015, 이덕주 2007).

〈표1-1〉 스탈린의 권력투쟁 및 사회주의 폭력투쟁

시기	목적	방법	희생자
1922~27	권력 장악	축출, 숙청	트로츠키, 좌파, 우파
1928~41	유산우파 제거	강제수용소	부농 등 수백만
1932~33	소수민족 청소	기근 방치	500만 아사
1934~38	1인 절대 독재	축출, 숙청	200~300만

동아시아의 민족–공산 대립

동아시아에서는 러시아(소련)와 긴밀한 관계를 가진 몽골을 시작으로 인도네시아, 중국, 일본, 한국, 말레이시아, 베트남, 필리핀 등지에서 차례로 합법, 비합법 공산정당이 등장했다(도표 참조). 이들 국가의 공산주의 활동은 소련이 주도한 코민테른의 지시와 관계에 따라 이뤄졌다. 소련 공산주의는 "노동자에게 조국은 없다."는 논리로 개별 국가의 민족주의를 배척했다. 그 때문에 동아시아 식민지 독립투쟁에서 민족주의와 공산주의의 대립은 피할 수 없었다.

그러나 소련은 공산혁명의 확산전략으로 식민지 민족주의의 해방투쟁을 지원하는 이중적 입장을 취했다. 피압박 민족이 소련의 적대국들과 싸우는 것은 소련을 돕는 결과가 됐기 때문이다. 공산 해방이 성공되면 민족주의는 다시 공산주의의 적으로 간주될 수밖에 없었다.

중국에서는 식민지 독립투쟁이 민족주의와 공산주의의 내전으로 이어졌다. 장개석 국부군과 모택동 공산군의 1,2차 국공내전이 그것이다. 소련은 자국의 형편에 따라 1,2차 국공합작(1924~1927, 1937~1945)과 1,2차 내전을 벌이도록 뒤에서 양자를 조종했다. 민족주의와 공산주의의 대립은 2차 대전 종전 이후까지 계속됐다(한중일편찬위 2015, 최병욱 2016, 김용삼 2017).

중국 공산주의의 폭력 · 공포 노선 중국공산당의 모택동은 1차 국공내전(1927~1936)에서 농촌지역에 진입하면 지방 무장세력(민병)을 양성해 토지개혁 등 공산정권의 토대를 구축했다. 국민당 정부의 비호를 잃은 엘리트 향신鄕紳 계층은 폭력을 앞세운 공산당의 토지개혁에 따르지 않을 수 없었다. 모택동은 실업자, 거지, 떠돌이 등에게 완장을 채워 가난한 농민들이 지주 등 계급적 적대자를 죽이도록 만들었다. 악질 지주에 대해서는 군중 공개재판을 열었다.

이후 공포분위기 조성은 중국 공산혁명의 지침이자 기본구조가 돼 1960년대 문화대혁명까지 이어졌다. 중국공산당은 소련, 북한과의 군사, 경제 협력을 통해 3년에 걸친 2차 국공내전(1946~1949)에서 승리할 수 있었다.

〈표1-2〉 아시아 각국의 공산당 창당

국가	연도	당명	비고
러시아	1917	볼셰비키당	세계 최초 공산당 정권, 공산종주국
몽골	1920	몽골인민당	소련 이어 두 번째 공산국가 건설
인도네시아	1921	인니공산당	1923 당원 5만 명
중국	1921	중국공산당	1928 중화소비에트정권수립(모택동)
일본	1922	일본공산당	1925 괴멸, 1945 합법화, 1950 불법화
한국	1925	조선공산당	1945 합법화, 1946 불법화(노동당개명)
말레이시아	1930	말라야공산당	말레이시아 중국인 공산당
베트남	1930	인도차이나공산당	베트남 북, 중, 남 3개 공산당 통합
필리핀	1930	필리핀공산당	1920년대 진보노동자당 존재
라오스	1955	라오인민혁명당	1975 공산혁명까지 왕정 유지

한편 베트남에서는 민족주의 세력이 일찍 와해되는 바람에 공산주의 세력이 독립투쟁의 주도권을 장악했다. 1927년 하노이에서 결성된 민족주의 국민당은 1929년 프랑스군 내의 베트남 병사들로 봉기를 계획했으나 선제공격을 받아 철저히 분쇄됐다. 베트남 국민당은 민주공화제와 대통령제, 반불反佛 무장독립투쟁을 선택했었다. 대다수 베트남인은 정서적으로 민족주의에 기울어 있었으나 공산세력이 주도하는 무장독립투쟁에 의존할 수밖에 없었다(왕단 2015, 일본협의회 2011).

소련 한인과 국내의 공산주의 한국에서 공산주의 사상을 처음 수용한 것은 해외에 나가 있던 급진적 민족주의자들이었다. 1918년 1월 러시아 이르쿠츠크 공산당 한인지부가 결성되고 곧 하바롭스크에서 한인사회당(이동휘)이 조직됐다. 1920년 1월에는 이르쿠츠크 소련 귀화 한인 공산주의자들이 고려공산당을 결성했다.

소련은 시베리아, 극동지역에서 일본군의 위협을 받게 되자 한인 독립투사들의 망명을 받아들여 일제 대항세력으로 키웠다. 한인 무장 세력은 일본과 싸우기 위해 소련과 손을 잡지 않을 수 없었다. 당시 한국 공산주의자들은 소련의 파괴적 제국주의로의 변화를 알아채지 못한 채 이상적 공산주의만 꿈꾸고 있었다.

국내에서는 1925년 일제·자본주의·지주제 타도를 목표로 하는 조선공산당(코민테른 파견 김재봉)과 고려공산청년회(박헌영)가 비밀리에 조직됐다. 조선공산당은 1928년 코민테른의 지시로 자진 해체될 때까지 일제의 감시가 심해 활동도 못해본 채 해체와 재건을 되풀이 했다. 1920년대 공산주의 운동은 소수의 지식인, 청년, 학생이 중심이 되면서 파쟁상만 노출시켰다.

민족을 앞세우며 자본주의적 발전을 지향하는 민족주의 우파와 민족을 경시하며 계급투쟁과 자본주의 타도를 외치던 공산주의 좌파의 갈등은 필연적이었다. 1920,1930년대 민족주의 계열의 물산장려운동에 대한 공산주의 계열의 비판(자본 계급의 이기적 운동)은 공산주의에 대한 역풍을 불러왔다. 좌우 합작의 신간회 결성(1927)과 해체(1931)는 코민테른의 지시에 따른 것이었다. 해체의 이유는 좌파의 주도권 상실이었다(한국사편찬위 2015, 김용삼 2017, 노중국 외 2016).

중국 내 한인 공산주의 활동 1931년 만주사변 이후 활성화된 중국에서의 독립운동 역시 민족주의와 공산주의의 두 갈래로 이뤄졌다. 1935년 무렵 민족주의 세력의 이념적 지향은 자유민주주의(김구, 이동녕의 임시정부와 한국국민당)와 사회민주주의(김원봉, 김규식의 조선민족혁명당)로 한결같지 않았다. 조선민족혁명당에 비해 열세였던 한국국민당은 1940년 기초 정당을 한국독립당으로 바꾸고 자유민주주의와 사회주의를 절충한 사회민주주의 정강정책을 채택했다.

중국 화북華北(북경, 천진을 포함하는 황하 하류 4개성)의 한국인 공산주의자들은 중국공산당의 당원으로 가입해 통제와 지원을 받았다. 대장정에 참여하고 팔로군 포병부대장까지 지냈던 무정武亭(본명 김병희)과 김두봉이 두각을 드러냈다. 무정은 1941년 화북조선청년연합회를 결성하고 곧 조선의용대 화북지대를 창설했다. 1942년 조선민족혁명당에 참여했던 김두봉은 화북조선청년연합회(화북조선독립동맹 개칭)의 주석이 됐다. 이후 조선민족혁명당이 임시정부와 합작하자 김두봉은 공산주의 세력에 가담했다.

만주(동북 3성)에서는 중국공산당만주성위원회가 1933년 곳곳의 유격대를 통합해 동북인민혁명군을 발족시켰다. 이 군사조직이 1936년 동북항일연군으로 발전했다. 김일성(본명 김성주)은 동북항일연군 100여 명의 한국인 청년 부내를 지휘했다. 김일성은 일본 관동군(만주의 산해관 동쪽 주둔 군대)의 동북항일연군에 대한 대대적인 토벌로 1940년 11월 소련으로 탈주한 뒤 소련군에 배속돼 일제 패망 때까지 머물렀다(이영훈 2013).

🔍 역사 돋보기 - 김구의 공산주의 경계

우리 선인들이 중국에 배운 것은 이용후생은 없고 사대사상뿐이었다. 주자학을 주자 이상으로 발달시켜 손가락 하나 안 놀리고 주둥이만 까는 일로 민족의 원기를 소진하니 남은 것은 편협한 당파싸움과 의리심뿐이었다. 오늘날에도 일부 청년들이 러시아로 조국을 삼고 레닌을 국부로 삼는 망상에 빠져 있다. 어제까지의 민족혁명을 부정하고 사회주의 혁명을 한다고 떠들던 자들이 레닌의 말 한마디에 돌연 민족혁명이야말로 그들의 진면목인 것처럼 들고 나온다. 주자의 방귀까지 향기롭게 여기던 부유腐儒들 모양으로 레닌의 똥까지 달다고 하는 청년들을 보게 되니 한심한 일이다(김구 2002).

2) 2차 세계대전과 동서냉전

1차 대전 이후 독일, 영국, 프랑스는 1차 대전 전비 마련을 위한 국채를 인플레로 말소시키고 과중한 세금을 거둬들여 경제상황이 크게 악화됐다. 물건은 쌓여있어도 물건을 살 수 없는 생산과잉의 사태가 벌어졌다. 이같이 피폐한 유럽 자본주의를 상당기간 버티게 해준 것은 미국의 대외자금 대여였지만 미국의 보호무역주의와 자금 대여 중단으로 대공황이라는 최후의 타격을 초래했다.

1929년 미국 월스트리트에서 시작된 대공황이 전 세계로 파급되면서 자유민주주의와 시장경제에 대한 신념이 크게 흔들렸다. 반면에 소련의 스탈린은 중공업 발전 5개년 계획을 강력하게 밀고 나가면서 서방국가들이 겪는 대량실업 사태를 피할 수 있었다. 서구 지식인들은 경제 위기를 극복하고 있는 소련식 계획경제가 자유시장경제의 대안이 될 수도 있다는 유혹을 느꼈다(네루 2004, 김용삼 2017).

2차 세계대전(1939~1945)의 배경은 대공황이라는 사건이었고 그 극복과정에서 압력과 갈등이 생겨 전 세계가 전쟁으로 휩쓸려 들어갔다. 선진공업국들은 블록경제로 대공황을 버틸 수 있었으나 독일, 일본 등 후발공업국들은 해외시장을 개척하기 위해 전체주의 노선을 걷다 전쟁이라는 최악의 선택을 하고 말았다. 두 차례에 걸친 세계대전은 유럽 중심주의적 세계관과 제국주의적 의식구조에 큰 변화를 일으켰다. 제국주의의 희생양이 됐던 아시아, 아프리카 지역 식민지 국가들의 해방과 독립은 역사적 대세가 됐다.

▌전쟁의 전개와 소련의 야욕

2차 세계대전은 전쟁 발발의 공범인 소련에게 공산혁명을 수출할 절호의 기회를 안겨줬다. 1940년대 소련의 대외정책 기조는 자국 이익을 수호하고 영토를 확대하는 팽창주의 즉 제국주의였다. 소련의 구성 공화국 수가 11개에서 15개로 늘어난 것도 팽창정책의 결과였다.

공산체제의 생존과 확산에 몰두한 스탈린은 2차 대전 직전인 1939년 8월 나치 독일과 독소불가침조약을 체결했다. 소련은 독일이 1939년 폴란드로 침공해 들어가자 독일과의 불가침조약(1939) 부속협정인 비밀의정서에 따라 폴란드, 루마니아를 침공해 영토를 넓히고 에스토니아, 라트비아, 리투아니아 발트 3국을 무력 합병했다.

스탈린은 1939년 11월 영토 할양을 요구하며 핀란드를 무력 침공했다. 하지만 핀란드의 기민한 겨울전략과 핀란드 공산주의자들의 저항으로 105일간 사상자 20만 명(핀란드는 2만5000명)을 내고 패퇴했다. 소련은 병력을 재투입해 1940년 2월 핀란드를 굴복시켰다. 1940년 3월 강제 체결된 평화조약에서 핀란드는 전체 인구의 12%가 살고 있는 카렐리야 지역을 빼앗겼으나 소련의 합병야욕을 좌절시키고 독립국의 지위를 지켜냈다. 소련 인접 국가들 가운데 공산주의의 통치를 피할 수 있었던 나라는 핀란드뿐이었다.

독일의 소련 침공과 연합국 승리 공산주의 분쇄를 공언했던 독일의 히틀러가 1941년 불가침조약을 파기하고 소련으로 쳐들어가자 소련은 사전 내비에도 불구하고 모스크바, 상트페테르부르크까지 쫓겨났다. 독일 침공으로 소련이 연합국에 합류하면서 2차 대전은 파시즘 동맹국가(독일, 이탈리아, 일본)와 자유주의·공산주의 연합국가(미국, 영국, 프랑스와 소련)의 전쟁으로 바뀌었다. 소련은 1941년 연합국의 일원으로 합류하면서 국제공산당 코민테른을 통한 공산혁명 수출에 부담을 느껴 1943년 이를 자진 해산했다.

유럽 전쟁이 한창이던 1941년 8월 처칠 영국 수상과 루스벨트 미국 대통령은 향후의 세계는 인간의 존엄과 평등, 식민지 해방과 민족자결권 옹호, 주권국가 간의 상호인정 원칙 위에서 운영돼야 한다는 대서양 헌장을 발표

🔍 역사 돋보기 - 독일의 공산체제 기여?

독일과의 전쟁에서 소련군은 부대에 따라 영웅적 항전과 무기력한 항복의 이중적 태도를 보였다. 4반세기의 공산통치를 겪은 소련 국민들은 침략자인 독일군을 해방자로 환영하기도 했다. 유럽에서 연합국 군대에 의해 풀려난 수만의 소련 포로들은 본국으로 돌아가지 않기 위해 몸부림쳤다. 독일 나치가 소련 국민들에게 정부와 싸우도록 독려했으면 소련에게 간단히 승리할 수 있었다는 분석도 있다. 그러나 나치는 소련과 그 주변 점령지 민족들을 경멸적이고 잔혹하게 대우했다. 300만의 러시아인, 벨라루스인, 폴란드인, 우크라이나인들을 독일 강제수용소로 보내고 수백만의 유대인, 집시, 공산주의자들을 독일에서 처형했다. 이 바람에 폭압적 소비에트 체제가 살아남을 수 있었고 전쟁기간의 동질감은 공산주의 통치를 오히려 강화시켰다(라자놉스키 외 2017).

했다. 영토 불확대 등 전후처리 방안을 담은 이 헌장은 미국이 2차 세계대전에 참전하는 목표를 분명히 하고 미국 여론을 설득하기 위한 것이었다.
유럽에서의 전쟁은 1945년 연합국의 승리로 막을 내렸다. 독일, 이탈리아의 패배는 경제력과 군사력의 열세, 인권탄압으로 인한 국민 신뢰상실이 그 원인이었다. 유럽의 2차 대전에서는 소련인 2000만, 독일인 500만, 유대인 600만 등 3500만 명이 희생됐다. 미국은 아시아·태평양 전쟁을 포함 40만의 전사자(부상 67만)를 냈다(강규형 러2-11, 권희영 외 2014, 랴자놉스키 외 2017, 이주영 외 2006).

아시아·태평양 국가들의 수난 일본은 대공황 이후 경제침체를 1931년 만주사변, 1937년 중일전쟁 등 침략적 팽창주의로 대응했다(도표 참조). 중국에 이어 동남아시아 침략에 나선 일본은 1941년 4월 숙적 소련과 5년 기한의 불가침조약을 맺은 뒤 12월 8일 영국령 말레이반도와 미국 하와이의 진주만을 기습 공격해 아시아·태평양 전쟁을 일으켰다.

전쟁 다음날 국민당 장개석 정부는 독일, 이탈리아, 일본에 선전포고를 하고 연합국의 일원이 됐다. 지구전으로 중일전쟁을 지탱하던 중국으로서는 다행스런 일이었다. 장개석이 연합국 중국 전쟁지구 총사령관이 되면서 전세는 한동안 호전됐다. 소련, 미국, 영국의 차관, 무기 공여, 군사훈련 제공 등 지원정책도 전선 유지에 도움을 줬다. 소련은 장개석에게 물자를 지원하는 한편 모택동의 공산주의 운동을 지도·지원하는 양다리작전을 폈다.
일본군은 아시아·태평양 전쟁 개전 이후 광대한 지역을 점령했으나 1942년 5월 산호해 해전과 1942년 6월의 미드웨이 해전에서 참패를 당해 태평양의 제공권, 제해권을 상실했다. 1943년 마리아나 해전과 필리핀 해전에서 일본의 연합함대가 괴멸되면서 전황은 절망적이 됐다.
다급해진 일본은 식민지 주민에 대한 징병제를 실시해 조선인 21만 명, 대만인 2만 명을 징발했다. 또 조선인 70만 명과 중국인 4만 명을 일본 본토와 사할린 등지로 강제 징용해 수많은 희생자를 냈다. 수십만의 조선인 여성과 점령지 여성들은 강제 또는 속임수로 정신대에 끌려가 군 관리 하의 위안부 생활을 강요당했다.

서양 열강의 식민지였던 동남아 각국들은 침략국 일본의 만행과 수탈에 시달렸다. 일본은 식민지배 해방이라는 거짓 구호를 내세우며 1942년 이후 항일운동을 가혹하게 탄압했다. 태국(자유타이), 필리핀(항일 인민군 후크발라하프), 말레이시아(말레야 인민항일군), 미얀마(인민자유연맹 바사바라), 베트남(베트남 독립동맹 베트민) 등이 일본군의 표적이 됐다. 일본은 필리핀, 싱가포르에서 수많은 반일 주민들을 학살했고 인도네시아에서는 400만 명의 노동자를 혹독한 강제노동에 끌고 갔다. 1943년 11월 일본은 미얀마, 필리핀, 인도에 괴뢰정권을 만들어 대동아회의를 열었지만 기대한 성과를 거두지 못했다(부락성 1974, 한중일편찬위 2015, 아사오 외 2016).

〈표1-3〉 일본 군국주의의 팽창전략과 주요 사건

시기	사건	개요
1927	중국동북분리	동북군벌 장작림 암살 후 동북점령계획 실패
1931	만주사변	장학량군 기습, 동북점령, 국제연맹 탈퇴
1932	만주정권수립	동북3성 괴뢰정권 수립, 1945년까지 존속
1934	화북 침공	화북華北과 내몽고에 자치정부 수립
1936	아태전쟁준비	미, 소, 중, 영 겨냥한 아태 전쟁계획 마련
1937	중일전쟁	북경, 천진, 상해, 남경 등 중국 전면 침공
1940	베트남 침공	북부(1941 남부) 침공, 대동아공영권 발표
1941	영미기습	경제봉쇄 맞서 영미 말레이, 진주만 기습
1942	동남아침공	말레이, 홍콩, 미얀마, 인니, 필리핀 점령

미국의 최후통첩과 일본의 패망 1944년 10월, 연합군의 일본 본토 공격이 시작됐고 1945년 7월에는 미국 전함들이 일본 해안에 접근해 포격하기에

이르렀다. 원자탄 개발에 성공한 미국의 트루먼 대통령은 포츠담 선언에서 일본의 무조건 항복을 최후통첩 했다. 일본에서는 자주적 병력 철수, 전쟁 범죄자의 자주적 처벌 등 4가지 조건을 제시한 군부 주전파와 선언 수락파가 극렬하게 대립하다 결국 선언을 묵살했다.

미국은 이에 따라 1945년 8월 6일 일본군의 군사시설이 집중돼 있는 히로시마에 원자폭탄을 투하했고 9일에는 나가사키에 원자폭탄을 터트렸다. 8월 14일 일본은 무조건 항복을 받아들였고 소화왕昭和王은 15일 라디오 방송을 통해 항복 사실을 국민들에게 알렸다. 미일은 9월 2일 동경 앞바다의 미국 전함 미주리 함상에서 항복문서에 조인했다. 중국과 남한의 일본군은 각각의 항복 절차를 밟았다.

중국은 승전국 대열에 합류했지만 전 국토가 황폐해져 심각한 후유증을 겪어야 했다. 중국의 전체 항일전쟁 피해자는 3500만에 달했다. 중국은 일본인 포로와 교민 213만 명을 돌려보내고 일본군이 남겨놓은 소총 77만 정, 포 1만2000문, 비행기 1000대 등을 노획했다. 1931년 만주사변부터 1945년 8월 종전까지 일본인 희생자는 군인·군속 230만, 전재戰災사망자 50만, 국외 민간인 사망자 30만 등 310만 명이었다(아사오 외 2016, 한중일편찬위 2015, 국사편찬위 2017).

탁상에서 결정된 한국의 운명 2차 세계대전 중 미국은 신탁통치를 전후 식민지 처리의 일반적 원칙으로 삼았다. 당시 미 국무부는 일제 패망 후 한국의 독립운동단체를 하나의 임시정부로 묶어 이를 미영중소가 공동 관리(신탁통치)하는 구상을 가지고 있었다. 한국이 소련이나 중국의 세력권으로 흡수되는 것을 방지하고 미국의 이해관계에 걸맞은 중립지대가 되도록 한다는 생각에서였다. 1942년 1월 이승만이 미 국무부에 소련의 한반도 진입을 경고하며 이의 방지를 위해 임시정부 승인을 요구했을 때 미국의 반응이 냉담했던 이유가 여기에 있었다. 1942년 6월 이승만은 미국의 소리 초단파방송을 통해 일본의 패망과 조국 해방을 예고하는 육성방송을 내보내 국내에 큰 반향을 일으켰다.

1943년 11월 전후 소련의 세력 확장을 우려한 처칠과 루스벨트는 동유럽과 이란, 몽골을 점령하고 있는 스탈린과의 타협을 위해 테헤란 회담을 추진했다. 미영은 중국의 장개석을 이 회담에 참석시키려 했으나 소련의 반대로 불발됐다. 결국 테헤란으로 가는 도중 이집트 카이로에서 장개석을 따로 만났다. 미영중의 카이로 회담은 일본 위임통치령이 된 태평양 제도 박탈, 중국 동북부·대만·팽호彭湖열도의 중국 반환, 한국의 독립 등을 결정했다.

회담에서 루스벨트와 처칠은 장개석의 제의에 따라 적절한 과정을 거쳐 한국을 독립시킨다는데 합의했다. 적절한 과정이라는 단서가 붙게 된 것은 식민지 보유국인 영국의 입장을 고려한 것이었다. 카이로 선언이 발표되자 임시정부 지도자들은 적절한 과정의 석명을 미중 정부에 요구했으나 묵살 당하고 말았다. 임시정부는 국제 신탁통치가 추진된다면 반대투쟁을 계속할 것이라고 밝혔다(차하순 외 2015, 이영훈 2013).

소련 대일참전의 제물 된 한반도 1945년 2월의 얄타회담에서는 소련의 대일전 참여가 핵심의제였다. 루스벨트는 일본을 굴복시키기 위해 180만 명 정도의 미군 희생이 예상되자 소련을 대일전에 끌어들이기 위해 엄청난 이권을 보장했다. 스탈린의 요구사항인 외몽고의 현상유지(독립), 만주의 구 러시아 이권 양도, 남부 사할린과 쿠릴열도 할양 등을 약속한 것이다. 쿠릴열도 할양은 무병합-무배상이라는 레닌의 전쟁 종결원칙과 어긋나는 것이었다. 장개석은 시세가 절박해 중국 동북에서의 소련의 이권 보장과 외몽고의 독립을 인정하지 않을 수 없었다.

스탈린은 여기에 더해 일본 北海島홋카이도와 한국의 웅기, 나진, 청진(함경도) 등을 작전구역으로 인정해달라고 요구했다. 루스벨트는 소련의 일본 홋카이도 분할과 점령통치 참여에 긍정적인 입장을 보였다. 한국과 관련된 요구도 분명하게 반대하지 않아 소련에게 한반도를 점령할 수 있는 빌미를 주고 말았다.

소련의 한반도에서의 군사작전 목표는 1차적으로 북동쪽 항구, 다음으로 서울을 점령하는 것이었다. 회담에서 루스벨트는 미중소의 한국 신탁통치 기간을 20~30년으로 제시했고 스탈린은 짧을수록 좋다고 말했다. 스탈린은 신탁통치 장기화로 미국의 이해가 한국에서 고착되는 것을 경계하고 있었다.

1945년 7월 독일 포츠담 회담에서는 미영소가 일본의 무조건 항복을 촉구하고 일본 군국주의 세력 제거, 전쟁능력 파괴 때까지 일본 점령 등에 합의했다. 루스벨트 사망으로 대통령직을 승계한 트루먼은 회담에서 소련을 경계했으나 소련군의 한국 진입에 시일이 걸릴 것으로 예측해 지상 작전이나 점령에 대해서는 아무런 토의를 하지 않았다.

트루먼은 소련의 참전 없이 일본과의 전쟁을 조기에 종결하고 일본 점령을 독점하기를 희망했다. 1945년 8월 트루먼 대통령이 포츠담 선언의 수용을 거부한 일본에 원자폭탄을 사용한 것은 대일전쟁을 조기에 종결해 소련의 보상과 영향력을 최소화하려는 의도가 컸다. 원자폭탄 투하로 다급해진 소련은 전후 보상을 노리고 참전 약속 3개월의 마지막 날인 8월 8일 일본에 선전포고를 하고 9일 만주와 한반도로 진격했다(김용삼 2017, 차하순 외 2015, 이덕주 2007, 트루먼 1970, 경북대편찬위 2014).

▮ 미국의 소련 팽창정책 저지

2차 대전을 일으킨 파시즘, 군국주의의 괴멸로 종전 후 세계의 이념지도는 자유주의와 공산주의로 재편됐다. 대서양 헌장에 따라 1945년 세계 50개국이 국제평화와 안전을 위한 유엔을 창설했지만 이념적으로 공존이 불가능한 양 진영의 체제갈등은 피할 수 없었다. 전략적 동거를 해왔던 두 신흥 강대국 미국과 소련은 양 진영의 맹주가 돼 이후 40여 년간 냉전을 이끌었다.

미국은 2차 대전 종전 과정에서 반공주의와 세계주의 노선을 걸었다. 히틀러의 침략을 묵인하는 유화정책으로 2차 대전에 휘말린 뼈아픈 경험의 산물이었다. 적극적인 대외정책만이 국내 경제를 유지해줄 수 있다는 생각도 작용했다. 루스벨트·트루먼 민주당 정부의 세계주의 노선은 고립주의를 고수해온 공화당의 반대에도 불구하고 오히려 대세로 자리 잡았다.

소련은 종전 과정에서 동유럽 각국의 빈곤과 사회불안을 이용해 체제 전복 곧 공산혁명을 고취시켰다. 이에 따라 폴란드, 체코슬로바키아, 헝가리, 루마니아, 불가리아, 유고슬라비아, 동독에 인민민주주의 괴뢰정권이 속속 들어섰다. 스탈린은 동유럽 공산화 과정에서 점령지역의 자유선거를 실시하겠다는 약속을 어기고 비공산주의자들에 대한 탄압을 강화했다. 미국은 이에 대한 항의의 표시로 차관 제공을 끊었다(이주영 외 2006, 권희영 외 2014).

좌우합작으로 동유럽 공산화 미국의 루스벨트는 스탈린의 동유럽 장악이 약속을 어긴 것으로 생각했으나 어쩌지 못한 채 1945년 4월 사망했다. 3개월 전 부통령이 됐다가 다시 대통령직을 승계한 트루먼은 폴란드 문제와 관련해 친서방적인 정치인들을 받아들이는 좌우합작 조건으로 공산정권을 승인했다. 그러나 비공산주의 세력이 확대될 것으로 기대했던 트루먼의 판단은 잘못된 것이었다. 조직이 없는 우익은 좌익의 압력을 이겨내지 못해 합작정부는 곧 공산주의의 손에 넘어가고 말았다.

소련은 헝가리와 체코슬로바키아에 대해서는 바로 공산체제를 강요하지 않았다. 지주와 상공업자의 힘이 강해 형식적이나마 자유선거를 허용했다. 그러나 물밑으로 공산주의자들의 쿠데타를 부추겨 좌우합작 정부를 무너트린 뒤 공산정권을 수립했다(1947,1948). 동유럽 국가들은 이후 계획 경제, 농업 집단화를 추진하는 소련의 위성국이 되고 말았다. 정치경찰이 사회변혁과 통제의 중심 역할을 맡아 나치 독일보다 점령통치가 더 혹독했다는 평가를 받았다.

미국과 소련은 동유럽 문제 뿐 아니라 전후 경제부흥 방법을 둘러싸고도 충돌했다. 미국은 2차 대전의 중요한 원인이었던 무역전쟁과 금융혼란을 해소하기 위해 1944년 미국 브레튼우즈에서 회의를 소집하고 세계은행(1945)과 국제통화기금(1947)을 창설했다. 그러나 소련의 스탈린은 미국 주도의 세계 경제질서 재편을 거부하고 자본주의의 탐욕을 맹렬히 비난해 미국의 대소 강경여론을 촉발시켰다. 1946년 3월 영국의 처칠은 유럽이 철의 장막으로 분리되고 있다는 연설을 했고, 미국은 냉전이라는 용어를 사용하기 시작했다. 냉전 돌입 단계에서는 소련 공산주의가 우세한 양상을 보였다. 무산대중 혁명과 식민지 해방을 표방해 선후진국 모두에게 호소력을 가졌기 때문이었다. 스탈린은 체제 대결에서 공산주의의 최종 승리를 확신했다(이주영 외 2006, 랴자놉스키 외 2017).

트루먼 독트린과 냉전 본격화 트루먼 대통령은 소련의 팽창정책이 동유럽과 발칸반도에서 그리스, 터키로까지 확대될 기미를 보이자 안보와 국익에 심각한 우려를 느꼈다. 이에 따라 1947년 3월 소련과의 우호협력 관계를 대결 및 봉쇄정책(트루먼 독트린)으로 전환해 공산주의의 위협을 받고 있는 나라들에 대한 군사 및 경제 원조를 약속했다. 소련은 이에 대응해 국제공산당 정보기구인 코민포름을 창설하고 세계를 사회주의와 제국주의 진영으로 구분하는 즈다노프 독트린을 발표했다. 이로써 동서 양진영의 냉전이 본격화됐다.

트루먼 독트린 선포 이후 그리스 공산주의자들은 정부를 전복시키기 위해 모든 수단을 총동원했다. 그리스는 1944년 9월 종전으로 망명정부가 귀국했으나 공산-반공의 좌우대립이 폭력화되고 공산진영의 지원을 받는 EAM은 북부 산악지대에서 반정부활동을 벌이고 있었다. 그리스를 방치하면 적화를 피할 수 없었고 이후에는 디기까지 위험해지는 상횡이었다. 미국은 그리스에 2억5000만 달러의 군사경제 원조를 통해 공산화를 저지하는데 성공했다.

소련은 지중해로 나갈 수 있는 창구인 터키의 공산화에도 눈독을 들였다. 1946년 6월 흑해 연안국(소련, 루마니아, 불가리아) 외에는 흑해와 지중해를 연결하는 다다넬스 해협 통과를 못하도록 하는 각서를 터키에 보내고 해협 공동방위를 압박했다. 이에 놀란 미국은 터키에 1억5000만 달러를 지원하고 해협의 상선 이용 개방과 군사적 이용의 제한을 주장했다.
미국의 강경 대응과 영국, 프랑스 등의 동참으로 터키는 소련의 공동방위 제의를 무위로 돌릴 수 있었다. 터키와 그리스는 1950년 6.25 전쟁 때 한국 지원을 위해 참전한 나라들이다(김용삼 2017, 트루먼 1970).

소련, 아시아 공산화로 눈 돌려 미국의 트루먼 독트린은 이후 미국 외교정책의 기조가 됐다. 1947년 6월 미국은 유럽 전후 경제복구를 위한 유럽부흥계획(마셜 플랜)을 마련해 1948~1953년 사이 영국에 27억 달러, 프랑스에 23억 달러, 서독에 12억 달러의 원조를 제공했다. 소련은 마셜 플랜에 불참하고 1949년 동유럽 국가들과 경제상호원조회의(코메콘)를 결성하는 것으로 맞섰다. 또 미국과 서유럽 12개국이 1949년 4월 지역안보를 위해 북대서양조약기구(나토)를 창설하자 소련과 동유럽은 1955년 바르샤바조약기구를 출범시켜 총성 없는 체제경쟁에 들어갔다. 동서 양진영 간의 대립은 해빙과 동결을 거듭하며 장기화됐다.
한편 소련은 유럽에서 서방의 강력한 반발에 부딪치자 1948년 이후 아시아 공산화로 눈을 돌렸다. 일본 항복 후 만주와 38선 이북을 점령한 소련은 1946년 2월 북한에 김일성 괴뢰정권을 세워 위성국으로 편입시켰다. 또 중국의 내전을 지도·지원해 1949년 10월 모택동 공산정권이 들어서도록 만들었다. 북한, 중국이 공산화되고 동남아 국가들이 공산주의에 물들어가자 미국은 일본의 군국주의 청산정책을 역주행시켰다. 일본이 지금까지 침략행위 반성을 거부하고 왜곡된 역사인식을 갖게 된 것은 군국주의 청산을 어렵게 한 냉전의 산물이었다(나카무라 2006).

역사 돋보기 - 미국의 공산주의 규제법

미국의 반공주의는 러시아 혁명 때 형성돼 1937~1939년 스탈린이 정적을 숙청하고 폴란드를 분할 점령하면서 더욱 확고해졌다. 1940년대 미국은 공산주의에 대한 대처를 국가적 과제로 인식해 2차 대전 중인 1940년 공산주의자들을 규제하기 위한 반공법을 제정했다. 이 법은 정부를 폭력 전복하는 행위에 동조하거나 체제전복을 위한 조직에 가입하는 행위를 금지시켰다.

1947년 냉전이 본격화되면서 트루먼 정부와 의회는 공산주의 침투를 막기 위해 노조법을 제정하고 공무원 보안심사, 공산분자 색출운동(매카시즘)을 대대적으로 벌였다. 공산주의자 색출과정에서 미국인 간첩 활동사실이 알려지면서 1950년 9월 국가보안법을 통과시켜 공산주의 단체의 정부 등록과 문서공개, 가입자의 취업제한을 법제화시켰다(이주영 외 2006, 라자놉스키 외 2017, 외교부 PDF1).

시기	사건	개요
1940	반공법	정부 폭력전복, 체제전복 위한 조직가입 금지
1947	노조법	노조간부, 비공산주의자 확인문서 서명 의무화
1947	보안심사	연방공무원 300만 대상. 반체제단체 목록 작성
1948	공산분자색출	노동, 종교, 연예, 사회단체 공산주의 추방운동
1950	국가보안법	공산주의 단체 정부등록, 문서공개. 취업제한

3) 냉전 하의 중일과 동아시아

2차 대전 이후 동아시아의 국제정치 판도를 바꾼 가장 큰 사건은 중국의 공산화였다. 장개석의 국민당 정부군(국부군)이 내전에서 승리했다면 아시아 공산주의는 발을 붙이기가 어려웠을 것이고 한국, 베트남 등 이후의 여러 나라 역사도 완전히 달라질 수 있었다.

중국에서는 8년간의 항일 전쟁(1937~1945)이 끝난 후 사회 안정에 대한 갈망이 컸지만 잠복해있던 국공내전은 피할 수 없었다. 내전은 장개석 국부군과 모택동 중공군, 그리고 이들을 지원하는 미소의 이해관계가 복잡한 방정식을 만들어냈다. 1944년 무렵, 모택동은 미국에 여러 차례 우호적인 신호를 보냈고 미국도 장개석 정부에 불만을 품어 중국공산당과 적극 소통하고자 했다. 중국공산당이 내전에서 승리할 경우 양국 협력 방안을 암중모색하고 있었던 것이다. 소련의 스탈린 역시 중공군에게 모든 것을 걸지 않았다. 만주에서 미국의 영향력을 배제하겠다는 일관된 목표가 있었기 때문에 국부군과 중공군 모두가 소련에 의존하도록 만들었다(왕단 2015).

❙ 국공내전과 중국의 공산화

스탈린은 1945년 8월 장개석 정부와 중소우호동맹조약을 체결하고 국공내전 불개입을 약속했다. 조약에는 만주의 철도 관리권과 대련, 여순 항구 이용권을 소련에 양도하는 내용이 포함돼 있었다. 스탈린은 중국공산당에게 국민당과의 대결을 중지하고 평화적인 해결책을 모색하라고 지시해 중국공산당을 분노하게 만들었다. 그러나 전후 국제정세가 급변하면서 스탈린은 1945년 9월 20일 모택동 휘하의 중공군에게 국공내전 재개를 지령했다. 북한 단독정권 수립을 지시한 날이었다.

북한은 소련의 지시로 중국공산당의 배후기지 역할을 하면서 중공군에게 많은 도움을 줬다. 1945년 말 한중 국경지대로 퇴각한 중공군을 신의주로 받아들였고 1946년 봄에는 일본군이 남기고간 무기 10만 정을 무상 제공했다. 중국공산당은 1946년 7월 북한을 남만주의 후방기지로 삼아 부상병 보호와 전략물자 보급 등의 도움을 받았다. 또 북한의 철도와 해운을 이용해 중공군의 보급로를 확보했다.

국공 양측은 1946년 7월 전면적인 내전에 들어갔다. 당시 국부군은 병력 430만, 100만 일본군이 남기고간 무기, 미국의 대대적 원조, 인구 3억 명 이상 지역을 차지하고 있었다. 이에 비해 중공군은 병력 120만, 열세의 군사력, 해방구 인구 1억3000만으로 군사력 지수가 국부군의 5분의 1 수준이었다. 남경으로 천도한 중화민국 국민당 정부의 장개석은 내전 3개월 내에 공산군 섬멸을 자신했다(이덕주 2007, 김용삼 2017, 왕단 2015).

국부군의 자멸과 중공군의 승세 국공내전의 전략적 요충지는 만주지역이었다. 2차 대전 대일전 참전으로 만주를 점령한 소련은 1948년 봄 내전의 전세가 공산 측으로 기울자 불개입 약속을 어기고 무기와 국부군 이동 정보를 지원했다. 1948년 하반기에서 1949년 초까지 국부군과 중공군은 동북지방의 심양瀋陽전투, 중원지역의 회해淮海전투, 수도권의 평진平津전투(북경·천진) 등 3대 전투를 치렀다. 이 세 차례의 전투로 국부군은 거의 와해되고 말았다.

미국의 트루먼 정부는 장개석蔣介石 국부군이 내부 혼란으로 수세에 몰리자 좌우연립정부 구성을 권고했으나 장개석은 이를 거부했다. 중공군은 1949년 4월 양자강을 건너 국민당 정부의 수도 남경을 함락시켰다. 국민당 정부는 광주廣州로 후퇴했다가 1949년 10월 대만의 대북臺北으로 쫓겨났다. 미국은 끝내 국민당 정부를 구원하기 위한 병력 파견에 나서지 않았다.
국부군이 중공군에 무너진 것은 국민당의 부패와 독재로 민심을 잃었기 때문이었다. 국민당 주요 장성들의 군벌 유지 속셈 등 내부의 사분오열도 전쟁 지휘를 어렵게 했다. 여기에 공산당 간첩들의 국민당 침투 및 공작이 주효해 장개석 자신이 간첩을 참모로 중용했을 정도였다. 이는 화북華北을 뺏긴 중요한 원인이 됐다. 이처럼 내부 기강이 무너진 군대에는 미국제 최신 무기가 아무런 도움이 안 됐다.

중국공산당이 성공한 몇 가지 중요한 요인들도 있었다. 공산당의 선전술은 인민들에게 정치 혼란을 끝내고 청렴하고 민주적인 강대국이 건설될 수 있다는 믿음을 줬다. 또 공산당은 토지개혁으로 농민들의 지지를 얻으면서 정치적, 군사적 동원에 성공해 국민당 정부의 기반인 도시를 포위할 수 있었다. 연합정부를 수립하겠다는 임시방편적 제휴전술로 민주당파 지식인들을 국민당 정부 전복 대열에 동참시킬 수 있었던 것도 승인의 하나였다.

미국은 중국의 공산화로 아시아지역에 대한 힘의 공백이 커지자 우방국을 강화하기 위해 친 서방적인 베트남의 바오다이 정권을 승인하고, 베트남 공산주의와 싸우고 있는 프랑스의 전비 중 4분의 3을 부담했다. 또 대만으로 쫓겨 간 장개석 정부에 대한 원조도 늘렸다. 그러나 한반도 남쪽 대한민국은 전략적, 군사적으로 가치가 떨어지는 것으로 판단해 1949년 미군을 철수시키고 말았다(권희영 외 2014, 김용삼 2017, 왕단 2015).

공산 중국의 초기 각종 정책 국공내전에서 승리한 중국공산당은 1950년 1월쯤 중화인민공화국 건국 준비에 나설 예정이었다. 그러나 국민당 정부의 서방 원조 요청을 막아야 한다는 소련의 지적에 따라 1949년 10월 1일로 건국 일정을 앞당겼다. 1949년 9월 중국공산당과 각 민주당파, 인민해방군, 화교 등 각 분야 635명의 대표들은 임시 헌법 성격인 중국인민정치협상회의 공동강령을 채택했다. 서둘러 사회주의를 표방할 필요가 없다는 모택동의 지적에 따라 강령의 국가체제는 신민주주의로 했다. 오성홍기五星

紅旗가 국기로 지정되고 의용군행진곡이 국가로 지정됐다. 당시 중국 인구는 4억6000만이었다.

건국 초기 중국공산당은 각 민주당파와 연합정부를 구성한다는 약속을 지켰다. 부주석 5명 중 3명, 5개 권역 지방정부의 차상위자를 모두 민주당파 인사들로 임명했다. 그러나 1954년 스탈린의 요구에 따라 사회주의 개조 작업이 진행되면서 민주당파는 역사의 무대에서 사라졌다. 국공 내전에서 중국공산당을 선택한 지식인들은 1949년 이후 자신들의 투쟁이 중국의 암흑시대를 초래하게 됐다는 것을 눈으로 확인해야 했다.

건국 이후 화남, 서남, 여타 각 지역에는 국민당 정규군이나 무장 세력이 잔존해 있었다. 중국공산당은 이들 군사세력 제거에 들어갔고 국민당 실력자들은 새 정권의 한 자리를 얻으며 저항을 포기했다. 정권 장악에 성공하자 혼란스럽던 금융과 재정 질서도 신속하게 안정됐다. 중공군은 신강, 티베트도 무력으로 병합했다.

건국 이후 모택동은 각 지방 실력자들을 중앙으로 불러들여 지방 권력의 발호를 막았다. 상대적으로 독립적 지위를 누렸던 각 권역의 군사 권력을 회수하고 지방 행정권도 중앙으로 흡수했다. 모택동은 중앙 권력을 유소기(당무), 고강(경제), 주은래(외교)에게 배분해 삼자 정립 구도를 만들었다. 고강은 1949년 소련과 밀접한 관계를 맺으며 동북지역 당정군의 대권을 가져 동북왕이라 불렸던 인물이다.

중국공산당에게는 상공업 자본가를 어떻게 처리하느냐가 초기 통치의 과제였다. 유소기劉少奇는 1949년 4월 천진에서 자본가들과의 좌담회 연설에서 생산 회복을 위한 위로정책을 제시했다. 연설은 모택동의 공개 의견에 근거한 것이었지만 모택동의 속마음은 이와 달랐다. 겉으로는 포용하는 척 했으나 조만간 민족 자본가를 제거하려는 생각을 갖고 있었던 것이다. 그

것은 뒤에 각종 정치운동, 문화대혁명을 통해 모습을 드러내게 된다. 문화 대혁명의 첫 타도대상이 천진 연설을 한 유소기였다(왕단 2015).

공산화 표적된 동남아 신생국들 2차 대전은 세계 전체의 지도를 바꿔놓았다. 1943년에서 1989년까지 모두 96개의 식민지 신생국이 독립의 대열에 합류했다. 민족자결의 역사적 흐름에다 2차 대전으로 파탄상태가 된 유럽 제국주의 국가들은 더 이상 식민지의 독립을 막을 힘이 없었다. 유엔은 1945년 창설 이래 70개국의 독립을 위한 산파역을 맡았다.

아시아에서는 14개 서방 식민지들이 평화적으로 또는 무력투쟁 끝에 독립 국가를 세웠다. 영국이 지배하던 인도, 파키스탄(인도에서 분리), 실론(스리랑카), 미얀마, 말레이시아, 브루나이와 미국 식민지인 필리핀이 1946~1948년 사이 평화적인 독립을 얻어냈다. 그러나 프랑스와 네덜란드의 식민지인 베트남, 캄보디아, 라오스(이상 프랑스), 인도네시아(네덜란드)는 무력투쟁 끝에 독립을 쟁취했다. 프랑스는 식민지인 인도차이나

〈표1-4〉 2차 대전 이후의 동아시아 신생국들

국가	피지배 기간	지배국	독립	체제
한국	1910~1945(36년)	일본	1948	자유
대만	1895~1945(50년)	일본	1949	자유
필리핀	1565~1946(381년)	스페인/미국	1946	자유
인도네시아	1602~1945(343년)	네덜란드	1949	자유
말레이시아	1874~1957(83년)	영국	1957	자유
싱가포르	1919~1945(126년)	영국	1959	자유
중국	1901~1945(45년)	열강	1949	공산
캄보디아	1864~1953(89년)	프랑스	1953	중립
라오스	1893~1954(61년)	프랑스	1954	왕정
베트남	1859~1954(95년)	프랑스	1945	분단
미얀마	1886~1948(62년)	영국	1948	사회

자료: 외교부 각국 개황

반도를 지키려 안간힘을 썼으나 1954년 奠邊府디엔비엔푸 전투 패배로 더이상 버텨내지 못했다. 네덜란드는 1949년 인도네시아를 마지못해 독립시켰다(도표 참조).

신생 독립국들은 소련식 공산주의를 국가 발전의 해결방안으로 생각하는 경우가 많았다. 제3세계 국가들 가운데는 미소 어느 쪽에도 가담하지 않는 중립 또는 비동맹노선을 고수하는 국가들도 있었다. 그러나 중립주의는 서방(식민 지배국)과 서방기업에 대한 거부감을 의미해 소련의 대외정책에 유리한 환경이 조성됐다. 미국식 자본주의 체제는 발전모델로 인기가 없었다.

이런 추세에 힘입어 소련은 1940년대 말부터 1950년대까지 서방과 일본의 식민지였던 아시아 국가들을 공산화의 표적으로 삼았다. 1949년 9월 소련의 핵실험 성공, 북한에 이은 중국의 공산화 등 국제정세도 소련과 공산진영에 유리한 방향으로 흐르고 있었다. 소련은 인도네시아, 말레이시아, 버마(미얀마) 공산주의자들에게 정권 장악을 위한 무력투쟁을 벌이도록 고무시켰다. 중국의 영향권에 있었던 베트남, 라오스, 캄보디아 등 인도차이나 반도 국가들도 공산세력이 힘을 키우고 있었다.

🔍 역사 돋보기 - 동남아의 식민유산

동남아 국가들의 국경선은 스스로 설정한 것이 아니라 서구 열강의 동남아 지배가 굳어진 것이다. 영국과 네덜란드는 하나의 말레이 세계를 분할 점령하면서 말레이시아와 인도네시아라는 두 개의 국가를 만들어냈다. 라오스도 지도상에 없던 나라였으나 프랑스가 세 개의 소국을 합쳐 새 국가를 출범시켰다. 영국과 프랑스가 완충지대로 남겨둔 태국은 두 나라의 압박으로 국경선이 크게 축소됐다. 이런 특성들로 인해 동남아 민족주의는 반서구, 반제국주의 성향을 띠었으며 공산주의가 민족주의의 사상적 도구로 이용되기도 했다. 독립운동의 민족주의자들로는 베트남의 胡志明호치민, 인도네시아의 수카르노, 미얀마의 아웅산 등이 있었다(윤진표 2017).

미국의 트루먼은 소련의 세계 지배에 대항하기 위해 군사비 증액을 원했으나 국민 설득이 문제였다. 그러나 1950년 6월에 한국전쟁이 터지면서 고민은 단번에 해결됐다. 미국은 한국과 대만, 필리핀, 태국 등 반공국가들을 지원해 공산주의의 확대를 막고자 했다(윤진표 2017, 이주영 외 2006, 권희영 외 2014, 라자놉스키 외 2017).

▌일본 군국주의의 재생

1945년 8월 미국이 항복한 일본을 단독점령하자 영국과 소련은 점령의 발언권을 주장했다. 그러나 일본의 항복을 몰고 간 미국은 영국과 소련의 항의를 받아들이지 않았다. 이 바람에 전쟁 범죄국인 일본은 국체를 고스란히 유지한 반면 힘없는 한국만 두 동강나고 말았다. 연합국 최고사령부의 대일점령은 1945년 8월 일본 패전부터 1952년 4월 샌프란시스코 강화조약 발효까지 6년 8개월 간 지속됐다. 맥아더를 수반으로 하는 최고사령부는 13개국 극동위원회의 점령정책을 따르도록 돼있었지만 실제로는 미국이 실권을 행사했다.

최고사령부의 미군정은 일본정부에 지령과 권고로 간접통치하면서 일본 전 분야에 걸친 개조작업에 나섰다. 최고사령부 내 자유주의자들은 진보적 정책을 추구해 일본 사회당이나 공산당이 자신들의 주장을 내세울 여지가 없도록 만들었다. 전후 일본 보수정권이 38년간이나 장기집권을 한 것은 미군정이 혁신정당의 혁명을 대신한데서 그 원인을 찾을 수 있다(이주영 외 2006, 한중일편찬위 2015, 아사오 외 2016, 나카무라 2006).

비군사화, 민주화 점령개혁 미영중의 포츠담 선언은 일본 국민을 속이고 세계 정복의 과오를 범한 권력과 세력을 영구히 제거하고 일본의 전쟁 수행능력이 파괴될 때까지 연합군이 점령을 계속한다는 내용을 담고 있었다. 연합국은 일본이 다시는 침략전쟁을 일으키지 못하도록 군사력을 해체하고 민주주의를 뿌리내리게 하는 비군사화와 민주화를 전후 개혁의 기본목표로 삼았다.

최고사령부는 이를 위해 육해군 해체, 군수생산 금지, 군국주의 단체 해산, 전쟁범죄자 체포 등 조치를 내렸다. 1945년 12월에는 군국주의의 정신적 기반인 국가종교 신도神道를 종교법인으로 분리시키고 1946년 1월에는 21만 명에 달하는 군국주의자들의 공직 추방을 지령했다. 또 군국주의의 경제기반인 재벌 청산작업에 나서 三井미쓰이, 三菱미쓰비시, 住友스미모토, 安田야스다 등 4대 재벌 본사를 해체시켰다. 지주제 기반을 없애기 위한 두 차례의 농지개혁은 점령정책 중 가장 성공적인 것이었다. 1941년 전 농지의 46%나 되던 소작지가 1950년에는 9.9%로 줄어들어 농업생산성이 높아지고 내수 부양의 토대가 만들어졌다.

미군정은 민주화 조치의 일환으로 군국주의적 정당을 해산하는 한편 모든 정당의 활동을 보장했다. 일본공산당은 전후정당으로는 유일하게 일왕제에 반대하는 모습을 보였다. 또 북한과 같은 인민공화국 정부 수립을 목표로 내세우며 당시 내각을 압박했다. 민주화 개혁에 중점을 뒀던 점령초기 미군정은 일본공산당과 원만한 관계를 유지했고 일본공산당도 얄타체제 유지를 원했던 스탈린의 지령에 따라 미군정에 협조적 자세를 보였다. 얄타협정은 소련의 대일 참전에 따른 여러 가지 이권을 보장해준 미영소의 합의를 말한다. 그러나 이후의 냉전은 일본 국내정치에 영향을 미쳐 자민당과 사회당의 대결구도인 55년 체제를 탄생시켰다(한중일편찬위 2015, 아사오 외 2016).

전쟁포기 명시한 평화헌법 제정 최고사령부는 전후개혁과 함께 일왕을 의례적 군주로 만들고 전쟁 포기를 명문화하는 새 헌법 제정을 추진했다. 1945년 당시 미국의 갤럽 여론은 군국주의의 상징인 일왕 처벌을 바라는 목소리가 70%를 넘었다. 아시아 각국과 호주, 뉴질랜드 등에서도 일왕의 소추를 요구하고 있었다. 일왕을 그대로 두면 군국주의가 다시 부활할지도 모른다는 불안감을 반영한 것이었다. 맥아더는 이를 의식해 1946년 2월 국민주권, 전쟁포기, 인권존중의 헌법제정 3원칙을 마련했고 민정국은 1주일 만에 헌법 초안을 작성해 일본 정부에 넘겼다.

일본 정부는 유신헌법의 일왕주권 원칙을 유지히면서 기본권 보장이 안 되는 자체 헌법 개정안을 만들어 민정국을 설득하려 했으나 일언지하에 거절당했다. 민정국은 최고사령부 안을 받아들이지 않으면 일본 국민에게 직접 의사를 묻겠다며 일본 정부를 압박했다.

1946년 11월 공포(1947년 5월 시행)된 새 헌법은 전쟁 포기, 전력戰力 불보유, 교전권交戰權 부인을 명시해 평화헌법이란 별칭을 얻었다. 헌법 9조에는 국제분쟁 해결의 수단으로 전쟁과 무력행사를 영구히 포기하고, 육해공군 그 밖의 전력을 보유하지 않으며, 국가의 교전권을 부인한다는 내용을 담았다. 그 후 자민당의 보통국가 개헌 시도가 있었지만 야당의 반대로 지금까지 헌법을 그대로 유지하고 있다(아사오 외 2016).

점령정책 전환과 전범재판 실종 1947년 3월 트루먼 독트린으로 자유-공산 진영의 냉전이 표면화되면서 최고사령부의 점령개혁은 민주화에서 반공국가 재건으로 목표가 바뀌었다. 냉전은 1년 정도 시차를 두고 대일 점령정책에 반영돼 1948년을 기점으로 징벌 지향에서 부흥 지원으로 전환됐다. 이 무렵부터 적국이었던 일본은 미국의 우방으로 바뀌어갔고 우방이었던 중국은 적국화 되고 있었다.

냉전은 전범 처리에도 영향을 미쳐 지도자 단죄를 매개로 일본 국민들의 침략전쟁 반성을 유도하려 했던 미국의 의도는 완전히 빗나가고 말았다. 1946년 5월부터 1948년 11월까지 열린 東京도쿄 극동군사재판에서는 침략전쟁 주도자인 소추 유형 A급 전범 28명을 평화에 반하는 죄로 기소했다. 이 재판에서 7명에게 교수형, 16명에게 종신 금고형이 선고됐다.

그러나 13개국 극동위원회가 1946년 4월 일왕의 전쟁 책임을 불문에 붙여 군국주의 청산은 커다란 암초에 부딪쳤다. 일본에서는 일왕 자진 퇴위가 바람직하다는 의견이 있었으나 그마저도 무위에 그쳤다. 맥아더와 일왕이 정치적 공생을 하며 일왕이 퇴위도 않고 전쟁 책임에 대해 아무 사죄도 없이 넘어가 일본의 전쟁 책임의식을 흐리게 만들었다.

현지 주민, 포로, 억류자 등에 대한 학살과 학대 등의 전쟁 법규를 위반한 소추유형 B급과 정치적, 비인도적 이유의 박해행위(유대인 학살 등)를 단죄하기 위한 소추유형 C급 전범(조선인, 대만인 포함)은 각 연합국 재판소에 맡겨졌다. 이 재판을 위해 연합국들은 일본, 중국, 동남아 각지에 50개소의 독자 법정을 설치해 984명 사형(50명 감형), 475명 무기징역(7명 감형), 2944명 유기징역, 1018명 무죄 판결을 내렸다.

역사 돋보기 - 전범재판의 문제점

東京도쿄 전범재판은 중국, 미국, 영국, 네덜란드, 호주, 프랑스 등 6개국 국제검찰국의 집요한 추궁에도 불구하고 많은 허점을 남겼다. 중국 국민당 정부는 공산당과의 내전과 전쟁 복구가 다급해 일본 전쟁 책임문제를 정면으로 다루지 못했다. 인체 세균실험을 한 731부대와 한국인, 중국인에 대한 강제연행, 강제노동에 대한 소추도 없었다. 한국, 대만 문제는 재판의 대상에서 제외됐으며 군대 위안부 문제도 다뤄지지 않았다. 내전에서 패한 국민당 정부가 이후 대만으로 축출되는 바람에 전쟁 책임 추궁은 더 멀어졌다. 한국은 승전국이 아니어서 발언권도 주어지지 않았다. 전쟁범죄국인 일본은 전범 재판이 유효한 것이지만 재판을 받은 대상은 국가가 아닌 개인이라는 회피적 관점을 유지했다. 1952년 샌프란시스코 강화조약에서 재판 결과를 수용했지만 재판의 정당성을 인정한 적은 없었다. 전쟁에 져서 얻은 일본 민주주의는 이런 양면적 얼굴을 가져 현대사의 비극을 잉태했다(하타노 2016).

1953년 중화민국(대만)과 필리핀은 제대로 된 군국주의 청산도 없이 일본 전범 사면을 받아들였다. 1955년 9월 연합국 8개국과 일본은 사면이 아닌 재심으로 10년을 복역한 A급 수형자 가석방에 합의했다. 나머지 전범도 순차적으로 석방됐다. A급 전범의 감형은 1958년 말에 이뤄졌다. 東京도쿄 전범재판은 일본의 자업자득을 주입시킨 쇼였디고 주장한 A급 전범 岸信介기시 노부스케(東條도조 내각 상공대신)는 전범 구치소에서 석방된 후 9년 만에 일본 수상이 됐다. 독일에서는 있을 수 없는 일이었다(하타노 2016, 나카무라 2006, 아사오 외 2016, 일본협의회 2011).

2. 남북분단과 해방정국의 혼돈

1945년 해방 후의 한반도에서는 미소의 역학관계 속에서 남북 좌우 정치세력의 민족-공산 이념충돌이 시작됐다. 일제 패망 당시 민족진영은 미국의 이승만과 중국 중부의 김구(임시정부)가 대표하고 있었고, 공산진영은 중국 북부의 김두봉(화북조선독립동맹)과 국내의 박헌영이 대표했다. 이승만은 미국 각계, 김구는 중국 국민당 정부, 김두봉은 중국공산당, 박헌영은 소련 공산당의 지지를 받았다. 여러 정치세력의 하나로 격하된 임시정부는 미국 등 연합국의 대화상대로 인정받지 못했다. 그런 가운데 한국은 1945년 8월 15일 갑작스레 일본의 식민지배로부터 벗어났다.

해방과 동시에 미소가 38선을 군사분계선으로 남북을 분할 점령함으로써 남북분단의 우려가 커졌다. 당시 국내 민족진영은 통일자주국가 수립을 최우선의 목표로 삼았으나 냉전체제를 극복할 자주적 역량을 갖추지 못했다. 그런 한계가 민족 내부의 좌우대립을 미국과 소련 지지로 의미를 변질시켰다. 결과적으로 군사분계선을 설정한 미국이 남북분단의 빌미를 제공했고 소련이 분단을 현실화시켰다(이영훈 2013, 한국사편찬위 2015).

1) 소련의 북한 단독정권 수립

소련의 대일전 참전과 만주, 한반도 진공은 동유럽에서와 같이 소련에 우호적인 국가들로 외부 방어막을 구축하기 위한 전략의 일환이었다. 소련은 극동군 158만을 투입해 만주의 일본 관동군 70만을 동, 서, 북 세 방향에서 포위 공격했다. 관동군은 제대로 저항도 못 해보고 섬멸 당했다. 극동군은 1945년 8월 11일 한반도 동북쪽 국경지대에 들어섰고 8월 12일 경흥, 웅기, 청진을 점령했다. 소련은 8월 9일부터 14일까지 6일간 전투다운 전투도 없이 전승국이 됐다.

소련의 급속한 남진으로 한반도를 완전 장악할 수 있는 상황이 조성되자 미국 트루먼 대통령은 국무부에 긴급대책을 지시했다. 국무부는 미국이 한국 전토의 일본군 항복을 받아야 한다고 주장했지만 지상군 투입 여건이 좋지 않았다. 그 해결책으로 몇몇 실무자들이 30분 정도의 검토 끝에 38선을 군사분계선으로 삼아 공동 점령하는 방안을 소련에 제시했다.

소련은 8월 13일 미국의 제안을 선선히 받아들였다. 한국의 절반을 양보하는 대신 일본 점령에 참여하고 北海島홋카이도 분할, 만주 이권 확보 등을 기대한 것이었다. 미국은 스탈린이 신탁통치에 찬성한 만큼 한반도의 연합국 공동관리가 이뤄질 것을 의심하지 않았다. 미국은 소련보다 두 달 늦은 10월 하순에 남한의 점령을 완료했다(트루먼 1970, 고려대 2016, 한국사편찬위 2015, 이덕주 2007).

▎김일성 내세워 공산개혁 단행

북한은 일제로부터 풍부한 물적 유산을 넘겨받은 편이었고 인구는 남한의 2분의 1인 1000만 정도였다. 군사분계선이 확정되자 스탈린은 제25군 사령관 치스차코프 대장(45)을 북조선주둔 소련 점령군사령관으로 임명했다. 제25군 4만 병력은 8월 26일 평양 진주를 마쳤다. 점령군 정치위원인

레베데프 소장(44)과 민정사령관 로마넨코 소장(39)이 점령통치 방침을 좌우했다. 이들 세 사람을 지휘한 상급자는 모스크바의 시티코프 상장(38)이었다.

소군정은 해방군의 모양새를 갖추기 위해 북한 인민위원회에 행정권을 넘겨주고 군정청 대신 점령군사령부에 민정부를 설치해 간접통치에 들어갔다. 한반도 내 좌익이 우세했던 점을 고려한 조치였다. 그러나 북한의 민족주의 세력이 만만치 않음을 간파한 8월 말부터 중앙아시아와 극동지역의 한국계 소련인을 대거 북한에 투입해 정치 세력 판도를 바꾸고자 했다. 남북분단 초기 남북 왕래는 전과 같이 이뤄졌고 남한에 필요한 전력과 화학물질 등도 정상적으로 공급됐다. 그러나 소련 점령군사령부는 북한에 공산 괴뢰정권을 세운다는 목표에 따라 1945년 8월 24~26일 경원선, 경의선, 토해선(경기도 토성-황해도 해주) 철도를 차단하고 9월 6일에는 전화와 통신선을 끊었다.

1945년 9월 8일 하지 미 남조선주둔군 사령관(51)은 소련과의 합의를 통해 한반도를 관할하는 중앙정부를 세우고 이를 공동관리 한다는 국무부 지침을 가지고 한국에 도착했다. 미국은 1943년 무렵부터 추축국 식민지에 임시정부 수립-연합국 신탁통치-자유 독립국가 수립의 3단계 정책을 세워 놓고 있었다. 그러나 소련의 남북통행 차단, 연료공급 중단 등으로 미군 진주 전에 남북은 이미 분단된 상태였다.

미국의 항의로 전화와 통신선이 잠시 재개통됐으나 곧 차단됐다. 당황한 하지는 소련 점령군사령관 치스차코프에게 서신을 보내 점령정책 조정, 교통과 운수 등의 남북교류, 단일 화폐와 신용제도 수립 등을 협의하자고 제안했으나 응답을 받지 못했다. 남북교류를 위한 미국 정부 차원의 11월 대소 접촉도 무위로 돌아갔다. 이런 가운데 북한의 함흥과 신의주에서 반공학생 궐기가 일어났다. 1945년 12월의 모스크바 미영소 3국 외무장관 회담과 1946년의 미소공위에서는 남북교류 등 문제를 협의조차 못해 38선은 한반도 분단선으로 고착돼갔다(노중국 외 2016, 한영우 2016, 차하순 외 2015, 박명수 쟁7-23).

김일성 등장과 임시정권 수립 소련의 스탈린은 동유럽을 위성국으로 만들기 위해 나라마다 친소적 인물을 화물열차에 실어 보내 소위 화물열차 정권을 탄생시켰다. 북한도 예외가 아니었다. 1945년 8월 하순 스탈린은 소련 극동군 사령관에게 소련의 지시대로 움직일 한국인 지도자감을 찾아보라는 긴급지령을 내렸다. 극동군 사령부는 극동군 88특별여단 소속 김성주 대위(33)를 추천했다.

스탈린은 1945년 9월 김성주를 만나본 뒤 평양 위수사령부 부책임자로 발탁하고 극동군 사령부에 7개항의 비밀 지령을 내렸다. 그 핵심은 북한에 인민민주주의 정권을 수립하라(2항)는 것이었다. 스탈린은 4개국 신탁통치보다는 단독정권을 수립하는 것이 유리하다는 판단에 따라 미국과의 협력관계, 신탁통치, 통일 등에 대해서는 애초부터 관심을 두지 않았다. 소련의 단독정권 수립 방침은 단독정부 수립을 주장한 이승만의 정읍 발언(1946.6)보다 8개월이나 앞서는 것이었다.

북한 단독정권 수립의 1차적 과제는 공산당 조직이었고 거기에 필요한 인물이 있어야 했다. 시티코프, 레베데프 등은 스탈린의 지령에 따라 김성주를 전설의 항일 영웅 김일성 장군으로 둔갑시키는 공작을 진행했다. 김일성 선전공작은 1945년 10월 14일 소련군 환영 평양시민대회에서 조만식과 함께 김성주를 대중 앞에 서게 하는 것으로 시작됐다. 시민들은 백발의 애국자 김일성 장군이 나올 것으로 기대했으나 30대 젊은이가 나타나자 사기극이라며 실망과 분노를 터트렸다.

이후 소련은 가짜 김일성을 대중성 있는 지도자로 만들기 위해 북한 곳곳을 방문하게 하고 대규모 환영 집회를 열었다. 북한은 정치 중심지가 아니었고 권력 경쟁자가 적어 김일성의 권력 장악은 순조롭게 진행됐다. 소련은 중국공산당과 가까운 연안파의 득세를 막기 위해 조선독립동맹 산하 조선의용군의 북한 입국을 1946년까지 지연시켰다.

1945년 10월 소련은 민족진영의 조만식을 위원장으로 하는 북조선 5도임시인민위원회를 조직해 11월 북조선5도행정국으로 개편했다. 조만식은 자신의 통일정부수립 노선과 어긋난다는 이유로 위원장에 취임하지 않았다. 소련은 행정부 격인 북조선5도행정국과 더불어 북한을 소비에트 정권으로 만들기 위해 공산혁명정당 창립을 추진했다. 그러나 1945년 9월 서울에 조선공산당이 만들어졌기 때문에 일국일당 원칙에 위배되는 문제가 생겼다. 민정사령관 로마넨코와 김일성, 박헌영은 10월 8일 38선 경비사령부에서 비밀회합을 갖고 평양에 조선공산당 북조선분국을 두기로 합의했다.

10월 13일 4500여 명의 공산당원이 참가한 가운데 조선공산당 북조선분국이 설립됐으나 김일성은 대세를 장악하지 못했다. 12월 북조선분국 책임비서에 오른 김일성은 북한 단독정권 수립과 남한 공산혁명의 전초기지 건설을 선언했다. 스탈린은 1946년 초 김일성을 다시 모스크바로 불러들여 4시간에 걸친 면접을 하고 지도자로 최종 낙점했다(이덕주 2007, 차하순 외 2015, 이영훈 2013).

토지개혁과 산업 국유화 1945년 12월 말 미영소 3국 외무장관들은 모스크바 회담에서 한국 독립방안을 논의해 최장 5년의 신탁통치를 결정하고 이를 위해 미소공위를 설치키로 했다. 소련은 1차 미소공위가 열리기 전인 1946년 2월 김일성을 위원장으로 하는 사실상의 단독정권인 북조선임시인민위원회를 발족시켰다. 소련과 김일성은 북한에 단독정권을 만들면 남북 분단과 연결된다는 반대파의 주장을 북조선 민주기지론으로 억눌렀다. 또 남한에서 수립될 정부의 공산화를 전제로 일제의 모든 법을 폐지하면서 사유재산권과 근대적 재판제도까지 없애버렸다.

김일성은 이와 함께 반제반봉건 민주혁명이라는 이름으로 1946년 3월 5정보 이상 소유지와 모든 소작지를 무상몰수 무상분배 하는 토지개혁법령을 발표했다. 농민들은 토지소유권 증서를 발급받고 환호했지만 사실은 매도, 임대가 안 되는 허위문서였다. 법령 제10조는 농민에게 분여된 토지는 매매치 못하며, 소작 주지 못하며, 저당하지 못한다고 명시했다. 모든 토지를 국유화 하고 토지 경작권만 준 것이다.

이에 따라 농가 42만 호로부터 약90만 정보(총 농지의 53%, 지주 농지의 80% 이상)의 토지를 몰수해 72만 호의 농가에 경작권을 나눠줬다. 농민들은 토지개혁 이후 소작료와 맞먹는 현물세를 납부해야 했다. 당시 북한에서는 전체 농민의 73%가 소작농이었으며 4%의 지주가 전체 농지의 58%를 소유하고 있었다. 유산계급의 세력 기반을 제거하기 위해 실시된 급진 토지개혁은 약 20일 만에 완료됐다.

북한의 일방적 토지개혁은 통일국가 건설의 가능성을 없애고 민족 분단의 틀을 만든 것이나 다름없었다. 그럼에도 불구하고 토지개혁을 실행했던 농촌위원회 위원 9만여 명이 북조선공산당에 입당하는 등 토지개혁 이후 공산당원 수는 27만 명으로 늘어났다. 북한 농민들은 1953~1958년 사이 개인영농이 사회주의 집단농장으로 개편되면서 경작권마저 잃어버려 공산정권의 토지를 경작하는 소작농으로 전락했다.
북조선임시인민위원회는 토지개혁에 이어 1946년 8월 일본인, 민족자본가 소유 재산(중요산업)에 대한 국유화 조치를 단행했다. 공산개혁으로 1946년 말에는 북한 공업시설의 90% 이상이 국유화됐다.

대중적 지지기반을 넓힌 김일성은 1946년 8월 북조선공산당과 김두봉의 북조선신민당을 합쳐 북조선노동당(북로당)을 창당했다. 1946년 11월 남한에서는 박헌영의 조선공산당과 조선인민당(여운형), 남조선신민당(백남운)이 북한의 선례에 따라 남조선노동당(남로당)으로 통합됐다. 남북 노동당원은 서의 1백만 명에 이르렀다(한영우 2016, 이영훈 2013, 정경희 2015, 김용삼 2017).

▎화폐개혁, 인민군, 헌법 마련

북조선임시인민위원회는 급진 공산주의 경제개혁과 함께 사회개혁도 동시에 진행했다. 자유주의자와 반공 인사들을 친일파, 반동분자, 반민주분자로 몰아 각급 인민위원회에서 몰아냈다. 체제 불만세력과 반대세력의 남한 이주로 1946년 7월 무렵에는 공산주의 반대 정당이나 사회단체는 더 이상 존재하지 않게 됐다.

소련은 1946년 10월 점령지역 내에서 소련식 지방 인민위원회 위원선거를 실시했다. 선거권자의 93.3%가 투표소로 가서 한 사람의 후보자에게 공개 흑백투표를 하는 방식이었다. 그 대의원들이 1947년 2월 국회 격인 북조선인민회의를 구성해 북한 정권인 북조선인민위원회(위원장 김일성)를 발족시켰다. 이는 남한의 대통령 선거보다 1년 3개월 앞서는 것이었다. 북한은 분단 책임을 회피하기 위해 정권수립 공식화를 남한 정부가 들어선 이후로 미뤘다.

인민위원회는 내부적으로 화폐개혁, 조선인민군 창설 작업을 마무리 짓고 1947년 가을부터 남한 공산화 공세에 나섰다. 북한은 1948년 1월 통일정부 수립을 위한 유엔한국위원단의 입북을 거부하고 무력통일을 위한 환경조성에 나섰다. 1948년 2월에는 인민민주주의 혁명을 규정한 소련 헌법(1936)을 모델로 북한의 임시헌법 초안을 만들었다. 3월에는 미군 철수를 목적으로 평화공세용 남북정치협상을 제의했다. 헌법 초안은 소련의 승인을 거쳐 4월 28일 북조선인민회의 특별회의에서 공식 채택됐다. 김구와 김규식이 참석한 남북정치협상(4월 19일~5월 3일)이 개최되고 있는 도중이었다.

북한 헌법은 주권이 인민에 있으며 인민의 자유와 권리는 보장된다고 적었으나 이는 선전 문구에 지나지 않았다. 헌법에는 조국과 인민을 배반하는 최대의 죄악에 대해 엄중한 형벌로 처단한다는 자의적 조항을 포함시켜 정권에 대한 비판을 못하게 했다. 개인의 재산권을 보장한다고 했으나 민법을 폐기한 상태여서 재산권, 인격권을 보호받을 장치가 없었다. 사법부는 사실상 행정부에 종속됐다. 북한은 1948년 5월 1일 대규모의 병력과 최신 장비를 동원해 열병식을 갖고 남북협상에 참가한 남측 대표자들에게 인민군의 위용을 과시했다(이기백 1976, 트루먼 1970, 이영훈 2013).

유엔의 북한정권 승인 거부 소련은 북한정권이 한반도의 정통정부라는 것을 선전하기 위해 1948년 4월 남북한의 선거를 병행 실시토록 할 것을 지시했다. 그 일환으로 북한은 2차 남북지도자 협의회를 제의했으나 김구와 김규식은 회의 참석 요청을 받아들이지 않았다. 결국 남한의 5.10 총선거 뒤인 6월 29일 북한 대표와 남한 좌익 대표 33명이 모여 최고인민회의를 통한 통일정부 구성을 결의했다. 이에 따라 1948년 8월 25일 최고인민회의를 구성할 북한 측 대의원 212명을 뽑는 선거가 실시됐다. 북한노동당이 지명한 후보들에 대해 가부만 표시하는 공개 흑백투표의 요식행위였다.

김일성은 이에 앞선 8월 21일 해주 남조선인민대표자회의(1080명)에서 최고인민회의에 참석할 남한 대의원 360명을 지하선거로 선출했다고 밝혔다. 이들 남북 대의원 572명은 9월 초 최고인민회의를 구성해 조선민주주의인민공화국(조선인공) 헌법을 만장일치로 채택하고 이 헌법이 한반도 전역에 적용된다고 선언했다.

북한은 남한보다 20여일 늦은 1948년 9월 9일 조선인공을 선포하고 내각 수상에 37세의 김일성, 부수상 겸 외무상에 49세의 박헌영을 선출했다. 당시 북한 정권은 공산 빨치산, 남로당, 연안파, 남한 중도좌파의 연합체 성격이었다. 북한은 지방정권이라는 인상을 주지 않으려고 서울을 수도로 하고 평양을 임시수도로 했다. 수도를 평양으로 바꾼 것은 1972년 인민민주주의 헌법을 사회주의 헌법으로 고치면서였다.

북한은 정권 선포 일주일도 안 돼 최고인민회의 명의로 미국과 소련 정부에 한반도 점령군 동시 철수를 요구하는 서한을 보냈다. 김구와 김규식은 외국군 철수와 국제 감시에 의한 한반도 전역의 선거를 요청하는 서한을 유엔에 전달했다. 북한 정권은 1948년 10월 소련의 승인을 받았으나 유엔은 이를 인정하지 않았다.

북한은 1949년 6월 북로당과 남로당을 조선노동당으로 통합했다. 이 시기 북한의 정치체제는 공산주의나 사회주의가 아니라 소련에서 형성된 전체주의였다. 북한 공산정권 수립까지 강압통치를 피해 남한으로 넘어온 사람은 1000만 인구 중 70만에 가까웠다. 조만식이 이끌던 조선민주당 주요 인사들과 지주, 자산가, 종교인들은 월남 후 반공세력의 핵심이 됐다(차하순 외 2015, 한영우 2016, 김용삼 2017, 통일부 2015).

역사 돋보기 - 김일성의 실체

1930년대 후반과 1940년대 초반에 활동한 것으로 알려진 북만주 항일투사 김일성 장군은 고유명사가 아니라 보통명사였다. 가짜 김일성은 1945년 10월 김일성 환영대회에 참가한 평양 시민들 사이에서 자연스럽게 터져 나온 이야기였다. 김일성의 본명은 동생 김영주, 김철주와 항렬자가 같은 김성주다. 내세울만한 독립투쟁 경력이 없었고 자주적 항일투사라는 말은 정치조작에 불과했다. 김일성은 중국공산당 소속으로 활동하다 스탈린의 꼭두각시로 북한에 들어온 33세의 소련군 대위에 지나지 않았다. 1945년 9월 입국 이후 북한 땅에서 행한 일들은 마을을 약탈하는 마적 우두머리와 다름없었다(류세환 2006).

2) 미군정 출범과 남한의 혼돈

일제에 이은 남한의 미군정 3년은 대한민국이 태어나는 혹독한 시련기였다. 8.15 해방 무렵 소련, 북한과 연계된 남한의 좌익진영은 재빠르게 건국의 주도권을 잡아나갔다. 조선총독부로부터 행정권 이양 교섭을 받은 여운형은 정치범과 경제범 석방, 3개월 분 식량 확보, 조선인의 정치활동과 조직 활동 불간섭 등 5가지 요구사항을 관철시켰다.

정치범과 경제범 석방으로 1만여 명이 풀려나면서 남한 사회는 순식간에 좌익으로 기울었다. 여운형의 좌익이 식량 배급권과 치안권, 언론기관 접수 권한을 확보한 것도 정국 주도의 요인이 됐다. 공산이념에 대한 맹신적 호감과 일본 대신 소련이 들어설 것이라는 전망도 좌익의 승세를 키웠다. 8월 16일 소련군이 서울에 진주할 것이라는 소문이 돌자 서울역에 태극기와 적기를 든 환영인파 수만 명이 몰리기도 했다(한영우 2016, 노중국 외 2016, 이한수 이4-14).

좌익의 건준 발족과 인공 수립 여운형은 8월 15일 건국동맹을 모체로 좌우익이 모두 참가한 12부 1국의 건국준비위원회(건준)를 발족시켰다. 8월 말까지는 거의 모든 시군에 건준 지부 성격의 시군인민위원회를 설치하고 청년, 학생 2000명으로 건국치안대를 조직했다. 시군인민위원회는 일본인, 민족반역자의 재산을 빼앗아 관리하고 치안을 유지하는 등 여러 지역에서 통치기능을 행사했다. 그러나 좌익이 건준을 장악하자 안재홍 등 민족진영은 여기서 탈퇴해 국민대회 소집 준비회를 열어 이와 맞섰다.

건준은 9월 6일 경기여고 강당에서 열린 전국인민대표자대회에서 이승만을 주석, 여운형을 부주석으로 하는 조선인민공화국(인공) 수립을 선포했다. 숭경의 임시정부(임정)에 대응하는 한편 정부가 있어야 미군의 직접통치를 받지 않을 것이라는 계산이 깔려 있었다. 인공의 중앙인민위원 55명에는 국내외 좌우 각 정치세력의 대표자들이 망라돼 있었다.

인공은 이승만을 주석으로 추대했으나 실권은 좌익의 박헌영에게 집중돼 있었다. 박헌영은 9월 11일 조선공산당을 재건했고 여운형과 백남운은 조선인민당, 남조선신민당을 결성해 조선공산당과 보조를 같이 했다. 우익 민족진영은 임시정부가 귀국해 정권을 담당해줄 것을 기대하며 9월 16일 송진우, 김성수 등 일본 및 미국 유학파, 기독교 신자들을 중심으로 한국민주당(한민당)을 창당했다(고려대 2016, 이기백 1976, 차하순 외 2015).

▌좌우 대치정국과 민생파탄

미국은 1945년 8월 19일 沖繩오키나와 주둔 하지 중장을 미 육군 남조선주둔군 사령관으로 임명했다. 9월 5일 하지 휘하의 장병 1만7000명이 21척의 배에 나눠 타고 沖繩오키나와를 출발해 9월 8일 인천항에 도착했다. 무장 일본군의 환영을 받으며 서울에 들어선 주둔군은 다음 날 총독부 제1회의실에서 일본군의 항복문서 조인식을 가졌다. 총독부 청사의 일장기는 내려지고 태극기가 아닌 성조기가 게양됐다.

하지 사령관은 9월 12일 군정장관에 아놀드 소장을, 경무국장에 슈익 준장을 임명했다. 9월 19일 출범한 미 군정청은 한국에 대해 거의 백지상태였고 한국어를 할 줄 아는 사람도 없었다. 10월 5일 군정청은 김성수(위원장), 송진우, 여운형, 조만식(북한) 등 11명의 고문단을 위촉했다. 이들은 영어 해독이 가능하고 기독교 신자라는 공통점이 있었으며 6명이 한민당 계열이었다. 10월 10일 군정청은 조선에 두 개의 정부가 있을 수 없다는 이유로 좌익의 인공과 치안대를 강제 해산시킨 뒤 군정 직접통치에 들어갔다.

미군정은 군정 기간이 길지 않을 것으로 보고 일제하 총독부 법령과 행정기구, 식민 관료, 경찰, 군인 등 인적조직을 그대로 존속시켰다. 당초 일제 경찰을 해체시킬 예정이었으나 좌익 치안대 강제 해산에 따라 한국인 경찰관 복귀명령을 내렸다. 10월 17일 조병옥이 한민당의 추천으로 군정청 경찰부장에 취임했다. 이후 미군정은 10여명의 한국인들을 각부 부장으로 임명해 미군정을 현지화해나갔다. 중앙뿐 아니라 지방의 고위직에도 한민당계가 대거 진출했다(정경희 2015, 이틱주 2007, 이영훈 2013, 김용삼 2017).

이승만의 귀국과 독촉 결성 미군정은 좌익인 인공뿐 아니라 우익의 임시정부도 탐탁지 않게 여겼다. 임정이 중국 국민당 정부와 가까울 뿐 아니라 민족주의 성향이 강했기 때문이다. 임정은 박헌영, 여운형으로부터도 인정을 받지 못했다. 미군정은 임정 대신 자유민주주의를 신봉하는 한민당 인사(송진우, 장덕수, 조병옥, 김병로 등)들을 신임했으나 이들은 미군정과 달리 임정의 법통을 잇고자 했다.

미군정이 광범한 정치적 자유를 허용한 상태에서 제휴정당을 찾지 못해 고심하는 동안 50여 개 정당이 난립해 정치적 혼란이 심해졌다. 하지는 한민당 만으로는 준동하는 박헌영, 허헌, 여운형 등 좌익 세력을 감당할 수 없다고 보고 미국의 이승만과 중국의 김구, 김규식, 신익희 등 우익 인사들을 조속히 귀국시켜야 한다고 생각했다.

하지와 달리 소련과의 협조노선을 견지했던 미 국무부는 강경한 반공주의자인 이승만을 장애물로 여겨 귀국을 허락하지 않았다. 이승만과 미 국무부는 2차 대전 동안 임정 승인요구, 소련 비난 등으로 불편한 관계에 있었다. 이승만은 미 국방부와 맥아더 장군의 도움으로 1945년 10월 16일 귀국해 좌우 모든 세력으로부터 환영인사를 받았다. 하지는 혼란한 사회를 안정시키는데 도움이 될 것으로 생각해 김구, 김규식 등의 임정 요인들도 11월 23일 군용기로 귀국하게 했다. 김구로부터는 개인 자격으로 귀국하며 귀국 후 정부로 행세하지 않는다는 서약을 받았다.

이승만은 대한민국 정부 수립을 위해 연합국의 동의를 얻으려면 좌우가 통합된 민족기구가 필요하다고 생각했다. 그에 따라 10월 23일 한민당, 국민당, 건국동맹, 조선공산당 등 좌우익을 망라한 50여 정당 및 시민단체 대표 200여 명으로 독립촉성중앙협의회(독촉)를 결성했다. 이승만의 핵심 관심사는 조선공산당 박헌영과 협력할 수 있는가 여부였다. 이승만은 석 달만이라도 합작해 민족의 단결을 과시해보자고 호소했으나 박헌영은 인공 주석에 취임해달라는 요구만 했다. 보름이 지나 두 사람이 다시 만났으나 박헌영은 이승만을 미 제국주의의 앞잡이라고 비난하며 대화를 끊어버렸다. 조선공산당은 합작 시늉만 하다 12월 5일 독촉과의 결별을 선언했다(한영우 2016, 권희영 2013, 이덕주 2007, 이영훈 2013).

미군정 3년의 경제정책 이런 정치적 무질서에 경제적 혼란까지 겹쳐 민생은 말이 아니었다. 일본 및 남북 단절에 따른 산업생산의 공백, 식량 및 생활물자의 결핍, 실업사태, 자고나면 달라지는 인플레이션 등으로 민생은 처참한 궁지로 빠져들었다. 미군정 3년 동안 미국은 행정구호 원조를 통해 4억900만 달러 상당의 식량, 비료, 연료, 의약품 등을 공급해 위기를 간신히 넘겼다. 쏟아지는 북한 이주민과 해외 귀환동포가 문제를 더욱 어렵게 만들었다. 패망한 일제는 화폐를 마구 찍어내 해방 당일 49억 원이던 화폐 발행고는 8월 말 79억 원으로 늘어나 있었다. 미군정이 화폐 발행을 인정한 책임이 있지만 일제의 악의성도 적지 않았다.

미군정은 남한 실정을 잘 모르면서 일제강점기의 전시 통제경제를 근대적 시장경제로 바꾸기 위해 무리한 조치를 쏟아냈다. 1945년 10월 아시아·태평양 전쟁 때부터 계속된 식량배급제를 폐지하고 미곡 자유거래제도를 도입했다. 생활물자에 대한 생산 및 가격 통제도 풀어 시장기능에 맡겼다. 그러나 식량이 턱 없이 부족한 상황에서 자유거래 조치로 바꾸자 쌀값이 폭등하고 시장에서 곡물이 자취를 감췄다. 이에 당황한 미군정은 1946년

1월 농촌의 쌀과 보리를 공출하기 위해 미곡수매제를 도입했다. 미군정의 오락가락 식량정책은 민심을 악화시키는 원인이 됐다.

미군정은 군정 재정을 충당하기 위해 일본 국공유 재산(농지, 공장, 회사, 금융기관, 광산 등)과 사유재산을 군정청으로 귀속시켰다. 공장, 회사 등 귀속사업체는 전체 귀속재산의 3분의 2가량을 차지했으며 남한 전체 사업체의 22%, 종업원의 48%를 점하고 있었다. 미군정은 동양척식주식회사와 일본인 소유 농지(남한 경지면적의 13.4%)를 관리하기 위해 신한공사를 설립하고 거기서 나오는 소작료로 군정청을 운영했다. 소작료는 수확량의 3분의 1을 넘을 수 없도록 하고 일방적 소작권 파기를 금지시켰다. 신한공사 관리 하의 소작 농가는 55만여 호로 총 농가의 26%에 달했다.

미군정은 1947년 3월부터 정부 수립 직전까지 30여만 정보의 귀속농지를 소작인, 귀국동포 등에게 불하(매각)했다. 매각조건은 1년 생산물 가격의 3배를 15년에 걸쳐 현물 상환하는 방식이었다. 이는 남한 농지개혁의 출발점이 됐다. 미군정은 노동자, 농민들의 소작료 인하투쟁, 토지개혁 요구, 적산공장에 대한 노동자 자주관리운동을 불법화시켰다(이기백 1976, 김용삼 2017, 고려대 2016, 권희영 외 2014, 국사편찬위 2017).

▎모스크바 회담과 신탁통치 갈등

1945년 12월 28일 미영소 3국 외무장관들의 모스크바 회담은 미국의 통일정부 구성 노력을 무위로 돌렸다. 미국은 소련의 배타적 지배권을 막기 위해 4개국 국제행정기구(임시정부 수립으로 후퇴)에 의한 신탁통치(최소 5년 최대 10년)를 최선의 해답으로 생각했다. 이에 비해 소련은 선 임시정부 수립, 후 신탁통치, 신탁통치 기한 최소화를 관철시키려 했다. 좌우합작 임시정부를 수립해 신탁기간을 단축시키면 한반도의 공산화가 가능하다고 본 것이다. 회담에서 미국은 분할 점령이라는 현실을 바탕으로 소련의 미소공동위원회(미소공위) 제안에 동의해버리는 실수를 저질렀다. 남북 분단을 고착시키려는 소련의 술수에 휘말려 이후의 통일논의를 불가능하게 만든 것이다. 결국 카이로 선언의 이행을 위한 모스크바 의정서(한국 문제)는 미소공위를 구성해 한국인들과의 협의로 임시정부를 세운 다음 최장 5년의 신탁통치를 거쳐 독립게 한다는 것으로 정리됐다. 의정시는 우호적 정권 수립을 원한 소련과 신탁통치를 바란 미국의 입장을 절충한 것이었으나 소련 안에 기울어 있었다. 미국은 북한에 이미 단독정권(북조선임시인민위원회)이 들어서 협정이 실현될 가능성이 없었음에도 이 사실에 별로 주목하지 않았다(차하순 외 2015, 이덕주 2007, 이영훈 2013).

우익의 신탁정국 주도 신탁통치 소식을 접한 남북한 주민들은 해방이 곧 독립이 아니라는 사실을 깨닫기 시작했다. 즉시 독립이 이뤄지지 않는다는데 격분해 좌우익 모든 정파가 즉각 반발하고 나섰다. 당시 남북의 지도자들과 주민들은 5년이 아니라 5개월도 신탁통치를 받아들일 수 없다는 입장이었다. 신탁통치 반대운동(반탁운동)을 선도한 것은 김구의 임정 세력이었다. 12월 28일 김구의 경교장 반탁 논의에서는 미군정을 엎어버리고 임정이 독립을 선포해야 한다는 말까지 나왔다. 한민당의 송진우는 반탁을 하되 미군정을 적으로 돌려서는 안 된다는 주장을 폈다. 이틀 뒤인 30일 송진우는 56세의 나이로 집에서 정체불명의 괴한으로부터 총탄 여섯 발을 맞고 암살당했다. 김구가 배후로 의심을 받았다.

12월 29일 임정을 중심으로 하는 신탁통치 반대 국민총동원위원회가 조직되면서 거국적인 반탁운동이 일어났다. 임정 세력은 포고령을 발표해 미군정 대신 임정의 지휘를 받을 것을 요청하자 상인들의 철시, 전차 운행 중단, 군정청 한국 관리들의 결근투쟁, 서울 8개 경찰서장 사퇴 표명이 이어지며 미군정이 마비지경에 이르렀다.
김구의 반탁운동은 임정의 집권 추구라는 배경과도 무관하지 않았다. 김구는 두 차례의 쿠데타 계획 등 미군정에 대한 비현실적 대응으로 자신의 정치적 위상을 낮추고 미군정이 우익을 불신하게 만드는 원인을 제공했다. 하지는 김구 등 임정요인들을 중국으로 추방할 생각까지 했다. 김구는 하지의 강력한 경고에 따라 철시와 파업을 중단시켰다.

이런 가운데 소련의 지령을 받은 좌익이 1946년 1월 3일 신탁통치 찬성으로 돌변했다. 박헌영이 전날 비밀리에 평양을 방문하고 돌아온 뒤였다. 이후 좌익은 반탁운동을 비난하며 찬탁 군중시위에 들어갔다. 북한의 소련 군정은 조선민주당의 조만식이 반탁운동을 하지 않도록 집요하게 회유했다. 그러나 조만식이 끝까지 뜻을 굽히지 않자 1946년 1월 평양 고려호텔에 연금시켰다. 조선민주당 간부들은 남한으로 도피해 반공투쟁에 합류했다.

이 시기 소련은 모스크바 의정서에 따른 조선 임시정부 각료안을 만들어 놓고 있었다. 시티코프의 조각안(1946년 3월 작성)에는 수상 여운형, 부수상 박헌영과 김규식, 내무상 김일성, 산업상 김무정, 교육상 김두봉, 경제기획위원장 최창익 등이 포함됐다. 김규식 이외의 인물은 모두가 공산주의자였다. 소련은 이런 복안을 가졌기 때문에 신탁통치를 지지하라는 명령을 내린 것이다(이덕주 2007, 이영훈 2013, 차하순 외 2015).

미군정-이승만의 연대와 결별 남한의 우익 민족진영은 비상국민회의를 소집하고 이를 통해 정식정권을 수립해 신탁통치를 막으려 했다. 좌익진영은 비상국민회의에 맞서 조선공산당, 조선노조전국평의회(전평), 농민동맹, 학생동맹 등 단체를 연합해 남한 최대 조직인 민주주의민족전선(민전)을 발족시켰다. 그러나 신탁통치 찬반을 분기점으로 좌익은 정국의 주도권을 완전히 상실하고 말았다.
신탁통치 정국이 요동치자 미군정은 미국에 우호적인 이승만, 김구 등을 결속시켜 과도정부를 만들고 이를 통일정부의 기반으로 삼고자 했다. 이에 따라 비상국민회의의 정무위원회를 자문기관(남조선 국민대표 민주의원)으로 조직해 입법기관을 대신하게 했다. 의장에는 이승만, 부의장에는 김규식, 총리에는 김구가 선출됐다. 이로써 우익 진영은 공식적으로 미군정과의 연대를 형성할 수 있었다. 미군정의 이 같은 움직임은 1946년 2월 북한에 사실상의 단독정부인 북조선임시인민위원회가 들어선데 대한 대응 성격을 지녔다.

하지는 이와 함께 38선 취소, 신탁통치 반대 입장을 개진하며 현실에 기초한 정책을 미국 정부에 건의했다. 그러나 미 국무장관 번즈는 미 군부의 현실적 입장을 무시해버렸다. 이 때문에 하지는 미국의 정책기조가 바뀔 때까지 상당 기간 어려움을 겪을 수밖에 없었다. 미 국무부는 1946년 3월 1차 미소공위에 앞서 협상의 걸림돌인 이승만을 남조선 국민대표 민주의원 의장직에서 사퇴시켰다(김용삼 2017, 정경희 2015, 이영훈 2013).

3) 미소공위와 좌우합작 정국

1946년 3월 20일부터 덕수궁에서 열린 1차 미소공위는 조선 정당·사회단체와의 협의로 조선임시정부를 수립하고 임시정부 참여하에 4개국 신탁통치 협약을 작성하는 것을 목표로 했다. 소련은 공위 대표단에게 임시정부를 내각제로 하고 내각 구성은 남북균등 및 남쪽 절반 좌익으로 하라는 지령을 내렸다. 미 군정사령관 하지는 자유민주 세력에 의한 임시정부 주도, 남북의 경제통합과 자유로운 방문 정치활동을 목표로 삼았다.

신탁통치 기간 중 남한의 공산화가 가능하다고 판단한 소련은 임시정부 수립 과정에서 신탁통치에 반대하는 우익을 배제시키려 했다. 미국은 여기에 반대해 결국 미소공위에 대한 협력을 서약하면 임시정부 수립 협의 대상에 포함시킬 수 있다는 공동성명 5호를 발표했다. 그러나 우익은 신탁통치 수용으로 비칠 것을 우려해 서약마저 받아들이지 않았다.
1946년 5월 미소공위가 재개됐지만 여전히 임시정부 수립 협의대상에 대한 이견을 좁히지 못해 곧 휴회에 들어갔다. 1946년 3월부터 5월까지 1차 미소공위가 아무런 성과 없이 끝났음에도 미 국무부는 소련과의 협조를 통해 남북 통일정부를 세울 수 있다는 헛된 기대를 버리지 않았다(경북대 2014, 이영훈 2013, 권희영 외 2014, 이덕주 2007).

역사 돋보기 - 이승만의 통찰

미 국무부는 2차 세계대전 이후 세계 질서 재편 과정에서 소련과의 건전한 협조가 가능할 것으로 오판했다. 1945년 4월 유엔 창립총회를 맞아 미국의 한국 독립운동단체들이 회의 참석을 다툴 때 미 국무부는 동유럽에서와 마찬가지로 한국통일위원회를 결성하도록 권유했다. 이에 따라 한국 독립운동단체들은 국무부 권고에 호응했으나 이승만은 좌우합작과 연립정부 구성이 공산화를 의미하는 것이라며 이를 완강히 반대했다. 미국이 환상으로 바라본 동유럽 좌우합작이 파탄 상태가 된 것은 이후의 일이었다. 이승만은 자유주의와 공산주의의 통합이 불가능하다는 사실을 미국보다 먼저 통찰하고 있었다(이영훈 2013).

미국의 한반도 정책 혼선

미 국무부는 이승만과 김구가 중국 국민당 정부의 영향 아래 있다고 의심했으며 이들을 소련과의 협상 장애물로 여겼다. 결국 국무부는 두 사람을 남한 정계에서 제거하고 제3의 통합 정치세력을 형성할 것을 미군정에 지시했다. 이승만과 하지의 잠시간의 밀월관계가 끝나고 중도우파 김규식과 중도좌파 여운형의 좌우합작이 등장하게 된 배경이다. 미군정은 국무부와 달리 남북이 분단국가로 가게 될 것이라는 사실을 잘 알고 있었으나 분단 책임을 모면하기 위해 소련과의 협상을 계속했다. 이 점에서는 남북의 정치세력도 마찬가지였다.

1차 미소공위가 결렬되자 이승만과 한민당, 김구와 한독당 등 민족진영에서는 타개 방안을 놓고 고심했다. 김일성의 권력 장악에 초조해진 한민당 계열은 자유민주주의 단정으로 기울고 있었다. 미소 합의를 통한 정부 수립이 어렵다면 한국인 스스로 정부를 수립해야 한다는 자율정부론(1946.5)까지 등장했다. 이승만은 1946년 6월 3일 남한만이라도 임시정부를 만들어 통일정부 수립을 준비해야 한다는 단정수립 촉구 연설(정읍 발언)을 했다. 누구도 분단론자로 몰리기를 두려워하는 상황에서 통일임시정부의 남한 조직을 만들자는 파격적인 제안을 한 것이다.

이승만의 발언은 대부분의 정당과 사회단체, 심지어 미군정으로부터도 비판을 받았다. 모스크바 의정서에 어긋난다는 이유에서였다. 한민당만 이승만을 지지했을 뿐 김구의 한독당, 여운형의 조선인민당, 박헌영의 조선공산당이 적극 반대했다. 그러나 이들 누구도 민족 분단을 구체화시킨 북한의 임시정부 구성과 공산개혁에 대해서는 전혀 비판을 하지 않았다.
이승만의 단정 주장이 미국 정부와 남한의 우익진영에 의해 공식화되는 데는 그로부터 2년 가까운 세월이 걸렸다. 미국의 잘못된 정책에 이승만이 저항하지 않았다면 한국은 공산화될 가능성이 컸다(이영훈 2013, 한영우 2016, 이기백 1976).

과도입법의원 및 과도정부 구성 미군정의 종용에 따라 1946년 6월 김규식과 여운형은 원세훈, 허헌과 함께 좌우합작 4자회담을 가졌고 미군정은 이를 공식 인정했다. 김규식은 당초 미군정과 이승만의 좌우합작 요청에 대해 되지도 않을 일이라며 거부 입장을 보였다. 이에 대해 이승만은 미 국무부의 정책을 무조건 무시하기는 어렵다며 일단 실행해보고 안 된다는 것을 증명해 보여야 한다는 논리로 김규식을 설득했다.
좌우합작위원회는 10월 7일 좌익 민전의 좌우합작 5원칙, 우익의 좌우합작 8원칙을 절충한 좌우합작 7원칙을 발표했다. 토지개혁과 친일파 숙청에 대한 공산당 주장을 약간 완화한 것이었으나 이승만과 박헌영 모두로부터 거부당했다.

미군정은 좌우합작 원칙에 부응하는 과도입법의원을 구성하기 위해 1946년 10월 45인의 민선의원 간선을 실시했다. 그러나 미군정의 '합작' 기대와 달리 이승만, 김성수 등 우파 인물 일색이 됐다. 하지는 합작의 방편으로 관선의원 45인을 좌파 인물로 채워 1946년 12월 김규식을 의장으로 하는 과도입법의원을 구성했다. 1947년 2월에는 민정장관에 안재홍을 임명하고 형식상 행정권을 이양해 남조선과도정부 수립 절차를 마무리 지었다. 여운형은 단독정부를 찬성하는 한민당의 과도입법의원 참여에 불만을 품고 여기서 이탈했다가 1947년 7월 승용차 안에서 피살됐다. 19세 청년이 쏜 총을 맞았으나 암살의 진상은 밝혀지지 않았다.

미군정이 과도입법의원을 구성하면서 이승만, 김구와는 대립구도가 형성됐다. 이승만은 1946년 12월 미국으로 건너가 미국의 좌익 지원을 비난하고 남한만이라도 임시정부를 수립해야 한다고 주장했다. 그런 와중에 과도입법의원은 신탁통치를 반대하는 결의안을 압도적 다수로 통과시킴으로써 미군정에 타격을 줬다. 김구는 1947년 3월 1일 서울운동장 국민대회에서 임정을 정식정부로 전환한다는 결의문을 채택하고 이승만을 과도정부 주석에 추대하는 한편 자신은 부주석이 됐다. 이승만은 임정이 더 이상 미군정과 충돌하지 말 것을 권고하며 이 조치에 동의하지 않았다(이덕주 2007, 고려대 2016, 차하순 외 2015, 노중국 외 2016).

마셜, 좌우합작 포기로 선회 1947년 무렵 스탈린은 북한 공산정권을 남한 공산혁명의 기지로 삼아 한반도를 공산화시킨다는 속셈을 가지고 있었다. 당시 소련은 북한 공산당과 산하단체들이 내다붙이는 구호 한 자까지 일일이 지시할 정도로 완벽하게 통제했다. 반면 미국은 1947년 초까지 중국의 국공내전을 주시하며 남한의 치안유지에만 집중하는 모습을 보였다. 당시 남한은 세계 전략상 미국과 이해관계가 있는 16개국 중 13위 정도로 순위가 떨어져 원조 가치도 없는 나라로 간주되고 있었다.

그러나 1947년 1월 미 국무장관이 대소 강경론자인 마셜로 교체되면서 국무부 내 소련과의 협상파(국제주의자)들이 입지를 잃어갔다. 미국의 대외정책도 미소합의를 위해 힘을 허비하기보다 미국 우위지역에서 소련 팽창정책을 저지하는 방향으로 바뀌고 있었다. 특히 1947년 3월 미소 간 냉전의 출발점인 트루먼 독트린이 선언된 이후 미국의 한반도 정책은 좌우합작 지원을 포기하는 것으로 돌아섰다.

1차 미소공위가 결렬된 지 1년 뒤인 1947년 5월 2차 공위가 열렸으나 임시정부 수립 협의에 참여할 정당·사회단체를 놓고 이견이 이어져 곧 정체상태에 빠졌다. 미국은 1차 공위 때의 공동성명 5호 서명과 정부 형태 답신서 제출을 요구했으나 이승만과 김구는 이에 불응하고 신탁통치 반대운동을 재개했다. 우익 배제를 둘러싼 이견이 조정되지 않자 미국은 미영중소 4개국 외무장관 회의에 회부할 것을 제안했으나 소련은 이를 거부했다.

미군정은 이승만 때문에 미소공위가 좌초될 것을 우려해 통신수단을 통제하고 가택에 연금시켰다. 그럼에도 불구하고 미국의 반공·반소정책으로 내외 정세는 이승만에게 유리하게 돌아가고 있었다. 남한만의 단독정부 수립과 이승만 집권의 가능성이 높아진 것이다. 이에 미군정 내부의 좌파 성향 미군 장교와 관리들, 서북출신 흥사단(안창호) 계열 한국인 관리들이 이승만을 견제하기 위해 하지에게 84세의 서재필을 추천했다. 1947년 7월 귀국한 서재필은 미국에서처럼 이승만-안창호 계열의 대립이 재연될 것을 우려해 즉각 출마 거부의사를 밝혔다.

그 사이 2차 미소공위도 아무런 성과를 내지 못하고 8월 폐막됐다. 미소공위는 처음부터 되지도 않을 일을 한 것이었다. 모스크바 3국 외무장관회담 결의안 이행이 불가능함을 자인한 미소는 통일정부를 포기하고 현상

유지에 의한 세력균형 정책으로 돌아섰다. 이 무렵 하지는 남한을 포기하지 않는 한 이승만과 공개적 불화를 피해야 한다는 의견을 본국에 개진했다(김용삼 2017, 이영훈 2013, 이기백 1976, 이덕주 2007).

▎공산당 위폐사건과 대구 폭동

1946년 신탁통치 정국에서 열세에 빠진 조선공산당은 남한경제 교란과 활동자금 조달을 위해 위조지폐 발행이라는 파멸적 선택을 했다. 조선공산당은 적산기업인 조선정판사를 접수해 5,6차례에 걸쳐 조선은행권 위조지폐 1200만 원(당시 총통화량의 0.15%)을 찍어내 유통시켰다. 미군정은 1946년 5월 위폐 사건을 일으킨 조선공산당의 정당 활동을 불법화시켰다. 이에 따라 좌익계 신문이 폐간되고 9월 초 박헌영, 이강국, 이주하 등 조선공산당 간부들에 대한 체포령이 내려졌다.

조선공산당은 지하로 숨어들어 폭력투쟁노선으로 전환했다. 소련 군정사령관 시티코프는 박헌영의 활동방향 문의에 대해 "좌익 석방, 정간된 좌익 신문 속간, 조선공산당 지도자 체포령 철회 때까지 파업투쟁을 계속하라."는 지령을 내렸다. 이에 따라 박헌영은 조선노조전국평의회(전평)에 철도파업을 지시했다. 파업을 주도한 전평 역시 소련 군정의 지령을 받고 있었다.

전평은 1945년 11월 13개 산별노조, 1194개 노동조합으로 출범한 노동단체로 최저임금제, 8시간 노동제 등 급진적 주장을 해왔다. 전평위원장 허성택은 뒤에 좌익 3당을 통합한 남로당 당수가 됐다가 월북해 초대 북한 노동부장관을 지냈다. 전평은 239개 농민조합으로 결성된 전국농민조합총연맹(전농)과 연대관계에 있었다.
전평 주도로 4만여 명이 참가한 철도파업이 시작되자 9월 14일부터 경부선, 호남선 등 모든 철도가 마비됐다. 이 때문에 생필품과 산업물자 수송이 중단돼 쌀값이 폭등하는 등 민심이 흉흉해졌다. 전평은 철도에 이어 금속, 화학, 섬유, 출판, 운수, 체신, 식품, 전기, 해운 등 산업별 파업을 지령해 10월 초까지 40여 개 업종에서 26만 명이 총파업에 가담했다. 남한 경제를 파국으로 몰아 미군정의 통치를 뒤엎으려는 목적이었다. 미군정은 경찰, 서북청년회, 대동청년회 등을 동원해 서울 철도파업본부를 무력 진압했다(김용삼 2017, 정경희 2015, 권희영 외 2014, 고려대 2016, 노중국 외 2016).

10.1 무장폭동의 아비규환 조선공산당은 총파업에 돌입하면서 한국의 모스크바로 불린 대구 지역을 주시했다. 대구에서는 9월 23일 철도노조 1000명 파업을 시발로 파업이 확대됐으나 미군정이 1800여명의 노동자를 검거하면서 소요가 일단락됐다. 이에 조선공산당 등 좌익은 대구 10.1 무장폭동을 일으켜 사태를 전국으로 확산시켰다. 폭동이 계속된 3개월 동안 북한의 소련군정은 300만 원과 122만 루블의 활동자금을 조선공산당에 내려 보냈다. 2차 세계대전 이후 미군 점령지에서 미군에 폭력적으로 저항한 사례는 그때까지 전무했다.

당시 대구는 식량배급제 폐지로 인한 식량사정 악화, 콜레라 창궐(전국 9632명, 대구경북 1718명 사망) 등으로 어려움을 겪고 있었다. 콜레라 통제를 위해 대구로의 식량 반입이 봉쇄되면서 폭동 요인이 잠재된 상태였다. 조선공산당 등은 대구 지역 민심 악화를 찬탁과 위폐사건으로 타격을 입은 좌익의 정세 반전 기회로 삼았다.
10월 1일 조선공산당원 등은 대구시청에 쌀 배급을 받으러 가자며 1000여 명의 부녀자들을 선동해 소란을 일으켰다. 이날 오후에는 파업 시위대가 투석전을 시작해 경찰 발포로 연탄공장 근로자 1명이 숨진 것으로 알려졌다. 다음날 지역 의대 학생들이 경찰 발포 피해자라며 가짜시체(콜레라 사망 행려환자)를 들고 나와 시민들을 선동했다. 이 과정에서 유언비어가 유포되고 오전 10시쯤 시위대는 1만5000명으로 불어났다.
이들이 대구경찰서로 쳐들어가 무기 탈취, 수감자 석방, 경찰관 살해 등

난동을 일으키면서 대구는 순식간에 아수라장이 됐다. 무장폭도들은 주요 거리를 장악하고 병원, 가택 등을 수색해 경찰과 우익인사, 기업인, 유지 등의 가족들을 총검으로 살해하고 집에 불을 지르는 만행을 저질렀다. 시체를 자동차에 매달아 끌고 다니기도 했다. 군경의 대응이 조금만 늦었으면 대구시내 유력자들이 모조리 몰살될 상황이었다. 이 와중에 53명의 경찰관이 중상을 입거나 살해됐다. 폭동 선동대는 대구 인근 달성경찰서 관내 지서, 파출소까지 점거해 칼과 도끼로 우익 인사들을 닥치는 대로 학살했다(김용삼 2017, 이병철 1986).

전국 73개 시군으로 폭동 확산 폭동 진압에 나선 미군정은 10월 2일 오후 대구 일대에 계엄령을 선포하고 미군과 경찰을 투입해 질서를 회복시켰다. 폭도들은 미군의 추격을 피해 대구 인근지역으로 흩어져 쌀 공출 폐지, 토지개혁 실시 등을 주장하며 폭동 확대를 선동했다. 조선공산당 선산군인민위원회는 2000여 명의 군중들을 모아 군청과 구미경찰서로 쳐들어가 난동을 부렸다. 진압에 나선 경찰은 주모자인 김정수, 박상희(박정희의 형) 등을 사살했다.

영천군에서는 1만 명 규모의 폭동이 일어나 피해가 가장 컸다. 영천 폭도들은 경찰의 무기를 빼앗고 경찰서를 불태우는 한편 군수를 살해했다. 임고면에서는 3만석 대지주와 네 살짜리 손자가 반동분자로 몰린 주민 20명과 함께 학살됐다. 칠곡군에서는 10월 3일 2000명이 폭동을 일으켜 경찰서장의 눈을 빼고 혀를 자른 뒤 부하 5명과 함께 때려죽였다. 상주군에서는 같은 날 폭도들이 경찰서를 습격해 경찰관 5명을 생매장했다.
폭동은 그 후 3개월 동안 경남, 전남, 전북, 경기, 강원 등 73개 시군에서 계속됐다. 조선공산당은 서울, 부산, 인천, 군산, 목포, 여수, 마산, 통영 등에서 시위, 파업, 방화, 습격 등 동조 활동을 벌였다. 전주, 광주, 공주 등 지방형무소에서는 탈옥 사태로 다수의 사상자가 발생했다.

1946년 연말까지 폭동으로 희생된 좌익 가담자는 1000명, 검거된 인원은 7000명(1500명 구속)에 이르러 조선공산당은 큰 타격을 입었다. 폭동 주범 박헌영은 10월 6일 서울을 탈출해 월북했다. 일부 조선공산당 세력은 경찰의 체포를 피해 국방경비대 대구 6연대에 입대해 1948년 10.19 여순반란 때 동조반란을 일으켰다. 대구 폭동을 계기로 좌익 전평과 전농이 세력이 약화돼 반공청년단체와 우익세력이 결성한 대한노총(1946.3)과 대한농총(1948.8)이 노농계를 이끌었다(김용삼 2017, 이덕주 2007).

남로당 창당으로 돌파구 모색 폭동으로 고립상황에 몰린 조선공산당은 1946년 11월 조선인민당, 남조선신민당과 함께 남조선노동당(남로당)을 창당해 체제를 정비했다. 북한에서는 1946년 8월 북조선공산당이 북조선신민당과 합쳐 북조선노동당(북로당)을 창당한 상태였다. 남로당과 북로당 창당은 일국일당제 원칙을 포기한 것으로 남북을 분단국가로 만든다는 의미가 있었다. 남북한과 마찬가지로 당시 동유럽 공산당들은 노동당, 사회당, 통일당 등의 유화적 간판을 내걸고 대중 침투를 노렸다.

남로당은 이후 소련군정의 시티코프(평양)-박헌영(해주)-허헌(서울)의 지휘체계를 만들어 남한 내 합법, 비합법 공작을 계속했다. 백골단 등 폭력 조직, 프락치 공작을 위한 조직, 빨치산 활동을 위한 조직을 만들어 도처에서 적화활동을 벌였다. 남로당의 프락치 활동은 김구의 한독당 등 거의 모든 정당, 사회단체로 파고들었다(김용삼 2017, 이덕주 2007).

3. 파란과 역경 속 대한민국 건국

대한민국은 자유민주주의를 파괴하려는 남로당 공산주의자들의 집요한 도전을 받으며 상처투성이의 나라로 출발했다. 소련과 북한의 사주를 받은 남로당 등 공산주의자들은 건국 저지를 위해 수단과 방법을 가리지 않았다. 1948년 들어 남한 단독선거(단선), 단독정부(단정) 수립이 기정사실화 되자 2.7 폭동에 이어 제주 4.3 폭동으로 수많은 희생자를 내며 대한민국 출범을 피로 물들였다. 그러나 국가비상사태가 선포된 가운데 5.10 제헌의회 총선거가 순조롭게 진행돼 자유 대한민국의 탄생이 이뤄졌다. 건국 이후에도 남로당 공산주의자들은 여순 10.19 반란사건을 일으켜 다시 나라를 혼란의 도가니로 빠트렸다.

신생 대한민국 정부는 폭동, 반란의 와중에도 보릿고개, 절량농가라는 절대빈곤 상황을 타개하지 않으면 안 되는 처지에 놓여 있었다. 이런 난관들과 맞서 싸우며 대한민국을 국가궤도에 올렸다는 사실 자체가 이승만 정부의 최대 업적이었다. 대한민국은 1948년 12월 파리에서 개최된 3차 유엔총회에서 치열한 외교노력 끝에 한반도 유일의 합법정부로 인정받는데 성공했다(김용삼 2017, 차하순 외 2015, 교양국사 2015).

1) 미국의 남한 포기와 유엔 이관

1947년 9월 미국의 좌우합작 지원정책이 철회되면서 2년 만에 이승만-한민당-미군정의 3자 연합이 재형성됐다. 남한에서 미국과 이해관계를 같이할 정치지도자로 이승만 외에는 대안이 없다는 것을 인정한 것이다. 이에 미 군정청의 반 이승만 한국인 관리들은 경무부장 조병옥 주도로 미군정 연장을 요청하는 한편 미군정을 한국인 정부로 전환시켜야 한다는 의견서를 하지에게 전달했다. 그 바람에 미군정에 안주하며 독립을 지연시키려는 세력으로 몰려 우파의 격렬한 비판을 받았다.

미국은 같은 시기 한국 독립 문제를 유엔에 떠넘겨 소련의 반대에도 불구하고 유엔 감시 하 총선거 실시, 정부 수립 후 미소 양군 철수, 유엔한국위원단 설치 등의 결의안을 통과시켰다. 비록 위태롭고 불완전한 것이긴 했지만 독립의 통로는 마련된 셈이었다. 이 무렵 하지는 다음과 같은 요지로 대한 정책 전환을 국무부에 건의했다(트루먼 1970, 이덕주 2007).

"남한에서 미국의 입장은 불안하고 향후 군사비를 제외하고도 5년간 5억 달러의 경제원조가 필요해 정책부담이 크다. 따라서 한국을 포기하는 방안이 검토돼야 한다. 미군 철군은 무정부 상태와 유혈사태를 부를 것이나 그것은 한국이 치러야할 대가다. 한국이 대소 봉쇄에 긴요할 경우 모스크바 의정서를 포기하고 남한 발전을 위한 계획에 착수해야 한다."

▎유엔의 단선 결정과 남북협상

1947년 9월 말 미국은 국무장관 마셜 주재로 남한 처리대책 회의를 열어 소련과의 직접 협상은 무용한 일이라는 결론을 내렸다. 또 한국을 독립시킨 뒤 전략적 가치가 떨어지는 한반도에서 미군 철수를 앞당기기로 했다. 남한에 주둔 중인 2개 사단 4만5000명을 다른 지역에서 유용하게 쓸 수 있다는 점이 고려됐다. 말하자면 한반도는 언젠가 공산화될 운명이니 남한에 정부를 세워주고 명예롭게 철수하자는 포기전략이었다. 미국은 체면을 지키면서 남한 정부 수립의 정당성을 확보하기 위해 유엔으로 문제를 떠넘겼다.

유엔총회는 1947년 11월 유엔 감시 하 남북한 인구 비례에 따른 총선거 실시로 한반도에 통일의회, 통일정부를 세우고 90일 이내에 미군과 소련군이 철수한다는 미국 의안을 찬성 43, 반대 0, 기권 6으로 통과시켰다. 또 9개국의 유엔 한국임시위원단을 구성하고 1948년 3월 말까지 선거를 실시한다는 구체 일정을 마련했다(김용삼 2017, 차하순 외 2015, 이덕주 2007).

북한 프락치 공작과 우익분열 유엔총회 결정은 남한 민족진영의 승리를 의미했다. 공산주의의 이념적 결함과 소련의 배후 조종이라는 한계를 간파한 이승만은 처음부터 미국이 소련과의 대화를 포기하고 한국의 독립 문제를 유엔에 회부해주기를 희망했었다. 그 때문에 이승만(한민당)은 물론 김구(한독당), 김규식도 유엔총회 결정을 환영했다. 김구는 이승만 주도의 정부수립 운동을 지지하고 소련의 방해로 남북한 선거가 어려울 경우 남한만이라도 실시해야 한다는 입장을 밝혔다. 당시 북한 인구는 남한의 절반밖에 되지 않아 인구비례에 의한 선거에서 공산 세력이 승리할 가능성은 거의 없었다.

김일성은 1947년 10월 이후 남북협상의 필요성을 제기하며 남한의 정당·사회단체 포섭공작을 벌였다. 서울 주재 북로당 공작원 성시백은 프락치 공작으로 1947년 12월 김구와 김규식이 우익 진영에서 이탈(단선 반대)하도록 만들었다. 한반도 문제의 유엔 이관은 결과적으로 이승만과 김구를 갈라놓는 계기가 됐다.

1948년 1월 우크라이나를 제외한 8개국 유엔 한국임시위원단이 한국에 입국했으나 소련은 위원단의 입북을 막았다. 서울의 8개국 임시위원단 대표들도 남한 단독선거와 선거반대로 팽팽하게 나뉘져 결국 유엔소총회가 2월 26일 선거가 가능한 지역에서만 선거를 치러 정부를 수립하도록 결의했다. 하지는 건국 초기에 이승만이 집권하면 미국의 입지를 난처하게 만들 것으로 생각했으나 달리 선택이 없는 상황이었다. 물심양면으로 김구를 지원했던 중국의 장개석은 위원단의 중국 대표를 통해 이승만과 협력할 것을 끈질기게 권유했다. 그러나 김구는 남한 단정 참여를 거부해 장개석을 당황하게 만들었다(이영훈 2013, 차하순 외 2015).

소련의 남북협상 배후조종 1947년 9월 한국 문제가 유엔에 이관된 후 김구의 단선·단정에 대한 정치적 행보는 혼란을 거듭했다. 이 바람에 우익 진영의 정치적 주도권 다툼에서 이승만에게 크게 밀리는 입장이 됐다. 단정지지로 돌아선 한민당 정치부장 장덕수가 1947년 12월 임정 지지자들에 의해 암살당하는 사건을 계기로 김구는 우익진영에서 더욱 고립됐다.
유엔 개입에 반대한 김구와 김규식은 1948년 2월 남북협상으로 방향을 돌려 김일성과 김두봉에게 남북요인회담을 제의했다. 소련은 북한의 냉담한 반응에도 불구하고 선전적 가치를 노려 북한의 회담 제의, 정당·사회단체 연석회의 방식으로 남북협상을 진행시켰다. 당시 북한은 정권 수립(1946년 2월 임시, 1947년 2월 정식)과 조선인민군 창설을 마친 상태였다.

평양의 남북협상은 소련에 의해 철저하게 통제됐다. 1948년 4월 남북협상을 승인한 소련은 의제와 결의안 초안까지 마련해뒀다. 유엔총회 결의 규탄과 유엔 한국임시위원단 철수, 외국 군대 즉각 철수, 남북한 동시선거 등 3개항을 주장하도록 만들었다. 이는 유엔의 개입을 배제하려는 선전공세였다.
김구와 김규식은 들러리의 우려가 있었지만 민족통합의 명분에 따라 방북에 나섰고 이승만은 소련의 한반도 공산화 책략(시간 끌기)에 말려드는 것이라며 협상 참여에 반대했다. 남북한 지도자의 만남은 단선 반대, 미군 철수 등 소련의 주장에 힘을 실어주는 선전용 행사가 될 수밖에 없었다. 당시 체코슬로바키아에서는 좌우합작 정부가 공산당 쿠데타로 무너지고 있었다(차하순 외 2015, 이영훈 2013).

북한 들러리 된 남한 대표단 1948년 4월 평양에서 열린 남북협상은 남북 56개 정당·사회단체 대표자 연석회의(19~26일), 정당·사회단체 지도자 협의회(27~30일), 김구-김규식-김두봉-김일성 4김 회담(5월 3일) 순으로 진행됐다. 4월 19일 김구가 평양에 도착했을 때 군중집회 성격의 연석회의는 벌써 시작된 상태였다. 남한 대표 151명을 포함, 696명이 참석한 4월 21일 회의에서 김일성은 남한 대표나 남북협상, 정치적 합작에 대해 일언반구 언급을 하지 않았다. 김규식은 이날 회의에 참석하지도 못했고 김구는 짧은 연설을 한 뒤 퇴장했다.

4월 30일 남11명, 북4명의 지도자 협의회는 북측이 기정사실화 한 외국군대 철수, 남한 단정 수립 반대 등의 공동 성명서를 채택했다. 전문과 4개 항으로 구성된 성명서는 2항에서 외국군대가 철수한 후에 내전이 발생할 수 없다고 확인하는 등 북한의 정치선전으로 채워졌다. 3항은 이미 북한 단독정권이 수립된 상태임에도 조선정치회의를 소집해 임시정부를 수립한다는 내용을 담았다. 바로 그 시각 북한의 국회 격인 북조선최고인민회의는 북한 헌법 초안 축조심의에 들어가 남한 인사들을 당황하게 만들었다. 북한은 5월 1일 남한 인사들이 참석한 가운데 조선인민군 사열식을 갖고 북한의 군사력을 과시했다.

5월 3일 4김 회담에서 김일성은 먼저 단독정부 수립을 하지 않고 남한에 보내는 전기와 용수를 끊지 않겠다는 거짓말로 김구, 김규식을 농락했다. 조만식 선생과 동반해 남행하겠다는 요구에 대해서는 곧 그리 되도록 노력하겠다고 얼버무렸다. 조만식은 6.25 동란 중인 1950년 10월 북한에 의해 살해됐다. 회의를 마친 남한 대표단 일부는 5월 5일까지 남으로 귀환

역사 돋보기 - 김구의 비극적 죽음

김구는 신탁통치 반대운동을 통해 남한의 공산화를 저지하는데 기여했으나 통일이 아니면 독립이 아니라는 실현 불가능한 구호를 내걸어 대한민국 건국에 상처를 남겼다. 제주 4.3 폭동의 와중에 남북협상이라는 북한의 속임수에 발목이 잡혔고 5.10 총선거 거부, 대한민국 정부 해체 및 통일정부 수립을 주장해 책임 있는 지도자로서 의문을 남겼다. 김구는 정부 수립 10개월이 지난 1949년 6월 자신이 만든 한독당의 당원인 육군 소위 안두희에 의해 피살됐다. 정치노선 혼란으로 우익에서 고립된 것이 비극적 죽음의 원인이었다. 1949년 7월 국민장을 치른 이후 이승만 집권기에 김구의 죽음에 대한 논의나 추모는 금기시됐다. 4.19 이후인 1960년 6월 처음으로 추도식이 열렸고 박정희 대통령도 추모에 적극적이었다(이영훈 2013).

했고 북한 정권과 입장을 같이 한 소설가 홍명희(부수상 역임) 등 70명은 북한에 남았다.

5월 6일 서울로 돌아온 김구와 김규식은 사실과 달리 북한 방문이 성공적이라고 발표했다. 남북협상의 여지를 남겨두기 위한 조치였으나 결과적으로 북한 시나리오에 이용만 당한 꼴이 됐다. 김구의 방북은 국내외에 이승만과 미국이 분단의 책임을 가진 것처럼 인식시키도록 만들었다(차하순 외 2015, 중앙일보사 1975, 이영훈 2013).

▮ 2.7 폭동과 제주 4.3 폭동

아시아·태평양 전쟁 때 일본은 제주도에 5만8000명의 군대를 주둔시켜 본토 사수의 보루로 삼고자 했다. 1945년 3월 미 공군이 공습을 시작하자 노약자와 부녀자를 육지로 소개시키기 위해 5월에 첫 배를 띄웠는데 미 공군기의 공격을 받아 침몰당하고 말았다. 이 사건은 해방 후 제주도 사태에 적지 않은 영향을 미쳤다.

일본 항복 후 일본군이 제주를 떠난 것은 1945년 10월 말이었고 11월 9일이 돼서야 미군정 1개 중대가 제주도에 상륙했다. 1946년 초까지 제주도는 상대적으로 온건한 조선공산당 제주도당과 조선인민공화국(1945년 10월 불법화)의 지방조직인 인민위원회 수중에 있었다. 당시 미군정 조사로는 제주도 인구의 70%가 좌익 연관자이거나 동조자였고 우익은 세력이 형성되지 않았다.

1946년 8월 제주도에 조선경비대 9연대가 배치되고 경찰이 증원되면서 미군정과 인민위원회(조선공산당) 간의 긴장이 높아졌다. 1947년 인민위원회의 3.1절 가두시위에서 경찰의 우발적 발포로 14명이 사상하는 사건이 발생했다. 그에 항의해 남로당은 3월 10일부터 4만 명이 참가한 총파업을 벌였다.

조사에 나선 미군정은 좌익의 선동에 따른 사태로 판단하고 파업 주모자

328명을 군사법정에 회부했다. 그 과정에서 경찰과 서북청년회의 가혹행위가 자행되면서 주민감정을 악화시켰고 양측 충돌이 잦아졌다. 1947년 9월 들어 남로당 제주도당은 한라산 중산간지대로 거처를 옮겨 청년들에게 군사훈련을 시켰다. 이후 경찰과 서북청년회의 좌익 단속이 강화되고 경찰의 고문치사 등 사건이 꼬리를 물었다. 청년들은 남로당 합류, 탈당, 도피 등 선택을 강요받는 상황으로 몰렸다(이영훈 2013).

남로당의 2.7 건국 저지 폭동 1948년 2월 이후 남로당은 대한민국 건국 저지투쟁을 본격화시켰다. 남한만의 총선 실시가 가시화되자 북한에 머물던 박헌영은 폭동 등 모든 수단을 총동원하라는 지령을 내렸다. 여기서 비롯된 1차 사건이 2.7 폭동이었다. 전평 산하 운수노조원들이 파업에 돌입하고, 동맹휴학, 우익인사 가옥 방화, 경찰관서 습격 등의 사건들이 잇따랐다. 제주도에서는 인민해방군으로 불린 남로당원들이 일본군 노획 무기로 무장해 경찰 및 우익 청년단체들과 유격전을 벌였다. 제주도는 한때 통제불능 상태가 됐다.

2.7 폭동은 공무원 145명, 민간인 150명, 폭도 330명의 인명피해를 내고 8000여 명이 체포된 가운데 별 파장 없이 끝났다. 김구와 김규식은 폭동의 와중인 2월 6일과 10일 두 차례에 걸쳐 단선 반대 입장을 밝혔다. 2월 16일에는 북한의 김일성과 김두봉에게 남북 요인회담을 제의하는 서한을 보냈다.

1948년 3월 1일 하지 미군정 사령관은 유엔 소총회 결의에 따라 23세 이상이 선거권을 가지는 국회의원선거법과 5월 9일 총선거 실시를 공포했다. 김구와 김규식은 선거 불참을 호소하는 성명을 냈고 남로당은 무장폭동을 통한 선거 방해 공작에 들어갔다. 남로당이 무장폭동의 장소로 선택한 곳이 제주도였다. 지리적 특성으로 인해 해방 직후부터 조선공산당 조직이 활발했고 도민의 이념성향이 좌익 쪽으로 기울어져 있었기 때문이다. 제주의 인구는 해방 전 22만에서 귀국한 일본 징용자, 군인, 중국 의용군, 팔로군 등 6만이 보태져 1948년에는 28만으로 늘어났다. 이 가운데 도지사, 읍장 등 남로당 가입자는 6.7만으로 인민공화국이나 다름없었다(이영훈 2013, 김용삼 2017).

아비규환의 제주 4.3 폭동 남로당의 제주 4.3 무장폭동은 소련과 그 하수인인 김일성, 박헌영이 계획하고 지령한 합작품으로 6년여 동안 아비규환을 연출하며 섬 전체를 피로 물들였다. 폭동의 주체인 남로당은 제주위원회 위원장 대리 김달삼(본명 이승진)에게 폭동 지령을 내렸고, 제주위원회는 3월 15일 상임위원회에서 13대 7로 반란을 결정했다. 남로당 군사부가 조직한 제주 인민해방군 무장 병력은 500명, 동조자는 1000명 정도였다. 당시 제주 모슬포에는 국방경비대 9연대가 주둔하고 있었으나 경비대 창설 당시 좌익분자를 걸러내지 않아 다수의 남로당원들이 장병으로 침투해 있었다.

1948년 4월 3일 새벽 남로당 제주위원회는 한라산 정상과 89개의 오름에서 일제히 봉화를 올렸고 무장 빨치산들이 폭동과 반란을 일으켰다. 9연대에 침투한 남로당 분자들은 제주경찰서를 기습 점령하고 500명의 무장 빨치산은 24개 경찰지서와 파출소를 습격했다. 경찰 및 민간인 55명이 이들에 의해 사지절단, 생매장 등 잔혹하게 피살되고 21명이 납치됐다. 폭동 주모자 김달삼은 "인민군이 38선을 넘어 수원까지 남하했다."며 "한 달만 참으면 제주도가 해방된다."는 말로 주민들을 선동했다.

미군정은 1700명의 경찰과 800명의 국방경비대를 제주도로 급파해 토벌전에 나섰다. 새로 9연대장에 부임한 박진경 중령은 자위대 전략촌 구축, 중산간 지역 주민 소개 및 소탕작전, 난민수용소 좌익 색출의 3단계 작전을 성공시켜 곧 대령으로 진급했다. 그러나 김달삼의 지령으로 6월 부하인 남로당 프락치에 의해 피살됐다. 폭동이 진행되는 와중에도 김구, 김규식은 남북한의 좌익과 더불어 5.10 총선 저지를 선언하고 남북협상(4월 19일~5월 3일)에 나섰다.

6년 동안 3만 명 희생 무장폭동으로 5.10 제헌의원 선거의 제주 3개 선거구 중 2개 선거구 투표율이 절반에 못 미쳐 미군정은 선거를 무효화시켰다. 폭동에 불을 지핀 남로당 지도부는 추적을 피해 1948년 4월에서 8월 사이 대거 월북했다. 김달삼은 북한 지하선거 투표용지(제주 5만2350명의 서명)를 들고 월북해 북한 헌법위원으로 선출됐다. 그러나 월북한 남로당 지도부 다수는 북로당의 냉대를 받아 당원으로 받아들여지지도 않았다.

1948년 8월 15일 대한민국이 건국되고 9월 9일 북한에서 조선인공이 선포되자 무장 빨치산 잔당들은 10월 초부터 마을 습격과 경찰관 살해 등 활동을 재개했다. 제주 인민유격대 사령관은 대한민국 정부를 상대로 선전포고문을 발표하기도 했다. 정부는 1948년 11월 제주도에 계엄령을 선포하고 반란군의 근거지인 한라산 중산간지대 주민을 연안으로 강제 소개시켰다. 또 해안선 5km 초과 지점과 산악지대의 통행을 전면 차단했다.

제주 폭동과 진압 과정에서 희생된 사람은 제주 인구의 10%에 이르는 3만 명에 달했고 다수의 군인, 경찰, 우익 청년단체 회원들이 목숨을 잃었다. 진압 과정에서 군사시책에 불응한 주민들이 큰 화를 입었다. 도내 400개 마을 중 259개 마을이 전소됐으며 10만의 이재민이 발생했다. 인민유격대 토벌전은 1949년 5월에 종결됐으나 1954년이 돼서야 완전 소탕이 이뤄졌다(김용삼 2017, 이영훈 2013).

2) 남로당 도발로 얼룩진 건국

1948년 5월 10일 역사상 처음으로 남북 인구비례에 따라 총 300석 중 북한 100석을 제외한 200석에 대한 제헌의원 선거가 실시됐다. 보통, 평등, 비밀, 직접의 4대 원칙에 의한 선거에서 만21세 이상 남한 유권자 984만의 79.7%가 등록하고 등록 유권자의 92.5%가 선거에 참여했다. 선거 무경험, 높은 문맹률 등을 감안하면 정부 수립에 대한 국민지지는 전폭적인 것이었다. 그러나 김구 등 남북협상파가 불참한 가운데 좌익의 선거방해 책동으로 무질서와 폭력이 넘쳐났다. 선거 직전 5주 동안 589명이 목숨을 잃었고 선거사범 1만 명이 구속됐다. 선거 당일에는 51명의 경찰관과 11명의 공무원이 피살됐으며 166개의 선거 관련 관공서와 301개 파출소가 습격을 당했다.

이런 폭동의 와중에 5.10 총선거를 통해 대한민국이 탄생했지만 남북 공산주의자들의 계속된 준동과 암약으로 국체를 유지하기도 버거웠다. 북한은 5.10 총선거를 반역행위로 규탄하며 전기와 용수 공급을 끊어 김구와 김규식의 입지가 난처해졌다. 유엔에 의한 선거를 반대한 북한은 그때 이후 지금까지 단 한 번도 자유로운 선거를 실시하지 않았다.

〈표1-5〉 해방 후 건국까지의 암살, 폭동 등 보안사건

시기	사건	배경/결과
1945.12	한민당 송진우 암살사건	반탁을 둘러싼 우익 노선대립?
1946.5	공산당 위조지폐사건	활동 자금조달/공산당 불법화
1946.9	전평 총파업(26만 참가)	공산당 불법화 대응투쟁
1946.10	공산당 대구 10.1 폭동	공산당 불법화 대응투쟁
1947.7	인민당 여운형 암살사건	좌우 노선대립?
1947.12	한민당 장덕수 암살사건	단정 둘러싼 우익 노선대립?
1948.2	남로당 파업, 2.7 폭동	단선·단정저지, 600명 사망
1948.3	남로당 4.3 무장폭동	단선·단정저지, 3만 사망

5.10 총선거와 제헌헌법

제헌의원 198명의 소속정당은 무소속이 85명, 독촉 55명, 한민당 29명, 기타 21명이었다. 지주, 자본가, 전문직 종사자를 기반으로 한 한민당은 자금력과 인맥을 동원해 무소속 의원들을 대거 영입함으로써 국회가 개원할 즈음엔 80석 이상을 확보했다. 일제시대 실력 양성파들이 제헌국회에서 가장 큰 세력을 점하게 된 것은 사회, 경제의 연속성 때문이었다.
1948년 5월 31일 임기 2년의 제헌국회가 열려 이승만(서대문 갑구 당선)을 제헌국회 의장으로 선출하고 30명의 의원들로 헌법 및 정부조직법 기초위원회를 구성했다. 국호는 6월 7일 회의에서 상해 임시정부와 같은 대한민국(17표)으로 결정됐다. 한민당 계열은 고려공화국(7표)을, 좌파성향 의원들은 조선공화국(2표)을 지지했다.

제헌헌법은 대한민국의 정체를 민주공화국으로 하고 한반도와 그 부속도서를 영토로 해 통일국가에 대한 의지를 담았다. 또 주권 재민, 3권 분립, 기본권 보호를 근간으로 하는 자유민주주의 체제를 지향했다. 신체의 자유, 거주 이전의 자유, 언론·출판·집회·결사의 자유, 학문·예술의 자유가 구체적으로 열거됐다. 그러나 경제 부문에서는 지하자원 국유화, 대외무역 통제, 주요 산업 국공영화, 노동자의 이익균점 등 현실과 맞지 않는 내용들이 많았다. 이들 사회민주주의 조항들은 시장경제 원칙이 강조되면서 1954년과 1962년 개헌에서 모두 삭제됐다(트루먼 1970, 정경희 2015, 이덕주 2007, 차하순 외 2015, 이영훈 2013, 한영우 2016).

기형적 정부형태의 불안정성 제헌헌법의 정부형태는 한민당과 이승만의 이해 대립으로 심각한 권력 불안정성을 노출시켰다. 제헌헌법을 주도한 한민당은 독일 바이마르공화국의 내각책임제를 선호한 반면 이승만은 미국과 같은 대통령 중심제를 원했다. 제헌의회는 이승만의 요구를 거부하기가 어려워 대통령 중심제를 받아들였지만 실제로는 내각책임제 요소가 강한 것이었다. 대통령과 부통령을 국회에서 따로 선출하도록 해 대통령 유고 시 소속정당이 다른 부통령이 권력을 승계하는 사태가 벌어질 수 있었다. 이는 이승만 집권기 내내 대통령과 국회가 갈등에 빠지는 원인이 됐다. 제헌의회는 7월 17일 전문 103조의 대한민국 제헌헌법을 공포했다.

1948년 7월 20일 국회는 간선제를 통해 대통령에 74세의 이승만, 부통령에 80세의 이시영, 국회의장에 55세의 신익희를 선출했다. 이승만은 제헌의원 198명 가운데 180표, 90.9%의 득표율로 당선됐고 무소속의 추천을 받은 김구가 13표를 얻었다. 당시 이승만과 대통령을 경쟁할 수 있는 정치지도자는 없었다(도표 참조). 부통령에는 이승만이 지지한 이시영이 당선됐다. 건국의 주축이 돼야할 임정 세력은 김구의 단정 거부로 정부통령 등 정부 참여 길을 스스로 봉쇄하는 문제를 낳았다. 한민당은 영수인 김성수를 국무총리로 밀었으나 이승만은 식민시대 기득권 세력인 한민당을 경원

🔍 역사 돋보기 - 대한민국 국호와 국기

대한제국, 임시정부, 대한민국으로 이어진 국호 대한은 삼한 즉 고구려, 백제, 신라 삼국의 영토를 통합해 국가를 건설했다는 민족주의 정신을 표현하고 있다. 대한의 이름 아래 만주를 수복하기 위한 북진정책으로 간도 진출이 이뤄지기도 했다. 민국은 영정조 이후 양반국가를 극복하는 과정에서 생겨난 자생적 용어로 오랜 역사성을 가지고 있다. 대한제국의 정치목표인 민국은 양반이 아닌 일반 백성이 주인이 되는 나라를 세우겠다는 것이었다. 그래서 임정 이래 대한공화국이 아니라 대한민국이란 국호가 이어지게 됐다.
국기인 태극기의 태극 문양은 삼국시대부터 사용해온 것으로 조선시대에는 사신 영접의 국가 상징으로 사용되는 관례가 만들어졌다. 1882년 5월 제물포 조미통상조약 때 역관 이응준이 제작한 태극기가 처음 사용됐다. 북한은 1948년 조선인공 출범과 함께 국기를 태극기에서 인민공화국기(인공기)로 바꿨다. 별이 들어간 국기는 공산국가들의 상징이다(한영우 2016, 차하순 외 2015).

해 이를 받아들이지 않았다.

실망한 한민당은 국무총리 지명자인 조선민주당(조만식) 출신 이윤영의 승인안을 27 대 120으로 부결시켰다. 이승만은 결국 임정 광복군 참모장 출신으로 무당파인 이범석을 내세워 110대 84라는 반응으로 인준을 받았다. 대법원장에는 62세의 김병로를 임명했다. 초대 정부 입법(신익희), 행정(이승만, 이시영, 이범석), 사법(김병로) 3부 요인은 모두 독립운동가들로 채워졌다.

이승만은 초대 내각 구성에서도 전문성이 필요한 교통부와 법제처를 제외하고는 친일파로 비난받을 사람들을 배제했다. 전 공산당원으로 농지개혁을 주장한 조봉암을 농림부장관, 노동운동 출신의 전진한을 사회부장관에 발탁하는 등 대내외적 정통성을 확보하는데 고심했다. 한민당은 이승만을 간선 대통령에 당선시키고 이범석 국무총리 승인에 협조하면서도 장관 두 자리를 얻는데 그쳤다. 이후 한민당은 야당의 역할을 자임했다(차하순 외 2015, 한영우 2016, 이영훈 2013, 이덕주 2007).

〈표1-6〉 국회 간선제 정부통령 선거 결과

시기	구분	당선자	차점자	비고
1948.7	초대 대통령	(독)이승만180	(무)김 구13	선거인수 198명
1948.7	초대 부통령	(무)이시영133	(한)김 구65	이시영 1951.5 사퇴
1951.5	2대 부통령	(민)김성수 78	(독)이갑성73	김성수 1952.5 사퇴

자료: 경기도선관위 PDF선1, PDF선2 (약자: 독립촉성회, 무소속, 한국민주당, 민주당)

한반도 유일 합법정부 승인 1948년 8월 15일은 유엔 결의에 따른 자유총선거, 국회구성, 헌법제정, 정부수립의 4단계 건국 절차를 마무리 지은 날이었다. 중앙청 광장에서의 대한민국 정부수립은 건국, 독립이라는 의미를 내포하고 있었다. 대한민국은 이날 대한제국과 임정을 잇는 국가 정통성을 분명히 했다. 그러나 이날의 광복은 고려의 삼국통일(936) 이후 1000

년간의 통일국가에서 분단시대로 되돌아간 비극적 의미도 컸다. 1948년 9월 한국과 미국은 한미협정을 통해 한국의 독립, 38도선 이남의 일본 재산 이관, 어업협정을 일본 정부가 받아들이게 했다. 북한은 분단의 책임을 떠넘기기 위해 대한민국 건국 20여 일이 지난 1948년 9월 9일 조선민주주의인민공화국(조선인공)을 선포하는 요식행위를 갖췄다.

이처럼 남북이 38선을 사이에 두고 합법정부를 다투게 되자 유엔의 승인은 신생 대한민국의 중대한 과제가 됐다. 정부는 1948년 8월 장면을 수석으로 하는 대한민국 대표단을 파리 유엔총회에 파견해 3개월간 한국 정부 승인안 통과에 총력을 기울였다. 그 사이 김구와 김규식 등 남북협상파는 대한민국 건국을 부정하고 통일독립촉진회를 조직해 유엔이 임시정부를 잠정정부로 인정해줄 것을 요청하기로 했다. 그러나 대표단장인 김규식이 나서기를 거부해 두 개의 한국 대표단이 충돌하는 사태는 벌어지지 않았다.

1948년 12월 12일 파리 유엔총회는 대한민국을 한반도 유일의 합법정부로 승인하는 안을 찬성 48표(자유진영), 반대 6표(공산진영), 기권 1표(스웨덴)로 통과시켰다. 대한민국 정부의 합법성은 1947년 11월 유엔총회의 요구조건인 적법한 절차 즉 민의에 따른 자유선거 조건을 충족시켰기 때문이었다. 이는 국제사회에서 남북분단이 공식화 되는 신호탄이기도 했다. 한국은 1949년 이후 1950년 3월까지 유엔 55개국 중 미국 등 자유진영 27개국과 국교를 수립했다.

유엔은 1991년 남북 유엔 동시가입이 이뤄진 이후에도 한반도 유일의 합법정부는 대한민국으로 국한하고 있다. 비합법 정권인 북한이 유엔에 가입하게 된 것은 한반도의 특수상황이 고려된 잠정조치였을 뿐이다(차하순 외 2015, 이영훈 2013, 하타노 2016, 한영우 2016, 김용삼 2017, 장면 이4-11).

🔍 역사 돋보기 - 하지의 군정 회고

미군정 사령관 하지는 대한민국 정부 수립 후 미국으로 돌아간 뒤 두 번 다시 한국을 찾지 않았다. 하지는 뒷날 워싱턴의 불확실한 정책 지시, 외국 군인에 대한 적대감 등 3년간의 미군정 책임자라는 직책이 자신이 맡은 최악의 임무였다고 술회했다. 또 한국인이 지구상 어느 종족보다 정치적으로 예민하며 정치지도자들은 국익보다 사리사욕을 좇는 사람들이라고 비판했다(이덕주 2007).

▎국군 14연대 여순 반란사건

1948년 국군 여수 14연대의 10.19 여수·순천(여순) 반란사건은 월북한 남로당 지도부가 자신들의 세력을 만회하기 위해 벌인 무장투쟁으로 제주 4.3 폭동에서 파생된 것이었다. 당시 월북한 남로당 출신들은 북로당의 식객 취급을 받으며 해주에서 무위도식하고 있었다. 1948년 6월 시작된 국군 숙군작업도 반란사건 발생에 영향을 미쳤다. 숙군작업은 1948년 5월 홍천의 8연대 2대대 집단 월북사건과 제주 9연대장 박진경 대령 암살사건으로 촉발됐다.[5]

1948년 10월 들어 제주의 남로당 빨치산 잔당들이 활동을 재개하자 정부는 대구 6연대, 부산 5연대, 여수 14연대의 1개 대대씩을 징발해 빨치산 진압작전에 투입키로 했다. 정부는 우체국 전보를 통해 여수 14연대에 10월 19일 밤 8시 여수항에서 해군 수송선을 타고 제주도로 출동하라는 명령을 내렸다. 이 전보를 남로당 조직원이 가로채 남로당 군사부장(이재복)과 빨치산 군사담당(이중업)에게 알렸다. 남로당은 출동을 막기 위해 여수 14연대에 반란을 일으키라는 지령을 내렸다(김용삼 2017).

반란군, 전남 6개 군 장악 반란의 핵심인 지창수 등 남로당 하사관들은 10월 15,16일 회의에서 제주행 수송선에서 반란을 일으킨 뒤 월북하는 방안을 결정했다. 그러나 다음날 반란 정보가 누설된 것을 직감하고 영내 반란으로 계획을 바꿨다. 10월 19일 밤 8시 남로당 하사관 등 50여 명이 무기고와 탄약고를 점거한 다음 저항하는 하사관 3명을 사살하고 거짓 선동으로 사병들을 반란에 끌어들였다.

반란군은 10월 20일 새벽 부대 장악을 마치고 여수 시가지로 밀고 들어가 대치한 200여명의 여수 경찰을 제압했다. 오전 5시30분에는 주요 기관을 점거하고 북한 인공기를 내걸었다. 여수 지역 교사 70명이 여기에 합세해 민간인 반란을 주도했다. 인구 5만7000명의 여수를 장악한 반란군은 이날 오후 여수 중앙동에서 2만 명을 강제 동원해 인민대회를 열었다. 여기서 대한민국 정부 수립의 무효를 선언하고, 조선인공 보위, 이승만 정권 분쇄, 토지개혁 실시, 친일 민족반역자 처단 등 혁명과업 6개항을 발표했다. 또 경찰과 우익인사 처단과 재산몰수 등을 선언한 뒤 200명(경찰 74명)을 즉결처분 또는 인민재판으로 현장에서 학살했다. 좌익 청년과 학생 600여 명이 인민의용군을 조직해 경찰과 우익인사 체포, 재산몰수에 나서면서 반란은 더욱 확산됐다.

14연대 반란군은 10월 20일 오전 1개 대대를 여수에 남기고 반란 확대를 위해 2개 대대를 인근 순천으로 보냈다. 순천 지역 기관장과 유지들은 사태의 엄중함을 모른 채 화해를 도모하자는 결의를 했다. 1개 중대의 광주 4연대 진압군은 방심하다 강을 건너온 반란군에게 몰살당했다.
오후 3시 순천을 장악한 반란군은 토착 좌익 세력과 합세해 인공기를 내걸고 인민위원회를 가동했다. 반란군과 폭도들은 즉결재판 및 인민재판을

---

5) 2대대장 강태무(뒤에 인민군 중장)는 경비훈련을 핑계로 대대원 294명을 이끌고 집단 월북했으나 속은 것을 안 140명이 되돌아왔다. 9연대장 박진경은 제주 4.3 폭동 진압 중 부하인 남로당 프락치에 의해 암살됐다.

통해 경찰관 186명을 포함해 400명을 살해했다. 어린 남녀 학생들에게 인민재판의 형 집행을 떠맡겼다. 반란군은 10월 22일까지 보성, 고흥, 광양, 구례, 곡성 등 전남 동부 지역 6개 군을 장악했다. 반란 사실은 소련 공산당 기관지에 한 달 내내 대서특필됐다(김용삼 2017).

> **역사 돋보기 - 남로당의 국군 침투공작**
>
> 미군정은 1946년 1월 남조선국방경비대를 창설하고 30여개 사설군사단체에 대해 해산 명령을 내렸다. 당초 미군정은 정규군 창설을 계획했으나 미국 정부의 반대로 경찰지원부대인 국방경비대로 위상을 낮췄다. 이에 따라 1946년에 국방경비대 1~9연대를 창설하고 미군 철수를 고려해 1948년 5월부터 10~15연대 창설을 이어갔다. 대한민국 국군이 창설된 것은 건국 2주 뒤인 1948년 9월 1일이었다. 국방경비대는 육군으로, 해안경비대는 해군으로 전환됐다. 해병대는 다음해 5월, 공군은 다음해 10월 육군에서 분리 독립했다.
>
> 조선공산당(1946년 11월 남로당)은 공산혁명의 결정적 시기에 무장반란을 일으킬 목적으로 국방경비대 창설 때부터 장교, 하사관, 사병 입대공작을 벌였다. 당시 국방경비대의 사병은 대다수가 저소득 빈농가 출신들로 경찰의 추적을 피해 입대한 불순분자들이 많았다. 1948년 대한민국 정부 수립 당시 전체 국군 가운데 적어도 10%는 남로당 당원이었다(김용삼 2017, 이영훈 2013).

토벌군의 순천, 여수 진압 10월 20일 새벽 14연대 반란 소식을 접한 정부는 충격 속에서 비상대책을 마련했다. 21일 5개 연대에서 차출된 10개 대대 규모의 토벌사령부가 광주 5여단 사령부에 설치되고 22일에는 여수와 순천 지구에 계엄령이 선포됐다. 반란군 은닉, 밀통, 무기 비장 행위를 한 자는 사형에 처한다고 발표했다. 진압에 투입된 1개 중대가 하사관들의 반란으로 순천 반란군에 합류하는 등 우여곡절 끝에 토벌군은 먼저 순천을 점령했다. 반란군 주력은 허술한 포위망을 뚫고 지리산으로 도주한 뒤였다. 392명의 반란군이 사살되고 1512명이 포로로 잡혔다.

여수에 남아 있던 1개 대대 규모의 반란군과 동조세력 2200명은 '북한 인민군이 인천에 상륙해 서울을 점령하고 광주로 진격중'이라는 등의 유언비어를 퍼트렸다. 그러나 10월 22일 국방부장관 명의의 투항을 권고하는 항공 전단이 여수 일대에 뿌려지자 여수 시민들은 충격에 빠졌다. 여수 토벌군은 두 차례의 실패 끝에 정예부대를 투입해 4일 반인 27일 오후 소탕에 성공했다.

여수 진압 이후 반란군의 만행이 드러나자 분노한 군경은 27일 여수 주민 4만 명을 모아놓고 부역자 색출에 나섰다. 즉결처분 가담자, 인민재판 처형자는 즉석에서 타살, 자살, 총살당했다. 순천에서도 악질 부역자 수십 명이 총살됐다. 경찰은 1948년 11월 전남 각지에서 여순 폭동 관련자 3300명을 검거했다. 육군은 1949년 1월 반란군 2817명을 재판에 회부해 410명에게 사형, 568명에게 종신형을 내렸다. 정부는 인명피해를 5530명(사망 3392명)으로 집계했다(김용삼 2017).

동조반란과 북한의 지원투쟁 여수 14연대 반란사건은 이후 대구 6연대, 마산 15연대, 광주 4연대 동조 반란으로 이어져 정부를 곤경에 빠트렸다. 대구 6연대는 창설 이래 2명의 좌익 연대장(김종석, 최남근)이 20개월 동안 부대를 지휘하며 좌익세를 넓혀왔다. 1948년 11월 좌익 하사관 2명이 남로당 군사부장(이재복)으로부터 동조 반란 지령을 받고 병사들을 비상소집해 불응자는 현장에서 사살한 뒤 반란을 일으켰다. 반란군은 지원요청을 받은 미군에 의해 신속히 제압됐으나(190명 체포) 일부 반란군과 지방 폭도는 대구 근교의 팔공산으로 숨어 들어가 빨치산이 됐다.

대구 6연대 2차 반란은 1948년 12월 지리산 빨치산 토벌작전에 투입된 장병 380명에 대한 숙군과정에서 일어났다. 좌익 하사관 2명이 숙군을 위해 본대로 돌아오던 중 대구 근교에서 장교 9명을 사살하고 50여명의 동조자를 모아 팔공산으로 도주했다. 3차 반란은 영일 비행장 경비 병력으로 파견 나갔던 하사관이 수군을 피하기 위해 6연대 반란 잔당과 무의해 50여명으로 일을 저질렀다. 대구 6연대 전체 병력이 대구에 집결해 있었더라면 여순 반란과 같은 일이 벌어질 수도 있었다.

북한은 여순 반란사건이 일어나자 1948년 11월 강동정치학원 출신 게릴라 부대 160명을 영월과 춘천으로 내려 보냈다. 12월에는 3,4명 단위의 소규모 게릴라들을 오대산 지역으로 연이어 침투시켰다. 강동정치학원은 월북한 박헌영이 남로당 세력 재건과 빨치산 육성을 위해 1947년 12월 평양 인근 강동군에 문을 연 빨치산 교육기관이다. 6.25 전쟁 전까지 남로당 출신자나 월북자 4000명을 빨치산으로 양성해 남파했다.

박헌영은 이 무렵 "남로당 전 당원을 봉기시켜 1949년 4월 서울을 불바다로 만들고 남조선을 해방하라."는 지령을 내렸다. 이에 따라 남로당 서울시당은 1949년 2월 철공소를 사들여 폭동에 필요한 수류탄 제작에 들어갔다. 그러나 무장폭동이 지연되면서 남로당 총책(김삼룡)이 서울 총책(홍민표)을 평양으로 소환시키려 하자 서울 총책이 고의로 체포돼 남로당 와해 작업에 앞장서기도 했다(김용삼 2017).

빨치산 토벌작전으로 전환 여순 반란의 불완전한 진압은 신생 대한민국 정부에 빨치산 토벌이라는 힘겨운 과제를 안겨줬다. 빨치산들은 장기항전 태세를 갖추고 전남북과 경남 11개 군 지역에서 밤마다 출몰해 관공서 습격, 납치, 민가 약탈 등으로 공포 분위기를 조성했다. 반란군들이 지리산, 백운산, 덕유산 등에서 빨치산 근거지를 형성하자 1948년 10월 육군은 호남방면 전투사령부(1949년 3월 지리산지구 전투사령부 추가 신설)를 설치해 진압작전을 서둘렀다. 8개의 우익 청년단체는 대한청년단으로 통합돼 지리산 빨치산 토벌에 투입됐다.

계엄사령부는 11월 전남북 전역으로 계엄령을 확대하고 빨치산 동조자 엄벌을 포고했다. 국군의 토벌작전은 빨치산을 일정 지역에 가두는 전략으로 진행됐다. 1949년 1,2월에는 반란군, 민간인 빨치산, 남로당원 등 6000명 이상이 투항해왔다. 3,4월 양 전투사령부는 10개 대대 병력을 투입해 반란군 지휘자인 홍순석과 김지회 사살에 성공했다. 그러나 게릴라전 경험부족으로 토벌군이 포로가 되거나 연대장이 자결하는 사태를 빚기도 했다.

북한은 1949년 7월 한국에서의 게릴라 활동을 지원하기 위해 박헌영과 이승엽을 책임자로 하는 조선인민유격대를 창설해 오대산, 지리산, 태백산 지구를 1,2,3병단으로 편성했다. 유격대는 대구 폭동, 제주 폭동, 여순 반란을 일으킨 공산 잔당과 북한 강동정치학원에서 양성된 빨치산들로 조직됐다. 살인, 방화, 약탈, 테러 등 공산 빨치산들의 활동이 격화된 1949년 9월부터 1950년 3월까지 남한으로 침투한 게릴라는 3000명이 넘었다. 인민유격대는 정치적 헤게모니를 잃지 않으려 했던 김일성의 지원 불응으로 세를 떨치지는 못했다.
1948년 10월부터 이듬해 8월 사이 국군의 빨치산 토벌작전에서는 9500명이 사살, 생포됐다. 1949년 11월 토벌군은 백운산 반란군 지휘부를 점령하는데 성공했고 잔당 섬멸이 마무리되자 1950년 2월 호남 일대의 계엄령을 해제했다(김용삼 2017, 노중국 외 2016).

숙군 따른 탈영, 월북 속출 여순 반란은 파장과 후유증이 컸으나 이를 계기로 반공전선을 재정비하는 전화위복의 계기가 되기도 했다. 정부는 숙군작업으로 1948년 6월부터 1949년 7월까지 총4749명의 장교와 하사관, 사병들에 대해 사형(현역 연대장 1명 포함), 징역, 불명예제대(90% 이상) 등 처분을 내렸다. 국군의 핵심세력인 군사영어학교 출신 110명 가운데 25명, 경비사관학교 2,3기생 임관자 380명 가운데 100명이 좌익 동조자였다. 좌익 세력을 솎아낸 자리는 우익단체 요원들로 메웠다. 1948년 12월 서북청년회 200명이 대전 제2여단에 입대했고 대동청년단원 4000명이 경찰에 들어갔다. 적시의 숙군으로 6.25 전쟁 때 북한이 기대했던 반란이나 집단투항 사태는 일어나지 않았다.

한편 숙군으로 신변에 위협을 느낀 좌익 군인들의 탈영, 월북사건도 잇따랐다. 1949년 7월까지 탈영한 군 내부의 남로당원 및 좌익분자는 5568명에 이르렀다. 1949년 5월에는 춘천의 8연대 1대대장 표무원이 야간훈련 명목으로 대대원 456명을 인솔해 북한으로 넘어갔다. 대대장에게 속은 것을 안 239명은 인민군과 교전 후 귀환했으나 나머지는 월북했다. 해군에서는 1948년 5,6월 소해정인 통천정, 강화정, 고원정이 차례로 월북했고 공군의 군용기 월북사건도 1948년 11월과 1949년 9월 두 차례나 일어났다. 미국은 이승만의 군부 장악력을 의심해 2개 대대 월북사건 이후 신무기 원조를 중단하고 낡은 무기만 제공했다(김용삼 2017, 이영훈 2013).

국가보안법 제정과 반공태세 강화 이승만 정부는 여순 반란 직후인 1948년 11월 남로당과 민전 산하 133개 좌익 단체를 불법화해 남로당을 재기 불능으로 만들었다. 또 반공 태세 강화를 위해 1948년 12월 법률 제10호로 국가보안법을 제정해 반란을 꾀하는 단체의 구성이나 이적 행위만으로도 처벌이 가능하도록 했다. 각계각층에 침투해 있던 공산주의자나 전력자, 동조자는 전향자 모임인 국민보도연맹(1949.4)에 가입시켜 활동을 감시했다. 1949년 10월과 11월에는 남로당원 자수기간을 정해 33만 명의 자수를 받았다.

남로당원 자수는 '남침이 시작되면 남로당원 20만이 폭동을 일으킬 것'이라는 박헌영의 호언장담을 수포로 돌아가게 만들었다. 1950년 3월에는 남로당 총책 김삼룡과 이주하를 검거해 남로당이 궤멸됐다. 보도연맹 가입자는 6.25 남침 직전 30만으로 늘어났다. 정부는 군 병력을 두 배 수준인 10만으로 늘리고 경찰도 3만5000명에서 4만5000명으로 증원했다(권희영 외 2014, 김용삼 2017).

🔍 역사 돋보기 - 거물 간첩 성시백

해방공간에서 암약한 북한 공작원 중 최고 거물은 1947년 5월 김일성이 직접 남파한 성시백이다. 25세 때 중국공산당에 입당한 뒤 장개석 국부군에 잠입해 (중령) 군대 기밀을 중국공산당에 넘겼다. 해방 후 김일성이 특사로 김구에게 파견돼 남북연석회의 참석 공작을 성공시켰다. 거액의 남파 공작금으로 10개의 신문사를 인수해 직접 운영하고 1948년 제헌의회 선거 때 자금을 풀어 국회의원 후보들을 포섭했다. 제헌의원 198명 중 62명의 그의 후원을 받았다. 홍천, 춘천의 8연대 2개 대대 월북사건과 1949년 국회 프락치 사건도 성시백의 배후 조종에 의한 것이었다. 1950년 5월 체포돼 서울 함락 직전 간첩죄로 처형됐다. 사건 연루자는 112명에 달했으나 6.25 전쟁으로 수사가 중단됐다(김용삼 2017).

3) 건국 초기 국정과 사회상

이승만 정부의 국정노선은 강력한 반공-반일주의였다. 이승만은 남한만이라도 자유민주주의 국가를 세워 장차 북한을 공산주의 체제로부터 해방시켜야 한다는 일관된 신념을 가지고 있었다. 그 연장선상에서 좌익세력 극복을 정부의 가장 큰 과제로 생각했다. 당시 북한에 동조하는 지하 남로당 당원은 30만을 헤아려 어떤 사태가 벌어질지 알 수 없는 상황이었다. 좌익들은 폭동, 반란, 빨치산 투쟁뿐 아니라 간첩과 불순분자를 각계각층에 침투시켜 대한민국 정부 전복활동을 벌였다. 행정, 사법, 입법부에는 좌익 세력이 빽빽하게 침투해 치안국 경무국장과 빨치산 토벌군 사령관이 간첩, 좌익이었을 정도였다.

좌익 침투는 국회에까지 손을 뻗쳐(국회 프락치 사건) 충격을 던졌다. 1948년 12월 북한은 남로당 국회 공작 책임자(이삼혁)를 남파해 제헌국회 소장파 중심인물(노일환, 이문원)을 포섭해 남로당에 가입시켰다. 이들은 공산당 활동을 해온 국회부의장 김약수 등을 규합해 외국군 철퇴안을 상정하고 의안이 부결되자 1949년 3월 국회의원 62명이 서명한 외국군대(미군) 철퇴 진언서를 제출했다. 이승만 정부는 이들이 남로당 공작원과 연결된 것으로 보고 1949년 4월부터 8월까지 3차례에 걸쳐 13명을 검거했다. 1심에서 최고 10년부터 최하 3년까지의 실형이 선고됐다. 이들은 2심 계류 중 한국전쟁이 일어나 서울을 점령한 인민군에 의해 모두 풀려났고 국회부의장 김약수는 월북했다.

체제위기 속 국정과제 산적 이런 체제 위기가 지속되는 가운데 이승만 정부는 일본과의 외교 갈등, 친일 청산, 농지개혁, 민생해결 등 산적한 과제들과 마주하게 됐다. 당시 대한민국은 미국의 원조와 일본 귀속재산 처리자금이 없으면 정부 운영이 불가능한 형편이었다. 1949년 정부가 거둬들인 세금은 예산의 5%에 불과했다. 추가경정예산을 편성한 뒤에도 15%에 지나지 않았다. 정부 예산의 60%를 국방비와 치안유지비에 써야 할 정도로 안보상황이 급박해 절대빈곤의 민생해결은 뒤로 밀릴 수밖에 없었다. 정부가 미군정으로부터 넘겨받은 일본 귀속재산은 당시 정부 예산의 5배

> **🔍 역사 돋보기 – 해방절과 광복절**
>
> 1949년 6월 국경일 제정에 관한 법률안이 만들어질 때 국회에 회부된 원안의 4대 국경일은 3.1절, 헌법공포기념일, 독립기념일, 개천절이었다. 법제사법위원회는 심사과정에서 이를 3.1절, 제헌절, 광복절, 개천절로 수정해 9월 국회에서 통과시켰다. 당시 국회는 광복절을 1948년 독립기념일로 해석하고 있었다. 정부의 광복절 행사 명칭도 1948년을 기준으로 했다. 그러나 언론과 민간이 1945년 해방을 광복절로 여기면서 광복은 해방의 의미로 잘못 고착되고 말았다. 1954년 이후에는 언론, 민간은 물론 정부까지 해방절로 경축했다. 그 바람에 독립(건국)기념일이 사라지는 문제가 생겼다(이영훈 2013).

규모였다. 이승만 정부는 1949년 귀속재산 처리법을 제정해 몇몇 기간산업체는 국공유로 하고 나머지는 민간으로 넘겼다. 귀속재산의 불하는 민간 기업 생성을 촉진시켰으나 정경유착의 단초를 제공하기도 했다(이영훈 2013, 김용삼 2017, 한영우 2016, 차하순 외 2015).

▌반일정책과 친일청산, 농지개혁

이승만 대통령은 건국 직후인 1948년 8월 18일 기자회견을 통해 대마도의 반환을 일본에 공식 요청했다. 이 대통령이 실지 회복에 의지를 보이자 일본 내각이 반발했고, 이 대통령은 9월 9일 대마도 속령 성명으로 이에 대응했다. 1949년 1월 연두기자회견에서는 한일 국교정상화와 관련한 대일 배상청구는 임진왜란부터 기산돼야 한다는 주장을 폈다. 1949년 연말에는 대마도 민병民兵 대일 항전비 반환을 촉구하며 대일 공세를 이어갔다. 이 대통령은 6.25 전쟁 직전까지 총 60여 차례에 걸쳐 대마도 반환 주장을 계속했다.

2차 대전 전승국들이 일본과 강화조약 초안을 작성할 무렵인 1951년 4월 한국은 미 국무부에 대마도가 역사적으로 한국 영토였으며 일본에 의해 강제적, 불법적으로 점령당했다는 의견서를 냈다. 따라서 쿠릴열도와 사할린 남부가 소련에 귀속된 것처럼 일본이 대마도에 대한 모든 권리를 포기토록 해줄 것을 미국에 요청했다. 1951년 7월에도 미 국무부에 샌프란시스코 조약상의 대마도 영유권을 확인받으려 했으나 뜻을 이루지 못했다.

일본은 1951년 9월 한국이 배제된 샌프란시스코 조약을 체결(1952년 4월 발효)하면서 미국이 독도와 대마도의 한국 영토 귀속을 명확히 하지 않도록 대미 로비를 벌였다. 이 조약 이후 일본은 대마도에 대한 실효적 지배에 들어갔다. 이승만 대통령은 1951년 샌프란시스코 조약에 불복해 평화선을 선포하고 독도 영유권을 분명히 했다. 그러나 이후 정부에서 대마도에 대한 인식이 부족해 영유권을 제기하지 않았고 한일 국교정상화 때도 이 문제를 거론하지 못했다(김민구 2017).

좌익준동으로 친일청산 좌절 해방 이후 친일파에 대한 공식적 제재조치는 1947년 7월 미 군정청 입법의원에서 통과된 민족반역자, 부일협력자, 간상배에 대한 특별조례였다. 조례는 법 시행을 위해 특별조사위원회와 특별재판소를 두기로 했다. 그러나 해방공간의 혼란과 이듬해 대한민국 건국으로 청산작업은 새 정부에 넘겨졌다. 제헌국회는 1948년 9월 반민족행위자 처벌법을 통과시키고 국회 내에 반민특위를 설치해 반민족 행위자 체포 및 조사를 할 수 있도록 했다. 국회가 사법권을 행사해 위헌 논란이 일었으나 이승만은 거부권을 행사하지 않았다.

1949년 1월 조사활동에 들어간 반민특위는 예비조사를 통해 7000여명의 친일파 명단을 작성하고 조사관을 파견해 현지조사를 시행했다. 이와 함께 화신백화점 사장 박흥식, 대한일보 사장 이종형, 민족대표 최린, 친일 변호사 이승우, 친일경찰 노덕술, 문인 이광수, 학자 최남선 등을 잡아들였다. 이어서 특별검찰이 1949년 6월 경찰 간부 3명을 반민족행위자로 체포하자 공산세력 소탕에 앞장서온 경찰들이 크게 반발했다. 경찰은 이틀 뒤 반민특위 사무실을 습격해 반민특위 특별경찰대를 무장 해제시켰다.

같은 날 서울 지역 경찰 9000명이 사퇴 청원서를 제출하자 이승만 대통령은 공산세력을 진압하지 않으면 대한민국이 망한다며 경찰을 설득했다. 이런 상황에서 반민특위 활동을 강화할 경우 반공전선이 무너질 위험성이 있었다. 결국 특위기간을 1년(1948년 9월~1949년 9월)으로 단축한 반민특위법 개정안이 국회에서 통과돼 반민특위는 1949년 9월 해체됐다.
그 사이 반민특위는 688명의 반민족행위자를 수사해 559명을 특별검찰에 송치했다. 검찰은 그 가운데 293명을 기소하고 재판부는 38명의 재판을 종결했다. 신체형을 받은 것은 12명으로 사형 1명, 무기징역 1명, 2년6개월 이하 징역이나 집행유예 10명이었다. 이외에 공민권 정지가 18명, 무죄 또는 형 면제가 8명이었다. 신체형 처분을 받은 12명도 6.25 전쟁으로 풀려나 반민족행위자 처벌은 흐지부지되고 말았다.

이승만은 강경한 반일주의자였지만 반민족행위 청산에서 일본의 미군정과 같은 딜레마를 피해가지 못했다. 미국이 일본의 전범 단죄와 군국문화를 와해시키려 했지만 소련과의 냉전 돌입으로 역주행하게 된 것과 유사한 상황이었다. 반민특위 활동기간은 38선에서 남북 간 대치로 총소리가 그치지 않았던 시기였다. 또 여수 14연대 반란사건 및 빨치산 준동(1948년 10월~1949년 8월), 국방경비대 숙군작업(1948년 6월~1949년 7월), 국군 각 부대의 월북사건(1948년 5월~1949년 9월) 등으로 나라가 살얼음판을 걷고 있었다. 친일파 청산이 꼭 필요했으나 전쟁이나 다름없는 국가

🔍 역사 돋보기 - 공산선전물 된 친일청산

반민특위의 좌절은 대한민국의 국가 현실과 도덕적 당위 사이의 딜레마를 보여준 것이었다. 바람직하기는 이승만 대통령 집권 후반기나 박정희 대통령 집권기에라도 이 문제에 대한 매듭을 지었으면 좋았을 것이다. 그러나 6.25 전쟁과 그 후유증, 반공안보, 민생의 다급함이 친일파 문제를 더 이상 국가의제로 부각시키지 못했다.

북한과 남한 좌익은 공산세력 때문에 반민족행위 청산을 못하게 된 사실은 묻어둔 채 청산 실패라는 결과만으로 대한민국을 반민족 세력의 미국 식민지라고 매도했다. 그 연장선상에서 일제의 조선총독부 권력과 타협하며 실력양성에 나선 세력들까지 모조리 친일파로 규정해 반민족행위 청산을 공산혁명의 도구로 변질시켰다. 북한에서는 남한과 달리 반민족행위자를 숙청하기 위한 법률을 제정하거나 수사, 재판, 처벌이 행해진 일이 없다. 지주, 기업가, 관료들에 대한 인민재판과 처형, 추방이 있었을 뿐이다(이영훈 2013, 정경희 2015).

상황이 그럴 여유를 허용하지 않았다. 친일 경력자를 대신해 새로운 사람들을 선발하고 훈련시켜 배치할 만한 인적자원과 시간적, 재정적 여유도 없었다. 군대와 경찰에서 일제 경력자를 모두 제거했더라면 대한민국의 생존 자체가 어려운 형편이었다(중앙일보사 1975, 김용삼 2017, 이영훈 2013).

지주계급 붕괴시킨 농지개혁 해방 당시 남한 인구의 70% 이상은 농민이었고 농가 206만 호 가운데 소작 종사 농민이 84%(소작농 49%, 자소작농 35%)에 달했다. 남한의 농토 232만 정보 가운데 63%인 147만 정보가 소작지였다. 제헌헌법은 농민의 생존기반을 마련하는 한편 이들을 대한민국의 지지집단으로 키우기 위해 헌법 86조에 경자유전耕者有田(농지는 농민이 소유) 원칙을 마련했다.

이승만 정부의 농지개혁법안은 1949년 6월에 제정됐으나 지주 출신 의원들의 거부감으로 1950년 3월 개정안 공포의 절차를 밟았다. 농지개혁은 유상매입, 유상분배 원칙에 따라 정부가 연평균 생산액의 150%(당초 300%) 금액으로 농지를 사들여 농민들에게 분배하고 5년간(당초 10년간) 매년 30%씩 현물 상환하도록 했다. 당시 극심한 인플레로 인해 지주에게 지불된 유상매입 지가증권은 휴지가 된 반면 농민들의 유상분배 분할금은 소작료보다 적어 무상이나 다름없었다.

농지개혁에 의해 분배된 농지는 소작지의 32%인 47만 정보(40%인 58만 정보)에 그쳤다. 나머지 100만 정보(71만 정보)는 지주가 강제분배를 피하기 위해 사전에 처분했으나 매매가격은 법으로 정해진 연평균 생산량의 150%를 넘지 않는 것이 일반적이었다. 농지분배 예정통지는 1950년 4월 말까지 거의 마무리됐으나 6.25 전쟁으로 잠시 중단됐다가 1957년까지 계속됐다. 농지개혁으로 자작농 비율은 35%에서 92.4%로 급격히 높아졌다. 농지개혁은 지주들의 사유재산권을 훼손한 것이었지만 정치적 안정과 경제기반 구축을 위해 불가피한 조치였다. 경제적 기득권 계층인 친일적 지주들의 물적 기반을 허무는 작업이기도 했다. 역사상 처음으로 지주제 대신 자영농 체제가 성립되면서 평등주의로의 사회변화가 본격화됐다.

자기 농토를 가지게 된 소작농들은 대한민국 체제의 바탕을 이루면서 6.25 전쟁에 따른 남한의 공산화를 막아내는데 기여했다. 자본주의 산업화의 기초를 마련하는 데도 도움을 줬다. 정부는 이후에도 3ha를 농지소유의 상한으로 정해 소작제가 부활되지 않도록 했다(차하순 외 2015, 이영훈 2013, 한영우 2016, 정경희 2015).

역사 돋보기 - 공산중국의 토지개혁

이승만 정부의 농지개혁은 다른 신생국에서 유례가 없을 만큼 성공적이었다. 반면 공산화된 중국, 베트남 등은 토지개혁에 실패해 경제구조가 망가졌다. 1950년 중국은 지주, 부농, 중농, 빈농의 계급 성분에 따라 토지를 재분배하기 위해 토지개혁 강령을 발표했다. 개혁의 주된 목표는 향신鄕紳(양반) 계급 지주를 소멸시키는데 있었다. 인민정부는 매년 30만 명의 토지개혁 공작대를 전국으로 파견해 국가 폭력(민병)과 결합된 군중의 위력(투쟁대회)으로 지주 계급을 소멸시켰다. 토지개혁 기간에 수많은 지주들이 인민법정에 끌려가 사형, 징역형을 받거나 관리처분, 훈방됐다. 악덕 대지주는 비판투쟁 후 그 자리에서 총살당했다(차하순 외 2015, 왕단 2015, 윤진표 2017).

▎1940년대 남한 사회의 피폐상

일제는 한반도를 아시아·태평양 전쟁의 군수기지로 만들면서 남농북공南農北工의 식민지 산업정책을 폈다. 중국에 가깝고 지하자원이 풍부한 북부지역은 중공업지대로, 일본과 가까운 남부지역은 쌀 중심의 농업과 경공업지대로 개발했다. 해방 직전 한반도 금속산업의 90%, 화학산업의 82%가 북한에 있었고 전력 생산의 92%가 북한에서 이뤄졌다. 철광석, 유연탄 등 지하자원의 북한 의존율도 절대적이었다. 해방 당시 남한은 경제적 자립이 불가능한 상태였다.

일본의 패전으로 한국에 있던 70만 일본인이 물러가자 남한의 행정기능은 완전히 마비됐고 생필품을 어떻게 구해야할지도 막막했다. 제조업의 94%가 일본 자본이었고 기술자의 80%가 일본인이었다. 일본인을 대신할 만한 한국인들은 거의 없었다. 새로운 생산시설을 만들려 해도 자본, 기술은 물론 전력공급마저 절대적으로 부족했다. 해방 3년이 지난 1948년의 기업체수·고용자수·생산액은 1941년에 비해 60%·70%·83%로 줄어 있었다.

해방 무렵의 무질서와 혼란 이런 혼란 속에 1945년 말까지 50만(1948년까지 70만)의 북한 난민들이 남한으로 몰려들었고, 이후 매일 수천 명이 새로 유입돼 방치된 적산가옥으로 밀고 들어갔다. 여기에 1950년까지 110만의 재일동포들이 귀국해 혼란이 가중됐다. 2차 대전 종전 후 미 점령군과 일본 정부는 일본 본토의 200만 한국인들에게 귀국 편의조차 제공해주지 않았다. 당시 일본은 광공업과 농업생산이 붕괴돼 설탕, 성냥, 쌀까지 배급했으며 일본 패망을 가져온 군부를 원망하는 여론이 가득했다.

해방 이후 남한은 미국 원조로 최저생활을 간신히 유지했다. 체감 생활수준은 2차 대전 이전인 1939년의 절반 선이었다. 시장에서는 한동안 일본이 남긴 유류품 중심으로 자유거래가 이뤄졌으나 이내 물자부족이 심해지면서 매점매석이 성행했다. 소매물가는 해방 1년 사이 10배로 뛰어올랐다. 통화 남발로 악성 인플레가 기승을 부리는 통에 쌀값이 계속 올랐지만 미군정은 속수무책이었다. 쌀 대신 고기나 과일을 주식으로 하면 되지 않는가 하는 기막힌 소리만 하고 있었다. 1945년 늦여름부터 범죄는 무서운 속도로 증가했다. 도둑질, 암거래, 매음이 공공연했고 부정, 부패가 모든 관공서와 사무실에 만연했다. 일본 식민지 시대보다 더 고통스러운 생활을 견뎌내야 했다. 1947년까지 노동인구 1000만 중 취업자는 절반에 머물렀고 직업이 있어도 월급이 물가를 따라잡지 못했다.

이런 시기에 국가가 인간다운 삶을 보장해준다는 공산주의는 많은 사람들에게 꿈과 희망으로 떠올랐다. 좌익 공산주의자들은 사회현실을 많이 알고 있었고 이론무장도 잘 돼 있었다. 1946년 7월 미군정이 서울 시민 1만 명을 상대로 실시한 설문조사(응답 8476명)에서는 우익이 약 30%, 좌익이 12%, 중도가 50% 이상이었다. 미군정은 중도 가운데 상당수가 좌익인 것으로 판단했다(차하순 외 2015, 이덕주 2007, 아사오 2016, 이병철 1986, 일본협의회 2011).

1940년대의 국민 생활상 해방 당시 한국은 농업인구가 전체의 70% 이상을 차지했다. 대개의 농가가 힘들게 농사를 지어도 양식이나 이어갈 수 있으면 다행이었다. 농법이 원시적이어서 풍년이 들어도 겨우 먹고 사는 정도였다. 봄에 비가 늦게 오거나, 여름에 우박이 내리거나, 가을에 서리가 조금 일찍 오면 흉년이 들었다. 그럴 때면 집집마다 식량이 일찍 바닥나 콩죽과 비지밥, 감자밥, 도토리, 초근목피로 끼니를 때웠다.
당시 아이들은 검은 물감을 들인 광목 바지저고리만 입었다. 속옷이 없어 겨울이면 배가 찬바람에 그대로 노출됐다. 여름 내내 맨발로 학교에 다니다 추석 때라야 새 무명 바지저고리, 새 버선, 고무신을 얻어 신을 수 있었다. 어른들은 농한기에도 삼태기를 들고 나가 소똥, 개똥을 주워 거름으로 썼다. 멀리 외출했을 때도 소변이 마려우면 집으로 돌아와 거름을 보탰다. 농민들은 도시에 나가 돈을 주고 거름으로 쓸 인분을 사왔다.

해방 당시 서울은 생필품 가격 통제와 배급제로 생활에 큰 어려움을 겪었다. 사회적 폐단이 노출되면서 전당포와 고리대금업이 금지됐다. 사람들은 장작 값을 아끼기 위해 추운 겨울에도 저녁 한 때만 불을 지펴 구들장 냉기를 가시게 했다. 전차 삯을 아끼려고 걸어서 출근했으며 구두 닳는 것을 늦추려고 쇠 징을 박아신고 다녔다. 옷은 춘추복 한 벌뿐이어서 겨울에는 내의를 입고, 봄, 가을에는 그냥 입었다(이병철 1986, 정주영 1992).

전염병 사망자 매년 수천 명 정확한 통계가 없으나 1940년대의 한국인 평균수명은 35세 전후였다. 보건위생시설이 제대로 보급되지 않아 생활환경이 곧 발병환경이었다. 상하수도, 위생 화장실은 생각하기조차 어려웠고 파리, 모기, 빈대, 벼룩 등 유해곤충들이 들끓었다. 천연두, 소아마비 등 기초적인 예방백신도 보급되지 않아 유아 사망이 줄을 이었다. 의료시설 부족으로 남녀노소를 불문하고 병에 걸리면 적절한 치료를 할 방법이 없었다. 1948년의 사망자 사인을 보면 폐렴, 마진(홍역), 결핵, 감기, 천식, 기관지염 등 초보적인 호흡기병이 대종을 이뤘다(도표 참조).

폐렴, 마진 사망자 수는 전체의 20% 내외를 차지했다. 마진은 너무 흔한 질병이어서 '홍역을 치렀다'는 말이 유행어가 될 정도였다. 현재는 사망자가 거의 없는 질병이다. 결핵(폐병) 역시 죽음의 질병으로 간주됐으나 보양식을 하며 쉬는 것이 고작이었다. 1940년대의 급성 전염병으로 인한 사망은 장티푸스(장질부사), 천연두, 발진티푸스, 적리, 디프테리아 등에 의한 것이었다. 1948년 2851명, 1949년 5854명이 이들 질환으로 숨졌다. 선진국으로 올라선 지금에는 단 한 명의 사망자도 발생하지 않는 질환들이다.

〈표1-7〉 **1948년의 사인별 사망자 수**(단위: 명)

순위	사인	사망자	순위	사인	사망자
1	폐렴	25838	6	뇌막염	6662
2	마진(홍역)	20012	7	유행성감기	6040
3	위십이지병	19447	8	천식	5115
4	노쇠	9357	9	기관지염	4362
5	결핵	8869	10	신장염	4334

자료: 공보처 통계국 PDF남1

1950
6.25전쟁 피난민 행렬

2장
북한 6.25 남침과 전후 국가재건

한국 현대사의 1950년대를 이해하기 위해서는 한국전쟁이라는 세계사적 사건을 관통하지 않으면 안 된다. 북한이 선전포고 없이 일으킨 반란전쟁이라 하여 6.25 사변, 한국의 국가 질서가 통째로 뒤집혔다 해서 6.25 동란이라 불렸던 이 전쟁은 세계 16개국이 한국 지원에 나서면서 한국전쟁이라는 이름의 자유-공산진영 간 국제 전쟁이 됐다.

소련의 스탈린은 한국전쟁에 앞서 이란, 터키, 그리스로 공산주의의 마수를 뻗치려다 미국의 제지로 뜻을 이루지 못했다. 일본에 대한 북해도 할양 요구마저 무시되자 미국과의 합의를 깨고 북한 김일성을 앞세워 남침을 감행했다. 자유-공산진영의 냉전이 열전으로 분출된 첫 사례였다. 이 전쟁에서 북중소 공산진영이 승리할 경우 일본과 대만은 한국과 중국 양쪽으로부터 협공당할 위치에 놓일 수 있었다.

한국전쟁은 소련·중국의 북한 포기, 미국의 한국 포기 등 곡절을 겪으며 휴전선에서 전쟁이 중단됐다. 유엔은 1948년 대한민국의 탄생을 도와주고 1950년 한국전쟁에 참전해 자유민주 체제를 지켜주는 버팀목 역할을 해줬다. 한국은 1970년대까지 10월 24일 유엔 데이(UN day)를 국가 주요 기념일로 기억했다.

1. 미소 냉전이 한반도 열전으로

 북한은 1946년 2월 임시 단독정권 수립의 명분으로 남한 공산화를 위한 북조선 민주화기지론을 내세웠다. 이후 김일성은 자생적 공산혁명 세력에 의한 남한 내부 붕괴, 인민해방군 또는 무장 유격대(북한 파견)에 의한 해방구 확보 및 확대, 국지전 또는 전면전의 3가지 공산화 방안을 마련해두고 있었다. 북한 정권이 공식화된 1948년 10월 이후에는 이 가운데 전면전 무력통일 방안으로 기울었다. 결과론이지만 김일성의 3가지 공산화 방안 중 두 가지는 실패하고 자생적(?) 혁명세력에 의한 남한 내부 붕괴가 성공단계에 가까워진 것이 현재 대한민국의 상황이다.

1950년의 한국전쟁은 김일성, 박헌영의 내전 기도에 스탈린의 전쟁 승인 및 기획, 모택동의 전쟁 지원으로 이뤄진 국제 공산동맹의 도발이었다. 김일성과 박헌영은 민족적 불행에는 아랑곳없이 소련의 한반도 무력 적화전략을 부추겼다. 분단이 고착된 1949년 김일성은 소련의 스탈린에게 수차례에 걸쳐 남침을 지원해줄 것을 요청했다.

미국과의 충돌을 우려해 전쟁 승인을 미루던 스탈린은 1949년 중국 국공내전의 추이를 보고 미국의 불개입 판단이 서자 남침으로 태도를 바꿨다. 한반도에 괴뢰정권을 세우면 미국의 봉쇄선을 무너트리는 한편 가상적국인 일본까지 위협할 수 있다는 전략적 판단이 작용했다. 대만 침공을 준비하던 모택동은 남침 결정에 불만을 가졌지만 자국 안보에 대한 고려와 소련과 북한의 지원요청을 거부할 형편이 못 돼 전쟁의 지원 역할을 떠맡았다(김용삼 2017, 한국사편찬위 2015, 차하순 외 2015, 권희영 외 2014).

1) 북중소의 모의와 기습 남침

북한은 1948년 10.19 여순 반란사건 등으로 한국의 안보질서가 혼란에 빠지자 이를 대한민국 전복의 호기로 생각했다. 1949년 3월 김일성은 모스크바의 스탈린을 찾아가 남침전쟁의 지원을 요청했다. 그러나 스탈린은 38선이 미국과의 합의에 의해 설정된 분계선이고, 북한의 군사적 우위가 확보되지 않았으며, 국제정세가 무르익지 않았다는 이유로 요청을 받아들이지 않았다.

그러면서도 3월 17일 비밀군사원조협정을 맺어 전차, 항공기, 야포 등 최신 소련제 무기를 제공하기 시작했다. 북한은 1949년 소련으로부터 6개 보병사단, 3개 기계화 부대 무장력과 전투기 150대를 지원받았다. 스탈린은 4월 21일 중국공산당의 인민해방군이 양자강을 건너 장개석 정부의 수도 남경을 함락시킨 상황에서도 미국이 군대를 파병하지 않자 북한이 남침을 해도 미국이 참전하지 않을 것으로 오판했다. 그러나 3차 세계대전이 일어날 것을 우려해 그때까지 김일성의 남침 계획에 동의하지 않았다 (차하순 외 2015, 김용삼 2017).

▌중국 공산화와 애치슨라인

김일성은 1949년 5월 북경에 특사를 보내 이른 시일 내에 한반도를 무력통일하겠다는 의향을 밝히고 중국의 지지를 희망했다. 당시 중국공산당은 정권 공고화, 국민경제 회복, 대만 통일 등의 과제를 안고 있어 한반도 정세변화가 중국에 영향을 미치지 않기를 바라고 있었다. 모택동은 북한의 남침전쟁을 지지하면서도 당분간 군사 활동을 하지 말 것을 권고했다. 그런 한편으로 조선인 부대와 무기를 북한에 넘겨주기로 약속해 1950년 4월까지 중공군에 속했던 4만여 명(5만 여명)의 조선의용군을 북한 인민군에 편입시켰다.

북한의 남침 기도가 구체화되고 있던 1949년 6월 미국은 유엔의 외국군 철수 결의(1948.8)에 따라 미군 철수를 끝냈다. 당초 1948년 12월까지 철수를 완료할 예정이었으나 여순 반란사건으로 시한을 6개월 미룬 것이다. 미군은 한국 정부의 장비 지원 요청을 무시한 채 8월 말 500명의 주한 미군사고문단만 남겨두고 미국으로 떠났다.

김일성은 1949년 8월 전략거점인 서해의 옹진반도를 점령하고자 했으나 스탈린은 전면전 비화, 전쟁 장기화를 우려해 이를 수용하지 않았다. 10월 초 북한이 소련 군사고문단의 개입 아래 옹진반도에서 대규모 분쟁을 일으키자 소련은 북한 대사를 통해 강력한 경고를 보냈다. 옹진반도는 6.25전쟁 휴전과 함께 북한의 수중으로 들어갔다(왕단 2015, 김용삼 2017, 차하순 외 2015).

소련 · 북한 오판 부른 극동정책 1949년 10월 중국의 장개석 국부군이 모택동 중공군에 패해 대만으로 쫓겨나자 동북아 정세에 커다란 변화가 생겼다. 공산 중국의 등장은 동아시아 각국의 공산세력들을 고무시켜 북한은 한국에 대한 적화통일을 시도할 조건이 무르익은 것으로 판단했다. 당시 한국의 지식인 다수는 중국의 공산화로 한국도 곧 공산화될 것으로 예상하고 있었다.

김일성은 스탈린의 지시에 따라 위장평화 공세를 취하며 1949년 10월 말 이후 전쟁 직전까지 38선 부근의 모든 도발을 중단시켰다. 전쟁 책임을 남한에 떠넘기기 위한 술책이었다. 1949년 10월 말 이전 38선 부근에서는 국지적 전투가 874회나 발생했었다. 북한의 역사책인 조선통사는 북침에 대한 반격으로 전쟁이 시작됐다고 역사를 조작하고 있다.
1950년 1월 미국 국무장관 애치슨은 아시아에서의 미국 방위선을 일본-오키나와-대만 농무-필리핀으로 발표해 한국, 대만, 인도차이나(베트남,

캄보디아, 라오스), 인도네시아 등을 제외하는 치명적 실수를 저질렀다. 한국과 대만 등에게는 충격이 아닐 수 없었다. 애치슨은 한국이 침략을 받을 경우 유엔의 지원을 받을 수 있을 것이라는 외교적 수사로 실수를 땜질했다.

1950년 1월 김일성은 평양의 소련대사 시티코프를 찾아가 한반도 적화의 호기라며 스탈린에게 남침 지원을 거듭 요청했다. 이에 스탈린은 변화된 국제정세를 이유로 남침 지원 의사를 밝히며 중국 모택동의 동의를 조건으로 내걸었다. 스탈린은 1950년 1월 22일 중소동맹조약을 체결하면서 거의 동시에 김일성의 남침계획을 승인했다. 이 무렵 스탈린은 소련 군사고문단을 평양으로 보내 남침계획을 수립하도록 지시하고 최신 무기를 추가로 보내줬다(차하순 외 2015, 권희영 외 2014, 이병철 1986).

소련의 남침 결정과 중국의 불만 박헌영과 김일성은 1950년 3월 30일부터 4월 25일까지 모스크바를 방문해 스탈린과 남침을 최종 협의했다. 김일성은 단시일 내 남한정부 전복과 적화통일이 가능하다고 자신했고, 박헌영은 이승만 정부에 반대하는 20만 남로당원의 대규모 폭동과 총파업이 일어날 것을 호언했다. 박헌영은 자신의 정치적 기반인 남한의 적화에 강박관념을 가지고 있었다. 스탈린은 보름 동안 정세를 논의한 뒤 모택동의 동의를 전제로 전쟁지원을 재확인했다. 스탈린의 남침 승인은 미소 두 강대국 사이의 합의를 깼다는 점에서 중대한 국제정치적 의미가 있었다.

1950년 5월 김일성과 박헌영이 북경의 모택동을 방문해 스탈린과의 회담 결과를 설명하자 모택동은 스탈린에게 확인을 요청했다. 이에 스탈린은 중국과 북한이 남침 전쟁을 공동 결정할 것을 권고하는 등 회피적 태도를 보였다. 남침 지원보다 대만 침공을 노리고 있던 중국은 불만스러워하면서도 스탈린의 결정을 받아들였다.

소련으로서는 남침 전쟁으로 손해 볼 일이 없었다. 1951년 약속했던 북한에 대한 차관은 1950년에 앞당겨 군사장비 등이 현물로 제공했고 북한은 그 대가로 금, 은, 모나자이트 등을 현물로 지불했다. 한반도가 공산화될 경우 소련-북한 철도를 인천-부산-제주까지 연장시킬 수 있는 기대혜택도 있었다(차하순 외 2015, 이영훈 2013, 이덕주 2007).

역사 돋보기 - 스탈린의 중국 견제

중소 관계는 중국공산당이 소련공산당의 지시를 받는 형태로 발전해왔지만 중국은 내심 불만이 많았다. 1949년 김일성이 스탈린에게 남침전쟁 지원을 요청할 때 중국은 대만 침공을 위해 소련 공군과 해군의 지원을 기대하고 있었다. 1949년 12월 모택동이 모스크바를 방문해 협조를 구했지만 스탈린은 전쟁 피로증, 미국 개입 등 이유를 들어 거절했다. 스탈린은 약 한 달간 모택동을 만나주지도 않다가 1950년 1월 자국에 유리한 중소동맹조약을 내밀어 도장을 찍게 만들었다. 소련은 중국 견제를 위해 월맹정권을 승인하고 각종 원조를 늘리는 한편 중국을 한국전쟁에 끌어들여 미중관계 발전을 원천봉쇄하려는 속셈을 가졌다. 실제로 중국은 미국과의 직접적 군사 충돌로 30년간 관계를 회복하지 못했다(왕단 2015, 이덕주 2007, 외교부 PDF9).

동족상잔, 6.25 전쟁 발발

2차 대전 이후 미국의 동맹국들은 전쟁으로 피폐된 나라를 재건하고 국민들의 민생을 돌보느라 여념이 없었다. 미국은 이란, 그리스, 터키에 이은 소련의 네 번째 도발이 어디서 일어날지 촉각을 곤두세웠다. 한국이 공산화 목표 중 하나라는 것을 알고 있었으나 그것은 노르웨이, 일본, 인도차이나, 말레이 등 동서 접촉점 어디에서나 마찬가지 상황이었다.

1950년 봄 미국은 북한이 산발적 도발을 언제 전면공격으로 전환할지 모른다는 보고를 받았으나 세계 도처에서 같은 보고가 들어왔기 때문에 이를 심각하게 받아들이지 않았다. 당시 한국 국군의 병력과 장비는 초라하기 짝이 없었다. 이런 가운데도 이승만 대통령은 국민의 반공정신을 경각시키는 정치적 구호로 북진통일을 내세웠다. 미국은 이를 의식해 총과 수류탄, 대포 정도만 지원했을 뿐 군사지원에 소극적이었다.

전쟁 직전 북한은 보병 10개 사단, 병력 13만5000명, 242대의 탱크, 211대의 전투기와 폭격기를 보유하고 있었다. 이에 비해 국군 정규 병력은 8개 사단 6만5000명(예비대 포함 10만)이었고 탱크와 장갑 차량은 전무했다. 대전차 화기에서만 국군이 4배 가깝게 많았다. 공군은 20여 대의 정찰기와 연습기뿐이었다. 이 같은 군사력 불균형이 전쟁을 유발하는 요인으로 작용했다.

전쟁 전야 불안한 안보태세 한국 내 좌익 빨치산 게릴라들의 준동도 골칫거리였다. 이승만 정부는 전체 61개 대대 10만 명 규모의 국군 병력 중 25개 대대 3만5000명을 오대산, 지리산, 태백산 등의 빨치산 토벌작전에 투입했다. 북한의 남침이 시작됐을 때는 대부분의 빨치산이 소탕됐으나 토벌작전의 여파로 38선 진지에 배치된 병력은 11개 대대에 불과했다.
이런 국가위기 상황에서 정국마저 불안정했다. 1950년 5월 30일 총선거에서 정부 여당에 대한 불신임 기류가 형성되면서 여당은 안정의석을 확보하는데 실패했다. 이승만 지지 세력은 국회 재적 210명 가운데 56석에 불과했고 무소속이 128석, 야권이 26석이었다. 정부를 뒷받침할 세력이 부족해 전쟁 대응이 힘들게 된 것이다.

이때 북한에서는 소련 군사고문단 주도로 1950년 5월 29일까지 남침 작전계획을 완성했다. 인민군 참모부의 역할은 번역과 손질을 하는 정도에 그쳤다. 김일성은 6월 16일 스탈린의 최종 동의를 받아 남침일자를 6월 25일로 결정했다. 작전계획은 1단계(5일 이내) 서울 및 수원-원주-삼척선 진출, 2단계(14일 이내) 군산-대구-포항선 진출, 3단계(10여일 이내) 남해안 진출로 돼 있었다.

소련 군사고문단과 북한은 서울만 점령하면 전쟁 상황이 끝날 것으로 보고 1단계 이후의 작전계획은 구체적으로 마련하지 않았다. 미국이 지원군 파견을 결정하더라도 한반도 상륙 전에 전쟁을 종결해 8월 15일 서울에서 통일인민정부를 수립한다는 목표를 세웠다(트루먼 1970, 이영훈 2013, 한영우 2016, 이기백 1976, 통일부 PDF북1).

남침 4일 만에 서울 함락 북한은 1950년 6월 12일부터 군대를 38선으로 전진 배치해 6월 25일 새벽 4시 일제히 기습남침을 감행했다. 탱크, 비행기의 지원을 받은 인민군 7개 사단 9만 명 중 4만 명은 국부군을 물리친 중공군 출신으로 전투경험이 풍부했다. 국군은 남침 15일전 단행된 인사이동으로 지휘관들이 부대 실태조차 파악하지 못한 상태에서 전쟁을 맞았다. 전쟁 하루 전인 6월 24일에는 그동안의 비상경계를 해제해 병사들의 3분의 1 가량이 휴가와 외출 중이었다.

선전포고 없이 전쟁을 시작한 김일성은 개전 다음 날 방송을 통해 이 전쟁의 목적은 이승만 정권 타도와 조선인공 기치 하에 조국을 통일하는 것이라고 주장했다. 초기 전황은 북한 인민군의 압도적 우세였다. 인민군은 동·서해안의 강릉, 옹진 양 날개를 확보하며 개성, 의정부, 춘천 세 공격로를 통해 서울로 밀고들어왔다. 한국은 4개 사단과 1개 연대가 방어전에 나섰으나 병력, 화력에서 절대 열세였다.

27일 국군 수뇌부는 미군의 직접 지원이 없으면 사태는 절망적인 것으로 판단했다. 정부는 같은 날 새벽 비상 국무회의를 소집해 정부의 수원 이전을 결의했고, 국회는 실현 불가능한 수도 사수 결의안을 통과시켰다. 신익희 국회의장과 조봉암 부의장이 이승만 대통령에게 결의안을 전달하러 갔을 때 대통령은 이미 피난가고 없었다. 이승만은 이날 새벽 빈 몸이나 다름없이 5명의 피난 일행과 함께 3등 열차를 타고 남행길에 나섰다. 대구역에서 길을 되돌려 오후에는 대전으로 올라왔다. 이승만은 대전에서 자신이 서울에 있는 것처럼 위장한 녹음연설을 해 밤 10시 이후 수차례 방송(서울 사수 발언)을 내보냈다.

한강 다리는 28일 새벽 2시30분 쯤 폭파됐다. 한강 이북의 병력과 장비를 최대한 도강시킨 뒤 새벽 6,7시에 폭파하기로 했으나 기마경찰내 소리를 북한의 탱크 소리로 오인해 폭파를 앞당겼다. 이 바람에 3개 사단 병력과 장비를 후송하지 못했고 차량 보급품도 한강 이북에 남겨놓고 말았다. 예고 없는 다리 폭파로 피난민 800명이 폭사하거나 물에 빠져 죽었다.

정부의 전황 보도 왜곡으로 144만의 서울 시민 중 피난을 떠난 것은 40만 정도에 불과했다. 피난민의 80%는 월남 동포들이었고 20%는 정치인, 관리, 군인, 경찰 가족이었다. 서울 시민들을 피난시킬 여유가 충분했으나 정부와 정치인들이 허둥대는 바람에 일반시민들은 어리둥절 하는 사이 서울에 갇히고 말았다. 정부요인들은 숙박지인 대전에서 반찬타령이나 하며 자신들의 피난 문제에 몰두하는 추태를 보였다(이덕주 2007, 이영훈 2013, 노중국 외 2016).

트루먼–맥아더의 북한 군세 오판 군사적 열세를 면치 못했던 국군은 38선에서 후퇴를 거듭해 4일 만에 서울을 빼앗겼다. 인민군은 28일 새벽 5시 산발적인 저항을 받으며 총공격을 개시해 오전 중 서울을 함락시켰다. 이후 3일간 인민군은 추가 보급을 기다리며 작전에 나서지 않았다. 서울을 점령한 인민군이 주춤하는 사이 東京도쿄에 있던 태평양사령관 맥아더는 6월 29일 수원비행장으로 날아와 이승만과 회담하고 전선을 돌아봤다. 맥아더는 국군의 방위능력 상실을 확인하고 인민군의 남하를 저지하기 위해 미 정부에 미군 2개 사단의 투입을 요청했다.

스탈린은 서울 점령 4일째인 7월 1일 평양 주재 소련대사에게 계속 전진을 독촉하는 전문을 보냈다. 장비 부족과 국군의 저항으로 한강 도강작전을 늦추고 있던 인민군은 작전을 재개해 미국 전투부대가 한반도에 도착하기 전에 남한 대부분 지역을 장악했다.

후퇴하던 국군과 경찰은 대전형무소에 수용됐던 국민보도연맹 회원(좌익 전향자) 3500명을 학살했다. 북한 남침 후 개성에서 보도연맹 회원들이 자신들의 죄과를 만회, 은폐하기 위해 우익 학살을 저질렀다는 이야기가 돌자 보안조치를 한 것이었다. 정부 요인들은 전황이 악화돼 대구, 부산까지 밀리자 제주도, 일본으로 탈출(밀항) 또는 망명할 기회만 엿보고 있었다. 부산에서는 국회의원 10명과 고급장교 10명 그리고 그 가족들이 탄 배가 적발되기도 했다. 1951년 1.4 후퇴 때도 기독교 지도자들 사이에 같은 모습이 되풀이됐다.

미국 대통령 트루먼은 북한의 도발 강도가 대수롭지 않을 것으로 오판했고 맥아더도 마찬가지였다. 그러나 인민군의 전력이 만만치 않아 국군과 소규모의 미군 선발대는 순식간에 낙동강 방어선으로 밀려났다. 한반도 공산화는 시간문제처럼 보였다(이덕주 2007, 차하순 외 2015, 이주영 외 2006).

역사 돋보기 — 서울의 전시 생활난

서울 시민들은 6월 26일 아침 전쟁의 급박함을 실감하지 못했으나 생활상의 고통은 즉시 깨달을 수 있었다. 2300원이던 쌀 한 말 가격이 하루아침에 두 배로 올랐다. 당시 서울의 중견 봉급자 평균 월급이 1만2000원이었으니 이는 가계파탄을 의미했다. 전쟁이 나자 쌀을 사려는 사람들과 저금을 인출하려는 사람들로 북새통을 빚었다. 8월 중순을 넘어서면서 서울의 식량난은 극한을 치달았다. 하루 두 끼를 멀건 죽으로 해결하는 집도 드물었다. 이런 참혹한 상황에서도 이기영, 한설야, 이태준 같은 좌익 문인들은 말끝마다 영명한 지도자 김일성 장군 만세를 부르고 있었다(이덕주 2007).

2) 미국 신속 대응과 인천상륙작전

이승만 대통령은 전쟁 발발과 함께 장면 미국대사를 통해 미국의 지원을 요청했고 트루먼 대통령은 즉각 지원을 약속했다. 그의 한 마디가 풍전등화와 같은 한국의 운명을 바꿔놓았다. 트루먼은 북한 인민군 침략이 소련 세계전략의 일부이며 미국의 봉쇄정책에 대한 시험으로 생각했다. 소련이 봉쇄선 주변부를 계속 공격해 3차 세계대전이 일어날 수도 있겠지만 한국전쟁에 적극 대응하지 않으면 2차 대전 초기와 같은 상황이 반복될 것을 우려했다. 미국이 한국에서 물러날 경우 소련은 유고, 이란, 대만, 월남, 필리핀, 일본에서 공세로 나올 수도 있었다. 이런 분석 끝에 즉각 전쟁에 개입하기로 결정했다.

유럽 국가들은 미국이 어떤 대응책을 내놓을지 조바심하다 한국전쟁 즉각 개입이라는 트루먼의 발표에 안도감을 나타냈다. 가장 먼저 미국과 보조를 같이 한 나라는 영국과 영연방 국가들이었다. 영국은 말라야 반도에서 공산주의자들이 준동하고 있음에도 불구하고 미국 지원에 나섰다. 하지만 한국전쟁이 확대돼 소련과의 직접충돌로 이어지는 일은 없어야 한다는 입장을 견지했다. 일본 역시 미국의 긴급 대응을 일본 적극 방어 신호로 받아들였다. 그러나 일본공산당은 북한을 지지하며 태업과 테러를 벌였다(차하순 외 2015, 이덕주 2007, 이주영 외 2006, 트루먼 1970).

▌유엔군 파병으로 방어선 구축

트루먼은 전쟁 초기 의회의 승인 없이 유엔을 통해 개입하는 방안을 선택했다. 의회에서 논란이 벌어질 경우 대응이 늦어질 우려가 있었기 때문이다. 유엔안보리는 6월 25일(한국시간 26일) 미국이 제안한 인민군의 38선 이북 철수와 군사행동 중지, 북한에 대한 원조 중단 등 결의안을 9대0으로 통과시켰다. 트루먼은 다음날 東京도쿄의 맥아더에게 공군과 해군을 파견해 한국을 돕도록 지시했다.

유엔 감시 하의 자유선거를 거쳐 탄생한 한국이 북한에 의해 공산화될 경우 미국과 유엔의 권위와 위신에 심각한 타격을 줄 수 있었다. 뿐만 아니라 미국에 대한 자유진영 국가들의 신뢰가 흔들릴 가능성도 컸다. 한국이 공산화되면 아시아의 반공거점인 일본 안보에도 위협이 초래돼 미국의 세계전략이 차질을 빚을 수 있었다.

25일의 유엔 결의에도 불구하고 북한이 군대 철수와 군사행동 중지 기미를 보이지 않자 유엔안보리는 6월 27일(한국시간 28일) 한반도의 자유를 보장하기 위한 공동행동을 결의했다. 이는 유엔이 연합군을 조직해 한국을 침략한 북한정권을 응징하겠다는 의사의 표시였다. 유엔안보리는 이와 함께 한국에 필요한 원조를 제공할 것을 회원국에 권고했다.

두 차례의 결의에도 북한의 반응이 없자 유엔안보리는 7월 7일 결의안 84호를 통해 회원국들이 제공하는 병력 및 기타의 지원을 미국이 주도하는 통합사령관(유엔군사령부) 하에 두기로 했다. 당시 소련대표는 유엔이 중국 대표권을 공산 중국에 주지 않는 데 항의해 안보리에 불참하고 있었다. 그 때문에 6월 25일의 침략 중지, 6월 27일의 한국 지원, 7월 7일의 유엔군 파견을 쉽게 결의할 수 있었다. 그러나 소련이 7월 27일 안보리에 복귀해 거부권을 행사하면서 이후 한국 사태와 관련된 어떠한 조치도 취할 수 없게 됐다. 소련은 1945~1955년 사이 안보리에서 발동된 총80회의 거부권 중 77회를 행사했다(차하순 외 2015, 이덕주 2007, 이주영 외 2006, 이영훈 2013, 왕단 2015, 랴자놉스키 외 2017).

전쟁 발발 5일 만에 공군 투입 6월 29일 일본 기지를 발진한 미군 폭격기 18대가 평양을 공습해 북한 비행기 26대를 파괴했다. 미 공군은 이날부터 沖繩오키나와와 필리핀에 있는 전폭기를 九州규슈에 집결시켜 전선으로 발진시켰다. 미국 본토 공군은 일본에서 군사물자 보급을 받고 전선으로 출격했다. 6월 30일에는 소규모 미 지상군이 선발대로 투입됐다.

트루먼은 맥아더의 건의에 따라 30일 오전 일본 주둔군 2개 사단을 파견하고 북한의 해안봉쇄를 결정했다. 미국은 소련에 두려움을 갖고 있는 유럽 우빙들의 기우를 떨쳐버리기 위해 국군에 탄약 및 물자 보급, 7함대의 대만해협 급파, 필리핀 미군 증강, 인도차이나 프랑스군에 대한 군사원조 강화 등 조치를 이어갔다. 7함대 대만해협 파견은 전선이 확대되는 것을 막기 위한 것으로 중국의 대만(중화민국) 공격 차단과 대만의 본토 공격 차단이라는 두 가지 목적이 있었다. 7함대 등장으로 1951년 봄 대만을 통일하려던 중국공산당의 계획은 무산되고 말았다.

7월 7일 유엔안보리 결의에 따라 미국 등 16개국은 유엔 역사상 처음으로 집단 안보권을 발동해 군대를 한국에 파견했다. 유엔군 전체 병력 중 미군이 88%를 차지했고 맥아더가 유엔군의 지휘를 맡았다. 대만(중화민국)의 장개석 총통은 미국이 군대 수송과 보급을 지원해준다는 조건으로 한국전쟁에 3만 3000명의 지상군을 파견하겠다는 뜻을 전했다. 트루먼은 대만 방위의 공백, 대만군의 전투능력, 수송력 한계, 중국의 참전 가능성 촉진 등을 검토한 끝에 파병 제의를 받아들이지 않았다. 한편 중국공산당 중앙군사위원회는 7월 10일 동북 변방 보위를 위해 총52만 명의 변방군을 조직했다(이영훈 2013, 이덕주 2007, 트루먼 1970, 차하순 외 2015, 권희영 외 2014, 왕단 2015).

북한군 보급 마비로 진퇴양난 북한 인민군의 수송 및 보급체계는 미 공군의 공습으로 7월 중순에 이미 궤멸상태에 빠졌다. 낮에는 숨어 있다가 밤에만 움직였다. 인민군의 승세는 7월 20일 대전 전투까지였고 개전 1개월도 안 돼 보급 문제가 심각해지면서 곤경에 처했다. 인민군의 연료와 탄약 등 보급은 7월 15일까지의 전쟁에 맞춰져 있었다. 식량 부족과 공습에 대한 공포로 인민군의 사기는 급속히 저하됐다. 1일1식도 힘들어 병사들이 굶기 시작한 8월 들어서는 전황이 더욱 나빠졌다. 인민군은 남한 각지를 점령, 소탕하려고 병력을 분산하는 바람에 낙동강 전선 공세가 약화돼 국군과 유엔군에게 반공할 기회를 줬다.

8월 4일을 기점으로 낙동강 방어선에는 미군이 6만으로 증원되면서 국군과 유엔군의 완강한 방어진지가 구축됐다. 전략 요충지인 대구가 뚫리면 부산까지 무저항 직진이 가능했기 때문에 대구 북방의 칠곡군 다부동에서는 매일 혈전이 일어났다. 인민군은 8월 6일까지 대구, 부산을 점령하라는 명령을 받았으나 작전은 번번이 실패했다.

8월 하순 전세는 국군과 유엔군의 우세로 돌아섰다. 전쟁이 나면 빨치산과 남로당 20만 당원들이 봉기할 것이라는 박헌영의 호언장담도 불발됐다. 숙군작업으로 중국의 국공내전에서처럼 사단 병력이 통째로 투항하는 등의 사태도 벌어지지 않았다. 국군은 패퇴했지만 붕괴되지는 않았다. 김일성과 스탈린은 미국이 전쟁에 개입하지 않을 것으로 예상했고 미군이 개입하더라도 그 전에 전쟁을 끝낼 것을 자신했으나 그것이 가장 큰 오판이었다. 김일성의 판단을 도왔던 시티코프 소련 대사는 1950년 말 오판에 대한 문책으로 본국에 소환 당했다(이덕주 2007, 이영훈 2013).

공산 치하 남한 주민의 수난 인민군은 28일 서울을 점령하자마자 반동분자 색출에 나서 지주 등 유산계급과 군인, 경찰관, 대한청년단원, 동 직원, 월남자와 그 가족들을 즉결처분하거나 인민재판으로 학살했다. 인민재판에서 죽이라는 소리가 크게 나오면 바로 살해됐다. 서울대병원에 입원 중인 국군과 민간인 환자 500여 명이 가장 먼저 해를 입었다. 동네 건달패들은 치안대 붉은 완장을 차고 다니며 평소의 불만을 폭력으로 표출시켰다. 인민군 치하에서 서울을 빠져나간 사람은 인구의 절반을 넘었다. 북한은 대구, 부산을 제외한 남한 전역을 장악하자 서울에서와 같이 반혁명분자를 대대적으로 처형했다. 북한의 학살 만행은 1950년 9월 한 달에만 1만4000여 명에 이르러 북한이 군령으로 인민재판을 금할 정도였다. 1950년 7월에는 전시동원을 선포하고 18~36세의 남자 20만 명을 인민의용군으로 강제 동원해 각 전선에 투입시켰다. 낙동강 전선의 병력 중 3분의 1은 이들 의용군이었다.

남한 주민들은 3개월간 북한 체제의 폭력성과 잔혹성을 생생하게 체험했다. 점령군은 해방군이 아니라 약탈자에 가까웠다. 누가, 언제, 어디서 어떤 일을 당할지 몰라 전전긍긍하게 만드는 공포가 이어졌다. 사상교육과 인민재판 등 끊임없이 이어지는 각종 집회는 사람들을 질리게 만들었다. 두 차례의 비밀선거를 해본 남한 주민들에게 1950년 7월 찬성과 반대의 흑백 공개투표로 치러진 북한 인민위원 선거는 북한 공산주의의 실상을 확인하는 기회가 됐다(이덕주 2007). 북한은 9월 중순 인천상륙작전으로 패주하는 과정에서 대전형무소에 있던 1700여 명의 우익인사와 가족들을 학살했다.

재탕 토지개혁과 남한 요인 납북 북한은 남한 1526개 면 가운데 인민군이 장악한 1198개 면에서 토지개혁을 강행했다. 1950년 4월 대한민국 정부에 의해 농지개혁이 거의 마무리된 상태에서 북한 정권이 중복 시행한 토지개혁은 긁어 부스럼만 만든 꼴이었다. 분배된 토지에서 생산된 벼는 수확량의 27%, 밭작물은 23%를 현물세로 거둬들여 농민들을 곤경에 빠트렸다.
북한은 1950년 7월 하순 김규식, 조소앙, 안재홍 등 정치인들과 저명학자 80여 명을 서울시 인민위원회에 집합시켜 북한 시찰 명목으로 끌고 갔다. 그들은 두 번 다시 서울로 돌아올 수 없었다. 8월 들어서는 국회의원, 고급관료, 학자, 종교인 등 100여 명이 반동분자로 분류돼 강제 납북됐다. 여기에 포함된 이광수, 정인보, 손진태 등은 평양에 도착해 사상교육을 받아야 했다. 안재홍, 정인보, 손진태 등의 납북으로 한국의 정통 민족주의 역사학은 학맥이 끊기고 말았다.

인천상륙작전 이후 납북인사들을 이끌고 피난길에 오른 북한은 안주, 강계까지 후퇴했고 그 과정에서 일부는 공습을 받아 사망하거나 지병(이광수)으로 숨졌다. 10월 15일에는 조만식이 북한 내무성 안에서 살해됐고 김규식은 12월 군병원에서 병사했다.

2006년 한국전쟁 납북사건 자료원은 전체 납북자를 9만6013명으로 집계했다. 공무원이 2919명, 기술자가 2836명, 교육자가 863명, 의료인이 572명, 법조인이 190명, 정치인이 169명이었다. 농촌 지도자 숫자가 가장 많았다. 북한은 수많은 인사들과 기술 인력을 강제 납북해 남한의 재기를 어렵도록 만들었다(고려대 2016, 권희영 외 2014, 이덕주 2007).

▌북한군 궤멸과 압록강 북진

맥아더는 7월 초 인민군 배후공격을 위해 인천상륙작전을 입안했다. 그러나 미 합참, 각 군, 워커의 미8군까지도 낙동강 방어선 약화를 이유로 작전에 반대하는 입장이었다. 인천항 접근로는 좁고 위험했으며 조수 간만의 차이가 최고 10m에 이르러 상륙함정은 만조 때만 물에 떠 있을 수 있었다. 만조는 9월 15일과 10월 11일이었다.

상륙작전에 성공하면 10만의 생명을 구할 수 있었지만 성공 가능성은 아주 낮았고 실패하면 미8군이 위험해질 수 있었다. 미 합참은 인천 대신 군산을 상륙작전지로 권고했다. 그러나 맥아더는 인천과 서울을 점령해 적의 통신과 보급을 차단해야 상륙작전이 성과를 거둘 수 있다며 인천을 고집했다. 합참과 대통령은 마지못해 작전을 받아들였다.
한편 스탈린과 모택동은 인천상륙작전을 예상하고 김일성에게 이의 대비 필요성을 환기시켰다. 김일성은 8월 28일 방어 작전을 명령했으나 북한의 병력과 장비는 유엔군의 작전을 저지할 능력이 없었다. 유엔군은 9월 15일 인천상륙작전을 성공시켜 전세를 일시에 뒤집었다. 낙동강 전선의 유엔군도 9월 16일부터 공세에 나서 1주일 만에 김천, 대전, 수원까지 진격했다.

지휘계통이 무너진 인민군은 전의를 상실한 채 패주에 급급했다. 위장 탈출, 투항, 자수자가 속출했다. 국군의 후퇴 때보다 더 형편없는 모습을 보였다. 유엔군은 퇴로가 끊긴 마산·창녕 전선의 인민군 4개 사단 2만 3000명 등 1개월 동안 13만 명의 인민군을 포로로 잡았다. 북한의 남은 가용병력은 4개 사단에 지나지 않았다. 반면 맥아더 휘하의 유엔군 지상부대는 미군 12만5000명, 국군 10만1500명, 영국군 1700명 등 22만9700명에 달했다. 9월 28일 서울이 수복됐다.

인천상륙작전 이후 낙오된 패잔병들은 산악지대로 숨어들어가 빨치산 게릴라 활동을 벌였다. 낙동강 전선에서 퇴각하다 1951년 남부군(빨치산) 총사령관에 임명된 이현상은 한국전쟁 내내 남한의 후방을 교란해 국군의 전쟁 대처를 힘들게 만들었다. 빨치산 토벌군은 1953년까지 1만여 회의 교전을 벌이며 엄청난 희생을 치렀다. 남부군 총사령관 이현상은 평당원으로 강등된 뒤 1953년 9월 토벌군에 의해 사살됐다. 지리산 빨치산 잔존 세력은 1964년까지 저항을 이어갔다(차하순 외 2015, 이영훈 2013, 김용삼 2017, 이덕주 2007).

궁지 몰린 북한, 중소에 지원 호소 트루먼 대통령은 9월 27일 유엔군의 38선 월경을 승인하고 유엔군 작전지역을 38선 이북으로 확대했다. 북한이 전쟁을 일으킨 이상 대가를 치러야 한다는 생각에서였다. 국군은 10월 1일 38선을 돌파해 1956년부터 이날을 국군의 날로 기념하고 있다. 유엔총회는 10월 7일 유엔군의 38선 월경을 허용하는 결의안을 통과시켰다. 유엔총회는 같은 날 7개국으로 구성된 통일정부 수립과 한국 재건을 위한 유엔한국통일부흥위원단(UNCURK) 설치를 결의해 미국의 전쟁정책을 뒷받침했다.

이런 가운데 국군과 유엔군은 북진을 계속해 10월 19일 평양을 점령했다. 국군의 북진이 계속되자 북한은 평양, 함흥 등에 수감돼 있던 우익인사들을 차례로 몰살시켰다. 국군과 남한 민간인들은 실질가치가 1대 10인 남한과 북한의 화폐를 1대1로 통용시켜 평양 시민들은 큰 고통을 겪었다. 10월 말 국군과 유엔군은 한중국경에까지 이르렀다. 동부전선은 청진, 중부 전선은 초산과 혜산진(압록강), 서부 전선은 선천까지 파죽지세로 북상했다.

인천상륙작전 이후 전세가 다급해지자 북한 외교부장 박헌영은 10월 1일 북경으로 날아가 모택동과 주은래에게 병력 지원을 호소했다. 스탈린은 김일성의 구원 요청을 받고 10월 1일 북경 주재 소련대사에게 "중공군 5, 6개 사단의 지원을 모택동과 주은래에게 요청하라."고 지시했다. 2일 열린 중국공산당 정치국회의에서 임표林彪를 비롯한 정치국원 대부분은 출병에 찬성하지 않았다. 미국과 전쟁을 벌일 경우 대도시와 공업기지의 무차별 포격과 대만을 앞세운 연해지역 공격으로 전면전을 각오해야 한다는 이유에서였다.

소련에서는 10월 5일 중앙정치국 회의를 열어 북한을 포기하더라도 미소의 직접전쟁으로 가는 일은 없어야 한다는 결론을 내렸다. 스탈린은 중국이 참전하면 미국이 조선 점령 계획을 포기할 것이며 미국이 중국에 선전포고 하면 소련이 좌시하지 않겠다는 전문을 보내 모택동의 전쟁지원을 유도했다. 중국으로서는 북한이 퇴각하면 1000km에 걸친 압록강 방어선에 대규모 군 병력을 배치해야 하는 부담을 안을 수밖에 없었다. 또 북한이 재기를 도모할 경우 중국 동북지방이 미중소의 각축장이 될 우려가 있었다(이주영 외 2006, 외교부 PDF31, 이덕주 2007, 차하순 외 2015).

중소, 북한의 심양 퇴각 지시 10월 8일 모택동은 주은래, 임표가 스탈린을 만나 마지막 담판을 하게 했다. 두 사람은 모스크바로 날아가 소련이 약속했던 공군 지원을 논의했으나 스탈린은 두 달 이상의 준비가 필요하고 직접 출동은 어렵다고 말을 바꿨다. 이에 주은래는 소련 공군의 지원 없는 중국 출병은 곤란하다는 입장을 밝혔다. 이에 따라 10월 11일 스탈린과 주은래, 임표는 김일성이 중국 동북 지방으로 후퇴해 심양에 임시정부를 수립하도록 결정했다. 소련은 다음날 북한 주재 소련대사 시티코프를 통해 회담내용을 김일성에게 통보하고 중국과 소련으로 퇴각하라는 지시를 내렸다.

그러나 북경에 있던 모택동의 생각은 달랐다. 북한 파병이 막 집권한 중국 공산당과 자신의 위상을 높이고 공산당 정권의 모순 경감과 국민 결집차원에서 유리하다고 본 것이다. 대외적으로는 서방 동맹국들에 맞서는 신생 중국의 강대국 이미지를 노릴 수 있었다. 모택동에게 중국 인민의 희생은 부차적인 문제였다. 그에 따라 유엔군이 중국-북한 연결로에 대한 폭격을 시작하자 격렬히 항의하며 북한의 붕괴를 방관하지 않겠다고 경고했다. 당시 중국공산당은 한국전쟁 위문금품 모집 등 항미원조抗美援朝 군중운동을 벌이던 중이었고 1951년 10월까지 인구의 70,80%가 이 운동에 동참했다.

모택동은 10월 13일 회의를 열어 소련의 군사지원이 없더라도 지원군 출병으로 결론을 모아갔다. 모택동의 파병 의지가 결연하고 소련의 군사원조를 기대한 정치국은 결국 파병에 동의했다. 파병 결정은 소련의 주은래에게 알려졌고 스탈린은 이에 대한 보답으로 56억 루블의 군사차관(보병 100개 사단이 무장할 수 있는 탄약과 장비 구입비)을 즉석에서 약속했다. 같은 날 김일성에게 중국의 파병 소식을 알리고 인민군 철수 지시를 취소시켰다.

맥아더는 트루먼의 북진 저지를 의식해 겉으로는 중공군의 개입 가능성을 부인했으나 속으로는 반드시 참전한다고 봤다. 이승만 역시 소련은 몰라도 중국의 개입 가능성은 매우 높은 것으로 생각했다. 맥아더는 중국이 가까운 장래에 아시아 민주주의의 최대 위협이 될 것으로 보고 이 기회에 중국을 제압하고자 했다. 그는 중공군을 보잘 것 없는 존재로 여겨 중공군이 압록강을 건너는 날 한국전쟁이 끝날 것으로 오판했다(차하순 외 2015, 왕단 2015, 이덕주 2007).

3) 중공군 참전과 전세 역전

국군과 유엔군이 신의주와 압록강에 근접하자 모택동은 중국 변방에 미국이 전략적으로 접근해오는 것을 막기 위해 10월 13일 선제적 파병을 결정했다. 중국은 최대 100만 명 이상의 중공군을 투입해 이른바 인해전술로 초기 몇 달간 국군과 유엔군을 격퇴시켰다. 스탈린은 두 달 이상 걸린다던 공군 지원을 11월 1일로 앞당겨 북한 상공에서 미군기와 공중전을 벌이며 중공군을 엄호했다. 그러면서도 미국을 자극하지 않기 위해 비행기의 소련 마크나 소련 군복, 심지어 통신에서의 러시아어 사용까지 금지시켰다. 소련은 이후 9개 전투기 사단, 3개 공격 사단, 1개 폭격기 사단 등 13개 공군 사단을 파견해 작전반경을 청천강과 대동강 일대까지 넓혔다. 전쟁은 마침내 공산 연합군과 유엔군의 국제전쟁으로 확대됐다.

트루먼은 한국전쟁과 관련된 결정을 내릴 때마다 3차 대전을 의식하고 있었다. 한국에서의 충돌에 이어 제2의 심각한 충돌이 일어난다면 전면전쟁을 피하기 어려울 것으로 내다봤다. 애치슨 국무장관은 한국에서 야기되는 모든 일은 전 세계적인 차원에서 고려하지 않으면 안 된다는 입장을 견지했다. 당시 미국에서는 전쟁의 승리를 목표로 하는 보수 세력과 남한 영토의 보존이라는 제한된 목표를 가진 진보 세력이 맞서고 있었다. 맥아더와 트루먼이 보수-진보 세력을 대표하는 인물이었다. 트루먼은 중국, 소련과의 전면전을 피하기 위해 한국전쟁을 한반도에 국한시키고자 했다(차하순 외 2015, 왕단 2015, 트루먼 1970).

▎유엔군 퇴각과 서울 공방전

중공군 참전 이후 공산군과 국군-유엔군 사이에는 5차례의 큰 전투가 벌어졌다. 중공군의 대규모 공세에 국군-유엔군이 반공하는 양상을 보이며 전선이 진퇴를 거듭했다. 1950년 10월 19일 팽덕회가 지휘하는 중공군 18개 사단 26만 명은 압록강을 건넌 뒤 11월 1일부터 5일간 1차 전투를 벌였다. 중공군은 국군과 유엔군이 북한 깊숙이 들어오기를 기다렸다 운산 전투에서 치열한 공방 끝에 미군을 패퇴시켰다. 퇴로 차단을 우려한 미군 제1군단은 11월 3일 전 전선에 걸쳐 철수령을 내렸다. 1차 전투에서 중공군은 국군과 유엔군을 한중 국경선 밖으로 밀어내는데 성공했다. 전쟁을 조기 종결시키려던 맥아더의 전략은 터무니없이 빗나가고 말았다.

중공군은 전열을 정비해 11월 25일 2차 공세에 들어갔다. 맥아더는 중공군이 대거 투입되기 전에 전쟁을 끝내기 위해 반공에 나섰으나 제대로 힘도 써보지 못하고 밀리기만 했다. 그때서야 맥아더는 중공군이 대대적으로 개입한 사실을 알았다. 총퇴각이 시작된 12월 3일 장진호 전투에서 완전 포위된 유엔군은 필사적으로 포위망을 뚫고 흥남으로 빠져나왔다. 중공군은 2차 전투에서 평양을 탈환(12월 10일)한데 이어 평양 이남까지 진출했다.

12월 초순 김일성은 북경에서 모택동과 주은래를 만나 팽덕회를 총사령관으로 하는 조중합동군사회의를 설치하고 작전지휘권을 팽덕회에게 넘겼다. 이 무렵 맥아더는 만주 폭격, 중국 해안봉쇄, 장개석(자유중국) 군을 활용한 전쟁 확대를 누차 합동참모본부에 건의했으나 호응을 얻지 못했다.

1950년 말 중공군 개입으로 전선이 남하하자 공산당의 학정에 질린 북한 주민들은 남한 피난행렬에 나섰다. 1950년 12월 중순부터 1951년 1월까지 평안도 주민 20만, 함경도 주민 30만(흥남 철수 9만1000명), 황해도 주민 6만2000명이 도보나 선박 등을 이용해 남한으로 내려왔다. 유엔군 공습을 피하기 위해 월남한 경우도 적지 않았다(이영훈 2013, 이덕주 2007, 트루먼 1970, 권희영 외 2014).

4차 전투 승리로 38선 이북 진공 중공군의 3차 공세는 12월 31일 시작돼 1월 8일 끝났다. 이때 미군은 보급기지인 인천과 서울(1.4 후퇴)을 빼앗기고 거의 37도선까지 밀려났다. 중공군은 제1선을 담당한 국군을 집중 공략해 전선을 밀어 붙였다. 그러나 중공군의 1,2,3차 공세에서의 승리는 불의의 공격에 의한 것이지 군세가 미군을 압도한 때문은 아니었다. 3개월의 전투로 인명손실과 전투 피로가 심해지고 보급선이 길어지면서 중공군의 작전능력은 한계상황에 이르렀다. 서울까지 점령한 모택동은 자신감이 커져 미국의 파격적인 정전 제안을 거부하는 실수를 저질렀다.

중공군의 식량과 탄약이 1주일 치에 불과하다는 사실을 간파한 유엔군은 1월 25일 보급품이 소모되고 피로가 누적된 시기에 맞춰 반격을 개시했다. 이 4차 전투에서 중공군은 최대 100만까지 투입했으나 작전지역이 협소해 미군 항공기와 포격의 과녁이 됐을 뿐이다. 중공군은 병력 5만을 잃으며 서울과 인천을 포기하고 38선 이북으로 패주했다. 국군과 유엔군은 2월 14일 서울을 되찾았다.

모택동은 3월 1일 스탈린에게 긴급전문을 보내 곤경에 처한 중공군의 어려움을 호소했다. 미군 함정의 연안 일대 공격, 미 공군의 통신시설 폭격과 공습으로 보급품 30~40% 파손, 10만 이상의 병력 손실, 12만 이상의 보충병 필요 등의 내용이었다(이덕주 2007).

원폭 사용 건의한 맥아더 해임 1951년 4월 맥아더는 우유부단한 트루먼이 독일에 대한 유화정책의 실수를 되풀이하고 있다며 중국과 소련을 제압하기 위해 원자폭탄을 사용할 것을 건의했다. 전쟁 확대를 꺼린 트루먼은 맥아더를 유엔군사령관에서 해임시켰다. 4월 16일 맥아더는 일본 국민들의 대대적인 환송과 미국 국민들의 환영을 받으며 귀국했다.

그러나 합동참모본부(합참)는 미국이 유럽의 동맹국을 우선 보호해야할 책임이 있다며 아시아 공산주의와의 대결은 잘못된 전쟁이라는 의견으로 트루먼을 도왔다. 이에 따라 트루먼은 자신의 구상대로 한국전쟁을 끌고 갈 수 있었다. 한국의 이승만 대통령은 승공통일을 원했지만 전쟁의 주도권을 쥔 트루먼은 그럴 의지가 없었다.

4월 22일 시작된 중공군의 5차 공세는 서울 재점령을 목표로 최대 병력과 장비를 투입했다. 서부와 중부 전선에 집중된 대대적 공세는 유엔군의 압도적 화력에 밀려 많은 희생자만 냈을 뿐이다. 그러자 중공군은 국군 방어 지역을 골라 동부의 춘천 서북 방어선을 돌파했고 반격에 나선 국군과 유엔군은 문산-철원-화천-간성까지 전선을 밀어 올렸다. 이승만은 국군 6사단이 6월 15일 화천까지 올라가 중공군 6만2000명을 사살하거나 포로로 잡자 화천저수지를 파로호破虜湖 즉 오랑캐를 격파한 호수로 명명했다.

이즈음 미국은 중국과 마찬가지로 전쟁 수행에 큰 어려움을 겪고 있었다. 한국전쟁 1년 동안의 전비는 100억 달러에 달했고 사상자는 10만에 가까웠다. 미국 국내의 정치적 압력으로 전쟁을 치르기가 점점 어려워졌다. 맥아더의 후임인 리지웨이 유엔군사령관은 압록강으로 전진하려면 다시 10만의 사상자가 발생하고 끝없는 전쟁에 빠져들게 될 것이라는 우려를 표시했다(트루먼 1970, 이영훈 2013, 이덕주 2007).

미국의 피로증, 37도선 휴전 추진

맥아더의 공세를 저지시킨 중공군의 대대적인 반격은 미국과 서방 동맹국들에게 큰 충격을 줬다. 미국은 중공군이 2차 공세에 들어간 1950년 11월 말 확대안보회의에서 처음으로 명예로운 철수를 거론하기 시작했다. 애치슨 국무장관은 한반도 전면 철수나 만주 폭격(전쟁 확대)보다 방어 가능한 선을 지키는 것이 바람직하다는 의견을 내놨다.

11월 30일 트루먼이 기자회견에서 원자탄을 언급하자 세계 여론은 민감하게 반응했다. 영국에서는 100명의 하원의원들이 항의각서를 애틀리 수상에게 전달하는 등 여론이 요동쳤다. 12월 4일 애틀리는 미국으로 건너가 원자탄 문제를 포함한 한국전쟁 전반에 대한 대책을 협의했다.

애틀리는 유엔의 동향을 설명하며 휴전 협상 문제를 꺼냈다. 이에 대해 애치슨 국무장관은 연합국이 양보를 하면 할수록 적군이 더욱 침략적이 될 것이라고 우려했다. 만약 대만을 중국과의 휴전 대가로 희생시킨다면 일본과 필리핀이 위협 받게 될 것이라고 덧붙였다. 트루먼은 미국의 입장을 요약한 9개항의 문서를 제시했다. 직접대책 3항은 중공이 휴전을 거부하고 38선 이남으로 쳐내려오면 연합군이 한국에서 철병해야 할지도 모른다는 내용이었다. 간접대책 5개항에는 일본의 자치 회복, 대일강화 촉진, 일본 자위력 강화, 일본 생산능력 활용 등의 방안이 담겨 있었다. 애틀리의 원자폭탄 사용 우려에 대해 트루먼은 걱정을 끼치지 않겠다고 답변했다(트루먼 1970, 이덕주 2007).

미국, 제주 철군 계획 마련 이 무렵 국무장관 애치슨은 미국에 있는 지상병력이 육군 1개 사단뿐이며 일본에는 7만5000명의 경찰 외에 전투부대가 전무하다는 사실에 주목했다. 이에 따라 트루먼은 12월 16일 국가 동원을 쉽게 하기 위해 국가비상사태를 선포했다. 미국의 군사 및 정보 전문가들은 미국의 관심이 한국에 집중돼 있는 동안 소련이 전투부대가 전무한 일본을 공격할지도 모른다는 사실에 촉각을 곤두세웠다. 미 국방부는 일본을 방위하기 위해 한국으로부터 명예로운 철수도 고려할 수 있다는 입장이었다. 그러나 국무부는 전쟁 개입 행동의 일관성을 내세우며 한국 고수를 강조했다.

미 국방부는 중공군의 3차 공세가 임박했던 12월 말부터 유엔군 철수를 고려하다 1월 4일 서울을 빼앗기자 철수 논의를 구체화시켰다. 1월 9일 미 국방부는 맥아더에게 부대의 안전과 일본 방위의 최우선적 중요성을 강조하며 필요 시 일본 철수를 지시했다. 트루먼은 극동 군사력 유지의 중요성을 감안해 제주도로 근거지를 옮겨 항전하는 방안을 내놨다.
1월 15일 미 합참은 맥아더에게 유엔군 철수가 필요하면 한국정부, 국군, 한국경찰 등 요원들과 함께 철수할 것을 요망한다는 트루먼의 뜻을 전달했다. 철수 한국인에는 정부 관리와 가족 3만6000명, 군대 26만 명, 경찰 6만 명, 군경 가족 40만이 포함됐다(트루먼 1970).

유엔총회, 중국을 침략자로 규정 1950년 12월 유엔에서는 휴전 동조 분위기가 형성됐다. 유엔총회는 12월 14일 휴전 결의안을 채택해 회담 성사를 위한 3인위원회를 구성했으나 중국의 반대로 실패하고(1월 2일) 말았다. 이 사이 미국은 한반도 문제 평화해결 5개안을 마련해 유엔총회 제1위원회의 동의(1월 13일)를 얻었다.

미국의 5개안 제안은 유엔의 많은 국가가 의견을 같이 한 것으로 전쟁을 37도선에서 종결하면 중국에게 유엔대표권을 주고 대만을 중국에 귀속시키는 논의를 진행한다는 파격적 내용이었다. 중국이 유엔 제안을 받아들였다면 미국은 굴욕적 패전을 맛보고 한국은 왜소한 국가가 됐을 것이다. 그러나 모택동은 미군이 한반도에서 철수할 것이라는 정보를 더 믿고 있었다. 평화해결 5개안 중 유엔의 관리를 받아들여야 하는 문제는 북한의 반발이 있을 것으로 생각했다.

중국은 스탈린의 동의를 얻어 1월 17일 5개안을 거부하는 전문을 유엔총회 제1위원회로 보냈다. 표면상으로는 미국이 전세를 가다듬은 뒤 다시 전쟁을 치르려는 음모가 있기 때문이라고 둘러댔다. 그러나 실제 전세를 가다듬어야할 형편에 놓인 것은 중공군이었다. 당시 중공군은 3차에 걸친 작전으로 40만 병력 가운데 10만을 잃었고 미 공군의 공습으로 식량, 탄약 공급이 안 돼 곤경에 빠져 있었다.

중국이 유엔 제안을 거부하고 미국의 음모까지 들먹이자 휴전을 추진한 다수 국가들은 감정을 크게 상했다. 1월 30일 유엔총회 제1위원회는 44대 7로 중국을 침략자로 규정하는 미국의 안을 통과시켰다. 2월 1일에는 유

🔍 역사 돋보기 - 모택동의 파병 득실

모택동이 한국전쟁 개입으로 얻은 것은 군사강국으로서의 국가 위상과 동북지역이었고 잃은 것은 대만과 국제 고립이었다. 소련은 외몽고에 이어 중국 동북지역에 중소 완충국을 만들기 위해 소련과 밀착됐던 고강高崗을 부각시키고 있었다. 고강은 1949년 7월 동북인민정부 대표 자격으로 모스크바를 방문해 무역협정을 체결하고 8월에는 동북인민정부 주석으로 선출됐다. 독자 화폐를 사용하고 별도 기구를 갖는 등 중국 중앙정부와 독립된 길을 걸었다. 그러나 중국의 한국전쟁 개입에 대한 보상으로 소련은 1952년 11월 동북지역 특수화를 중단시켰다.

반면 중국은 1951년 봄 계획했던 대만 침공을 포기해야 했다. 맥아더는 1949년 기자회견에서 대만이 곧 중국에 함락될 것으로 보고 있었다. 한국전이 아니었다면 대만은 중국에 흡수될 운명이었다. 중국은 유엔의 5개안 거부로 국제적 비난과 고립을 자초해 경제지원 및 대외 개방의 여지를 상실했다(왕단 2015).

엔총회가 침략자 중공군의 철수를 촉구하기에 이르렀다. 5월 18일 유엔총회는 중국에 대한 금수조치까지 통과시켜 모택동의 신 중국 건설이 결정적인 타격을 입게 됐다(트루먼 1970, 이덕주 2007).

2. 정전 협정과 이후의 세계정세

중공군의 5차 공세는 유엔군에 의해 격퇴되고 1951년 6월 전선은 소강상태로 들어갔다. 이 무렵 양측은 무력으로 상대를 굴복시킬 수 없다는 사실을 깨닫기 시작했다. 미국은 이에 따라 38선 이남 지역에서 대한민국의 주권을 유지하고 외국군 철수, 인민군 재침을 막을 정도의 국군 강화를 현실적 목표로 내세웠다. 트루먼은 미 합참의 이 같은 의견에 동의하고 휴전 가능성을 타진하도록 했다.

스탈린은 1951년 6월 중국의 고강高崗, 김일성과 전쟁 상황을 논의하다 고강이 38선을 경계로 한 휴전 방안을 거론하자 처음에는 반대 입장을 드러냈다. 그러나 고강과 김일성이 중국과 북한의 어려움을 거듭 호소하자 휴전 대화를 받아들였다. 이승만 대통령은 북한의 38선 침공으로 국제적 합의는 무효가 됐으므로 통일을 가로막는 휴전협상을 결사반대한다는 입장이었다. 그러나 휴전협상을 저지시킬 힘이 없었다.

양측의 휴전협상 분위기가 조성되면서 6월 23일 유엔 소련대표가 교전 쌍방 간 협상을 언급했고 6월 25일에는 중국의 인민일보가 이를 지지한다는 보도를 내보냈다. 6월 29일에는 리지웨이 유엔군사령관이 미국을 대표해 관련 성명을 발표했다. 7월 1일 공산군 총사령관의 회신이 북경방송을 통해 전달되면서 7월 10일 양측이 전쟁사상 가장 긴 협상에 들어갔다(트루먼 1970, 이영훈 2013, 이덕주 2007).

1) 불발된 휴전 반대운동

휴전협상의 첫 쟁점은 유엔군의 역할에 대한 것이었다. 공산 측은 38선을 분계선으로 외국군대 철수를 주장했고 미국은 평화 정착 때까지 유엔군 잔류로 맞섰다. 양측은 회담의 주도권을 잡기 위해 전세를 유리하게 이끌려 안간힘을 썼다. 그러나 회담이 중지와 재개를 반복하며 1년 이상으로 길어지자 모택동은 양보를 하더라도 휴전을 받아들이려 했다. 김일성도 유엔군 주장대로 조기 종전할 것을 유엔에 호소했다.

반면 스탈린은 1952년 8월 주은래와의 회담에서 미국은 2년 넘게 싸워도 북한을 어쩌지 못했다며 전쟁 지속에 대한 미련을 버리지 못했다. 그러나 1952년 말 중국의 전쟁능력이 완전히 소진되자 전쟁 종결로 물러섰다.
당시 국군은 미8군 사령관 벤프리트 장군의 집중 훈련계획에 의해 전투지구의 4분의 3 가까운 지역을 담당하고 있었다. 전선에 배치된 16개 사단 중 11개 사단이 국군, 3개 사단이 미 육군, 1개 사단이 미 해병대, 1개 사단이 영 연방군이었다.

1952년 대통령에 당선된 공화당의 아이젠하워는 선거에서 전쟁 종식을 약속했고 전쟁이 계속되면 핵무기 사용도 불사하겠다고 밝혔다. 핵무기 사

> **🔍 역사 돋보기 - 스탈린 숭배의 최후**
>
> 2차 대전을 승리로 이끌고 소련의 국제적 위상을 높인 스탈린은 30년의 강권 독재 끝에 죽었다. 집권 마지막 몇 년간 소련에서는 스탈린 개인숭배가 절정에 달했다. 조각상, 초상화, 노래와 시, 의식이 넘쳐나고 스탈린의 모든 말은 신성한 진리로 간주됐다. 스탈린은 개인숭배 열풍 속에서도 즈다노프 등 주변 지도자들을 암살하는 등 경계심을 늦추지 않았다. 또 다른 대숙청이 임박한 가운데 스탈린이 병사한 것으로 발표되고 몇몇 측근들이 사라졌다(차하순 외 2015).

용 언급은 공산 측을 압박하기 위한 협상용이었다. 그런 와중에 1953년 3월 스탈린이 죽고 후임에 서방과의 협력노선을 주장하는 말렌코프가 등장하면서 휴전협상은 급물살을 탔다. 탈진상태로 전쟁을 계속해온 김일성은 소련의 휴전 방침을 크게 환영했다(차하순 외 2015, 이영훈 2013, 이덕주 2007, 이주영 외 2006).

▎반공포로 석방과 방위조약 체결

1953년 3월 무렵 이승만 대통령은 국민들과 함께 대대적인 휴전반대운동을 벌였다. 이승만은 미국이 한국 안보를 확고히 하지 않으면 휴전에 동의할 수 없다는 입장을 고수했다. 그에 따라 휴전회담 한국 대표를 철수시키고 국군만으로 전쟁을 계속하겠다며 미국을 압박했다. 이승만에게 있어서 최악의 사태는 미국이 한국의 안보와 재건에 대해 어떤 보장도 해주지 않고 철수하는 것이었다.

1953년 5월 말 미국의 고위정책회의에서는 이승만을 제거하고 휴전에 협조적인 새로운 친미 정권을 세워야 한다는 주장이 제기됐다. 이승만 제거 계획(미군 또는 국군 쿠데타)은 1952년 부산 정치파동 때와 1953년 5월 유엔군사령관 클라크에 의해서도 제기됐었다. 그러나 휴전반대 정책이 국민들의 광범한 지지를 받고 있었고 이승만을 대신할 인물이 없어 국무부는 이에 반대했다.

1951년 7월 시작된 휴전회담은 핵심쟁점이었던 포로송환 문제로 2년을 끌었다. 공산 측은 자신들이 생포했다고 말한 포로 수의 6분의 1 정도에 대한 명단만 제공했다. 유엔 측은 처음부터 본인 의사를 무시한 포로 강제송환에 반대하는 입장이었다. 2차 대전 때 소련 포로들이 사상 오염을 이유로 스탈린에 의해 대거 숙청된 사태를 의식한 조치였다. 실제로 생포된 인민군과 중공군 다수는 문책이나 처벌을 두려워해 송환을 원치 않았다. 공산 측은 여기에 대해 극렬하게 반발했다(이덕주 2007, 이영훈 2013, 트루먼 1970, 차하순 외 2015).

북한 인력난으로 포로 억류 360만 평 규모의 거제도 포로수용소에 수용된 공산군 전쟁포로는 모두 17만 명(인민군 15만, 중공군 2만)이었다. 수용소 안에서는 친공-반공 포로 간 대립으로 유혈충돌이 빚어졌다. 계획적으로 포로가 된 북한 공작원들은 공포체제를 조성해 반공포로들을 억압했지만 친공으로 돌아선 경우는 많지 않았다. 1952년 5월 공산군 포로들은 폭동을 일으켜 장성급 미군 포로수용소장을 감금하기도 했다.

1953년 6월 18일 이승만 대통령은 미국과 유엔군의 동의 없이 거제도 등 각지에 수용된 반공포로 2만7000명을 전격 석방해 휴전협상에 대한 불만을 드러냈다. 미국은 이승만의 단독행동에 경악해 한때 미군 철수를 거론하기도 했다. 그러나 미국 고위정책회의의 진언에 따라 아이젠하워가 상호방위조약 체결을 약속함으로써 사태가 수습됐다. 한미방위조약은 이승만의 대미 협상전략의 산물이었다. 이승만의 집요한 외교 공세로 미국은 한국의 전략적 가치를 재평가하게 됐으며 군부는 한국을 부흥시켜 자유진영의 모델로 만들자는 의견서를 채택하기에 이르렀다.

1953년 7월 27일 양측 간 정전협정이 체결됐다. 소련은 이승만을 자극한다는 이유로 김일성의 정전협정 서명을 말렸다. 유엔군 대표 해리슨과 인민군 대표 남일(북한 부수상 겸 외상, 군 고위직 겸임)이 먼저 서명하고 중공군 대표 팽덕회와 김일성은 나중에 서명했다. 정전협정에는 서해의 해상 경계선이 설정되지 않아 도서 지역과 인천 방어가 위태롭게 됐다. 이에 따라 유엔군사령관이 독자적으로 북방한계선을 그어 지금까지 이를 고수하고 있다.

이승만 대통령의 반공포로 석방으로 남은 공산군 포로 14만 명 가운데 8만3000명이 북한, 중국으로 송환됐고 2만1000명은 송환을 거부해 중립국 송환위원회에 넘겨졌다가 석방됐다. 유엔군에 의해 석방된 민간인 의용군은 3만9000명 정도였다. 국군과 유엔군 포로는 북한이 전후 인력 확보책으로 다수를 억류하는 바람에 1만3457명만 귀환하는데 그쳤다(권희영 외 2014, 트루먼 1970, 차하순 외 2015, 이영훈 2013, 한영우 2016).

한미의 상호방위조약 인식 차이 정전협정은 휴전을 약속한 것이지 전쟁을 종결하고 평화체제로 넘어간다는 의미는 아니었다. 법적으로는 남북이 아직도 전쟁으로 대치상태에 있다는 뜻이다. 정전협정 이후 휴전선 일대에서는 충돌이 계속 일어났고 그때마다 한국 문제를 유엔군(미군)이 대신하는 어색한 회담이 계속됐다. 북한은 정전협정이 유엔군, 중공군, 인민군 간에 체결됐다는 이유로 유엔군과의 직접 협상을 고수하고 있다.

7월 27일 정전협정에 이어 8월 8일 한미상호방위조약이 가조인됐다. 미국은 이 조약으로 공산세력의 침략 위협 저지와 이승만의 북진통일 의지를 단념시키는 효과를 기대했다. 반면 이승만은 공산세력의 침략 위협 억제와 일본의 재침략 봉쇄를 성과로 받아들였다. 이승만은 미국이 일본을 키워 한반도 안보 일부를 맡기려 하자 일본의 지배를 받느니 공산주의를 선택하겠다는 편지를 수없이 보내 일본의 안보 개입을 저지했다. 한미방위조약은 10월 1일 워싱턴에서 정식 조인됐고 1954년 11월 17일 발효됐다.

한미방위조약 체결과 함께 이승만은 군사원조와 경제원조 7억 달러, 10개 예비사단 신설, 79척의 군함과 100대의 제트 전투기를 제공받는 조건으로 국군을 유엔군사령부 지휘 하에 두는 한미합의의사록에 조인했다. 이 의사록에 의해 한국은 72만의 국군을 유지할 수 있게 됐다. 1958년 11월에는 국군 감축에 관한 최종합의서에 서명해 육군 56만5000명, 해군 1만6000명, 공군 2만2400명, 해병대 2만6000명 체제가 현재까지 유지되고 있다. 한미방위조약에 바탕을 둔 한미동맹은 이후 전쟁 억지와 한국 경제번영의 버팀목이 됐다(차하순 외 2015, 한영우 2016, 이덕주 2007, 선우정 관미2-10).

🔍 역사 돋보기 - 이 대통령 정전성명(요지)

나는 정전이 공산측이 더 전진하는 서곡에 지나지 않을 것이라고 확신했기 때문에 이를 반대해왔다. 한국의 통일문제를 평화리에 해결하기 위해 제네바 정치회담이 개최되는 동안 우리는 정전을 방해치 않을 것이다.
당분간 공산 압제에서 고생하지 않으면 안 될 동포들에게 우리는 다음과 같이 외친다. 동포여, 희망을 버리지 마시오. 우리는 여러분을 잊지 않을 것이며 모른 체 하지도 않을 것입니다. 한민족의 기본목표 즉 북쪽에 있는 우리의 강토와 동포를 다시 찾고 구해내자는 목표는 계속 남아 있으며 결국 성취되고야 말 것입니다(중앙일보사 1975).

전쟁 후유증과 반공의식 무장

전쟁 범죄자 김일성, 박헌영이 중소의 지원을 받아 일으킨 한국전쟁은 민족사 최악의 재앙을 불러왔다. 6.25 전쟁으로 한국은 감당하기 어려운 인적, 물적, 정신적 피해를 입었고 폐허 위에서 맨손으로 국가 재건에 나서야 했다. 남북의 분단이 고착되면서 남한은 섬 아닌 섬나라가 됐으며 남북 간 민족적 이질성도 깊어졌다.

한국 전쟁이 참혹했던 것은 북한이 공산혁명을 명분으로 각 행정단위에 숙청대상을 지시해 무수한 남한 주민들을 학살한데 있었다. 즉결처분, 인민재판을 통한 숙청이 반동분자에서 일반인에게로 확대되면서 북한 또는 좌익에 의한 전체 학살자는 12만 명 정도로 늘어났다. 도처에서 벌어진 인민재판의 공포를 겪어본 남한 주민들은 전후 북한 공산주의에 대해 완전히 적대적인 태도를 갖게 됐다. 이 바람에 공산당과 인민군 앞잡이, 월북자 가족은 남한에서 사람 취급도 받지 못했다. 공산주의에 동조적이었던 낭만적 지식인, 남북 화해통일을 지향했던 민족주의적 지식인들도 모두 반공주의자로 돌아섰다.
이승만 정부의 강경 반공주의는 한국전쟁과 그 후 대한민국의 군사력을 획기적으로 증강시키는 촉진제 역할을 했다. 전쟁 직전 10만 정도였던 국군은 종전 후 60만의 상비군 체제로 재편됐다. 미군은 국군을 일반 사회 부문보다 훨씬 앞서는 조직으로 키워냈다. 국군이 비대하면서도 응집력 있는 조직으로 발전하자 이승만은 군부의 정치적 압력을 분산하기 위해 몇 개의 파빌들이 서로 견제하도록 만들었나(통일부 PDF'북1, 이영훈 2013, 차하순 외 2015, 이덕주 2007).

인명피해 300만, 강제월북 30만 1953년 7월 정전까지 만 3년여의 6.25 전쟁은 남북한 총인구의 10%인 300만 명의 인명 사상과 실종(북한 180만) 피해를 가져왔다. 국군은 14만 명이 전사(북한 30만)하고 45만 명이 전상을 입었다. 미군은 이 전쟁으로 3만7000명의 전사자와 10만3000명의 전상자를 냈다. 유엔군 사상자는 2500명 수준이었다. 중공군 사상자는 50만(사망 14만), 소련군 전사자는 300명 정도였다.

북한의 한국전쟁 도발은 남북 인구에까지 변화를 일으켰다. 북한의 인구는 1949년 말 962만에서 1953년 말 849만으로 100만 이상 줄어들었다. 전쟁 이후 1953년까지 월남한 주민은 88만 정도로 추계됐다. 월북한 남한 주민은 의용군 강제 징집(20만), 강제 납북(9만), 자진 월북자 등 총 30만 정도였다. 북한은 전쟁 사상자, 월남민 등으로 수많은 인력을 잃게 되자 전후 복구를 위해 국군포로를 강제 억류하는 조치까지 취했다. 1000만 이산가족은 종전 32년만인 1985년부터 제한적인 상봉의 기회를 갖게 됐다.

한편 남북한의 물적 피해는 전시 국민총생산의 60%인 20~30억 달러에 이르렀다. 남한은 생산 시설의 40% 이상이 파괴돼 경제가 거의 마비됐으며 북한도 주요 산업 기반과 생산 시설 대부분을 상실했다. 북한의 전후 공업생산은 전쟁 전의 절반, 농업생산은 4분의 1로 줄어들었다. 주택, 공공건물, 도로, 교량 등의 피해도 심각했다. 북한은 유엔군의 대규모 폭격으로 평양 시내가 흔적도 없이 사라지는 등 전 지역이 피해를 입었다(통일부 PDF북1, 이주영 외 2006, 이영훈 2013, 이기백 1976).

전재민 600만과 살인적 인플레 1950년부터 1960년대 초반까지 한국은 나라 전체가 전재민 수용소나 다름없었다. 정부가 파악한 1952년의 6.25 전쟁 피난민은 275만(북한 피난민 88만), 전재민은 359만, 원주빈민은 416만으로 전체 구호대상은 1052만 명에 달했다. 여기에는 전쟁미망인 30만과 그에 딸린 부양 아동 52만이 포함돼 있었다. 전체 구호대상은 국민 절반에 가까웠고 불완전하게나마 구호가 이뤄진 것은 436만 명으로 그 절반에 못 미쳤다. 유엔 크리크 전시 민간구호원조(1950~1954)는 200만 피난민에게 하루 쌀2홉, 현금 50원씩을 지급했다.

전후 유가족과 상이군인(6만4000명)들은 혹심한 생활고에 시달렸다. 전쟁으로 남편을 잃은 여성들은 국가가 제대로 도와줄 형편이 안 돼 홀로 가족들의 생계를 꾸려야 했다. 해외동포, 북한 피난민들까지 몰려들면서 사회에는 실업자, 거지들이 넘쳐흘렀다. 1950년대 말 한국에는 250만의 완전실업자와 200만의 농어촌 잠재 실업자가 있는 것으로 추정됐다.

전비 조달, 유엔 대여금 원화 지출로 인한 인플레가 가속되면서 전쟁 이후 물가는 하루가 다르게 앙등했다. 이 바람에 고리대금업만 성행하게 만들었다. 인플레의 파장으로 돈을 한 장 한 장 세어보지 않고 분량을 대충 달아서 주고받는 일까지 벌어졌다.
거래 단위가 터무니없이 높아져 경제와 유통에 불편이 커지자 정부는 1953년 2월 화폐개혁을 단행했다. 화폐단위를 100분의 1로 떨어뜨려 통화 가치를 해방 직후 수준으로 유지하고자 한 것이다. 그러나 화폐 액면 100원이 1환으로 변경되고도 경제는 혼란에서 벗어나지 못했다. 물가는 화폐개혁 2년 남짓한 기간에 몇 배씩 뛰어올랐다. 사채 이자는 월18%로 1

년이면 216% 즉 원금의 2배 이상을 갚아야 했다. 한국동란의 후유증인 악성 인플레는 1956,1957년 무렵에야 서서히 수습됐다(공보처 PDF남1, 이덕주 2007, 정주영 1992).

🔍 역사 돋보기 - 가짜역사, 내전확대설

한국전쟁은 공산진영의 남한 침략을 자유진영이 격퇴한 세계사적 사건이었다. 한국이 미국과 유엔의 도움을 받아 적화기도를 물리치고 자유민주주의를 뿌리 내리지 못했다면 세계 10대 경제대국 진입과 같은 기적은 이뤄질 수 없었다. 그러나 1960년대 미국에서 베트남 참전 등 냉전정책에 대한 불신이 한국전쟁으로 연결되면서 남침 유도설, 내전 확대설 같은 허구적 주장들이 나타났다. 미국 정부에 냉소적인 학자들이 정부 비판을 위해 퍼트린 가짜 역사였으나 1980년대까지 정론인 것처럼 떠돌았다. 한국의 좌경 학자들이 여기에 부화뇌동해 한국의 역사교육을 어지럽혔다. 두 가지 설은 1990년대 소련의 비밀자료들이 공개되면서 허구라는 사실이 입증됐다. 일본에서는 1950년대까지 북침설이 우세했으나 1960년대부터 남침설로 바로 잡혔다(차하순 외 2015).

2) 미중소의 삼각관계 형성

한국전쟁은 2차 대전 이후 부흥의 길에 들어선 세계경제를 크게 확장시켰다. 군수 관련 산업이 세계 각국의 경제를 활성화시킨 때문이었다. 미국은 2차 세계대전 이후 4년간 GNP 평균 성장률이 3.4%에 머무르다가 한국전쟁 발발 이후 5년간 평균 6.9%를 기록했다. 한국전쟁은 소련의 경제성장을 지속시키는 데도 영향을 미쳤다.
한국전쟁이 종료된 1950년대 후반 들어서도 세계 경제는 유례없는 성장 기조를 이어갔다. 경제성장을 이끈 것은 자유진영 선진국들이었고 공산진영과 비동맹 제3세계 국가들은 침체의 늪에 빠져들었다. 1955년 세계 인구의 25%를 차지한 자유진영은 세계 부의 60%를 생산한 반면 공산진영은 인구 비중 10%에 생산 비중 10%를 기록하는데 그쳤다. 중국을 포함한

제3세계는 인구 비중 65%에 생산 비중은 30%에 머물렀다(이덕주 2007, 권희영 외 2014).

▎소련의 평화노선과 중국의 반발

한국전쟁과 함께 미국에서는 반공주의가 견고해졌다. 아이젠하워(공화당) 대통령은 군대 경험을 통해 미국이 공산주의로부터 세계를 지켜야 한다는 냉전의 논리를 잘 이해하고 있었다. 트루먼(민주당) 정부가 시작한 공무원 보안심사 사업을 확대하는 한편 정부 내 용공분자들을 해고하고 명단을 공개했다. 미국 상하원은 1954년 아이젠하워 정부의 공산주의 규제법(공산당 가입 금지)을 거의 만장일치로 통과시켰다.

아이젠하워가 도미노 이론을 대중화시킨 강경 반공주의자 덜레스를 국무장관으로 기용하면서 미국의 소련과 공산주의에 대한 봉쇄정책은 세계적인 것으로 발전했다. 1951년 호주, 뉴질랜드와 상호방위협정을 체결한데 이어 1953년 한국과 대만에 대해서도 많은 원조와 함께 상호방위조약을 체결했다. 미국의 국방력 강화계획은 한국전쟁으로 탄력을 받아 1949년 140억 달러에서 1953년 440억 달러로 3배 가까이 늘어났다.

소련의 변화와 미중의 대립 스탈린 사후 소련의 대외정책은 국가들 사이의 이해관계가 서로 다르다고 여기는 등 유연성을 보이기 시작했다. 공산진영 내의 차이점은 물론 자본주의와의 차이점에 대해서도 관용과 공존이 가능하다는 입장으로 돌아섰다. 그러나 1953년 체코슬로바키아의 시위와 파업사태(자유선거 요구), 동독의 반란 강경진압으로 미소관계는 다시 험악한 상태가 됐다.

미국과 중국과의 관계는 줄곧 대립으로 치달았다. 한국전쟁에서 중국이 중공군을 파견해 미국과 직접 교전을 벌임으로써 유화점을 찾던 양국관계는 일시에 얼어붙었다. 전후 중국은 미국이 중국 공산정부 승인을 거부하며 대만을 돕고 있는데 불만이었고, 미국은 중국이 인도차이나 반도의 공산반란을 부추기는데 분개했다.

1953년 주은래周恩來는 신흥 아시아·아프리카 국가들과의 연대를 염두에 둔 평화 5원칙을 내세워 미국의 압력에 맞섰다. 인도와의 국경 교섭에서 제기된 평화 5원칙은 영토·주권의 상호존중, 상호불가침, 내정불간섭, 상호평등, 평화공존 등 위선적 내용을 담고 있었다. 이에 대응해 미국의회는 1955년 대만과 부속도서에 군대 파견 권한을 정부에 부여하는 대만 결의안을 통과시켜 아이젠하워를 지원했다. 1957년에는 미국이 대만에 핵탄두를 장착한 미사일을 배치해 미중 대립이 깊어졌다(이주영 외 2006, 차하순 외 2015).

스탈린 격하운동의 파장 1956년 2월 흐루쇼프 소련 공산당 서기장은 20차 당 대회에서 스탈린 격하 연설과 함께 미국 등 서방과의 평화공존 노선을 내세웠다. 흐루쇼프는 스탈린을 '잔인하고 비이성적이며 피에 굶주린 폭군'으로 비판하고 집단지도부가 이를 교정했다고 밝혔다. 스탈린 격하 연설 이후 강제노동수용소에 수감된 수백만의 정치범이 석방되고 많은 사람들의 명예회복 조치가 이뤄졌다. 그러나 소련이 경찰국가를 포기한 것은 아니었다.

스탈린 격하 연설에 고무된 폴란드에서는 1956년 통제정책 완화를 주장하는 유혈시위와 내부 대립 끝에 소련으로부터 공산주의 체제의 자유화를 인정받았다. 그러나 헝가리에서는 소련군 철수, 언론자유, 민주선거를 요구하는 반공혁명으로 치달아 소련의 무력개입을 촉발했다. 소련의 무차별적인 공격으로 2500명의 헝가리인과 720명의 소련 군인들이 사망한 것으로 알려져 세계에 충격을 던졌다. 같은 해 유고슬라비아 공산당 지도자 티토는 스탈린주의를 공개 반대해 공산진영을 뒤흔들어놓았다. 소련은 유고슬라비아의 독립노선을 용인하는 등 유화적인 입장을 취했다.

소련의 다원적 공산주의 노선은 헝가리 사태 이후 탈 소련의 원심력이 커지도록 만들었다. 1961년 알바니아와 루마니아가 독자노선으로 돌아서 소련의 유럽 공산권 내 입지가 약화됐다. 공산체제에 대한 봉기는 소련에서도 발생했다. 식량 부족과 같은 생활조건과 노동조건에 대한 불만이 소련 봉기의 주된 원인이었다(랴자놉스키 외 2017, 일본협의회 2011, 왕단 2015).

중소관계 파열과 30년 단절 중국의 공산화는 공산진영에 두 번째 중심이 생겼다는 점에서 문제의 시작이었다. 소련은 1949년과 1950년 4개의 협정을 통해 중국의 군비 발전에 전폭적인 지원을 했고, 중국은 그 대가로 몽골인민공화국의 독립을 받아들였다. 당시 중국공산당은 통일 원칙보다 현실적 이익을 중시하는 현실주의 정당의 모습을 보였다.
소련의 스탈린은 중국 건국 초기까지 내정을 지도했다. 1954년 중국이 헌법을 제정한 것은 공산당의 정통성에 문제가 될 수 있다는 스탈린의 지적에 따른 것이었다. 중국은 1953년 첫 보통선거에 이어 1954년 1회 전국인민대표대회(전인대)를 열어 중화인민공화국 헌법을 제정했다. 헌법은 사회주의를 목표로 삼았으며 농업의 집단화, 상공업의 공유화가 국가 방침으로 정해졌다.

이런 외형적 협조관계와 달리 모택동은 스탈린의 내정 개입, 반대세력 지원 등 횡포에 원한이 쌓여 있었다. 1953년 스탈린 사후 모택동은 세계의 모순이 집중된 아시아, 아프리카, 라틴아메리카의 민족해방혁명을 지원해야 한다는 입장을 드러냈다. 이는 소련을 제치고 국제 공산주의 운동의 지도자가 되겠다는 외교노선을 의미했다.
모택동은 1956년 소련 공산당의 스탈린 청산과 개인숭배 비판을 긍정적으로 받아들였다. 공산주의를 거부하는 동구 국가들의 봉기로 중국 사회가 동요하자 1957년 쌍백운동(百家爭鳴 百花齊放)으로 충격을 흡수하고자 했다. 그러나 여기서 공산당에 대한 비판이 속출하자 다시 강경노선으로 돌아섰다. 이를 계기로 모택동은 소련 공산당이 레닌·스탈린주의를 모두 버렸다며 소련 노선을 비판하기 시작했다. 모택동은 중국공산당에의 영향, 자신의 사후 등을 의식해 소련 노선에 부정적 태도를 보인 것이다.

특히 한국, 대만 문제로 미국과 전면적 적대관계에 있던 중국으로서는 흐루쇼프의 평화공존 노선이 배신행위로 여겨졌다. 모택동은 당시 미국과 그 동맹국과는 평화공존이 불가능하다는 생각을 가졌다. 1958년 8월 중국이 본토 해안에서 몇 마일 거리인 대만의 금문도와 마조도를 공격한 것은 소련의 평화공존 노선을 대만 해방에 대한 방해로 인식했기 때문이었다. 이 포격으로 미국과 중국은 전쟁 직전까지 가는 위기를 맞았다.

1959년 8월 중국-인도 간의 국경 무력충돌 때 소련의 흐루쇼프가 중립을 지킨 일도 중소관계를 소원하게 만들었다. 1959년 10월 중국 건국 10주년 행사에 참석한 흐루쇼프는 모택동 등과 아무런 공동성명을 발표하지 않았다. 이후 양국의 스탈린주의에 대한 논리 충돌과 소련의 대약진운동 비판, 중소협약 일방적 파기로 양국관계는 최악으로 치달았다. 중소관계는 1989년 고르바초프가 다시 중국을 방문할 때까지 30년 동안 단절됐다(랴자놉스키 외 2017, 왕단 2015).

▍모택동의 폭정과 대약진운동

중화인민공화국은 대학살과 공포정치의 피바다 위에 세워진 것이었다. 모택동은 모든 사람의 손에 피를 묻히는 방법으로 사람들이 집단기억에 대해 함구하도록 만들었다. 그런 할아버지, 아버지 세대의 정신적 후유증은 지금까지 이어지고 있다. 중국 기업인들은 아직도 노골적으로 애국심을 표시해야 하는 경우가 많다.

중국공산당은 국공내전 승전 이후 전국적으로 반혁명분자, 간첩, 지주를 새출하는 작업을 벌였다. 모택동은 1000명당 한 명으로 주여야 할 숫자까지 할당했다. 지역 공산당 책임자들은 너무 적게 죽여 우파로 몰리기보다 너무 많이 죽이는 길을 선택했다. 6세 어린이가 첩보조직의 우두머리가 되는 어처구니없는 일들이 곳곳에서 벌어졌다. 이 공포시대를 거치면서 모택동에게 반기를 드는 사람은 한 사람도 남지 않았다(디쾨터 중2-7).

모택동은 중화인민공화국 수립 이후 자신의 권력을 다지기 위해 정적 숙청과 급진 대중정치운동으로 정국을 장악해나갔다. 한국전쟁 시기인 1950년 6월 토지개혁을 단행해 수십만의 지주 세력을 폭력적 군중운동으로 살해했다. 1951년에는 지식인 사상개조를 명분으로 수많은 인문 지식인들을 육체노동에 강제 투입했다. 또 국민당 잔당을 숙청하기 위해 부패, 낭비, 관료주의를 배격하는 소위 삼반三反운동을 일으켜 10만 이상이 폭력적 군중운동의 희생자가 됐다.

1952년에는 자본주의 세력을 제거하기 위해 뇌물과 탈세, 국영 재산 강탈 등의 척결을 명분으로 오반五反운동을 벌여 수천 명을 살해했다. 이런 폭력투쟁을 통해 공산정권 수립까지의 전략적 동반자였던 상공업 유산층과 지식인들은 모조리 제거됐다. 1957년에는 백가쟁명百家爭鳴, 백화제방百花齊放이라는 구호 아래 민주화 세력의 의사표현을 부추긴 뒤 이들의 실체가 드러나자 55만 명에 이르는 사람들을 숙청(쌍백 반우파 투쟁)했다(왕단 2015).

사회주의 20년 조기 전환 중국 건국 초기 유소기, 등소평 등 실용주의자들은 사유제를 동요시킬 단계가 아니라고 봤다. 그러나 모택동의 생각은 달랐다. 건국 무렵 자신이 주창했던 신민주주의라는 위장막을 벗어던지고 1953년부터 사회주의 국영경제로의 이행을 재촉했다. 그에 따라 1953년 말 전국의 농촌 합작사가 10만 개에서 48만 개로 늘어났다. 또 소련의 일

반원조와 기술 원조를 받으며 1953년 1차 5개년 계획에 들어가 중공업 건설에 어느 정도 성과를 거뒀다.

그러나 1957년 이후 탈 스탈린주의를 둘러싼 소련과의 노선 대립으로 양국 관계가 악화되자 독자적인 사회주의 국가 건설 방향을 모색하기 시작했다. 거기서 나온 것이 모택동의 공상적 유토피아를 사회주의 개조와 결부시킨 사회주의 건설의 총 노선 즉 대약진운동(1958~1961)이었다. 이에 따라 전 인구의 80% 이상을 차지하는 농촌 주민들은 새로 창설된 인민공사에 배속됐다. 인민공사는 생산단위이자 행정단위, 사회생활단위였다. 도시사회도 전사회적 기능을 가진 공유화가 추진돼 기업들이 국영화되고, 국영기업이 생활상의 모든 필요를 제공했다. 이런 시책을 뒷받침하기 위해 중국은 1950년대부터 도시와 농촌의 호적을 구분해 1980년대까지 거주 이동을 막았다.

중국이 이런 형태의 조직을 도입한 것은 냉전체제 하에서 자위적이며 자급자족이 가능한 사회를 만들어야 했기 때문이다. 그러나 농촌 집단화, 도시 국영화 조치는 농업생산과 기업경영의 침체 등 심각한 폐단을 불러왔다. 더욱이 미국, 소련과의 불화로 고립이 깊어지면서 국가경제를 유지만 할 뿐 그 이상 발전시킬 수가 없었다(왕단 2015, 가시모토 외 2015).

아사사태 부른 대약진운동 문제를 더욱 악화시킨 것은 농촌 대약진이 정치운동으로 변질돼 각 지역에서 식량 생산을 황당하게 부풀리는 일이 잇따르는 것이었다. 일례로 하남성河南省에서는 1958년 농산물 생산량을 2.5배로 과장하는 바람에 농민들은 징벌을 피하기 위해 먹을 식량까지 수매물량으로 내놔야했다. 이런 현상은 교육기관 설치, 문맹 퇴치, 해충 박멸 등 식량 이외의 다른 영역까지도 널리 퍼졌다. 허위날조 보고에 따라 중국 공산당은 식량 생산이 포화상태라고 판단했고, 수매량을 늘리는 바람에 농민들은 조금뿐인 식량을 거의 빼앗기다시피 했다.

이런 통계 부풀리기의 결과로 1959년부터 1961년까지 중국 전역에서 대기근이 발생해 아사자가 4000~4500만에 달했다. 기원 후 2000년간의 중국사에서 203차례에 걸쳐 1만 명 이상의 아사자가 발생했으나 그 전부를 보태도(3000만) 여기에 못 미쳤다. 당시의 생활상은 참혹했고 농촌 지역이 특히 심했다. 호남성에서는 시체를 비료로 쓰기 위해 솥에서 삶았고 산동성의 한 어머니는 아들을 잔돈 몇 푼과 찐빵 네 개에 팔았다.

중국공산당은 대기근이 100년 만의 가뭄 때문이라고 했지만 대기근 3년 동안의 가뭄 피해는 평년 수준에 불과했다. 중국은 기근 상황인 1959년과 1960년에도 대량의 식량을 수출했다. 1959년 식량 생산은 전년 대비 1500만 톤이나 감소했지만 415만 톤이 수출물량으로 빠져나갔다. 1961년 대기근 때 소련의 흐루쇼프는 100만 톤의 밀을 차관으로 제공하려 했으나 중국은 이를 거절했다. 대기근은 이런 폭정들이 겹쳐 일어난 결과였다.

대기근 속에서도 중국에서 대규모 항거나 폭동이 일어나지 않은 것은 국가 폭력이 인민의 반항을 포기하게 만들었기 때문이다. 전면적인 정보 봉쇄와 허위 여론선전으로 각 지방은 자신의 지방에서만 기근이 발생한 것

> **🔍 역사 돋보기 - 중국, 대만의 국가폭력**
>
> 1950년대 중국과 대만에서는 국가폭력이 맹위를 떨쳤다. 중국은 물론 대만에서도 언제 경비총사령부로 불려가 조사를 받을지 모르는 공포상황이 이어졌다. 국공내전 당시 공산당 간첩에 크게 당한 대만은 1950년대에 중국 간첩을 극도로 경계해 백색테러가 사회를 뒤덮었다.
> 그러나 양자의 국가 폭력에는 미세한 차이가 더 많이 나타났다. 그리고 수년 뒤부터 양자는 정치적으로 전혀 다른 길을 걸어 폭압적 전체주의와 제한적 자유주의의 완전히 다른 나라가 만들어졌다(왕단 2015).

으로 잘못 알고 있었다. 폭력과 거짓말은 중화인민공화국 역사를 관통하는 통치의 비밀이었다. 모택동은 대약진운동으로 권력 기반을 상실하자 1966년 문화대혁명을 일으켜 실용주의자들을 몰아내고 다시 권좌에 복귀했다(왕단 2015).

3) 한국전쟁과 일본, 동남아

한국전쟁은 유럽에서 시작된 냉전을 아시아로 확대시켜 세계적인 냉전 상황을 초래했다. 미국은 한국전쟁 발발로 일본의 군국문화 청산을 중단하고 반공 장벽 구축에 나섰다. 미군의 한반도 출동으로 치안력에 공백이 생기자 일본 점령군사령관 맥아더는 일본 내각에 경찰예비대 창설을 요청했다. 1950년 8월 7만5000명의 경찰예비대가 창설되면서 일본은 헌법이 정한 전쟁포기의 틀을 넘어 사실상 재군비의 길로 들어섰다. 경찰예비대는 이후 보안대를 거쳐 자위대로 변신했다. 맥아더는 이와 함께 공산당원에 대한 공직 추방령을 내린 반면 전범과 구 군인들의 공직 추방은 해제시켰다. 한국전쟁으로 일본의 민주화 개혁과 군국문화 청산이 역주행하는 사태를 빚게 된 것이다.

한편 한국전쟁의 병참기지 역할을 했던 일본은 전쟁 사업의 최대수혜자가 됐다. 더지 라인(Doudge line)으로 불황에 허덕이다 한국전쟁 특수를 누리며 일시에 호황을 맞았다. 군수물자와 서비스 조달을 위해 미국이 1950~1953년 사이 일본에서 지출한 금액은 30억 달러에 이르렀다. 유럽의 마셜 플랜에 상당하는 달러가 일본으로 쏟아져 들어갔다. 이로 인해 연 10%가 넘는 경제성장률을 기록하며 1960년대 고도 경제성장의 발판을 깔았다. 한국전쟁 이후 주일 미군기지와 재군비에 대해 부정적이던 국민여론은 긍정으로 돌아섰다(아사오 외 2016, 나카무라 2006, 일본협의회 2011).

▎일본 사면한 대일 강화조약

 미국은 일본의 전략적 중요성을 재인식해 일본 부흥을 위한 대일 강화조약을 서둘렀다. 이승만 정부는 일본의 한반도 식민지배 피해자로서 배상과 강화회의 참여를 요구했고 미국의 덜레스 국무장관도 한국을 연합국의 일원으로 받아들이려는 생각이었다. 그러나 일본은 재일 한국인의 보상권리 취득에 따른 부담 등을 꺼려 회의 참여를 거부했다. 일본이 극도로 경계했던 것은 재일 한국인이 연합국 국민과 동등한 지위를 얻게 되는 것이었다. 한국의 회의 참여 요구는 교전국이 아니라는 영국의 주장에 의해 좌절됐다. 영국, 프랑스는 전후에도 여러 식민지를 보유했기 때문에 일본의 식민지배 청산에 미온적이었다.
대만과 중국은 미영의 의견이 엇갈려 참석이 불발됐고 북한은 처음부터 논의 대상이 되지 않았다. 베트남의 강화조약 주체는 독립전쟁을 수행한 북베트남(월맹)이 아니라 미국이 승인한 남베트남으로 결정됐다.

 한국전쟁 중인 1951년 9월 소련 등 3개국이 불참한 가운데 서방 연합국 48개국이 샌프란시스코 강화회의에 참가해 대일평화조약 통칭 샌프란시스코 강화조약을 체결했다. 이 조약으로 일본은 중국 내 권리와 이익, 대만을 포기하고 한국의 독립을 인정했다. 동남아 4개국은 경제협력(청구권) 명칭으로 일본의 배상을 받았다. 버마(미얀마)가 2억 달러(1954), 필리핀이 5억5000만 달러(1956), 인도네시아가 2억2300만 달러(1958), 베트남이 3900만 달러(1959)였다. 한국, 대만 등 분리지역 지배에 따른 청구권 문제는 일본과 해당국의 특정협정에 위임하도록 했다(나카무라 2006, 하타노 2016, 한중일편찬위 2015).

 군국주의 재생과 전쟁책임 실종 이승만 대통령은 6.25 전쟁의 와중에서 일본 제국주의와 가장 오래 싸운 한국이 대일강화조약 서명국에서 제외됐다는 것은 도저히 이해할 수 없다며 강화조약에 반대했다. 중국도 마찬가지였다. 그러나 한국은 21조 수익규정에 의해 연합국과 같은 대우를 받았다. 강화조약과 동시에 미국과 일본은 미일 안전보장조약을 체결했고 일본은 미군의 일본 잔류를 희망했다.

일본은 1952년 4월 28일 강화조약 발효로 영토주권을 회복했지만 沖繩오키나와, 오가사와라, 아마미 제도 등 북위 29도 이남은 미군의 점령통치가 계속됐다. 일본은 미국의 압력으로 강화조약 발효일에 중국의 정통정부인 중화민국(대만)과 화일華日평화조약을 맺었다. 소련과는 1956년 국교를 회복하면서 유엔가입에 도움을 받았다. 중국과는 1972년이 돼서야 국교를 정상화할 수 있었다.

냉전과 한국전쟁이라는 비상상황에서 봉합된 강화조약은 문제의 해결점이자 출발점이었다. 일본으로서는 강화체제와 신헌법체제를 융화시키기가 어려웠다. 강화체제는 냉전 상황의 억제된 무장을 지향한 반면 냉전 직전의 신헌법체제(1946)는 전쟁포기와 비무장을 국가이념으로 했기 때문이다. 이는 일본에게 군국주의의 청산을 완화하거나 우회하는 길을 열어줬다. 실제로 일본은 강화조약 후 곧 재군비 정책을 추진해 1954년 7월 보안대를 자위대로 개편했다. 이는 신헌법체제와 상충되는 일이었다.

미국은 일본을 아시아 반공 거점으로 만든다는 목표에 집착해 강화조약의 원래 취지를 크게 훼손시켰다. 강화조약 11조(전범 조항)는 전범재판과 연계시켜 일본의 전쟁 책임을 명백히 하자는 취지였으나 실제 조약에서는 전쟁 책임이나 성격을 명료하게 밝히지 않았다. 1952년 강화조약이 발효되자 일본 정부는 11조에 전쟁책임 조항을 대신하는 기능이 있음에도 애매함을 역이용해 전범 석방에 나섰다. 전범들의 사형은 공무상 사망으로 뒤집혔고 유족원호법이나 은사의 대상에 포함되도록 했다. 야스쿠니 신사에 합사되는 길까지 열어줬다(한중일편찬위 2015, 나카무라 2006).

허술한 식민지 문제 청산 강화조약의 또 다른 문제는 식민지 제국의 청산을 허술하게 취급해 수많은 역사 갈등을 잠복시켰다는 점이다. 일본의 부흥을 돕기 위해 전쟁 배보상 책임을 애매하게 처리한 것도 복잡한 쟁점을 남겼다. 식민지 지배와 전쟁으로 인한 한국, 중국의 피해 배보상은 책임의 주체나 대상에 대한 규정 없이 일본과의 직접 교섭에 맡겨졌다.

중화민국(대만)은 1952년 4월에 체결된 화일華日평화조약에서 청구권 문제를 협의하기로 했으나 시기상조라며 응하지 않았다. 그 뒤 중일전쟁에 따른 피해의 배상청구를 포기했고, 중국은 1972년 중일공동선언(제5조)으로 대만의 결정을 받아들였다. 한국은 1965년 대일 청구권(일본은 경제협력 주장) 배상을 받았지만 북한 문제는 지금까지 정리되지 않은 상태다.

동남아 4개국에 대한 배상은 경제협력과 일체화시켜 일본의 전쟁 책임을 희석시켰다. 이는 일본의 부흥과 안정을 우선한 미국의 아시아 전략 변화에 그 원인이 있었다. 일본과 달리 독일은 서유럽사회 일원으로서의 독일

역사 돋보기 - 일본의 재일동포 차별

일본은 2차 대전 패전 후 1946년 12월까지 한국으로 귀국하지 않은 사람은 일본 국적자로 인정했다. 그러나 국정 및 지방참정권은 박탈했다. 1952년 4월 법무성 민사국은 대일강화조약 발효와 함께 국적 선택권을 주지 않고 한국인을 일본 국적을 상실한 외국인으로 규정했다. 이때부터 지문날인제도, 민족교육 부정 등 차별과 억압이 일어났다. 또 군인·군속에 대한 개인 보상에서 한국인, 대만인은 제외시켰다. 서구의 전쟁 희생자 보상은 시민과 군인·군속, 자국민과 외국인을 구별하지 않는 평등주의를 원칙으로 했으나 일본의 보상 입법(은급법과 유족원호법)은 국제표준을 지키지 않았다. 한국 출신 군인 11만 6000명, 군속 12만6000명, 전몰자 2만2000명도 국적 상실로 유족원호법 대상에서 제외됐다(일본협의회 2011, 차하순 외 2015, 하타노 2016).

이라는 국가 정체성을 재구축하며 폭넓은 전쟁 책임을 받아들였다. 폴란드, 네덜란드, 벨기에 등 주변국들도 이에 적극 호응했다.

배보상 문제의 연장선상에서 연합국들이 몰수한 일본의 해외 사유재산 보상은 독일, 이탈리아의 선례대로라면 일본 정부가 부담해야 할 몫이었다. 그러나 강화조약에서 보상 주체가 구체화되시 않아 일본의 귀환사 단체들은 1946년 말부터 보상요구 운동을 시작했다. 일본 정부는 민간의 주장에 따라 식민 지배를 식민지 근대화론으로 둔갑시켜 피해국들의 반발을 샀다(한중일편찬위 2015, 나카무라 2006).

▌동남아 자유국가들의 시련

동남아 자유국가들은 1949년 중국의 공산화, 1950년 한국전쟁, 1954년 북베트남의 대 프랑스 전쟁(1차 인도차이나 전쟁) 등 공산주의가 맹위를 떨치자 심각한 위기감을 갖게 됐다. 1950년대 태국과 신생독립국 지도자들은 한국과 마찬가지로 공산주의의 침투를 국가생존의 위기로 받아들였다. 불교국가인 태국과 버마(미얀마), 반공 전통을 물려받은 필리핀과 말레이시아 등은 각국의 형편에 맞는 방식으로 공산세력 진압에 들어갔다.

태국, 말라야, 필리핀의 반공 입헌군주제 불교국가인 태국은 공산주의에 필적할 만한 조직력과 위계를 갖춘 군부 중심으로 공산주의 차단에 나섰다. 태국 군부와 세계 반공전선을 주도했던 미국과의 제휴는 당연한 귀결이었다. 미국은 태국을 반공의 보루로 삼기 위해 지원을 아끼지 않았고 태국은 베트남, 라오스 내전과 2차 인도차이나 전쟁에서 미국의 지원세력 또는 배후 기지 역할을 했다.

동남아 남쪽의 영국령 말라야(말레이시아의 전신)에서는 공산폭동으로 1948년부터 1960년까지 장기 내전에 들어갔다. 이 바람에 독립이 1957년으로 늦춰졌다. 신생 말라야 연방은 반공을 국시로 삼고 1948년 선포된 비상사태를 1960년 국가보안법으로 대체시켰다. 잠복해 있던 공산주의자들은 인도차이나 전쟁 때 다시 준동해 말레이시아는 1975년부터 1989년까지 공산세력 진압에 나서야 했다.

1946년 독립한 필리핀 신생정부는 반정부 후쿠발라하프(후쿠)의 진압을 첫 과제로 안게 됐다. 후쿠는 항일투쟁 때 일본군보다 지주를 더 많이 죽인 공산주의에 가까운 혼성집단이었다. 1946년 총선에 참여하기도 했지만 정치권에서 배척당하자 무장투쟁으로 돌아섰다. 2대 대통령 끼리노 정부의 국방장관이었던 막사이사이가 1953년 대통령에 당선돼 강온 양면전략으로 후쿠 문제를 해결했다.

버마 10년 내전과 사회주의화 버마(미얀마)에서는 공산 세력이 확대되면서 1948년 독립이후 1958년까지 내전이 이어졌다. 신생 버마를 사분오열의 위기에서 구해낸 것은 네윈 총사령관 휘하의 버마 군대였다. 네윈은 버마 독립의 아버지 아웅산과 더불어 독립전쟁에서 크게 활약한 인물로 버마 군 건설의 중심 역할을 했다. 네윈은 부총리로 우누 정부를 보좌하며 공산세력을 소멸해나갔다. 1950년 한국전쟁으로 반공세력이 결집되고 영국과 미국의 지원이 강화되면서 1951년 총선 이전에 내전은 진정국면으로 접어들었다. 총선에서 반파시스트인민자유연맹(AFPFL)이 집권당이 되면서 공산주의 활동을 금지시켰다. 우누 정부는 이념대립을 해소하는 방편으로 불교를 국교 차원으로 끌어올리며 사회주의를 표방했다(최병욱 2016).

〈표2-1〉 1940,1950년대 아시아의 공산당 내전과 반란

나라	시기	개요
필리핀	1946~1953	공산 후쿠발라하프 무장투쟁 진압
라오스	1946	친서방 왕정과 라오인민혁명당 내전
말레이시아	1948~1960	공산폭동과 장기내전, 1957년 독립
버마	1948~1958	독립과 함께 민족-공산 내전 돌입
한국	1946~1953	대구폭동, 제주폭동, 여순반란, 북한남침

인도네시아의 공산-반공 동거 1949년 독립한 인도네시아는 네덜란드 식민지배의 기억밖에 없는 광대한 지역을 하나의 인도네시아로 만드는 것이 국가과제였다. 독립은 됐지만 각지에서 반란(분리 독립투쟁)이 잇따랐다. 1955년 총선에서는 83개 정당이 의회에 진출할 정도로 혼란스런 상황이 연출됐다. 민족주의 국민당이 의석의 22.3%, 이슬람 계열 두 정당이 20.9%와 18.4%, 인도네시아 공산당이 16.4%를 차지했다.

국민당의 수카르노 대통령은 정국 운영이 곤란해지자 1957년 국회의 기능을 정지시키고 초법적 국가평의회를 설치해 교도민주주의 독재를 시작했다. 1959년에는 민족주의, 이슬람, 인도네시아 국군, 공산주의 등 4개 정치세력의 균형에 기초한 정치체제를 구축했다. 수카르노는 국내 문제 해결을 위해 자신이 주도한 비동맹회의를 적극 활용했다. 비동맹회의는 자유진영과 공산진영을 배척한다고 했지만 실제로는 식민 적대감이 없는 공산진영을 지향하고 있었다. 중국, 북한, 북베트남, 라오스, 캄보디아, 소련이 비동맹회의에 참가하거나 지원했다. 수카르노의 비동맹 노선은 인도네시아 공산당의 선명성을 억누른다는 복선을 깔고 있었으나 국군 등 반공세력들은 수카르노의 전략을 위험한 도박으로 생각했다(외교부 PDF7, 최병욱 2016).

3. 전후 복구와 국가 기틀 정비

이승만 대통령은 인력, 자원, 기술 등 기초여건이 전무한 상태에서 대통령 개인 역량에 의존해 1950년대 국가 건설의 바탕을 마련했다. 한국전쟁의 성공적 관리, 영토주권 확립을 위한 평화선 선포, 반공포로 석방을 통한 한미방위조약 체결, 대규모의 대한 경제원조 실현, 기초공업 육성, 의무교육 보편화, 인재육성 등 다수의 업적을 남겼다.

그러나 북한의 공산화 위협, 문맹에 가까운 국민 교육수준과 정치적 미성숙, 이승만을 대체할 인물이 없었던 당시 상황은 권위주의 체제의 등장을 불가피하게 만들었다. 3,4대 대통령 선거에서 야당후보인 신익희, 조병옥이 급서하는 바람에 견제세력마저 제대로 구축되지 않았다. 결국 고령의 대통령 주변 인물들이 국정을 전단하면서 집권 후반기 부정부패로 치닫게 된 것은 신생국 정부의 한계였다(차하순 외 2015, 이영훈 2013).

그런 와중에 3.15 부정선거(1960)로 인한 4.19 의거가 촉발됐으나 대통령이 자진 사임함으로써 민주적 전통을 수립하고 4.19 의거를 무혈혁명으로 승화시켰다. 이승만은 노쇠로 인한 정권관리 잘못 등의 과실이 없지 않았지만 대한민국 국부(國父)로서 손색이 없었다는 평가를 내릴만했다.

1) 여야 개헌 갈등과 반일정책

1950년대의 국내 정치는 제헌헌법 제정 때의 이중적 정부형태 갈등이 확대 재생산되는 양상을 보였다. 대통령 중심제와 내각책임제의 충돌은 집권 연장 세력과 집권 기대 세력 간의 대립이었다. 고령의 이승만이 재임 중 사망하면 부통령 소속 정당이 정권을 잡게 되는 기형적 헌법제도는 정치를 파국으로 몰고 가는 원인이 됐다.

6.25 전쟁 직전인 1950년 1월 야당인 한민당 등 여러 정파가 통합한 민주국민당(민국당)은 대통령에 대한 불신임 기류를 내각책임제 개헌안으로 표출시켰다. 내각책임제 요소가 강한 대통령 중심제를 완전 내각책임제로 바꾸려는 2차 권력구조 개편 시도였다. 이승만은 대한청년단 등 외곽조직을 통해 개헌반대 분위기를 조성해 개헌안을 부결시켰다.

제헌국회가 임기 2년으로 끝나고 1950년 5월 30일 2대 국회의원 선거가 실시됐으나 대통령 지지정당(대한국민당)과 반대정당(민국당) 모두가 각 24석밖에 얻지 못했다. 여권 성향 의석은 137석에서 57석 정도로 줄어들었다. 반면 조소앙, 안재홍 등 중도 및 중도좌파의 진출이 두드러졌다. 민국당은 자금력과 인맥을 동원한 의원 영입으로 다수 정파로 부상했고 당위원장인 신익희가 국회의장에 선출됐다. 여소야대 상황이 연출된 것이다.

한국전쟁이 발발하자 대통령과 민국당의 정쟁은 일시 중단됐다. 대통령은 거국일치 내각으로 민국당 유력인사 다수를 내각에 앉혔다. 1950년 11월에는 민국당의 장면을 국무총리로 임명했다. 그러나 1951년 2월과 3월 거창 양민 학살사건과 국민방위군 사건으로 정국은 다시 혼돈상태에 빠졌다.[6] 국민들의 공분이 들끓자 부통령 이시영이 자진사퇴해 국회는 김성수를 2대 부통령으로 선출했다(이영훈 2013, 이택주 2007).

▎평화선 선포와 직선제 개헌

아시아·태평양 전쟁의 전후 처리를 위한 1951년 9월 샌프란시스코 대일강화회의는 일본의 동북아 반공거점 구축이라는 냉전 목표에 가리어 많은 문제들을 남겼다. 교전 당사국인 한국과 공산 중국이 배제돼 국제법상 일본은 이들 양국과 전쟁을 계속하는 상태가 됐다. 강화회의에서 일본은 식민지 지배와 침략전쟁 책임을 분명히 하지 않은 채 미국의 등 뒤로 숨어 들어갔다.

미국은 강화회의의 연장선상에서 한일 국교정상화를 종용해 양국은 1951년 10월 예비회담, 1952년 2월 본 회담에 들어갔다. 그러나 청구권의 복잡성, 어업권 문제, 재일 한국인 처우문제, 양국의 국내정치 상황 등 장애물이 한두 가지가 아니었다. 더구나 일본 대표가 식민지배에 대한 반성 없이 망언을 계속해 회담은 아무런 진전을 보지 못했다.

---

6) 거창양민학살 사건은 1950년 12월 경남 거창군 신원면에서 공비가 지서를 습격해 경찰 30여 명을 살해하자 소탕 작전에 나선 군이 공비와 내통했다는 혐의로 양민 600여명을 학살한 사건이다. 국민방위군은 1950년 12월 중공군 남하에 대비해 편제된 50만 명 규모의 예비군으로 피난 행군을 하던 중 1000여 명이 아사하거나 동사하는 사태가 벌어졌다. 당시 국방장관 이기붕은 식량, 의복 예산을 빼돌려 사건을 촉발한 김윤근 사령관 등 9명을 총살에 처했다.

이승만 대통령은 대일 강화조약의 허점을 사전에 차단하기 위해 1952년 1월 독도를 포함한 인접해양의 주권에 관한 대통령 선언, 이른바 평화선을 선포했다. 평화선 설정으로 영토주권을 확립하고 한반도의 해역과 해양자원을 보호한 것은 대일 외교의 쾌거로 남을 일이었다. 그러나 평화선 선포는 일본 뿐 아니라 미국까지 불편하게 만들었다. 한국정부는 이에 굴하지 않고 8월부터 평화선 안에 들어온 일본 어선 수백 척을 나포했다. 동남해의 한일 경계선이 됐던 평화선으로 인해 일본은 오랫동안 속을 끓일 수밖에 없었다.

1953년 10월 3차 국교 정상화 회담에서 일본 수석대표 久保田貫一郎구보타는 일본의 조선 통치가 은혜를 베푼 것이라는 적반하장의 발언을 하고 한국에 대한 일본의 (귀속)재산 청구권을 주장해 회담이 깨졌다. 한국 측의 발언 철회 요구를 일본 측이 거부하면서 이후 5년간 회담이 중단됐다 (나카무라 2006, 이영훈 2013).

전란 속 정쟁과 이승만 재집권 건국 초기 이승만은 신생 후진국에서 정당정치는 무리라는 판단에서 당파의 이해를 초월해 소속 정당 없이 국민을 통합하고자 했다. 그러나 1952년 국회에서의 재선 가능성이 희박해지자 지원세력인 원외 자유당 결성을 유도하는 쪽으로 돌아섰다. 또 6.25 전란 극복과 민주주의 발전, 국회의 귀족세력화를 막기 위해 대통령 직선제가 이뤄져야 한다고 생각했다.

1951년 11월 원내의 대통령 지지 세력은 대통령 직선제와 양원제 국회 개헌안을 국회에 제출했으나 야당이 19대143으로 부결시켰다. 1952년 4월 야당이 123명의 동의를 받아 내각책임제 개헌안을 제출하자 이승만은 21석의 세력을 가진 장택상을 국무총리로 기용해 간신히 표결을 막아냈다. 중앙정치에서 위기에 몰린 이승만은 이즈음 지방의회 선거를 실시해 압도적 승리를 거두며 현실정치의 힘을 강화했다.

대통령 임기를 석 달 앞둔 1952년 5월, 정부는 다시 직선제와 양원제 개헌안을 국회에 상정한 뒤 영호남 일원에 비상계엄을 선포했다. 계엄으로 야당 의원들이 대거 연행되는 사태가 벌어지자 부통령 김성수는 항의 표시로 사임서를 제출했다. 이때 국회 밖에서는 어용단체들이 국회 해산을 요구하며 국회의원들에게 폭력을 행사하는 등 혼란이 거듭됐다.

이 무렵 주한 미 대사관과 이승만은 계엄 해제를 놓고 강경하게 맞섰다. 미 대사관은 군사정변(이종찬 육참총장) 제안을 받았으나 이승만을 대신할 인물이 없어 문민정부가 바람직하다는 쪽으로 결론을 내렸다(이영훈 2013).

기형적 정부형태 시정 못해 전쟁 중에도 정쟁이 계속되자 클라크 유엔군사령관은 국회의장단을 만나 정치혼란이 해소되지 않으면 신탁통치를 해야 할 지도 모른다는 사실을 주지시켰다. 이에 놀란 국회는 민국당의 내각제 개헌안과 정부의 직선제 개헌안을 절충한 발췌개헌안을 마련했다. 개헌안은 1952년 7월 경찰이 부산 국회의사당을 포위한 가운데 찬성 163명으로 가결됐다(부산 정치파동). 대통령 임기를 한 달 앞둔 졸속 개헌으로 대통령 중심제이면서 총리제를 두는 기형적 정부형태가 고쳐지지 않았다. 국회는 양원제로 개정됐으나 참의원 선거는 2공화국까지 연기됐다.

1952년 8월 실시된 대통령 직접선거에서 이승만은 524만 표의 압도적 지지로 당선됐다. 국민 대다수는 대통령 국회 간선보다 직선을 원했다. 무소속 조봉암과 이시영의 득표는 80만 표와 76만 표에 그쳤다(도표 참조). 이승만은 헌정질서 왜곡에도 불구하고 국민들에게 여전히 자유민주주의의 선각자, 수호자로 부각됐다. 반면 야당 세력은 식민지 시기 일제와 타협한 이력으로 인해 정치적 권위를 인정받지 못했다.

부통령 선거에서는 이승만이 지지한 무소속의 함태영이 41.3%의 득표율로 자유당의 이범석(25.5%)과 민국당의 조병옥(8.1%)을 눌렀다. 1952년 12월 야당은 내각 총사퇴를 의미하는 국무원 불신임 결의를 국회에 제출했으나 부결됐다(이영훈 2013).

임기제한 없앤 사사오입 개헌 한국전쟁 이후 한국의 정치는 정부-집권당이 일체화돼 정권교체를 허용하지 않는 권위주의 체제로 변질되고 있었다. 권위주의 체제는 1987년까지 33년간 이어졌다. 이는 동아시아 신생 각국의 일반적인 현상이었다. 한국은 산업화 성공으로 권위주의 체제를 가장 먼저 졸업한 편에 속했다.

1954년 5월 3대 민의원 선거를 맞아 자유당은 이승만에 한해 대통령의 임기제한 규정(1차 중임)을 없애는 개헌안을 마련해 후보자 공천과 연계시켰다. 개헌안은 국유경제를 시장경제로 대체하는 내용도 담았다. 각종 관권이 개입된 민의원 선거에서 자유당은 203개 선거구 중 114석을 차지했다. 민국당이 15석, 무소속이 67석이었다. 지방의회를 장악한 자유당의 동원력이 야당을 압도한데다 부정선거의 영향도 컸다.

최초의 여대야소 상황에서 이기붕이 여당출신 국회의장이 됐다. 1954년 9월 자유당은 임기 제한규정 철폐 개헌안을 국회에 제출했으나 여론이 좋지 않았다. 국회는 표결을 주저하다 개헌 정족수 136명에 한 명이 모자라는 135명이 찬성하자 사사오입이라는 억지논리로 개헌안을 가결시켰다(사사오입 개헌). 1955년 야당은 내각책임제를 공약으로 내걸고 신익희, 조병옥(구파), 장면(신파) 주도로 통합 민주당을 출범시켰다. 김성수를 중심으로 한 구 한민당 세력은 영향력을 거의 상실했다. 1956년 3대 정부통령 선거에서 자유당은 이승만과 이기붕을 후보로 내세웠다. 이승만은 이미 80세를 넘긴 노인이었으나 자유당에서 그를 대신할 인물이 없었다. 1952년 부산 정치파동과 1954년의 사사오입 개헌으로 당내 유력인사들이 야당으로 이탈했기 때문이었다.

이승만은 3선 불출마를 선언했으나 불출마 번복을 위한 관제데모가 잇따르면서 출마 수락으로 돌아섰다. 자유당의 대통령 선거 패배는 내각책임제 전환을 의미했고 그것은 이승만 집권 8년을 무위로 돌릴 가능성이 컸다. 민주당에서는 신익희-장면, 진보당에서는 조봉암-박기출이 정부통령 후보로 등록했다(이영훈 2013).

대통령 유고 시 야당 부통령 승계 1956년 5월 15일 3대 대선을 눈앞에 두고 민주당 대통령 후보인 신익희가 유세 도중 갑작스레 병사했다. 대통령 선거는 맥이 빠졌고 이승만은 70.0%의 높은 지지율로 당선됐다. 부통령에는 민주당의 장면이 자유당의 이기붕을 눌렀다(도표 참조). 제헌헌법에서 단추가 잘못 꿰어져 정부통령의 당적이 서로 다른 상황이 3대째나 계속되면서 정치적 알력이 커졌다. 대통령이 사망할 경우 자유당 정권은 민주당 정권(장면 부통령)으로 넘어가는 기이한 상황에 놓여 있었다.

1956년 3대 대통령 선거에서 무소속의 조봉암은 민주당 신익희 후보의 사망으로 유효투표의 30.0%인 216만 표를 얻었다. 조봉암은 그해 11월 계획경제, 평화통일 등을 강령으로 내걸고 진보당을 창당했다. 한국전쟁이 끝난 지 4년도 안 돼 당년의 북한 주장에 동조하는 평화통일 강령을 내건 데 충격을 받은 이승만 정부는 진보당의 정당 등록을 취소하고 조봉암과

〈표2-2〉 2~4대 정부통령 직선 결과

시기	대/구분	당선자	차점자	비고
1952.8	2-대통령	(자)이승만 74.6%	(무)조봉암 11.4%	이시영 10.9%
	3-부통령	(무)함태영 41.3%	(자)이범석 25.5%	이갑성, 조병옥
1956.6	3-대통령	(자)이승만 70.0%	(민)신익희 급서	조봉암 30.0%
	4-부통령	(민)장 면 46.4%	(자)이기붕 44.0%	

자료: 경기도선관위 PDF선2 (약자: 자유당, 무소속, 민주당)

주요 간부 10여명을 국가보안법(간첩) 위반으로 체포했다. 이승만은 조봉암이 북한의 사주와 지원을 받은 것으로 확신하고 있었다.

1958년 7월 1심 재판은 조봉암에게 무죄를 선고했으나 고등법원과 대법원은 사형선고를 내려 1959년 7월 사형이 집행됐다. 미 대사관은 조봉암 사형 집행 후 파장이 있을 것으로 예상했으나 소요사태나 언론의 문제 제기가 전혀 없었다.

한편 1958년 5월의 4대 국회의원 선거에서는 자유당이 126석을 차지했으나 내용면에서는 민주당 79석에 패배한 것이나 다름없었다. 당시 자유당 지구당은 정당조직이 아니라 유력 기관장과 유지들이 참여하는 지역위원회 같은 조직으로 변질됐다. 자유당의 광범한 부정선거에도 불구하고 62개 도시 선거구에서 민주당은 33.9%(자유당 54.1%)의 득표율을 기록했다. 4대 국회의원들은 4.19로 임기를 채우지 못했다(이영훈 2013, 이덕주 2007).

사지로 내몬 재일동포 북송사업 재일동포 북송사업은 북한의 인력난 해결과 일본의 사회보장비용 경감을 위한 반인도적 야합행위였다. 1958년 무렵 북한은 노동력 부족을 보전하기 위해 재일동포의 귀환을 추진했다. 일본은 생활보호대상자가 대부분인 재일동포에 대한 공적 지출을 줄이기 위해 북한의 북송사업에 맞장구를 쳤다. 1959년 2월 이승만 대통령은 일본

> **역사 돋보기 – 반일 둘러싼 한미갈등**
>
> 1954년 7월 워싱턴의 이승만-아이젠하워 한미 정상회담은 처음부터 한일관계 정상화를 둘러싸고 격렬한 대립을 보였다. 미국이 반일정책 포기를 요청하자 이승만은 한일회담에서의 일본의 도발을 거론하며 미국의 압력을 일축했다. 분노한 아이젠하워가 회담장을 중도 퇴장하고 다음 회담에서 미국 측이 폭언을 하자 이승만은 회담장을 나가버렸다. 이승만은 남은 의제를 정일권, 백두진에게 맡기고 먼저 귀국했다(이덕주 2007).

이 재일 한국인들을 노예처럼 취급해오다 인도주의를 들먹이며 북한으로 내보내려 한다며 강력한 경고를 보냈다. 재일한인 북송반대 전국위원회는 일본의 용공주의 북송계획이 세계인권선언과 대한민국 주권을 침해하는 행위라며 무조건 철회를 요구했다.

그러니 1959년 8월 일본과 북한은 재일교포 북송에 괸힌 협정을 맺고 그해 12월부터 1984년까지 9만3339명을 북송시켰다. 일본은 한국 민간단체의 격렬한 반대시위에도 불구하고 일본 재입국이 어렵다는 사실을 숨기며 재일동포들을 사지로 몰아넣었다(권희영 외 2014, 중앙일보사 1975).

▍4.19 의거와 이승만 정부 붕괴

 이승만 정부 초기에는 내외치의 모든 면에서 이승만의 재가 없이 이뤄지는 일이 없었다. 달러가 귀해 대통령이 20달러 지출까지 결재를 했다. 그러나 1953년 11월 이기붕이 당의장으로 선출돼 정권의 2인자로 부상하면서 자유당 권력이 강화됐다. 이기붕은 이범석이 조직한 조선민족청년단(족청)과 다른 사회단체들을 제거하고 경제관료, 신흥자본가 중심의 새 권력체제를 구축했다.

이승만의 지도력은 1950년대 중반을 넘어서며 나이에 비례해 쇠퇴하고 있었다. 1956년 대통령 선거 때 이승만은 선거비용으로 1백만 환 이상을 쓰지 말고, 부정선거를 하지 말 것 두 가지를 당부했다. 선거자금이 필요하다고 말하면 오히려 꾸중을 들었다. 그러나 당시 자유당은 12개 기업에 17억 환을 융자해주고 절반 이상을 선거자금으로 상납 받았다.

1950년대 말 이승만 주변 권력층은 부정부패에 젖어들고 있었다. 1959년 무렵 이승만과 이기붕은 건강이 모두 나빠져 영부인과 박마리아(이기붕 부인), 경무대 비서, 자유당 강경파들이 정치를 좌우했다. 비서정치와 자유당 당료정치가 결합되면서 이승만의 지도력은 마비됐고 이는 자유당 정권의 붕괴를 이끌었다. 자유당 정부는 1959년 4월 이승만 4선 출마를 비판한 경향신문의 발행을 취소해 폐간에 이르도록 했다.

1960년 이승만 체제는 개인숭배 조짐까지 보이다 4대 정부통령 선거를 맞이하면서 파국으로 치달았다. 85세의 이승만이 4대 대통령에 출마한 것은 이승만 자신과 대한민국의 불행이었다. 당시 한국은 미국의 원조가 크게 줄어들면서 경제가 침체돼 국민 불만이 커지고 있었다(이덕주 2007, 차하순 외 2015, 이영훈 2013).

3.15 부정선거의 배경과 파장 1960년 3월 15일의 4대 대통령 선거는 민주당 대통령 후보 조병옥이 미국 육군병원에서 급사하는 바람에 끝난 것이나 다름없었다. 자유당으로서는 이승만 대통령 사망 시 대권을 이을 부통령 선거가 발등의 불이었다. 자유당 후보 이기붕은 대중정치 역량이 취약해 민주당의 장면을 이길 가능성이 희박했다. 65세의 고령인데다 대통령보다 건강이 나빴으나 다른 대안이 없었다.

이기붕 세력은 정경유착으로 성장한 기업들로부터 막대한 선거자금을 거둬들이는 한편 정부와 당이 일체화된 체제를 앞세워 중앙과 지방에서 공무원, 경찰, 유권자를 동원하는 대대적인 부정선거를 계획했다. 최인규 내무장관은 1959년 11월 말부터 1960년 2월 말까지 전국의 시장, 군수, 경찰 간부들에게 40% 사전 투표와 공개투표 계획을 내려 보냈다.

민주당은 1960년 3.15 선거의 투표가 끝나기도 전에 불법 무효를 선언했다. 투표 중 부정선거 증거를 확보한 마산시 민주당은 규탄시위를 벌였고 경찰의 발포로 7명이 죽고 870명이 다쳤다. 이승만은 3월 23일 최인규 장

〈표2-3〉 4,5대 정부통령 직선 결과

시기	대/구분	당선자	차점자	비고
1960.3	4-대통령	(자)이승만 89.0%	(민)조병옥 급서	선거무효
	5-부통령	(자)이기붕 79.2%	(민)장 면 17.5%	선거무효

자료: 경기도선관위 PDF선2 (약자: 자유당, 민주당)

관과 이강학 치안국장을 해임해 사태를 진정시켰다. 부통령 선거 결과는 이기붕 883만 표, 장면 184만 표로 발표돼 민심이 술렁거렸다.

4월 11일 마산 앞바다에서 1차 마산 시위 도중 경찰의 최루탄에 맞아 숨진 시위학생의 시신이 발견되면서 시위는 전국적으로 번져나갔다. 자유당 정부는 공산분자들의 배후 조종이라며 이들의 검거를 지시해 사회 분위기가 갑자기 경색됐다. 4월 18일 고려대 학생 1000여 명이 정부통령 재선거를 요구하는 시위를 벌이다 정치깡패들의 습격을 받았다(이덕주 2007, 이기백 1976).

재선거에서 대통령 하야 요구로 4월 19일에는 시위대 2000여 명이 경무대로 행진하다 경찰의 발포로 21명이 사망하고 172명이 다쳤다. 이 사건으로 시위는 20만 명 규모로 확대됐고 당일 오후 서울 등 주요 도시에 계엄령이 선포됐다. 19일 하루 동안 시민 111명과 경찰 4명이 사망했고 시민 558명과 경찰 169명이 부상당했다. 이승만은 4월 19일까지 3.15 부정선거를 몰랐고 장면 등의 정치공작으로 시위사태가 벌어진 것으로 오판했다.

이승만은 4월 22일 이기붕 부통령 사퇴와 내각제 개헌을 수습방안으로 내놨다. 그러나 민심은 이제 이승만 하야와 자유당 퇴진으로 향하고 있었다. 4월 23일 민주당 장면 부통령은 항의의 뜻으로 사임을 발표했고 이승만은 4월 24일 내각 총사퇴 및 자유당 결별 선언으로 정국 수습의 마지막 카드를 던졌다.

그럼에도 불구하고 민주당은 25일 이승만의 하야권고안을 국회에 제출했고 27개 대학 교수 285명도 하야요구 성명을 발표한 뒤 가두시위를 벌였다. 26일 국회는 이승만 대통령 하야, 정부통령 선거 무효화 및 재선거, 내각책임제 개헌을 골자로 하는 4.19 사태에 대한 결의를 통과시켰다. 같은 날 서울의 시위군중 10만이 경무대로 육박해 들어가자 이승만은 27일 하야 성명을 발표하고 사임서를 국회에 제출했다. 이에 따라 대통령과 1, 2

순위 대통령 승계자인 부통령(장면), 국회의장(이기붕)이 모두 공석이 됐다. 이승만 하야에는 한국 군부와 미국의 압력 및 지지 철회가 영향을 미쳤다. 미국은 한국 군부에 정치 불개입과 시위대 진압 자제를 요구했고 미 대사는 대통령 하야를 촉구했다.

경무대를 떠난 이승만은 곧 돌아오리라는 기대를 가지고 5월 29일 미국 하와이로 출국했으나 고국 땅을 두 번 다시 밟지 못했다. 이승만이 고대하던 고국행은 박정희 정부의 비협조로 무산됐고 1965년 7월 91세의 나이로 쓸쓸히 사망했다. 이기붕 일가는 미 대사관에서 출국 비행기까지 준비했으나 이를 거절하고 경무대에서 동반 자살했다. 부정선거의 총책인 내무장관 최인규는 사형에 처해졌다(이덕주 2007, 이영훈 2013).

> **역사 돋보기 - 4.19 의거의 의미**
>
> 1948년 대한민국은 절대빈곤과 문맹국 상태에서 자유민주주의 실험에 들어갔다. 사회경제적 바탕이나 민주경험, 제도 운영의 인적 자원이 희소해 시행착오와 혼란은 불가피했다. 자연발생적 민중 시위였던 4.19 의거는 민주주의 교육을 받고 자란 젊은 세대가 반민주 행위에 항거해 정부를 쓰러트린 대한민국 최초의 정치 사변이었다. 정부의 부정부패, 경제상황 악화라는 배경 요인도 적잖은 영향을 미쳤다. 당시 보수 세력은 이승만 정부의 정당성을 용인해주는 분위기였으나 3.15 부정선거로 더 이상 지지를 보내기 어렵게 됐다. 4.19 의거를 통해 국민들은 자유민주주의가 저절로 이뤄지는 것이 아니라는 사실을 깨달았다. 이후 4.19 의거는 4.19 혁명으로 격상되며 국민주권의 힘을 상징하는 역사적 사건으로 자리매김했다(차하순 외 2015, 이영훈 2013).

2) 전후 경제사회 정책의 시동

1950년대 한국은 영락없는 영세 농업국이었다. 공산 종주국인 소련이 그랬던 것처럼 당시 농민들은 거의 모두가 비참한 생활을 했다. 농가인구가 60%를 넘었음에도(1952년 62.6%, 1959년 61.5%) 국민총생산에서 차지하는 비중은 40%선에 머물렀다. 농가의 95% 이상이 소규모 생계형 가족농업이어서 생산성이란 개념조차 없었다. 그 때문에 1953년 이후 매년 총수출액에 육박하는 1600만 달러를 양곡수입 대금으로 지출해야 했다.

한국의 1955년 1인당 국민소득(65달러)은 아프리카 57개국 평균 수준보다 낮았고, 아시아 16개국에서는 10위에 머물렀다. 일본은 물론 인도네시아, 필리핀, 태국, 대만, 말레이시아, 스리랑카보다 못했다. 나라의 가난을 해결하기 위해서는 생산성이 미미한 20% 정도의 농촌 과잉인구를 제조업 등으로 흡수할 필요가 있었다. 그러나 제조업 역시 취약하기는 마찬가지여서 그럴 여력이 없었다. 제조업의 국민총생산 비중은 1955년 10.6%, 1959년 11.7%에 머물렀다. 경제건설 재원을 조달하기 위해서는 일본과의 국교정상화가 절실했으나 그마저도 국민정서가 용납하지 않았다.

이승만 정부는 이런 내외적 어려움에도 불구하고 6.25 전쟁 이후 7년간 경제 분야의 기초를 닦는데 상당한 성과를 거뒀다. 미국의 원조를 정치적 목적으로 낭비한 아프리카 국가들과 달리 전쟁으로 소실된 제조업 기반을 신속히 복구시켰다. 제조업 공장 수는 1953년 2474개에서 1960년 1만 5204개로 늘어났다. 이 같은 노력에 힘입어 1954~1960년 한국경제는 동시대 다른 후진국에 비해 손색이 없는 연평균 4.9%의 경제성장률을 기록했다. 그러나 집권 후반기 미국의 무상원조가 유상차관으로 전환되면서 1960년 경제성장률은 2.3%로 크게 하락했다(이영훈 2013).

원조 의존한 시장경제 육성

한국은 정부 수립 후 1961년까지 미국과 유엔으로부터 27억 달러(해방 이후 31억 달러)의 원조를 받아 근근이 나라살림을 운영했다. 주요 무상원조는 유엔 전시 민간구호원조 4억5000만 달러(1950~1954), 미국의 한국경제 부흥원조 17억4000만 달러(1953~1961), 미 공법(PL480조) 후진국 식량원조 2억 달러(1956~1961) 등이었다.

한국에 대한 원조 금액은 마셜 플랜(1948~1953) 때의 영국 27억 달러, 프랑스 23억 달러와 비슷했고 서독 12억 달러의 두 배가 넘었다. 6.25 전쟁이 끝난 1954년부터 1년 2개월 정도는 미국의 원조만으로 먹고 살았다 해도 과언이 아니었다. 이후의 경제복구와 민생도 미국의 원조에 의지하지 않을 수 없었다(도표 참조).

1954~1959년 한국의 총세입 중 원조가 차지하는 비중은 74.8%에 달했고 전후 경제재건 자금의 90% 이상은 원조에서 나온 것이었다. 이런 경제 종속으로 인해 미국은 한국의 재정 및 산업 전반을 통제했다. 그러나 한국은 국가채무의 폭증 없이 전후 복구와 경제개발에 나설 수 있었다.

원조에는 구호물자와 같이 무상으로 공급된 것도 있었지만 대부분은 원자재 형태로 들여와 민간업자에게 판매됐다. 정부는 원조액 상당의 대충對充자금을 정부의 재정수입으로 편입했다. 대충자금이 총재정수입에서 차지하는 비중은 40~50%에 달했다. 이 자금은 국방비, 사회간접자본 투자, 민간기업 투융자 자금으로 활용됐다.

미국은 1958년 무렵부터 서유럽, 일본과의 교역을 자유무역으로 정상화시키고 후진국에 대한 무상원조도 유상차관으로 전환했다. 한국은 1957년을 최고점으로 원조가 줄어들기 시작해 경제에 적지 않은 어려움을 겪었다.

〈표2-4〉 1948~1961 연도별 외국 원조액 (단위: 억 달러)

연도	1948	1949	1950	1951	1952	1953	1954
금액	1.79	1.16	0.58	1.06	1.61	1.94	1.53
연도	1955	1956	1957	1958	1959	1960	1961
금액	2.36	3.26	3.82	3.21	2.22	2.45	1.99

자료: 내무부 PDF남2 재구성

이에 따라 이승만 정부는 재정금융 안정계획을 추진하는 등 활로 개척에 나섰다. 경제개발 계획의 필요성을 절감한 이승만 대통령은 1959년 12월 차관 도입을 전제로 한 경제개발 3개년 계획을 마련했다(차하순 외 2015, 국사편찬위 2017, 이영훈 2013, 이덕주 2007).

무역적자와 한미 경제건설 이견 한국은 해마다 미국으로부터 막대한 원조를 받으면서도 국제수지에서 적자를 벗어나지 못했다. 1950년대의 수출은 연간 2000만 달러 내외인데 비해 수입은 7000만 달러(원조 포함 3억 달러 이상)를 오르내려 3.5배(원조 포함 15배~20배)의 수입초과 상태였다. 당시 수출은 광산물 및 수산물이 전체의 80%를 차지했고 수입은 소비재 및 완성재가 대부분이었다. 경제자립을 위해서는 제조업 육성이 시급했으나 자본조달 방안이 없었다.

1950년대 전반기까지 미국의 원조정책은 구호나 긴급구호 등 생활안정에 두어졌다. 한국은 1952년 설치된 한미 합동경제위원회를 통해 원조 달러가 기간산업과 생산재공업 건설에 투여되기를 희망했지만 미국은 물가안정을 위해 소비재공업을 우선해야 한다는 입장이었다. 당시 미국은 한국, 대만의 자립경제 능력을 불신해 동아시아 자유진영의 중심축인 일본의 시장이 되는 것으로 충분하다고 생각했다. 이승만은 미국 원조의 반 이상이 일본에서 사용되는 원조 방식에 크게 반발했으나 미국은 이를 귀담아 듣지 않았다.

이승만 정부는 1955년 부흥부를 설치해 미국의 원조자금으로 기간산업 건설, 2차산업 확대 등 자립경제 구축에 나섰다. 그러나 미국의 동아시아 전략으로 인해 이승만 정부의 자립경제 계획은 몇 개의 수입대체 기업을 설립하는 것으로 만족해야 했다(내무부 PDF남2, 이영훈 2013, 차하순 외 2015).

삼백산업, 생산재 공업 시동 1950년대 후반 들어 미국의 원조정책은 부흥개발 즉 경제성장 정책으로 전환됐다. 북한의 성공적 전후복구, 좌익정당(진보당) 약진 등으로 반공정책의 모범사례를 보여줄 필요가 있었기 때문이었다. 미국의 잉여농산물 무상원조 계획(PL480조)으로 삼백三白산업(원면, 밀, 원당 가공)이 일어나게 된 것도 이 무렵의 일이다.

초보적이지만 비료, 시멘트, 철강 등 중간재 및 생산재 공업도 움직이기 시작했다. 수입비중이 가장 높았던 비료를 자력 생산하는 것이 급선무였다. 1959년까지 한국은 비료의 거의 전량을 수입에 의존하고 있었다. 연간 원조자금 2억5000만 달러 중 비료 도입비가 1억 달러 내외를 차지했다. 이에 따라 충주비료공장(1955), 나주비료공장(1958) 건설에 들어갔다.

품귀상태이던 시멘트는 공장 신증설로 1950년대 말 연산 60만 톤을 기록해 국내 수요의 상당 부분을 충당했다. 철강은 인천제철소 10만 톤(1959), 삼척제철소 2만1000톤(1961)의 능력을 확보했다. 그러나 제지, 전기기계는 초보단계에 머물러 미국 원조로 겨우 버티거나 라디오(1959)와 선풍기(1960)를 생산하는데 그쳤다.

이승만 정부가 건설한 소비재, 생산재 공업은 1958년 이후 일부 시설과잉을 보여 해외로 판로를 넓혔다. 면방의 경우 1957년 동남아, 1962년 이후 미국, 유럽시장으로 진출했다. 철강은 1962년 월남 수출 길을 텄다. 1963년 이후 한국경제의 성장은 이승만 정부의 공업화에 힘입은 바 컸다(차하순 외 2015).

시장경제 및 기업경제 육성 이승만 정부는 귀속재산을 자유시장과 기업경제의 밑거름으로 활용했다. 1948년 10월 미군정이 한국정부에 이관한 귀속재산(일본, 일본인이 남기고 간 재산)은 당시 한국 정부 5년 치 예산에 상당하는 3053억 원 규모였다. 정부는 시장경제 육성과 재정적자 해결을 위해 민간 조기불하 방침을 세우고 1949년 말부터 처분에 들어갔다. 민영은 물론 국영, 공영재산까지도 처분대상에 포함해 1963년 5월까지 31만 5642건을 불하했다. 정부는 시장체제를 뒷받침하기 위해 1954년 개헌에서 국유경제 조항을 시장경제로 전환시켰다.

귀속재산 불하와 함께 민간기업 육성을 위한 정부 특별융자, 특별외자, 금융기관 불하 등으로 소수의 기업들이 크게 성장했다. 1950년대 주요 기업 89개 가운데 두산, 한화, SK, 쌍용, 애경, 태창 등 40개 기업이 귀속재산 불하로 기업을 키웠다. 이 과정에서 정치자금을 내는 기업에 대해서만 적산기업 불하계약이나 은행의 귀속주 처리에 혜택을 주는 등 정경유착이 일어났다. 원조물자 배정에서도 업자와 사전 공모해 외화를 횡령하거나 시설투자 도입비를 가로채는 등의 문제가 없지 않았다. 그러나 국가체제가 제대로 갖춰지지 않은 당시 상황에서 어느 정도의 부정과 부패는 피할 수 없는 일이었다.

이승만 대통령은 1956,1957년 무렵 시장경제를 뒷받침하기 위해 4개 시중은행의 민영화를 단행했다. 정부가 적산은행 주식을 접수하면서 국영체제가 돼버려 시장경제 정착에 지장을 준다는 이유에서였다. 금융과 자본시장(증권거래소)이 싹도 트기 전의 일로 시중에서는 연20%의 고리사채가 공공연할 때였다. 대통령은 금융기관을 정상화시켜 산업자금을 조성하는 것이 경제 발전의 대전제라고 생각했다(이영훈 2013, 이기백 1976, 이덕주 2007, 이병철 1986).

제당, 건설 등 민간기업의 활약 1950년대 초중반 미국 원조물자에 힘입어 삼백산업에 시동이 걸리면서 소비재 민간기업의 출현을 불러왔다. 기술과 자본이 부족한 한국 기업들은 원면, 밀, 원당의 삼백三白 원자재와 시멘트를 수입해 단순가공 방식으로 유통시켰다. 이 사업이 전후 한국경제의 4대 업종이었다.

피난수도 부산에서 무역으로 두각을 드러낸 삼성물산은 1953년 제일제당, 1956년 제일모직을 가동해 설탕과 모직물의 폭발적 수요를 일으켰다.

1953년까지 한국에서는 설탕 생산시설이 전무해 세계시장 가격의 3배를 치르고 100%(1953년 2만3800톤) 수입품을 사용했다. 제일제당이 1953년 11월 처음으로 설탕을 생산하자 수요가 폭발해 설탕의 수입의존도는 1954년 51%, 1956년 7%로 떨어졌다. 뒤이어 동양, 삼양, 대한 등 7개 제당업체가 난립해 시설 용량(15만 톤)이 수요량의 3배로 확대되면서 투매전까지 벌어졌다.

1950년대 초반 한국의 섬유산업은 기반이 전무했다. 면직은 조악한 품질에 공급마저 부족했고, 모직은 일제 구식장비에 의존한 수공업 단계의 비의류용 직물(군용 모포) 생산이 고작이었다. 화섬 직물은 싹도 트기 전의 일이었다. 일반인들은 미군 군복을 염색해 입었고 상류층은 고가의 마카오 복지로 맞춤옷을 지어 입었다. 이 때문에 모직물 밀수입이 성행했다. 1956년 제일모직이 영국제의 5분의 1 값으로 복지를 출시하면서 영국제, 일본제 복지를 국내시장에서 완전히 몰아냈다(한영우 2016, 이병철 1986).

> **역사 돋보기 - 좌경사관의 공리공론**
>
> 1950년대 한국 경제는 말 그대로 원조경제였다. 좌경사관은 원조경제를 한국경제의 대미 종속, 농업피폐, 원조 배분을 둘러싼 정경유착과 부정부패 등 부정적 접근으로 일관하고 있다. 이들 비판은 사실에 근거한 것이긴 하나 당시 한국의 경제현실, 정부의 행정능력, 사회의 민도 등을 고려하지 않은 이상론에 불과하다. 1950년대는 자력 수출로 달러를 벌 능력도 안 됐고 외환시장이 존재하지 않아 외환 배분 등의 시장기능을 정부가 대신할 수밖에 없었다. PL480조 잉여농산물 원조를 농업파탄의 주범으로 꼽고 있으나 식량난 해결이라는 발등의 불을 외면한 한가한 논리가 아닐 수 없다.

▌1950년대의 사회상과 교육혁명

 이승만 대통령 집권기는 외교와 치안에 전념할 수밖에 없는 시절이었다. 그런 가운데서도 사회 부문에서 전환기적 변화가 이뤄졌다. 6.25 전쟁 이전 한국은 헌법제정과 보통 선거권 확립으로 법적 평등이 이뤄졌지만 사회적 평등이 실현된 것은 아니있다. 그러나 농지개혁으로 지주제와 양반제가 붕괴되면서 서서히 신분 차별 없는 평등시대를 열게 됐다.

이승만 정부는 집권 초기 민족문화 앙양을 강조했다. 서기 대신 단기를 도입했으며 개천절을 국경일로 삼았다. 한글 전용 정책을 추진해 한글 시대를 여는 한편 전통문화 계승, 발전에 노력을 기울였다. 그러나 6.25 전쟁 이후 공산주의의 영향으로 이승만 정부나 국민들 사이에서는 민족주의를 불온시하는 분위기가 팽배했다. 민족해방운동, 민족주의, 민족운동이라는 용어조차 쓰기가 어려웠다.

공산주의에 대한 경계심으로 이승만 정부는 집권 기간 내내 반공, 방첩을 국가의 기본 구호로 삼았다. 이런 국가 이념은 박정희, 전두환, 노태우 정부로 이어졌다. 박정희 정부에서는 민족주의가 통일을 지향하는 순간 정권의 감시대상이 됐다(정주영 1992, 차하순 외 2015, 한국사편찬위 2015).

절대빈곤의 후진국 국민의식 한국전쟁 직전 한국의 1인당 국민소득은 60달러가 채 안됐다. 당시 육군 대장의 월급이 33달러, 대령이 18달러, 대위가 12달러, 상사가 9달러 수준이었다. 1950년대 한국의 국민의식은 절대빈곤의 후진국 수준을 벗어나지 못했다. 1951년 국민방위군 사건이 말해주듯이 사회 지도층의 공직윤리는 장식품에 지나지 않았다. 군과 공무원들은 민간과 결탁해 부정부패를 일삼았다. 충남에서는 4만5000여 석의 양곡을 극빈자 긴급구호용으로 위장해 빼돌렸고, 전남에서는 춘궁기용 1만2700석을 특배해 물의를 빚었다. 산의 나무를 도벌해 파는 군의 소위 후생사업은 산림 황폐화의 원인이 됐다. 송충이라는 별명을 들은 장군도 있었다.

전후의 북새통에서 돈벌이는 합법, 비합법을 가리지 않았다. 결과가 수단을 정당화 한다는 사고가 만연했으며 권력과 손을 잡고 일확천금을 노리는 기업가들이 횡행했다. 만성적 인플레로 엄청난 특혜가 된 은행 대출을 받기 위해 온갖 연줄을 동원했다. 성실한 기업가는 웃음거리가 됐다. 임시수도 부산의 국제시장에서는 외국 구호물자를 빼내 하루아침에 돈방석에 앉은 사람도 있었다. 정경유착과 부정이 만연하면서 비리 은폐를 위한 동족경영이 유행했다.

청년들도 이 같은 사회의 혼탁상을 피해갈 수 없었다. 다수의 젊은이들은 병역기피에 몰두해 1951년 2월 대학생에 대한 징집연기가 시행되자 대학생 수는 1만5000명에서 단숨에 8만 명으로 불어났다. 1950년대 병역 기피자는 한 해 5만~10만을 헤아렸다. 호적정정, 자살 위장 등을 통한 병역기피는 박정희 정부 말년인 1975년 무렵에서야 근절됐다. 사회경제발전이 이뤄지지 않고서는 준법의식이나 건전한 국민의식이 형성될 수 없었다(이덕주 2007, 이병철 1986, 김명환 쪽6-80).

초등 의무교육과 교육투자 강화 이런 사회 전반의 후진성에도 불구하고 이승만 집권기에는 교육혁명이라 부를만한 교육 분야의 발전과 인적자본 양성이 이뤄졌다. 이승만 정부는 전 국민을 대상으로 문맹 퇴치운동을 벌이는 한편 1949년 교육법 제정으로 정상교육을 받지 못한 청소년들에게 보통교육을 실시하는 공민학교를 법제화시켰다.

또 6.25 전쟁의 혼란 속에서도 제헌헌법의 초등 6년 의무·무상교육 제도를 시행했다. 그러나 빈약한 정부 재정으로 인해 1954년까지 정부 일반회계의 문교부(지금의 교육부) 세출 비중은 2%에도 미치지 못했다. 이후 재정압박 속에서도 세출 비중을 18.4%(1959)까지 늘려나갔다. 신생국 정부로서는 보기 드문 인적 개발투자였다.

이 같은 노력으로 초등학교 취학률은 1943년 47%에서 1955년 84%로 급신장됐으며 1960년 99.8%의 완전 취학을 기록했다. 국민의 문맹률은 초등 의무교육과 문맹퇴치운동에 힘입어 해방 당시 80%에서 1955년 35.1%, 1959년 10.3%로 개선됐다. 문맹 해소는 1960년대 이후 공장 근로에 필요한 인력 공급을 원활히 해 경제성장을 뒷받침했다. 이승만 정부는 중고 및 대학 증설과 유학 장려로 근대화에 필요한 인력 기반도 넓혀 나갔다. 해방 당시 대학과 전문학교는 19곳에 학생수 8000명에 불과했으나 1960년에는 대학과 초급대학 68곳에 학생수는 10만을 헤아렸다.

국가 건설의 인재를 양성하기 위해 해외유학자 파견에도 관심을 쏟았다. 대통령이 20달러 이상의 외화 사용을 결재해야할 정도의 절박한 외환 사정에도 불구하고 인재양성에는 돈을 아끼지 않았다. 1953년부터 해외유학 자격을 인정(달러 사용의 공인)하는 제도를 시행해 1960년까지 정규 유학생 4884명, 기술훈련 유학생 2309명, 원자력 기술 연구생 100명을 내보

역사 돋보기 – 교육혁명의 성과와 한계

이승만 교육혁명은 교육에서의 남녀평등을 진일보시켰다. 1958년의 여학생 수는 해방 직후에 비해 초등이 3.1배, 중고등이 6.1배, 사범학교 2.5배, 대학이 8.5배 늘어났다. 남아 우선 사고가 뿌리 깊었던 당시로서는 파격적인 변화였다. 그러나 이승만의 교육혁명은 민족교육을 이루는 데까지는 성공하지 못했다. 교육자들이 일제 교육을 받은 사람들이어서 식민사관 극복 노력이 부족했고 국가 자존심을 정립하는데 한계를 보였다.
새로운 민족주의와 민주주의를 정치사상으로 이론화 한 안재홍(군정장관), 평등사관을 역사이론으로 만든 손진태 등 민족주의 역사학자들이 한국전쟁 중 납북돼 돌아오지 못한 여파가 컸다(차하순 외 2015, 한영우 2016).

냈다. 유학자격 인정 제도는 1979년 제도가 없어질 때까지 1만5206명의 유학생을 배출했다.

국가의 인적자산 양성은 학교 교육 이외의 분야에서도 추진됐다. 경제, 군사 분야의 엘리트들은 미국 전문가들의 도움을 받거나 미국 연수를 통해 실력을 쌓아나갔다. 미국 군사학교에서 군사연수를 받은 국군 장교는 1960년대 초까지 9000명을 넘어섰다(이영훈 2013, 차하순 외 2015).

입에 풀칠 어려운 1950년대 생활상 한국인들의 일상생활에서 1950년대의 일차적 관심사는 먹는 문제였다. 6.25 전쟁으로 인해 국가의 정책도 호구지책에 집중될 수밖에 없었다. 미국 원조(4분의 1은 농산물)로 식량사정이 나아졌지만 춘궁기에는 여전히 보릿고개를 넘기느라 큰 고통을 겪었다. 작년 수확한 양식이 떨어져 보리타작으로 새 양식을 마련할 때까지의 고비를 보릿고개라고 불렀다. "아침 진지 드셨느냐."가 당시 오가는 인사였다.

정부 조사에 따르면 1953년 1월 농촌에서 끼니를 잇지 못하는 절량농가는 60만 호, 5월에는 전체 농가의 절반인 110만 호에 달했다. 이들은 쑥이나 나물죽을 먹을 형편도 안 돼 나무 죽이나 백토음식을 먹으며 부황병에 시달리고 있었다. 정부 조사요원들에게 살려달라는 소리만 반복하는 비참한 모습을 보였다.

1956년 이후 미국의 후진국 식량원조(PL480조)로 잉여농산물이 대거 유입되면서 식량사정은 조금씩 나아졌다. 이때부터 밀가루로 만든 빵, 자장면이 쌀음식을 대체하기 시작했다. 밀가루 음식은 1960년대 박정희 대통령의 혼분식 장려정책으로 더욱 보편화됐다.

1950년대의 주택 문제는 정부가 개입하거나 시장이 형성되는 영역이 아니었다. 주택보급률이라는 통계가 없었다. 농촌에서는 초가집, 도시에서는 개량 한옥이 보편적이었고 소유주가 직접 맞춤형으로 건축했다. 전력 부족이 심각해 1960년이 돼서도 농촌 가호의 82%, 서울 가호의 39%가 전기 혜택을 받지 못했다. 많은 가정이 관솔불, 촛불, 등잔불로 밤을 밝혔다.
넘쳐나는 거지, 부랑아, 행려자 등은 거적으로 움막을 짓거나 노숙하는 경우가 많았다. 혹한의 겨울에는 굴뚝을 껴안고 얼어 죽는 사람들이 적지 않았다. 이들 가운데 구호 등 혜택을 받는 사람은 소수에 불과했으며 그것도 불충분한 수준이었다.
1959년 실업자(150만)와 후생문제를 다루는 보건사회부(복지부)의 예산은 국가 총예산의 4%에 불과했다. 1959년에는 강력한 사라호 태풍까지 겹쳐 781명이 사망하고 58만 명의 이재민을 냈다(차하순 외 2015, 주영하 생6-70).

보건위생 뒷전, 질병·기생충 만연 1950년대 한국인들의 생활은 호구지책에 급급해 건강보건위생은 뒷전으로 밀려 있었다. 1959년 한국의 인구 2400만 명 가운데 61세 이상 인구는 남자가 4.9%, 여자가 6.5%에 불과했다. 환갑이 장수를 의미하는 시대였다.
의사 숫자는 7322명(여868명)으로 의사 3.3명이 1만 명의 인구를 감당했다. 치과의사는 1276명(여91명)에 불과해 치과진료는 그림의 떡이나 마찬가지였다. 돌팔이 치과의들의 떠돌이 불법진료가 성행했다. 전국 1483개 읍면 가운데 751개 읍면(671만 명)이 무의읍면, 1367개 읍면(1393만 명)이 무치의 읍면이었다.

보건위생 수준이 열악해 접대부들에 대한 건강검진(1952)을 해본 결과 31만 명 중 8만 명이 성병 감염자로 나타났다. 매독이 2만9044명, 임질이 5만32명이나 됐다. 당시 항생제 수요는 급증하고 있었지만 제약 분야는 초보적 상비약 생산이 고작이었다. 인분 농법으로 국민 절반 이상이 기생충 감염자였으나 이는 집계조차 되지 않았다.
국민들의 문화생활은 마을 단위 전통문화와 신문, 라디오가 전부였다. 1959년 전체 신문 발행부수는 260만 부로 몇 가구당 1부가 돌아가는 수준이었다. 집집이 신문을 돌려 읽었다. 라디오 보급대수는 1000가구당 8가구 꼴로 0.1%에 미치지 못했다. 1959년 말 전체 자동차 대수는 3만 대가 안 됐다. 민항기를 통한 연간 국제선 입국자는 1만2312명, 출국자는 2753명에 지나지 않았다(내무부 PDF남2, 공보처 PDF남1).

3) 북한 1인 독재와 국영경제

이승만 정부는 1948년 정부 수립 직후부터 김일성 정권 해체, 유엔 감시 하 북한지역만의 자유선거 등 통일론을 견지했다. 1953년 7월 정전협정 타결에 따른 1954년 2월 제네바 정치회담에서는 유엔 감시 하 남북한 자유선거를 주장했지만 북한이 불응해 진전을 보지 못했다. 제네바 원칙은 매년 유엔총회에서 재확인됐으며 한국은 북한만의 유엔 감시 하 총선거를 기본입장으로 했다.

1957년 5월 이승만 대통령은 북한이 공공연히 휴전협정을 위반하자 협정 폐기 문제를 끄집어냈다. 이 대통령은 어떠한 대가를 치르더라도 평화를 지키겠다는 유화정책은 공산주의자들의 침략행위를 고무하게 될 것이라고 경고했다(고려대 2016, 중앙일보사 1975).

▌피의 숙청 통한 1인독재 구축

한국전쟁 전후 북한 정권 지도부는 김일성(빨치산파, 갑산파), 박헌영(남로당파), 허가이(소련파), 김두봉, 김무정, 박일우(중국 연안파) 등 정파연합으로 구성돼 있었다. 김일성은 1950년 10월 당 조직을 잘못 관리했다는 이유로 소련파 허가이를 당 서기직과 부수상직에서 쫓아냈다. 뒤에 중공군 사령관 팽덕회와 공모해 아무 죄목도 없이 허가이를 죽인 뒤 자살로 위장했다. 1950년 연말에는 평양 방위를 잘못했다는 이유로 연안파의 김무정을 군에서 축출했다. 이는 김일성 독재체제 구축을 위한 숙청극의 서막이었다.

1951년 7월 휴전회담 이후 김일성은 남로당파, 연안파, 소련파 등 반대세력 축출에 나섰다. 남로당파에 대한 비판이 공개화된 것은 1952년 12월 조선노동당 중앙위원회에서였다. 당의 유일노선인 김일성 노선을 이해하지 못하는 기관과 활동가들이 있다는 비판과 함께 대대적인 숙청바람이 불었다. 전쟁 중 남로당의 빨치산 투쟁이나 대중 봉기가 불발된 책임도 도마에 올랐다.

1953년 1월 이승엽 등 남로당파 핵심들이 종파분자, 미국 스파이, 쿠데타 음모 등 혐의로 체포됐다. 2월에는 박헌영이 자아비판을 강요당했으며 북한 정권의 지도부 명단에서 사라졌다. 정전 직후인 1953년 8월 초에는 이승엽, 조일명, 임화, 이강국, 설정식 등 남로당파 12명이 반역죄로 기소돼 최고재판소에서 사형선고를 받았다. 박헌영은 당에서 제명됐다(이영훈 2013, 이덕주 2007).

남로당파의 비참한 최후 박헌영, 이승엽 등에 대한 숙청으로 남로당파의 반발이 거세지자 김일성은 갑산파 박금철을 내세워 절망적 반항을 못 하도록 했다. 이승엽 등 12인 사건을 계기로 남로당파와 월북 좌익 원로, 중진들은 권력 경쟁에서 완전히 밀려났다. 살아남은 일부는 간첩으로 남파돼 활동하다 목숨을 잃은 이들이 적지 않았다.

박헌영은 남로당파 주도 세력 처형이 끝난 1955년 12월 초에 기소됐다. 평북 철산군 오두막집에 갇힌 박헌영은 "1945년 9월 하지 미 군정사령관과 만나 미제에 충성할 것을 맹세하고 공산당을 미군정에 순응시킬 것을 서약했다."는 서류에 서명할 것을 강요당했다. 박헌영이 2년 동안 고문을 견디며 서명을 거부하자 며칠을 굶긴 세퍼드를 풀어 박헌영을 피투성이로 만들었다. 결국 박헌영은 간첩행위를 했다는 조서에 서명을 했고 판결 다음날 처형됐다. 이 시기 김일성은 중공군 사령관 팽덕회를 보좌했던 연안파의 박일우도 함께 거세했다.

김일성은 남로당파 핵심들을 제거한 뒤 1957년 독재체제를 강화하기 위해 나머지 남로당파 출신들을 무자비하게 숙청했다. 이들은 언제 간첩 혐의를 받게 될지 몰라 전전긍긍하는 신세가 됐다.

조선프롤레타리아예술가동맹(KAPF) 출신 월북 문인들도 비참한 말년을 맞았다. 이태준은 김일성의 신임을 얻은 한설야의 시기를 받아 지방으로 쫓겨난 뒤 출판물 교정으로 목숨을 이어갔다. 문학사에 남을 글(고향)을 썼던 이기영은 김일성 아첨 글(두만강)로 자리를 지켰다. 김남천은 단편소설의 사소한 표현 때문에 반동으로 찍혀 추방됐고, 임화는 미제의 간첩으로 몰려 숙청당했다. 이런 정치학살이 진행되는 동안에도 남한 출신들은 김일성이 이런 실정을 모르고 있을 것이라는 망상에 사로잡혀 있었다(이덕주 2007).

스탈린 격하운동과 김일성 비판 1956년 소련에서 스탈린 격하운동이 일어나자 공산진영에서는 1인 독재 권력을 비판하고 당을 집단의사결정 체제로 전환하는 움직임이 확산됐다. 헝가리에서는 대규모 반소-반공시위가 벌어지기도 했다. 이 같은 공산진영 내의 동향은 북한에도 영향을 미쳐 권력의 김일성 집중과 경제정책 독단에 대한 당내 갈등이 표면화됐다. 당시 김일성은 스탈린 노선의 자립경제와 자립국방을 목표로 했고 스탈린 개인 숭배를 비난한 흐루쇼프의 발언을 불쾌하게 생각하고 있었다.

김일성은 1956년 6월 다음 해 시작될 1차 5개년 경제계획의 재원 마련을 위해 동유럽 9개국을 순방했으나 소련 외에는 성과가 없었다. 같은 해 8월 김일성이 조선노동당 중앙위원회에 순방 결과를 보고하자 연안파가 소련파의 지원을 업고 김일성 비판에 나섰다(8월 종파사건). 연안파의 재무상 최창익, 산업상 윤공흠은 중공업 우선정책의 문제점을 지적하고 김일성 개인숭배에 이의를 제기해 몸싸움까지 벌어졌다.

회의에 참석한 중앙위원은 김일성파가 25명, 반 김일성 연합파가 11명이었고 남로당파 7명은 싸움을 관망하는 입장이었다. 다수파를 이끈 김일성이 비판을 용납하지 않고 자신들을 체포할 움직임을 보이자 연안파의 윤 공흠, 서휘 등 4명은 회의가 정회된 틈을 타 중국으로 망명했다. 김일성은 그들의 가족을 처형하는 것으로 분을 풀었다(이덕주 2007).

연안파와 소련파의 제거 이 사건을 계기로 김일성은 경력과 인원수에서 우세를 점한 연안파와 소련파를 완전히 제거하는 작업에 착수했다. 1957년 8월 제2기 최고인민회의에서 한글학자이자 독립투사였던 연안파 상임위원장 김두봉을 밀어내고 자파인 최용건을 앉혔다. 12월에는 와병중인 68세의 김두봉을 반당, 종파분자로 매도해 출당했다. 연안파와 소련파의 핵심인 최창익과 박창옥도 출당됐다. 김일성은 이때부터 수정주의 소련의 영향을 차단하기 위해 주체를 내세웠다.

김일성은 1958년 빨치산(갑산파) 외의 항일운동세력을 매도하며 잔존세력에 대한 숙청을 이어갔다. 소련파 상당수는 중앙아시아로 피신했고 나머지는 농촌으로 끌려가 타살되거나 행방불명됐다. 연안파 김두봉은 두메 협동농장으로 쫓겨가 2,3년을 살다가 비참하게 숨졌다.
8월 종파사건은 독재의 걸림돌인 연안파와 소련파를 완전 제거한 1958년 3월에 매듭지어졌다. 김일성 독재체제를 구축하는데 협조한 김일성계 갑산파는 한동안 북한정치의 중심에 있었다. 그러나 1967년 김정일 후계구도에 반기를 들다 대대적인 숙청을 당했다.

공산당 권부 내의 김일성 반대 세력 숙청이 마무리되자 김일성은 1958년 말부터 1년간 중앙당 집중지도사업으로 일반주민에 대한 반혁명분자 숙청에 나섰다. 과거 종교인·지주·상공업자였던 사람과 그 가족, 월남자 가족, 일제 때 관리와 그 가족을 반혁명분자로 분류해 자수, 밀고, 상호고발을 부추겼다. 북한 사회는 일시에 불안과 공포의 도가니 속으로 빠져들었다. 반혁명분자로 낙인찍히면 군중집회에서 바로 처형되기도 했다. 이런 유혈 숙청 끝에 북한은 김일성 노예사회가 되고 말았다(이덕주 2007, 이영훈 2013, 한영우 2016).

🔍 역사 돋보기 - 남북한의 정통성

현대사에서 한 국가의 정통성을 재는 기준은 국민들의 합의에 의해 나라가 만들어지고 유지됐느냐 여부다. 대한민국은 1948년 건국 이후 단 한 번도 자유선거가 중단되지 않았다. 1960년 3.15 부정선거 등의 굴곡이 있었지만 투표소에서 자유의지를 빼앗긴 적은 없다. 불완전하게나마 다당제와 언론자유 등이 보장됐고 집회와 시위의 자유가 유지됐다. 1960년의 4.19 의거는 민주 질서의 생존을 의미했다. 이에 비해 북한 정권은 주민 99% 참여와 99% 찬성이라는 공산당의 억압이 만들어낸 일당독재 집단에 불과했다. 북한이 스스로를 민주주의인민공화국이라고 부르는 것은 코미디나 다름없다. 민주공화국은 나라가 국민 전체의 소유임을 전제로 하는 개념이다(류세환 2006).

▍농공상업 국영체제로 전환

남북 분단 후 한국은 자유민주주의와 시장경제를 선택한 반면 북한의 김일성은 소련식 공산주의를 도입해 남북간 체제경쟁이 시작됐다. 북한은 공산사회의 경제개발 방식인 노력총동원으로 한때 성과를 올렸으나 공산이념에 폐쇄적 관제 민족주의를 결합시킨 1인 독재체제가 경제의 발목을 잡았다.

북한에서는 6.25 전쟁 중 농공업 생산이 마비되면서 전역에 기아가 덮쳤다. 김일성은 전 인민을 하루의 휴일도 없이 1년 이상 복구작업에 동원했다. 전쟁 복구가 본격화된 1954년 1월에는 전후 인민경제 복구발전을 위한 3개년 계획을 세워 소련으로부터 2억5000만 달러의 차관을 들여오고 대소 채무의 반액을 탕감 받았다. 중국과는 3억2000만 달러의 물자를 유상으로 원조 받고 채무는 거의 소멸시켰다. 소련과 중국의 북한에 대한 원조는 총5억7000만 달러(한국 원조액 27억 달러의 21% 선)로 그나마 유상이었다.

경제복구 3개년 계획에서는 투자의 절반을 공업에 할당하고 그 80%를 제철, 기계, 전력, 긴재 등 중공업에 배정했다. 3개년 기간 중 소련, 중국, 동유럽 공산국가들의 도움을 받아 제철소, 흥남질소비료공장, 수풍발전소 등 핵심시설을 복구하거나 확장했지만 1930년대 구식 기술을 답습하는 문제를 안고 있었다. 경공업 등 여타 부문의 낙후는 전혀 개선되지 않았다. 이 때문에 소련파와 연안파가 중공업 우선정책을 비판하다 해를 입었다(좌승희 2015, 이덕주 2007, 이영훈 2013).

1차 5개년 계획 자력 추진 북한은 1957년 경제복구 3개년 계획을 성공적으로 끝낸 뒤 사회주의적 개조를 목표로 1차 5개년 계획을 수립했다. 중공업 발전에 중점을 두되 경공업 발전을 병진하고 농업과 개인 상공업의 집단화를 추진한다는 내용이었다. 소련은 계획이 비현실적이라는 이유로 더 이상 원조를 제공하지 않았다.

이에 북한은 내부자원을 동원하는 방식으로 5개년 계획을 추진했다. 소련의 1930년대 스타하노프 운동을 모방해 1958년 공산사회 특유의 인해전술인 천리마작업반 운동을 벌였다. 같은 해 주체적 공산주의 창조를 명분으로 사상, 기술, 문화 3대혁명운동을 병행시켰다. 천리마 노력동원으로 4년제 대학생들은 1년 8개월밖에 공부하지 못했다. 우수한 생산실적을 보인 천리마 작업반은 1960년 928개에서 1961년 8562개로 늘어났다. 동원체제의 효과를 알게 된 북한은 이후 국가적 어려움이 있을 때마다 주민 총동원령을 내렸다.

1961년 9월 조선노동당은 1차 5개년 계획이 조기 달성됐으며 공업총생산은 2.6배가 됐다고 발표했다. 북한의 선전을 그대로 믿기는 어려우나 경제가 전쟁 전 수준을 회복한 것은 사실로 여겨졌다. 특히 제철, 기계, 조선, 광업, 전기, 화학 분야는 남한과 상당한 격차를 보였다. 이승기가 합성섬유 비날론을 개발해 옷감 공급을 늘린 것도 이 시기의 일이다.

1950년대 후반 남한에서 북진통일론이 약화되고 좌파세력의 평화통일론이 등장한 것은 이런 북한의 경제적 성과와 무관하지 않았다. 1960년 무렵 북한의 석탄 생산량은 남한의 2배, 전기는 5.7배, 철은 16배, 비료는 10배, 면직물은 1.7배였다. 1950년대 중반 북한의 1인당 국민소득은 남한을 앞질렀고 1960년까지 그 격차를 벌였다. 이런 경제성장에 힘입어 대남 경제 지원책을 제시하는 자신감을 보이기도 했다(이영훈 2013, 한영우 2016).

전 주민 국가 고용인으로 전락 공산주의 체제 건설을 위한 농업의 집단화와 개인 상공업의 국영화는 1956년에 시작돼 1958년에 마무리됐다. 농업 집단화는 개별 농가를 협동농장에 편입시켜 공동생산과 공동분배를 하는 공산주의 체제의 상징적 경제제도다. 1946년 토지개혁으로 농민들이 분배받은 경작권은 협동농장으로 환수돼 대략 3843개의 협동농장이 만들어졌다. 이로써 북한 농민들은 국가가 고용하는 소작인으로 전락했다.

북한은 농업 집단화를 하면 생산성이 향상돼 남는 노동력과 식량을 공업 부문으로 돌릴 수 있을 것이라는 비현실적 전망을 하고 있었다. 그러나 동

〈표2-5〉 사회주의 개조 따른 형태별 공업생산 변화 (단위: %)

구분	1946	1949	1956	1959
사회주의 형태	72.4	90.7	98.0	100.0
소상품경제 형태	4.4	1.5	0.7	0.0
시장경제 형태	23.2	7.8	1.3	0.0

자료: 통일부 PDF북1

기부여가 안 되는 경제활동은 파국으로 갈 수밖에 없었다. 농업 집단화로 인해 생산체제가 와해된 소련과 중국에서는 심각한 식량난과 아사사태가 벌어졌다. 북한은 1957년부터 공동분배를 위한 배급제를 전국적으로 시행했다.

개인 상공업의 국영화는 개인 상공업자를 강제적으로 생산조합 또는 판매조합에 소속시키는 방식으로 1958년에 마무리됐다(도표 참조). 이에 따라 북한에서는 개인이나 법인 상공업자는 완전히 사라지고 국가의 통제를 받는 피용 상공업자들만 남게 됐다. 농업과 상공업 집단화를 끝낸 북한 정권은 자신들을 인민민주주의 국가가 아닌 사회주의 국가로 지칭하기 시작했다. 공산주의에 한 발짝 다가섰다는 선언이었다(이영훈 2013).

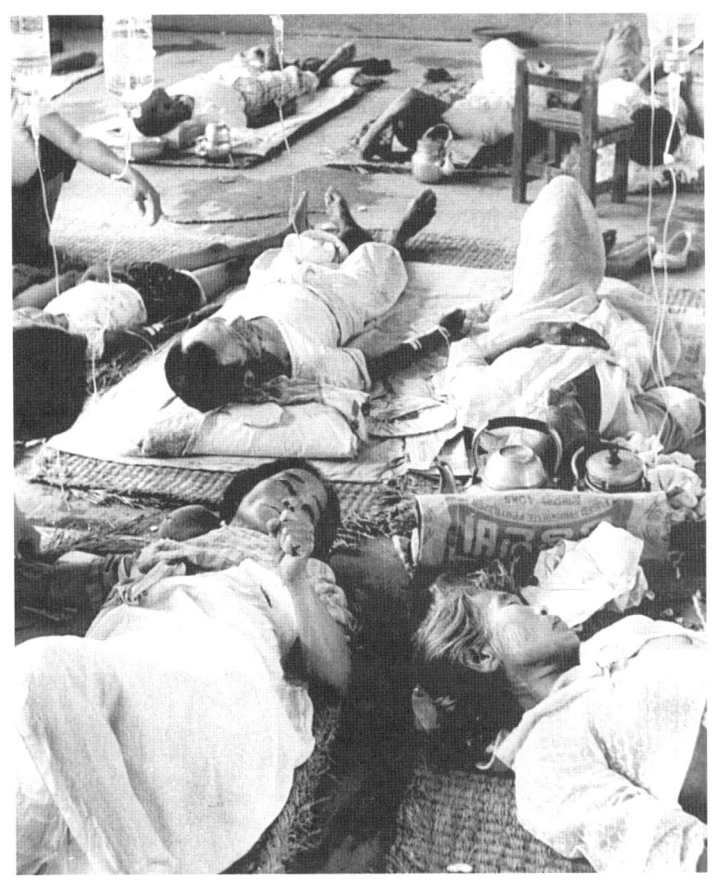

1970
콜레라 환자들의 거적 병실

3장
군사정부 등장과 산업화의 달성

베트남에서는 1940년대부터 1970년대까지 세 차례의 전쟁이 있었다. 북베트남(월맹)과 프랑스의 1차 전쟁(1946~1954), 프랑스의 뒤를 이은 미국과의 2차 전쟁(1962~1975), 중소갈등에서 비롯된 공산베트남-중국의 3차 전쟁(1979)이 그것이다. 베트남 전쟁에서는 주변국인 라오스, 캄보디아까지 휩쓸려 들어가는 바람에 흔히 인도차이나(중국과 인도 사이에 있는 반도 3개국) 전쟁이라고 한다.

베트남은 식민 종주국인 프랑스와의 1차 전쟁으로 한국처럼 남북 분단을 경험했다. 세계적 파장을 몰고 온 미국과의 2차 전쟁은 남남 내전으로 출발해 자유-공산진영의 세계전쟁으로 비화됐다. 이 전쟁에 참전, 조전한 나라는 미국, 한국, 일본, 태국, 필리핀, 호주, 뉴질랜드(자유진영), 중국, 소련, 북한, 미얀마, 몽골(공산진영) 등 28개국이나 됐다.

베트남 전쟁의 수렁에 빠진 미국은 1969년 미국의 안보 부담을 동맹국들에게 떠넘기는 닉슨 독트린을 발표하고 1972년에는 전쟁 종전을 위해 20여 년 적대관계에 있던 중국을 방문해 우방국들을 일대 혼란에 빠트렸다. 미국은 이 전쟁에서 엄청난 전비를 들이고도 패전해 경찰국가로서의 한계를 드러냈다. 베트남 전쟁은 한국 등 동아시아 각국의 안보 및 경제에 심대한 영향을 미쳤다(나카무라 2006).

1. 베트남 전쟁과 동아시아의 여진

베트남 즉 월남은 중국 월越나라보다 남쪽에 있는 나라라는 뜻이다. 중국과의 관계에서 한국과 유사한 전통을 가졌으나 한국보다 1000년 정도 늦은 11세기 초에 독립국가(李朝)로서의 역사가 시작됐다. 중국 청나라의 쇠퇴로 1862년 이후 프랑스의 식민지가 됐다가 2차 대전 중 잠시 일본의 지배를 받았다. 프랑스는 식민시대 때 남한 땅 절반 크기의 서부고원을 베트남에 편입시켜 현재의 베트남을 완성시켰다.

아시아·태평양 전쟁 종전과 함께 일본 지배하에 있던 북베트남의 독립 세력은 프랑스 공산당원인 胡志明호치민을 중심으로 1945년 9월 베트남민주공화국 독립을 선언했다. 호치민의 독립선언은 남북 베트남 분단의 신호탄이나 마찬가지였다. 남베트남 사이공에는 프랑스의 주선으로 코친차이나공화국이 세워졌다가 곧 保大바오다이 왕정으로 전환됐다.

> **역사 돋보기 - 베트남의 한자문화**
>
> 베트남은 유사 이래 한자를 문어로 사용해왔다. 베트남어 낱말의 60%는 베트남식 독음으로 발음되는 한자다. 베트남 한자음은 10세기 중국 당唐나라 장안長安 방언을 기초로 한 북방 독서음이라고 한다.
> 식민 종주국 프랑스는 베트남의 민족의식을 억누르고 중국의 문화적 영향력을 차단하기 위해 1885년 한자를 폐지하고 로마자 표기법으로 전환했다. 그 결과 지금의 베트남인들은 고등교육을 받은 지식인들조차 불교 사원에 쓰인 한자 현판이나 선조들의 시가를 읽지 못한다. 심지어 胡志明호치민, 釋智光시에트리쾅, 連勝리인탕 같은 민족 지도자 이름의 뜻도 모른다. 그저 Ho Chi Min과 같이 로마자로 읽고 발음할 뿐이다(김정강 2006).

프랑스는 베트남을 연방구성원으로 독립시키고자 했으나 바오다이는 여기에 반대했고 호치민은 국제정세 때문에 이를 찬성했다. 당시 북베트남의 일본군을 무장 해제시킨 것은 중국 국민당 군대였고 남쪽에는 영국군, 프랑스군이 차례로 들어왔다. 공산주의 우호세력이 전무한 상태에서 호치민은 프랑스군의 북베트남 진입에 동의했고 중국 국민당군은 본국으로 되돌아갔다(나카무라 2006, 최병욱 2016).

1) 남남내전에서 세계전쟁으로

1946년 베트남 독립 세력인 호치민의 베트민(월맹) 군대와 식민지를 되찾으려는 프랑스 군대 간 1차 인도차이나 전쟁(1946~1954)이 벌어졌다. 호치민은 유가, 불교 등 베트남 민족주의와 공산주의를 결합해 혁명적 민족주의라는 국가이념을 만들어냈다. 미국 트루먼 정부(1944~1952)는 소련과의 냉전 대응 차원에서 프랑스를 지원했다. 베트남은 쌀, 고무 등 천연자원 교역과 일본, 필리핀 방위를 위해서도 중요한 지역이었다.

1차 베트남 전쟁은 1949년 이후 공산화된 중국의 지원을 받아 공산-반공의 국제대결로 비화됐다. 미국은 전쟁 후유증에 시달리고 있던 프랑스를 돕기 위해 1954년까지 프랑스 전비의 4분의 3인 25억 달러를 지원했다. 그러나 1954년 3월부터 5월까지의 奠邊府디엔비엔푸 전투에서 프랑스군이 베트민(월맹) 군대에게 결정적 패배를 당해 프랑스는 베트남 철수를 결정하지 않을 수 없었다.
이에 따라 베트남 문제는 남북한의 통일문제와 함께 1954년 5월 제네바 회담에 넘겨졌고 독립 베트남은 바로 남북으로 분단됐다. 남북 양측은 북위 17도선을 경계로 무장 세력과 주민을 맞교환하고 1956년 총선거를 통해 통일하기로 합의했다. 분단 이후 북베트남에서는 호치민이 실시한 공산 토지개혁이 실패로 끝나 이를 주도했던 친중파가 물러나고 친소파가 들어섰다.

미국은 그 사이 남베트남 정권을 보호하기 위해 1954년 9월 미국, 영국, 프랑스, 오스트레일리아, 뉴질랜드, 필리핀, 태국, 파키스탄 등 8개 반공 국가들로 동남아시아의 나토 격인 동남아시아조약기구를 창설했다. 1955년에는 吳廷琰고딘디엠을 대통령으로 하는 베트남공화국(자유월남)을 출범시켰다.

1956년 북베트남은 제네바 회담의 결정사항인 총선을 요구했으나 인구에서 열세인 남베트남과 미국이 이를 거부해 남북 대치가 이어졌다. 미국 아이젠하워 정부는 군사원조와 농업기술 지원을 했지만 고딘디엠 정부는 통치력을 발휘하지 못했다. 남베트남에는 난국을 돌파할 이승만과 같은 지도자가 없었던 것이다(최병욱 2016, 이주영 외 2006).

▎전쟁 확대로 수렁 빠진 미국

분단 이후 남베트남 공산주의자들은 1960년 메콩델타 코친차이나에서 남베트남해방민족전선(베트콩)을 결성한 뒤 사이공 정부와 남남 내전에 들어갔다. 내전은 이후 북베트남과 캄보디아, 라오스까지 끌어들이며 복잡한 양상으로 전개됐다. 베트콩은 1962년 인민혁명당을 창당하면서 북베트남(월맹)의 실질적인 지배를 받기 시작했다.

북베트남의 소련파 지도부는 친중파 토지개혁의 실패를 희석시키기 위해 남베트남 내전에 적극 개입했다. 인력과 물자가 라오스, 캄보디아, 베트남 서부 고원을 통해 메콩 델타의 베트콩에게 넘어갔다. 전쟁의 주체가 남남북 3개 집단으로 늘어나면서 각 집단은 상대를 외세를 업은 반역자로 몰아붙였다.

아이젠하워의 뒤를 이은 케네디 대통령(1960~1963)은 1961년 군사고문단과 군부대를 파견하고 원조를 늘리는 등 반공전쟁(내전)에 적극 개입했다. 1963년 11월에는 사원 폐쇄 등 불교 탄압으로 위기에 몰린 무능한 독재자 고딘디엠을 군부 쿠데타로 몰아냈다. 이후 10여 년간 남베트남에서는 독재-부정부패-좌익 반정부 시위의 악순환이 거듭됐다. 고딘디엠에서 阮高祺응우옌카오키의 남베트남 친미정권이 단기간에 무너진 것은 베트남 인민들의 이민족 지배에 대한 반감과 독립 열망을 의미하는 것이기도 했다.

존슨의 베트남 전쟁 조작 케네디의 뒤를 이은 존슨 정부(1963~1968)는 베트콩의 남베트남 좌우합작 연립정부 구성을 거부하고 공산화를 막기 위해 남베트남의 빈곤 퇴치를 위한 원조를 늘렸다. 그런 와중에 1964년 8월 북베트남 통킹 만에서 미국 구축함이 북베트남 초계정의 공격을 받는 사건이 벌어졌다. 구축함은 가벼운 피해만 입고 북베트남 영해를 빠져나왔으나 미국 국민들은 크게 분개했다. 존슨은 이유 없는 공격에 대한 보복을 다짐했고 상하 양원은 무력 사용 권한을 부여하는 통킹만 결의안을 거의 만장일치로 통과시켜줬다.

이런 일련의 상황은 뒤에 조작으로 밝혀졌다. 당시 미 구축함은 남베트남 특공대를 지원하던 중이었고 의회 결의안은 전쟁을 정당화하기 위해 수개월 전에 초안이 작성된 것이었다. 전쟁 명분을 얻기 위해 미국 국민들에게 거짓말을 한 것은 존슨 대통령에서 부시 대통령(이라크 전쟁)으로 이어졌다(최병욱 2016, 이주영 외 2006, 사우스웰 2007).

북베트남 폭격과 미국의 굴욕 1965년 초 베트콩은 남베트남의 절반을 장악할 정도로 세가 커져 미군 비행장까지 공격하는 자신감을 보였다. 그에 대한 보복으로 존슨은 1965년 2월 북베트남 폭격을 지시해 전쟁 기간 중 2차 대전 때보다 더 많은 폭탄을 떨어뜨렸다. 1965년 7월 존슨은 추가파병을 결정했고 1969년 파병 미군은 54만 명에 이르렀다. 그럼에도 불구하고 전세는 호전되지 않았다. 오히려 베트남 농민들의 반미감정 고조, 미군 학살사건, 탈영, 마약 복용, 미국 내 징병 기피와 반전운동 등 문제들만 커지고 있었다. 베트남 전쟁 기간 미국의 징병 기피자는 50만 명이나 됐다. 존슨은 북베트남과 협상을 원했지만 호치민은 통일이 아닌 협상 제의는 받아들이려 하지 않았다.

당시 북베트남군은 밀림작전으로 세계최강 미군을 수렁에 몰아넣었고 남베트남의 베트콩은 게릴라전으로 미군을 괴롭혔다. 2차 베트남 전쟁의 국면을 뒤집은 것은 1968년 1월 북베트남군과 베트콩의 구정 연합공세였다. 사이공 주재 미국 대사관까지 침입을 당하자 미국 국민들은 크게 실망했고 전쟁 종식 여론이 확산됐다.

존슨은 1968년 3월 철군의 명분을 얻기 위해 북폭을 중단하고 평화협상을 제의했지만 북베트남은 적대행위 중단 요구를 거부했다. 존슨은 1968년 11월 있을 대통령 선거에 재출마하지 않겠다고 발표를 해야 할 정도로 궁지에 몰렸다. 북폭 중단, 재출마 포기에는 방송여론이 큰 영향을 미쳤다.

🔍 역사 돋보기 - 미중소의 합의된 전쟁

2차 베트남 전쟁에서 남북 베트남과 미중소는 전쟁을 국지화시키자는 암묵적 원칙을 지키려 했다. 1950년 한국전쟁에서 얻은 교훈이었다. 북베트남은 미국의 개입을 피하기 위해 북위 17도선을 남하하지 않고 남베트남에서 친미정권을 궁지에 몰아넣는 베트콩 전략을 구사했다. 그러나 호치민의 기대와 달리 미국은 즉각 내전에 뛰어들었다. 그러면서도 미국은 한국전쟁에서의 북진이 대규모 지상전으로 발전한 것을 의식해 17도선 이남에서만 전투를 벌였다. 중소는 미국과 직접 대결하는 위험은 북베트남에 떠넘기고 전화가 미치지 않는 곳에서 신중한 지원을 했다. 중국의 모택동은 1965년 미국이 북베트남에 폭격만 할 뿐 지상군을 진격시키지 않는다면 미군과의 직접 충돌은 없을 것이라는 메시지를 보냈다. 국지전이라는 암묵적 합의는 두 가지 효과를 냈다. 확전 부담이 없어져 무기 사용의 강도가 높아졌고 한국 등 동아시아 주변국들은 전쟁 파급을 걱정할 필요 없이 전쟁에 참여할 수 있었다(일본협의회 2011).

1968년 5월 파리 평화회담이 시작됐으나 전쟁은 그칠 줄 몰랐다. 1968년 미국 대통령 선거에서 종전을 공약한 닉슨이 당선돼 베트남 문제는 민주당에서 공화당의 손으로 넘어갔다(이주영 외 2006, 최병욱 2016).

▌닉슨 독트린과 남베트남 패망

1969년 1월 닉슨 정부(1969~1974)는 세계 안보질서 유지를 위해 우방국 의존을 늘리는 한편 자립적 국가들만 돕겠다는 닉슨 독트린을 발표해 세계를 충격에 빠트렸다. 이는 사실상 베트남에서 발을 빼겠다는 선언이었다. 그 사이 남베트남에서는 베트콩과 비 공산주의 계열인 민족민주평화세력연합이 통합해 베트남 남부 임시혁명정부를 구성해 반미·반정부 게릴라 투쟁을 벌이고 있었다.

1970년 들어 미중 간 화해무드가 조성되면서 전쟁의 베트남화 즉 점진적 미군 철수가 시작됐다. 그러면서도 미국은 북폭을 강화해 평화협상에서 북베트남의 양보를 얻어내려 했다. 1970년 4월 닉슨은 북베트남과 베트콩의 은신처이자 무기, 병력의 보급통로였던 캄보디아를 침공해 시아누크를 축출하고 친미 론놀 군사정권을 세웠다. 이로 인해 미국 내 반전운동이 격화됐고 1970년 5월 250개 대학이 문을 닫는 사태가 빚어졌다. 확전 반대시위는 의회에도 영향을 줘 1970년 6월 상원은 통킹만 결의안을 폐기시켰다.

그럼에도 불구하고 전쟁은 계속 확대됐고 1968년 시작된 파리 평화협상은 겉돌고 있었다. 결국 미 국무장관 키신저와 북베트남 수석대표 黎德壽 레둑토 간의 비밀 접촉으로 1973년 1월 미국, 남베트남(자유월남), 북베트남(월맹), 남베트남 임시혁명정부가 파리 평화협정에 공동 서명했다. 협정은 60일 내 미군 철수, 현 위치에서의 정전, 정치범 석방, 남베트남 정부와 임시혁명 정부의 좌우합작 연립정부 구성 등 내용을 담았다. 미국은 남베트남에 군사 장비를 양여하고 소수의 고문관만 남겨둔 채 마지막 병력을 철수시켰다. 실현이 의문시 됐지만 유사시 지원도 약속했다(이주영 외 2006, 최병욱 2016).

미군 철군과 방위공약 식언 미국의 남베트남 철군에는 동아시아 안보상황 변화가 적지 않은 영향을 미쳤다. 평화협정이 체결된 1973년까지의 10년 동안 태국에서는 강력한 반공정권이 수립됐고 말레이시아, 필리핀, 인도네시아에서는 공산 반군의 위협이 제거됐다. 인도차이나 3개국을 잃더라도 동남아 4개국에서 공산주의 확산이 저지된다면 견딜만하다고 본 것이다. 남베트남의 반공 세력 방치가 미국의 부담이었지만 미국의 희생을 더 이상 합리화할 수는 없었다.

1975년 3월 서부 고원지대에서 북베트남의 총공세가 시작됐으나 미국이 방위조약을 지키지 않아 남베트남은 4월 30일 공산화되고 말았다. 남베트남은 훨씬 부유했고 군사력 수준도 앞서 있었지만 북베트남 거지 군대를 당해내지 못했다. 1976년 북베트남 정부와 남베트남 임시혁명정부는 베트남사회주의공화국 통일정부를 출범시켰다. 남베트남에서는 반공 세력에 대한 무자비한 숙청이 이어지면서 90만 명의 피난민들이 바다를 떠돌았다. 베트남 공산화로 캄보디아, 라오스에도 곧 공산정권이 들어섰다. 한국은 남베트남 공산화에 충격을 받아 자주국방 노선을 강화했다.

통일 베트남은 공산화 이후 국제사회에서 완전히 고립됐다. 미국의 통제는 단단했고 베트남이 캄보디아와 라오스에 군대를 주둔시켜 공산권의 시선도 곱지 않았다. 국내적으로는 농업 집단화 등 계획경제 전환과 재교육 수용소 설치로 남베트남 주민들의 민심이반을 불렀다. 계획경제 체제는 남부의 생산력을 떨어트렸고, 재교육 수용소는 남베트남 주민들의 원성을 샀다(이주영 외 2006, 류세환 2006, 최병욱 2016).

중국에 대한 경계, 아세안 결성 1967년 인도네시아, 태국, 필리핀, 말레이시아, 싱가포르 등 반공국가 5개국은 공산혁명에 맞서 국제동맹체인 아세안을 창설했다. 아세안의 1차적인 경계 대상은 중국이었다. 나라별로 차이가 있지만 중국이 지원하는 공산세력의 정부전복 활동이나 반군활동의 위협을 비켜간 나라가 없었다. 인도네시아는 1965년 공산 세력의 전국적인 봉기를 수하르토가 이끄는 정부군이 무력 진압했다. 가혹한 소탕전이 전개되면서 민간인끼리의 공산당 박멸폭동까지 더해져 50만을 헤아리는 집단 살인극이 벌어졌다. 1960년대 동남아에서 공산당과 연계된 사회폭동의 빈발은 이들 자유국가의 권위주의 군사정부 출현을 정당화시켰다.

🔍 역사 돋보기 - 미중소의 전쟁 결산

베트남 전쟁으로 미국은 5만8000명의 인명 희생과 1700억 달러 이상의 전쟁비용을 들이고도 상처투성이 패전국이 됐다. 미국의 위신은 땅바닥에 추락했고 전쟁으로 인한 재정난은 심각했다. 닉슨 독트린으로 우방국들의 불신을 초래했으며 제3세계 국가들과도 관계가 멀어졌다.

중국은 1965년 6월 이후 1968년까지 북베트남에 32만의 지원부대를 파견해 1만1000명의 희생자를 냈다. 그럼에도 불구하고 베트남의 경계심 때문에 걸맞은 관계를 유지하지 못했다. 베트남은 중소대립이 계속되던 1970년 무렵 친중에서 친소로 돌아섰다. 1979년 발생한 베트남-중국 간 3차 베트남 전쟁은 이런 갈등의 연장선상이었다.

소련은 1965년 4월 이후 1974년까지 미사일 조작요원 중심으로 6300명의 병력을 베트남에 파병해 소수의 희생자만 냈다. 그러나 1979년 아프가니스탄 침공으로 미국의 베트남과 같은 곤경에 빠졌다. 공산당 신생 정부를 돕기 위한 침공이 이슬람과의 10년 전쟁으로 이어져 1만4000명의 전사자를 내는 등 막대한 피해를 입었다(이주영 외 2006, 일본협의회 2011, 라자놉스키 외 2017).

1975년 북베트남이 남베트남을 무력통일하고 캄보디아, 라오스가 잇따라 공산화되자 아세안 국가들의 안보 경각심이 커졌다. 중국과 공산 베트남의 지원을 업은 각국 공산주의 세력의 국가 전복활동이 증가할 것으로 예상했기 때문이다. 회원국들은 공산혁명 차단을 위해 경제발전이 시급하다고 보고 1976년 발리 정상회담에서 아세안 친선협약 선언과 동남아 우호협력조약을 체결했다. 중국은 1970년대 인도차이나 3국의 공산화에 이어 1980년대에도 캄보디아-베트남 충돌 사태에 개입해 아세안 국가들의 경계대상이 됐다(윤진표 2017, 최병욱 2016).

2) 중소갈등이 부른 중월 전쟁

1950년대 후반부터 시작된 중소대립은 이념논쟁을 본격화시키며 양자관계를 회복 불능 상태로 몰고갔다. 1960년대 초 모택동은 중소 이념논쟁을 마르크스·레닌주의와 수정주의의 대립으로 규정지었다. 중국은 1963년에 이어 1964년 '흐루쇼프의 사이비 공산당'을 비판하는 장대한 논문인 소위 구평九評을 발표했고 소련은 2000여 편의 글로 이를 반박했다. 1964년 흐루쇼프의 실각으로 중소 이념논쟁이 잦아들었지만 양국 간 화해는 이뤄지지 않았다.

중소 대립으로 1960년대 공산권 국가들은 친소와 친중으로 양분됐다. 당시 베트남은 중국의 급속한 대미 접근과 대국주의 정책에 경계심을 보여 친소로 기울었다. 여기에는 캄보디아와 라오스 등 프랑스 식민지였던 국가들을 통합해 인도차이나 연방을 수립하려는 패권주의적 속셈도 작용했다. 일본에서는 사회당과 공산당의 사공통일전선이 붕괴되고 양당 내부에서도 중소 대립 구도가 형성됐다. 1961년 소련의 핵실험에 대해 사회당은 반대, 공산당은 옹호 입장을 보였다. 1963년 핵실험 정지조약 비준에서는 공산당이 반대, 사회당이 찬성표를 던졌다(일본협의회 2011, 권희영 외 2014).

▎미일중소의 역학관계 변화

1966년 3월 소련공산당 23차 당 대회를 기점으로 중소 공산당의 교류는 23년간 중단됐다. 1968년 체코의 자유화 운동(프라하의 봄)에 대해 소련이 무력 침공으로 대응하자 중국은 소련을 사회제국주의라고 비난했고 소련은 모택동 사상을 사회배외사상이라고 응수했다. 23차 당 대회 이후 소련은 중소국경과 중국-몽골 국경에 100만의 병력을 배치해 군사적 긴장감을 높였고 1969년 3월에는 우수리 강 국경에서 중국과 대규모 무력충돌을 일으켰다.

1970년대가 되면서 중소 대립관계는 소강국면에 들어갔다. 소련은 1971년 이후 서방과의 관계개선에 힘쓰며 긴장완화(데탕트) 외교를 적극화 했다. 중국은 제3세계 중심으로 반소 국제통일전선 형성에 나섰다. 대소 관계가 경직되면서 중국의 모택동은 미국으로 눈을 돌렸다. 미중은 국교 수립 전 이미 체코와 폴란드에서 22년간이나 대사급 대화를 진행해왔다.

1970년 4월 미국의 캄보디아 침공(정변 개입)으로 미중관계가 잠시 악화됐지만 1971년 7월 키신저가 중국을 비밀 방문해 주은래와 양국관계 개선을 논의했다. 당시 미국은 중국의 베트남 지원을 막아 베트남 전쟁을 종결하는 일이 급했다. 중국은 소련의 위협에 대응하는 것이 핵심 관심사였다. 미중 접근에는 일본을 견제하려는 중국 측의 의도도 있었다. 외교에는 영원한 친구도 적도 없다는 사실을 일깨워준 역학관계의 변화였다.

1971년 10월 미국의 지원으로 중국이 대만(중화민국)을 대신해 유엔 상임이사국이 됐고 1972년 2월에는 닉슨이 중국을 방문해 세계를 놀라게 했다. 닉슨은 모택동, 주은래와의 미중 공동성명에서 중화인민공화국 정부가 중국 유일의 합법 정부이며 대만은 중국의 일부라는 사실을 받아들였다. 중미 해빙은 양측 모두 소련을 견제하기 위한 복선을 깔고 있었다. 공동성명의 반 패권주의 조항 삽입은 소련을 의식한 것이었다. 그러나 1972년 닉슨의 방중 이후 미중관계에는 별다른 진전이 없었다(왕단 2015, 교양편찬회 2015, 나카무라 2006).

미일과 중국의 국교정상화 미국만 추종하며 중국의 유엔 가입을 반대해온 일본은 1972년 일본을 제쳐둔 중미 접근에 충격을 받아 중일 국교정상화 교섭에 나섰다. 중국도 국익 차원에서 적극적인 입장을 보여 1972년 9월 일본의 田中다나카와 중국의 주은래가 중일 공동성명에 서명했다. 2차 대전 종전 27년 만에 중일 국교정상화가 실현된 것이다. 공동성명은 하나의 중국 인정, 전쟁상태의 종결, 중국의 전쟁배상 포기 등 내용을 담았다. 일본은 1952년 맺어진 화일華日(대만-일본)평화조약을 폐기하는 한편 대만과의 외교관계를 끊었다.

미국과 중국의 국교 정상화는 약간의 탐색과 협상과정을 거쳐 이뤄졌다. 모택동 사후인 1976년 등소평은 권력 장악의 수단으로 미중수교라는 포석을 시도했다. 중국은 대소 견제와 경제개혁을 위해 미국과의 수교가 절실한 형편이었다. 미국 카터 정부(1977~1980) 역시 소련의 패권주의를 억제하기 위해 중국과의 수교를 원했다.

중국은 양국 수교의 조건으로 대만과의 외교관계 단절, 미군 병력과 군사시설의 철수, 미국-대만 방위조약 폐기의 3가지를 요구했다. 미국은 앞 두 가지 조건은 받아들이되 셋째 조건인 미국-대만 방위조약 폐기는 대만관계법을 제정해 중국의 요구를 우회적으로 피해나갔다. 중국이 양보한 것은 미국의 대만 무기수출 정책 철회를 수교의 필수조건으로 하지 않았다는 점이다. 1979년 1월 미중은 정식으로 외교관계를 수립했다. 등소평은 부총리 신분으로 미국을 방문했지만 중국 지도자로서의 지위를 내외에 각인시켰다.

한편 핵전력에 균형이 잡히면서 순조롭게 흘러가던 미소의 긴장완화(데탕트) 정책은 1975년 남베트남의 공산화와 캄보디아의 급진 공산혁명(킬링필드), 1979년 소련의 아프가니스탄 침공으로 막을 내렸다(나카무라 2006, 왕단 2015, 류세환 2006).

▍중소갈등이 부른 중월 전쟁

 1975년 4월 베트남 공산화와 함께 중국, 베트남의 지원을 받던 폴 포트가 공산당 무장조직인 크메르 루주 군을 이끌고 들어가 캄보디아의 허약한 친미 론놀 군사정부를 전복시켰다. 폴 포트는 급진 공산혁명을 추진하며 1975~1979년 사이 전 국민의 3분의 1 가까운 200만 명을 죽음으로 몰아넣었다. 폴 포트 정권 아래서 캄보디아인은 결혼 상대를 선택할 수 없었고 부모 등 모든 사람을 동무로 불러야 했다. 모든 종교 활동과 예술 활동은 금지됐다.

폴 포트 정권은 공산주의 이상사회를 만든다는 망상에 사로잡혀 자본주의에 물든 도시민들을 농촌 집단농장으로 강제 이주시켰다. 도시마다 수용소를 만들어 상공업자, 의사, 교수, 법조인, 과학자는 물론 안경 쓴 사람, 집에 책이 많은 사람까지 강제 수용했다. 극단적인 영양실조로 많은 사람들이 희생됐고 고문, 처형이 끊이지 않았다.

정권 유지를 위한 피의 폭정이 한계를 드러내자 폴 포트는 베트남 남부 침공으로 위기를 모면하려다 베트남과 관계가 틀어졌다. 오히려 베트남이 1979년 캄보디아를 역공하자 중국이 캄보디아를 구원하기 위해 전쟁에 끼어들었다. 중국의 1,2차 베트남 전쟁 지원에도 불구하고 베트남이 소련에 해군기지를 제공하는 등 대 중국 포위망 구축에 동참한 것이 전쟁의 배경으로 작용했다(권희영 외 2014, 공명진 동남1-17).

캄보디아 구원 나선 등소평의 오산 1979년 2월 중국은 20만 대군과 400대의 탱크, 1500문의 각종 포를 이끌고 베트남 북부로 침공했다(3차 인도차이나 전쟁). 당시 인민해방군 총참모장은 등소평鄧小平이 겸임하고 있었다. 1965년 미국의 베트남전 개입을 침략행위로 규정했던 중국이 14년 후 도리어 베트남을 침공한 것이다. 베트남은 10만의 지방수비대와 민병을 동원해 중국에 맞섰다. 중국은 전쟁을 시작하면 캄보디아에 투입된 15만의 정예 베트남군이 하노이 수비를 위해 철수할 것으로 예상했다. 그러나 중국의 계산은 맞아떨어지지 않았다.

전쟁 초기에는 중국이 우세를 보여 베트남 북부 도시와 군사 거점 20여 곳을 점령하며 수도 하노이를 위협했다. 중국군은 압도적인 병세로 거점 점령에는 성공했지만 거점 주변 전투에서는 고전을 면치 못했다. 미군과의 전쟁을 통해 전투경험을 쌓은 베트남군은 산악지대에 은신하면서 치고 빠지는 게릴라식 전투로 중국군에게 3만 명 가까운 전사자를 내게 만들었다. 중국군은 전후 부대 간 연락이 두절되고 희생자가 계속 늘자 3월 초 돌연 철군을 시작해 전쟁은 한 달 만에 끝났다. 전쟁 발발과 함께 단교했던 중국과 베트남은 국경문제 등으로 냉랭한 관계를 지속해오다 1991년 복교했다.

한편 캄보디아의 폴 포트는 1978년 헹삼린, 훈센 등 크메르 루주 반대파에 의해 정권이 전복됐다. 헹삼린 정권 하에서 반군 활동을 계속하던 폴 포트는 훈센 연립정권 때인 1997년 종신형을 선고받고 이듬해 죽었다(최유식 중2-9, 권희영 외 2014).

3) 중일의 문화대혁명과 고도성장

1960년대 초반, 중국의 국민경제는 대약진운동(1958~1961)의 실패와 3년 동안의 기근사태로 파탄에 직면했다. 이로 인해 4500만 명이 아사하는 등 인구 구성에 변화가 생길 정도의 타격을 입었다. 결국 모택동은 1960년대 들어 대약진운동의 잘못을 인정하고 국가 주석에서 물러나 유소기, 등소평이 국정을 맡았다.

중국공산당은 1962년 1월 7000인 대회 이후 유소기, 등소평의 주도로 정치운동을 줄이고 생산력 증대에 힘을 쏟았다. 농업부문에서는 개인 경작지 도입, 자유시장의 허용, 가정부업의 승인 등 현실적 정책들이 도입됐다. 또 석유자급 달성, 원폭실험 성공 등 경제와 안보 상황도 개선되고 있었다.

이런 성장이 지속됐다면 중국의 국력신장, 생활수준 향상은 훨씬 앞당겨질 수 있었다. 하지만 모택동은 이런 상황을 국가건설 목표의 이탈로 인식했다. 계급투쟁을 정권안정과 인간 및 사회개조의 주된 방법으로 생각한 모택동은 여기서 파괴적 문화대혁명(문혁)을 궁리해냈다. 무산계급 계속 혁명론을 바탕으로 하는 구평九評(1963/1964)이 문화대혁명의 이념적 골격이었다. 문혁 때 실용주의 당권파들을 비판한 기조는 소련 수정주의 비판과 완전히 동일했다.

문혁은 다양한 측면을 가지나 격렬한 권력투쟁이 그 기본 성격이다. 특기할 것은 공산당이나 정부 내부의 권력투쟁에 그치지 않고 중국사회 전체를 혁명의 회오리로 끌고 들어갔다는 점이다. 모택동은 대미 총력 대항체제 구축, 베트남 전쟁 본격화, 유소기-등소평의 실용노선에 대한 저소득층 불만, 소련에 의지하지 않는 자력갱생 노선을 문혁의 명분으로 내세웠다. 중국에서는 문화대혁명(1966~1976)을 동란의 10년이라고 부른다(가시모토 2015, 왕단 2015, 일본협의회 2011).

▍10년 체제동란의 후유증

1962년 9월 모택동은 유소기 주석 등 주자파走資派(자본주의 추종 행정집단)를 겨냥한 사회주의 교육운동으로 숨겨진 문화대혁명의 공감대를 넓혀나갔다. 교육운동은 빈농, 중농 등의 기층민 동원을 위한 준비 작업이었다. 1964년 7월 중국공산당은 모택동의 제의에 따라 문화혁명 5인 팀을 구성했다. 그해 12월 모택동은 주자파 비판의 포문을 열어 문혁의 포석을 깔았으나 이를 알아차린 사람은 극소수였다.

모택동은 배우 출신으로 네 번째 부인인 강청江靑의 정치적 야심을 이용했고, 문혁도 문예영역에서 시작했다. 모택동과 강청은 북경에서 문혁 확산이 어려울 것으로 보고 1966년 3월 임표가 있는 상해로 눈을 돌렸다. 거기서 문혁의 불을 댕긴 뒤 여세를 몰아 1966년 5월 유소기, 등소평 등 4명의 반당 집단을 숙청하는 것으로 문혁을 본격화시켰다. 권력을 탈취당한 유소기는 진상이 의문시되는 비행기사고로 죽었다.

모택동을 배후로 둔 중앙 문혁팀은 최고 권력기관이 돼 중앙정부를 거들떠보지도 않고 문혁파를 부추겨 모든 '이념적 잡귀'들을 소탕할 것을 선동했다. 이후 각급 행정기관이 마비되고 정부 수뇌부는 문혁파의 투쟁을 받아들이기 시작했다. 모택동은 문혁을 통해 자신 중심으로 정치세력 간의 새로운 균형을 맞추고자 한 것이다.

문혁 초기 중국의 인민들은 이 대중투쟁에 일정한 지지를 보내고 있었다. 중국공산당 내부의 관료주의와 특권층의 부패에 대한 불만이 컸기 때문이다. 문혁이 시작되자 특권층의 부패상은 모두 까발려졌다. 지도자 지상주의에서 군중 지상주의로 바뀌면서 중국 인민들은 짧은 시간 정신적 해방감을 맛볼 수 있었다(왕단 2015, 일본협의회 2011).

홍위병 등장과 폭력투쟁 1966년 8월 모택동은 10대들로 구성된 홍위병을 문혁의 앞잡이로 내세워 정적을 숙청하는 도구로 사용했다. 홍위병의 주력은 공산당 간부들의 자제였다. 이후 모택동은 연인원 1300만에 달하는 홍위병과 군중들을 만나 문혁을 폭발시켰다. 젊은 홍위병들은 실력행사를 통해 공산주의 사상에 어긋나는 자본주의 요소와 전통 문화재를 모조리

파괴했다. 인간의 존엄성이나 사고의 자유마저 유린됐다.

지주, 부농, 반혁명, 악질분자 등 4류 분자들에 대한 홍위병과 군중들의 박해로 수많은 사람이 피살되거나 자살했다. 폭력과 린치, 상호감시, 비방, 밀고, 자아비판이 횡행하면서 부모형제조차 믿을 수 없는 불신과 공포의 시대가 이어졌다. 지식이 부모를 고발해 치형당하게 만들고 제자가 스승을 때려죽이는 인간성 말살의 시대가 연출됐다.

전국에서 홍위병 폭력투쟁이 시작되면서 일부 지방은 무정부상태가 됐다. 지방정부는 영문도 모른 채 군중과 홍위병들의 파괴행위를 방관할 수밖에 없었다. 1967년 1월에는 문혁파가 전국의 행정기관과 권력을 침탈하는 사태 즉 1월 혁명이 일어났다. 이후 지방 공산당과 정부기관은 마비상태에 빠졌고, 중앙 공산당은 이런 행동을 긍정하고 지지했다.

문혁 이후 교과서나 경극에서는 모택동을 중국의 태양으로 신격화하는 등 개인숭배가 넘쳐났다. 이 사이 홍위병의 과격투쟁이 문혁파와 충돌하는 사태로 발전하면서 홍위병에 대한 우려가 일기 시작했다. 모택동은 이에 따라 1967년부터 소위 농촌 하방下放운동을 벌였다. 1600만 명의 고교 졸업생들이 모택동의 호소로 도시 호적을 말소시키고 농촌 생산노동에 참여했다(관련기사 참조). 모택동은 하방이 문혁의 일부라고 공언했으나 실상은 홍위병 통제력 상실에 따른 급변사태를 막기 위한 조치였다. 하방운동으로 홍위병의 적색 테러는 위축됐고 문혁파가 문혁의 주도권을 장악했다.

농촌 하방은 문혁으로 위축된 중국 경제를 되살리고 청년 취업 문제를 해결하는 방편으로도 이용됐다. 그러나 이들 청년들의 빈곤계층 생활체험은 공산당 이념과 공산당 독재에 회의를 느끼게 만들었다(일본협의회 2011, 정광호 2008, 이길성 중2-17, 왕단 2015).

임표 제거와 문혁 노선 갈등 홍위병과 군중의 무차별적 폭력투쟁에 대한 반동으로 1967년 2월 군부 중심의 역류사건이 발생해 정국을 흔들어놓았다. 이 사건으로 문혁을 촉발시킨 임표의 군부 세력이 강해지자 모택동은 이에 위협을 느껴 임표 제거작업에 들어갔다. 모택동은 미국과의 관계 회복을 통해 소련과 균형을 맞추려 했으나 친소파인 임표는 이런 전환을 좋아하지 않았다. 임표는 모택동의 지속적인 무산계급 혁명에 반대하고 생산 발전을 강조했다. 임표의 군부집단과 문혁파의 관계가 정치적 연맹에서 대립으로 변해간 것도 모택동이 임표에게 등을 돌린 원인이 됐다.

모택동은 1970년 7월 임표와 중앙문혁 팀장 진백달陳伯達을 치기 위해 유배 보냈던 엽검영葉劍英을 불러들였다. 숙청 위기에 처한 임표는 9월 아들과 측근들을 데리고 탈출했으나 비행기 사고로 몽골에서 전원 사망했다. 임표 사건 이후 민간에서 문혁과 모택동의 신성성에 대한 회의가 일어났

역사 돋보기 - 지청知靑세대의 고난

1966년부터 1980년까지 홍위병 활동을 하거나 각 지역으로 하방下放됐던 도시의 남녀 청년들을 중국에서는 지식청년, 줄여서 지청知靑이라고 부른다. 이들은 문혁의 가해자이자 피해자 세대다. 농촌 하방은 노동체험과 사회주의 정신개조를 위한 정치운동이었다. 이들의 하방생활은 비참했다. 식량을 구하기 위해 구걸, 도둑질을 하거나 토비가 되는 일도 있었다. 은밀한 동거로 낙태, 출산 등 고통을 겪으며 정신적, 신체적으로 큰 상처를 받았다.

문혁이 끝나고 도시로 복귀한 이후에도 이들은 하방 때의 비정상적 가족관계에 발이 묶여 불행한 삶을 살았다. 10년의 공백으로 진학의 기회는 상실됐고 실업이라는 암담한 현실과 마주하게 됐다. 문혁 10년간 중국의 대학들은 일부 공학계열 학과를 제외하고는 졸업생을 배출하지 못했다. 10년간의 교육 공백은 인력 공백으로 이어져 1977년 대학에 진학한 세대들은 활발한 사회진출이 이뤄지는 행운을 누렸다(정광호 2008).

다. 1970년대 들면서 주은래周恩來 등 행정 관료들의 탈 문혁 노선과 4인방(江淸, 張春橋, 王洪文, 姚文元)의 급진 문혁 노선 사이에서 동요가 이어졌다. 1973년 4월 실각했던 당권파 2인자 등소평이 주은래와 모택동의 긍정 평가를 받아 현직으로 되돌아왔다. 모택동은 등소평이 권력을 잡으면 계급투쟁을 포기하고 자본주의로 선회할 것을 의심하면서도 일당독재, 고압통치, 모택동과 모택동 사상 고수의 점에서 믿을 만하다고 여겼다. 등소평은 그해 12월 정치국 위원, 중앙군사위원이 됐고 주은래의 건강이 악화되자 경제 등 일상행정을 관장할 인물로 지목됐다(왕단 2015).

문혁의 종결과 인명, 경제 피해 1976년 초 주은래가 죽자 천안문 광장에 모여든 애도 군중들은 문혁 4인방의 정책에 대한 불만을 폭발시켰다. 공산당 정부는 반 문혁 군중운동을 폭력으로 진압했다. 모택동은 등소평이 군중운동을 책동했다고 여겨 화국봉華國鋒을 공산당 제1주석과 국무원 총리에 임명하고 등소평의 모든 직무들 거둬들였다.
1976년 9월 모택동이 죽자 중국공산당에는 원로파와 문혁파의 대립구도가 형성됐다. 명목상 최고지도자인 화국봉은 자신의 입지를 저울질한 끝에 중립에서 원로파로 기울었다. 10월 6일 화국봉이 4인방에 대한 체포령을 내리면서 문혁은 대단원의 막을 내렸다.

1978년 12월 엽검영葉劍英의 문혁 결산 연설에 따르면 문혁의 피해자는 1억 명 이상으로 전 인구의 9분의 1을 차지했다. 문혁의 피해액은 건국 30년간 시설투자액의 80%에 달해 중국의 경제자산을 거의 소진시켰다. 민생파탄으로 국토의 3분의 1 지역 생활수준이 1950년대보다 더 낙후됐고 3분의 1 지역은 1930년대보다 못했다. 가족 전체가 바지 한 벌로 버티는 경우도 있었다.
문혁은 중국인들의 사회성에도 깊은 상처를 남겨 개인들은 집단의 의사결정에 수동적으로 추종하는 보신주의가 팽배했다. 사람들은 저마다 믿지 않는 것을 믿는 척 하느라 거짓말하는 것이 습관화됐다.
1978년 권력을 승계한 등소평은 모택동의 업적에 대한 평가(1981)를 공7과3으로 정리해 모택동의 예견을 충족시켰다. 이후 어떤 정권도 그 이상의 평가를 내놓지 않았다. 모택동을 폄하하는 것은 당과 정부를 폄하하는 것이라는 등소평의 말 속에 공산당의 딜레마가 있었다. 문혁 50주년인 2016년 중국에서는 아무런 공식행사 없이 지나갔다(왕단 2015, 이길성 중2-17).

역사 돋보기 - 동아시아 번진 문혁

문혁은 세계와 동아시아 각국에 적지 않은 영향을 미쳤다. 1960년대는 선진 자본주의 국가들이 경제적으로 크게 성장한 시기였으나 인간관계의 소외를 심화시켜 문혁의 겉모습은 매력적으로 다가왔다. 여기에는 중국의 정보통제로 문혁의 이상화를 초래한 영향이 컸다.

이 무렵 일본 각 대학의 시위, 교수회 규탄 등 분쟁은 여러 면에서 홍위병 운동의 영향을 받은 것이었다. 1975년 캄보디아 정권을 장악한 크메르 루주의 급진 공산개혁은 문혁으로부터 직접적인 영향을 받았다(일본협의회 2011). 한국에서는 1980년대 후반 종북 용공주의가 대학가에 확산되면서 대자보, 기성질서 파괴 등 문혁과 유사한 상황을 연출했다. 그런 폭력적 이념투쟁의 잔재가 아직도 사회 곳곳에 남아 있다.

일본의 세계 3위 경제 도약

일본은 1955년부터 1973년 1차 석유파동까지의 18년간 연평균 10%의 고도성장을 기록하며 세계 굴지의 경제대국으로 올라섰다. 이 기간 동안 국민총생산은 명목상 13배, 실질상 5.4배가 늘어났다. 특히 1960년대는 전후사에서 가장 역동적인 시기였다. 池田勇人이케다 내각(1960)과 佐藤榮作사토 내각(1965) 8년 사이(1961~1968) 국민소득은 두 배로 늘어났다. 1968년 일본의 GNP는 영국, 서독을 제치고 미국, 소련에 이어 세계 3위를 기록했다. 1973년 오일쇼크로 고도경제성장이 멈춰선 뒤에도 일본 경제는 거품경제가 붕괴된 1990년대 초까지 안정 성장을 이어갔다.

1975년을 전후해 일본은 가난한 나라에서 풍요로운 나라로 인식이 바뀌었다. 그에 따라 전후 30년 이상 일본의 사회과학을 이끌어온 강좌파 마르크스주의 패러다임이 쇠퇴하기 시작했다. 1979년 2차 석유 파동과 함께 노소운동과 학생운동이 침체에 빠지고 청년, 학생들의 보수화가 급속히 진행됐다.

일본의 1960년대 고도 경제성장과 같은 국세 팽창은 한강의 기적을 실현한 1970년대 한국과 개혁개방에 나선 1990년대 중국에서도 나타났다. 고도성장은 경제학만으로 설명할 수 없는 현상이었다(아사오 외 2016, 나카무라 2006).

무역확대, 기술개발이 원동력 일본 고도성장의 1차적 배경은 우호적 국제 환경이었다. 1960년대는 세계 무역이 확대일로를 걸어 선진공업국은 모두 고도성장 가도를 달렸다. 대결형 정치를 피한 자민당의 전략은 국내 정치를 안정시켜 경제성장의 촉진제가 됐다. 1950년대 전반 화염병 투쟁과 과격한 파업을 주도했던 공산당이 1958년과 1961년 당 대회를 거치면서 헌법질서 속으로 들어온 것도 정국 안정에 도움이 됐다. 공산당은 소련, 중국의 극좌 모험주의를 맹종하다 이때부터 자주노선으로 돌아섰다. 그러나 성장의 몫을 요구하는 노동계의 춘계투쟁(춘투)과 같은 갈등이 없지 않았다.

고도성장기 성장률의 60%는 산업구조 개혁과 중화학공업 신기술 도입 등 광의적 의미의 기술 진보에 의한 것이었다. 자본 축적이나 노동력 증가의 기여는 40% 선에 그쳤다. 이때 동양레이온은 나일론 제조기술을 개발하는데 성공했다. 시설 투자를 위한 자본 조달은 주식, 사채 등의 직접 금융과 은행 차입 방식의 간접 금융으로 이뤄졌다. GNP 대비 20%의 세계 최고 저축률과 정부의 저금리 정책, 이자과세 감면 등이 자본 조달을 용이하게 했다. 농촌에서 대도시로의 인구이동과 협조적 노사관계는 노동력의 안정적 공급에 도움이 됐다. 1958년 이후 대미 수출이 대 아시아 수출을 추월한 것도 고도성장의 요인으로 작용했다(나카무라 2006).

격변의 1970년대 대외관계 1970년대 일본은 닉슨 독트린, 沖繩오키나와 반환, 중일 국교정상화 같은 격변을 맞았다. 1969년 닉슨 독트린과 1972년 닉슨의 중국 방문은 일본을 경악시킨 사건이었다. 그것은 중소봉쇄의 해제를 뜻하는 것이었으며 자국의 안보는 자국이 알아서 하라는 통첩이기도 했다. 미국은 1972년 중소봉쇄의 거점인 오키나와를 일본에 반환했다.

오키나와는 종전 직전부터 반환 때까지 미군의 직접통치를 받았다. 미국은 1948년 이후 일본을 반공의 요새로 구축하면서 전략 요충지인 오키나와 전체 면적의 10분의 1을 미군기지로 사용했다. 일본은 1952년 샌프란시스코 조약을 통해 미국의 오키나와 신탁통치와 무기한의 점령을 받아들였

> **역사 돋보기 - 마르크스 사관 퇴조**
>
> 전후 일본의 마르크스 사관은 일왕 중심의 왕국사관을 타파할 대안세력으로서 청년, 지식인들에게 적지 않은 영향을 미쳤다. 마르크스 사관은 침략전쟁, 일왕제, 봉건제 비판을 통해 근대적이고 민주적인 일본 건설, 궁극적으로 일본 사회주의를 지향하고 있었다.
>
> 그러나 1956년 소련의 스탈린 격하운동과 헝가리 사태 유혈진압을 계기로 마르크스 사관에 대한 회의가 싹 텄고 1960년대 일본의 고도성장과 미국식 근대화론의 침투로 영향력을 잃어갔다. 그런 가운데 1960년대 말 극소수 급진좌파 공산주의자들은 적군파를 조직해 일본은 물론 국제 테러를 시도하기도 했다. 그러나 일본공산당은 자본주의 인정, 군사주권 추구, 영토 분쟁에서 일본 지지, 일왕제 인정 등 점차 체제를 인정하는 유럽식 공산주의 노선으로 돌아섰다(나카무라 2006, 권희영 외 2014).

다. 오키나와는 한국전쟁에 이어 베트남 전쟁 때도 그 유용성을 입증했다. 1972년 중일 국교정상화는 닉슨 독트린의 여파였다. 이를 계기로 일본-중화민국(대만) 간 화일華日평화조약이 실효돼 대만의 청구권 처리가 불가능해졌다. 중국은 중일공동선언(제5조)으로 중일전쟁 배보상을 포기한 대만의 결정을 수용했다. 중국 정부의 배상포기는 침략전쟁의 책임과 반성을 전제로 한 것이었다. 중일 공동선언에는 "일본이 전쟁을 통해 중국 국민들에게 중대한 손해를 끼친 데 대해 책임을 통감하고 깊이 반성한다."는 표현이 담겼다. 그러나 중국 인민의 청구권을 제외한 것이 아니라는 해석의 여지를 남겨 1990년대 중국에서 전시 피해 보상운동이 일어났다(일본협의회 2011, 한중일편찬위 2015, 하타노 2016).

2. 장면 정부 붕괴와 3공화국 성립

　세계의 신생국 가운데 독재와 부정부패, 일당 장기집권, 군사정변 같은 우여곡절 없이 자유민주주의를 정착시킨 예는 없다. 1960년의 4.19 혁명은 자유민주사회 진입을 위한 통과의례였다. 계산되거나 준비된 일이 아니었기 때문에 이승만 정부 퇴진 후의 정치적 혼란은 피할 수 없었다. 응급조치로 과도정부를 구성해 기성 정치인들이 혁명적 상황을 관리하면서 정치 불안은 커지고 민생은 악화됐다. 사회 무질서를 틈탄 급진 좌경세력의 재등장으로 국가안보에까지 비상등이 켜졌다.

이런 상황에서 조직화된 군부가 기성정치의 대안세력으로 떠오른 것은 신생국 현대사의 일반적 현상이었다. 공산세력이 준동하던 1960년대 동아시아 신생 자유국가들에서는 군사정변이 시대적 흐름을 이루고 있었다.

한국의 군사정변이 다른 신생국들과 달랐던 점은 집권 이후의 결과였다. 대개의 군사정변들이 나라를 정체, 퇴보시킨 것과 달리 5.16 군사혁명은 자주개방실용의 노선으로 절대빈곤의 후진 농업국가를 개발도상국가로 변모시키는데 성공했다.

1) 국정혼란이 부른 군사정변

1960년 4월 27일 이승만의 사임서 제출로 국회 합의에 따른 허정 외무장관 과도정부가 들어서게 됐다. 허정은 5월 3일 반공주의 공고화, 부정선거 책임자 처벌, 비 혁명적 정치개혁, 4.19와 관련한 미국 비난 불용, 한일관계 정상화 등 과도정부 5대 시책을 발표했다. 이와 함께 민주정치 회복이라는 4.19 혁명의 사회적 요구에 부응해 내각제 개헌을 추진했다. 개헌 주도 세력은 집권에 대한 기대와 함께 '대통령제는 독재, 내각제는 민주정치'라는 순진한 2분법적 믿음에 빠져 있었다. 이승만 독재에 실망한 국민여론이 내각제를 돌파구로 여긴 것도 개헌 추진의 배경이 됐다.

1960년 6월 15일 내각책임제와 양원제를 삽입한 일부 개정 3차 개헌안이 과도정부 수립 2주 만에 국회를 통과했다. 개헌안은 행정의 실권을 국무총리가 가지게 하고 국가를 상징하는 임기 5년의 대통령을 양원 합동회의에서 선출하도록 했다. 당적을 떠난 대통령이 국무총리를 지명하고 민의원 동의로 임명하는 체제였다. 국회의 국무원 불신임(내각 총사퇴) 결의 조항을 따로 마련해 내각책임제를 강화했다. 그러나 졸속으로 마련된 개헌안은 법적 미비를 피할 수 없었다(이덕주 2007).

▎장면 정부의 위기관리 실패

내각제 개헌에 따른 1960년 7.29 총선은 자유당이 와해된 가운데 경찰, 군, 관료의 개입 없이 차분하게 치러졌다. 선거에서는 민주–자유 두 보수

정당 간 경쟁보다 민주당 신파와 구파의 내부 파벌다툼이 더 부각됐다. 선거 결과 4.19라는 상황적 요인과 소선거구제라는 제도적 요인이 겹쳐져 민주당이 민의원 233석 가운데 175석, 참의원 58석 가운데 31석을 차지했다. 무소속이 제2당의 비중을 보였으며 자유당은 민의원 2석, 참의원 4석으로 몰락하고 말았다. 사회대중당, 한국사회당, 통일당 등 혁신정당들은 국민들의 지지를 받지 못했다(도표 참조).

민주당 신·구파는 이념이나 지향의 차이보다 지도자 개인 중심의 파벌이었다. 윤보선과 김도연의 구파는 한민당-민국당을 이은 민주당 주류였고 장면, 주요한 등의 신파는 1954년 중임제한 개헌안에 반대해 자유당에서 이탈한 세력이었다. 선거 직후 구파와 신파는 별개 정당처럼 굴었다. 다수파인 구파는 대통령, 국무총리를 독점하겠다는 속셈으로 분당론까지 내세웠다. 소수파인 신파는 힘의 한계를 의식해 총리직을 차지하는데 주력했다.

양파의 합의에 의해 국회 간선으로 4대 대통령이 된 윤보선(253명 중 208표 획득)은 계획대로 김도연을 총리로 지명했다. 그러나 국회 의결에서 한 표 차이로 인준에 실패해 2차로 장면을 지명하지 않을 수 없었다. 장면은 전체 233명 중 117표(신파 90표, 구파 이탈표 6표, 무소속 21표)의 지지를 얻어 간신히 총리로 선출됐다. 허정 과도내각은 개헌과 총선거에 이어 3개월 만에 권력이양 작업을 마무리 지었다(차하순 외 2015).

〈표3-1〉 5대 민의원-참의원 선거 결과

대	시기	의석	여당	무소속	비고
5	1960.7	민233	민주당 175	49	5.16으로 임기단축
		참58	민주당 31·	20	5.16으로 임기단축

자료: 경기도선관위 PDF선2 (약자: 민의원, 참의원)

조각 둘러싼 갈등과 정쟁 헌정 사상 처음인 내각책임제는 의회의 안정적 지지가 정권 유지의 필수조건이었다. 장면 정부 출범을 전후한 민심과 언론은 거국내각을 구성해야 한다는 목소리가 높았다. 이에 민주당 신·구파는 신파 5석, 구파 5석, 무소속 2석으로 각료직을 안배한다는 원칙에 합의했다. 그러나 1차 내각의 각료 배분에서 합의가 안 돼 신파 단일내각이 구성됐다. 이에 반발한 구파는 86명의 민주당 구파동지회를 별도 교섭단체로 등록해 분당의 길로 접어들었다.

장면은 내각 구성 2주 만에 각료 4명을 사퇴시켜 구파에 양보함으로써 분당을 막아보고자 했다. 그러나 구파는 신당 발족을 공식 선언하고 교섭단체 등록(1960.9)을 마쳤다. 결국 민주당은 96석의 신파와 87석의 구파로 두 동강나고 말았다. 이후 구파는 세가 줄어들어 의원 65명의 신민당을 창당했고, 신파의 민주당은 구파 일부와 무소속을 영입해 표면적으로 과반 의석을 확보했다.

2차 내각 구성에서는 신파 소장세력 배제로 또 다른 갈등이 불거져 장면은 곧바로 3차 내각을 구성(1961.1)해야 했다. 권력지향성이 강했던 소장파는 당 지도층에 적대적으로 변해갔으며 신파에 합류한 구파 의원들도 당내 파벌을 만들어 통합을 어렵게 했다. 잦은 개각으로 행정 효율성은 떨어지고 장면 정부의 지지 세력은 점점 줄어들었다.

장면 정부는 집권 9개월 동안 4차례나 개각을 하면서 산적한 정책과제보다 내각 유지를 위한 권력 배분에 급급했다. 대통령과의 갈등도 정국 불안 요인이었다. 윤보선 대통령은 상징적 지위에 머무르지 않고 민주당 구파와 신민당의 이해를 대변했다. 정당 내 정파 간의 정쟁도 심각해 민주당은 노장파와 소장파로 갈리고, 신민당은 3개 파벌로 나뉘어 정파싸움을 벌였다(차하순 외 2015, 이영훈 2013).

이승만 정부 청산과 경제난 대처 장면 정부는 이승만 정부 청산과 절대빈곤 타파에 국정의 초점을 뒀다. 국민의 권리와 자유 보장, 3.15 부정선거 관련자 처단, 부정축재자 처리, 경찰 중립화, 경제 제일주의 정책 추진 등을 국정목표로 내세웠다. 이승만 정부 청산과 관련해 지식인, 학생, 언론은 새로운 사회질서 수립을 위한 급진적 개혁을 요구했다.

이에 따라 장면 정부는 1960년 말 3.15 부정선거 관련자와 부정축재자 처벌을 위한 소급(4차)개헌과 이승만 정부 및 자유당 고위인사들의 불법행위 처벌을 위한 소급 특별법을 통과시켰다. 특별법에 의해 고위인사 1만 2000명, 고위 경찰관 수백 명, 하위 경찰관 4500명이 해임되고 전 경찰의 80%가 다른 직책, 다른 지방으로 전임됐다. 특별법 시행은 정권의 정통성을 높였지만 행정, 치안 등 통치력이 반감되는 딜레마를 피할 수 없었다.

부정축재자 처벌은 말처럼 간단치가 않았다. 탈세 기업들은 1950년대의 전시 비상세제가 1960년까지 답습돼 수익의 120%를 세금으로 내야한다며 축재자 처벌보다 세제개혁이 선행돼야 한다고 항변했다. 정부는 1960년 9월 결국 46개 기업에 벌금이 아닌 추징금 200억 환을 통보하는 것으로 물러섰다. 1961년 4월 부정축재 특별처리법 통과에 따른 추가 조치는 5.16 군사혁명으로 법률 공포 6일 만에 백지화됐다. 당시 정치권은 경제건설의 중요성을 앞세웠지만 경제인들을 활용하는데는 관심이 없었다.

장면 정부를 곤경에 빠트린 것은 사회혼란과 겹쳐진 경제난이었다. 50년대 말 이후 침체된 경제로 실업자는 240만에 이르고 농촌의 보릿고개도 여전히 미해결 상태였다. 당시 우리나라 산업구조는 농촌 대 도시가 76대 24의 비율을 보였다. 절대빈곤이 사회혼란을 부르고 사회혼란이 경제활동을 마비시켜 다시 빈곤이 심화되는 악순환이 이어졌다.
장면 정부는 경제 제일주의 국정목표에 따라 1961년 5월 이승만 정부의 경제개발 3개년 계획안을 개편해 연평균 경제성장률을 5%로 잡은 5개년 계획안을 마련했다. 5.16 군사혁명을 4일 앞둔 일이었다. 계획안은 공업보다 농업에 우선순위를 두고 재정안정과 물가안정, 민간주도 성장을 추구했다. 5개년 계획의 소요 자금은 미국, 서독, 영국, 이탈리아 등 우방국들로부터의 차관과 앞으로 있을 일본의 배상 또는 투자로 조달한다는 구상이었다(국사편찬위 2017, 차하순 외 2015, 이병철 1986, 한영우 2016, 중앙일보사 1975).

시위, 방종의 극심한 사회혼란 허정 임시정부가 장면 정부로 바뀐 후에도 사회혼란은 전혀 가라앉을 기미를 보이지 않았다. 갑작스런 민주화 조치와 잠복했던 좌경세력의 준동, 시민의식의 결핍, 경제난 등이 겹쳐 심각한 혼란상을 연출했다. 그러나 장면 정부는 위기 국면을 관리할 능력이 없었다. 군비축소 약속과 경찰 4500명 해고, 경찰력 대부분 교차 배치 등으로 사회혼란을 자초한 측면이 컸다.

사회적 요구와 갈등이 분출하면서 민주당 정부 9개월간 가두시위는 2000건(연인원 100만 명)을 헤아렸다. 시위대가 국회의사당을 점거하고 사회질서를 바로잡아야할 경찰들이 시위에 나서는가 하면 초등학생들이 어른들은 데모를 그만 하라는 시위를 벌이는 진풍경이 벌어졌다. 모든 것을 시위로 해결하는 시위 천국이 돼버렸다.

노동계에서는 노동쟁의가 급증하고 노동조합 결성도 크게 늘어났다. 관변적인 대한노총에 맞서 한국노조연맹이 결성됐다. 교원노조 운동이 대구에서 시작돼 전국 10만의 교사 가운데 4만이 노조에 가입했다. 장면 정부는 교원노조의 좌경화에 따라 불법화를 시도했지만 반발이 심해 노동조합법 개정을 포기하지 않을 수 없었다.

사회 방종을 부채질한 것은 언론이었다. 국회는 언론의 무조건적인 자유를 보장해 4.19 이후 41개이던 일간지가 1960년 12월에는 389개로 늘어났다. 주간지, 월간지, 통신사도 우후죽순으로 생겨났다. 언론은 무차별적인 비판을 했고 사이비 기자들이 설치면서 신문 망국론까지 제기됐다(이병철 1986, 차하순 외 2015, 이영훈 2013).

급진 좌경세력 준동과 안보위기 장면 정부의 정치적 혼란은 이승만이 구축한 반공 태세의 이완과 좌경세력의 준동을 불러왔다. 불온서적으로 간주됐던 제3세계 서적들이 자유롭게 들어오고 억눌렸던 통일논의가 고개를 들면서 중립화통일론, 남북협상론, 남북교류론 등이 등장했다. 학생과 혁신계 정치인들의 통일운동은 민주당 정부에 큰 부담을 안겼다.

북한의 김일성은 남한의 정치적 변동에 고무돼 1960년 8월 남북연방제를 제안하기도 했다. 남한 내 혁명세력을 움직여 정치적 주도권을 장악하게 한 후 공산주의 통일국가를 만든다는 남조선혁명론의 일환이었다. 이 같은 위장 평화공세에 넘어가 1960년 12월 여수와 순천 지역에서는 교사와 학생들이 여객선을 납치해 월북을 기도하는 사건까지 벌어졌다.

1961년 1월에는 4개 혁신정당을 포함한 16개 정당·사회단체들이 민족자주통일중앙협의회(민자통)를 결성해 중립화 통일을 주장했다. 이는 대한민국 건국에 저항했던 공산주의 세력의 재등장이었다. 1961년 2월에는 한미경제협정 체결을 계기로 서울 시내 7개 대학이 반대투쟁위, 16개 정당과 사회단체가 공동투쟁위를 결성해 장면 정부를 제2의 조선총독부로 몰아붙였다.

사회적 무질서가 좌우 세력의 반공과 용공의 이념 대결구도로 나아가자 장면 정부는 데모 규제법과 반공 임시특별법을 제정하려 했으나 성공하지 못했다. 4월에는 좌경세력의 침투 공작으로 서울대 총학생회가 반외세 민족혁명을 주장하는 4월 혁명 제2선언문을 발표했다. 5월에는 민족통일전국학생연맹(민통련)이 남북학생회담을 제의(북한은 환영 성명)했고, 민자통은 학생회담 환영 통일촉진궐기대회를 열었다.

장면 정부가 학생회담을 불허하자 좌경세력은 대규모 시위를 벌여 남북회담, 김일성 만세, 장면 퇴진, 미군 철수 등의 구호를 외쳤다. 당시 중국의 모택동은 북한에 "베트콩 같은 게릴라전을 남한에서 본격화하라."는 압력을 가하고 있었다. 장면 정부가 북한과 남한 내부 좌경세력의 통일전선에 제대로 대처하지 못하자 국민들의 체제 위기의식도 커졌다. 이런 분위기가 공산화 위협으로까지 발전하자 군부가 군영 밖으로 뛰쳐나오게 된 것이다(이영훈 2013, 한영우 2016, 차하순 외 2015, 이덕주 2007).

▌군사정변과 사회경제 개혁

1960년대 초 65만의 거대집단으로 발전한 한국의 군부는 행정부 등 다른 어느 집단보다 유능하고 잘 조직돼 있었다. 매년 1000명 이상의 장교와 하사관이 미국으로 파견돼 군사기술과 조직관리 기법을 배워왔다. 군부의 양적, 질적 팽창은 정치적 압력으로 작용했고 기성 정치권의 국가 운영 전반에 대한 불신이 군사정변을 촉발시켰다.

1960년 4.19 직후 김종필 등 영관급 장교 8명은 부정축재, 부정선거 방조 등에 대한 군대 내 숙정을 요구하며 수뇌부 사퇴를 촉구하는 연판장을 돌렸다. 이들 정군파 장교들은 이후 1920년대 터키를 참고삼아 국가 근대화를 위한 혁명으로 투쟁방법을 바꿀 것을 결의했다. 그와 함께 강직, 청렴하다는 평판을 듣고 있던 박정희 육군 소장을 지도자로 추대했다.

당시 미국의 정보기관은 군부의 정치개입을 예측하고 있었고 군부에서도 정변 모의가 공공연한 비밀이었다. 군부의 거사가 몇 차례 연기되면서 장면 총리는 1960년 12월 이후 네 차례나 쿠데타 첩보를 보고받고도 이를 대수롭지 않게 여겼다. 유엔군사령관이 작전통제권을 쥐고 있기 때문에 쿠데타가 불가능하다고 본 것이다. 장면은 별 일 없다는 장도영 육참총장의 말을 5.16 당일까지 믿고 있었다(이영훈 2013, 이덕주 2007).

군사정변에 대한 국민 기대 박정희 등 5.16 군사정변 주체세력은 다수의 육군 고위 장성과 영관급 핵심, 해병대를 정변에 끌어들이는데 성공했다. 1961년 5월 16일 새벽 박정희는 해병대 1개 여단을 주력으로 3600명의 병력을 동원해 서울 주요기관을 장악하고 각료들을 체포한 뒤 비상계엄을 선포했다. 장도영 육참총장은 15일 밤 거사계획을 알았으나 진압을 하는 둥 마는 둥 애매한 태도를 보였다. 국방장관은 혁명군에 억류되고 장면 총리는 미국 대사관 피신이 어려워지자 수녀원에 몸을 숨겼다.

혁명군은 16일 새벽 5시 KBS를 통해 국가 위기극복을 거사의 명분으로 내세우며 6개항의 혁명공약이 담긴 포고문을 발표했다.[7] 많은 국민들은 충격 속에서도 군부의 정치개입이 위기 타개에 도움이 될지도 모른다는 약간의 희망을 가지고 있었다. 당시 지식인들은 무정부 상태나 다름없는 정국을 바로잡기 위해 강력한 지도자의 출현을 공감하는 분위기였다.

장면은 수도원에 은신하며 미국 대사관에 전화를 걸어 유엔군사령관이 쿠데타군을 진압해줄 것을 요청했다. 미국은 은신처도 모르는 총리의 말만 믿고 쿠데타에 개입하기가 어려웠다. 반면 혁명 지휘부의 방문을 받은 윤보선 대통령은 정치적 경쟁자인 장면의 제거를 내심 환영하며 군부의 거사를 용인하는 발언을 했다(이영훈 2013, 중앙일보사 1975).

미국의 정변 반대–묵인–승인 16일 새벽 4시 쿠데타 보고를 받은 미국대사와 유엔군사령관(겸 주한 미8군사령관)은 당일 오전 미군방송을 통해 쿠데타에 반대하며 합헌적 정부를 지지한다는 공동성명을 발표했다. 두 사

---

7) 혁명공약 6개항은 반공을 국시로 한다, 자유우방과의 유대를 공고화 한다, 부패와 구악을 일소하고 청신한 기풍을 진작한다, 기아선상에 허덕이는 민생고를 해결하고 경제 재건에 총력을 기울인다, 국토통일을 위해 공산주의와 대결할 수 있는 실력을 배양한다, 과업이 성취되면 본연의 임무에 복귀한다는 6가지였다.

람은 국군 통수권자인 윤보선 대통령을 찾아가 쿠데타 진압 명령을 요청했으나 윤보선은 유혈사태를 이유로 이를 받아들이지 않았다.
16일 오후 5시 미 합참의장은 주한 미8군사령관에게 한국 방위 이외의 성명을 내서는 안 된다며 장면 정부를 위한 싸움에 개입하지 말라는 지침을 내렸다. 17일 미 대사관은 비래한 일본 외신기자들을 상대로 주동자들의 과거 공산주의 활동 경력을 거론하면서 미국은 쿠데타를 좌절시킬 수 있다는 브리핑을 했다.

미국은 냉전정책과 양립하기 어려운 박정희의 민족주의적 색채에 거부감을 가졌다. 박정희는 당시 식자들처럼 미국의 자국 중심적 원조 방식과 미국식 민주주의에 회의를 느끼고 있었다. 그러나 서울 시민 다수가 정변을 수긍하는 입장을 보이자 미국은 이를 용인하는 방향으로 돌아섰다. 일본은 쿠데타 정권을 승인하느냐 마느냐로 고민에 빠졌다.

5월 18일 뒤늦게 모습을 드러낸 장면은 내각 총사퇴를 결의했다. 장면은 합리적이고 청렴한 정치인이었으나 위기 정국을 관리하기에는 적합하지 못했다. 5월 19일 윤보선 대통령은 군사혁명위원회의 성공과 국민들의 협조를 당부하는 하야성명(1차)을 냈다. 케네디 대통령은 5월 20일 국가재건최고회의(혁명정권)에 우의와 협조를 확인하는 메시지를 보냈다(이영훈 2013, 이덕주 2007).

군정기간, 군정연장 줄다리기 군사혁명위원회(위원장 장도영)는 혁명 성공과 함께 헌정질서를 무력화시키고 최고 주권기구인 국가재건최고회의를 설치했다. 그러나 곧 주도권 다툼이 벌어져 1961년 7월 반혁명 사건으로 장도영 등 서북파가 밀려났다. 미국은 7월 27일 박정희 정권을 인정한다는 사실을 공식 시인했다.
한미 양국의 현안은 군정을 언제까지로 하느냐였다. 한국은 5년, 미국은 1

년을 주장하다 8월 9일 동해 화진포에서 2년으로 타협을 봤다. 케네디는 1961년 11월 방미한 박정희와 회담을 갖고 반공정책과 민정이양 계획을 환영했다. 그러나 1962년 1월 시행 예정인 한국의 경제개발 5개년 계획(20억 달러 소요)에 대해서는 아무런 언질을 주지 않았다.

국가재건최고회의 의장으로 군을 장악한 박정희는 1962년 3월 '4년 군정 연장' 국민투표를 실시하겠다는 발표를 했다. 미국은 군정연장 성명을 철회하지 않으면 경제원조와 무기, 탄약 공급을 중단하겠다며 압력을 가해 왔다. 윤보선 대통령은 5.16 군사혁명에 대한 책임을 시사하는 사임성명(2차)을 발표해 군사정부를 압박했다. 4월 들어서는 춘궁기 해소를 위한 2500만 달러 추가원조를 거부하는 등 미국의 압력이 더 거세졌다. 박정희는 4월 8일 군정 연장안을 철회하고 퇴역 후 대통령 출마로 가닥을 잡았다. 미국은 식량 원조와 차관을 지렛대로 박정희와의 정치적 흥정에서 여러 번 성공을 거뒀다(이영훈 2013, 이덕주 2007).

사회경제 개혁의 성공과 실패 박정희는 미국의 지원 없이 혁명의 성공이 어렵다고 보고 가장 먼저 용공분자 색출로 사상적 의혹을 해소해 나갔다. 급진 좌경세력 4000명을 체포해 군사혁명재판에 회부함으로써 혁신세력을 와해시켰다. 또 부패와 구악 일소를 위해 폭력배 등 2만7000명의 범법자를 징벌하고 전체 공무원의 18%인 4만여 명의 부패 공무원을 공직에서 추방했다. 당시 관가에는 임시직인 촉탁이 정식 공무원의 몇 배나 됐으며 이들의 월급을 사기업이 부담하는 유착관계가 관행화돼 있었다. 군사정권의 이런 시책들은 사회 혼란에 염증을 느껴온 국민들의 지지를 받았다.

그러나 군사정권의 경제 관련 시책은 현실을 무시한 채 즉흥적으로 이뤄져 실패로 끝나거나 심각한 부작용을 빚었다. 1961년 6월의 농어촌 고리채 정리사업은 상당한 성과에도 불구하고 금융시장에 대한 무리한 개입으로 사금융의 마비를 불러 농촌경제를 혼란에 빠트렸다.

부정부패 척결 차원에서 부정축재처리법을 다시 의결해 기업인 15명을 구속하고 27명에게 501억 환의 벌과금을 부과한 조치는 경제를 얼어붙게 만들었다. 군사정권이 장면 정부에 이어 이중적인 처벌을 하자 기업들이 생산활동보다 사채업, 부동산업으로 뛰어드는 풍조가 일어났다. 그 여파로 1961년 GNP 성장률은 2.8%(1960년 2.3%)에 머물렀다.

1961년 7월 군사정권은 내각 수반에 이은 정부서열 2위의 경제기획원을 설립해 경제개발 의지를 드러냈다. 경제기획원은 1961년 말 민주당 정부안을 토대로 연평균 7.1%의 경제성장률을 목표로 하는 1차 경제개발 5개년 계획(1962~1966)을 발표했다. 1961년의 국민소득 82달러를 두 배로 늘려 필리핀, 터키 수준(178달러)에 맞춘다는 목표를 설정한 뒤 숫자만 꿰맞춘 것이었다.

이와 함께 기업인들에 대한 처벌을 완화해 경제개발계획에 참여하도록 하는 방안(투자명령)을 추진했다. 그러나 의욕만 앞세워 우물에서 숭늉 찾는 식의 정책을 압박해 기업인들과 마찰을 빚었다. 1962년 2월에는 기간산업 육성을 위한 울산공단 기공식을 가졌으나 정책 혼선과 외자 조달 지연으로 건설이 지지부진했다(이덕주 2007, 이영훈 2013, 이병철 1986).

외자도입 부진과 화폐개혁 실패 경제개발 5개년 계획을 추진하기 위해서는 외자도입이 필수적이었다. 그러나 일본과는 국교정상화가 안 돼 있었고 유럽과는 말을 꺼낼 처지가 못 됐다. 나라나 기업의 신인도가 낮아 국제금융 시장을 통한 외자도입도 기대하기 어려웠다. 무역적자의 대부분을 미국의 원조로 충당하는 나라에 공장을 지을 돈을 빌려줄 외국 금융기관은 없었다. 1962년 한국의 수출실적은 5481만 달러(일본 48억6100만 달러), 수입은 4억2180만 달러로 원조액을 제하고도 무역적자가 1억3000만 달러를 넘었다.

마지막으로 기댈 곳은 미국이었으나 그마저 여의치 않았다. 미국은 220개 사업으로 구성된 5개년 계획이 무리한 경제성장 목표를 설정한데다 개발자금 도입에 현실성이 없다는 이유로 계획 자체를 불신했다.

군사정권은 미국의 반응이 냉담하자 1962년 6월 화폐 단위를 10분의 1로 줄이고 환을 원으로 되돌리는 2차 통화개혁에 마지막 기대를 걸었다. 숨겨진 음성 자금을 투자재원으로 활용하기 위한 조치였으나 경제를 위기에 빠트리는 부작용만 초래했다. 예금 동결로 금융사정은 악화되고 흉작으로 인한 식량난까지 겹쳐 산업활동이 질식 직전까지 몰렸다.
1962년 차관 도입 실적은 목표 5000만 달러의 12%인 600만 달러에 그쳤다. 이런 실패의 과정을 통해 군사정권은 이후 경제에 대한 실용적 접근 능력을 배우기도 했다(이덕주 2007, 이병철 1986, 이영훈 2013).

🔍 역사 돋보기 - 세계사의 군사혁명

세계 역사상 성공한 군사혁명으로는 1923년 터키(케말), 1952년 이집트(나세르), 1961년 한국(박정희)의 세 경우가 꼽힌다. 터키의 케말은 혁명을 통해 600년 왕정을 폐지하고 처음으로 공화국을 건설했다. 갑작스런 사망 때까지 15년간 언론 검열, 정당해산, 공개 처형 등 강압적 독재 대통령으로 군림하며 터키 근대화의 초석을 놓았다.

이집트의 나세르는 왕정을 폐지하고 공화정을 선포하면서 1956년부터 수에즈운하 국유화 등 이집트의 정치경제적 독립을 이끌었다. 종주국 영국 등 외세에 대항해 이집트는 물론이고 아랍 전체의 위상을 높였다. 나세르는 16년간 독재자로 군림했다.

이들 두 나라에서는 군사정변이라 하지 않고 군사혁명이라고 부른다. 케말과 나세르는 박정희처럼 산업화, 근대화를 성공시키지는 못했다(차하순 외 2015). 터키와 이집트의 2017년 국민소득은 1만546달러와 2412달러에 머물고 있다.

2) 3공화국 출범과 1차 5개년 계획

박정희 군사정권은 민간정부 정권 이양시기를 1963년으로 약속하고 1962년 12월 새 헌법을 만들었다. 1~4차까지의 개헌은 조항 변경에 머물렀으나 5차 개헌은 헌법을 완전히 새롭게 만드는 작업이었다. 민주당은 더 이상 내각책임제를 고집하지 않았다. 대통령 중심제, 4년 임기에 1차 중임 허용, 부통령제 폐지, 국회 동의 필요 없는 국무총리제, 대통령의 계엄선포권 등이 권력구조의 핵심이었다. 짜깁기로 만들어진 제헌헌법 권력구조가 처음으로 현실에 맞게 재정비된 것이다.

제헌헌법의 사회민주주의 경제는 1954년 개헌에 이어 자유시장 경제로 내용이 수정됐다. 5차 개헌으로 중요산업이나 사영기업의 국공영화와 노동자의 기업이익 균점 등 제헌헌법 규정들이 사라졌다. 소작제 금지를 위한 경자유전 원칙은 그대로 존속됐다. 전문 121조 부칙 7조의 새 헌법은 조항과 항목의 배치가 불안정하고 체계가 부족한 약점을 드러냈다.

당시 박정희는 군대 복귀 약속을 무시하고 대통령 선거를 준비하고 있었다. 1962년 12월 국가재건최고회의는 창당 합류와 원대복귀로 의견이 갈려 파동이 일어났다. 국방장관, 3군 참모총장, 다수 장성급들이 민정 참여에 반대하며 민주공화당(공화당) 창당을 주도한 김종필 중앙정보부장의 퇴진을 요구했다. 1963년 1월 후임 중앙정보부장 김재춘은 증권파동 등 세칭 4대 의혹사건을 폭로해 김종필 제거에 나섰다. 증권파동은 1962년 2월과 5월 사이 증시를 조작해 20억 원의 부당이익을 챙겨 창당자금으로 사용한 사건이다(이영훈 2013, 중앙일보사 1975).

대통령 당선과 공화당의 압승 1963년 2월 국방장관, 3군 참모총장, 해병대 사령관, 중앙정보부장(김재춘) 등은 박정희에게 대통령 출마 포기를 최후 통첩했다. 이에 박정희는 구 정치인들이 9개안을 수락하면 민정에 불참하겠다는 시국 수습안을 내놨다. 그런 우여곡절 끝에 박정희는 1963년 8월 공화당 대통령 후보로 지명됐다. 공화당이 내세운 당의 이념은 근대화, 민족주체성 확립, 한국에 알맞은 자유민주주의 등이었다.

1963년부터 정치활동이 자유화되자 민간 정치인들은 윤보선과 허정의 두 세력으로 갈라졌다가 허정의 사퇴로 단일 전선을 형성했다. 학생 및 지식층은 군부에 대한 거부감과 자주적 민족주의에 대한 공감으로 모순적 상황에 빠져 있었다. 1963년 10월 대통령 선거에서 박정희는 민족주의 정서를 부각시키며 15만 표의 근소한 차이로 윤보선을 눌렀다. 11월 26일 치러진 국회의원 선거에서는 여당인 공화당이 175석 중 110석을 얻는 압승을 거뒀다. 1963년 12월 박정희는 5대 대통령에 취임해 3공화국의 문을 열었다(이영훈 2013).

▍수출입국 경제개발 추진

1960년대 초반 한국은 경제부흥에서 북한에 뒤져 경제건설이 급선무로 떠올랐다. 미국도 한국의 경제성장이 공산주의에 대한 체제 우위성을 보여준다는 점에서 중요한 의미를 두고 있었다. 그러나 당시 한국은 대외원조로 근근이 국가경제를 버티는 형편이었다. OECD 자유진영은 공산진영과의 대결에서 승리하려면 후진국 경제 원조를 늘려야 한다는 결론을 내리고 1959년부터 GNP의 1%를 제공하는 것으로 논의의 가닥을 잡고 있었다.

한국에 대한 대외원조는 이승만 정부 때보다 많이 줄었지만 1961~1963년은 2억 달러를 상회했다. 1961~1969년 사이 원조총액은 13억4214만 달러로 이승만 정부 27억 달러(1948~1960)의 2분의 1 수준이었다. 한국은 경제개발이 궤도에 오른 1972년 원조 수혜국에서 졸업했다(도표 참조).

〈표3-2〉 박정희 정부의 연도별 외국 원조 추이 (단위: 억 달러)

연도	1961	1962	1963	1964	1965	1966	1967
금액	1.99	2.32	2.16	1.49	1.31	1.03	0.97
연도	1968	1969	1970	1971	1972	1973	1974
금액	1.05	1.07	0.82	0.51	0.05	0.02	0.01

자료: 경제기획원 PDF남3, PDF남4 재구성

개방전략과 농공업 불균형 정책 1차 경제개발 5개년 계획을 성공시키기 위해서는 투자 재원 특히 외자도입이 급선무였다. 박정희 정부는 손을 벌릴 곳이 마땅치 않아 1962년 10월 서독 파송 광부와 간호사의 월급을 담보로 1억5000만 마르크의 선급 차관을 들여왔다. 1963년부터 1979년까지 서독으로 파송된 광부는 8000여 명, 간호사는 1만여 명이었으며 월급은 광부가 160달러, 간호사가 110달러였다. 파송 기간 중 광부 27명(자살 4명), 간호사 44명(자살 19명)이 목숨을 잃었다.

1963년 한국의 수출실적은 전년보다 58% 늘어난 8680만 달러로 수출목표 7170만 달러를 초과 달성했다. 당초 수출계획은 농수산물과 광산물이 73.4%였고 공산품은 8.9%였으나 공산품이 단숨에 수출액의 32.4%(2810만 달러)를 차지했다. 전년 대비 4.4배가 늘어난 것이다. 이는 이승만 정부 때 토대를 닦은 철강재(일신제강), 합판(대성목재), 면방직이 정부의 수출 지원정책에 힘입어 성과를 냈기 때문이다. 정부는 수요가 커지고 있는 가발을 수출 상품 1호로 정해 가발산업이 1960년대 수출을 이끌었다.

박정희 정부는 1964년을 기점으로 폐쇄적 자급경제 대신 외국의 차관과 자본을 도입해 해외시장을 적극 개척하는 개방전략으로 돌아섰다. 민족자본에 의한 경제건설을 추구한 자력 갱생파를 퇴진시키고 대외 개방적 공업화를 추구하는 장기영, 박충훈, 김정렴 등 실용노선 인사들을 기용했다. 이는 국내시장이 협소하고 질 높은 인력이 풍부한 한국이 선택할 수 있는 최선의 전략이었다. 1960년대 대부분의 신생국은 이와 달리 수탈적 외국 자본의 유입을 막고 수입대체산업을 육성해 대외의존도를 낮추는 발전이념을 채택했었다.

경제성장 방안에서는 관계, 학계 등에서 농업-공업 균형 성상론과 공업 중심의 불균형 성장론이 다투고 있었다. 경제인들은 기간산업 중심의 공업 성장론에 기울었다. 정부는 한 동안 두 성장론의 기로에서 방향을 잡지 못하고 우왕좌왕했다. 그러나 1964년부터 5개년 계획을 수정해 공업화를 강조하고 공산품 수출을 주요 추진전략으로 삼았다. 선진국들의 당시 농업 GNP 비중은 일본이 17%(농업인구 31%), 덴마크가 17%, 서독이 7%, 미국이 4%로 균형 성장정책의 저효율성을 보여주고 있었다(차하순 외 2015, 이덕주 2007, 이영훈 2013, 이병철 1986, 국사편찬위 2017).

총력수출지원과 8.5% 경제성장 개방적 공업 성장론과 함께 정부는 수출지원 총력체제에 들어갔다. 원화가치를 달러당 130원에서 255원으로 평가 절하해 수출의 가격 경쟁력을 높이고 금융, 조세 등 행정지원을 총동원했다. 어떤 품목이든 수출실적만 있으면 그에 비례해 낮은 이율의 대출과 원자재를 우선 공급해 민간기업의 수출 참여와 경쟁을 촉진시켰다. 그에 따라 9대 대기업 대출(1964년 8월)은 통화량 409억 원의 44%, 금융기관 대출 잔고 462억 원의 40%를 점했다. 이런 지원체제에 힘입어 수출액은 1964년 11월 30일 처음으로 1억 달러를 넘어섰다(수출의 날 지정).

정부는 수출주도형 경제개발과 함께 자립경제 구축을 위해 정유, 비료, 석유화학, 제철과 같은 기간산업 확충에도 노력을 기울였다. 1962년 이후 울산공업지구가 조성되고 대한석유공사 설립과 정유공장 건설, 제3비료(울산), 제4비료(진해) 공장 건설이 이어졌다.
1차 5개년 계획 기간(1962~1966)의 경제성장률은 연평균 8.5%로 당초 목

표 7.1%를 상회했으며 1인당 국민소득은 87달러에서 125달러로 늘어났다. 5개년 계획의 성공적 추진에는 1965년 대일청구권 개발자금 조달과 베트남 전쟁 파병에 따른 경제적 과실이 큰 도움을 줬다(차하순 외 2015, 국사편찬위 2017, 이영훈 2013).

🔍 역사 돋보기 - 한강의 기적

1950년에서 2000년까지 20세기 후반기 세계 경제규모는 6.8배(전반기 2.7배)가 커졌다. 정보통신 혁명을 기초로 새 소재, 새 산업, 새 생산방법이 번영을 이끌었다. 자유무역에 따른 20배의 교역팽창도 경제성장의 디딤돌이 됐다.

세계 교역에서는 두 가지 변화가 일어났다. 1940년대까지 교역은 식민지형인 연료, 농산물, 광산물이 주종이었다. 그러나 1960년대 이후 기술혁신이 일어나면서 천연자원을 가진 후진국은 교역에서 소외되고 선진국 간 공산품 교역의 비중이 높아졌다. 또 1960,1970년대에 선진국의 산업구조가 고도화되면서 의류, 신발, 가구 등 노동집약적 경공업 생산은 후진국 몫으로 돌아갔다. 박정희 정부는 이런 기회를 포착해 한강의 기적을 이룰 수 있었다(이영훈 2013).

▎미완의 한일 국교 정상화

한일 국교정상화 회담에 나선 한국은 당초 상해 임시정부가 일본과 교전한 점을 들어 승전국으로서의 배상과 식민지배 피해배상을 동시에 요구했다. 1910년 한국병합조약은 무효(관련기사 참조)라는 전제에서의 주장이었다. 이에 대해 일본은 교전국 부정과 병합조약 유효 주장으로 맞섰다. 뒤에 한국은 승전국 배상은 취소하고 위법한 식민지배 배상에 주력했다.

일본은 한국에 남긴 사유재산의 반환과 보상을 요구하다가 1950년대 후반 양국의 청구권을 상쇄하자는 주장을 내놨다. 한국은 다시 식민지배 피해배상에서 일제의 침략과 식민지배로 인한 피해 배보상을 요구하는 청구권 행사로 후퇴했다. 일본은 청구권이 다양하게 활용될 것을 우려해 전투행위나 전쟁상태에 기인된 것으로 범위를 한정하려는 입장이었다.

1958년 4차 회담은 5년 전 구보타 발언 취소와 일본의 청구권 포기를 전제로 열렸다. 회담의 주요 쟁점은 재일교포의 법적 지위, 대일 청구권, 어업권 문제 등이었다. 당시 일본 정부는 한국으로의 경제 진출과 어업권 문제 해설에 관심이 많았다. 한국은 식민지 지배와 선후 처리에서 발생한 22억 달러의 피해배상을 원했으나 일본은 한국에 남긴 재산에 대한 청구권(1948년 기준 3053억 원)을 다시 들먹였다.

1959년 4차 회담이 속개됐지만 한국의 강력한 반대에도 불구하고 일본이 재일교포 북송사업을 강행하는 바람에 대좌가 어려워졌다. 이런 사유들로 인해 이승만 정부 때는 한일 국교정상화에 아무런 타결점을 찾지 못했다. 1960년 민주당 정부는 청구권 자금 1억5000만 달러 조건으로 회담 타결 직전까지 갔으나 5.16 군사정변으로 없던 일이 되고 말았다(하타노 2016, 이영훈 2013).

김종필-오히라 합의로 돌파구 1960년대 초 미국은 베트남의 민족해방세력 확대, 중국의 핵실험 성공 등에 자극 받아 한일 양국의 국교정상화를 채근했다. 자국의 안보 부담을 일본에 분산시키기 위한 의중도 없지 않았다. 일본의 정부와 재계도 한국에 대한 영향력 확대와 수출시장 확보를 위해 국교 수립을 원하고 있었다.

박정희 군사정권은 미국, 유럽에서의 외자조달이 부진하자 경제건설 자금 마련을 위해 한일회담으로 눈을 돌렸다. 그러나 침략의 역사에 대한 국민들의 반일 감정이 누그러지지 않아 국교정상화에 흔쾌히 나서지는 못했다. 이웃 일본을 제쳐두고 1962년 서독으로부터 최초의 해외차관을 들여온 것은 일본에 대한 거부감이 그만큼 컸음을 말해준다. 1964년 서독을 방문해 뤼프케 대통령에게 원조를 요청한 것도 같은 맥락이었다.

국내 기업인들은 군사정권에 경제발전을 위해 조속히 일본과 국교를 정상화해줄 것을 주문했다. 한국의 풍부한 노동력을 일본의 기술력과 결합해야 경제개발에 유리하다고 본 것이다. 일본도 그 점에서는 마찬가지였다. 당시 한국의 경제는 250만의 실업자, 국제수지 적자, 인플레, 군사비 압력 등으로 큰 고통을 받고 있었다. 농촌지역에는 대부분의 가정에 전기조차 보급돼 있지 않았고 노동자 임금은 일본의 30% 선에 머물렀다.

1962년 이후 한일회담은 5차에서 7차까지 단속적으로 진행됐다. 1962년 2월 일본에 건너간 군사정권 외무장관은 청구권 자금 8억 달러를 요구했다. 일본은 장면 정부 때 1억5000만 달러 타결에 임박했던 점을 의식해 7500만 달러 카드를 내밀었다. 외무장관은 빈손으로 돌아왔고 회담 타결은 중앙정보부장 김종필과 일본 외상 大平正芳오히라에게 넘겨졌다.

10월 첫 회담에서 오히라는 독립축하금 또는 경제자립 원조 명목으로 3억 달러를 제시했고 김종필은 6억 달러로 맞서 합의도출에 실패했다. 애초 일본은 청구권으로 인정할 수 있는 것은 7000만 달러고 독립축하금 명목으로 추가 지원이 가능하다는 입장이었다. 한국은 청구권과 무상원조를 합친 것으로 양보하면서 청구권 3억, 무상원조 3억 달러를 요구했다. 김종필은 독립축하금 또는 경제자립 원조금 명목 불가, 총액 6억 달러 관철이라는 훈령을 받고 있었다(일본협의회 2011, 이영훈 2013, 이덕주 2007, 이병철 1986).

양자 합의의 후폭풍 6.3 사태 1962년 11월 두 번째 회담에서 두 사람은 향후 10년간 무상 3억 달러, 유상(공공차관) 2억 달러, 상업차관 1억 달러(정식 체결 때 2억 달러 추가)로 합의하고 메모를 남겼다. 문제의 메모에는 일본이 제공할 공여금액과 방식만 명기했을 뿐 자금 명목에 대한 언급은 없었다. 양자회담은 1964년 한일협상 타결의 실질적 가이드라인 역할을 했다. 그 무렵 일본의 외화보유고는 15억 달러 수준이었다.

양자 간의 합의는 문제의 출발점이기도 했다. 당시 한국에서는 일본과의 국교 재개는 일제의 불법 강점 사죄와 피해자 배상이 전제돼야 한다는 국민 여론이 강했다. 1964년 3월 양자 합의 내용이 알려지자 야당과 학생·지식인들은 4.19 이후 최대의 군중이 참가한 가운데 밀실 굴욕외교 반대 시위를 벌였다. 대학생 시위는 5일 동안 13만이 참가하는 기세를 보였다. 1963년 대통령 선거와 국회의원 선거에서 패배한 야당은 국교정상화 반대 투쟁을 전열 재정비의 기회로 삼았다.

3월, 5월의 반대시위는 6월 들어 반정부 투쟁으로 바뀌어 박 대통령의 하야를 요구하기에 이르렀다(6.3 사태). 수만 명의 시위가 유혈사태로 치닫자 정부는 계엄령을 선포하고 군대를 동원해 시위를 진압했다. 김종필은 이 때문에 두 번째 외유 길에 올랐다. 계엄령 선포로 한일교섭이 중단돼 한일협정 체결은 1년이나 지연됐다. 6.3 사태를 계기로 박 대통령은 야당을 타협의 대상이 아닌 근대화 방해세력으로 간주하기 시작했다.

한일협정 타결의 경제효과 1965년 1월 재개된 한일회담에서 高杉다카스키 일본 수석대표는 "조선 지배가 좋은 일을 한 것이고 창씨개명은 일본인과 똑같이 대우하기 위한 조치였다."는 등의 망언을 내뱉었다. 그러나 회담이 타결 직전에 이르러 회담 결렬로는 이어지지 않았다. 한국과 일본은 각자의 형편과 계산에 따라 1965년 2월 한일공동성명을 발표했다.

6월 22일에는 한일기본조약과 어업, 재일한국인의 지위, 경제협력, 문화협력의 4가지 부속협정이 체결됐다. 한일기본조약으로 한국은 한반도 유일의 합법정부가 됐고 일본의 한국 자본진출이 가능해졌다. 양국은 자동 폐기된 평화선을 대신해 새로운 형태의 배타적 경제수역을 설정했다. 정부는 1965년 6월 한일협정 조인 이후에도 반대 시위가 계속되자 8월 위수령을 발동한 가운데 국회 비준을 받아 12월 일본과 비준서를 주고받았다.

한일협정은 문제가 많았지만 경제 개발에 큰 도움을 줬다. 유무상 청구권 자금 5억 달러 중 2억5000만 달러는 포항제철 건설과 원자재 구입에 사용됐고 나머지는 경부고속도로, 소양강댐, 철도 등 사회간접자본과 산업 육성에 투입됐다. 한일 국교정상화 이후 한일 간 투자 및 무역시장이 열리면서 세계은행, 아시아은행 등의 자금지원과 외국 차관 도입도 본격화됐다. 1965년 4000만 달러 선이던 차관도입액은 1969년 5억 달러를 넘어섰다(한영우 2016, 이영훈 2013, 이덕주 2007, 나카무라 2006, 차하순 외 2015).

🔍 역사 돋보기 - 한일협정 봉합의 문제들

한일협정의 가장 큰 실책은 기본조약에 식민지배에 대한 책임과 반성, 사죄를 명문화 하지 못했다는 점이다. 기본조약 2조의 1910년 한일합병 이전 양국 조약 및 협정은 이미 무효임을 확인한다는 우회적 조항도 문제였다. 한국은 빈 조약에 의거, 협박과 강제에 의한 조약들을 당초 무효로 해석한 반면 일본은 한국 정부 수립으로 효력을 상실했다는 해석으로 맞섰다.

2조 1항 완전히 또한 최종적으로 해결됐음을 확인한다는 문구는 징용, 징병, 위안부, 원폭피해자 등 개인 피해자 보상 문제를 애매하게 만들었고, 일제가 약탈해간 문화재 반환도 허술하게 처리됐다.

부속협정에 따른 무상 공여금액에 대한 해석도 한국은 청구권이라고 주장한 반면 일본은 경제협력으로 강변해 과거사 인식에 관한 문제를 잠복시켰다. 일본 거주 한국인에 대해서는 향후 5년간 협정영주 신청을 인정(1991년 특별 영주 전환)해주기로 했으나 소련 사할린 거류민에 대해서는 아무런 조치도 취하지 못했다.

일본은 1956년 소련과의 사할린 거류민 송환협정에서 귀환대상을 일본인 30만으로 규정해 한국인 징용자 4만3000명은 1990년 한소 국교수립 때까지 반세기 이상 방치됐다(한중일편찬위 2015, 일본협의회 2011).

3) 2차 5개년 계획과 3선 개헌

1차 5개년 계획 성공으로 지지도가 높아진 박정희는 1967년 5월 6대 대통령 선거에서 윤보선과 재대결을 벌여 10.5%, 116만 표 차이로 재선됐다. 박정희는 경부고속도로 건설을 선거공약으로 내놨다. 한 달 뒤 실시된 7대 국회의원 선거에서는 여당인 공화당이 50.6%의 득표율로 개헌선을 13석 초과하는 129석(70.6%)을 얻었다. 그러나 서울과 부산에서는 야당인 신민당에 밀렸다.

이 무렵 박정희는 경제개발과 자주국방을 위해 자신에게 주어진 시간이 부족하다고 여겨 공화당 내 후계그룹을 제거하고 3선 개헌을 결심했다. 당시 박정희는 한일회담(1964), 월남파병(1965), 예비군 창설(1968) 등 중요 결정 때마다 반대에 앞장선 야당을 무책임한 집단으로 여겼다.
신민당은 1969년 1월 이후 개헌 저지 투쟁에 들어갔고 정부는 3선 개헌안을 국민투표에 부쳐 신임을 묻겠다는 대통령 담화(1969.7)를 발표했다. 공화당은 9월 신민당과 학생들의 반대시위를 피해 국회 별관에서 3선 개헌안을 단독 처리했다. 국회를 통과한 개헌안은 10월 17일 국민투표에서 65.1%의 찬성으로 확정됐다(이덕주 2007, 중앙일보사 1975).

개헌안 단독처리와 야당의 약진 1971년 4월 7대 대선에서 공화당의 박정희는 신민당의 김대중보다 7.9%, 94만 표를 더 얻어 3선에 성공했다. 김대중은 선거에서 중소기업인, 양심적 지식인, 농민, 노동자들의 연대를 통한 대중민주주의를 내세우며 국내시장 중심의 농업, 중소기업 우선 발전 정책(대중경제론)을 공약으로 내놨다. 또 긴장 완화 통일정책, 향토예비군 폐지, 고등과 대학의 군사훈련 폐지를 주장했다. 정권이 교체될 경우 박정희 정부가 10년간 구축한 개발정책 기조와 안보체제가 와해될 수 있었다. 이어 실시된 8대 국회의원 선거에서 여당인 공화당은 113석으로 의석이 줄어든 반면 야당인 신민당은 89석을 얻는 약진을 보였다. 신민당은 도시에서 64석 중 47석을 차지했다(도표 참조). 도시 중산층과 대학생 부류들은 박정희 권위주의 체제에 염증을 느끼고 있었다(이영훈 2013).

〈표3-3〉 3공화국 직선 대통령 선거 득표율

구분	시기	당선자	차점자	득표차
5대	1963.10	(공)박정희 46.6%	(민)윤보선 45.1%	15만표
6대	1967.5	(공)박정희 51.4%	(신)윤보선 40.9%	116만표
7대	1971.4	(공)박정희 53.2%	(신)김대중 45.3%	95만표

〈표3-4〉 6~8대 총선 지역구 득표율 및 의석수 (전국구 포함)

대	시기	의석	여당	야당	비고
6	1963.11	175(전44)	(공)33.5%(110)	(민)20.1%(41)	민주당(13)
7	1967.6	175(전44)	(공)50.6%(129)	(신)32.7%(45)	
8	1971.5	204(전51)	(공)48.8%(113)	(신)44.4%(89)	국회해산

자료: 경기도선관위 PDF선1, PDF선2 (약자: 공화당, 민정당, 신민당, 전국구)

발전국가 체제와 기업입국

박정희 정부는 1965년을 전후해 정부, 기업, 금융, 각종 단체 등을 일사불란하게 통제하고 동원하는 발전국가 체제를 구축했다. 시장 주체들의 발전이 저조한 상황에서 정부가 시장 역할을 떠맡아 경제개발 계획을 수립하고 추진한 것이다. 1965년부터 월간 경제동향보고와 수출진흥 확대회의를 열어 정책 집행을 촉진하고 문제점을 해결해 나갔다. 대통령이 15년간이나 이런 회의들을 지속적으로 개최한 나라는 유례를 찾아보기 어렵다. 반복되는 회의과정에서 대통령은 경제 전문가로 훈련됐다.

경제개발 정책집행 과정에서는 이론과 이념에 치우친 경제학자들 대신 기업인들과의 협력관계와 실용을 중시했다. 대성목재의 전택보, 코오롱 그룹의 이원만, 삼성그룹의 이병철 등이 정부의 상담역이 됐다. 이병철은 학자들의 고전적 상향식 경제발전 대신 해외차관을 도입해 먼저 대기업을 육성하고 그 성과를 중소기업과 농업으로 확장하는 하향식을 제안했다. 이병철은 또 나라 발전을 위해 사대주의, 쇄국주의, 당쟁 등 악습을 제거하고 성공한 기업인을 우대하는 문화를 조성할 것을 주문했다. 박정희 정부의 발전국가 체제는 전두환 정부가 계승해 1987년까지 존속됐다(이영훈 2013, 이병철 1986).

경제성장 9.6%, 국민소득 2.3배 달성 1967년 재선에 성공한 박 대통령은 2차 5개년 개발계획(1967~1971)을 공격적으로 입안했다. 당시로서는 파격적인 경부고속도로와 포항제철 건설을 추진하고, 수출주도 및 대기업 중심의 공업화를 기본방향으로 잡았다. 수출주도 개발정책은 대일 경제종속 등 비판론이 강했으나 결과적으로 중진국 진입의 길을 여는 선택이 됐다.

박 대통령은 2차 5개년 계획 동안 자본 수요가 커지고 1966년 이후 미국 원조의 축소(1억 달러 내외)로 외환보유고가 바닥나자 민간 기업에 대한 차관에 지불 보증을 해줬다. 이 제도를 통해 1967~1969년 한진, 현대 등 20여 기업이 12억 달러의 외자를 도입해 양적 성장의 기틀을 마련했다. 해외건설에 대해서는 신용으로 지급보증을 해줬다. 한국경제에 대한 신뢰가 쌓이면서 2차 계획 때 도입된 외자는 1차 계획 2억9000만 달러의 7배가 넘는 21억6000만 달러를 기록했다.

2차 기간 중 연평균 경제성장률은 당초 목표를 상회한 9.6%(1969년 15.5%)에 달했고 1971년의 국민소득은 1차 때의 2배가 넘는 289달러가 됐다. 한국의 경공업 제품은 1960년대 초반부터 국제시장에서 일본을 밀어냈고 수출비중은 1963년 30%대에서 1971년 70%대로 높아졌다. 경쟁력이 다한 일본의 경공업이 양질의 노동력을 가진 한국으로 몰려들자 한국은 그 기회를 십분 활용했다(이영훈 2013, 이덕주 2007).

야당 반대 뚫고 경부고속도 완공 2차 기간 중 특기할 만한 변화는 1967년 세계 최대 규모의 한국비료(한비) 건설과 1970년 경부고속도로 개통이었다. 삼성물산(이병철)은 1964년 정부의 권유로 연산 36만 톤의 한비(울산) 건설에 나서 1967년 공장을 완공시켰다. 그러나 정부가 비료공장을 남설하는 바람에 농민 부담만 커지고 수출 경쟁력을 상실하는 등 혼선이 빚어졌다.

1970년 6월에는 연장 428Km의 경부고속도로가 개통돼 전국 1일 생활권 시대를 열었다. 박 대통령은 1964년 서독 방문 때 고속도로의 경제적 기능에 주목해 경부고속도로 건설을 2차 5개년 계획에 포함시켰다. 1967년 건설 중이던 일본 東明도메이 고속도로의 건설단가를 적용하면 당년 국가예산(1643억 원)의 두 배가 넘는 3500억 원이 필요했다.

박 대통령은 그해 12월 일본 건설단가의 10분의 1도 안 되는 330억 원으로 경부고속도로를 건설하겠다고 밝혔다. 그러자 김영삼, 김대중 등 야당 지도자들과 국회의원들은 일본 경제 예속을 주장하며 건설을 결사 반대했고 언론계, 학계도 같은 입장이었다. 막대한 건설비용과 그로 인한 인플레 우려로 여당인 공화당과 경제장관들까지 신중론을 폈다. 그러나 1차 경제개발 5개년 계획 이후 수송화물이 급격히 늘어나 수송체계 개선은 발등의 불이 됐다.

정부는 1968년 2월 당초보다 100억 원 늘어난 429억 원(1969년 정부 예산의 13%)의 건설비를 투입해 3년 내 건설목표로 고속도로 건설에 들어갔다. 대전-대구 2차선을 4차선으로 변경하고 추풍령-왜관 노선을 추풍령-구미-왜관 노선으로 우회시키면서 100억 원이 추가됐다. 완공 이후 초기 10년간 화물 수송은 16배가 늘어났다(이병철 1986, 정주영 1992, 이덕주 2007, 차하순 외 2015).

▎베트남 파병으로 경제 발판 마련

1964년 4월 미국 존슨 정부는 베트남 전쟁 개입의 명분을 높이기 위해 20여 개 우방국에 참전과 협조를 요청하는 다국적 동맹캠페인을 벌였다. 이에 부응해 박정희 정부는 1964년 7월 6.3 사태의 와중에 국군 파병안을 국회에서 통과시켰다. 1964년 9월부터 의무부대, 공병부대, 태권도 교관 등 비전투 요원 2000명이 파견됐다.

전투병 파병에 대해서는 대부분의 나라가 반대 내지 소극적이었다. 그러나 6.25 전쟁과 이후의 군사안보 지원을 받고 있는 한국으로서는 미국의 협조 요청을 거부하기가 어려웠다. 미국은 베트남전 소요 병력을 주한미군으로 충당하겠다는 카드로 한국을 압박해왔다. 1965년 5월 박 대통령은 세 번째 방미에서 아시아 국가원수로서는 전례 없는 예우를 받았다. 1965년 7월 정부는 미국의 거듭된 요청을 받아들여 전투병 파병을 결정했다.

1965년 8월 전투사단 파병 비준안이 국회를 통과했으나 야당, 언론, 학생들의 반대가 심하지는 않았다. 1965년 10월 육군 맹호부대, 해병 청룡부대가 1차로 파병됐다. 존슨 정부는 베트남의 작전환경에 한국군이 가장 적합하다는 판단을 내리고 전투부대 증파를 요청했다. 미국은 베트남 전쟁의 수렁이 깊어졌으나 반전여론으로 추가 파병이 어려운 형편이었다(한영우 2016, 나카무라 2006, 이영훈 2013).

미국 추가파병 요청과 브라운 각서 존슨 정부는 1966년 1,2월 한국의 안보와 각종 지원을 다짐하며 추가파병에 대한 집착을 드러냈다. 정부는 이를 계기로 안보에 대한 미국의 공약을 재확인하고 경제적 과실을 얻어내려고 했다. 미국은 3월 브라운 대사 각서를 통해 국군 전력증강과 경제개발을 위한 차관 제공을 약속했다. 이에 따라 백마부대 등의 파병이 결정됐고 10월 이후 주월(주베트남) 한국군사령부는 상주 전투병 5만의 군단급 규모로 커졌다. 한국은 1964년부터 1973년까지 미국 다음으로 많은 연인원 31만2853명을 파병했다.

베트남 파병은 미국의 군사원조와 차관, 경제지원, 파견인력 달러 송금, 한국기업 베트남 진출 등으로 1960년대 한국군의 현대화와 한국 경제에 막대한 도움을 줬다. 베트남의 한국군이 사용하는 물자와 용역, 미국 AID 건설 및 구호사업의 물자와 용역 등 파병 특수로 한국은 1965~1973년 베트남과의 교역에서 2억8300만 달러의 수출초과를 기록했다. 군인·노무자 봉급과 기업의 수익은 7억5000만 달러나 됐다. 일본에서 수입한 원자재, 중간재를 가공해 미국에 수출할 수 있는 혜택도 누렸다. 대미 수출은 1964년 3700만 달러에서 1974년 14억9200만 달러로 40배나 늘어났다.

미국의 지원으로 조건이 좋은 공공차관이 다량 도입되고 한국에 대한 미국의 안보 공약이 확고해지면서 상업차관을 얻기도 쉬워졌다. 2차 5개년 계획을 전후한 1966~1972년 7년간의 외자 도입액은 공공차관 11억 달러, 상업차관 19억 달러 등 35억 달러에 달했다. 공공차관은 발전, 철도, 경부고속도로 등의 인프라 건설에 투입됐다. 1960년대 후반부터 한국의 공업화가 궤도에 오르게 된 것은 베트남 파병에 기인된 바가 컸다.

베트남 전쟁 특수는 한국기업의 베트남 진출로 이어져 현대, 한진, 대우 등 신흥재벌의 등장을 가져왔다. 한진상사, 현대건설은 여기서 번 돈으로 대한항공 인수, 한진해운 확장, 현대자동차 설립 등 사업의 기반을 닦았다. 한국 기업들이 베트남에 진출해 국제적 명성을 얻으면서 한국경제의 대외신인도도 함께 높아졌다.

베트남 전쟁의 모든 과실과 특수는 한국군 사망자 5000명, 부상자 1만1000명, 고엽제 환자 7000명의 희생 위에서 얻어진 것이었다. 한국군에 의한 주민 학살, 버림받은 한국인 2세 등의 어두운 그림자를 남기기도 했다(이영훈 2013, 일본협의회 2011, 권희영 외 2014).

역사 돋보기 - 미일의 베트남전 희비

1960~1970년 미국의 대외 군사비 지출 총액은 250억 달러로 나라별 수혜액은 일본이 44억 달러, 베트남이 28억 달러, 한국이 15억 달러, 태국이 13억 달러였다. 일본은 여기에 더해 원자재, 중간재 수출로 미국이 다른 나라에 지출한 달러의 상당 부분을 가로챘다. 일본의 대미 수출 비율은 총수출의 30%대에 이르렀고 패전 이후 계속되던 대미 수출 적자가 1965년 흑자로 돌아섰다. 베트남 전쟁 특수는 한국전쟁 특수(수출 총액의 60%)에는 못 미쳤지만 일본 경제를 또 한 번 약진시켰다. 북베트남 폭격 이후인 1965~1970년까지 일본의 GNP 연평균 성장률은 11.2%에 달해 1차 고도성장을 웃돌았다. 한국, 대만, 태국 등도 베트남 특수로 경제 발전이 궤도에 올랐다. 반면 미국은 국가 재정의 40~49%(연간 500~800억 달러)를 베트남 전쟁에 투입해 국제수지 적자가 누적됐다. 1971년 8월 닉슨이 금과 달러의 교환을 중지시키고 섬유 쿼터를 설정하는 등의 신경제정책을 도입한 것은 그 타개책의 일환이었다(나카무라 2006).

3. 유신체제 성립과 산업화의 달성

북한은 1962년 말부터 주한미군의 철수나 자동개입이 배제될 경우 중소의 지원 없이 무력 적화통일에 나선다는 목표 아래 4대 군사노선을 추진했다. 특히 1968년에는 휴전선 교란행위 등 대남 도발의 수위를 높여 남북간 긴장은 6.25 전쟁 이후 최고조에 달했다. 이에 대응해 박정희 정부는 1968년 4월 250만의 향토예비군을 창설하고 고교와 대학의 군사교육을 의무화시켰다. 1968년 12월에는 국민교육헌장을 반포해 국가주의를 강조했다.

1969년 미국은 닉슨 독트린에 따라 주한 미군 1개 사단을 철수키로 일방

결정했다. 당시 미중의 비밀접촉은 남북 모두를 충격에 빠트렸다. 국회는 1970년 7월 주한미군 감축에 반대하는 대미결의문 및 대정부 건의문을 통과시켰다. 1971년 한국의 반대에도 불구하고 미국이 주한미군 감축을 강행하자 박 대통령은 북한이 다시 쳐들어와도 미국이 한국을 돕지 않겠다는 신호로 받아들였다. 1971년 10월 대만이 유엔에서 축출되고 중국이 유엔안보리 상임이사국이 되면서 한반도의 긴장감이 더욱 높아졌다(이영훈 2013, 중앙일보사 1975, 이덕주 2007).

1) 닉슨 독트린과 자주국방 전환

미군의 추가 감군 우려 등 안보상황이 불안해지자 국회는 1971년 10월 자립경제 및 자주국방이 완성될 때까지 주한미군의 철수를 반대한다는 결의안을 통과시켰다. 박 대통령은 미국 안보의존이 불안해졌다고 판단해 12월 국가비상사태를 선포하고 사회불안 행위 불용, 비상 시 일부 자유의 유보 등 6개항의 비상조치를 발표했다. 또 국가보위에 관한 특별조치법을 제정해 비상 시 국가동원을 가능하게 하고 집회 및 시위 제한, 언론 및 출판 규제, 단체 교섭권 규제 등을 하기에 이르렀다.

박 대통령은 1970년대 초반까지 남한의 전력이 북한의 남침을 저지하기에는 부족한 것으로 보고 있었다. 이런 안보위기 상황에서도 1972년 긴장완화(데탕트) 외교라는 세계적 흐름을 거스르기 어려워 북한 정권과의 대화에 나섰다. 1972년 5월 이후락 중앙정보부장과 박성철 북한 부총리가 남북을 오가는 비밀 방문 끝에 7월 4일 자주, 평화, 민족 대단결의 남북통일 3원칙을 담은 공동성명을 발표했다. 그러나 북한은 대화하는 시늉만 했을 뿐 물밑에서는 여전히 적화통일을 노리고 있었다(중앙일보사 1975, 이덕주 2007).

▌안보위기 대응한 유신체제

1972년 3선 임기를 2년여 앞둔 박 대통령은 남북대화 정국을 뒷받침하기 위해 저비용 고효율의 권위주의 헌법 개정을 검토하기 시작했다. 비능률적 국회 운영과 계속되는 정치투쟁이 경제개발과 안보의 발목을 잡고 있다는 생각 때문이었다. 박 대통령은 안보위협을 제거하기 위해서는 획기적 경제발전을 이뤄야 하고 그를 위해 자유민주주의의 제한적 유보도 불가피하다는 소위 '한국적 민주주의'로 마음이 기울었다. 그러나 개헌을 통한 중임제한 철폐 논의가 시작되자 반대여론이 거세게 일어났다.

주한미군의 단계적 철수가 진행되는 가운데 박 대통령은 1972년 10월 17일 현 국가체제로는 국제 안보정세 변화에 적절하게 대응할 수 없다며 10월 유신을 단행했다. 여기에는 방위산업 육성에 불가결한 중화학 공업화(1973.1)의 포석도 깔려 있었다. 박 대통령은 전국에 비상계엄을 선포한 가운데 국회를 해산하고 정당 및 정치활동을 금지시켰다. 헌정질서가 중단된 상태에서 비상국무회의는 유신헌법(4공화국)을 제정해 국민투표에 부쳤다. 투표 결과는 91.5%(투표율 92.9%)의 압도적 지지로 나타났다(한영우 2016, 이덕주 2007, 이영훈 2013, 차하순 외 2015).

유신 저항과 긴급조치 발동 유신헌법은 대통령이 행정부(긴급조치권), 입법부(국회 해산권, 국회의원 임명권), 사법부(법관 인사권)를 통제할 수 있는 권력구조였다. 국가 최고 주권기관인 통일주체국민회의의 대의원(통대) 2395명은 연임 제한이 없는 6년 임기의 대통령을 간선으로 뽑도록 했다. 통대는 대통령 추천을 받아 국회의원 3분의 1을 임명하는 권한도 가졌다.
국가 안전보장을 위한 긴급조치권으로 대통령은 법관의 영장 없이 체포, 구금, 압수, 수색할 수 있게 됐다. 언론, 출판, 집회, 결사의 자유와 노동 3권 등 기본권 조항들을 유지했으나 대통령의 긴급조치로 이를 제한할 수 있었다. 통일이 이뤄질 때까지 지방의회를 구성하지 않는다는 부칙도 두었다.

박정희는 통일주체국민회의(의장 대통령) 선거를 통해 1972년 12월 8대 대통령에 취임했다. 그러나 유신체제는 1973년 9대 국회의원 선거에서부터 만만치 않은 저항을 받았다. 여당인 공화당은 두 야당인 신민당과 통일당에 비해 득표율이 9%나 밀렸다. 유신체제에 대한 저항은 1973년 가을부터 본격화됐다. 미국과 일본에서 반 유신 활동을 벌이던 김대중이 일본에서 납치된 사건에 자극을 받아 학생시위와 재야세력의 유신철폐 100만인 서명운동이 일어났다.

박정희 정부는 1974년 1월 긴급조치 1호를 발동해 유신헌법에 대한 일체의 논의를 금지시켰다. 그러나 그 해 4월 서울 주요 대학들은 민주청년학생연맹(민청학련)을 결성해 유신철폐 시위를 벌였다. 정부는 긴급조치 4호를 선포한 뒤 민청학련 관련자 54명을 비상군법회의에 넘겼고 이들은 사형(8명), 무기, 장기 징역형을 선고받았다. 그러나 국제여론이 악화돼 대부분이 풀려났다. 이외에도 동아일보 자유언론실천선언, 인혁당 사건 등 정부의 반 유신 탄압사건들이 이어졌다(국사편찬위 2017, 이영훈 2013, 이덕주 2007).

북한 도발과 미국 카터의 압박 이 같은 국내 혼란을 틈타 북한은 대통령 저격 기도라는 극단적인 도발을 일으켰다. 북한 지령을 받은 재일 조총련의 문세광은 1974년 8.15 기념식장에서 박 대통령 저격을 기도했으나 옆에 있던 육영수 여사만 피격 사망했다. 이 사건은 세계를 놀라게 했고 북한의 실체를 재확인하는 계기가 됐다. 1974년 이후 연이어 발견된 남침용 땅굴들과 북한의 도발은 남한 사회의 긴장을 고조시켰다.

1975년 들어서는 베트남에 이어 캄보디아, 라오스 등 인도차이나 국가들이 차례로 공산화되면서 안보의식이 높아져 반 유신 저항이 잠잠해졌다. 정부는 대학에 학도호국단(이승만 정부 때 시행됐다 폐지)을 조직하고 민방위대를 창설했다. 이와 함께 1975년 5월 유신체제 비방을 금지하는 긴급조치 9호를 발령했다.

유신체제는 1977년부터 위기에 접어들었다. 그 해 초 취임한 미국의 카터 대통령은 나라별로 일관성 없는 인권외교를 내세우며 한국의 인권상황을 문제 삼았다. 박 대통령을 압박하기 위해 주한미군 철수까지 서두르자 한미 간에 불신이 깊어졌다. 카터는 후보 시절 주한미군 철수를 선거공약으로 내걸었다. 당시 미국 여론조사에서는 유사시 한국방위를 위해 싸워야 한다는 국민 비율이 14%에 그쳤고 65%가 반대했다. 한미 갈등의 저변에는 핵무기와 유도탄 개발이라는 암초도 있었다(다음 항목 참조).

국내적으로도 유신체제에 대한 국민들의 생각은 점점 부정적으로 기울었다. 1952년 이후 여섯 차례나 대통령을 직선해온 국민들은 직선제를 민주주의의 기본요건으로 여기고 있었다. 카터의 비판에 고무된 대학생들은 1977년 가을부터 유신체제 반대시위를 다시 시작했다. 고도 경제성장으로 1인당 국민소득 1000달러, 수출 100억 달러 목표를 달성한 해였다(권희영 외 2014, 이영훈 2013, 이덕주 2007).

대통령 시해로 막 내린 유신 1978년 7월 통일주체국민회의 제9대 대통령 선거에서 박정희가 단일 후보로 당선됐다. 그러나 12월 10대 국회의원 선거에서 여당인 공화당이 야당인 신민당에게 득표수에서 밀리는 사태가 벌어졌다. 공화당은 31.7% 득표율로 유정회 의석 77석 포함해 138석을 차지한 반면 신민당은 32.8% 득표율로 61석을 얻었다. 유정회 의석을 빼면 두 당이 같은 61석이었다(도표 참조).

1979년 5월 중앙정보부의 공작을 무위로 돌리고 신민당 총재로 복귀한 김영삼은 박 대통령의 사임을 요구하며 유신헌법 개정을 전면으로 들고 나왔다. 그 해 9월 김영삼은 미국 뉴욕타임스와의 인터뷰에서 유신체제에 대한 미국의 압력행사를 주장해 정부와 갈등을 빚었다. 정부와 여당은 인터뷰가 국가 모독적 내용을 담고 있다며 김영삼의 총재직 직무정지 가처분 신청을 하고 국회의원직에서 제명시켰다.

김영삼은 정권 타도 선언을 했고 10월 중순 국회의원 제명조치에 항의하는 학생시위가 부산에서 일어나 일반시민이 대거 가담하는 소요사태로 번졌다. 시위가 마산·창원 지역으로 확산되자 정부는 비상계엄령(부산)과 위수령(마산·창원)을 발동했다. 이때 박 대통령은 객관적이고 정확한 판단을 내리지 못했다.

사태가 심각해지면서 유신체제의 핵심부가 흔들렸다. 시위 현장을 시찰한 김재규 중앙정보부장은 민심이반으로 유신체제가 한계에 도달했다고 판단했다. 유신 치하 경제발전의 수혜자였던 중산층은 유신 반대에 유보적이었으나 유신 말기가 되면서 비판적 태도로 돌아섰다. 김재규는 1979년 10월 서울 궁정동의 만찬에서 박 대통령을 권총으로 시해하고 이어 차지철 경호실장을 사살했다(10.26 사건). 이로써 한강의 기적을 일으킨 박정희 대통령의 18년 집권이 막을 내리고 유신체제도 7년 만에 붕괴됐다.

박 대통령이 숨진 1979년의 1인당 국민소득은 1647달러였다. 이 무렵 박 대통령은 국민소득 2000달러까지가 자신의 책임이라며 유신헌법을 개정해 대통령 경선이 가능하도록 한 다음 임기 만료 1년 전인 1983년에 하야 한다는 구상을 가졌었다(국사편찬위 2017, 이영훈 2013, 고려대 2016, 차하순 외 2015, 이덕주 2007).

〈표3-5〉 9, 10대 총선 지역구 득표율 및 의석수 (비례대표 포함)

대	시기	의석	여당	야당	비고
9	1973.2	219(유73)	(공)38.7%(146)	(신)32.5%(52)	(무)19
10	1978.12	231(유77)	(공)31.7%(138)	(신)32.8%(61)	국회해산

자료: 경기도선관위 PDF선1, PDF선2 (약자: 유정회, 공화당, 신민당, 무소속)

▌핵 개발 추진과 미국의 견제

1972년 10월 유신에는 자주국방을 강화하겠다는 포석이 깔려 있었다. 자주국방은 최악의 경우 주한미군이 완전 철수하고 미국이 한반도 방위를 포기한 상태에서 북한 남침에 대비한다는 구상으로 발전했다. 그에 따라 방위산업 강화는 물론 핵무기 보유계획까지 추진했다.

1974년 3월 정부는 자주국방의 일환으로 국군 현대화 계획(율곡사업)을 입안하고 161억 원의 방위성금을 거둬들였다. 1975년 7월에는 방위세를 도입해 1980년까지 2조6000억 원의 재원을 마련했다. 비밀리에 핵무기 개발을 추진해 1974년 프랑스의 협조로 핵폭탄 2기를 제조할 수 있는 플루토늄 재처리 시설의 설계도를 만들어냈다. 주한 미 대사관과 미8군 사령부는 매주 한 차례 정도 국방과학기술연구소를 찾아가 핵개발을 감시했다.

이 무렵 국제 안보환경은 급속히 변화하고 있었다. 미국 포드 대통령은 1975년 4월 베트남 전쟁 종결을 선언해 베트남의 공산화를 기정사실화 했다. 포드 정부의 방어 노력에도 불구하고 같은 시기 캄보디아의 친미 론놀 군사정권이 크메르 루주 공산군에 붕괴됐다. 8월에는 라오스 왕정이 무너지고 공산주의 정권이 들어섰다. 인도차이나 3개국이 모두 공산화된 것이다(이덕주 2007).

1975년 김일성의 남침 기도 한반도의 물밑 정세도 긴박하게 돌아갔다. 인도차이나 공산화에 고무된 김일성은 1975년 4월 중국에 한반도 무력통일 지원을 요청했으나 일거에 거절당했다. 소련에는 입국조차 못했다. 미국의 노틸러스 연구소(비밀문서)는 1970년대 중반 북한이 남침할 경우 미 본토의 추가지원이 없는 상황에서 서울은 190일 만에 함락되고 남한은 216일 만에 패배할 것으로 예측했다.

이런 와중에 1975년 8월 미국 국방장관은 한국이 핵무기를 계속 개발할 경우 한미관계가 와해될 수 있다는 메시지를 보냈다. 프랑스와의 핵개발

계약을 취소하면 상응하는 인센티브를 제공하겠다고 했으나 박 대통령은 단번에 거절했다. 1976년 5월 한미국방장관 회담에서 미국 측은 한국이 계속 핵무기를 개발할 경우 모든 관계를 재검토할 것이라는 경고를 보냈다. 미국의 계속되는 압력으로 한국은 프랑스와의 핵개발 계약을 취소하지 않을 수 없었다.

1977년 취임한 미국의 카터 대통령은 한국의 핵개발을 저지하기 위해 프랑스 총리와 담판을 짓는 등 비상한 관심을 보였다. 그러나 박 대통령은 핵무기에 대한 집념을 버리지 않고 1978년 프랑스와 핵 재처리 시설 건설을 위한 협의를 재개했다. 1979년 들어서는 기회 있을 때마다 국방과학기술연구소에 들러 과학자들을 격려했다. 박 대통령은 1981년 상반기까지 핵무기 개발을 자신했으며 세계가 인정하는 핵보유국이 된 뒤 대통령직을 사임할 계획이었다고 한다(이덕주 2007).

역사 돋보기 - 카터와 박정희의 악연

미국 대통령 카터는 무지와 편견으로 주한미군 철수를 추진해 한반도를 위기에 몰아넣은 장본인이다. 강직한 주한 미8군 참모장 싱글러브가 이를 공개 비판하자 그를 해임시켰다. 1979년 6월 청와대에서 열린 한미정상회담은 험악한 분위기를 연출했다. 미국 군부 등 미군 철수반대 세력이 막강해 수세에 몰려 있던 카터는 주한미군 철수를 의제에 올리고 싶지 않았다.

그러나 박 대통령은 이에 아랑곳하지 않고 45분 동안 카터의 주한미군 철수 정책이 동아시아에 가져올 위험성을 공박했다. 분노한 카터는 잠시 회의를 중단시킨 뒤 비공식 대화에서 "부강한 한국이 북한의 군사력에 밀리는 이유가 무엇이냐."고 따졌다. 박 대통령은 이에 "북한이 공격해올 경우 중소가 지원하지 않는다는 보장이 없기 때문에 미군 철수를 반대한 것인데 굳이 가겠다면 무기와 장비만 남겨두고 가라."고 말했다. 분노한 카터는 나머지 미군철수를 강행하고자 했으나 미국대사, 국무장관 등이 모두 반대해 철수계획을 접었다. 박 대통령 서거 4개월 전이었다(선우정 관미2-10, 이덕주 2007).

2) 3,4차 경제계획과 개도국 진입

　베트남 전쟁의 수렁에 빠진 닉슨 정부는 인플레가 극심한데도 경기가 침체되자(스태그플레이션) 1971년 8월 달러화의 금 태환 정지와 섬유 수입쿼터를 설정하는 등 신 경세정책을 도입해 세계를 충격에 빠트렸다. 미국의 국제사회 통제능력에 대한 의구심이 증폭됐다. 당시 미국은 80년 만의 무역적자와 2차 대전 이후 가장 심각한 재정적자를 기록하고 있었다.
미국 경제에 직접적 타격을 준 것은 1973년 아랍 국가들의 석유수출 금지 조치였다. 석유수출국기구(OPEC)는 이스라엘의 4차 중동전쟁 점령지역 철수를 요구하며 이스라엘 지지국가들에게 원유공급을 중단하는 동시에 값을 크게 올렸다. 이 파동으로 연비가 떨어지는 미국 자동차 판매가 급감하면서 자동차 산업 침체, 연관 산업 쇠퇴, 중화학공업 붕괴로 이어졌다.

닉슨 정부의 방황은 이어진 공화당의 포드, 민주당의 카터 정부에서도 계속됐다. 1974년과 1975년 미국은 40년 만에 처음 보는 최악의 경기침체를 경험했다. 문제의 핵심은 석유위기였는데 포드 정부는 미봉책만 내놨다. 뒤를 이은 카터는 혼돈의 시기에 지도력마저 부족해 닉슨, 포드와 마찬가지로 개입주의와 방임주의, 긴축경제와 부양경제를 오락가락했다. 1979년에는 2차 석유위기로 석유 값이 2배로 뛰면서 당년 인플레가 13.4%에 이르렀다. 이 바람에 1980년 이자율은 미국 역사상 최고수준인 연20%를 넘었다. 그런데도 경제는 스태그플레이션을 벗어나지 못했다(이주영 외 2006, 이병철 1986, 권희영 외 2014).

▌중화학공업화와 석유위기 극복

　2차 5개년 계획 마지막 연도인 1971년 한국 경제는 수출 10억 달러를 돌파했으나 곳곳에서 한계상황의 징후를 보였다. 의류, 합판, 양철, 전기, 신발, 가발, 완구 등 경공업 제품 수출로는 더 이상의 성장을 기대하기가 어려웠다. 만성적 국제수지 적자를 해소하기 위해서는 자본재와 중간재의 국산화와 자주국방을 위한 방위산업 육성 곧 중화학공업화가 절실한 형편이었다.

박 대통령은 이에 따라 3차 경제개발 5개년계획(1972~1976)과 4차 경제개발 및 사회발전 5개년 계획(1977~1981)에서 대기업 육성을 통한 중화학공업화를 본격 추진했다.[8] 그 사전 포석으로 1972년 기업의 재무구조를 안정시키기 위한 8.3 긴급조치를 단행했다. 기업들의 사채를 동결해 월 1.35% 저리로 3년 거치 5년 분할상환하거나 출자전환하도록 하는 특혜성 조치였다. 은행 단기고리 대출금 일부는 연8.0%, 3년 거치 5년 상환의 장기저리 대출금으로 전환시켰다.

박 대통령은 1972년 10월 유신에서 중화학공업 육성을 위해 정치적 영향력 배제가 불가피하다고 강조한 뒤 1973년 1월 연두회견에서 중화학공업화를 선언했다. 이에 대해 IMF와 IBRD는 물론이고 개발정책의 핵심추진기관인 경제기획원조차 회의적인 반응을 보였다. 경공업 제품에는 한국의 비교우위가 있지만 선진국이 독점해온 중화학공업에는 경쟁력 확보가 어렵다는 이유에서였다.

그러나 급격한 기술혁신으로 당시 철강, 조선 등 전통공업 분야는 선진국의 비교우위가 약화되고 있었고 전자 같은 신흥공업은 비교우위가 크지 않았다. 박 대통령은 중화학공업화에 미온적인 경제기획원을 제쳐두고 청와대에 중화학공업추진기획위원회를 설치해 개발계획을 전담토록 했다. 기획단(오원철)은 비교우위를 확보하기 위해 최신 기술과 규모의 경제라

---

8) 박 대통령은 4차 계획 3년차에 서거해 전두환 정부가 뒤를 이었다. 4차 5개년 계획은 1982년 5차부터 경제사회발전계획으로 명칭이 바뀌었다. 1982~1986년 5차, 1987~1991년 6차, 1992~1996년 7차 5개년 계획으로 이어졌다.

는 두 가지 원칙을 세워 분야별로 경제적, 기술적 효율성이 높은 한두 개의 민간업체를 반강제적으로 선정했다. 정치가 경제에 개입하지 못하도록 하는 유신체제가 아니면 불가능한 일이었다(이영훈 2013, 국사편찬위 2017, 차하순 외 2015, 좌승희 2015).

포항제철 건설과 철강 자립 3차 5개년 계획에서는 포항종합제철이 중화학공업화를 선도했다. 정부는 1차 5개년 계획 때 국제 금융기관들로 국제제철차관단을 구성해 투자 유치에 나섰으나 한국의 종합제철소 건설 능력에 회의적 반응을 보였다. 한국의 일관제철이 불가능하다는 주장을 처음 제기한 것은 일본의 기업인과 정치인들이었고 세계은행도 같은 의견이었다. 국내의 정치인과 지식인, 심지어 경제장관들까지 제철산업에 반대했다.

박 대통령은 2차 5개년 계획에 이를 다시 포함시켜 1968년 포항제철주식회사까지 설립했으나 국제제철차관단은 자금과 기술 제공에 여전히 부정적이었다. 미국과 세계은행은 고로高爐 운영 경험이 없는 한국의 차관 요청을 거절하고 그 자금을 브라질과 터키로 돌렸다. 이런 냉대에도 불구하고 정부는 1969년 8월 한일각료회의에서 포항종합제철 건설계획에 합의해 청구권 자금 중 일부를 여기에 투입하고 일본의 기술 자문을 받기로 했다.

박정희 정부는 온갖 어려움 끝에 1973년 6월 제선능력 103만 톤의 포항제철을 완공시켜 중화학공업의 초석을 놓는데 성공했다. 당시 한국은 고도 경제성장으로 철강재 수요가 폭증했으나 국내 조달이 안 돼 일본에서 수입해 써야 하는 형편이었다. 포항제철은 1981년까지 850만 톤의 제선능력을 확보했고 1985년 광양제철소를 건설해 1992년까지 1140만 톤의 생산능력을 갖추었다. 브라질과 터키 두 나라는 고로 경험이 있었지만 모두 사업에 실패해 세계은행은 돈만 날렸다(이영훈 2013, 차하순 외 2015).

국가 미래 걸린 전략업종 육성 포항제철 완공과 동시에 발표된 중화학공업화 계획은 1981년까지 9년간 96억 달러를 투입하는 국가 미래가 걸린 사업이었다. 철강, 기계, 조선, 전자, 화학, 비철금속 등 6대 전략업종을 육성해 1981년까지 중화학공업 제조업 비중을 51%까지 높이기로 했다. 또 1인당 국민소득 1000달러, 수출 100억 달러를 목표로 잡았다. 당시 대기업들은 중화학사업 참여를 주저했지만 정부의 강한 의지에 밀려 사운을 걸고 중화학 투자와 수출에 매달렸다. 정부는 업종별 공업단지를 조성하는 등 자금, 기술, 인력, 토지, 인프라 등 파격적인 지원책을 폈다.

그러나 중화학공업화가 막 시작된 1973년 10월 1차 석유위기가 발생해 원유가는 1년 사이 4배, 2년도 안 돼 6배 가까이 뛰어올랐다. 대외 자금 상환에 쫓기던 북한은 부도를 냈고 한국경제도 부도 직전이었다. 서방선진국들은 1975년 마이너스 경제성장을 기록했다.
석유위기는 그러나 전화위복의 계기가 되기도 했다. 중동 산유국들이 오일 달러를 경제개발에 투자하면서 대규모의 건설 붐이 일었기 때문이다. 베트남에 진출했던 한국 건설업체들은 1973년 사우디아라비아의 도로공사 수주를 시작으로 1975~1979년 사이 205억 달러의 막대한 외화를 벌어들였다. 같은 기간 총 수출액의 40%에 달하는 건설수출은 외환위기에 시달리던 한국을 기사회생시켰다. 1981년 한국은 미국에 이어 세계 2위의 건설 수출국이 됐다(이영훈 2013, 권희영 외 2014).

석유위기 속 목표 조기 달성 내외부의 우려와 달리 중화학공업화는 조기에 목표를 초과 달성해 고도성장을 지속시키는 토대가 됐다. 1인당 국민소득 1000달러와 수출 100억 달러 목표는 당초 계획을 4년 앞당긴 1977년에 달성됐다. 1971년 수출 10억 달러를 넘긴지 6년 만에 100억 달러 목표를 돌파한 것이다. 1978년까지의 연간 경제성장률은 석유위기 때를 제외하면 평균 10.0%를 넘었고 제조업 성장률은 20%에 달했다.

1979년에는 이란혁명으로 인한 공급불안으로 2차 석유위기가 발생했다. 석유수출국기구는 원유가를 두 배 이상 인상해 한국경제는 다시 벼랑에 몰렸다. 국내에서는 율산그룹과 원진레이온이 도산했다.

이런 국제 경제 환경 급변에도 불구하고 1979년 전체 제조업에서 중화학공업이 차지하는 비중은 54%(1981년까지 목표 51%), 공산품 수출 비중은 48%로 급신장됐다. 선진국에서 수십 년 길게는 100년 이상 걸린 중화학공업화를 불과 수년 만에 해치운 것이다.

1979년 10.26 사태(박 대통령 서거)로 중화학공업화는 한동안 혼선을 빚었다. 1980년 한국경제는 마이너스 2.7%로 성장률이 뒷걸음질쳤다. 그 무렵 한국은 기술, 설비, 원자재 공급을 일본에 크게 의존해 대일 무역역조는 계속 확대되고 있었다. 중화학공업화 정책은 1980년대 한국정부와 세계은행으로부터 실패 선고를 받았지만 이 계획에 의해 한국은 뒷날 경제대국의 반열에 오를 수 있었다. 중화학공업화 정책은 1990년대 들어 재평가되기 시작했다(이영훈 2013, 정주영 1992, 일본협의회 2011, 좌승희 2015).

1970년대 민간 기업 활약상 1960년대 후반 한국의 전자산업은 외제부품을 도입해 조립하는 초보단계에 머물렀다. 흑백TV는 가격이 비싸 봉급생활자들이 구입할 엄두를 못 냈다. 1969년 1월 삼성물산(이병철)이 주변의 회사설립 저지운동을 극복하고 삼성전자공업을 설립해 전자산업 시대를 열었다. 삼성전자는 1978년 흑백TV 200만 대, 1981년 1000만 대 생산을 돌파해 미국, 일본을 누르고 10여년 만에 세계 정상에 올라섰다.

1970년 3월 현대건설(정주영)은 거의 맨손으로 조선소 건설 사업에 뛰어들었다. 포항제철(1973년 완공)의 제철 소비처가 절박해진 정부의 요구에 따라 조선소 건설에 나섰으나 외화조달이 문제였다. 일본 미쓰비시와의 합작은 중일 국교정상화의 기본원칙인 주은래 4원칙(한국 투자기업의 중국 본토 진입 금지)과 일본 통산성의 반대(5만 톤 이하만 가능)로 무산됐다. 1971년 공장 건설도 안 된 상태에서 그리스 해운업자로부터 26만 톤짜리 유조선 두 척을 수주해 8000만 달러의 영국 차관을 도입하는데 성공했다.

1972년 3월 현대조선 기공식을 갖고 조선소와 선박 건조공사를 동시에 시작했다. 우리나라 기술자들이 그때까지 만들어본 배는 1만7000톤짜리가 최대였다. 1974년 6월 수많은 시행착오와 난관을 극복하며 조선소 기공 2년 3개월 만에 26만 톤 유조선 두 척을 건조해냈다. 1976년에는 고유 모델의 조선능력을 확보해 선발국인 일본 기술진을 놀라게 했다.

자동차 산업에서는 1960년대까지 신진자동차가 일본 도요타와 기술 제휴로 코로나를 새나라라는 이름으로 조립생산하고 있었다. 미국 포드 자동차와 조립 기술계약으로 코티나를 시판하던 현대건설(정주영)은 1974

역사 돋보기 - 후진시대 산물, 재벌

한국의 대기업은 1950년대 귀속재산과 원조물자를 민간에 불하하는 과정에서 나타나기 시작했다. 그러나 1960년의 10대 대기업 중 1972년까지 살아남은 것은 4개에 지나지 않았다. 특혜에 기생하거나 혁신을 이루지 못한 대기업은 이후에도 시장 퇴출을 피할 수 없었다. 1970년대 말 이들 대기업들은 세계적 규모(재벌)로 성장했다. 삼성, 현대, LG, SK, 두산, 한진 등 10대 재벌의 매출은 국민소득의 42%를 차지했다. 26개 재벌의 계열사는 631개나 됐다.

재벌은 자본축적이 빈약하고 기업에 대한 투자나 기술을 평가할 금융기관이 없었던 후진국 시대의 산물이었다. 금융시장이 형성되지 않은 시절, 재벌은 상호출자 방식으로 적은 자본을 극대화하는 금융기법을 만들어냈다. 인재부족도 같은 방식으로 해결했다. 그러나 1990년대 이후 발전국가 체제가 해체되면서 조정체계가 제대로 작동하지 않아 재벌(그룹) 문제가 부각되기 시작했다(이영훈 2013).

년 1억 달러를 들여 연산 5만6000대의 현대자동차 공장 건설에 들어갔다. 1976년 1월에는 자체 설계로 포니를 세계시장에 내놨다.

현대건설은 1975년 6월 중동에 첫 진출해 사우디아라비아의 주베일 항만 공사를 9억3114만 달러에 수주해냈다. 공사 선수금 2억 달러를 국내에 송금하자 한국은 건국 후 최고의 외환 보유고를 기록했다. 공사에 소요된 철구조물 전부를 울산조선소에서 제작해 바지선으로 1만2000km 떨어진 사우디까지 끌고가는 등의 고초를 겪으며 1979년 2월 공사를 조기 준공시켰다(이병철 1986, 정주영 1992).

동아시아의 경제개발 전략

산업화와 민주화를 동시에 추진해 성공한 나라는 없다. 100여 개 개발도상국(개도국) 실증조사(1997)에 따르면 선 경제개발, 후 민주주의를 선택한 한국, 대만, 싱가포르 정도만 산업화와 민주화에 성공했다. 선 경제개발로 국민소득, 교육수준이 향상된 나라는 점점 민주화된 반면 저개발 상태에서 민주화를 앞세운 나라들은 민주화마저 퇴보한 것으로 나타났다.

한국은 박정희 정부의 개발시대(1963~1979)에 연평균 9.2%에 달하는 경제성장률을 기록하며 세계 최빈국에서 개도국으로 올라섰다. 부족한 투자재원의 효율성을 높이기 위해 1970년까지는 7개 특정산업을 선별적으로 지원, 육성하는 차별주의 정책으로 경제개발을 앞당겼다. 1972년에는 중화학공업 발전을 위한 10월 유신을 단행해 한국을 산업사회로 진입시켰다. 경제에서의 정치논리를 배제하는 유신이 아니었다면 한국의 산업화는 멈춰서 버릴 수 있었다. 방위산업을 활성화시켜 자주국방을 이루게 된 것도 유신에 힘 입은 바 컸다(이덕주 2007, 차하순 외 2015, 이영훈 2013).

한국의 산업화 성공 지표들 산업화의 성공으로 한국의 경제지표는 상전벽해와 같은 변화를 기록했다. 1인당 국민소득은 1962년 87달러에서 1979

년 1636달러로 21배가 신장됐다(도표 참조). 1969년 아시아의 선진국이었던 필리핀을 추월하고 1977년에는 자원부국 말레이시아를 따돌려 일본, 대만, 싱가포르와 함께 동아시아 선두 그룹으로 올라섰다.

수출은 1962년 5500만 달러에서 1979년 150억 달러로 275배가 늘어났다. 1968년 5억 달러, 1971년 10억 달러, 1975년 50억 달러, 1977년 100억 달러를 돌파했다. 종합상사 제도를 도입한 것이 수출 신장에 도움을 줬다(1975년 9개사 6억2000만 달러). 수출 주요 품목은 1960년대 전반 면직물 위주에서 1960년대 후반 합판, 세타, 가발, 의류로, 1970년대에는 중화학 제품으로 바뀌었다.

같은 기간(1962~1979) 농어업 비중은 5분의 1로 축소되고 농업인구 비율은 56.1%에서 28%로 줄어들었다. 박정희 시대의 압축 성장은 자립경제의 기반을 구축함으로써 1980년대의 민주화 시대를 여는 밑거름이 됐다(차하순 외 2015, 이덕주 2007).

〈표3-6〉 박정희 정부 개발시대 국가경제 변화

구분	단위	1962~1964(A)	1979(B)	B/A 배율
1인당 국민소득	달러	62-87	1636	21배
수출 실적	달러	62-5500만	150억	275배
외환보유고	달러	64-1억3637만	57억813만	42배
예금은행 예금	원	64-430억	9조7820억	227배
화폐 발행액	원	64-279억	1조8175억	65배
상장기업	개소	63-15	355	24배
1인당 전력소비	Kwh	64-73	830	11배

자료: 경제기획원 PDF남3, PDF남4 재구성

수출주도의 대만, 싱가포르 1960년대부터 1980년대까지 동아시아의 경제성장을 가능하게 한 배경에는 세계경제의 장기적 확장이 있었다. 그러나 이런 국제환경을 이용해 경제적 도약을 이룬 나라는 한국, 대만과 싱가포르 정도에 불과했다. 이들 국가는 수출주도 전략으로 산업화를 성공시켰다.

대만은 본토 중국과 경쟁관계를 의식하며 1949년부터 1988년까지 국민당 일당독재로 경제개발을 이끌었다. 장개석 총통이 1949년부터 1975년까지 26년(총47년), 아들인 장경국 총통이 이후 1988년까지 12년간 세습 권위주의 정권을 이어갔다. 장개석 정부는 토지개혁을 성공적으로 끝내고 연속적인 4개년 계획으로 대만경제 부흥을 주도했다. 제한적인 국내 수요를 극복하기 위해 수출주도 경제정책을 채택해 1962년에서 1985년까지 한국과 대등한 연평균 9.3%의 경제성장률을 유지했다.

한국, 대만, 홍콩과 더불어 아시아의 4마리 용(신흥공업국)으로 불린 도시국가 싱가포르도 권위주의 정부를 통해 산업화를 이뤄냈다. 1965년 말레이시아 자치정부(1959)에서 버림받듯 독립한 싱가포르는 자원이라곤 공기밖에 없어 생존을 위협받는 처지였다. 그러나 이광요 정부(1965~1990)의 효율적 개발독재가 싱가포르의 산업화를 성공시켜 아시아 최고 수준의 1인당 국민소득을 기록하고 있다(윤진표 2017, 외교부 PDF5, 좌승희 2015).

내수 중심의 동남아 국가들 말레이시아, 인도네시아, 태국 등 동남아 자유국가들은 1960년대까지 경제개발 환경이 좋지 않았다. 말레이시아는 종족분쟁, 인도네시아는 만성적 정치경제 불안, 태국은 반半봉건적 정치구조라는 문제를 안고 있었다. 거기다 1970년대까지 수입대체를 지향하는 내수중심 전략을 채택해 경제개발에 성과를 내지 못했다. 상대적으로 경제가 앞서 있었던 필리핀은 1972년 마르코스 계엄정부 이래 세습제 국가의 한계, 이권 추구 자본주의 등으로 경제성장이 멈춰서버렸다.

이들 국가들은 1960,1970년대 동북아 국가들보다 강력하지는 않지만 발전국가 체제(국가가 시장기능 지도)를 통해 경제개발을 추진했다. 그러나 내수중심의 개발전략으로 인해 산업화에 뒤쳐지면서 일본, 한국 등이 형성해놓은 동아시아 분업체계의 하위구조로 고착됐다.

중국, 북한, 몽골 등 공산권 국가들은 선진 자본주의 국가의 도움을 받을 수 없어 폐쇄적 자립경제 노선을 고수함으로써 경제가 파탄상태로 치달았다. 인도차이나의 베트남, 라오스, 캄보디아는 해방전쟁과 미소 냉전의 대리전에 휩쓸려 상황이 더 나빴다(윤진표 2017).

> **역사 돋보기 – 한국 산업화의 비결?**
>
> 민주주의의 평등주의와 시장경제의 차별주의는 상반된 가치를 지향한다. 사회주의는 경제 평등주의를 이념으로 했기 때문에 몰락할 수밖에 없었다. 박정희 정부는 시장을 대신한 정부의 차별주의 정책으로 산업화를 성공시켰다. 평등지원이 아니라 실적이 검증된 업체만 골라 저금리 자금과 감세, 보조금 혜택을 줬다. 사후실적제는 부정부패와 도덕적 해이를 막는 효과를 가져왔다. 또 농공 균형발전이 아닌 불균형 발전을 채택해 자원의 효율성을 극대화시켰다. 이런 차별주의를 가능하게 한 것이 경제에서 정치논리를 배제시키는 개발독재였다. 현재의 한국은 평등주의 정치논리가 경제를 주도해 경제체질을 망가트리고 있다(좌승희 2015).

3) 개발시대의 사회상과 생활상

6.25 전쟁의 여파로 1950년대 한국에서는 공산주의와 동일시된 민족주의가 사라지고 미국 대중문화와 일제 식민사관이 교육과 문화 전반을 지배했다. 이런 삭막한 풍토에서 민족주의 바람을 새로 일으킨 것이 4.19 세대였다. 박정희 정부는 1960년을 전후해 재등장한 민족주의를 국가 지도이념으로 수용해 국정을 이끌었다.

박 대통령은 자주정신 상실의 결과인 나라의 고난과 가난에 분노해 민족중흥, 조국근대화 같은 민족주의 의식을 국정목표로 내세웠다. 민족중흥이나 조국근대화는 경제적 성취만이 아닌 사회와 인간의 개조를 의미했다. 박 대통령은 가난한 후진국에서 개인의 자유와 인권을 중시하는 서구식 민주주의는 시기상조라고 여겼다. 거기서 나온 것이 국가의 발전과 개인의 발전을 일치시켜야 한다는 민족적 민주주의였다.

교육, 문화 분야에서의 민족주의는 1968년 국민교육헌장 제정, 국사 교육 강조(1978년 국사편찬위원회 한국사 24권 편찬), 국민윤리 교과 신설, 1974년 국정 국사교과서 사용, 문무文武 전통문화 인물 현창, 1978년 한국정신문화연구원 설립(1991년 한국민족문화대백과사전 27권 편찬) 등으로 이어졌다.

정부의 국학진흥 정책은 자주사관 회복과 식민사관 극복 연구를 활성화시켜 역사에 대한 긍지와 자신감을 높이는 계기가 됐다. 그런 한편으로 개방화 추세를 수용해 1960년대 들면서 민족주의적인 단기를 세계 공용의 서기로 전환했다. 이때부터 한자 사용이 줄어들고 영어 표기가 늘어났다(한영우 2016, 이병철 1986, 류석춘 박4-10).

▎민족주의 앙양과 새마을 운동

박정희 정부는 1960년대 말부터 경제개발 우선순위에서 밀려 있던 농업과 농촌개발에 눈을 돌렸다. 1968년 이후 쌀·보리 등 주곡을 농민으로부터 비싼 값에 사들여 낮은 가격으로 소비자에게 파는 이중곡가제를 시행하고 차액만큼 정부가 재정지출로 보전했다. 그에 따라 1971년 도시근로자 가구당 평균소득의 79%였던 농가소득이 1974년에는 100%, 1982년에는 103%로 뛰어올랐다.

박정희 정부는 고미가 정책과 함께 농촌소득 증대, 생활환경 개선을 위해 1971년 전국 3만3267개 마을을 대상으로 새마을 가꾸기 사업에 나섰다. 이 사업은 그해 9월 새마을운동으로 발전해 농업 및 농촌개발을 활성화시켰다. 정부는 새마을운동에서 전국 마을을 자립, 자조, 기초마을로 구분해 차등 지원함으로써 마을의 사회적 위신감을 자극했다. 1차 연도의 성과를 평가해 절반 이하의 마을에만 지원을 확대하고 나머지는 지원 대상에서 탈락시켰다. 그 결과 1972년 6.7%에 불과했던 자립, 자조마을이 1979년에는 97.2%로 늘어났다.

새마을운동 투자가 늘어나면서 미곡생산은 1970년 2740만 석에서 1979년 3860만 석으로 늘어났고 경지정리율은 1972년 29.9%에서 1979년 54.8%로 높아졌다. 1970년 80%에 달했던 농촌의 초가지붕은 슬레이트 등으로 바뀌어 1975년에는 거의 찾아볼 수 없게 됐다.

농촌 새마을운동은 공장 새마을 운동(1973)으로 이어져 여기서도 차별주의 정책이 적용됐다. 박 대통령은 경제개발이나 새마을운동뿐 아니라 원호대상자에 대한 사회정책에서도 차별주의 정책을 도입해 자립의지가 있는 대상자만 지원한다는 원칙을 지켰다.

박 대통령은 새마을운동을 순수한 농촌 자립운동으로 만들기 위해 이를 정치적으로 이용하려는 움직임을 차단했다. 당시 야당은 정치운동으로 폄하했지만 그런 동기나 정황, 증거는 발견되지 않았다. 상당수 지식인들은 권위주의 정부의 정신운동 성격을 띤 새마을운동에 거부감을 드러냈으나 대다수 국민은 공감을 표시했다.

새마을운동으로 한국의 농촌이 일신되자 1980년대부터 전 세계 후발개도국들이 새마을운동을 전수받기 위해 한국으로 밀려들었다. 2013년 유네스코는 새마을운동 관련 기록물을 세계 기록유산으로 등재했다(이영훈 2013, 국사편찬위 2017, 좌승희 2015, 권희영 외 2014, 새마을연구회 1980).

도시화와 국토개발 본격화 1960년대 이후 노동집약 산업의 확대에 따라 농촌 인구는 빠르게 도시로 흡수됐다. 1960년 39.1%이던 도시화율은 1970년 50.1%, 1980년 68.7%로 높아졌다. 도시화에 따른 도시계획은 1960년대 중반 이후 본격화됐다. 여의도와 강남이 개발된 것이 이 무렵의 일이다. 무허가촌 철거에 따른 도시폭동과 도시빈민운동이 확산되면서 1970년 경기도 광주 대단지 도시 폭동, 1977년 광주 무등산 타잔 사건이 일어나기도 했다.

박정희 정부는 1972년부터 국토종합개발계획(1972~1981)과 그 일환인 4대 강 유역 종합개발계획을 추진해 전국 수자원과 하천의 효율적 관리를 꾀했다. 유역 개발계획은 가뭄과 홍수 피해를 없애 식량을 증산하고 생활용수와 공업용수를 확보하기 위한 것이었다. 계획 추진으로 한강 유역에는 소양강댐과 충주댐, 낙동강 유역에는 안동댐과 합천댐, 금강 유역에는 대청댐, 영산강 유역에는 장성댐과 하구언이 건설됐다. 이 사업으로 홍수와 가뭄의 오랜 질곡에서 벗어날 수 있었다.

정부의 4차에 걸친 경제개발 5개년 계획(1961~1981)으로 국토 공간은 대대적으로 재편됐다. 1960년대 노동집약적 경공업 시대에는 서울, 부산, 대구 등 전통 대도시를 중심으로 공업지역이 만들어졌다. 그러나 1970년대에는 중화학공업 정책과 함께 대규모 산업공단이 동남해안 지역에 들어서 수도권과 어깨를 겨루는 신 공업지대가 형성됐다.

이와 더불어 사회간접자본 확충이 본격화되면서 포장도로는 1960년 1005km에서 1970년 3863km, 1980년 1만5599km로 15배 이상 늘어났다(차하순 외 2015, 이영훈 2013). 1960년대 대도시 변두리나 시외버스 노선은 거의가 비포장 자갈길이었으나 1970년대부터 서서히 포장으로 바뀌어 나갔다(도표 참조).

〈표3-7〉 연도별 도로 포장률 및 고속도로 비율 (단위: km)

연도	도로연장	포장도로	포장률	고속도로
1965	3만3437	1627	4.9%	-
1969	3만7169	2970	8.0%	230(0.6%)
1975	4만4905	9999	22.3%	1142(2.5%)
1979	4만6333	1만4277	30.8%	1224(2.6%)

자료: 경제기획원 PDF남3, PDF남4 재구성

도시환경 보존과 산림정책의 성과 박정희 정부는 개발제한구역(그린벨트) 설정 등 도시 환경정책에서도 긍정적 평가를 받았다. 도시 지역의 무분별한 팽창을 막고 도시 주변 자연환경을 보호하기 위해 1971년 서울에서 처음으로 개발제한구역이 설정됐다. 이후 다른 도시들에도 개발제한구역이 잇달아 지정돼 환경훼손을 막을 수 있었다. 개발제한구역은 후대 정부들에서 용지난 해소의 방편으로 활용되는 경우가 많았다.

박정희 정부는 산림정책에도 각별한 관심을 쏟았다. 해방 이후 북한의 석탄 공급이 끊기면서 연료가 부족해지자 남한의 산림은 급속히 황폐해졌다. 6.25 전쟁으로 인한 산림 피해가 적지 않았던 데다 정치혼란과 사회무질서가 겹치면서 도벌, 남벌이 횡행했다. 5.16 군사정권은 도벌을 5대 사회악의 하나로 간주할 정도였다. 사람의 손이 닿는 산은 모두 벌거숭이가 됐고 가뭄과 홍수는 연례행사처럼 되풀이됐다.
1960년대의 산림녹화사업은 황폐지에 대한 사방사업(50만 ha)과 연료

> **역사 돋보기** - 박정희 정부 실책들?
>
> 박정희 정부 18년 치세는 역대 정부 가운데 가장 불만한 것이었다. 냉전을 호기로 살려 중국에 앞서 산업화를 이루지 못했더라면 한국이 중진국, 선진국으로 도약하는데 큰 장애를 만날 수 있었다. 그러나 민족주의적 전통가치와 관습을 부활시키는 과정에서 이퇴계, 이율곡 같은 조선 유학자들을 국가의 정체성으로 삼은 것은 자주개방실용의 정신과 부합하지 않았다.
> 이승만 대통령과의 역사적 화해를 이루지 못한 것도 실책으로 기록될 일이었다. 민족주의 정신을 전체 역사로 확장시켜 이승만을 국부로 높였어야 한국 현대사의 진로를 안정시킬 수 있었다. 그런 노력이 없었기에 시대착오적 좌경 이념이 확산되는 빌미를 제공했다.

림 조성(80만 ha)에 중점을 뒀다. 본격적인 녹화사업은 1973년부터 시행된 1차 치산녹화 10개년 계획으로 100만 ha 조림을 목표로 잡았다. 국민적 참여로 추진된 1차 치산녹화는 4년 앞당겨 목표를 달성했다. 이에 따라 1979년부터 2차 10개년 치산녹화사업에 들어가 1987년 전국의 산림은 지금과 같은 모습으로 탈바꿈했다(국사편찬위 2017, 이영훈 2013).

▎경제성장과 사회생활 변화

1950년대 한국 기혼 남성의 5% 정도는 첩을 거느릴 정도로 축첩이 공공연했다. 민법이 정한 일부일처제는 1960년대 초 군사정부 개혁에 의해 확립됐지만 축첩제도가 사라진 것은 1970년대 이후였다.

1960,1970년대에는 급격한 도시화와 성개방 풍조, 성교육 미흡, 모성의식 저하 등으로 버려진 아이(기아)들이 크게 늘어났다. 1950년대 2415명(1959)이 최대였던 기아는 1960년대 들어 1만1319명(1964)으로까지 늘어났다. 경제가 나아진 1970년대 말에는 3526명(1979)으로 줄어들었다. 기아는 보육시설이나 가정 위탁, 입양 등으로 처리했다. 한국은 연간 수천 명의 해외입양으로 오랜 동안 아이 수출국(2005년 3562명)이라는 불명예를 안았다.

1960,1970년대의 사회 수준은 1950년대보다는 나아졌지만 여전히 낙후를 면치 못했다. 그 실례의 하나가 1961년 처음 시작된 보행위반 단속이었다. 서울에서는 3일 간의 단속에서 1만634명을 적발해 즉결심판에 넘겼다. 대부분은 벌금을 물었지만 44명은 3일간 유치장에 갇혀 있어야 했다. 1965년에는 벌금, 구류보다 더 민망한 길거리 보행위반자 계도소 제도가 실시됐다. 길거리에 사각형 울타리를 치고 가둬놓아 일정 시간 망신을 주는 처벌이었다. 이런 단속에도 보행위반이 숙지지 않아 1971년 한 해 동안 262만 명(인구 12명당 1명꼴)이 보행위반으로 적발됐다(이영훈 2013, 경제기획원 PDF남4, 김명환 생6-76).

의식주 기초생활의 해결 1960년대 초반 한국의 의식주 생활은 미개국 수준이나 다름없었다. 1962년 자카르타 아시안 게임을 앞두고 국가대표 후보 선수 186명을 대상으로 신체검사를 해 본 결과 80%가 영양실조였다. 93.4%는 기생충 감염자였다. 이후 국가경제가 나아지면서 선수들의 먹는 문제가 차차 호전됐으나 1970년대까지 식생활과 관련된 안타까운 사연들이 사라지지 않았다.

1960년대 일반인들의 주거는 마당이 조금 있는 한옥 기와집이나 초가집이었다. 아파트는 영세민용으로 지어졌을 뿐이다. 당시 박정희 정부는 서구와 같은 사회주택 정책은 불가능하다고 보고 주택 문제를 경제개발 계획과 결합시킨 건설산업 차원으로 접근했다. 그 첫 사업이 1962년 대한주택공사가 건설한 마포아파트다. 1960년대 중반 들어 주거안정이 노동력 재생산에 도움이 된다는 판단에 따라 정부의 주택정책이 입안됐다.

그에 따라 무허가 판자촌에 영세민을 위한 아파트를 대량으로 건립하기 시작했다. 당시 영세민들은 판자나 천막, 함석, 블록 등으로 은신처 수준의 집을 짓고 살았다. 상하수도 시설이 없고 재래식 변소를 공동으로 사용하는 등 생활환경이 아주 열악했다. 이런 달동네, 판자촌에 자고 나면 아파트가 세워진다고 하여 벌떡 아파트라는 별명을 얻었다. 성냥갑 아파트는 주택의 대량생산과 신속 공급에 기여했다.

1970년대에는 새마을운동과 함께 양옥집들이 일반화됐다. 1970년대 중반 이후 정부가 중산층을 염두에 둔 아파트 정책을 추진하면서 아파트의 고층화, 대형화, 고급화가 시작됐다. 1970년의 아파트 비율은 전체 주택의 0.8%였으나 1975년 1.9%, 1980년 7.0%(2010년 58.4%)로 높아졌다(김명환 생6-78, 차하순 외 2015).

주거사정이 열악했던 1960,1970년대에는 난방 및 취사용으로 사용하던 연탄가스(일산화탄소) 중독으로 인한 인명피해가 끊이지 않았다. 연탄 사용은 1980년대에 절정을 이루다가 1990년대에 도시가스 보급이 일반화되면서 급격히 쇠퇴했다.

사회문화생활의 개선 1950년대 부유층 도시 가구의 재산목록 1호가 자전거, 라디오였다면 1960년대는 유선 전화기와 선풍기, 1970년대는 TV와 냉장고였다. 연도별 유선 전화기 가입자 수를 보면 1959년이 7만2552대로 관공서나 회사가 아니면 전화기를 구경하기가 힘들었다. 10년 뒤인 1969년 보급대수는 6.1배인 44만2452대로 늘어났다. 전화기에 프리미엄이 붙어 양도 가능한 백색 전화기와 불가능한 청색 전화기로 구분되던 시절이었다. 이때까지 일반 서민들은 공중전화에 의존했다. 1979년의 보급대수는 234만1198대로 중산층 가정까지 전화기 혜택을 누릴 수 있었다. 백색, 청색의 구분도 사라졌다.

개발연대는 경제 확장에 따른 인플레가 시종 이어졌고 은행예금 금리도 이를 반영했다. 통계가 시작된 1969년의 정기예금과 정기적금 연이율은 22.8%와 23.0%로 현재의 10배를 넘었다. 이후 연이율은 하향세로 돌아섰으나 1970년대 후반에도 14~18%대를 유지했다. 보통예금 이율은 1969~1983년까지 1.8%로 현재의 정기예금 금리에 육박하는 수준이었다.

1960년대의 문화생활은 전통문화가 쇠퇴하는 가운데 종이신문과 라디오 방송이 황금기를 누렸다. 1965년 전국 일간지는 서울 8개 등 40여 개였고 발행부수는 최고 26만 부, 2위가 20만 부 정도였다. 이 시기는 영화가 대중오락의 주요 수단으로 자리 잡았다. 농촌과 도시 변두리지역에서는 순회 가설천막극장이 주민들을 끌어 모았다. 그러나 영화의 질이 낮아 1980년대까지 3류의 대명사로 지칭됐다. 이 시절 교양잡지로는 1953년 창간된 사상계, 1966년 창작과 비평, 1970년 문학과 지성이 있어 지식인층의 인기를 끌었다. 1965년 설립된 삼성문화재단은 삼성문화문고 200여 종 1000만 부를 발간해 국민 독서문화를 확산시켰다. 1960년대에는 연필, 철필 대신 볼펜이 처음 등장해(1963) 대중 필기구로 자리 잡았고 수동 등사기가 복사기로 대체돼 사무혁신이 일어났다(경제기획원 PDF남3, PDF남4, 중앙일보사 1975, 한영우 2016).

건강보건의료 수준의 향상 1960년대 후반 들어 의식주 사정이 호전되면서 노인 인구의 증가가 두드러졌다. 1959년의 인구 분포 최상위 등급은 60세 이상이었으나 1969년에는 60세 이상을 5개 등급으로 세분화했다. 1940년대의 평균수명은 35세에 불과했으나 1970년대에는 60세 이상으로 높아졌다. 1960년대에는 상수도 보급이 제대로 되지 않아 농촌은 물론 도시에서도 샘물을 마시는 사람이 훨씬 많았다. 집집마다 물지게가 있었다. 도시화가 가속화되면서 1968년부터 도시지역 상수도 급수인구 통계(814만 명, 26.5%)가 나타나기 시작했다. 1979년에는 1983만 명, 53.1%의 보급률을 보였다. 상수도 보급이 안 된 곳에서는 간이상수도나 샘물, 계곡물을 길어 마셨다.

1960년대까지 의료혜택은 있으나마나한 정도였다. 1969년 인구 1만 명당 의사 수는 4.8명, 치과의사 수는 0.7명에 불과했다. 전국 농촌지역의 읍면 가운데 절반 가까운 곳이 무의읍면이었다. 정부는 무의읍면 해소를 위해 1965년부터 연간 500명 수준의 공의를 배치하기 시작했다. 의료 서비스는 예방접종이 고작이었다.

1,2종 전염병 사망자는 1964년이 1278명으로 1948년 정부 수립 때의 절반 이하로 줄어들었다. 1964년의 1종 전염병은 유행성 뇌염과 장티푸스였다. 이후 예방접종이 확대되면서 1979년에는 1,2종 전염병 사망자가 5명으로 줄어들어 전염병 사망이 사실상 사라졌다. 그러나 호흡기 질환인 결핵은 1970년대 중반까지 계속 유병자가 늘어나다가 1980년대부터 감소하

기 시작했다.

회충, 편충 등 기생충 감염자는 1960,1970년대 내내 높은 비율을 유지했다. 1971년의 경우 검사인원 가운데 70.8%(860만 명)가 감염자였으나 1979년에는 23.6%(421만 명)로 감염률이 떨어졌다. 기생충 감염률은 1980년대에 현지히 개선돼 1990년대에 4.0%대 미민으로 줄이들었다(경제기획원 PDF남3, PDF남4).

🔍 역사 돋보기 - 한중의 인구 억제 정책

1960년 한국의 인구는 2499만 명이었다. 경제성장, 보건위생 향상과 함께 1967년 인구는 3000만 명을 돌파했고 1979년에는 3760만 명으로 늘어났다. 19년 사이 인구가 1261만 명(50.5%)이나 증가해 세계 최고수준의 인구밀도를 기록했다. 정부는 인구 폭발을 우려해 "3000리는 만원이다, 둘만 낳아 잘 기르자"는 표어를 내걸었고 1970년대부터 가족계획사업을 본격화했다. 1971년 불임시술 실적은 67만3000명으로 이후 1989년까지 해마다 60만 명에서 80만 명이 불임시술을 받았다.

중국에서는 1949~1979년 공산당 정권 30년 동안 절대빈곤 속에서도 인구가 1.8배로 늘어났다. 식량부족과 인구과잉이 문제가 되자 1979년 한 자녀 출산 제한 정책을 도입했다(경제기획원 PDF남3,4,5, 왕단 2015, 가시모토 외 2015).

4) 북한 군사노선과 경제침체

북한의 6.25 전쟁 도발로 1950년대의 남북관계는 1953년 제네바 정치회담 이후 사실상 단절됐다. 이승만 대통령은 1957년 5월 정전협정 폐기 문제를 제기한데 이어 1958년에도 북한의 정전 도발에 상응하는 조치를 취해야 한다며 정전협정 폐기를 거론했다.

북한은 4.19 혁명이 일어난 1960년 11월 남한사회를 교란시킬 목적으로 최고인민회의 의장 명의로 국회 양원의장에게 남북한 쌍방 대표회담을 제의했다. 북한의 국력이 상대적으로 우위에 있었던 점을 의식한 교류 시도였다. 제의 서한에서 북한은 남한의 유엔 감시 하 총선거 주장 포기, 남북한 연방제 동의, 경제교류 및 항공우편언론 교류를 들고 나왔다.

이에 대해 남한의 장면 정부는 '북괴 측 제안에 대한 외무부장관 담화'를 통해 북한의 제의를 일축했다. 담화는 "유엔 권위의 배격은 한국이 유일한 합법정부임을 무위로 돌리고 공산괴뢰 침략의 역사적 사실을 엄폐하기 위한 것"이라고 공박했다. 또 북한이 주장하는 외국군 철수는 제2의 6.25 사태를 꿈꾸며 공산통일의 기초를 닦자는 속셈이라고 지적했다(중앙일보사 1975).

북한 공세에 밀린 통일전략

북한은 1950년대 말 시작된 중소분쟁으로 양국의 군사적 지원을 기대하기 어렵게 되자 무력통일을 위해 군수공업에 박차를 가하는 한편 1962년 12월 4대 군사노선을 채택했다. 전 인민의 무장화, 전 국토의 요새화, 전군의 간부화, 장비의 현대화로 미군이 철수하면 중소의 지원 없이 무력통일을 감행하겠다는 전쟁준비 노선이었다.

1964년 2월에는 4대 군사노선과 더불어 남한의 자체 전복을 목표로 하는 남조선혁명론을 대남전략의 하나로 채택했다. 남조선 인민이 지하당 구축을 통한 사회주의 혁명으로 인민정권을 세우면 북한이 이와 합작해 적화통일을 하겠다는 북베트남 식 전략이었다.

북한은 1964년 베트남 전쟁이 전면전으로 확대되자 미국이 베트남 전쟁에서 패해 동아시아에서 철수한다면 남한을 전복시킬 호기가 올 것으로 기대하고 있었다.

남조선혁명론에 따라 북한은 1964년 3월 서울에 지하 공산주의 정당인 통일혁명당을 만들어 4.19 같은 돌발 사태에 대비하도록 했다. 통일혁명당은 결정적 시기에 대한민국 정부를 전복할 계획으로 대학가와 출판, 문화계에 깊이 침투했다. 그러나 1968년 일당 158명이 검거됨으로써 공작은 수포로 돌아갔다. 주모자 3명이 사형에 처해지자 김일성은 애도 군중집회를 열고 영웅 칭호를 내렸다(이영훈 2013, 이덕주 2007).

북한의 도발과 내남공작 지속 북한의 군사주의 노선이 강화되면서 휴선선에서의 도발은 1966년 80건에서 1967년 784건, 1968년 985건으로 급증했다. 남파 간첩의 수도 1966년 50명에서 1967년 543명, 1968년 1247명으로 늘어났다.
1968년 1월에는 박정희 대통령을 시해하기 위해 124군 특수부대원 31명을 청와대 인근 500m 지점까지 침투시켜 전 국민을 경악시켰다(1.21 사태). 1월 23일에는 동해의 미국 첩보함(푸에블로 호)을 억류해 미북 간 일촉즉발의 위기가 조성됐다.
1968년 10월에는 울진·삼척에 130명의 무장 게릴라를 침투시켜 또 한 번 남한 사회를 뒤흔들어 놓았다. 1969년 4월에는 동해상에서 미국 해군 정보기를 격추시켜(31명 사망) 소련까지 등을 돌리게 되자 북한의 국제고립이 깊어졌다.

내외 정세 변화로 1970년대 들어서는 북한의 군사노선이 주춤해졌지만 남조선혁명론에 근거한 대남공작은 계속됐다. 김일성은 1973년 4월 왕조시대의 왕명이나 다름없는 소위 교시를 통해 학생운동으로 검증된 인물들을 고시에 전념시켜 중앙정보부, 경찰 등에 침투시키도록 하라는 지령을 내렸다. 1976년 4월에는 신부, 목사 포섭을 위해 교회로 침투할 것을 지령했다. 그 해 8월에는 한반도 적화통일의 장애물인 주한미군의 만행과 범죄사실을 폭로해 미국을 머리 아프게 만들라는 지시를 내렸다. 이와 함께 미국 본토를 공격할 수 있는 핵무기와 장거리 미사일을 자력 개발해야 한다고 강조했다(이영훈 2013, 이덕주 2007).

미소 데탕트와 7.4 공동성명 1968,1969년 북한의 도발이 격화되자 박정희 대통령은 1970년 광복절 경축사에서 대북 관계에 대한 입장과 평화통일 구상을 밝혔다. 박 대통령은 여기서 적화노선에 대한 국민들의 경각심을 촉구하고 남북협상, 연방제, 각종교류 등의 주장은 위장책동이며 상투적 선전에 불과하다고 지적했다. 북괴 김일성 체제는 역사 위조를 일삼는 개인 신격화의 폐쇄사회라며 이들과의 통일노력은 1970년대 후반기에나 가능할 것이라고 내다봤다.

그러나 1969년 닉슨 독트린에 이어 1970년대 초 미소 간 군축협상 등 긴장 완화(데탕트) 분위기가 남북 간 대화와 관계개선의 압력으로 작용했다. 미국은 1970년과 1971년 주한미군을 6만1000명에서 4만1000명 수준으로 2만 명 감축하는 상황이었다. 이에 따라 정부는 1970년 남북교류를 제의해 1971년 8월 남북적십자회담이 처음으로 성사됐다. 교류의 물꼬를 튼 것은 한국과 북한의 경제력이 비슷한 수준에 이른 점과 무관치 않았다(도표 참조).

1972년 5월 중앙정보부장 이후락이 평양에 파견돼 김일성과 회담하고 전후 처음으로 자주, 평화, 민족 대단결의 3대 원칙을 담은 7.4 남북공동성명이 발표됐다. 공동성명은 북한의 이념공세에 말려들어 대한민국의 정통성을 훼손한 측면이 없지 않았다. 통일 원칙에 사상, 이념, 제도의 차이를 초월한 민족 대단결은 자유민주주의 체제에 흠집을 내는 측면이 있었다.

〈표3-8〉 남북한 국민총생산 및 1인당 국민소득 비교

구분	국민총생산(억 달러)			1인당 국민소득(달러)		
	한국A	북한B	A/B	한국A	북한B	A/B
1965	30.0	19.0	1.6	105	162	0.6
1975	209.0	65.0	3.2	594	415	1.4
1985	897.0	151.4	5.9	2194	766	2.9

자료: 통계청 PDF북3 재구성

남북공동성명은 평화통일이라는 민족적 대의보다 상대 체제를 변화시키기 위한 상호 기만적 의도를 가진 합의였다. 겉으로는 남북교류를 통한 평화통일을 언급했지만 속으로는 상대에 대한 불신감과 적대감을 숨기고 있었다. 근본적으로 자유-공산 체제는 공존이나 포용이 불가능한 관계로 어느 한 쪽이 붕괴되지 않는 한 통합이나 동일을 기대할 수 없었다(중앙일보사 1975, 차하순 외 2015, 류세환 2006).

유신헌법과 사회주의 헌법 그 같은 현실이 남북교류에 대한 경계심을 자극해 곧바로 유신헌법과 북한 사회주의 헌법 제정으로 이어졌다. 박정희 정부는 1972년 10월 변화된 국제안보 환경과 남북대화 상황에 대처하기 위해 대통령에게 권력이 집중된 유신체제를 구축했다. 열흘 뒤 북한도 사회주의 헌법을 제정해 김일성을 수상에서 주석으로 높이고 1인 독재를 법제화시켰다. 또 고려연방제(1민족 1국가체제)를 통일방안으로 내세웠다. 이때 북한은 수도를 서울에서 평양으로 바꿨다.

박 대통령은 이듬해인 1973년 데탕트의 산물인 '6.23 평화통일 외교정책 선언'을 통해 북한의 국제기구 참여와 남북한 유엔 동시가입에 반대하지 않겠다는 두 개의 한국 정책(1민족 2국가체제)을 제시했다. 박 대통령은 이 선언에서 북한을 통일이 성취될 때까지의 잠정적 대화상대로 인정할 뿐 국가로 인정하는 것이 아니라고 밝혔으나 대한민국의 유일 합법성과 정통성을 훼손한 점이 없지 않았다.

특히 남북한이 서로 내정에 간섭하지 않으며 침략을 하지 않아야 한다는 선언은 한국으로서는 불필요한 언급일 수 있었다. 북한의 적화야욕과 비상식성을 감안하면 한국의 손발만 묶을 가능성이 컸기 때문이다. 북한은 두 개의 한국 정책이 남북분단을 고착시키는 결과가 될 것이라며 제의를 거부했다. 반면 동서독은 같은 해 9월 유엔 동시가입에 성공해 정식 회원국이 됐다.

북한은 1973년 8월 김대중 납치사건을 구실로 대화의 창구 역할을 해오던 남북조절위원회를 일방적으로 중단시켜버렸다. 북한의 위장 평화공세는 1974년 광복절 기념식장에서의 박 대통령 암살 기도(육영수 여사 서거)로 더욱 분명해졌다. 형세 변화 없이 신의에 의존하는 북한과의 대화는 성과를 기대하기 어려운 것이었다(중앙일보사 1975, 류세환 2006, 노중국 외 2016).

🔎 역사 돋보기 - '북한해방' 계승 못해

박정희 정부는 북한주민을 극악무도한 공산체제로부터 구출해내겠다는 이승만 대통령의 의지를 제대로 계승하지 못했다. 최악의 북한 독재체제를 교란하고 와해시킬 대북전략을 마련하는 것은 한민족의 미래를 위해서도 꼭 필요한 조치였다. 그러나 북한 민주화론 같은 공세적 대북전략 없이 북한의 대남전략을 방어하는데 주력해 남북문제나 통일문제의 주도권을 잡는데 실패했다. 박정희 정부의 이런 전략 부재는 역대 정부에서 비슷하게 이어졌다. 잦은 정권 교체가 일관되고 공세적인 대북정책을 어렵게 한 점도 없지 않았다(류세환 2006).

▮ 절대독재 구축과 5.25 광풍

북한은 1960년대 들어 중소관계가 모두 소원해졌다. 서방과의 평화공존을 추진하는 소련으로부터는 김일성 1인 독재와 개인숭배로 따돌림을 받았다. 중국과는 문화대혁명의 질서파괴 풍조가 유입되는 것을 차단하려는 시도로 인해 관계가 냉랭해졌다. 여기다 한국의 경제가 빠르게 성장하고 한미일 연합안보 체제가 구축되면서 체제 불안감이 커졌다.

김일성은 위기상황을 돌파하기 위해 주체노선을 내세우며 독재 권력을 강화하고 국방건설에 총력을 기울였다. 1962년 등장한 주체노선은 중소이념 분쟁에 대응하기 위한 등거리외교의 산물로 절대독재 권력을 합리화하는데 복적이 있었다. 김일성은 1967년 무렵 사상, 정치, 경제, 군사, 외교의 분야별 주체노선을 소위 주체사상으로 분식했다. 그 핵심은 북한 인민들이 오류가 없는 존재인 수령에게 절대 복종해야 한다는 것이었다. 북한은 1970년 11월 제5차 노동당 당 대회에서 당 규약을 개정해 마르크스·레닌주의와 함께 김일성 주체사상을 당의 공식 이념으로 떠받들었다(한영우 2016, 국사편찬위 2017).

실용·강경파 숙청, 세습독재 구축 주체노선이 등장할 무렵 북한에서는 4대 군사노선의 추진을 둘러싸고 경제건설을 우선 또는 병진하자는 실용온건파와 국방력 강화를 우선해야 한다는 군부 강경파가 대립하고 있었다. 김일성은 1967년 5월 조선노동당 중앙위원회 전원회의를 계기로 실용온건파 박금철(함경도 갑산 빨치산 출신) 등 갑산파 간부들을 부르주아 수정주의로 몰아 모조리 숙청했다. 1966년 문혁 때 모택동이 유소기, 등소평을 실각시킨 사태와 비슷했다. 회의는 군부 세력을 배경으로 김일성 절대독재 체제를 구축하기 위한 일종의 친위 쿠데타였다.

빨치산 출신 군부 강경파가 득세한 이후 북한은 국방비 지출을 국가 예산의 30%로 늘리는 등 군사주의로 치달았다. 그러나 2년 뒤인 1969년 김일성은 경제건설과 대남 군사노선 실패의 책임을 물어 군부 강경파를 모조리 숙청했다. 그 빈 자리에는 김일성 친인척, 실무형 관료, 혁명 2세대를 등용해 김정일 세습독재의 바탕을 깔았다.

1970년대 북한의 김일성 절대 권력을 뒷받침한 것은 후계자로 등장한 아들 김정일이었다. 김정일은 1973년 노동당을 장악하고 주체사상 확산을 목표로 청년 엘리트들을 앞세워 사상, 기술, 문화의 3대 혁명 소조운동을 벌였다. 주로 대학생들로 구성된 수만 명의 소조원들은 생산 현장의 혼란만 야기하고 별다른 성과를 거두지 못했다.
김정일은 1974년 세습독재를 정당화하기 위해 주체사상의 결론인 수령독재론에서 '유일사상체계 확립을 위한 10대 원칙'을 마련하고 김일성 우상화 정책을 대대적으로 펼쳐나갔다. 10대 원칙은 북한 헌법이나 조선노동당 규약보다 상위에 있는 북한 최고의 절대규범이었다. 3조 6항에는 "각종 김일성 기념물, 사진, 작품, 당의 구호 등을 정중히 모시고 다뤄야 한다."고 적었다. 이런 원칙들을 어기면 일가가 정치범 수용소로 끌려갔다. 김정일은 1977년부터 노동력을 짜내기 위해 천리마운동(1958)을 변형시킨 3대혁명 붉은기 쟁취운동을 벌이기도 했다. 1980년에는 김일성대학 총장을 지낸 황장엽(1997년 대한민국 망명)의 도움을 받아 주체사상을 체계화하며 북한사회를 더욱 폐쇄적으로 몰아갔다. 1980년 10월 제6차 당 대회는 주체사상을 당의 지도이념으로 격상시켰다(이덕주 2007, 한영우 2016).

북한판 문화대혁명 5.25 교시 1960년대 중반까지 북한은 사회 전반에 나름의 활기를 유지하고 있었다. 그러나 1967년 실용온건파 숙청과 함께 김일성의 반 수정주의 5.25 교시가 발표되면서 중국의 문화대혁명과 유사한 극좌문화투쟁이 일어나 사회 전체가 얼어붙었다. 김일성은 문화대혁명의 여파를 우려했지만 권력 강화의 수단으로 그 수법을 그대로 모방했다. 문화대혁명의 구평九評과 같은 기능을 한 것이 주체사상이었다.

5.25 교시 이후 북한에서는 계급투쟁, 무산독재 강화, 수령 우상화, 문화 파괴 등 극좌 바람이 일어나 지식인, 문화예술인, 과학자, 유학생들이 대대적으로 축출됐다. 맹목적 충성을 요구하는 우민화 정책으로 평양에는 무식꾼만 살아남았다. 이후 김일성은 정치 지도자에서 우상화 예식의 대상인 신적 존재, 수령으로 숭배됐다. 주민교화를 위한 정치범 수용소가 확대되고 수용소 내의 탄압이 강화된 것이 이 무렵부터다.
교시 이후 학문에 대한 통제가 심해져 외국어 교과서, 외국어 사전이 모두 불태워지고 지식인들의 창의는 철저히 억압됐다. 전국적으로 실시된 도서 정리 사업은 가정, 직장의 모든 책 페이지를 일일이 검열하는 문화 말살로 치달았다. 수령 우상화, 항일 무장투쟁 절대화, 반 수정주의의 세 항목에 저촉되는 내용은 먹으로 칠하거나 책장을 찢어버렸다. 양서들은 제지공장으로 실려 나가고 남은 것은 김일성 찬양서적 뿐이었다.

수령 우상화를 위해 한국사의 정통성을 고조선, 고구려, 고려로 설정해 신라를 반역국가로 폄하하는 한편 김일성 일가와 빨치산 중심으로 근현대사를 뜯어 고쳤다. 근대사의 기산점을 김일성의 증조부가 반 제국주의 활동(제너럴 셔먼호 격침)을 했던 병인양요(1866)로 하고, 현대사는 15세의 김일성이 타도 제국주의 동맹을 결성한 1926년으로 잡았다. 그 밖의 공산주의 운동은 종파주의로 매도했다. 한국사를 가문의 선전물로 만들어놓은 것이다.

5.25 교시는 예술계에도 그대로 적용됐다. 외국 음악은 소련 노래까지 금지했으며 고전 악보는 모두 불살랐다. 미술용 석고 조각과 서양화는 다 깨부수고 찢어버렸다. 이후 유화는 자취를 감췄으며 화가들은 지방으로 쫓겨나 농사꾼이 됐다. 천리마시대를 풍미했던 민족예술극장까지 해산되고 말았다. 과학기술 분야도 반 수정주의 광풍을 피해가지 못했다. 스탈린 시대의 반체제 숙청 때처럼 외국 과학기술 도입은 수정주의로 치부됐으며 선진 과학기술에 대한 관심까지 비판받는 지경에 이르렀다. 자력갱생이라는 미명하에 50년 전 등장한 기술이 창의에 의해 재개발돼야 하는 난센스가 빚어졌다. 과학기술 분야의 파탄은 이후 경제발전을 가로막는 요인이 됐다. 북한 주민들은 이 모든 행위가 김일성이 아닌 극좌 간신들이 하는 짓이라고 생각했다. 세계에 유례가 드문 이 사업은 1970년대 중반까지 계속됐다(이영훈 2013, 차하순 외 2015).

실패 예고된 경제계획들 1차 5개년 계획(1957~1961)을 성공적으로 끝낸 김일성은 1961년 일본을 능가하는 인민 생활수준을 청사진으로 내걸고 7개년 계획(1961~1967)을 추진했다. 그러나 외부로부터 고립된 환경에서 내부자원만 무차별적으로 동원하는 방법으로는 더 이상의 성장이 불가능했다.

소련과 중국의 지원이 끊긴 가운데 북한이 경제성장에 동원할 수 있는 내부자원은 석탄, 철광석 같은 광산물과 구식 공장, 노동력에 불과했다. 이미 석탄이 공업의 에너지나 소재가 되는 시대는 지나가고 석유가 이를 대체하는 추세였다. 천리마작업반 식의 노력동원도 동기가 결여된 상태에서 장기간 지속될 수 없었다. 노후 설비 등 환경 조건은 노력동원을 무의미하게 만들어 노동생산성이 뒷걸음질쳤다. 이런 요인들이 겹쳐 7개년 계획은 지지부진한 실적을 보이다 실패로 끝나고 말았다.

1967년 이후 경제성장이 한계에 봉착하자 김일성은 선 경제건설을 주장하던 당내 실용온건파(갑산파)들을 대거 숙청했다. 이후 군사노선이 강화되고 국방비 비중이 급증하면서 북한 경제는 몇 년간 마이너스 성장을 기록했다. 1인당 국민소득은 정체상태에 빠져 1960년 177달러에서 1969년 239달러(남한 210달러)로 증가하는데 그쳤다.

1970년대 들어서도 경제는 침체를 벗어나지 못했다. 북한은 1971년 외국자본과 기술을 도입해 수출입을 확대하는 개방노선 6개년 계획을 입안했

역사 돋보기 - 교시경제의 결말

북한의 계획경제는 소위 무오류의 존재인 수령의 교시에 따라 이뤄졌다. 교시에는 어떤 이의도 제기할 수 없었기 때문에 부작용이 방치되거나 악화됐다. 중국의 대약진운동과 마찬가지로 지방에서는 사실 은폐가 관행화 돼 생산목표는 언제나 초과 달성된 것으로 허위 보고됐다. 1976년의 곡물 증산을 위한 자연개조 5대 방침, 1980년대 초의 전 국토의 다락밭화 같은 교시사업은 농업을 망치는 원인이 됐다. 기본대책 없이 눈앞의 실적 올리기에 매달려 부작용만 키운 것이다(이영훈 2013).

다. 중공업-경공업 격차 해소 및 농공 노동자 소득격차 해소를 목표로 한 개방노선은 1975년 1년 앞당겨 목표를 달성한 것으로 조작 발표됐다. 당시 북한은 1973년 석유위기와 외자도입에 따른 외채 누적으로 채무 불이행상태에 빠졌다. 1978~1984년 7개년 계획은 주민 노력총동원에도 불구하고 경직된 자립노선과 폐쇄적 사회주의 경제운용으로 연평균 경제성장률이 2%를 넘지 못했다(이영훈 2013, 노중국 외 2016).

1983
중고생 교복자율화

4장
중진국 진입과 자유민주주의 발전

　한국은 자유민주주의와 시장경제의 바탕 위에서 1970년대 개도국으로 진입한데 이어 1980년대 중진국 관문을 통과했다. 1988년 서울올림픽은 한국이 이룩한 경제성장의 성과를 세계에 과시한 자리였다. 동서 냉전에서 공산진영의 실패를 자인하게 만든 상징적 사건이 아닐 수 없었다.

1989년 이후 모순과 부조리로 가득 찬 공산체제는 개혁개방의 파도에 휩쓸려 일시에 무너졌다. 동유럽 공산진영과 공산 종주국 소련의 붕괴는 자유민주주의와 시장경제가 세계사의 필연적 진행임을 확인시켰다. 이런 지각 변동이 일어난 1980년대 후반 한국의 좌경세력은 반미친북의 종속자폐 공론에서 헤어나지 못하고 있었다.

한국은 1990년대 이후 일본과 중국에 대응할 수 있는 국력을 키우기 위해 정신문화 기반을 다지고 한중일 삼국정립의 의지를 구체화시켰어야 했으나 국가 동력을 더 이상 끌어올리지 못했다. 좌경세력이 국가진로를 가로막은 탓이 컸다. 그 사이 공산 중국은 일당독재에 한국의 경제개발 노하우를 접목시켜 한국을 능가하는 산업화에 성공했다. 공산 중국의 팽창은 동아시아의 자유와 인권의식을 낮추고 폭력적 패권주의의 우려를 높였다.

1. 소련 개혁개방과 공산진영 붕괴

20세기 중후반 40여 년 동안 지구촌은 마르크스·레닌의 공론에서 비롯된 자유-공산 진영 간 냉전으로 혹독한 대가를 치러야 했다. 공산진영은 2차 세계대전 이후 1980년대 초반까지 계속 세를 넓혀왔다. 개별 국가들이 공산화 된 사례는 많았지만 자유국가로 바뀐 경우는 찾아볼 수 없었다. 이는 공산체제의 우월성에서라기보다 선전능력(거짓말)과 호전성(폭력성)에서 비롯된 바가 컸다.

자유진영을 이끈 미국은 냉전 초기 봉쇄정책(1947년 트루먼 독트린), 중기 유화정책(1969년 닉슨 독트린), 말기 대결정책(1981년 레이건 독트린)으로 공산진영에 맞섰다. 트루먼의 봉쇄정책은 그리스, 터키, 유럽, 한국의 공산화를 막는데 성공했다. 그러나 베트남에서 반공전쟁의 정당성을 부각시키는데 실패해 닉슨은 유화정책으로 돌아섰다.
미국을 체제 승리로 이끈 것은 레이건 독트린 즉 자유민주주의에 입각한 대결정책이었다. 레이건의 대결정책은 소련 지도부를 위축시켰고, 군비 경쟁으로 소련의 경제를 파탄으로 몰아갔다. 소련 대통령 고르바초프는 그 타개책으로 사회주의 재건을 위한 개혁개방(페레스트로이카) 노선을 채택했으나 그 의도와 달리 동유럽과 소련 공산체제의 붕괴를 초래하고 말았다(류세환 2006).

1) 냉전 격화시킨 레이건 독트린

카터의 임기 말년인 1980년 미국 국민들은 정부의 대내외적 무능으로 패배주의에 젖어 있었다. 그 해 대통령 선거에서 공화당 후보 레이건은 압도적 표차로 현직인 카터를 누르고 당선됐다. 레이건은 1981년 취임과 함께 미국 대외정책의 기본노선을 담은 레이건 독트린을 발표했다. 그 요지는 세계 공산화를 노리는 소련의 음모를 분쇄하기 위해 미국에 우호적이거나 반공적인 국가에 대해 무조건적인 지원을 해야 한다는 것이었다. 이 같은 대결노선은 소련과의 냉전을 격화시킬 수밖에 없었다.

레이건은 미국에 유리한 군축협상을 이끌어내기 위해 집권 8년간 2조 3000억 달러에 이르는 방대한 규모의 국방예산을 편성했다. 특히 별들의 전쟁으로 알려진 미사일 방위계획은 미국 역사상 가장 큰 규모의 평시 군비확장이었다. 레이건의 군비확장과 핵 우위 정책은 유럽 좌파들의 맹렬한 비판을 받았다. 그에 따라 미소는 1981년 이후 유럽과 미소에 배치된 핵무기 제한회담을 가졌으나 아무런 결실을 보지 못했다.

이런 가운데 1983년 9월 소련이 영공에 잘못 들어온 대한항공 여객기를 미사일로 격추(269명 사망)시켜 미소 긴장이 증폭됐다. 레이건은 소련의 야만적 행동을 규탄하고 미소 간 민간항공기 운행을 중단시켰다. 전 세계가 소련의 만행에 분노했고 프랑스를 제외한 서방국가들이 미국의 민항기 운행 중단에 호응했다(이주영 외 2006).

▮ 경제파탄 몰려 냉전 종식선언

1979년 12월 소련의 아프가니스탄 침공으로 긴장완화(데탕트) 체제는 와해되고 1980년부터 미소대립이 본격화됐다. 1985년 3월 고르바초프 (1985~1991)가 소련 공산당 서기장이 될 무렵 소련과 미국의 동서간 긴장은 폴란드, 아프가니스탄, 중앙아메리카, 아프리카 남부, 레바논, 캄보디아에 이르기까지 전 세계로 퍼져 있었다.

소련은 레이건 정부와의 미사일 및 핵 경쟁으로 경제가 피폐해지자 군사비 부담을 줄이기 위해 미국과 군비축소회담에 나섰다. 미국 역시 막대한 재정적자를 안고 있어 1987년 12월 전략 핵무기 50% 감축에 합의했다.

고르바초프는 미국과의 군비경쟁으로 경제가 한계상황으로 몰리자 1989년 12월 미소 정상회담에서 냉전 종식을 선언했다. 소련이 붕괴된 1991년에는 미소간 1단계 전술핵무기 제한협정(핵탄두 6000개 허용)이 체결되고 1992년에는 2단계 전술핵무기 제한협정(3000개 허용)이 성사됐다.

미소 냉전 종료로 핵무기 확산에 대한 우려가 커지자 미국은 핵무기 해체를 위해 러시아와 구소련 공화국들에게 10억 달러 이상을 지원했다. 또 1995년 핵확산금지조약 시효 연장, 1996년 핵 실험 금지조약(151개국 서명) 등의 노력으로 아르헨티나, 브라질, 남아공이 핵 개발 프로그램을 포기하도록 만들었다. 그러나 인도, 파키스탄은 1998년 핵무기 보유국이 됐다(나카무라 2006, 아사오 외 2016, 이주영 외 2006).

사회주의 재건 위한 개혁개방 고르바초프 집권 초기 소련경제는 한계상황에 다다르고 있었다. 석탄과 철에 기반을 둔 산업화에는 성공했지만 1970년대 이후 정보통신이 산업을 이끌면서 경제 침체를 벗어나지 못했다. 1970~1985년의 15년 동안 소련 경제의 내리막길을 벼랑 끝에서 붙잡아 둔 것은 석유와 천연가스 수출이었다.

소련 경제를 어렵게 만든 것은 산업구조 변화 뿐만이 아니었다. 계획경제의 비효율성, 관료들의 부패, 지하경제의 확대, 노동 규율의 악화 등 공산체제에서 비롯된 문제들이 더 심각했다. 계획경제는 무책임과 잘못된 평등을 유도해 소련 사회를 정체상태로 몰아갔다. 노동의 질과 시간을 가장 낮은 수준으로 묶어놓고 가장 열등한 노동자를 기준으로 공장과 사업장을 운영했다.

고르바초프는 경제성장률 저하, 암울한 농업, 빈약한 공산품 등 문제가 누적되자 사회주의 재건을 위해 1985년 4월 개혁개방(페레스트로이카, 원뜻은 재건축)를 선언했다. 이는 문화적, 이념적 위기를 돌파하기 위한 정신적 재건축의 의미도 가졌다. 이에 따라 공산체제의 한계를 인정하고 시장경제(개혁)를 도입하는 한편 사회주의 경제발전의 수단으로 민주화(개방)를 추진했다.

레닌의 사회주의적 이상을 신봉한 고르바초프는 강력한 중앙의 권위 아래 개혁된 신봉세력과 민주화를 결합시키면 소련이 활력을 되찾을 수 있을 것이라고 믿었다. 민주화 개혁에는 소련사회의 무규율, 무책임을 혐오하는 고르바초프의 도덕적 관념도 작용하고 있었다. 고르바초프는 선언과 동시에 바르샤바 방위조약을 갱신해 효력을 20년 연장시켰다. 공산체제의 항구적 지속을 염두에 둔 조치였다.

개혁개방(페레스트로이카)에 따라 국영기업들은 1987년부터 가격, 임금, 생산에서 자율권을 부여받아 중앙계획으로부터 벗어나기 시작했다. 개별노동활동법(1986), 협동조합법(1988) 등의 법적 조치는 서비스업체, 유통업체, 금융업체 등 사기업의 출현을 이끌었다. 외국 회사와의 합작사업도 승인됐다. 고르바초프는 이런 변화가 사회주의적 선택에 부합한다고 생각했다(랴자놉스키 외 2017, 이덕주 2007).

민주화로 경제위기 심화시켜 개방(글라스노스트) 즉 민주화는 공공생활에서 표현과 조직의 자유를 증진시키기 위한 조치였다. 고르바초프는 소련 건국 이후 처음으로 연극, 영화, 출판의 검열을 완화하고 비판과 해결책 제안의 자유를 천명했다. 언론은 정치와 사회문제에 대한 제한 없는 논의에 들어갔고 금서 출간과 비판적 영화 상영이 이어졌다. 정치범들이 석방되고 시민단체 결성이 장려됐으며 서구문화에 대한 개방이 허용됐다.

그러나 관료통제 등의 오랜 폐해가 해소되지 않은 상태에서 시장경제 도입과 민주화 이행은 경제위기를 심화시켰다. 이후 수십 년 묵은 경제의 고질적 병폐들이 표면화되면서 국내 총생산 하락, 생활물자의 부족, 기근사태까지 우려되는 상황으로 치달았다. 인플레를 잡으려는 어설픈 시도는 노동자들과 연금생활자들의 악몽으로 끝나고 말았다.

페레스트로이카는 개혁에 대한 기대가 아니라 사회주의적 이상을 비웃음거리로 만들었다. 국민들은 고르바초프와 소련 연방정부보다 옐친의 러시아 공화국 새 정부에 더 큰 기대감을 보였다. 고르바초프가 인민대표자회의에서 신설된 소련 대통령에 선출된 1990년 2월 소련 공산당은 70여년 유지해오던 일당독재를 포기하기로 결정했다. 인류 최고의 예지라던 공산주의 일당독재는 인간의 어리석음을 확인시킨 이념적 백일몽으로 끝나고 말았다(랴자놉스키 외 2017).

▌동유럽 자유화와 소련의 해체

소련의 개혁개방 정책은 동유럽 공산권 국가에 직접적 영향을 미쳐 민주화 운동을 고양시켰다. 고르바초프 등 소련 지도부는 동유럽 국가들이 소련과 같은 개혁을 도입해야 사회주의 체제가 강화될 것이라고 믿었다. 그러나 이는 동유럽에서 공산주의가 이미 파산상태에 빠져 국민들의 경멸 대상이 됐다는 사실을 모르는 순박한 기대였다.

1989년 고르바초프가 공산 동맹국을 방어하기 위한 소련의 어떤 군사개입도 반대한다는 언명을 하자 폴란드, 체코슬로바키아, 헝가리, 루마니아, 불가리아, 동독에서 공산주의는 한순간에 붕괴됐다. 폴란드에서는 자유선거가 도입돼 1989년 6월 비공산당 자유노조가 정권을 잡았고 불가리아에서는 공산당 정부가 와해됐다. 10월에는 헝가리, 11월에는 체코슬로바키아 공산정권이 종말을 고했다. 12월에는 루마니아의 공산정권 붕괴로 독재자 차우셰스쿠 부부가 처형됐다. 폴란드, 헝가리, 체코슬로바키아, 루마니아 등은 민주주의와 시장경제 체제로 돌아섰다.

독일에서는 1989년 여름부터 동독 주민들이 헝가리를 경유해 속속 서방으로 망명해 그 흐름을 저지할 수 없게 됐다. 그해 11월 고르바초프는 동독에 베를린 장벽을 없애도록 설득했고 1주일도 안 돼 장벽 철거가 발표됐다 (아사오 외 2016, 랴자놉스키 외 2017, 이덕주 2007).

공산주의 수호 쿠데타 진압 공산체제가 해체 바람을 타자 소련이 구질서를 살려내기 위해 할 수 있는 일은 아무 것도 없었다. 1990년 10월 동독이 서독에 흡수 통일되면서 동유럽의 공산체제는 완전히 무너졌다. 고르바초프는 독일 통일을 수용하고 소련군을 철수시키는 대가로 독일로부터 여러 가지 원조를 얻어냈다. 골칫거리인 동유럽을 포기한 것은 평화와 국제협력을 추구한 고르바초프 대외정책 노선에 부합했다. 레이건 대통령은 동유럽 공산체제의 붕괴를 초래한 인물로 부각돼 곳곳에 동상이 세워졌다.

1991년 8월 소련 군부는 고르바초프 대통령의 개혁개방에 반대해 공산주의 수호 쿠데타를 일으켰다. 8인 비상사태위원회는 대통령을 체포해 권한을 박탈하고 계엄령을 선포했다. 그러나 러시아 공화국 대통령 옐친은 곧바로 시민항쟁과 총파업 촉구로 쿠데타에 맞섰다. 주요 도시에서 80만이 여기에 동참했고 군대는 소극적으로 대응해 쿠데타는 3일 천하로 막을 내렸다. 옐친은 러시아 공산당의 활동정지 명령을 내렸고 고르바초프는 소련 공산당 서기장 사임과 함께 당 중앙위원회의 자진 해산을 요청했다. 이로써 소련 공산당이 해체됐다.

소련의 민주화는 연방을 구성하는 15개 공화국들의 민족자립을 촉발시켜 1991년 9월 발트 3국이 먼저 독립했다. 옐친은 연방권력을 수중에 넣으며 3개 핵심 슬라브족 공화국인 러시아, 벨로루시, 우크라이나를 연방에서 탈퇴시켰다. 1991년 12월 세 공화국 지도자는 느슨한 형태의 독립국가연합을 결성해 소련을 대체한다고 선포했다. 이와 동시에 소련 최고회의는 소련 연방의 소멸을 선언했고 고르바초프는 존재하지 않는 소련의 대통령직을 사임했다. 러시아혁명으로부터 74년, 소련 성립으로부터 69년 만에 소련은 역사의 뒤안길로 사라졌다(랴자놉스키 외 2017, 아사오 외 2016).

옐친 시장개혁의 참혹한 실패 1992년 옐친은 단기적 고통을 수반하는 급진적 시장개혁을 단행했다. 그러나 의회 내 공산주의자와 민족주의자 반대 세력, 기득권 관료들, 대중적 불만 세력 때문에 급진개혁은 종종 수정됐고 변화의 속도는 느려졌다. 1992년과 1994년의 1,2단계 사유화 조치는 친정부 유산층을 창출한다는 정치논리가 경제 논리에 앞서 있었다. 경제개혁이 최악의 금권정치와 정실주의로 흐르면서 자원의 낭비와 비효율을 불러왔다.

이 때문에 사기업이 급속도로 확산되고 새로운 부유층이 형성된 반면 살인적인 인플레(1993년 800%)로 월급과 저금, 연금이 형편없이 쪼그라들었다. 1991년부터 경제가 다시 성장한 1997년까지 국민총생산은 43%나 떨어지고 투자는 90% 이상 감소됐다. 옐친의 급진 시장개혁은 충격만 준 채 요법이 제시되지 않아 그 잔혹함과 피해 면에서 스탈린의 공산혁명에 못지 않았다.

1996년 6월 대통령 선거에서 옐친의 재선 가능성은 거의 없어 보였다. 급진개혁의 부작용과 불만이 너무 커 지지도는 한 자리 수에 머물렀다. 서구에서는 공산주의자 주가노프가 다시 권력을 잡을 것이라는 우려 섞인 전망을 내놨다. 그러나 대결을 즐겼던 옐친은 TV의 독점적 사용권을 활용해 공산 통치 75년간의 억압과 잔혹행위를 반복해서 보여주는 방법으로 주가노프와 맞섰다.

엄청난 부를 축적한 신흥 재벌들과 평소 정부에 비판적이었던 언론들도 공산주의에 대한 두려움 때문에 옐친 쪽으로 결집했다. 6명이 경합한 1차 투표에서 옐친은 35% 대 32%로 주가노프에 우세를 보였고 결선투표에서 54% 대 40%로 대통령에 재선됐다. 대중 특히 젊은이들은 공산주의에 대한 혐오감을 거두지 않았다.

1998년 러시아의 경제상황은 최악으로 치달았다. 정부 채무 증가, 국영기업 임금체불, 외환 보유고 바닥, 자본의 국외유출, 투자재원 부족 등 문제에 아시아 금융위기까지 겹쳐 경제는 수렁에 빠졌다. 설상가상으로 러시아 수출액의 50% 이상을 차지하는 석유와 천연가스 가격이 곤두박질쳐 경제를 더욱 어렵게 만들었다.

차관으로 연명하던 러시아는 결국 1998년 8월 수십억 달러의 재무부 단기 증권에 대한 채무불이행(모라토리엄)을 선언하고 루블화를 50% 평가 절하했다. 주식시장 붕괴, 은행 파산, 기업 폐업, 임금삭감이 줄줄이 이어졌다. 옐친의 권위는 땅바닥에 떨어졌으나 자신의 자리를 지키기 위해 안간힘을 썼다(랴자놉스키 외 2017).

🔍 역사 돋보기 – 몽상가 vs 국제전문가?

1980년대 많은 러시아인들은 공산주의 체제가 로마노프 왕조처럼 300년 정도는 지속될 것으로 생각했다. 소련의 소멸을 예견한 학자는 아무도 없었다. 소련은 체제의 구조적인 문제에 직면해 있었지만 그것이 소련 붕괴의 절대적 이유는 아니었다. 고르바초프가 국정 통제력을 상실한 채 역효과만 내는 정책들을 남발하지 않았다면 소련 붕괴가 오지 않을 수도 있었다.

옐친의 말처럼 고르바초프는 계획경제와 시장경제, 재산의 국유제와 사유제, 다당제와 공산당 일당제 등 불가능한 것들을 통합할 수 있다고 믿었던 몽상적 실용주의자였다. 1980년 공산당 정치국원이 된 고르바초프는 팬티스타킹 증산이 첫 회의 주제가 된 것을 보고 개혁개방을 결심했다고 한다.

소련의 개혁개방 정책으로 세계가 격동하고 있을 때 미국 대통령은 레이건의 뒤를 이은 부시(1989~1992)였다. 그는 자신을 국제 전문가로 생각했지만 국제정세 통찰력은 보잘 것 없었다. 냉전체제의 변화를 예상하지 못한 것은 물론이고 냉전이 해소됐을 때도 새로운 세계 질서에 대한 개념과 대책을 내놓지 못했다(랴자놉스키 외 2017, 이주영 외 2006).

2) 중국과 동남아의 개혁개방

1976년 모택동 사후 중국의 최고 지도자는 표면적으로 화국봉華國鋒이었지만 실권은 곧 등소평에게로 넘어갔다. 모택동 공산주의자인 등소평은 1978년 11월 사상해방 연설을 통해 서단西單담장 민주화 운동을 부추겼다. 서단담장은 북경 서단 교차로 부근에 있는 200m 길이의 낮은 회색 담장으로 사람들의 통행이 많아 의견과 주장 개진의 장소로 제격이었다.

그러나 민간 민주파의 정치적 이용가치가 다했다고 생각되자 등소평은 1980년 3월 국정 4대 기본원칙(사회주의, 무산계급 독재, 공산당의 지도, 마르크스·레닌주의와 모택동 사상)을 내세워 민주화운동을 속박했다. 등소평의 서단담장 운동은 민주화 세력 숙청을 위한 모택동의 쌍백雙百운동과 판박이였다. 사상해방과 민주주의는 여론과 민의를 업기 위한 권력투쟁 수단에 지나지 않았다. 그 후 중국에는 정치적 겨울이 찾아왔다. 등소평은 개인 권위가 안정되자 1987년 부르주아 자유화 반대운동, 1989년 천안문 사태 유혈진압 등 민주화 세력을 가혹하게 탄압했다(왕단 2015).

▎중국 민주파와 보수파의 대립

1978년 12월 중국공산당대회(11기 3중 전회)는 등소평 체제를 출범시켰다. 대회에서 호요방胡耀邦 등 등소평의 정치적 동반자들이 최고 정책결정기구를 장악했고 왕동흥汪東興 등 화국봉 정치 세력은 직무를 잃어 크게 위축됐다. 대회는 계급투쟁의 종료를 선언하고 1980년대의 국가 목표를 중국적 사회주의를 건설하는 것으로 결정했다.
이를 위해 과거의 계급투쟁 피해자들에 대한 명예회복 조치에 들어갔다. 중국공산당 총서기 호요방(1981~1987) 주도로 1982년 말까지 진행된 형사사건 재심에서 230만 명, 2만 건의 오심을 원상회복시켰다. 또 1966년 이후 상공업 기업가에 대한 잘못도 바로잡아 피해를 보전해줌으로써 실용노선의 바닥을 깔았다. 중국공산당은 1981년 문화대혁명의 과오를 물으면서도 장기적인 역사의 관점에서 공산혁명에 대한 모택동의 공헌이 과오를 뛰어넘었다는 평가로 체제 동요를 막았다.

과거사를 이렇게 정리한 뒤 중국공산당은 1982년 헌법을 개정해 개혁개방 노선을 채택하고 국가주석의 3연임을 금지시켰다. 중국의 개혁개방은 민주화를 개혁의 수단으로 삼은 소련과 달리 민주파와 공산파의 노선 갈등이 잠복된 것이었다. 중앙군사위 주석으로 있던 등소평은 1989년 권력투쟁을 막기 위해 자발적으로 은퇴했으나 1980년대 이후 20년간 실질적 지도자 역할을 했다(왕단 2015).

민주파 호요방의 실각 등소평의 후계자로 꼽혔던 총서기 호요방胡耀邦은 당내 민주파를 대표했다. 그는 전국인민대표자대회(전인대, 국회와 유사)에서 "사회주의 제도 아래서 사람들이 민주적 권리를 행사하는 것을 지지하며 헌법의 보호 아래 최대의 자유를 누리기를 희망한다."고 말했다. 1985년 7월에는 중화인민공화국 사상 선전부가 제시한 가장 민주적인 정책 공시인 삼관론三寬論을 내놨다. 1986년 말 호요방은 정치개방 의지가 더욱 분명해져 당의 부정확한 간섭이 너무 많다는 논지로 당내 좌파를 비판했고 이것이 보수 원로들의 불만을 사 실각의 빌미를 제공했다.

1987년 등소평이 호요방을 강제 실각시킨 후 당내에서는 부르주아 자유화 반대 운동이 일어나 한동안 파란이 일었다. 호요방의 뒤를 이어 총서기가 된 조자양趙紫陽(1987~1989)은 정치운동에 관심이 없었다. 겉으로는 부르주아 자유화 반대운동의 필요성을 긍정했지만 경제개혁, 일상생활, 농촌, 당 바깥을 제외대상으로 하고 대대적 비판운동을 불허하는 등 각종 제한을 두어 민주파를 보호했다. 조자양은 일당지배를 원칙으로 하되 법으로 당의 지도를 규제하는 정치개혁을 바라고 있었다(왕단 2015).

천안문 사태와 민주개혁 중단 중국은 1985년 이후 소련의 고르바초프 개혁개방이 경제와 정치 모두에서 혼란을 불러오자 경제적 개혁개방을 계속하되 정치적 개방(민주화)은 불허한다는 기존 노선을 고수했다. 그러나 경제적 개혁개방이 민주화 욕구를 자극해 1980년대 후반 학생, 지식인층이 정치개혁을 요구하기 시작했고 그 힘이 1989년 천안문 사태로 이어졌다.

1989년 4월 호요방 추도로 시작된 천안문 사태는 6월 들면서 부패한 공산당 개혁, 독재정치 개선 등 민주화를 요구하는 10만 명의 대규모 시위로 발전했다. 중국 정부는 군대를 출동시켜 사태를 수습하면서 1만여 명(공식집계 200여 명)의 학생, 시민들을 학살해 안팎으로 심각한 후유증을 남겼다. 동유럽의 자유화에 자극받은 학생, 시민들의 정치개혁 목소리가 완전히 억압되면서 중국의 민주화는 다른 개도국보다 뒤떨어지게 됐다.

6.4 천안문 사태는 이붕 등 당내 공산좌파(보수파)들이 등소평을 앞세워 민주파를 제거한 계획적인 정변이었다. 막후 실력자인 등소평은 경제적으로 실용주의 노선을 걸었지만 정치적으로는 공산좌파를 지향했다. 중국공산당은 6월 말 당 대회(13기 4중 전회)에서 천안문 민주화 시위를 반反 혁명 폭란으로 규정하고 시위에 미온적으로 대처한 조자양을 실각시켰다. 후임으로는 강택민江澤民이 선출됐다. 등소평에 가로막혀 중국의 민주적 개방은 여기서 중단되고 말았다.

천안문 사태로 미중 사이에 긴장관계에 조성됐으나 중국과의 우호관계를 국제평화의 조건으로 여긴 부시 대통령은 학살진압에 침묵했다. 이는 중국의 자유주의 세력을 외면하고 공산당 통치 집단과 손을 잡았다는 비판을 불러 일으켰다. 동유럽 자유주의 운동 지지와도 모순된 행동이라는 지적을 받았다(나카무라 2006, 가시모토 외 2015, 이주영 외 2006, 왕단 2015).

국제고립과 도광양회 노선 반면 서방 7개국 정상은 천안문 사태에 충격을 받아 중국의 인권탄압을 비난하며 몇 가지 제재조치를 공동선언에 포함시켰다. 중국은 천안문 사태로 초래된 국제적 고립과 경제제재를 극복해야 하는 어려움과 마주쳤다. 거기서 나온 것이 등소평의 6항 24자 문자 지시 도광양회韜光養晦 외교노선이다(1991). 자신을 드러내지 않고 때를 기다리며 실력을 기른다는 의미였다.

중국은 이후 인권문제에 대한 공감대가 넓은 아시아 지역 국가들과의 관계 정상화에 대외정책의 중점을 뒀다. 1992년 인도네시아, 싱가포르, 사우디아라비아, 이스라엘, 한국, 베트남, 몽골과 국교를 정상화하거나 관계를 개선했다. 평화적 국제환경을 조성하는 것이 중국의 당면목표인 경제발전에 도움이 된다는 인식에서 비롯된 것이었다.

중국은 1993년 헌법 개정에서 계급투쟁을 삭제해 중국의 인민을 노동자·

🔍 역사 돋보기 - 모택동과 등소평

등소평은 모택동과 모택동 사상을 일관되게 옹호한 인물이다. 1980년 등소평은 "모택동 사상을 버리거나 그 잘못을 지나치게 드러내는 것은 당과 중국을 모독하는 일"이라고 선을 그었다. 이때부터 모택동 초상화가 천안문 성루에 걸리기 시작했다. 등소평과 모택동은 정치세력 간의 균형을 잡는데 탁월한 능력을 보였다. 권력을 나누는 것을 거부하고 독재를 견지한 점에서도 완전히 일치했다. 시대상황 탓으로 모택동은 중국의 힘만으로 현대화된 사회를 건설하려 했고 등소평은 시장경제와 대외개방의 길을 걸었다.

등소평은 정책의 판단기준으로 생산력 발전, 국력, 생활향상의 유리만 따질 뿐 자본주의, 사회주의라는 이념에 구애받지 않았다(왕단 2015). 그와 함께 경제발전으로 가는 세 걸음(三步走)이라는 목표를 내세웠다. 먼저 인민의 의식주 문제(溫飽)를 해결하고, 다음에 생활수준을 중류로 끌어올리며(小康), 마지막에 모두가 잘 사는 선진사회(大同)를 실현한다는 것이었다.

농민으로 한정하는 계급투쟁관을 벗어나기 시작했다. 변화된 경제 현실에 부응하기 위해 소부르주아, 민족 부르주아, 민영 과학기술기업 창업자, 자영업자 등으로 인민의 범위를 점차 넓혀갔다. 경제체제 변화가 정치체제 변화를 이끈 것이다. 1997년 최고 실력자인 등소평이 사망한 이후에도 강택민-주용기 체제에 의해 등소평 노선은 순조롭게 가동됐다. 주권이 회복된 홍콩과 마카오에 대해서는 1국2체제의 유화적 노선을 채택했다(가시모토 외 2015).

한국기록 깬 중국 경제성장

중국 사회주의 건설의 상징적 사건이 1950~1970년대의 대약진운동과 문화대혁명이었다. 중소 이념대립의 여파로 중국이 자력갱생(대약진운동)과 급진좌익 계급투쟁(문화대혁명)에 나서면서 무리한 정치, 경제 정책을 밀어붙여 산업과 생활수준은 수십 년이나 퇴보했다. 이에 비해 일본은 전후 선진공업국으로 발전했고 한국, 대만 등 신흥공업국들도 가파른 경제성장을 보여 중국 지도부에 충격을 줬다.

모택동 사후 실권을 장악한 등소평은 공산당 일당 독재를 고수하며 실용주의 노선으로 선회해 1978년 국내체제의 개혁과 대외개방 정책을 공표했다. 이에 따라 사회주의 계획경제의 상징인 인민공사를 해체해 소농체제로 바꾸고 국영기업, 개인기업, 외국인 기업을 허용해 외국자본 유치의 길을 텄다. 그러나 공산당 일당체제에 대한 도전은 가혹하게 탄압해 정치적 다양성을 용납하지 않았다(일본협의회 2011, 차하순 외 2015).

민영화 개혁과 대외개방 추진 국내체제의 개혁은 1978년 11월 농촌에서부터 시작됐다. 당시 사회주의 경제체제 구축을 위해 조직된 농촌의 인민공사는 농민들의 자발성과 의욕상실로 붕괴상태에 놓여 있었다. 등소평 개혁의 핵심은 국가의 토지 소유권과 농민의 경영권을 분리시킨 것이었다.

집단노동방식을 철폐하고 농민에게 토지경작권을 부여하는 책임경영제 실시로 1979년 이후 농촌 경제는 급속히 호전됐다. 5만6000개의 인민공사는 1985년까지 완전 해체돼 9만2000개 향진鄕鎭 기업과 82만 개 농민위원회로 바뀌었다.

1981년에는 국영기업의 경영자주권을 확대하고 민영기업, 향진기업의 규제를 풀었다. 제품 가격도 수요와 공급에 맡기고 평균주의 임금은 능력주의 임금으로 전환시켰다. 그 결과 경제 활성화와 상업 발달이 이어져 도시의 고용문제 해결과 시장경제의 기초를 마련할 수 있었다. 그러나 높은 인플레, 맹목적 이농, 도시 과밀화, 부패의 확산 등 문제가 노출됐다.

중국의 대외 개방은 광동성廣東省에서 가장 먼저 제기되고 추진됐다. 1979년 일본은 장기 저리로 500억 엔의 자금을 빌려줬다. 1980년 광동성은 심천深圳, 주해珠海, 산두汕頭 등 3개의 수출특구를 만들고 화교 및 외국 자본을 끌어들였다. 이와 함께 14개 연해 개방도시를 지정해 선진기술 도입과 경제개발 자금 조달에 성공했다. 등소평은 1984년 12월 인민일보 사설에서 "마르크스는 100년 전에 죽었다. 그의 저작과 오늘날 세계는 상황이 다르다. 마르크스와 레닌의 저작이 우리의 당면 문제를 해결해주지 못한다."고 털어놨다(왕단 2015, 이덕주 2007).

보수파의 반발과 남순강화 천안문 사태 이후 입지가 강화된 당내 보수파는 정치 영역의 계급투쟁을 재 부각시키고 시장경제 개혁에 문제를 제기했다. 총서기 강택민은 계획경제를 약화시키거나 시장경제의 완전한 실행을 기도하는 것은 잘못이라며 보수파의 주장에 힘을 실어줬다. 이 같은 노선 변화에 따라 1990년과 1991년 중국 경제는 크게 침체됐다.
표면상 지도부 핵심에서 물러나 있던 등소평은 개혁개방 노선이 흔들리자 이를 다잡기 위해 남순강화南巡講話에 나섰다. 1991년 1,2월 상해, 심천,

주해를 돌아보며 보수화된 개혁개방 정책의 강화를 내외에 알려 기업 활동과 투자를 촉진시키고자 했다. 또 대외개방을 양자강 연안으로 확대(포동 개발)해야 한다는 구상도 밝혔다.

등소평은 남순강화를 매개로 반복되던 보수파들의 반발을 수습하고 시장경제를 국가지향으로 정착시켰다. 1992년 초 중국의 각 성에서 개혁개방을 재촉하는 목소리가 커졌고 총서기 강택민까지 태도를 바꿔야 했다. 1992년 10월 중국공산당은 중국 경제의 목표가 사회주의 시장경제 체제를 수립하는 것이라고 못 박았다. 1993년 중국 전인대는 헌법을 일부 개정해 계급투쟁과 계획경제에 종지부를 찍고 사회주의 시장경제를 명문화했다. 또 국영기업의 소유와 경영을 분리시키고 농촌은 국가생산 청부제로 전환시켰다.

이를 계기로 중국 투자 붐이 일어났고 홍콩에 이어 대만, 일본, 동남아가 그 뒤를 이었다. 홍콩의 투자는 유럽과 미국의 중국 투자를 여는 실마리가 됐다. 외국의 투자는 기술 이전, 경영 개선, 인적자원 육성 등의 부대 효과를 가져왔다. 경제성장률은 1992년 12.8%, 1993년 13.4%, 1994년 11.8%, 1995년 10.3%로 한국의 산업화 시대를 능가했다(왕단 2015, 가시모토 외 2015).

사회주의 시장경제로 전환 강택민이 주도한 1995년 9차 5개년 계획은 계획경제를 사회주의 시장경제로 바꾸는 것을 목표로 삼았다. 경제와 환경의 조화, 산업 간 균형, 지역 격차 시정 등 발전의 질에도 관심을 표시했다. 건국 50주년을 눈앞에 둔 1998년 무역 총액은 3239억 달러로 1950년(11억3000만 달러)의 287배로 늘어났다. 1998년 기준 전체 GDP에서 사영경제가 차지하는 비중은 23.7%로 높아졌다. 시장경제의 안정화로 1990년대 말 아시아 외환위기 때도 중국은 7% 이상의 성장률을 이어갔다.

1999년 3월 전인대는 헌법 개정을 통해 등소평 이론을 헌법 전문에 삽입하는 한편 다양한 소유제(사유제)와 분배 방식을 인정하고 비공유제(사유제) 경제도 사회주의 시장경제의 중요 구성 부분이라는 점을 받아들였다. 이때 사회주의 법치국가라는 용어가 헌법에 처음 등장했다.

중국은 2001년 12월 세계무역기구(WTO)에 가입하는데 성공해 세계의 공장, 세계의 시장으로 부상하는 전기를 마련했다. 중국의 WTO 가입은 1989년 천안문 사태로 난관을 맞았으나 미국과의 협상이 순조롭게 풀려 가입신청 5년 만에 소망을 이뤘다(가시모토 외 2015, 왕단 2015).

역사 돋보기 - 중국 WTO 가입과 미국

1993년 초 클린턴이 취임했을 때 미국의 실업률은 7.2%, 연방정부 부채는 4조 달러를 넘었다. 부시 정부가 넘겨준 1992년 무역적자는 전년보다 29% 늘어난 8430억 달러에 달했다. 클린턴 정부는 1993년 2월 경기부양을 위해 정부 개입주의 경제개혁안을 추진했으나 별 성과가 없었다. 국민들은 클린턴이 우유부단하다고 생각했으며 국정 수행능력까지 의심했다.

클린턴 정부는 외국시장 개방과 무역진흥을 난국 타개의 돌파구로 여겼다. 그에 따라 1994년 인권 문제가 심각함에도 중국에 최혜국 지위를 부여했고 베트남에 대한 무역제재를 풀었다. 미국이 1999년 중국의 세계무역기구(WTO) 가입을 방해하지 않았던 것은 수출 확대를 기대한 때문이었다(이주영 외 2006).

동남아시아의 시장경제 전환 공산체제가 붕괴된 1980년대 말 이후 사회주의 계획경제에서 시장경제로 전환해 경제 도약에 성공한 나라는 중국이 거의 유일했다. 중국은 한국의 경제개발 노하우를 무임승차해 한국의 세계최고 경제성장 기록을 갈아치웠다. 중국과 같은 후진국이 경제개발에 성과를 내려면 미국과 협력하며 미국 시장을 공략하는 것이 최선의 방법이었다. 일본, 한국, 대만이 그런 접근을 통해 경제개발을 이뤄냈다. 한국, 대만, 중국은 개발독재(공산독재)를 통해 초기 산업화를 성공시킨 공통점이 있었다.

동남아 자유국가들의 경제개발이 본격화된 것은 한국보다 10여년 늦은 1980년대 후반이었다. 1990년대 중반 무렵 동남아 경제 도약을 이끈 것은 말레이시아, 태국, 인도네시아였다. 이들 3개국의 국민소득은 동남아 10개국 중에서 상위권을 형성하고 있다(2017년 9949달러, 6593달러, 3846달러). 반면 필리핀은 마르코스, 아키노, 라모스, 에스트라다 정부가 이어질 동안 경제성장이 멈춰서버렸다. 토지개혁의 실패와 산업화 전략의 부재 등이 경제성장의 발목을 잡았다. 2017년 국민소득은 2989달러로 동남아 중위권이다.

베트남, 라오스, 미얀마, 캄보디아 등 동남아 사회주의 국가들은 1980년대 후반 시장경제 체제로 전환해 경제개발에 나섰으나 아직 저개발(2017년 1298~2457달러) 상태다(도표 참조). 베트남은 1975년 통일 이후 사회주의 건설을 기치로 내걸었으나 경제는 침체에 빠졌고 소련, 중국, 동구권 국가들의 제한적 원조마저 끊어져 큰 어려움을 겪었다. 이를 극복하기 하기 위해 1986년 중국의 뒤를 이어 공산당 일당체제를 유지하면서 개혁개방(도이모이) 정책을 채택했다. 도이모이는 변경한다(도이)와 새롭게(모이)가 합쳐진 용어로 쇄신이라는 뜻이다.

대외개방 이후 베트남은 외국 자본이 밀려들어와 경제의 숨통을 텄다. 내

〈표4-1〉 동아시아 사회주의 국가의 시장경제 도입 (소득: 2017, 달러)

국가	도입	개요	소득
중국	1978	20년평균 9.8%성장, 사회주의 시장경제	8827
몽골	1986	1988 개혁정책, 1992 시장경제 신헌법	3735
라오스	1986	경제개방 및 시장경제 도입	2457
베트남	1986	개혁개방(도이모이) 정책 도입	2343
미얀마	1988	소몽 군사정부 시장경제 도입	1298

부 개혁에서는 1988년 농가계약제와 1993년 신 토지법을 통해 명목상의 토지사용권에 사유와 유사한 권리를 인정했다. 또 중추기업들만 국영으로 유지하고 나머지는 사유로 전환시켰다. 1991년 중국과 관계가 정상화되고 1994년 미국의 경제재제 조치가 해제되면서 경제개발이 탄력을 받았다(좌승희 2015, 이딕주 2007, 윤진표 2017).

역사 돋보기 - 중국굴기와 동남아

냉전시대인 1967년 동남아시아 반공국가 5개국은 안보협조를 위해 동남아시아국가연합(아세안)을 결성했다(1984년 브루나이 합류). 아세안은 냉전구도가 허물어진 1990년대에 사회주의 4개국(베트남, 미얀마, 라오스, 캄보디아)을 차례로 가입시켜 1999년 아세안 10개국을 완성했다. 사회주의 국가들의 아세안 가입에는 중국에 대한 아세안 자유국가들의 안보위협 인식이 배경으로 작용했다. 1997년 동아시아 외환위기 이후 중국의 외교공세로 안보위협 인식이 개선되기도 했지만 미얀마, 캄보디아, 라오스에 대한 중국의 과도한 영향력을 우려하는 상황이 이어지고 있다(윤진표 2017).

3) 탈냉전 시대 일본의 부침

냉전체제 해체 후 세계가 격동하는 가운데 일본은 세계 동향에 자주적으로 대응하지 못한 편이었다. 역대 일본 정부는 대미협조의 큰 틀에서만 움직였으며 국제공헌에서도 국론 통일을 이루지 못했다. 일본 자민당의 38년 일당체제가 냉전이 종료된 1993년에 끝났다는 것은 우연이 아니었다. 냉전체제 해체로 안보에 대한 압박감이 줄어들면서 자민당 일당체제의 효용성에 대한 기대가 달라졌기 때문이었다.

냉전체제 해체와 함께 일본은 1991년 전후 처음으로 정당 차원의 북일 국교정상화 교섭에 나섰다. 북일 교섭은 한국을 한반도 유일의 합법정부로 인정한 일본으로서는 비정상적인 국제관계라 할 수 있었다. 북한의 조선 노동당과 일본의 자민당, 사회당은 3당 공동선언에서 일본의 식민지배와 피해, 손해에 대한 사죄와 보상의 의무화를 명시했다.

그러나 당시 일본 정부는 1965년 한일협정에서 한일 양국과 국민의 청구권 문제가 해결됐다고 규정했기 때문에 공동선언은 이를 벗어난다는 입장을 보였다. 또 정당 간 합의가 정부를 구속하지 않는다는 견해를 표명했다. 1992년까지 계속된 북일 대화는 북한의 핵 개발 문제로 아무런 성과 없이 중단됐다(하타노 2016, 나카무라 2006).

▍거품경제와 잃어버린 10년

전후 일본은 한국전쟁 이후 1973년까지 고도성장을 이어갔다. 1차 석유위기로 1974년 고도성장에 종지부를 찍었지만 거품경제가 붕괴된 1990년대 초까지 경제가 계속 확장됐다. 세계경제(GNP)에서 일본경제가 차지하는 비중은 1960년대 이후 급신장 돼 1950년 1%에서 1960년 3%, 1970년 6%, 1980년 9%를 기록했다. 1980년대에 자민당 내각은 안보투쟁을 명분으로 미국의 군비증강 요구를 억누르며 경제성장에 매진할 수 있었다.

전후 일본의 번영은 한국전쟁, 베트남 전쟁 등 자유-공산진영의 냉전과 열전이 아니었으면 불가능했다. 일본 철강 생산은 1960년대에 미국을 추월했고 1973년에는 소련에 이어 세계 2위가 됐다. 냉전 시기 소련은 매년 전차 100만 대를 생산했다. 전차 생산에 소요되는 철강의 양은 3000만 톤(한 대당 약 30톤)으로 대포, 레일 등 기타 수요를 포함하면 연간 5000만 톤에 달했다.

철강 산업 이외 여타 분야에서도 냉전의 수혜는 막대했다. 냉전 체제 해체와 함께 이런 수요가 일시에 사라져 철강 산업은 15년 이상 1억1000만 톤으로 연간 생산량이 묶여버렸다(나카무라 2006, 아사오 외 2016).

주식, 부동산 폭락…금융권 괴멸 1985년 무렵 일본에서는 민간 주도의 경기 활황세로 부동산, 주가가 비등하고 투기가 과열되는 거품경제가 형성됐다. 부동산과 주가가 실물 뒷받침 없이 비정상적으로 부풀려지면서 1988년 일본의 세계 GNP 비중은 14%로 뛰어올랐다. 1989년 말 일본 부동산 시장가격은 2000조 엔까지 상승해 도쿄 땅을 팔면 미국 땅 전체를 살 수 있다는 말이 나올 정도였다. 1990년까지 은행의 대출액은 거의 두 배로 늘어났고 대출액의 55%가 부동산으로 흘러들어갔다.

그러나 1990년 10월 1일 거품경제가 일시에 붕괴되면서 일본의 평균주가는 최고주가를 기록한 1989년 12월 말의 절반 선으로 폭락했다. 1992년 8월 평균주가는 최고주가 대비 62.3%나 무너졌다. 주가 폭락 1년 뒤인 1991년에는 부동산 가격이 동반 폭락해 2001년까지 거의 10년간 하락세가 지속됐다.

거품 붕괴는 일본은행의 금융 긴축정책, 정부의 부동산 가격 억제정책 등의 복합적 산물이었다. 1987년 도입된 정부의 부동산 가격 억제정책은 토지매매 신고제, 융자규제, 부동산 관련 대출 총액제, 토지세 강화, 토지이용 규제 등으로 구성돼 있었다. 이에 따른 금리 부담 증가와 부동산 가격 하락이 겹치면서 일본 경제는 수렁으로 빠져들었다.

주식, 부동산 가격 폭락은 자금을 대출해준 금융기관들에게 괴멸적인 타격을 입혔다. 은행들은 거품기의 대출금을 회수하기 위해 울며 겨자 먹기로 추가 대출을 해줬고 그로 인해 불량 채권은 눈덩이처럼 불어났다. 여기에 경제성장의 동력인 기업의 설비투자가 줄어들고 개인 소비가 감소함으로써 일본 경제는 1992년 봄부터 잃어버린 10년(20년)을 맞았다. 이후의 불황은 심각한 국면으로 치달아 GNP가 마이너스로 돌아서고(1993, 1998, 1999) 구조조정, 완전실업, 빙하기 취업시장 등의 용어들이 등장했다(아사오 외 2016, 나카무라 2006).

▎과거사 반성 없는 종전 50주년

일본의 침략전쟁에 대한 긍정론과 일부 양심세력의 반성론은 1950년대 이후 단속적으로 갈등을 일으켜왔다. 1956년 야당인 사회당 등이 여당인 자민당의 보통국가(전쟁 가능국가) 개헌 시도를 무산시킨 일은 양심세력의 가장 큰 성과였다. 보통국가 개헌은 군국주의 부활로 연결될 개연성이 높았다. 실제로 종전 10여 년만인 1960년대에 대동아전쟁을 아시아 해방전쟁으로 미화하는 주장이 나타나 일본 내 군국주의의 저류가 여전함을 확인시켰다.

한동안 잠복해 있던 군국주의는 1990년대 이후 일본의 신민족주의를 통해 재등장했다. 신민족주의는 자민족 중심주의적 역사인식을 매개로 제국주의 또는 패권주의적 지향을 드러냈다. 새로운 역사교과서를 위한 모임(새역모)의 역사 교과서는 침략전쟁을 자위전쟁, 해방전쟁으로 미화하는 굴절된 역사인식을 노골화시켰다. 일본 정부의 침략전쟁에 대한 반성은 이런 국내 사정으로 인해 번번이 정도를 벗어났다. 냉전에 따른 일본 전범재판의 왜곡과 청산되지 않은 군국문화가 잘못된 역사인식을 지속시키는 배경으로 작용했다.

1993년 8월 細川護熙호소카와 수상은 기자회견에서 15년 전쟁(만주사변에서 아시아·태평양전쟁까지)은 침략전쟁이며 잘못된 전쟁으로 인식한다는 입장을 밝혔다. 이에 대해 일본 유족회와 자민당 우파의원들은 도쿄전범재판의 역사관에 물든 자학적 발언이라고 항의했다. 뒤에 호소카와 수상은 '침략'을 '침략적 행위'라고 표현을 바꿨다(나카무라 2006).

무라야마 담화로 겨우 모양새 종전 50주년이 되는 1995년에도 일본은 군국주의 반성의 기회를 놓치고 말았다. 각 정당의 입장이 대동아전쟁 긍정론에서 침략전쟁 사죄와 보상까지 크게 잇길리자 1995년 6월 중의원은 식민지배와 침략전쟁을 애매하게 얼버무린 전후 50년 결의안을 채택했다. 사죄라는 표현도 없었고 부전不戰 결의도 담겨 있지 않았다. 이런 결의안조차 반대하는 침략전쟁 긍정파가 많다는 사실도 분명해졌다. 결의안에 대한 한국, 중국, 싱가포르 등 아시아 각국과 구미 언론의 반응은 싸늘했다. 미지막 사죄의 기회를 놓쳐버렸다는 지적끼지 니왔다.

1995년 8월 村山富市무라야마 수상의 담화는 그나마 진일보한 것이었다. 식민지배와 침략으로 많은 나라에 엄청난 손해와 고통을 주었다며 통절한 반성의 뜻과 마음 속 깊은 사과의 뜻을 표명한다고 밝혔다. 그러나 무라야마 침략전쟁론은 침략전쟁의 피해를 사죄, 반성하는 것이 아니라 전쟁 수행의 결과가 침략적 행위였음을 사죄하는 결과책임론이었다. 전쟁 책임의 소재에 대한 판단을 회피한 것은 역대 정부와 다름이 없었다.

4년 뒤인 1999년 일본은 개혁이라는 이름으로 또 다시 우경화의 길로 들어섰다. 자민-자유-공명 3당 연립 내각은 아시아·태평양 전쟁 때의 대정大正익찬회나 다름없었다. 헌법의 평화주의와 기본권 및 양심의 자유를 침해할 우려를 간과한 채 안보 신 가이드라인 관련법을 통과시키고 제국주의의 표상인 국기 게양도 법제화했다. 이와 함께 선거법 개정을 통한 개헌의 정지작업을 마무리지었다. 우경화의 배후에는 일부 국민들 사이에 등장한 국가주의적 조류가 숨어 있었다. 종래의 자유주의 사관을 자학사관이라고 공격하며 일본의 독자적 역사상을 구축하려는 움직임도 그 연장선상이었다(나카무라 2006, 아사오 외 2016).

2. 12.12 군사정변과 5공화국 7년

1979년 부마사태 진압을 둘러싸고 권력 핵심부 분열이 일어나 박정희 대통령이 김재규 중앙정보부장에게 시해되는 10.26 사건이 발생했다. 유신헌법에 따라 1978년 재선된 박 대통령은 1984년까지 2차 임기를 4년여 남겨둔 상태였다. 김재규는 평소 군 후배이자 연하인 경호실장 차지철의 월권행위와 오만불손에 여러 차례 수모를 당했다. 부마사태를 맞아 박 대통령을 제거하면 국민들이 자신을 지도자로 추대하고 정부 현직자들과 군 지휘관들도 동조해줄 것으로 믿었다. 정부는 박 대통령 서거 다음 날 제주도를 제외한 전국에 비상계엄령을 선포했다.

미국은 박 대통령 시해사건에 개입하지 않았다는 것을 알리려 애썼다. 그러나 서방 일부 언론들은 미국 관련을 간접 표현했으며 공산진영은 증거나 정황도 없이 미국 개입설을 주장해 반미를 선동했다. 북한의 김일성은 10월 28일 박 대통령의 죽음은 당연하다는 반응을 보이며 별다른 조치를 취하지 않았다. 이후 신군부의 군사정변과 전두환 정부가 들어설 때까지 정국은 혼미를 거듭했다(노중국 외 2016, 이덕주 2007).

1) 신군부의 등장과 강권통치

당시 정국은 집권을 연장시키려는 정권 담당 세력과 집권을 노리는 야당, 혼란 없이 정국이 수습되기를 바라는 국민여론이 삼각관계를 형성하고 있었다. 대통령 권한대행 최규하는 1년 기한으로 임시 대통령직을 수행하라는 미국 정부의 조언을 받아들이지 않았다. 군 수뇌부는 정권을 공화당이나 야당에게 넘겨줄 수 없다는 공감대를 가지고 있었으나 정치성이 약했다.
야당의 김영삼과 김대중은 유신헌법을 조속히 개정해 대통령 직선을 하자는 입장이었다. 신민당 총재인 김영삼은 3개월 이내 개헌, 2개월 이내 대통령 직선을 제안했다. 과거 이승만 대통령 사임 때 허정 과도정부가 땜질 개헌과 총선거를 3개월 이내 치러낸 전례가 있었다. 미 대사관은 야당의 감당하기 힘든 민주화 요구로 쿠데타나 정상적 직선이 어려운 상황이 빚어질 것으로 내다봤다.

최규하 대행정부는 아무런 정치적 전환조치 없이 유신헌법에 따라 대통령을 선출한 후 새 헌법과 새 정부를 구성토록 하겠다고 밝혔다. 이에 야당과 민주화 세력은 크게 반발했다. 이들은 계엄령을 무시하고 11월 거국 민주내각과 민주헌법 제정을 촉구하는 한편 국회 헌법개정심의 특위를 구성했다. 최규하는 당초 발표대로 12월 통일주체국민회의를 열어 제10대 대통령에 피선됐고 신현확이 국무총리로 지명됐다.

정부는 대통령 시해사건을 수사하기 위해 군, 검찰, 경찰 합동수사본부를 구성하고 본부장에 전두환 보안사령관을 임명했다. 전두환 소장을 중심으로 한 군부 소장파(신군부)는 유신체제가 일방적으로 부정당하는데 대해 거부감을 가지고 있었다. 반면 정승화 계엄사령관 등 군 수뇌부는 유신체제 해체를 불가피한 과정으로 이해했다(이덕주 2007, 차하순 외 2015).

정변 성공과 국보위 체제

군 수뇌부와 소장파의 갈등이 커지면서 정승화 계엄사령관은 전두환 소장을 동해경비사령관으로 좌천시키고자 했다. 몰락의 기로에 선 신군부는 1979년 12월 80명의 병력을 동원해 대통령과 국방장관의 승인 없이 대통령 시해 방조혐의를 씌워 정승화를 체포하고 군부의 실권을 장악했다(12.12 사태). 이 과정에서 신군부와 정부군 사이에 상당한 규모의 무력충돌이 일어났다. 노태우는 전방의 9사단을 서울로 이동시켜 정변 성공에 결정적인 역할을 했다. 비상계엄으로 3권을 장악한 군의 주도권을 쥐면 정권을 좌지우지할 수 있는 상황이었다.

1980년 2월 최규하 정부는 윤보선과 김대중 등 687명에 대한 복권조치를 단행하자 김영삼-김대중의 대선경쟁이 때 이르게 촉발됐다. 1980년 3

월 대학가는 학내 민주화를 쟁점으로 분위기를 키우다가 수감에서 풀려난 복학생 주도로 유신체제 철폐를 구호로 가두시위를 벌였다. 4월 들어서는 민주화 요구가 분출해 노동쟁의가 빈발하고 강원도 정선군 사북읍에서 저임금에 항의하는 대규모 탄광 폭력시위가 벌어졌다. 이 무렵 전두환은 중앙정보부장을 겸직하며 권력을 키우고 있었다.

5월 15일에는 서울의 35개 대학 10만 명의 대학생이 유신잔당 퇴진, 계엄해제, 정부개헌 철회, 전두환 퇴진, 노동3권 보장 등을 구호로 시위를 벌였다. 일반의 분위기는 학생시위가 사회혼란, 경제위기를 부를 것이라는 우려로 기울었다. 김영삼과 김대중은 최규하 정부의 권력 연장 기도를 비판하고 비상계엄 해제, 정부개헌 철회를 촉구하면서 학생 시위의 자제를 당부했다(이덕주 2007).

광주사태와 3김 정계 축출 신군부가 공공질서 확립을 명분으로 비상계엄 전국 확대를 요구하자 5월 17일 임시국무회의는 아무 토론 없이 이를 수용하고 일체의 정치활동을 금지시켰다. 국회와 각 정당이 해산되고 정치목적 집회 및 시위가 금지됐으며 대학에는 휴교령이 내려졌다.
5월 18일 광주 전남대에서 등교를 저지하는 계엄군 공수부대와 대학생 간에 충돌이 일어났다. 과잉진압에 자극받은 전남대 학생 1000여 명은 계엄해제를 외치며 파출소 습격 등 폭력사태를 연출했다. 이에 신군부는 공수부대를 투입해 강경 진압했으나 일반시민들의 반발을 키워 20일 시위대는 2,3만으로 불어났다.

21일 시위대는 광산, 영광, 함평, 화순 등 전남지역 경찰서와 예비군 무기고를 습격해 칼빈 소총 등 4900정, 실탄 13만 발, TNT, 수류탄 등을 탈취했다. 시위대는 무장 후 광주시내 요소에 배치됐다. 이날 오후 5시 계엄군과 경찰이 전남도청에서 광주시 외곽으로 철수하자 광주시는 시민군의 통제 하에 들어갔다.

27일 새벽 계엄군이 광주시로 재진입해 총격전 끝에 전남도청 시민군을 제압했다. 투항을 거부한 시민군 17명(중고생 10명)이 사망하고 295명이 체포됐다. 10일 간의 유혈 충돌로 민간인 166명, 군인 23명, 경찰 4명이 사망하고 47명이 실종됐다. 2017년 4월 출간된 전두환 회고록은 5.18이 북한군이 개입한 반란이자 폭동이라고 주장했다.

1980년 5월 광주사태가 수습되자 전두환 보안사령관은 대통령 자문기관인 국가보위비상대책위원회(국보위, 의장 최규하)를 조직해 상임위원장에 취임했다. 신군부가 정권을 장악하는 수순을 밟는 동안 최규하 대통령은 아무런 결단도 내리지 못했다. 국회와 모든 정당이 해산된 가운데 국보위 상임위 13개 분과위원회가 비상통치기구 역할을 했다. 이때부터 사실상 전두환 신군부에 의한 국가 통치가 이뤄졌다.

국보위는 6월 들어 유력 대통령 후보였던 3김 씨를 정계에서 축출했다. 김대중은 사회혼란과 노조 선동 혐의로 체포되고 김영삼은 자택에 연금됐으며 김종필은 권력형 부정축재자로 몰려 재산을 환수 당했다. 7월에는 김대중 등 37명을 내란음모 혐의로 기소(1심 사형)하고 8월에는 가택연금 중인 김영삼이 정계 은퇴를 선언하도록 만들었다.
또 관료사회에 대한 숙정작업을 벌여 고위공무원 등 수천 명의 공직자를 해직하고 수백 명의 언론인, 교수를 강제 퇴직시켰다. 상습 전과자와 우범자 2만 명은 삼청교육대로 끌려가 가혹한 정신개조 훈련을 받았다(이영훈 2013, 차하순 외 2015, 전4-10, 이덕주 2007, 노중국 외 2016).

5공화국 7년 단임 정부 출범 최규하 대통령도 사직을 강요당해 1980년 8월 말 통일주체국민회의는 전두환을 임기 6년의 11대 대통령으로 선출했다. 10월 국보위는 유신헌법을 일부 수정한 제5공화국 헌법을 만들어 국민투표로 이를 확정지었다. 새 헌법은 전두환 정부의 정통성 결손을 만회하기 위해 몇 가지 발전적 조치를 담았다. 대통령 임기를 7년 단임으로 하고 대통령에 의한 국회의원 3분의 1 지명권을 삭제했다. 그 외에 대통령선거인단에 의한 간접선거, 대통령의 비상조치권과 국회 해산권, 국회 의석의 3분의 1을 전국구로 하되 그 3분의 2는 원내 1당이 차지하는 내용은 유신헌법과 유사했다. 5공화국 출범 전 청와대와 안기부는 여당인 민주정의당(민정당)을 창당하는 한편 관제 야당까지 만들어 이승만·박정희 시대에도 볼 수 없었던 헌정유린이 일어났다.

전두환 정부는 집권 초기 강권통치로 일관했다. 국민들은 마음대로 이야기조차 할 수 없을 정도로 정권에 공포를 느꼈고 언론은 상시 검열 상태였다. 신군부에 의해 조성된 공포 분위기 속에서도 대학생들의 반정부 시위

역사 돋보기 - 전두환과 미국의 거래?

1980년 5월 한국이 국보위 설치를 발표하자 미국은 신군부의 정권장악이 멀지 않았다는 결론을 내렸다. 미국은 불쾌감의 표시로 한미정책협의회, 차관표결을 연기하고 F16 판매를 재검토하는 등 몇 가지 반응을 내놨다. 그러나 3김 씨가 제거된 8월 들어 한미연합사령관은 전두환이 새 지도자가 될 경우 미국은 그를 지지할 것이라고 발표했다. 얼마 후 전두환은 국방과학연구소의 핵심 실무진 30명을 해임해 핵무기와 유도탄 개발계획을 무력화시켰다. 핵 개발 저지에 골몰하던 미국 대통령 카터는 곧 전두환 지지 입장을 밝혔다.

카터의 뒤를 이은 레이건 정부는 김대중을 살려주는 조건으로 1981년 전두환의 미국방문과 양국관계 정상화를 약속했다. 김대중은 대법원에서 내란음모로 사형이 확정됐으나 무기징역으로 감형된 뒤 1982년 12월 미국으로 풀려났다. 같은 시기 국방과학연구소의 과학자 800여 명이 밀려나고 한국은 미국에 사정거리 180km 이상의 유도탄을 개발하지 않겠다는 보장을 했다(이덕주 2007, 이영훈 2013).

가 계속됐으나 학원까지 진출한 공권력에 의해 확산이 차단됐다.
국보위는 1980년 11월 정치풍토쇄신법을 제정해 567명(10대 국회의원 231명 중 210명)의 정치인에 대해 8년간 정치활동을 금지시켰다. 같은 달 민영방송을 없애고 통신사, 일간신문을 통폐합하는 한편 172개의 정간물, 614개의 출판사 등록을 취소시켰다. 12월에는 노동법에 제3자 개입금지 조항을 삽입하고 집시법을 개정해 집회 및 시위의 자유를 제한했다.
1981년 2월 전두환은 제5공화국 헌법에 따른 대통령선거인단 선거에서 90.2%의 득표율로 12대 대통령에 선출됐다. 관제 야당인 민한당의 유치송은 7.7%를 얻었다. 1981년 3월 제5공화국이 정식 출범하고 같은 달 실시된 11대 국회의원 총선거에서 여당인 민정당은 35.6%의 지지율로 151석을 차지했다. 민한당은 21.6%로 81석을 얻었다(차하순 외 2015, 이덕주 2007, 이영훈 2013).

▌유화정책 전환과 좌경세력 확산

경제와 사회가 어느 정도 안정되자 전두환 정부는 대내외 이미지 개선을 위해 1983년 말부터 유화정책으로 돌아섰다. 경제운용 성공으로 국정에 대한 자신감을 갖게 된 것이 한 요인으로 작용했다. 해직 교수와 학생들을 대학에 복귀시키고 정치규제에 묶인 정치인들의 정치활동도 해금시켰다. 김영삼은 1983년 5월 민주화를 요구하며 한 달 간의 단식을 벌여 저항세력을 결집한 뒤 미국의 김대중과 협력해 1984년 5월 민주화추진협의회(민추협)를 구성했다.

1985년 2월 12대 총선을 한 달 앞둔 시점에서 민추협은 신한민주당(신민당)을 창당하고 대통령 직선제를 당의 공약으로 내걸었다. 신민당은 관제 야당인 민한당을 제치고 집권 여당에 6% 뒤지는 득표율로 제1야당이 됐다(도표 참조). 신민당의 압승은 민주화에 대한 국민들의 열망을 보여준 것으로 전두환 정부의 경제정책 성공이 역으로 야당의 선전을 도왔다. 12대 국회는 6공화국 헌법 개정으로 임기가 1년 정도 단축됐다.

1985년 총선 이후 직선제 개헌이 정치권의 핵심 이슈로 떠올랐다. 정부가 국회 내 개헌특위 설치를 거부하자 신민당은 1986년 2월 1000만 서명운동의 실행을 위한 민주화운동국민본부를 결성하고 주요 도시에서 대중집회를 열었다. 정부의 직선제 개헌에 대한 입장은 1988년 올림픽 이후로 논의 시점을 미루자는 것이었다. 그러나 대중 집회가 이어지자 1986년 6월 국회 개헌특위 설치에 동의하고 개헌 논의를 시작했다(이영훈 2013, 차하순 외 2015).

〈표4-2〉 11,12대 총선 득표율 및 의석수 (전국구 포함)

대	시기	의석	여당	야권	
11	1981.3	276(전92)	(정)35.6%(151)	(한)21.6%(81)	(국)25
12	1985.2	276(전92)	(정)35.3%(148)	(신)29.3%(67)	(한)35

자료: 경기도 선관위 PDF선1 (약자: 전국구, 민정당, 민한당, 국민당, 신민당)

주사파 운동권의 학원 장악 1960,1970년대 학생운동은 왜곡된 자유민주 체제를 바로잡는데 주된 목표를 뒀다. 그러나 1980년대 들어서는 반미와 자본주의 체제 변혁을 추구하는 것으로 그 목표가 바뀌었다. 좌경세력은 마르크스·레닌주의, 모택동주의, 제3세계혁명론에 기초한 민중혁명을 지향했다. 이들은 미제의 주구인 한국 정부를 타도하고 공산주의 계급사관에 입각한 계급혁명으로 민중(인민)민주주의 체제를 수립한다는 목표를 가지고 있었다. 계급혁명 세력으로서의 노동자-학생(노학)연대가 강화된 것도 이와 무관치 않았다.

1983년 전두환 정부는 학원 자유화 조치로 학원에 상주하던 정보원들을 철수시키고 급진서적 판매금지 조치도 해제했다. 1984년 3월 대학 총학생회가 부활되자 학생들은 졸업정원제와 상대평가제 폐지 등 학내 이슈를 내세우다 정치투쟁으로 물꼬를 틀었다. 이 무렵 학원사태로 구속된 학생들이 형 집행정지로 풀려나면서 좌경세력이 학생운동의 주도권을 잡았다. 1985년 정부의 유화조치로 출판의 제한이 없어지면서 마르크스 · 레닌주의와 모택동주의, 주체사상 관련 서적들이 대거 유통돼 대학가에 좌경이념이 널리 퍼졌다. 당시 대학생 가운데는 도시빈민층 자녀들이 상당수를 차지해 학생운동을 좌경화시키는 한 원인이 됐다.

좌경 운동권은 미국이 전두환 집권을 뒷받침했다는 인식을 바탕으로 극렬한 반미투쟁에 나섰다. 1980년 광주 미문화원 방화사건, 1982년 부산 미문화원 방화사건에 이어 1985년 5월 서울 미문화원 점거농성사건을 일으켰다. 학생들은 미국의 공개사과와 전두환 정권 지원 중단 등을 요구했다.

1985년 말에는 주체사상파(주사파) 세력들이 나타나 한국을 미국의 식민지로 규정하고 반미 통일노선을 내세웠다. 그것은 공산화 운동을 의미하는 것으로 사회에 큰 충격을 던졌다. 그때까지 학생들은 북한에 대해 호의적 태도를 공개화 한 적이 없었으며 주체사상은 김일성의 선전 정도로 받아들였을 뿐이었다. 당시 대학에서는 종북 주사파를 비판하면 운동권에서 소외당했기 때문에 많은 학생들이 침묵을 지키는 기회주의적 태도를 보였다.
주사파는 북한 한국민족민주전선(한민전)의 구국의 소리 방송을 듣고 투쟁방향을 결정했다. 북한은 1985년 7월 남한의 지하당으로 활동해온 통일혁명당을 한민전으로 개편하고 목소리 방송은 구국의 소리 방송으로 명칭을 바꿨다(이영훈 2013, 차하순 외 2015, 한영우 2016, 정경희 2015, 이덕주 2007).

공산주의 폭력투쟁으로 발전 주사파에 장악된 1980년대 중후반 대학가는 중국의 문화대혁명과 같은 폭력과 인민재판이 넘쳐났다. 용공 운동권 세력은 자신들에 대한 비판의 목소리를 잠재우기 위해 보수 성향 교수들에게 어용교수 딱지를 붙이고 연구실을 폐쇄했다. 운동권이 극성일 때는 이들 교수들의 무릎을 꿇리고 머리를 깎는 린치까지 저질렀다.

노학 급진 좌경세력은 1986년 5월 신민당 개헌추진위원회 경기지부 결성대회(인천)에서 그 실체를 다시 한 번 노출시켰다. 신민당 등의 민주화운동 국민본부는 이날 직선제 개헌의 당위성을 확산시키기 위해 집회를 열었으나 노학 급진세력은 반제, 반미, 반파쇼 등 체제변혁을 요구하는 구호를 외치며 화염병 시위를 벌였다. 이들은 인천집회에서 공권력을 위협할 만한 동원능력과 과격성을 보여 사회를 경악시켰다.

안기부, 검찰, 보안사, 경찰 등 공안당국은 당시 학생운동이 공산주의 활동이라는 사실을 알리기 위해 노력했다. 1986년 10월 건국대 사태(1525명 연행, 398명 구속 기소, 877명 기소유예) 때는 학내 공산주의 실태를 공개했으나 전두환 정부에 대한 불신 때문에 국민들의 주목을 받지 못했다. 보수신문들도 좌경 폭력사태에 우려를 표명하면서도 학생운동의 변질을 모른 척하는 우유부단한 태도를 보였다. 급진 좌경세력의 퇴행적 이념과 행동은 사회 일각의 지지기반을 배경으로 1987년 민주화 이후에도 사회 불안요소로 남게 됐다(이영훈 2013, 류세환 2006, 차하순 외 2015).

자해적 민중사관의 확산 1980년대 한국의 역사학에서는 민족과 민중을 역사의 주체로 간주하는 역사관이 주류를 이뤘다. 소위 민중사관은 해방 이후 대한민국 역사를 친일 반민족 세력이 제국주의 미국과 결합해 민족 분단을 도외시한 채 종속국가를 세운 것으로 규정했다. 이들은 대한민국의 건국과 산업화 과정 전체를 잘못된 역사로 주장하는 자해자폐적 시각을 드러냈다. 이 같은 인식을 토대로 남한의 민중이 북한과 협력해 미국을 몰아내고 민족통일 혁명을 이뤄야 한다는 주장까지 했다.

민중주의의 대중적 확산에는 민중문학, 민중예술의 영향도 적지 않았다. 전두환 정부는 민중운동의 이념적 저류를 간과한 채 민중민족주의 풍조에 동조하는 난센스를 빚었다(이영훈 2013, 차하순 외 2015).

역사 돋보기 - 주사파와 민중해방파

1980년대 대학가의 용공주의 흐름을 자생적으로 보는 것은 북한의 대남책동을 간과한 것이다. 김일성은 4.19 당시 적화통일의 기회를 놓친 것을 자탄하며 이후 지하당 공작을 벌여왔다. 1964년 1차 인혁당 사건, 1967년 동백림 사건, 1968년 통혁당 사건, 1974년 2차 인혁당 사건, 1979년 남민전 사건 등이 그런 실례들이다. 이런 용공 흐름이 1980년대 김일성 추종 주사파 공산주의 운동권을 등장시켰다.

용공 운동권은 민족해방을 중시하는 NL계(National Liberation)와 계급해방을 중시하는 PD계(People's Democracy)로 나뉘었지만 공산주의와 주체사상 지향에서는 차이가 없었다. 우세를 점한 NL계는 활동노선이 주체사상에 입각한 대남통일전략(미군 철수와 반미자주화 운동)과 비슷하다고 해서 주사파로 불렸다. PD계는 노동자·농민·도시 빈민층의 해방에 초점을 맞춰 민중해방파라 지칭됐다. 당시 대학생들은 좌경 운동권의 주장에 갈피를 잡지 못했다(류세환 2006).

2) 북한 도발 속 고도경제성장

전두환 정부는 외교안보 분야에서 박정희 대통령 때와 같은 어려움을 겪지는 않았다. 1981년 출범한 미국 레이건 정부가 대소 대결정책으로 돌아서는 바람에 한미 간 안보협력도 닉슨, 카터 대통령 이전 상태로 회복됐다. 양국은 이때부터 한국의 안보역할을 점차 확대해 나가기로 합의했다. 전두환 정부는 1981년 88서울올림픽과 86아시안게임 유치에 성공해 대한민국의 국제적 위신을 높였다. 올림픽 유치는 경제적, 문화적, 심리적으로 개발도상국에서 중진국으로 나아가는 파급효과를 일으켰다. 북한체제에 대한 절대 우위를 확인시키는 일대사건이었다(관련기사 참조).

수세에 몰린 북한은 무력도발과 올림픽 방해책동을 거듭해 남북관계는 최악으로 치달았다. 북한은 두 차례의 박정희 대통령 시해기도(1968, 1974)에 이어 1983년 전두환 대통령을 제거하기 위해 해외 폭탄테러를 불사했다. 서남아, 대양주 6개국 순방에 나선 대통령은 1983년 10월 첫 순방지인 버마(미얀마)에서 북한의 폭탄테러를 당해 순방을 취소했다. 북한 인민군 정찰국 소속 3인조 특공대가 버마 독립영웅 아웅산 묘소에 심어둔 폭탄이 터지면서 대통령 수행원 17명이 사망하고 15명이 중경상을 입었다.

버마는 이에 격분해 북한과 단교했다. 아웅산 테러에 실패한 김일성은 1985년 7월 전두환 대통령과의 정상회담을 추진하는 뻔뻔한 태도를 보였다. 당시 판문점에서 박철언과 한시해가 만났으나 회담은 성사되지 않았다. 북한이 서울올림픽 방해 목적으로 1986년 수공을 위한 금강산댐 건설에 나서자 정부는 평화의 댐 건설로 대응했다. 1987년 11월에는 서울올림픽 방해 공작의 일환으로 북한 공작원 김현희가 이라크 발 서울행 대한항공 여객기를 폭파(115명 전원 사망)시켜 테러집단 북한에 대한 국제 제재와 규탄이 잇따랐다(외교부 PDF1, 정주영 1992).

🔍 역사 돋보기 - 바덴바덴의 이변

24회 서울올림픽 유치는 1979년 박정희 대통령이 박종규 대한체육회장의 건의를 받아들여 서울시가 유치 의사를 공표하게 함으로써 공식화됐다. 전두환 정부는 1980년 12월 서울시와 경제 관료들의 반대를 물리치고 올림픽 유치를 재추진했다. 당시 반대파들은 유치전에서 선두주자 일본(나고야)을 이길 수 없고 유치에 성공하면 8000억 원의 경비가 소요돼 나라가 망한다는 주장을 했다. 주무부처인 문교부는 1981년 5월 망신을 우려해 서울시장이 맡아야 할 유치위원장 자리를 현대그룹 정주영에게 떠넘겼다. 유치에 성공하려면 IOC 위원 82명 중 과반수 지지를 얻어야 했다. 한국은 치열한 유치전 끝에 1981년 9월 독일의 바덴바덴에서 52표를 얻는 이변을 연출했다. 다 된 밥에 코를 빠트린 일본은 공황상태에 빠졌다(이덕주 2007, 정주영 1992).

▌중화학 구조조정과 산업합리화

1979년 무렵 한국경제는 고도성장의 부작용이 노출되고 2차 석유위기로 수출부진, 국제수지 악화 등의 국면에 진입하고 있었다. 박정희 대통령의 서거와 뒤를 이은 정치적 혼란은 경제에 악영향을 미쳐 1980년 경제성장률은 처음으로 마이너스 1.7%를 기록했다. 경상수지 적자는 52억 달러에 이르렀다. 거기다 소비자 물가상승률은 29%에 달해 자고 나면 물가가 오르는 형편이었다.

전두환 정부는 경제위기의 원인이 무리한 중화학공업화에 있다고 보고 중화학공업추진기획위원회를 해체하고 중화학공업의 구조조정을 단행했다. 시장경제를 지향하면서도 중복투자로 인해 수익성이 떨어지는 분야를 합병하는 등 박 대통령의 발전국가 체제를 이어갔다. 이로 인해 전체 금융 자원에서 정부가 배분하는 자금 비중이 1985년 최고 71%까지 올라가기도 했다.

중화학공업 구조조정에 따라 현대는 중공업과 자동차 중에서 택일을 강요당해 자동차를 선택했다. 승용차에 특화한 현대자동차는 1985년 연산 30만 대의 단일모델 공장을 완공하고 1986년 미국시장에 고유모델인 포니엑셀을 수출해 한국을 자동차 수출국 반열에 올려놓았다. 대우, 기아자동차도 대량생산 체제를 구축했다(국사편찬위 2017, 이영훈 2013).

대기업-중소기업 계열화 장려 전두환 정부는 중화학공업 구조조정과 함께 산업을 사양산업과 유망산업으로 분류해 퇴출(합리화) 조치와 지원정책을 병행시켰다. 중소기업에 대한 금융지원을 강화하고 대기업과 중소기업간 계열관계를 장려했다. 이런 시책에 힘입어 종업원 300명 미만의 중소 제조업체는 1979년 2만8000개에서 1987년 4만8000개로 늘어났다. 대기업과 계열관계가 된 중소기업 비율은 25%에서 48%로 높아졌다.
계열화는 외국에서 수입하던 중간재와 부품을 국내에서 조달하는 자립구조를 만들어냈고 생산, 기술, 디자인 등에서 상호 의존하는 산업연관을 강화시켰다. 이런 경제정책의 결과로 1980년대 후반에 한국형 시장경제 체제가 완성될 수 있었다(관련기사 참조).

전두환 정부는 산업정책 재정비와 함께 개발시대에 누적된 경제적 불균형을 시정하기 위해 조정정책도 펴나갔다. 재벌의 경제력 집중과 과도한 소유 집중이 여론의 표적이 되자 1980년 독점 규제와 공정거래에 관한 법률을 제정했다. 1982년에는 중소기업 장기진흥계획(1982~1991)을 마련해 중소기업 육성과 보호에 나섰다.
그러나 중소기업 진흥계획은 성과에 관계없이 평등 지원하는 정책을 채용함으로써 역량 있는 업체들의 성장을 가로막는 결과를 가져왔다. 1980년대 이후 30여 년 간 중소기업이 대기업으로 성장한 사례가 거의 없었다는 것은 평등주의 정책의 함정을 말해주는 것이다(이영훈 2013, 차하순 외 2015, 좌승희 2015).

역사 돋보기 - 시장과 기업 주도 경제

전두환 정부는 종래 정부 주도의 경제 운용을 시장과 기업 주도 체제로 전환하는데 성과를 거뒀다. 중화학 개별산업 육성법은 시장기능을 강조하는 공업육성법(1986)으로 통폐합됐고 관치금융의 자율화 조치가 이어졌다. 은행이 민영화되고 외국계 은행, 투자신탁, 생명보험, 리스회사, 카드회사 등 다양한 금융기관들이 생겨났다. 경제의 양적 성장으로 기업에 대한 정부의 통제도 줄여 나갔다. 기업의 경제운용 능력이 정부를 능가하고 기업 자체의 재원 조달력이 강화되면서 과거와 같은 정부 개입은 자원 배분 왜곡과 기업의 경쟁력 약화를 부를 수 있었다. 정부의 기능은 산업 육성에서 대외 환경 변화 적응, 인플레 압력 완화, 자원 배분 왜곡 등에 대처하는 것으로 바뀌었다. 전두환 정부의 경제정책 성공은 물가안정의 중요성과 시장경제 논리를 강조한 김재익의 발탁에 있었다는 이야기가 많다(차하순 외 2015, 이덕주 2007).

3저 호황과 중진국 진입

1982년 이후 원화 평가절하를 통한 수출 진흥책 등으로 한국경제는 다시 활황세를 보여 1983년에는 12.6%의 높은 경제성장률을 기록했다. 전두환 정부를 괴롭혔던 1980년의 폭발적 물가상승률도 안정 국면으로 접어들었다. 재정 및 금융 긴축정책으로 1982년 물가상승률은 4.7%로 낮아졌고 1983년 이후에는 2,3%대로 안정됐다.

1985년 이후에는 세계시장에 저달러, 저유가, 저금리의 3저 현상이 찾아와 1986~1988년 한국은 유례없는 호황을 맞았다. 달러 대비 엔화 시세가 2배 가까이 절상되면서 한국제품의 가격 경쟁력이 크게 살아났다. 국제유가는 1985년 1배럴당 28달러에서 1986년 15달러로 인하돼 석유를 원료로 하는 제품의 경쟁력이 강화됐다. 1986년 이후 국제금리가 떨어지면서 거액의 외채를 지고 있던 한국은 원리금 상환 부담을 크게 줄일 수 있었다. 3저 호황으로 경제에 탄력이 붙으며 1986~1988년 한국의 경제성장률은

3년 연속 12%를 돌파했다. 특히 1986년은 무역수지 흑자, 투자자금 자급 등 한국경제사의 전환점이 된 해였다. 강화도 조약(1876) 이후 110년 만에 처음으로 31억 달러의 무역흑자(경상수지 흑자 46억 달러)를 기록해 이때부터 한국은 국제수지 흑자국가가 됐다(도표 참조).

해방 이후 1985년까지 한국은 무역적자를 메우기 위해 원조, 차관, 외국인 투자 유치에 사활을 걸었다. 국내 저축률이 낮아 투자자금을 해외에서 들여올 수밖에 없었던 시절이었다. 그러나 1986년 국내 저축률(33.7%)이 투자율(29.2%)을 넘어서면서 그럴 필요도 없어졌다. 한 세대의 고도성장으로 자립경제를 달성하고 국제적으로 신흥공업국 대열에 진입할 수 있게 된 것이다. 한국은 1989년 무렵부터 미국의 시장개방 요구가 거세지면서 무역마찰을 빚기 시작했다(차하순 외 2015, 이영훈 2013).

〈표4-3〉 1970,1980년대 무역수지 추이 (단위: 억 달러)

연도	1974	1979	1984	1986	1989
수출	44.60	150.55	292.44	347.14	623.77
수입	68.51	168.32	306.31	315.83	614.64
수지	-23.91	-52.83	-13.86	+31.30	+9.12

자료: 경제기획원 PDF남4, PDF남5 재구성

110년 만의 무역흑자 달성 전두환 정부 시기 한국경제는 2단계 산업화를 통해 중진국 진입에 성공했다. 5공화국 출범의 핵심이었던 허화평은 "10.26 사건 이후 김영삼, 김대중이 집권했더라면 박 대통령의 행적을 지우는데 바빠 2단계 산업화가 불가능했을 것"이라고 말했다.
이 시기 경제성장률은 태국, 말레이시아, 인도네시아, 필리핀 등 동남아 국가들은 물론 신흥공업국인 대만을 앞질렀다. 선진공업국인 미국, 일본에 비해서는 2,3배의 실적을 기록했다. 고도 경제성장으로 총발전량은 1979년 356억 kwh에서 1989년 944억 kwh로 2.7배나 늘어났다. 1977년 시작된 원자력 발전은 1989년 전체 발전량의 50.1%를 차지했다.

전두환 집권기 경제성장을 견인한 것은 박정희 대통령이 초석을 놓은 전자, 자동차, 철강, 조선 등 고부가가치 중화학공업이었다. 삼성전자는 1984년 컬러TV 500만 대, 흑백TV 1500만 대 생산을 돌파했다. 이후 전자산업 제품은 VTR, 음향기기, 계산기, 냉장고, 냉난방기기, 전자레인지 등으로 다양화됐다. 삼성전자는 VTR을 자력 개발하기도 했다. 1982년 설립된 삼성반도체통신은 1984년 64KD램 양산라인 완공은 물론 세계 일류수준(제품합격률 75%)으로 도약하는 성과를 냈다.

2단계 산업화로 경제성장률, 수출실적이 급신장되면서 중산층 형성도 본격화됐다. 1인당 국민소득은 1983년 2000달러를 넘긴 뒤 1987년 3000달러, 1988년 4000달러, 1989년 5000달러를 연이어 돌파했다. 동남아 국가들과는 소득 격차를 더욱 벌였다. 그러나 농촌경제가 부실화돼 도시빈민 문제가 발생하고 경제력(GNP)의 대기업 집중(1979년 33%, 1989년 54%)이 심화됐다(한영우 2016, 이병철 1986, 이영훈 2013).

역사 돋보기 - 저축률과 이자율

1980년의 1년 예치 정기예금과 정기적금 연리는 24.0%와 25.0%의 초고율이었다. 그러나 인플레가 어느 정도 안정되고 1986년부터 국내 저축률이 투자율을 넘어서면서 저축성 예금의 이자율이 계속 하락해 1999년에는 7.9%와 8.7%에 그쳤다. 이자를 높여 저축성 예금을 유도해야할 이유가 줄어든 때문이다. 보통예금 이율은 1983년까지 1.8%로 유지되다 이후 1.0%로 조정됐다 (이영훈 2013, 통계청 PDF낱6).

구분	1980	1981	1982	1983	1984	1985
정기예금(%)	24.0	17.4	12.0	10.0	8.5	7.9
정기적금(%)	25.0	14.9	12.0	10.0	8.5	8.7

3) 6월 항쟁과 1987년 체제 성립

1987년 6월 항쟁은 보수야당과 재야 민주화 세력, 도시 중산층이 결합해 이룬 성과였지만 그 핵심 동력은 주체사상을 신봉하는 좌경 학생 및 민중운동권이었다. 이들은 직선제 개헌을 추구하는 야당 노선을 체제 동조적인 것으로 보고 거리를 둬왔으나 자신들의 대중성 확장을 위해 개헌투쟁에 뛰어들었다.

1987년 8월 발족된 전국대학생대표자협의회(전대협)의 주사파 운동권 핵심 10여 명은 남파간첩에 포섭돼 북한 노동당에 입당한 다음 김일성을 만나고 훈장과 공작금, 암호명을 부여받는 등 지하혁명 활동을 했다. 주사파는 해외 유학생 지부를 만들어 북한 통전부의 지령을 받았다. 각 대학이 의식화시킨 주사파는 1만5000명~3만 명 규모로 이들 중 다수가 정계, 교육계, 언론계에 침투해 들어간 것으로 알려졌다.
당시 북한 통전부의 통일전선 목표는 김대중이 집권하도록 해 국가보안법 철폐, 안기부 해체, 미군 철수 등 장애물을 제거하고 시민단체들을 규합해 연방정부의 기반을 확보한 다음 1995년을 한반도 공산화 통일기념일로 삼는다는 것이었다(류세환 2006, 이덕주 2007).

▎6.29 선언과 직선제 개헌

전두환 정부는 단임 7년 임기가 끝나가자 정치적, 법적 보복을 우려해 1986년 4월 내각책임제를 들고 나왔다. 내각제 개헌으로 국회만 장악하면 수상이나 막후 실세로 권력의 방패를 사용할 수 있다는 생각에서였다. 1986년 6월 정부의 동의로 국회에 개헌특위가 설치돼 개헌 논의가 시작됐다. 정부의 내각제 개헌에 대해 한때 야당인 신민당 일각에서 이를 수용하려는 움직임도 나타났다. 그러나 야권 실세인 김영삼과 김대중은 대통령제 관철을 고수했고 이를 위해 새 야당인 통일민주당 창당 작업에 들어갔다.

1987년 4월 전두환 대통령은 잔여 임기동안 여야 합의에 의한 헌법 개정이 어렵다고 보고 5공화국 헌법대로 대통령 선거를 치러 정권을 이양하겠다고 발표했다(4.13 호헌조치). 이와 함께 통일민주당의 창당 작업을 방해하는 등 개헌운동 저지에 나섰다.

이런 가운데 1987년 5월 용공 혐의로 조사를 빋던 서울대생 고문치사 조작사건이 터지자 창당을 마무리한 통일민주당과 재야 운동권은 대규모 정부 규탄집회를 이어갔다. 6월 10일 경찰의 봉쇄에도 불구하고 전국 22개 지역에서 40만 명이 개헌시위에 나섰다.

18일에는 학생, 시민 등 전국적으로 50만 인파가 개헌촉구 집회에 모여들었다. 권위주의 통치에 반발한 중산층이 6월 시위에 적극 가담함으로써 직선제 개헌은 더욱 힘을 받게 됐다. 1960년대 초 20% 미만이었던 중산층은 1980년대 초 40%를 넘어섰고 전두환 정부의 경제정책 성공으로 이 비율은 계속 증가하고 있었다(이덕주 2007, 차하순 외 2015, 이영훈 2013).

중산층까지 가담, 민주화 이끌어 6월 18일 경찰력의 한계로 부산 일대가 무질서 상태에 빠지자 정부는 군대 투입을 위한 선제조치로 부산 일원에 위수령을 발동했다. 19일에는 오후 4시까지 주요 도시와 대학에 군 병력을 배치할 것을 명령해 정당해산과 군사법정 설치까지 갈 기세였다. 미국대사는 곧바로 무력사용 자제를 건의했고 군 내부의 움직임도 유보적이었다.

미국 레이건 정부는 시위 진압을 빌미로 전두환 정부가 군을 동원하거나 제3의 쿠데타가 일어날까 우려했다. 미국은 북한의 준동을 막기 위해 중국을 통해 경고 메시지를 전달하는 한편 전두환 정부의 자제를 촉구했다. 국무장관은 계엄령이 선포되지 않도록 유화 분위기를 이끌었다.

전두환 정부가 민주화 조치를 내놓지 않자 6월 26일 전국에서 100만 명이 참가하는 시위가 벌어져 권력 핵심부가 충격에 빠졌다. 정부-여당은 강온

전략을 논의하다 대통령 직선제를 포함한 야당의 요구사항을 전면 수용하기로 했다. 민정당 대통령 후보 노태우가 발표한 6.29 선언 8개항에는 김대중 사면복권, 시국사범 석방, 국민기본권 신장, 정당 활동 보장, 언론자유 창달 등 민주주의 실천을 담보하는 주요 내용이 거의 포함됐다. 1972년 이래 대통령 선거권을 행사하지 못한 국민들은 크게 환영했다.

5년 단임 6공화국 헌법 제정 이 선언으로 여야는 5년 단임의 대통령 직선제와 더불어 기본권, 국회 기능이 강화된 새 헌법안을 마련했고 10월 27일 국민투표에서 93.1%의 찬성으로 이를 확정했다. 제6공화국 헌법은 언론, 출판, 집회, 결사 등 기본권 조항을 강화하고 헌법재판소 설치를 통해 위헌법률심판, 탄핵심판, 정당해산심판, 권한쟁의심판, 헌법소원심판의 길을 열었다. 헌법소원은 공권력 행사로 기본권 침해를 받은 국민이 구제를 청구할 수 있는 제도다.

역사 돋보기 - 실용적 권위주의

한국 현대사를 민주-반민주로 바라보는 것은 자폐적 2분법 논리에 불과하다. 1987년 민주체제는 어느 날 갑자기 성취된 것이 아니라 건국, 산업화, 민주화 세대의 인과관계들이 중첩돼 일어난 것이다. 이승만의 자유민주주의 도입, 박정희의 산업화, 전두환의 단임이 바로 민주화의 과정이었다. 이승만 정부는 정당제도 등 아시아 신생국들 가운데 가장 선진적인 민주제도를 출범시켰고 교육혁명으로 민주주의 전위세력을 길러냈다.

박정희 정부의 산업화와 중산층 기초 형성은 민주주의 성공의 핵심요소였다. 수출입국의 개방주의가 민주화를 촉진시킨 점도 무시할 수 없었다. 전두환 정부의 2단계 산업화와 중산층 확대 역시 민주화 정착과 불가분의 관계를 가졌다. 3대의 권위주의 정부가 민주화의 최대 공로자라는 사실은 이율배반 같지만 부정할 수 없는 사실이다. 한국 권위주의 정부는 다른 중후진국 독재에 비해 민주적 이념성과 실용성에서 앞서 있었다(차하순 외, 2015).

이와 함께 언론기본법, 집회와 시위에 관한 법률 등 비민주적 법률의 개폐 작업도 이어갔다. 이로써 한국은 서양에서 200년이 걸린 산업화와 민주화를 불과 40년 만에 완성해냈다. 이는 한국의 문화적 저력이 이뤄낸 세계사적 성취가 아닐 수 없었다. 한국의 민주화는 이후 동아시아 민주화의 촉진제가 됐다. 그러나 1987년 체제로 민주화가 궤도에 오르면서 대한민국을 부정하고 국가 체제를 훼손하는 자해적 좌경 움직임도 가시화됐다(이영훈 2013, 차하순 외 2015).

▍동아시아로 번진 민주화 바람

한국이 민주화를 이룬 1980년대 이후 동아시아 여러 나라에서 민주주의가 움을 트기 시작했다. 그러나 2010년대까지 동아시아 16개국 가운데 동북아의 일본, 한국, 대만, 몽골 정도가 민주체제를 발전시켰을 뿐 나머지 나라들의 민주화는 불안하거나 미도입 상태다.

민주화에 성공한 동북아 4개국의 민주발전 과정은 나라마다 달랐다. 일본은 다당제가 허용됐음에도 1955년 체제 38년 동안 만년 여당인 자민당 일당체제로 국가를 운영했다. 자민당은 1993년 과반 의석 확보에 실패했으나 곧 정권의 중심으로 복귀해 2009년 민주당에 정권을 넘길 때까지 54년 동안 일본 정치를 이끌었다.

대만은 정치와 경제 양 측면에서 한국과 닮은꼴 궤적을 그려왔다. 1947년부터 1987년까지 40년간 계엄령을 유지하며 국민당 일당독재를 통해 산업화를 성공시켰다. 대만 출신 본성인本省人들은 1960년대부터 민주화 투쟁을 벌였지만 1977년이 돼서야 당외黨外(정당 인정을 못 받는 정당)세력으로 등장할 수 있었다. 중국 본토 외성인外省人 정부의 민주화 세력 탄압에도 불구하고 1986년 당외 세력은 민주진보당(민진당)을 결성해 25% 득표에 성공했다. 장개석蔣介石을 이은 장경국蔣經國 총통은 야당인 민진당을 인정하지 않을 수 없었다. 1989년 복수정당이 처음으로 허용됐고 1991년 최초의 국민대회 직선, 1992년 최초의 입법원 직선이 이뤄졌다.
1996년 본성인 출신 이등휘李登輝가 만년국회를 해체하고 국민대회 직접선거를 통해 첫 민선총통이 됐다. 이때부터 중국을 포괄하는 총통이 아니라 대만만의 총통으로 위상을 현실화 했다. 1997년에는 지방의 시와 현의 자치단체장 선거가 실시됐다. 2000년 총선거에서는 야당인 민진당의 陳水扁천수이볜이 당선돼 여야의 평화적인 정권 교체가 이뤄졌다(차하순 외 2015, 외교부 PDF3, 일본협의회 2011, 외교부 PDF5).

필리핀 세습정치와 태국 군사정치 동남아시아의 자유국가인 필리핀, 태국, 인도네시아, 말레이시아, 싱가포르는 개별국가들의 복잡한 사정 때문에 민주제도가 불안하거나 반쪽짜리인 상태다.
한국의 우방이었던 필리핀은 1946년 초대 대통령 로하스 이후 1972년까지 국민당 대 자유당의 양당체제가 유지됐다. 막사이사이, 가르시아, 마카파갈, 마르코스로의 평화적 정권교체가 이뤄지며 아시아의 모범 민주국가로 평가받았다. 그러나 1969년 재선에 성공한 마르코스는 1972년 공산주의 준동을 이유로 계엄령을 선포한 뒤 장기독재로 치달았다.

1983년 미국으로 망명했던 야당 지도자 아키노가 귀국 현장에서 공개 살해되는 사건이 벌어지면서 마르코스 정권의 균열이 시작됐다. 1984년 선거에서 야당 후보들이 약진해 하원 183석 중 60석을 차지했다. 1986년 코라손 아키노와의 대통령 선거에서 대대적 부정선거를 저지른 마르코스는 민주화 혁명(민중의 힘)과 이를 뒷받침한 라모스 군부 쿠데타로 쫓겨났다. 새 대통령에 취임한 코라손 아키노는 6년 단임의 신헌법에 따라 1992년까지 집권했으나 7차례의 쿠데타 기도 등 정치 불안이 이어졌다. 정치권력을 사유재산으로 간주하는 몇몇 필리핀의 명문가 세습정치가 민주화와 산업화의 발목을 잡았다.

입헌군주국인 태국은 1992년 민주화운동으로 문민정권이 처음 등장했다. 1997년 신헌법 제정 이전까지 하원은 선출직이었고 상원은 군, 경찰, 관료 출신들로 채워졌다. 철저한 반공정책으로 상원이 군부의 비공식 정당 역할을 했다. 1997년 신헌법은 가장 민주적이지만 국가인권위 설치, 반공법 폐지 등 현실과 거리가 있는 헌법이다.

2001년 하원 선거에서 탁신 총리가 과반에 육박하는 의석을 확보해 태국 최초로 임기 4년을 성공적으로 마쳤다. 그러나 2005년 2차 임기 때 보수 세력과의 권력 공유를 거부해 2006년 발생한 쿠데타(18번째)로 실각했다. 수라웃 과도군사정부는 상원 절반을 임명직으로 하고 군과 관료의 정치개입을 제도화한 2007년 신헌법을 간신히 통과시켰다. 이후 탁신 세력과 반탁신 세력이 대립하는 가운데 2014년 쁘라윳 육군사령관이 19번째 쿠데타를 성공시켜 48개조 임시헌법을 통과시켰다(윤진표 2017).

말레이시아 일당집권 60년 입헌군주국가인 말레이시아는 1957년 독립 후 여당인 국민전선 일당집권이 60년간 이어졌다. 종족 간 동맹을 결성해 활동하는 말레이시아 정당들은 만년 여당인 국민전선 범여권과 만년 야당인 국민연합 범야권이 연합전선을 구축해 대치해왔다.

초대 총리 라만(1955~1970), 2대 라작, 3대 후세인 온, 4대 마하티르(1981~2003)로 집권이 이어졌다. 마하티르는 한국의 5공화국과 겹쳐지는 집권 기간 동안 독재 권력을 행사하며 안정적인 국가 체제를 정비했다. 이후 5대 압둘라, 6대 나집(2009~2018)에 이어 전 총리 마하티르가 2018년 93세의 나이로 범야권 연합을 이끌며 61년 만에 처음으로 정권교체를 이뤄냈다.
말레이시아에서는 절차적 민주주의가 유지되고 있으나 국내보안법, 경찰법, 인쇄 및 출판법, 치안유지법, 공공비밀법 등이 언론과 집회 및 시위의 자유를 제한하는 사회통제법으로 작동하고 있다. 민주적이지도, 권위주의적이지도 않은 절반의 민주주의 국가다(윤진표 2017).

싱가포르의 제한적 민주주의 중국계가 주도하는 도시국가 싱가포르는 1965년 보수적 말레이 세력에 의해 축출되듯 분리 독립했다. 당시 싱가포르는 식수와 식량 100% 외국 의존, 경제파탄, 인구폭발과 실업, 인종갈등, 좌익 반정부 투쟁 등 벼랑 끝에 몰려 있었다. 이런 상황이 60년 가까운 인민행동당 일당집권과 권위주의 국가성향을 용인하는 배경이 됐다. 1984년 전국구 의원제(야당 낙선자 중 최고득표자 3명 구제), 1988년 비선거구 의원제(야당에 의석 할애), 1991년 국가발전 기여자 지명의원제 등을 통해 일당독재라는 비판을 피해가고 있다.

싱가포르의 정치는 헌법, 선거법, 정당법 외에 여러 법률에 의해 제약을 받고 있다. 사회질서 파괴자에 대한 영장 없는 체포·구금(국내보안법), 정당·정치단체의 등록 및 허가, 일반 개인·단체의 정치활동 금지, 정당의 반국가활동 금지 및 해외단체 연계활동 금지(사회법), 모든 방송·영화·출판물 사전검열, 비판적 외국 언론 배포 금지(신문·출판법) 등이 그것이다. 정치참여와 선거경쟁을 제한함으로써 정치안정을 꾀하고 있다(윤진표 2017).

공산국가의 민주화? 한편 동아시아의 공산국가나 공산국가였던 나라들의 민주화는 걸음마 단계이거나 아예 거부되는 상태다. 공산당 일당국가인 중국은 2012년 서구식 민주주의를 도입하지 않겠다는 선언을 공식화했다. 중국의 공산주의는 아시아와 세계의 민주 발전을 가로막는 장애물이 되고 있다. 북한도 마찬가지다. 동남아시아의 베트남, 캄보디아, 라오스, 미얀마는 공산 전통으로 인해 민주제도가 부정되거나 초보단계에 머물고 있다.

〈표4-4〉 동아시아 각국의 민주화 진행과정

나라	시기	내용
한국	1987	1987 대통령 직선제 개헌, 1998 야당집권
대만	1989	1988 계엄해제, 1989 복수정당허용, 2000 야당집권
몽골	1992	1992 민주헌법개정, 복수정당허용, 1996 야당집권
필리핀	1987	1987 야당집권, 2000년대 쿠데타
태국	1992	군부 영향력 지속, 최근까지 쿠데타 19회 발생
캄보디아	1992	1989 사유재산인정, 1992 입헌군주, 의원내각제
인도네시아	1999	1998 수하르토 32년 독재, 2004 대통령직선
말레이시아	2003	2018 마하티르 전 총리 61년 만에 야당집권
싱가포르		1965 이래 인민행동당 일당체제, 정치참여 제한
라오스		1991 제헌헌법, 1992 일당제 최초 국회의원선거
미얀마		2011 군정종식, 민주화·정치개혁 지속
베트남		1986 사회주의 시장경제, 공산당 일당체제
중국		2012 서구민주주의 불인정, 공산당 일당체제

자료: 외교부 PDF2,5,6,7,8,9,10,11,12,13,14,15

3. 6공화국 성립과 평화적 정권교체

　노태우 정부의 출범은 한국의 민주주의 제도가 순조롭게 정착될 수 있는 환경을 조성했다. 전두환 정부가 박정희 시대를 격변 없이 마무리한 것처럼 노태우 정부는 군사정부와 차기 문민정부의 충돌을 완충할 수 있었다. 적절한 과도기의 형성으로 집권세력의 단절적 교체나 과거사의 급격한 청산이 초래할 정치적 혼란을 줄이는데 도움을 줬다. 전두환 대통령은 선거를 통해 선출된 후임자에게 자리를 물려준 최초의 단임 대통령이 됐다.
　그러나 노태우 정부는 출범 초부터 5공화국 청산 문제로 홍역을 앓았다. 여야는 1988년 6월 국회에서 광주사태 진상조사특위 등 7개 특위 구성결의안을 통과시켰다. 특위가 진행되면서 전두환 전 대통령은 부정축재와 친인척 비리의 책임 추궁을 당해 1988년 11월 재산을 국가에 헌납하고 강원도 백담사에서 은둔생활을 해야 했다.

이후에도 야당의 정치공세가 계속되자 노태우 대통령은 1989년 연말 야당대표와 영수회담을 갖고 광주사태 유혈진압에 대한 책임을 물어 정호용 의원을 사퇴시키고 전두환 전 대통령의 국회증언에 합의했다. 12월 31일 전두환 전 대통령은 국회 청문회 증언대에 선 뒤 백담사로 돌아갔다(이영훈 2013, 일본협의회 2011, 이덕주 2007).

1) 노태우 정부 민주화의 명암

1987년 12월 실시된 13대 대통령 선거에서 민정당의 노태우는 36.6%, 828만 표를 얻어 야권의 김영삼, 김대중, 김종필 3김 씨를 누르고 당선됐다. 김영삼은 28.0%, 김대중은 27.0%, 김종필은 8.1%를 얻었다. 양김의 분열과 투표 전날 대한항공 여객기 폭파사건(1987.11) 공작원 김현희 입국이 노태우에게 유리하게 작용했다. 노태우는 1932년 대구 달성군 공산면 산골마을 출생으로 면사무소 직원인 부친이 교통사고로 죽자 편모슬하에서 자라 군인이 됐다.

노태우 대통령은 취임과 동시에 시국사범 1731명 등 7000여 명의 사면복권을 단행해 유화국면을 조성했다. 그러나 1988년 4월 치러진 13대 국회의원 선거에서 재석 299석 가운데 125석을 얻는데 그쳤다. 지역주의가 맹위를 떨쳐 평민당(김대중), 민주당(김영삼), 공화당(김종필)이 각자의 지역 기반을 분명히 드러냈다(도표 참조). 노태우 대통령은 여소야대로 정국 운영에 어려움을 겪게 되자 1990년 초 민정당, 민주당, 공화당 3당을 합당해 민주자유당(민자당)을 출범시켰다(차하순 외 2015, 이덕주 2007, 이영훈 2013).

〈표4-5〉 13, 14대 총선 지역구 득표율 및 의석수 (전국구 포함)

대	시기	의석	여당	야당	
13	1988.4	299(전75)	민정34.0%(125)	평민29.3%(70)	민주23.8%(59)
14	1992.3	299(전75)	민자38.5%(149)	민주29.2%(97)	국민17.4%(31)

자료: 경기도선관위 PDF선1, PDF선2 (약자: 전국구)

▎노동운동과 좌경세력 준동

노태우 대통령은 취임 초 정치적 민주화를 단계적으로 추진했다. 개정헌법에 따라 박정희 정부가 통일 이후로 미뤘던 지방자치제를 30년 만에 부활시켰다. 1988년 지방자치법이 통과되면서 1991년 기초, 광역 지방의회 선거가 실시됐다.

노태우 정부의 경제는 연평균 8.5%의 양호한 성장률을 보였으나 전체적으로 둔화되는 추세였다. 1988년 10.5%에서 1990년 9.0%, 1992년 5.4%로 떨어졌다. 노동운동과 파업으로 인한 생산차질, 임금인상 등이 수출에 악영향을 미쳤기 때문이었다. 그럼에도 불구하고 1980년대 고도 경제성장과 올림픽의 후광으로 1인당 국민소득은 계속 증가했다. 1988년 4000달러에서 1992년 7000달러를 넘어서 중산층 기반이 확대됐다.

노태우 정부는 집권 5년 동안 주택난 해소에 국정의 중점을 뒀다. 1989년 주택 200만 호 건설계획에 따라 분당, 일산, 산본, 중동, 평촌 등 5개 신도시가 건설되는 등 1991년 말까지 3년 동안 214만 호가 공급됐다. 이후 김영삼 정부까지 9년 간 552만 호의 주택공급이 이뤄졌다. 건설 물량이 늘어나면서 건설업계가 호황을 누렸으나 자재부족에 따른 부실건축 등의 문제가 적지 않게 발생했다(한영우 2016, 국사편찬위 2017).

좌경 전교조, 급진 민노총 등장 1970,1980년대 권위주의 정부는 경제개발을 위해 노동운동을 제한하거나 형식화했다. 그에 따라 근로조건 개선을 위한 노동자의 극단적인 행동들이 나타났고 종교단체와 사회단체들이 노조 결성, 파업 등 노동자, 농민들의 투쟁을 도왔다. 1987년 6.29 선언 이후 억눌렸던 노동운동이 활성화되면서 노동쟁의는 3년간 폭증세를 보였다. 1986년 276건이던 노사분규는 1987년 3749건, 1988년 1873건, 1989년 1616건으로 치솟았다가 1990년 진정세(322건)로 돌아섰다.

노태우 정부는 민주화 조치의 일환으로 1988년 최저임금제를 도입하는 한편 노동법을 개정해 노동자의 단결권, 단체교섭권, 단체행동권에 대한 각종 제약을 완화했다. 이에 따라 1987년 6월 2742개(100만 명)였던 노조는 1989년 7861개(190만 명)로 늘어났다가 1999년 5637개(148만 명)로 안정화됐다. 노조 조직률은 1989년 18.7%에서 1995년 11.7%로 감소했다.

노동운동 활성화와 함께 전국교직원노조(전교조)와 민주노총(민노총)이 새로운 노동세력으로 등장해 파장을 몰고왔다. 1989년 5월 참교육을 내걸고 발족한 전교조는 곧 좌경화 성향을 드러내 정부가 반체제 단체로 규정하고 단속에 들어갔다. 노태우 정부는 1989년 이후 수천 명을 해직했으나 뒤를 이은 김영삼 정부가 이 조치를 뒤집어 이들을 대부분 복직시켰다. 1990년 1월에는 급진적 노동조합 전국조직인 민노총이 발족돼 1946년 결성된 온건 한국노총과 양대 세력을 이뤘다(이영훈 2013, 통계청 PDF낱6, 경제기획원 PDF낱5, 한영우 2016).

공산체제 붕괴 속 좌경폭력 기승 1989년 동구 공산진영의 붕괴가 가시화되는 가운데 국내 좌경 운동권은 세계 추세를 역류하는 길을 걸었다. 이들은 사회 전반의 민주화, 개방화에도 불구하고 좌경 폭력노선에서 벗어나지 못했다. 당시 사회를 뒤흔든 파업, 시위, 분신, 공안사건에 좌경 운동권이 개입되지 않은 일이 거의 없었다. 정부의 보호망이 허술해 보수우파 지식인들은 좌경 폭력에 무방비로 노출됐다. 심지어 국무총리 지명자(정원식)가 마지막 강의를 마치고 나오다 집단 조리돌림을 당하는 일까지 벌어졌다.

좌경 운동권에 장악된 대학가는 노태우 정부 들어서도 폭력과 무질서가 계속됐다. 1988년 4월 경찰이 대학생 시위에 대비해 갑호비상경계에 들어간 가운데 건국대 농대 학장이 학생들의 총장실 점거농성 사태를 비관해 연구실에서 목매 자살하는 사건이 일어났다. 1988년 10월에는 인천교대 교수 75명이 학생지도에 한계를 느껴 집단사표를 제출했고, 11월에는 목원대에서 학생들이 교수를 강제 삭발하는 패륜을 저질렀다.

좌경 학생 운동권은 1988년 6월 전대협 대표를 평양에 파견해 또 다시 국민들의 우려를 샀다. 8월에는 광주 미문화원 화염병 투척, 1989년 2월에는 광주 미문화원 습격·농성사건을 벌였다. 1989년 6월 미국 정부는 광주사태와 관련해 계엄군으로 투입된 병력은 한미연합사의 통제권 밖에 있었다는 이유를 들어 책임론을 부정했다. 그러나 이후 급진 좌경세력의 선전책동으로 미군책임론이 널리 퍼져나갔다.

1989년 5월에는 좌경 운동권 학생들이 부산 동의대 경찰관 납치, 감금, 방화사건 진압 경찰관 7명을 숨지게 해 국민들을 충격에 빠트렸다. 노동자대회 원천봉쇄와 파출소 화염병 투척으로 촉발된 이 사건은 진압 경찰관들이 감금된 사복경찰을 구조하기 위해 도서관으로 진입하다 학생들이 던진 화염병으로 참사를 당했다. 사건을 일으킨 학생 77명이 구속돼 31명이 2년에서 무기징역을 선고받았다. 이 사건은 이후 좌경 학생운동이 국민들로부터 외면당하는 전기가 됐다. 그러나 김대중 정부는 2002년 동의대 사건 관련자 46명을 민주화운동자로 인정해 경찰 유가족과 국민들의 지탄을 받았다.

야당 및 재야의 좌경, 프락치 세력도 심각한 우려를 낳았다. 1989년 3월 재야의 문익환 목사가 북한을 비밀리에 방문해 김일성을 면담한 사실이 밝혀져 구속됐다. 1989년 6월에는 평민당(김대중) 서경원 의원이 북한을 비밀리에 방문해(1988.7) 김일성을 면담하고 5만 달러의 자금을 받은 사실이 드러나 파문을 일으켰다. 서경원은 국가보안법 위반(간첩) 혐의로 구속되고 국회의원직을 상실했다. 14대 대통령 선거를 두 달 앞둔 1992년 10월에는 남한조선노동당(중부지역당) 간첩사건이 터져 총책 등 62명이 구속됐다(류세환 2006, 서울언론인클럽 1990, 이덕주 2007).

서울올림픽과 북방외교의 성과

노태우 정부 집권기는 한국의 국제화, 개방화를 점화시키며 외교적 지평을 넓힌 시기였다. 동서 냉전체제 해체와 서울올림픽 개최가 상승작용을 일으키며 한국을 국제무대의 청년 주역으로 부상시켰다. 노태우 대통령은 1988년 서울 올림픽을 앞두고 공산국가들과의 외교관계 개선을 위해 7.7 선언을 발표했다. 이 선언에서 노 대통령은 남북 간 대결외교 종결, 북한의 미일관계 개선 협조 등을 밝혔다. 이때부터 한국은 중공(중국공산당)을 중국으로 부르기 시작했다.

1988년 9월 17일 개막된 서울 올림픽은 정치, 경제, 문화 등 측면에서 금액으로 환산할 수 없는 국가 이미지 상승효과를 가져왔다. 국민들의 자긍심과 자신감도 커졌다. 올림픽 당시 세계인들은 한국을 6.25 전쟁의 거지 나라, 분단국 정도의 인식을 가지고 있었을 뿐이었다. 그러나 올림픽을 통해 한국의 발전된 모습이 알려지면서 부정적 이미지가 크게 개선됐다. 한국은 금메달 12개로 종합4위를 차지했다.

올림픽에는 소련, 중국 등 공산권 국가들이 대거 참가해 이들 국가들과 외교관계를 틀 수 있는 분위기가 조성됐다. 노태우 정부는 1989년 2월 헝가리에 4억 달러의 차관을 제공하며 국교를 수립하는 등 북방외교에 시동을 걸었다. 공산권 국가와의 수교는 남북관계에서 한국이 절대적 우위를 확보하는 전기가 됐다. 북한은 이를 만회하기 위해 1989년 여름 평양 세계청년학생축전을 개최해 북한의 연간 무역총액에 해당하는 40억 달러를 낭비했다(한영우 2016, 차하순 외 2015, 이영훈 2013).

북소 경색과 한소 국교 수립 소련은 서울 올림픽을 전후해 대한항공 여객기의 영공통과를 허용하며 양국관계의 물꼬를 텄다. 올림픽이 끝난 1988년 10월 고르바초프는 30여 년간 지속된 한국과의 적대관계를 청산하고 관계개선을 도모하기로 결정했다. 한국의 산업화 성공이 외교적 영향력을 높여 관계정상화를 이끄는 요인이 됐다.

당시 소련과 북한은 관계가 악화되고 있었다. 소련은 1984년과 1986년 김일성의 모스크바 방문을 전후해 대규모의 석유, 가스, 무기 등을 파격적 조건으로 지원했다. 이런 뒷받침에도 불구하고 북한은 1984년 서방 채권국의 소액 차관 이자조차 갚지 못했다. 1987년에는 공식적으로 지급불능을 선언해 국제금융기관에서 상업차관을 조달할 수 없게 됐다. 소련은 1988년에도 북한에 19억 달러 상당의 물자를 제공했으나 북한이 지불한 대금은 9억 달러에 못 미쳤다. 당시 북소 교역은 북한 무역액의 60%를 차지했다.

북소 관계가 경색되는 동안 한소관계는 큰 진전을 보였다. 1989년 1월 민간 차원의 한소경제협력위원회가 만들어지자 소련은 한국 주도의 시베리아 개발을 요청했다. 시베리아는 목재, 천연가스, 석유, 석탄, 수산물 등 자원의 보고로 한국도 적극적인 진출이 필요한 상황이었다. 1990년 6월에는 30억 달러의 차관 제공을 매개로 노태우-고르바초프 한소 정상회담이 성사됐다. 3개월 후인 9월, 소련 외무장관이 한국과의 관계 정상화를 통보하기 위해 북한의 평양으로 갔다. 소련이 남한을 외교적으로 승인하지 않을 것이라고 다짐한 지 2년도 지나지 않은 시점이었다. 소련 외무장관은 북한으로부터 핵무기 개발을 강행하겠다는 대답을 듣고 격분하며 귀국

길에 올랐다.

소련은 1991년 1월 한국과 공식적인 외교관계 수립을 발표했다. 북한은 노동신문 논평을 통해 소련이 23억 달러에 사회주의 맹주국으로서의 자존심과 동맹국의 신의를 팔아넘겼다며 맹비난했다. 이후 북소 관계는 급속히 냉각됐고 곧 소련 연방이 붕괴됐다(이덕주 2007, 정주영 1992).

한중관계 발전과 국교 정상화 한국과 중국은 1983년 중국 민항기 한국 불시착 사건을 계기로 우호 분위기를 조성했다. 1984년 중국 내 조선족과 한국인 간 친지 방문이 시작됐고 1986년 아시안게임과 1988년 서울올림픽으로 관계 정상화의 기대감이 높아졌다. 경제교류는 그보다 훨씬 앞서 이뤄졌다. 홍콩 등 제3국을 통한 한중 교역액은 1979년 1900만 달러, 1980년 1억8800만 달러에서 1988년 31억 달러로 치솟았다. 반면 북중 교역은 감소세를 거듭해 1980년대 말 5억 달러를 맴돌았고 그나마 중국의 원조가 대부분이었다.

한중의 경제교류는 한국을 멀리하고자 했던 당 원로, 군 장성들의 기대와 달리 양국관계를 더 이상 무시할 수 없게 만들었다. 1989년 6월의 천안문 사태도 양국 국교정상화의 긍정적 요인으로 작용했다. 중국은 민주화 운동 탄압으로 세계로부터 경제제재를 받게 되자 인권문제에 대한 공감대가 넓은 아시아 국가들과의 관계 정상화에 대외정책의 중점을 뒀다.

한중 양국은 각자의 우방국인 대만과 북한에 대한 배려 등으로 1992년 8월에서야 외교관계를 수립할 수 있었다. 같은 해 10월 노태우 대통령은 중국을 국빈 방문했다. 1990년 소련에 이은 1992년 중국과의 외교관계 수립으로 한국기업의 공산권 진출이 본격화됐다. 북한은 치욕을 느끼면서도 침묵을 지켰다(한중일편찬위 2015, 이덕주 2007, 한영우 2016).

2) 김영삼 정부의 경제파탄

노태우 대통령은 박태준과 김복동을 후계자로 고려했으나 김복동이 육사 동기에다 인척이어서 박태준에게 권력을 넘기려 했다. 김영삼은 자신을 차기 대통령 후보로 지명하지 않으면 탈당해 야당과 손잡고 대통령 하야운동을 벌이겠다고 위협했다. 3당 합당으로 국정 운영을 하던 노태우는 1992년 4월 마지못해 김영삼의 손을 들어줬다.

1992년 12월 14대 대통령 선거에서 민자당 김영삼은 42.8%의 지지율로 대통령에 당선됐다. 김대중은 33.8%, 현대그룹의 정주영이 16.3%를 얻었다. 이로써 30년간의 군인 출신 대통령 시대가 막을 내렸다. 그러나 문민정부는 정치개혁으로 한동안 높은 지지율을 유지하다 잇따른 실정과 정치·경제 혼란으로 국민 신뢰도가 곤두박질쳤다. 민주화 투쟁과 정권 운영은 차원이 다른 문제였다.

김영삼 정부는 1994년 12월 국군의 평시작전통제권을 미군으로부터 환수했다. 한국전쟁 중 유엔군 사령관에게 이양됐던 국군 작전통제권(전시 및 평시)은 1978년 한미연합사 창설과 함께 한미연합사령관 겸 주한미군사령관에게 넘어갔었다. 국군의 인사와 부대 편제에 대한 권한은 처음부터 한국이 행사했다(이덕주 2007, 차하순 외 2015). 1995년 한국은 유엔안보리 비상임이사국으로 진출해 국가위상을 높였다.

1996년 4월 15대 국회의원 선거는 여당인 신한국당(구 민자당)과 야당인 통합민주당, 새정치국민회의, 자유민주연합(자민련) 4당 체제로 치러졌다. 김종필은 1995년 3월 5공 청산방식에 대한 불만으로 민자당을 탈당해 자민련을 창당했다. 정계 은퇴를 선언했던 김대중은 김영삼 정부의 정치가 어지러워지자 1995년 9월 새정치국민회의를 만들어 총재가 됐다. 신한국당은 총선에서 139석으로 과반 확보에 실패했으나 통합민주당과 무소속을 무차별 영입해 여대야소로 바꿔놓았다(도표 참조).

김영삼 정부는 집권 말기인 1997년 IMF 외환위기를 초래해 경제주권 상실과 함께 국민들을 혹독한 고통 속으로 몰아넣었다. 정치인 김영삼이 이룬 민주화의 공로가 IMF 사태로 수포가 되고 말았다. 더욱이 반공이념으로 무장된 보수우파를 자처하면서도 국가 정체성 관리에 실패했고 정치관리를 잘못해 좌파정권이 들어서도록 하는 원인을 제공했다.

〈표4-6〉 15대 총선 지역구 득표율 및 의석수 (전국구 포함)

대	시기	의석	여당	야당	
15	1996.4	299(전75)	(한)34.5%(139)	(국)25.3%(79)	(자)16.2%(50)

자료: 경기도선관위 PDF선1, PDF선2
(약자: 전국구, 신한국당, 새정치국민회의, 자유민주연합)

문민정부 정치개혁과 국정혼돈

문민정부를 표방한 김영삼 정부는 집권 초기 권위주의 정부 청산과 도덕정치, 역사 바로세우기를 정치개혁의 구호로 내세웠다. 특히 금융실명제, 선거법과 정치자금법 개정, 공직자 재산공개, 부동산실명제 등의 시책을 도입해 민주제도를 한 차원 발전시켰다. 지하경제 양성화와 부정부패 근절을 위해 단행된 1993년 8월의 금융실명제는 국민들의 우려 속에서도 환영을 받았다. 공직자 재산공개는 공직기강을 바로잡고 부정부패를 줄이는 데 도움을 줬다. 1995년 7월에는 부동산실명제를 도입해 탈법적 부동산 투기를 막았다. 이들 3가지 개혁은 사회와 경제의 투명성을 높이고 부정부패와 정경유착을 줄이는 유무형의 제어장치가 됐다.

김영삼 정부는 노태우 정부에 이어 1995년 기초 · 광역 단체장 및 지방의회 4대 선거를 확대 실시해 지방자치제를 정상궤도에 올렸다. 그러나 당초 취지와 달리 지방정치가 중앙정치에 예속되면서 그 폐단이 현재까지 이어지고 있다. 지방자치단체의 일탈과 방만한 시정운영으로 자원 낭비가 심해지고 지역이기주의, 지역사회 여론 분열 등 부작용도 나타났다.
정부는 지방자치제 확대와 함께 1995년 최대 규모의 지방 행정구역 개편을 단행했으나 행정 효율화 측면에서 성과를 거두지 못했다. 행정구역 개편의 마지막 기회를 날려버렸다는 지적을 받았다(한영우 2016, 차하순 외 2015, 국사편찬위 2017, 이영훈 2013, 외교부 PDF1).

5공 청산의 우여곡절 5공 청산은 노태우 정부에 이어 김영삼 정부에서도 뜨거운 감자가 됐다. 김 대통령은 당초 자신을 대통령으로 만들어준 5공 신군부에 대해 유화적 입장을 보였다. 1993년 7월 정승화, 장태완 등 22명이 전두환, 노태우 등 34명을 반란 및 내란 목적 살인 혐의로 검찰에 고소했을 때 정부는 12.12 사태를 쿠데타적 사건으로 규정하면서도 역사의 심판에 맡긴다고 선언했다. 검찰은 군사반란에 대해 기소유예 조치를 내렸다.

1994년 5월에는 광주사태 피해자들이 35명을 내란 및 내란목적 살인 혐의로 고소했다. 검찰은 내란죄 여부를 판단할 수 없다는 결정(공소권 없음)으로 사법처리를 피해나갔다. 김 대통령은 국민 여론이 나빴지만 전임 대통령들에 대한 처벌에는 소극적이었다.
반면 군사정변을 주도한 하나회 장성들을 보직에서 해임하고 민자당 내 신군부 출신들을 내란 및 반란죄로 기소했다. 군내 사조직인 하나회 장성들을 퇴출시킴으로써 군의 정치적 개입을 억제하는 효과를 거뒀으나 군의 인적 약화를 초래했다는 평가를 받았다. 이에 불만을 품은 민자당 내 김종필계가 1995년 3월 자민련을 조직해 독립하고 여당은 민간인 중심으로 당을 운영했다.

김 대통령은 1995년 10월 노태우 전 대통령의 비자금이 폭로되면서 역사바로세우기라는 이름으로 군사정변과 광주사태에 대한 단죄로 돌아섰다.

비자금은 1993년 대통령 긴급명령으로 실시된 금융실명제에 의해 바깥으로 돌출됐다. 발뺌하던 노태우 전 대통령은 재임 중 5000억 원의 통치자금을 조성해 퇴임 때 1700억 원을 남겼다고 밝혔다. 1995년 11월 검찰은 30개 재벌기업으로부터 2358억 원을 거둬들인 노태우 전 대통령을 뇌물수수 혐의로 구속했다.

이 사건으로 촉발된 국민들의 공분은 부정부패 처벌에서 12.12 군사정변과 광주사태에 대한 단죄 요구로 이어졌다. 검찰은 11월 두 사건에 대한 전면 재수사에 착수해 전두환 전 대통령을 구속함으로써 두 전직 대통령이 동시에 수감되는 사태가 벌어졌다. 신군부 요인들도 무더기로 구속 기소됐다. 전두환 전 대통령은 비자금 9500억 원을 거둬 사용해오다 1988년 2월 퇴임 당시 1600억 원을 개인적으로 챙긴 것으로 밝혀졌다.

1996년 8월 소급입법에 의해 전두환, 노태우 두 전임 대통령은 1심에서 군사반란죄로 사형과 22년6개월 형을 선고받았다. 2259억 원과 2838억 원의 추징금도 함께 선고됐다. 그해 12월 2심에서는 무기와 17년 형, 그리고 2205억 원과 2628억 원의 추징금으로 형량이 낮춰졌다. 상고는 기각됐고 1년 뒤인 1997년 12월 김대중-김영삼 신구 대통령 합의에 의한 사면 복권으로 형 집행이 정지됐다(이덕주 2007, 한영우 2016, 이영훈 2013).

한보철강 비리와 국민신뢰 추락 김영삼 정부는 1996,1997년 노동법 날치기 통과, 한보철강 부도 사태, 대통령 차남 김현철 권력형 비리 구속 등으로 위기에 몰렸다. 김 대통령은 취임 직후 부패와의 전쟁을 선포했으나 1996년 청와대 제1부속실장 장학로의 6억 수뢰사건으로 위신이 실추됐다. 1997년에는 정경유착에 의한 한보철강 정태수 사건이 의혹과 파장을 일으켜 김현철과 국회의원 4명, 장관 1명, 은행장 2명이 구속됐다. 이로 인해 대통령의 위신은 땅바닥에 떨어졌다. 이 사건은 기아자동차 부도와 함께 외환위기의 국내적 요인이 됐다.

김영삼 정부 시절에는 정치기강 해이 등으로 대형 안전사고가 잇따랐다. 1993년 3월 부산 구포역 열차 전복(78명 사망, 198명 부상), 1993년 10월 서해 페리호 침몰(292명 사망), 1994년 10월 성수대교 붕괴(32명 사망), 1995년 4월 대구지하철 도시가스 폭발(101명 사망, 150명 부상), 1995년 7월 삼풍백화점 붕괴(501명 사망) 등이 이어졌다. 당시 시중에서는 땅, 바다, 강, 지하 사고가 이어지자 다음에는 하늘이라는 풍문까지 나돌았다(이덕주 2007, 한영우 2016).

역사 돋보기 - 월드컵 공동유치

한국은 1994년 월드컵(2002) 유치를 공식 선언해 일본을 또 한 번 긴장시켰다. 일본은 1988년부터 준비 작업에 들어가 유치위원회 발족(1991), 15개 개최도시 발표(1993)까지 마친 상태였다. 1996년 5월 월드컵 대회 개최지를 결정 짓는 FIFA 집행위원회에서 일본을 두둔하던 아벨랑제 회장은 세 불리를 의식해 한일 공동개최를 성사시켰다(김성원 2006).

OECD 가입과 IMF 외환위기

1990년대 들어 한국사회에는 세계화의 파고가 밀어닥쳤다. 김영삼 정부는 1993년 12월 보호무역 철폐를 골자로 하는 우루과이 라운드 협상을 타결 짓고 1995년 1월 76개 원회원국의 일원으로 세계무역기구(WTO)에 가입했다. WTO 체제는 가트(GATT, 1947)체제 이후의 세계 교역환경 변화를 반영한 새로운 국제경제 질서였다. WTO 가입에 따라 한국은 국내법을 WTO 체제에 맞게 개편해야 했다.

당시 한국경제는 제조업 중심 산업사회에서 서비스업 중심 탈산업사회로 나아가고 있었다. 그러나 김영삼 정부의 부실한 경제운용으로 투자는 위축되고 고용은 제자리걸음을 걸었으며 경상수지는 악화되는 추세였다. 제조업 고용 비중은 1991년 28%에서 1998년 19.7%까지 내려갔다. 1993년에서 1997년까지의 연평균 경제성장률은 6.9%(노태우 정부 8.5%)로 낮아졌다. 탈산업화로 경제성장 속도가 느려지자 한국은 그 흐름을 과잉투자로 붙잡고 있었다.

기업 특히 중소기업들의 수익성도 급격히 나빠졌다. 1987~1993년 사이 중화학공업의 매출액 대비 이익률은 3.2%에서 2.2%로 완만하게 떨어진 반면 경공업의 이익률은 4.2%에서 0.5%로 급락했다. 불과 5년 만에 제조업의 주축인 경공업 기반이 무너진 것이다. 노사분규와 임금인상을 견디지 못한 중소기업들은 국제경쟁력을 상실하자 비정규직을 늘리고 외국으로 생산기지를 옮기는 등의 자구책에 나섰다. 임금이 오르면 내수가 활성화될 것이라는 소득주도성장 정책의 피해를 고스란히 떠안아야 했다(노중국 외 2016, 한영우 2016, 차하순 외 2015, 김대기 경4-12).

대기업 11개 그룹 도산 이런 와중에 김영삼 정부는 세계화를 내세우며 선진국 클럽인 경제협력개발기구(OECD) 가입을 추진했다. 한국은 무역거래 및 자본시장 자유화 등 97개 항목의 자유화 규약을 수락하고 1996년 12월 폴란드에 이어 29번째 회원국(2015년 34개국)이 됐다. 개방화에 대한 준비 없이 치적 쌓기를 위해 무리하게 가입을 앞당겼다는 비판이 적지 않았다.

OECD 가입 이후 국내 금융기관들은 외국에서 저금리로 돈을 빌려 국내 기업에 빌려주는 중계금융에 경쟁적으로 뛰어들었다. 특히 기업에 단기자금을 빌려주는 20여 개 종합금융사(단자회사)들의 단기자금 차입이 급격히 늘어나 외채 부담이 커졌다. 외국인들의 국내 투자가 신고제로 바뀌면서 외국인 주식투자 비율은 40%를 넘어섰다.

당시 대기업들은 탈산업화 등으로 채산성이 나빠지고 있는데도 저리의 해외 차입금을 무절제하게 들여왔다. 과잉투자 붐을 타고 부채비율은 보통 400~500%에 달했다. 대기업들은 회계 부실이나 조작으로 실적을 분식했고 위기에 처하면 정부가 구제해줄 것이라는 잘못된 믿음에 빠져 있었다.

이런 상황에서 1997년 1월 부채 부담을 견디지 못한 한보철강이 도산했다. 여기에 동남아 지역의 외환위기로 태국 바트화가 폭락하자 그 여파가 한국까지 밀려왔다. 태국의 외환위기는 군사정권의 경제왜곡과 부정부패에 기인된 것이었다. 외국 투자자들은 한국 대기업들의 부실한 재무상황이 드러나자 연쇄부도를 우려해 대출을 회수하기 시작했다. 증권시장의 달러도 썰물처럼 빠져나가 외환 보유고가 급격히 줄어들었다. 이 바람에 기아자동차, 대우, 해태, 삼미, 진로 등 30대 그룹 가운데 11개 그룹이 도산하는 사태가 벌어졌다(국사편찬위 2017, 일본협의회 2011, 김태일 온9).

무능, 무책임이 부른 후진형 국난 동시다발적 외화 유출로 정부의 외환보유고가 바닥나자 국가 전체가 공황상태에 빠졌다. 기업 도산으로 부실화된 금융기관들은 초고금리의 예금을 유치하며 하루하루 생존을 이어갔다. 정부는 국가부도를 피할 수 없게 되자 1997년 11월 국제통화기금(IMF)에 210억 달러의 구제금융을 신청했고 12월 3일 차관각서에 서명함으로써 IMF 관리체제에 들어갔다. 건국 후 처음으로 경제주권을 상실하는 치욕을 당하게 된 것이다.

IMF는 자체 자금과 세계은행, 아시아개발은행, 미일 등 13개국 자금 580억 달러를 지원하고 정부, 기업, 금융, 노동 4개 부문의 구조조정을 요구했다. 구제 금융으로 외환 지불불능 사태는 모면했으나 긴축재정, 재벌개혁, 부실금융기관 정리 등으로 한국경제는 혹독한 대가를 치렀다.
IMF의 고금리 정책으로 연리가 30% 수준으로 치솟으면서 기업들이 연쇄

도산하고 실업자가 149만 명에 이르는 최악의 사태가 연출됐다. IMF의 처방이 과도하다는 지적에 따라 1998년 중반 금리를 내렸지만 이미 1만개가 넘는 기업들이 도산한 뒤였다. IMF의 경제회생 대책은 한국을 파탄 속으로 밀어 넣었을 뿐 재기에 별다른 도움을 주지 못했다. 말레이시아의 마하티르는 IMF의 지원을 거부하고 독자 회생하는데 성공했다.

외환위기는 동아시아 여러 나라에 번진 파동이었지만 김영삼 정부 경제 관료들의 무책임과 무능으로 한국은 더 심각한 피해를 입었다. 1994년부터 국제화를 내세우면서도 국제환경 적응 노력은 겉돌았고 외환이 바닥났는데도 경제의 기초가 탄탄하다는 낙관론으로 대비책을 강구하지 않았다. 선진국 문턱에 다다른 한국이 태국, 인도네시아 등 후진국과 같은 환란을 당했다는 것은 국가적 수치가 아닐 수 없었다(5장 1절 관련기사 참조).

눈부시게 성장해온 한국경제가 하루아침에 붕괴되자 김영삼 정부에 대한 민심이반은 걷잡을 수 없이 커졌다. 대통령을 형사 처벌해야 한다는 여론까지 조성됐다. 그러나 국난을 일으킨 대통령이나 경제 관료들 중 아무도 책임지는 모습을 보여주지 않았다. 대통령은 권력 재생산에만 관심을 쏟았다(차하순 외 2015, 노중국 외 2016, 이덕주 2007).

3) 중진국 시대의 사회문화상

1980,1990년대 전두환-노태우-김영삼 정부 시기에는 경제력 신장을 바탕으로 사회문화 측면에서 큰 변화가 일어났다. 전두환 정부는 박정희 정부의 발전체제 민족주의에 이어 사회통합을 목적으로 하는 민족주의적 국풍운동을 벌였다. 식민사관에 물든 국사교과서를 비판하는 한편 만주에 대한 영토의식을 고취하고 단군 조선의 역사를 강조한 환단고기, 단군세기 등을 널리 퍼트렸다. 이에 따라 기업인들의 만주 진출이 활발해지고 일

반인들의 고구려 유적지 답사가 늘어났다. 일본이 한국 침략 정당화, 임나일본부설 주장 등 역사 교과서를 왜곡하자 1983년 독립기념관 착공으로 이에 대응했다.

통금 폐지와 해외여행 사유화 선두환 정부의 사회정책에서는 1970년내에 생각하기 어려웠던 변화들이 나타났다. 1980년 컬러TV 방송으로 시민들의 문화적 현실감이 커지면서 TV가 신문을 제치고 제1의 오락·뉴스매체로 떠올랐다. 흑백이 칼라로 바뀌면서 생활에서도 색깔 혁명이 일어났다. 1982년 1월에는 밤12시 야간 통행금지가 폐지돼 생활 풍속도를 바꿔놓았다. 국민들은 해방 이후 37년 만에 긴 밤 시간을 갖게 됐으며 야간 경제활동도 활발해졌다. 같은 해 프로야구 6개 구단이 출범해 국민들의 여가문화를 상품화시키는 전기를 만들었다.

1983년 1월에는 50세 이상 국민들의 해외여행이 자유화됐다. 그때까지 해외여행을 하려면 필요한 사유가 확인되고 관련 교육을 받은 뒤 달러 사용 승인을 받아야 했다. 해외여행 자유화는 노태우 정부의 3단계 조치로 1988년 35세, 1989년 30세, 1990년 완전자유화로 이어졌다. 1983년 3월에는 해방 이후 지속되던 중고생 교복 착용을 자율화시켰고 1984년에는 학도호국단을 폐지해 학원가의 군사문화를 걷어냈다.

이런 발전적 변화들과 달리 새마을 운동은 전두환 정부 들어 정치운동으로 변질됐다. 민간자율로 한다는 명분 아래 새마을운동조직육성법을 만들어 전국 조직화하면서 정치 성향이 나타났다. 차별주의 지원정책은 평등주의로 전환되고 운동의 목표도 사회경제적 활동에서 다목적 사회활동으로 바뀌었다. 정부 예산 외에 모금 등을 허용하면서 새마을 조직은 관변단체나 다름없어졌다(한영우 2016, 이덕주 2007, 좌승희 2015).

엇나간 역사 바로세우기 김영삼 정부는 국정 구호인 역사 바로세우기의 일환으로 1993년 박은식, 서재필, 전명운 의사 등의 유해를 국내로 봉환해 국립묘지에 안장했다. 임정 2대 대통령 박은식 등의 국립묘지 안장은 대한민국의 정통성을 높이는 의미가 있었다.

그러나 1996년 광복절에 국립중앙박물관(구 중앙청)으로 사용되던 조선총독부 건물을 철거한 것은 비판적 논란을 일으켰다. 식자들 사이에서는 이전 복원이 바람직하다는 의견이 많았다. 잘못된 역사도 보존하는 것이 역사정신에 부합하고 구 중앙청 건물 자체가 대한민국 초기 역사의 중요한 구성부분이었기 때문이다. 역사 바로세우기를 한다면서 학교 국사교육 축소, 국가고시 국사과목 제외 등 국사 교육을 방치한 것도 비판의 대상이 됐다(한영우 2016, 이덕주 2007, 좌승희 2015).

한편 한국의 세계화, 개방화 조류는 1995년 무렵부터 한국 전통문화를 재인식하게 만들었다. 유네스코는 1995년 석굴암-불국사, 해인사 장경판전, 1997년 수원 화성, 창덕궁을 잇달아 세계문화유산으로 지정했다. 훈민정음과 조선왕조실록은 1997년 세계기록유산이 됐다. 이는 국민들의 문화적 자존감을 높였을 뿐 아니라 한민족의 전통과학과 예술, 언어학적 독창성, 수준 높은 기록문화를 세계에 알리는 기회가 됐다. 1990년대 이후 한국 영화는 다양한 소재와 장르의 영화들을 제작하면서 도약을 이뤘다.

▎중산층 형성과 복지국가 시동

1980년대의 고도 경제성장으로 한국의 1인당 국민소득은 1980년 1704달러에서 1990년 5886달러로 신장됐다. 1980년대 중후반부터 자신을 중산층으로 인식하는 국민 비율은 75%에 달했다. 이와 함께 한국사회 특유의 교육열이 불 붙으면서 상급학교 진학률이 부쩍 높아졌다.

초등생의 중학진학은 1989년 무렵 100%가 됐고 중학생의 고등 진학은 1999년 무렵 99%를 넘어섰다. 고등학생의 대학 진학은 1979년까지 4명

중 1명에서 1999년 3명 중 2명꼴로 늘어났다(도표 참조). 고등교육의 이상 팽창은 교육 인플레, 교육투자 낭비, 인력수요와 공급의 불균형 등 인재육성 구조를 왜곡시키는 부작용을 낳았다.

〈표4-7〉 연도별 각급학교 졸업생 진학률 (단위: %)

구분	1964	1969	1979	1989	1999
초	49.9	61.8	93.4	99.7	99.9
중	68.8	70.2	81.0	94.5	99.4
고	20.6	26.2	25.9	35.2	66.6

자료: 통계청 PDF남6 외

국민연금 등 4대 보험 완성 산업화에 따른 국가의 경제력 신장은 다른 한편으로 복지국가로의 변화를 이끌었다. 정부 세출의 사회복지 예산은 박정희 정부 말년인 1979년 전체 예산의 2.8%인 1647억 원에 불과했으나 1989년에는 8.6%, 2조234억 원으로 12.3배가 늘어났다. 우리나라 최초의 사회보험제도인 산재보험(1964)과 더불어 1988년에는 국민연금, 1989년에는 건강보험, 1995년에는 고용보험이 도입돼 4대 보험이 완성됐다.

국민연금은 국민들이 월 소득액의 일부를 적립해 노년기에 연금을 지급받는 제도로 처음에는 공무원(1960), 군인(1963), 사학교원(1975)에 국한됐었다. 일반국민을 대상으로 한 연금제는 1973년에 논의가 이뤄져 관련법까지 통과됐으나 1차 석유위기로 무기 연기됐다. 전두환 정부 때인 1986년 국민연금법이 제정되면서 1988년 1월 국민연금제가 본격 시행됐다. 1988년 연금 가입자는 443만 명이었으나 1999년 1074만 명으로 늘어났다.

건강보험(의료보험)은 1977년 500인 이상 사업장을 중심으로 먼저 시행됐다. 1979년에는 공무원 및 사립학교 교직원, 300인 이상 사업장, 1980년에는 군인가족이 대상에 추가됐다. 1988년에는 농어촌 지역, 1989년에는 도시지역 의료보험이 적용돼 12년 만에 전 국민 보험체제가 완성됐다. 건강보험 적용인구는 1979년 779만 명에서 1989년 3992만 명으로 늘어났다. 고용보험은 김영삼 정부 때인 1993년 고용법 제정에 따라 1995년부터 시행됐다. 생활능력이 없는 사람들에 대한 생활보호는 1961년 생활보호법으로 시작해 개선을 거듭하다 1999년 국민기초생활보장법으로 발전했다. 노인복지 제도는 1981년 노인복지법이 제정된 이후 노령수당 지급(1989), 노인승차권 지급(1990) 등 정책으로 이어졌다(이영훈 2013, 국사편찬위 2017).

역사 돋보기 - 미국의 건강보험

레이건 정부(1981~1988) 때 미국은 탈산업화로 제조업 일자리가 크게 줄어들었다. 이는 취약계층의 빈곤을 심화시켜 백인의 12.2%, 흑인의 35.7%가 빈곤층(1983)으로 떨어졌다. 이들 가운데 1600만 명이 의료보험(의보) 혜택을 받지 못해 치료를 미루고 있었다. 부시(1989~1992) 정부 때는 파업의 55%가 의보관련 분쟁(1990)일 정도로 의보가 노동문제의 핵심 이슈가 됐다.

클린턴 정부(1993~2000)는 연간 예산의 7분의 1인 9000억 달러를 의보 비용으로 지출했다. 의보에 가입되지 않은 3700만 명의 중하층민을 지원하기 위해 기업, 보험회사, 의료계에 부담을 떠넘기는 의보개혁을 추진했으나 법안 통과에 실패하고 중간선거만 망쳤다.

오바마 정부(2009~2016)는 전 국민 건강보험 도입을 밀어붙였으나 보험 미가입자를 14%에서 11%로 줄이는데 그쳤다. 오바마 정부가 지원하는 저가보험은 환자 본인 부담금이 많아 허울뿐이었다(이주영 2006, 김덕한 사3-10).

의식주에서 문화생활 추구로

1980, 1990년대의 2단계 산업화는 한국사회의 경제활동 계층구조를 근대적인 형태로 변화시켰다. 1969년 한국의 농업인구는 49.4%에 달했으나 1979년 29.0%, 1989년 16.0%, 1999년 9.0%로 줄어들었다. 이 같은 계층구조의 변화는 농촌의 전통문화 쇠퇴, 농업인구 노령화 등의 현상을 불러

왔다. 도시에서는 핵가족화 추세가 강화되면서 3세대 이상 대가족 비중이 1960년 28.5%에서 1990년 12.5%로 떨어졌다(이영훈 2013, 한영우 2016). 핵가족화는 아파트 주거문화를 활성화시켜 한국인들의 삶의 질 개선으로 연결됐다. 난방, 취사를 위한 연탄 사용이 석유곤로·난로 시대를 거쳐 1984년부터 도시가스로 대체되면서 연탄가스 중독 사고가 사라지고 주부들의 가사부담이 크게 줄었다.

중산층 살림은 1970년대까지 흑백 14인치 TV, 150리터 냉장고, 소형 세탁기만 있으면 괜찮은 편이었다. 그러나 1980년대 들어서는 흑백TV가 칼라 TV로 바뀌고 화면은 16, 20, 24인치로 커져갔다. 냉장고, 세탁기도 용량과 기능이 추가됐다. 1990년대 들어서는 수백 년 지속된 좌식생활이 입식 생활로 바뀌어 침대, 식탁 등의 사용이 뚜렷해졌다.

통신혁명과 보건위생 개선 정보화 시대의 도래는 전화 등 통신 분야에서 혁명을 일으켰다. 1980년대 후반부터 이동전화 가입이 붐을 일으켜 1989년 3만9700대이던 가입대수가 1999년 1334만 대(335배)로 늘어나 전 국민 이동전화 시대를 열었다. 1982년 보급이 시작된 무선호출기(페이저)는 1994년 최대치(636만 대)를 기록했다가 이동전화에 밀려 1999년 절반으로 줄어들었다. 1960년대 부유층의 상징이었던 유선전화는 1979년 234만 대에서 1999년 2051만 대(100명당 43.6대)로 포화상태가 됐다.

전보는 1975년을 기점으로 감소세로 돌아서 1997년 서비스가 종료됐다. 1990년대 이후 직장과 가정에 컴퓨터 사용이 보편화 되면서 육필문서와 타자원이 사라졌다.

경제력의 신장은 보건위생 분야에서도 괄목할 변화를 일으켰다. 상수도 보급률은 1969년 32.4%에서 1989년 77.8%로 20년 만에 2배 이상 높아졌다. 악취와 구더기가 들끓는 재래식 화장실은 1980년대부터 수세식으로 바뀌었다. 영농법 개선으로 기생충 감염률은 1976년 63.2%에서 1992

년 3.8%로 낮아졌다. 1964년 1278명에 이르던 전염병 사망자는 1989년 2명으로 줄어들어 전염병이 사실상 퇴출됐다. 1989년 전 국민 건강보험이 도입되면서 돈이 없어 의료시설을 이용하지 못하는 빈곤층도 거의 사라졌다. 이런 요인들이 건강관리에 영향을 미쳐 1960년 51,52세에 머물렀던 평균수명이 1990년 70.0세를 기록했다.

마이카 붐과 해외여행 일반화 1980년대 중후반부터 신흥 중산층이 대거 늘어나면서 마이카(My Car) 붐이 불고 해외여행이 크게 늘어났다. 또 국민들의 삶은 생활의 편익과 여가생활 추구로 나아갔다. 1970년대 부유층이나 굴렸던 자동차는 1980년대 중후반 중산층으로 파고들며 마이카 붐을 일으켰다. 현대자동차가 1986년 미국시장에 고유모델 포니엑셀을 수출하고 1988년 서울 올림픽을 개최하면서 승용차 보급이 크게 늘었다. 1979년

🔍 역사 돋보기 - 러시아의 생활파탄

1991년 소련 공산체제 해체 이후의 러시아는 고통의 도가니였다. 실업률은 계속 높아지고 약탈과 폭행, 살인, 부패, 마약 밀매, 불법 무기거래, 인신매매 등 범죄가 충격적으로 확산됐다. 국민 대다수의 총칼로리 섭취량은 세계보건기구 최소치에도 미치지 못했다. 낙후된 의료체계마저 무너져 결핵은 유행병처럼 번졌고 심장마비, 뇌졸중, 암 등의 발병률도 급격히 높아졌다. 간염, 매독, 디프테리아, 뇌염, 장티푸스, 말라리아, 소아마비 등의 발병도 심각했다. 1990년대 후반 건강상태 불량으로 신병들의 절반 정도가 복무 부적합 판정을 받을 정도였다. 러시아 남성의 기대수명은 59세(1985년 65세)로 떨어졌다. 1990년대 말 빈곤층은 41.5%로 절정을 이뤘다. 절망적 농촌 상황은 대규모 이주를 유발시켜 공동화된 마을이 1만 곳을 넘었다. 이 무렵 여론조사는 정부가 아니라 범죄조직이 국가를 운영하고 있다고 믿는 사람들이 더 많았다. 당시 러시아 선거에서 공산주의자와 민족주의자들이 약진한 것은 이 같은 민생파탄에 기인된 것이었다(라자놉스키 외 2017).

49만 대에 불과했던 자동차 등록대수는 1989년 266만 대, 1999년 1116만 대로 전체 가구와 비슷한 숫자를 기록했다. 2002년 10가구당 승용차 보유 대수는 6.2대였다.

1983년부터 1990년까지 4단계에 걸친 해외여행 자유화 조치로 해외여행 객도 급속히 늘어났다. 자유화 이전인 1979년 출국자 수는 153만 명 수준 이었으나 자유화 중간기인 1989년에는 408만 명, 자유화 이후인 1999년 에는 805만 명(20년 사이 5.3배)을 기록했다. 1999년의 국제선 출국 내국 인은 426만 명(해외여행 실인원)이었다.

4) 탈냉전 시대의 남북관계

1980년대 말 이후 동유럽과 소련에서 공산주의가 해체되면서 일당독재, 관제 이데올로기, 국민감시체제는 일거에 무너졌다. 이들 국가의 국민들은 체제 변화에 따른 고통을 겪으면서도 망상적 공산주의로의 회귀를 거부했다. 그런 세계사적 흐름을 역행한 집단이 동북아시아의 중국과 북한 그리고 한국의 좌경세력이었다.

북한은 1970년대 중반 이후 체제 붕괴에 대한 두려움으로 폐쇄주의를 고수해 경제파탄을 불렀고 그것이 정치적 폐쇄성을 강화하는 악순환을 거듭했다. 그 결과 국제사회의 손가락질을 받는 인권탄압국, 테러지원국 (1988)이 됐다. 북한 정권이 주민들에 대한 최소한의 인도적 책임감이라도 가졌더라면 통일협상이 이뤄졌을지 모른다. 그러나 1인 절대독재의 권력에 도취된 북한 정권과 정상적 협상을 진전시킨다는 것은 애초에 기대할 수 없는 일이었다.

전두환-노태우-김영삼 정부는 파탄상태의 북한을 협상으로 끌어내기 위해 여러 가지 통일방안을 제시했지만 성과를 거두지 못했다. 북한 주민들의 질곡을 푸는 대북전략을 구사하는데 실패한 것이다. 북한은 남한 공산화 전략에서 한 발짝도 생각을 바꾸지 않았고 선전목적의 평화공세만 되풀이 했다.

통일전략 공전과 유엔 동시가입

북한 김일성은 1970년대에 1민족 1국가체제의 고려연방제 통일방안을 주장하다가 1980년 이후 경제사정이 악화되면서 1민족 2국가체제의 고려민주연방제 방안을 들고 나왔다. 반공법과 보안법 폐지, 미군 철수 등을 전제 조건으로 한 평화공세였다. 당시 전두환 정부는 남북대화의 교착상태를 타개한 다음 남북한이 마련하는 헌법적 절차를 통해 평화통일을 실현해 나간다는 방침을 세워두고 있었다. 이에 따라 1981년 6월 남북한 최고책임자간 직접회담을 제의했으나 북한의 거부로 무산됐다.

1982년 1월 전두환 대통령은 남북대표가 모여 통일헌법을 만들고 그에 따라 총선거를 실시하는 민족화합민주통일방안을 제시했다. 통일까지의 실천조치로 상대 내부문제 불간섭, 군사적 대치 해소와 서울-평양 간 도로 개설, 인천항과 남포항의 상호 개방 등 20개 실천사업을 담았다. 이 방안은 한국 최초의 체계적 통일전략이었으나 불간섭주의, 통일헌법 등 자유민주 통일을 지향하는 한국으로서는 위헌성이 제기될 수 있는 것이었다. 북한은 이를 거부했다.

1983년 6월 KBS의 1000만 이산가족 찾기 운동은 6.25 전쟁으로 인한 민족분단의 아픔을 되새기는 계기가 됐다. 그해 10월 전두환 대통령은 버마(미얀마)의 아웅산 묘소에서 북한 폭탄 테러로 시해될 뻔 했으나 무력보복 계획을 승인하지는 않았다. 1984년 9월 남한에서 대규모의 홍수가 발생해 북한의 평화공세용 수해 지원을 받아들였다.
1985년 남북은 중단됐던 적십자회담을 재개해 이산가족 고향방문과 예술공연 교환방문을 실현시켰다. 그해 9월 남북분단 이후 처음으로 서울과 평양에서 이산가족 상봉이 이뤄졌다. 그러나 1987년 11월 서울올림픽 방해 공작의 일환으로 북한 공작원 김승일과 김현희가 이라크 발 대한항공 858기 폭파사건을 일으켜 남북관계가 다시 얼어붙었다(고려대 2016, 노중국 외 2016, 류세환 2006).

말잔치로 끝난 민족화합·남북연합 1989년 1월 현대그룹 정주영 명예회장은 북한 노동당 허담의 초청으로 북한을 방문했다. 그 무렵 북한에서는 국제고립을 벗어나기 위해 개혁이 필요하다고 생각하는 사람들이 상당수 있었다. 평양 방문 동안 북한은 금강산 개발 등 현대와 5가지 협정을 체결했다. 당시 북한에서 경쟁력 있는 제품은 시멘트 외에는 없었다.

1989년 9월 공산권 수교를 통해 남북문제의 주도권을 잡은 노태우 대통령은 민족화합민주통일방안(1982)을 변형시킨 한민족공동체 통일방안을 제안했다. 상호 주권국가로 인정하면서 과도적 통일체제로 남북연합(Korea Commonwealth)을 구성하자는 것이었다. 이는 북한의 고려민주연방공화국 방안(1국가 2체제)에 다가선 것이었다. 북한을 주권국가로 인정한 것은 한국의 자신감 때문이었으나 좌경세력이 날뛰는 상황에서 통일전략을 성급히 허물었다는 지적을 받았다.

1990년 10월 안기부장 서동권이 극비리에 평양을 방문해 김일성 부자와 남북정상회담을 협의했으나 고려민주연방제를 고집해 회담은 불발됐다. 당시 정부는 고려민주연방제가 김일성 독재체제를 도와주는 반국가적 통일방안으로 생각하고 있었다. 이후의 두 대통령처럼 고려민주연방제를 수용했더라면 노태우-김일성 회담이 이뤄질 수도 있었다.
이 무렵 북한은 남북 민간교류만을 인정해오다 미국, 일본과 수교하기 위해 한국 정부 차원의 교류 제의를 수락했다. 1990년 9월 총리급 남북고위급 회담이 열리고 1991년 남북 체육경기 단일팀 구성이 성사됐다. 1991년 9월에는 남북한 유엔 동시가입이 이뤄져(관련기사 참조) 남북관계가 새 국면으로 접어들었으나 근본적인 변화는 아무 것도 없었다(정주영 1992, 한영우 2016, 차하순 외 2015, 노재봉 외, 2011).

역사 돋보기 - 한국 유엔가입 약사

한국은 1948년 12월 제3차 유엔총회에서 한반도 유일의 합법정부로 인정받고 1949년 1월 유엔가입 신청서를 냈다. 그러나 안보리 가입심사위원회와 안보리 이사국들의 압도적 지지에도 불구하고 소련의 거부권 행사로 가입이 무산됐다. 북한은 1949년 2월 유엔가입을 신청했으나 가입심사위원회에도 회부되지 않았다. 이후 한국은 1949년, 1955년, 1956년, 1958년 안보리 재심 결의를 받아냈으나 소련의 거부권 행사로 유엔가입이 거듭 좌절됐다. 1973년 박정희 대통령은 6.23 선언에서 남북한 유엔 동시가입에 반대하지 않겠다고 했으나 북한의 김일성은 고려연방공화국 단일의석 공동가입을 주장했다. 북방외교가 본격화된 1990년 제45차 유엔총회에서는 미국 등 71개국이 한국의 유엔가입을 지지한 반면 북한의 단일의석 공동가입 지지국가는 전무했다. 북한은 중국의 설득으로 1991년 7월 유엔 가입신청서를 냈고 제46차 유엔총회 개막일인 9월 17일 남북한 유엔 동시가입이 이뤄졌다(외교부 PDF31).

불발된 비핵화 선언과 남북합의 1991년 11월과 12월 노태우 대통령은 북한의 핵 포기를 압박하기 위해 한반도 비핵화 선언과 한국 내 핵 부재선언을 했다. 1992년 1월에는 남북 모두가 핵무기 실험, 생산, 접수, 보유, 저장, 배비, 사용을 금지하기로 약속했다. 그러나 북한은 비핵화 선언에 합의한 그날에도 영변에서 플루토늄을 추출하고 있었다. 북한은 한국과의 개발격차로 체제 불안이 커지자 그 돌파구로 핵무기 개발에 나서 남북문제를 더욱 어렵게 만들었다. 김일성은 한국 총리를 만나 북한에 핵이 없으니 주한 미군을 철수시키라고 말했으나 핵 사찰 요구에는 응답을 하지 않았다.

1992년 2월 남북은 상호체제 인정의 바탕 위에서 남북교류, 남북연합, 통일민주공화국 수립의 3단계 통일과정을 담은 남북기본합의서를 채택했다. 남북연합은 북한을 국가로 인정할 수 없다는 헌법적 한계를 고려해 국제법상 남북연합이나 연방이 아닌 1민족 2체제의 형태로 문안이 정리됐다. 기본합의시는 씽빙이 나라와 나라 사이의 관계가 아닌 통일을 지향하는 과정에서 잠정적으로 형성된 특수 관계라고 규정하고 남북 불가침, 상대 내부문제 불간섭, 서해 북방한계선(NLL)의 잠정 준수에 합의했다.

노태우 정부의 한민족공동체 통일방안이나 남북기본합의서는 한반도 유일의 합법정부인 한국의 지위를 훼손하고 상호 체제 인정과 비방 중단에 합의함으로써 북한 체제 지속을 도와준 측면이 컸다. 압제에 시달리는 북한 주민들에게 자유와 민주화의 바람을 불어넣기 위해서는 북한 체제 전복을 위한 국가 전략이 필요했다(양상훈 안3-9, 류세환 2006).

흡수통일의 호기 못살려 1993년 대통령에 취임한 김영삼은 북한의 절대독재에 압박을 가해 북한으로부터 양보를 이끌어 내거나 북한정권을 무너트릴 수 있었다. 국제사회와 연대해 민주화투쟁 방식으로 나갔다면 전혀 불가능한 일이 아니었다. 세계적으로 공산주의가 몰락하는 시기였고 한국의 북방외교로 북한이 최악의 고립상태에 빠져 있었기 때문이다. 당시에는 북한의 흡수통일이 당연시되던 분위기였다.

그러나 김 대통령은 북한에 대해 유화적 태도를 보이며 김일성과의 남북정상회담에만 관심을 쏟았다. 좌경 운동권 세력에 대해서도 단호한 조치를 취하지 않았다. 북한의 김일성은 김영삼 정부가 제의한 남북정상회담을 받아들여 1994년 6월 판문점에서 예비접촉을 가졌으나 7월에 김일성이 죽는 바람에 정상회담은 무산됐다. 재야인사와 학생들이 조문의사를 밝히자 정부는 이를 제지했고 이를 계기로 남북은 냉각상태로 되돌아갔다. 경제교류는 계속됐다.

김영삼 대통령은 1994년 8.15 경축사에서 노태우 대통령의 한민족공동체 방안과 골격이 비슷한 민족공동체 통일방안을 제시했다. 경제협력을 통해 공동체를 이룬 뒤 민주적 방법으로 통일을 이루자는 것이었다. 북한이 체제 위기를 겪으며 고난의 행군에 들어가는 등 북한 자유화의 호기를 맞았으나 아무런 결과를 만들어내지 못했다.

1996년 9월 무장군인을 태운 북한 잠수함이 강릉 앞바다에서 좌초돼 1명이 생포되고 나머지는 사살됐다. 무장군인 침투사건은 그해 12월 북한의 사과성명으로 일단락됐다. 1997년 2월 북한의 최고인민회의 의장을 지낸 황장엽이 한국으로 망명하자 남한에 약5만 명의 간첩이 있다(황장엽 리스트)는 말이 떠돌았다. 주체사상을 체계화한 황장엽의 망명은 북한의 김일성 선전체계를 와해시키는 효과를 가져왔다(류세환 2006, 한영우 2016, 차하순 외 2015).

북한의 국제 고립과 체제위기

1980년대 북한의 주된 정치 흐름은 김정일 후계체제를 굳히는 것이었다. 1980년 10월 김정일은 정치국, 비서국, 군사위원회 등 조선노동당 3대 중추기관에 모두 참여하는 실력자가 됐다. 이를 기점으로 김일성은 상왕 노릇을 하고 38세의 김정일이 통치의 전면에 나섰다. 김정일은 주체사상의 이론가이자 실천가로 포장돼 정치적 영향력을 키워나갔다. 권력교체와 함께 빨치산 원로들이 정권 지도부에서 퇴진하고 40,50대 전문기술관료들이 대거 등장했다.

이 무렵부터 북한에서는 노동당 선전과 정규 및 사회교육을 통한 김일성·김정일 숭배풍조가 극단으로 치달았다. 예술은 수령 유일체제의 선전도구로만 용인됐으며 과학기술 분야까지 수령의 위대성과 연관지어야 했다. 김정일 우상화는 1984년부터 본격화돼 출생지 조작, 성지 조작, 구호

목디號木 조작 등 황당무계한 해프닝들이 이어졌다. 경제가 어려워졌음에도 북한 주민들은 광신적으로 두 사람을 숭배했고 그 대상은 김정일의 생모, 증조부 등 김 씨 일가로까지 확대됐다. 1986년 김정일은 주체사상을 또 한 차례 분식해 남북한 주민이 대동단결해 수령을 모셔야 한다는 조선민족제일주의라는 선진구호를 민들어냈다(이영훈 2013).

김일성 유훈통치와 선군정치 김일성은 1980년대 들어 중국이 개혁개방을 본격화하고 베트남과 몽골이 시장경제로 전환하자(1986) 진퇴양난에 몰렸다. 1980년대 말에는 소련과 동구권 공산국가들까지 시장경제 도입과 공산체제 종식을 선언하자 극심한 충격을 받았다. 1989년 12월 루마니아의 인민봉기로 김일성과 각별했던 독재자 차우셰스쿠 내외가 처형되자 불안감은 더욱 커졌다. 1991년 8월 동유럽의 마지막 공산국인 알바니아가 한국과 수교하고 1992년 8월과 12월 중국과 베트남이 그 뒤를 잇자 북한의 외교적 고립은 최악을 치달았다. 물자와 설비 부족, 기술 낙후 등으로 경제는 침체와 후퇴를 벗어나지 못했다.

이런 체제위기 속에서 김정일은 1990년 국방위 제1부위원장, 1991년 조선인민군 최고사령관, 1993년 국방위원장이 됐다. 1994년 7월 김일성이 죽자 김정일은 전체주의적 폭압기구를 동원해 권력승계를 정당화시켰다. 김정일은 김일성 시신 안치를 위한 금수산 의사당 치장에 9억 달러를 들이는 광기를 보이며 유훈통치를 통해 권력의 정통성을 확보하고자 했다. "남한이 북한을 흡수통일하려 한다."는 당시 북한의 공개적 비난은 김정일의 위기의식을 그대로 드러낸 것이었다.

김정일은 1994년 공산권 국가들의 개혁개방 물결에 휩쓸리지 않고 독자적 사회주의 체제를 고수하겠다는 우리식 사회주의를 재등장시켜 위기 국면을 벗어나고자 했다. 1995년에는 내외의 위기에 대응해 선군先軍정치를 선전구호로 내세웠다. 이는 조선노동당만으로 체제유지에 확신을 갖지 못하게 되자 그 역할을 군대에 떠넘긴 것이었다. 이후 군대가 국가 예산과 인력 배정의 절대 우선권을 갖게 됐다. 강성대국(1998)을 내세워 핵무기와 신형 미사일 개발에 박차를 가한 것도 선군정치의 산물이었다.

선군정치 이후 주체사상은 북한에서 자취를 감췄다. 김정일은 3년상을 명분으로 조선노동당 총비서와 주석 자리를 비워뒀다가 1997년 총비서 자리만 승계했다. 이 3년 동안 북한은 유훈으로 통치되는 신정神政국가나 다름없었다. 김정일은 1998년 개정헌법에서 주석 자리는 김일성만 오를 수 있도록 하고 국방위원장을 중심으로 하는 선군정치를 제도화시켰다. 선군정치는 선군사상으로 분식돼 10년 뒤인 2009년 4월 소위 김일성 헌법에서 주체사상의 반열로 격상됐다(이영훈 2013, 한영우 2016, 류세환 2006, 국사편찬위 2017, 통일부 PDF북1).

경제파탄에도 대외개방 못해 1980년대 들면서 북한은 자원부족, 공산진영 붕괴, 자유국가들과의 교류 단절로 경제난이 시작됐다. 1978~1984년 사회주의 경제건설을 목표로 추진한 2차 개방노선 7개년 계획은 완전 실패로 돌아갔다. 그 여파로 1984년을 전후해 전력부족이 극심해지면서 평양조차 밤이 되면 암흑도시로 변했다. 이런 실패에도 불구하고 북한은 공업생산 2.2배, 연평균 성장률 12.2%, 국민소득 1.8배가 증가됐다는 엉터리 실적을 발표했다.

북한은 이때부터 외국인 투자를 유치하기 위해 조선합작경영법(합영법) 공포(1984), 합영공업부 설치(1988), 나주·선봉지구 자유경제무역지대 개방(1991), 합작법 제정(1992) 등 외국인 투자 활성화조치를 취했다. 외부 세계에서는 북한이 중국의 뒤를 따라 개혁개방으로 갈 것이 아닌가 하는 기대가 일었으나 그것은 희망사항으로 끝나고 말았다.

김정일은 개혁개방이 북한 체제의 전면적 위험요소라는 인식을 버리지 못했다. 사회주의와 주체사상의 위대성을 선전해오던 북한이 개혁개방에 나서는 것은 자기 부정과 초라한 국가위상을 자인하는 꼴이 될 수밖에 없었다. 그런 이유로 개방노선이 형식화되면서 북한의 투자 활성화조치는 아무런 효과를 거두지 못했다. 1992년 말까지 140여 개 합영회사가 세워졌지만 대부분 일본 조총련계로부터 자본을 도입했고 규모도 크지 않았다.

중국의 등소평은 1993년 "경제 발전이 안 되면 북한 공산당이 집권할 자격이 없다. 한국에 흡수될지도 모른다."는 등의 발언을 하며 북한의 개혁개방을 독려했지만 북한을 변화시키지는 못했다. 중국은 개혁개방을 거부하는 북한이 못마땅했지만 미국 세력이 압록강까지 밀고 들어오는 것을 막기 위해 북한에 대한 지원을 계속했다.

북한은 개방노선의 형식화 등으로 1990년부터 1995년까지 경제성장률이 연평균 마이너스 4.5%를 기록했다. 무역은 1990년 47억 달러에서 1993년 26억 달러로 줄어들었고 외채는 78억 달러에서 103억 달러로 늘어났다. 경제파탄으로 에너지 부문은 직접적 타격을 받았다. 1994년 북한의 정유 능력은 350만 톤이었으나 수입 원유는 130만 톤에 불과했고 석탄은 연간 5200만 톤 소요에 2700만 톤 생산에 그쳤다. 그 때문에 발전능력의 3분의 1인 250만 Kwh밖에 생산하지 못해 공장 가동률이 30%대로 떨어

〈표4-8〉 남북한의 국민총생산 추이 (단위: 억 달러)

구분	1965	1975	1985	1994	1998
남한	30	209	897	3769	3130
북한	19	65	151	212	126
북/남(%)	63.3	31.1	16.9	5.6	4.0

자료: 통계청 PDF북1,2,3 재구성

졌다. 1985년 한국의 16.9%였던 북한의 국민총생산은 1994년 5.6%로 추락했다(도표 참조)(한영우 2016, 이영훈 2013, 통일부 PDF북1, 이덕주 2007).

300만 아사사태와 탈북 봇물 북한의 경제난은 1990년대 후반에 더 심각한 상황으로 치달았다. 외화고갈에서 비롯된 에너지와 원자재 수입의 격감은 북한의 전 산업을 마비시켜 공장 가동률을 20%대로 떨어트렸다. 남북의 1999년 원유 도입량은 한국이 8억7409만 배럴인데 비해 북한은 369만 배럴로 0.4%에 지나지 않았다. 경제난이 최악에 달했던 1998년의 국민총생산은 1990년의 절반 선에 머물렀다.

경제파탄은 1970년대 중반부터 만성화된 북한의 식량난을 최악으로 몰고 갔다. 1980년대의 북한 식량 생산량은 평균 415만 톤에 그쳐 정량배급 기준으로 200만 톤이 부족했다. 이에 따라 1987년부터 1인당 배급량을 평균 700g에서 546g으로 22% 줄였다. 당시에는 소련 등 사회주의 국가들의 지원 등으로 기근이 본격화되지는 않았다.

그러나 소련을 비롯한 사회주의 국가들의 지원 및 우호무역이 중단되고 자연재해가 연속되면서 1994년부터 식량 배급을 아예 중단시켜버렸다. 1957년 이후 배급제에 의존해왔던 북한 주민들은 식량배급이 없어지자 아사자가 속출했다. 특히 1995~1997년 3년간 식량생산량은 연평균 354만 톤에 그쳐 북한 전역에 죽음의 공포가 덮쳤다. 김정일은 아사사태에도 불구하고 김일성 시신 안치를 위한 치장에 9억 달러를 들이고 핵무기 개발에 거액의 자금을 투입하는 광기를 보였다. 기근으로 인한 전체 아사자는 최대 300만 명에 이른 것으로 추정됐다.
이에 따라 목숨을 걸고 중국으로 건너가 식량을 구하는 북한 주민들이 봇물을 이뤘다. 탈북은 1996,1997년에 절정을 이뤄 중국 장단기 체류자는 여성을 중심으로 20,30만을 헤아렸다. 북한은 처음에 탈북자들을 정치범 수용소에 가두는 등 가혹하게 처벌했지만 식량난이 절박하고 국제사회의 여론이 나빠지자 한동안 징역형으로 대신했다(이영훈 2013, 통일부 PDF북1,2).

고난의 행군 호노하며 체세단속 북한 정권은 내외의 위기를 고난의 행군이라는 이름으로 호도하며 위기를 벗어나고자 했다. 그러나 아사사태를 겪으면서 북한 주민들의 소위 수령체제에 대한 신뢰는 완전히 무너졌다. 정권의 폭력적 억압기구들만이 북한체제를 떠받치고 있었다. 중국과 한국의 발전상에 대한 정보를 접하면서 주민들의 상실감은 더욱 커졌다. 와해된 배급제를 초보적 수준의 장마당이 대신하자 김정일은 수령체제의 해체로 이어질 것이 두려워 외부로부터의 정보와 상품이 유입되지 않도록 감시와 단속을 멈추지 않았다.

아사사태 이후 북한 주민들은 너나없이 생계소득 확보를 위해 장사에 몰두했다. 당 간부나 관료들은 상인과 결탁해 돈을 벌고 일반 노동자들은 소속 직장에 상납금을 내고 장사에 나서는 일이 보편화됐다. 사회 전체에 황금만능주의와 직권을 이용한 부정부패가 만연했다. 기존의 출신성분과 계급적 토대에 기초해서 작동하던 사회구조는 돈과 이해관계를 중심으로 재편됐고 뇌물을 통한 사회적 관계망들이 일상화됐다.

1998년 이후 식량위기가 부분적으로 완화돼 탈북자 수는 줄었지만 북한체제에 염증을 느껴 탈북하는 주민들의 행렬이 이어졌다. 중국 탈북 주민들은 인권 사각지대에 놓여 인신매매, 강제 혼인, 임금 착취의 대상이 됐다. 그런 한편으로 중국의 불법 월경자 단속에 노출될까 불안에 떨었다(이영훈 2013).

2002
월드컵 4강 진출의 신화 연출

5장
선진국 도약과 건국이념 훼손

    1980년대 대학가를 장악한 좌경 운동권은 마르크스·레닌주의, 모택동주의, 북한 김일성 주체사상을 신봉하는 세력이었다. 이들은 자유민주주의를 근간으로 하는 권위주의 해체에 적지 않은 영향을 미쳤고 50년간 지속된 자유우파 정권을 용공좌파 정권으로 뒤집는 전위 역할을 했다. 1998년 등장한 김대중 정부와 뒤를 이은 노무현 정부는 10년 동안 대한민국의 체제를 용공으로 변질, 왜곡시켰다.

    이런 위헌적 사태가 북핵문제나 남북관계를 기형으로 만들면서 국가안보가 망가지고 건국이념이 훼손됐다. 국가 미래를 개척하기 위한 노력보다 자폐적 이념투쟁과 과거사 뒤집기에 골몰해 나라가 몸살을 앓았다. 좌파 정부들의 국정 실패로 우파정부가 들어섰으나 통치력 부족으로 국가 정체성 확립이나 국운 재도약의 물꼬를 트지 못했다.

    좌우파 정부 20년간의 국정 혼돈은 청년실업, 비정규직 양산, 저출산 고령화 사회와 같은 난제들을 등장시켰다. 그러나 좌우정부들이 밑 빠진 독에 물 붓기 식의 복지 확대로 문제를 땜질하면서 국가의 동력이 현저히 약화됐다. 그 과정에서 경제체질과 재정안정성, 가계안정성까지 위험상태로 내몰렸다. 5년 단임제는 소신 있는 국정을 추진하기보다 국정 무책임으로 이어져 이런 병폐들을 키웠다. 국가 치욕의 근현대사에 대한 일말의 고민도 없이 선진국으로 진입하기가 무섭게 중증 선진국병을 노출시켰다.

1. 21세기 신질서와 동아시아 외환위기

2000년대 미국은 80개국에 군대를 주둔시키며 100개국 이상과 군사관계(2018년 177개국)를 유지하는 세계국가였다. 미국은 이런 국제 관계망을 통해 인권, 시장경제 등 자유민주주의의 가치를 전파하고 지키는데 앞장섰다. 2차 대전 이후 미국은 다른 국가를 17차례나 침공하고 북한, 쿠바, 리비아, 아프가니스탄, 베트남, 이라크 등 22개국을 폭격했다. 그 점에서 미국은 가장 패권적인 국가라고 할 수 있었다.

그러나 미국이 경찰국가로서의 역할을 포기한다면 지구촌은 더 심각한 무질서 상태에 빠질 수 있다는 것이 인류 역사가 상기시키는 현실이다. 미국은 여러 가지 자기모순으로 인해 혼란을 겪고 있지만 자유 수호세력으로서의 역할에 대한 기대는 줄어들지 않고 있다. 트럼프 대통령의 변화난측한 노선은 미국에 대한 신뢰를 허물고 있지만 그것은 지나가는 한 차례 파동으로 이해해야 할 것 같다(사우스웰 2007, 이주영 외 2006).

1) 테러와의 전쟁과 북핵 사태

20세기말 서구 문명과 이슬람 문명은 상호갈등 관계에 있었다. 1980년대 이란의 호메이니 정치혁명에서 촉발된 이슬람 근본주의 종교운동은 서구문화가 자신들의 공동체적 삶을 무너트린다는 피해의식을 갖게 만들었다. 그런 의식이 증오심으로 발전해 1985년 이후 성전(지하드)의 이름으로 지구촌 곳곳에서 반 서방 테러를 일으켰다.
1990년대 미국 클린턴 정부(1993~2000)에서는 이스라엘계 유대인들이 정부 요직은 물론 금융, 법률, 언론, 대학을 주도하고 있었다. 그런 현실이

친이스라엘 노선을 강화시켜 아랍 이슬람 국가들의 반발을 샀다. 아랍 국가들은 미국의 외교노선을 이슬람 문명 파괴 의도로 해석해 반미 테러를 본격화했다. 1993년 뉴욕 세계무역센터 폭탄 테러(1000여 명 사상), 1996년 사우디아라비아 미군 주둔지 폭탄테러(19명 사망), 1998년 케냐와 탄자니아 미국대사관 폭탄테러(213명 사망) 사건 등이 그것이다.

클린턴 정부는 국제 테러의 배후로 이라크, 이란, 시리아, 북한, 쿠바, 아프가니스탄, 수단 등 7개 불량국가를 지목했으나 테러 근절대책을 내놓지 못했다. 이런 가운데 2000년 4월 미국의 군사적, 경제적, 정치적 과잉개입이 언젠가 강력한 보복을 불러올지 모른다는 내용의 책(찰머스 존슨의 Blowback)이 출판돼 관심을 끌었다(이주영 외 2006, 나카무라 2006).

문명충돌과 9.11 테러

2001년 9월 11일 이슬람 근본주의에 뿌리를 둔 테러조직 알카에다는 뉴욕과 워싱턴을 향한 4대의 항공기 자살테러를 일으켜 세계를 경악시켰다. 이 테러로 세계무역센터 쌍둥이 빌딩이 무너지고 국방성 건물이 손상을 입어 90개국 국민 3000명 이상이 숨졌다. 테러범 19명도 죽었다. 미국 거주 일부 아랍인들이 이 사건에 연루된 것으로 알려지면서 인구의 0.3%인 이슬람교도들도 경계의 대상이 됐다.

9.11 동시다발 테러 이후 미국사회에는 커다란 변화가 일어났다. 국민의식 보수화와 함께 정보부서, 이민관리, 공항의 보안체계가 강화되고 국토안전부가 신설됐다. 2001년 10월 미국은 아프가니스탄의 알카에다 조직 본거지를 공습하고 테러범 신병 인도를 거부한 아프가니스탄을 침공해 탈레반 정권을 붕괴시켰다.

2002년 1월 부시 대통령(2001~2008)은 연두교서에서 테러 대응의 일환으로 이란, 이라크, 북한을 악의 축으로 규정했다. 북한을 포함시킨 것은 문명충돌 구도를 피하기 위한 것이라는 분석이 있었다. 부시는 테러 우려가 높은 이들 국가들의 대량살상무기 소유나 개발을 안보위협 요인으로 판단했다. 2002년 9월 미국이 1차로 이라크의 대량살상무기를 문제 삼자 유엔은 이라크에 무기사찰단을 파견하는 것으로 상황악화를 막으려 했다. 이때 이라크는 걸프전쟁 이후 10년 동안 무역 제재를 받고 있는 중이었다.

무기사찰단이 아무런 결과를 가져오지 못하자 미국은 군사제재 카드를 꺼내들었다. 당시 미국의 신보수주의자(네오콘)들은 유엔을 무시하고서라도 군사력을 이용해 국가나 정권을 전복하는 단독행동주의 군사외교 노선을 지향했다. 미국의 이 같은 무력행동 방침에 대해 러시아, 중국은 물론 우방인 프랑스, 독일까지 반대 의사를 밝혔다.

그러나 미국은 2003년 2월 유엔안보리 결의 없이 영국의 협력만으로 이라크를 침공해 후세인 정권을 무너트렸다. 이라크 전쟁에서는 토마호크 순항미사일 750발과 정밀 유도탄 2만3000발 이상이 사용됐다. 미국은 개전 3주 만에 이라크 수도 바그다드를 점령했지만 전쟁의 명분이었던 대량살상무기를 찾아내지 못해 위신이 손상됐다(나카무라 2006, 이주영 외 2006).

일본, 전쟁 가능한 나라로 9.11 테러(2001), 아프간 전쟁(2001), 이라크 전쟁(2003)의 충격은 일본에도 적지 않은 영향을 미쳤다. 小泉純一郎고이즈미 총리(2001~2006)는 2001년 10월 테러대책 특별조치법을 통과시켜 자위대가 미군 등에 대한 후방 지원을 할 수 있도록 했다. 그러나 내각 법제국(우리나라 법제처)은 다른 나라의 무력 활동과 일체화된 자위대 활동은 위헌이라는 해석을 내려 지원의 범위가 쟁점이 됐다.

2003년 2월 미국과 영국이 이라크에 대한 군사공격을 강행하자 고이즈미는 곧 미국과 영국의 무력행사를 지지한다는 입장을 밝혔다. 뿐만 아니라 일본 최초로 격전지인 이라크에 자위대를 파견해 보통국가의 군대와 같은 활동을 하게 했다. 일본은 해석 개헌이라는 수단을 사용해 1991년부터 자위대를 파병해왔으나 격전지에 파병한 전례는 없었다.

2003년 6월 일본은 민간기업과 지방자치단체를 미군에 대한 후방지원 협력체제에 포함시키는 유사법제有事法制 관련 3법을 제정했다. 유사시에 적용될 3법은 중일전쟁 때의 국가총동원법과 유사한 내용을 담았다. 이런 법률들은 미국에 대한 군사지원과 함께 일본 자체를 전쟁 가능한 나라로 만들어 나가는데 숨은 목적이 있었다. 일본이 전쟁을 할 수 있는 보통국가가 되기 위해 남은 절차는 이제 평화헌법 개정뿐이다(나카무라 2006).

역사 돋보기 - 외화내빈 고이즈미 국정

小泉고이즈미 총리는 6년 재임 동안 대미 종속을 심화시키고, 시장원리주의로 양극화를 키웠으며, 야스쿠니 신사참배로 아시아 각국과의 우호관계를 악화시켰다. 대미 종속은 군사 부문만이 아니라 건축기준, 회계기준, 사법제도에 이르기까지 다양한 차원에서 이뤄졌다. 경기회복을 위한 구조개혁은 요란한 선전에 비해 성과가 보잘 것 없었고 시장원리의 강조로 빈부격차만 확대시켰다. 역사에 취약했던 고이즈미는 야스쿠니 신사 참배로 아시아 각국의 반발을 샀다(일본협의회 2011).

안보쟁점 된 북한 핵무기 개발

스탈린 시대 소련은 미국에 대항하기 위해 핵무기를 개발했다. 이후 영국, 프랑스, 중국, 인도, 파키스탄이 각국의 안보위협에 대응한다는 명분으로 핵무기 개발을 성공시켰다. 북한은 이와 달리 체제보장과 존재감을 높이려는 목적으로 핵개발에 나섰다. 핵무기가 없는 북한은 거지국가일 뿐이나 핵을 가지면 세계적 주목을 받을 수 있었다. 미국과 국제사회는 테러국가 이란으로의 핵확산 가능성을 우려해 북한의 핵개발에 신경을 곤두세웠다.

북한의 핵개발 위기는 클린턴 정부(1993~2000) 때인 1993년 북한의 핵확산금지조약(NPT) 탈퇴와 사거리 1300km의 노동1호 미사일 발사 성공으로 가시화됐다. 유엔안보리는 북한에 대한 제재조치를 내려 사태악화를 막으려 했다. 클린턴 정부는 희생이 따르더라도 북한 핵 시설 파괴를 위한 5027 작전계획을 실행할 참이었다.

1994년 5월 재야의 김대중(정계 은퇴)은 북한의 핵개발은 미국과의 대화용이고 일본 핵무장을 두려워하는 중국이 북한의 핵무장을 반대할 것이라는 논리로 클린턴 정부의 협상을 설득했다. 그러나 1994년 7월 김일성이 죽자 권력을 세습한 김정일은 집권과 동시에 한반도 비핵화 공동선언(1992.1)을 사문화시켰다(이덕주 2007, 이영훈 2013, 이영작 대4-10).

불발된 제네바 핵동결 합의 카터 전 대통령의 주선(김일성 사망 전 면담)으로 1994년 10월 미국과 북한이 제네바에서 만나 핵 합의를 도출해냈다. 북한이 핵개발 중단과 사찰을 수용하는 조건으로 미국이 체제보장과 경수로 발전소를 지어주기로 약속했다. 한국의 북한 흡수통일을 전제로 한 제네바 합의는 김영삼 정부의 전략부족과 겹쳐 기대대로 되지 않았다. 한국과 미국은 한반도에너지개발기구(KEDO)를 발족시켜 1997년 10억 달러 규모의 신포 경수로 건설공사에 들어갔다. 그러나 북한이 핵개발을 재개해 공사는 곧 중단되고 제네바 합의는 공중에 떠버렸다.

1998년 8월 북한이 장거리 대포동 미사일 광명성 1호를 발사하자 핵 우려는 더욱 증폭됐다. 일본이 미사일 방어체계 구축 청사진을 마련하는 동안 한국은 아무런 대응조치도 취하지 않았다. 2002년 10월 북한이 우라늄 농축 방식의 핵개발 지속 사실을 인정하자 중유공급 등 제네바 합의 실행은 완전히 중단됐다. 부시 대통령은 북한에 대해 군사행동도 불사한다는 방침을 중국에 전달해 한반도의 긴장이 높아졌다.

이에 중국이 남북과 미일중러가 참여하는 6자회담을 제안했고 미국은 북한과의 직접 협상을 피하기 위해 이 제안을 받아들였다. 그러나 남북과 미일중러의 이해관계가 제각각이어서 합의점을 찾는다는 것이 애초에 무리였다. 북한은 이런 국제 역학관계를 의식하며 2003년 1월 두 번째로 핵확산금지조약(NPT) 탈퇴를 선언했다.

2003년 2월 미국이 이라크를 침공해 후세인 정권을 전복시키자 북한의 김정일은 핵개발에 더욱 집착했다. 그런 한편으로 핵개발을 통해 원유와 식량 등을 지원받아 개혁개방 없이 경제난을 극복할 수 있다는 엉뚱한 사고에 빠져 있었다. 미국도 김정일이 정권 유지를 위해 핵무기를 포기하지 않을 것으로 내다봤다(차하순 외 2015, 이덕주 2007, 외교부 PDF1).

북한 속임수 놀아난 6자회담 이런 결과가 예견되는 상황에도 불구하고 6자회담 대표들은 2003년 8월 1차 회담부터 2004년 2월 2차 회담, 2004년 6월 3차 회담까지 수사적인 원칙에 합의하느라 힘을 뺐다. 2005년 7,8,9월 4차 6자회담에서는 9.19 비핵화 공동선언에 합의했으나 북한의 핵무기 보유 선언으로 공염불이 되고 말았다. 이에 부시 대통령은 북한정권 교체를 새 카드로 꺼내들었고 김정일은 부시의 임기동안 버티기에 들어갔다.

당시 북한은 미국과 유엔의 재제로 경제난에 봉착해 마약밀매, 위조달러, 밀수, 무기 수출을 돈벌이 수단으로 삼았다. 특히 마카오의 방코델타아시아은행을 통해 20년간 달러 위폐를 유통시켜온 사실이 드러나 미국은 이 은행의 북한 자금을 동결하고 금융거래를 중단시켰다.

노무현 대통령은 미국과 북한 사이에 위폐 갈등이 커지자 북한의 달러 위조 범죄에 대한 증거가 없다는 등의 말로 본질을 흐렸다. 김정일은 미국의 금융압박에 대한 협조를 얻기 위해 2006년 1월 중국의 호금도 주석을 만났으나 겉으로는 상해, 심천 등 공업지구를 시찰하는 것처럼 위장했다.

노무현 대통령은 2006년 1월 미국 정부의 북한 압박과 붕괴를 꾀하는 식의 해결방식에 동의하지 않는다는 주장을 폈다. 북한은 미국의 금융제재에 반발하면서 2006년 7월 대포동 2호 미사일을 시험 발사하고 10월에는

1차 핵실험까지 강행했다. 이에 유엔안보리는 군사장비 수출 금지 조치를 내렸다(도표 참조). 일본은 북한이 첫 핵실험을 하자 SM-3와 PAC-3 요격 미사일을 도입했으나 노무현 정부는 딴전만 피웠다.

2007년 2월 5차 회담과 2007년 7, 9월 6차 회담에서는 북한의 핵 불능화를 전제로 에너지 100만 톤 지원, 경제제재 해제에 각각 합의했으나 북한의 약속 파기로 합의들은 또 휴지조각이 되고 말았다(차하순 외 2015, 이덕주 2007).

대북 재제와 벼랑 끝 전술 2008년 들어 이명박 정부(2008~2012)가 좌파정부의 대북 지원정책을 수정하자 북한은 국제사회를 핵으로 위협하는 벼랑 끝 전술을 구사했다. 2009년 4월 북한은 사거리 6000km의 대포동 2호 미사일 발사에 성공하고 5월에는 2차 핵실험을 강행했다. 국제사회의 우려가 증폭되면서 유엔안보리는 더 강한 경제제재를 결의(1874호)했고 북한은 6자회담 중단으로 맞섰다. 이로써 북한이 6자회담을 핵개발의 시간을 벌고 경제적 지원을 받기 위한 속임수로 활용했다는 사실이 확인됐다.

2010년 북한은 체제 유지의 수단으로 군사력 증강에 몰두해 GDP의 24%(남한은 2.7%)를 국방비로 쓰고, 그 80%를 핵 개발과 유지비용으로 투입했다. 북한은 2012년 4월 개정헌법에서 핵보유국 지위를 명기했다.

〈표5-1〉 유엔안보리의 북핵 및 미사일 관련 제재 결의

연도	제재 내용
2006	1695호(재화, 기술차단) 1718호(제재참여 의무화, 대북 무기수출 금지)
2009	1874호(무기관련물자 대북수출 금지, 북한자산동결 및 금융거래 금지)
2013	2087호(대북수출 통제강화) 2094호(금수품 항공기 이착륙, 통과 불허)
2016	2270호(북한산 광산물 수출금지) 2321호(석탄수출 제한, 외교활동 제한)
2017	2356호(북한 기관·개인 제재) 2371호(광수산물 수출차단)
	2375호(원유동결, 정제유 수출제한, 섬유 수출차단)

자료: 김진아 북2-11

유엔안보리는 북한이 2012년 12월 미국 서부를 타격할 수 있는 미사일 발사에 성공하자 2006년 결의(1차 핵실험 1718호), 2009년 결의(2차 핵실험 1874호)보다 더 강화된 결의(2087호)를 발효시켰다. 북한은 여기에 반발해 모든 대화를 거부하고 2013년 2월 3차 핵실험을 강행했다.

2014년 3월에는 동해상으로 노동미사일 2발을 발사하고 2015년 5월에는 잠수함 탄도미사일(SLBM) 시험발사를 성공시켰다. 2016년 1월 북한이 4차 핵실험을 강행하자 유엔과 국제사회는 최강의 대북제재 조치를 결의해 북한은 국가 파탄상태에 몰렸다. 북한은 2006년 이후 10차례의 유엔 제재를 받았다(권희영 외 2014, 차하순 외 2015, 김진아 북2-11).

역사 돋보기 - 대통령들의 무지, 환상, 망언

북한 핵개발은 1990년대 이후 역대 한국 대통령들의 무능과 무책임이 나라의 안보를 망가트린 국가 실패의 사례였다. 김영삼 대통령은 북이 핵개발을 하고 있는데도 어느 동맹국도 민족보다 나을 수 없다는 무모한 태도를 보였다. 김대중 대통령은 북한은 핵을 개발한 적도 없고, 개발할 능력도 없다며 북한이 핵을 개발하면 내가 책임지겠다는 망언을 했다. 노무현 대통령은 북한 핵개발 주장에 일리가 있다며 아무런 핵실험 징후가 없다고 공언했다. 그러나 발언 직후인 2006년 10월 북한이 1차 핵실험을 강행하자 북에 핵무기가 있어도 한국이 우월적 군사균형을 이루고 있다는 말장난으로 상황을 호도했다. 당시 외교장관은 북한의 미사일 실험용 장거리 로켓이 인공위성용이라는 말로 북한의 핵개발을 감싸고돌았다(양상훈 안3-9, 안3-10).

2) 중러의 패권주의와 관리민주주의

2000년대 이후 중국은 사회주의 시장경제 정착을 위한 구조개혁과 대외개방을 가속화했다. 2001년 WTO 가입에 따라 중국시장을 개방하고 국유기업의 민영화, 부실 금융기관의 구조조정, 환율제도 개편, 외자유치와 해외투자 확대, 아시아권 국가와의 FTA 체결 등 변신을 이어갔다.

2002년 중국공산당은 16차 전인대에서 강택민의 3개 대표론에 근거해 기업가, 지식예술인, 신흥 중산층을 공산당원으로 받아들이는 길을 열었다. 2007년에는 사유재산 불가침을 규정한 헌법(2004)에 따라 토지 사용기간(주택 70년, 공장 50년, 상가 40년)이 끝나면 자동 연장되도록 하는 물권법을 통과시켰다. 당내 좌파들의 반발로 수년간 진통을 겪은 끝에 사실상 개인의 토지 소유를 허용한 것이다. 이로써 개혁개방에 방해가 되는 무산계급 독재, 사유재산 불인정이라는 사회주의 체제의 두 가지 기본원칙을 해체시켰다(외교부 PDF2).

중국 폭압통치와 패권외교

등소평이 개혁개방 노선을 도입한 1979년부터 2009년까지 30년 동안 중국은 연평균 9.8%의 경제성장률을 기록했다. 이 기간 GDP는 16배, 1인당 국민소득은 12배가 늘어났다. 중국의 경제 규모는 2005년 미국, 일본, 독일에 이어 세계 4위였으나 2008년에는 독일, 2010년에는 일본을 제치고 세계 2위의 경제대국으로 올라섰다.

중국의 세계교역 비중은 1985년 1.8%(11위)에서 2000년 3.7%(7위), 2015년 11.5%(1위)가 됐다. 2015년 교역량은 3조9600억 달러로 수출(2조2800억 달러)과 수입(1조6800억 달러)에서 모두 세계 1위였다. 한국의 대외교

〈표5-2〉 한국의 대외교역 중미일 비중 (단위: %)

연도	1992	2000	2005	2010	2015
중국	4.0	9.4	18.4	21.1	23.6
미국	23.0	20.1	13.2	10.1	11.8
일본	19.6	15.7	13.3	10.4	7.4

자료: 한국무역협회

역에서 차지하는 중국의 비중은 2005년 무렵부터 1위가 됐다(도표 참조). 한국은 2017년까지의 30년 동안 미국, 일본에 대한 수출비중을 각 3분의 1로 줄인 반면 중국의 비중을 10배 가까이 늘렸다(2017년 24.8%)

고도성장의 모순과 경세 불평등 중국의 고노 경제성상 배경에는 일당독재의 강압적 정치제도와 인권 억제정책이 있었다. 국가주석 습근평(2013~현재)은 제13차 5개년 계획(2016~2020)이 마무리되는 2020년까지 1인당 국민소득을 2010년의 두 배로 끌어올려 생활이 비교적 여유로운 소강사회를 이뤄낸다는 목표를 내세웠다.

그러나 중국의 30여 년 개혁개방은 구제도를 바꾸지 않고 새 영역 개척에만 힘을 쏟아 구시대의 모순에 새로운 모순이 끊임없이 보태지는 상황이 이어졌다. 중국의 지니계수는 개혁개방 초기인 1984년에는 0.227이었으나 2016년에는 0.465를 기록했다. 지니계수는 1에 가까울수록 불평등이 크다는 의미로 0.4를 넘으면 사회불안을 초래할 수 있는 수준으로 간주된다.

현재 중국 부유층과 중산층은 경제성장을 주도한 대도시와 동부 해안도시에 집중돼 있다. 광동성 심천深川은 1인당 GDP가 2만5000달러(2016)에 이르지만 심천 이외 광동성 8개 도시의 1인당 GDP는 심천의 4분의 1에 지나지 않는다. 중국 전체의 극빈층은 약7000만 명(2016)으로 2020년 소강사회 달성의 여건이 녹녹치 않은 실정이다(외교부 PDF2, 왕단 2015, 중2-22).

폭압적 정치체제 변화 없어 21세기의 중국 정치는 러시아보다 질이 떨어지는 공산당 일당독재로 정부의 거짓말과 폭력이 공공연한 실정이다. 1949년 만들어진 임시헌법은 언론, 집회, 결사, 거주이전의 자유를 보장했지만 이들 조문은 지금까지 그림의 떡에 불과하다. 언론의 자유는 공산당 관제 언론과 200만 명이 동원된 거대한 인터넷 감시망으로 철저히 억압되고 있다. 헌법에서 모든 정상 종교를 인정한다고 했지만 종교의 정상 여부는 정부가 판별한다. 법륜공法輪功과 신강新疆 지역의 이슬람 무슬림들은 여전히 탄압과 감시에 시달리고 있다.

국민 방어권도 용납하지 않아 피고인의 생사가 걸린 형사재판의 70% 이상이 변호사 없이 진행되고 있다. 인권 변호사들이 약자 집단과 정치적 반대운동의 사법사건에 개입하고 있지만 정부의 인권 변호사에 대한 탄압도 심해졌다. 2002년에는 최소 500명 이상의 변호사가 연행, 체포, 기소됐고 2015년에는 변호사 280여 명이 한꺼번에 구속됐다. 1989년 천안문 사태에 대한 학살 진상규명 요구는 30년 동안 묵살되고 있다.

2014년 홍콩의 우산혁명은 2017년부터 홍콩인이 직접 행정장관을 뽑게 해주겠다고 한 약속을 저버렸기 때문에 일어났다. 등소평은 영국과 홍콩 반환협상(1982~1984)을 하면서 일국양제一國兩制, 항인치항港人治港, 고도자치 등 3원칙을 약속했었다. 그러나 중국은 이런 약속을 파기하고 우산혁명에 동참했다는 이유로 100여 명을 체포했다. 대부분의 홍콩인들은 이제 중국의 약속을 믿지 않는다. 서구식 민주주의의 도입을 부정한다는 2012년 개정헌법의 의미는 바로 이런 것들이다(정광호 2008, 왕단 2015, 중2-11).

중화 패권주의의 부상 중국은 경제 성장에 주력했던 1990, 2000년대에 주변국들과 비교적 평온한 관계를 유지했다. 1997년 동아시아 외환위기 때 중국은 태국, 인도네시아에 45억 달러를 지원해주고 캄보디아, 라오스, 미얀마의 부채를 탕감해주는 등 환심정책을 폈다. 2000년대 들어서는 미국이 테러와의 전쟁을 벌이는 동안 미국의 빈자리를 채우며 동아시아에서의 영향력을 키웠다. 2002년에는 아세안에 유리한 중국-아세안 간 FTA 기본협정을 체결해 친 중국 무드를 이끌었다.
그러나 호금도 주석(2003~2012) 말기부터 중국의 국수적 패권주의가 모습을 드러내기 시작했다. 한동안 소강상태를 보였던 남중국해의 서사군도,

남사군도에 대한 영유권 분쟁[9]은 2009년 이후 중국이 무력시위를 늘리며 동남아 각국을 불안하게 만들었다. 2010년에는 조어도 영유권 분쟁을 이유로 일본에 희토류 수출금지 조치를 내렸고, 2012년에는 필리핀 수입과일 검역 강화 등 보복조치를 이어갔다. 중국이 세계 2위 경제대국(2010)으로 올라서면서 약육강식 패권외교는 일상화됐다.

2013년 주석으로 취임한 습근평은 은인자중의 도광양회韜光養晦 외교 전략을 벗어던지고 패권국가 중국을 꿈꾸는 중국몽中國夢을 내세웠다. 그 상징적 사업이 한족 당나라의 영광을 되찾겠다는 대당공정(一帶一路 프로젝트)이다. 2013년 발표된 일대일로 프로젝트는 내륙 3개, 해상 2개 등 총 5개의 신 실크로드 경제벨트를 만들자는 구상으로 2017년까지 100여 개 국가와 국제기구가 여기에 참여했다. 그러나 경제 패권을 확대하려는 기도로 의심받으면서 이후 여러 나라들과 불협화음을 빚고 있다.

중국은 무력통일 노선을 지향하며 대만과의 양안兩岸관계에서도 거친 태도를 보였다. 중국은 대만의 독립 추진과 통일 협상 무기연기를 무력사용 조건(1993, 2000)으로 내세우다 독립 강행 시 무력사용을 아예 법제화(2005)시켰다. 습근평은 2019년 1월 대만의 채영문蔡英文 총통이 2300만 대만인의 자유민주 수호 의지를 존중해야 한다고 말하자 독립을 시도할 경우 무력사용을 배제하지 않겠다고 위협했다. 현재 대만은 대만 독립 또는 현상유지를 지향하고 있다(최유식 중2-19, 윤진표 2017, 외교부 PDF2)

---

[9] 중국과 베트남, 필리핀, 대만, 인도네시아는 1990년대 이후 남중국해의 서사군도, 남사군도에 대한 영유권을 놓고 분쟁을 벌여왔다. 남중국해는 수에즈 운하의 3배, 파나마 운하의 2배에 이르는 물동량이 움직이는 해상통로로 동아시아 각국의 생존과 안보가 걸려 있는 지역이다. 막대한 원유와 천연가스 자원을 둘러싸고 영유권 분쟁이 첨예화될 가능성이 커지고 있다.

🔍 역사 돋보기 - 망상적 중화질서

근대 이후 세계는 평등한 주권국가들의 평화공존을 규정한 베스트팔렌 조약(1648)이 이끌어왔다. 유럽연합, 미합중국(미국), 유엔은 베스트팔렌 질서를 유럽, 북미, 세계로 확대시킨 것이다. 2010년대 들어 중국은 베스트팔렌 질서를 무시하는 지구촌의 불량국가로 떠올랐다. 사대주의적 중화질서를 강요하며 거칠고 무리한 패권외교로 사방에 적을 만들었다. 한국, 일본, 대만과 관계가 틀어지고 인도네시아, 베트남, 필리핀과는 남중국해 영유권 문제로 척을 졌다. 중국을 둘러싼 15개국 가운데 사이가 괜찮은 나라는 파키스탄과 북한 정도에 불과하다. 중국은 주변국들과 다투는 과정에서 쩨쩨하고 시시한 중국이라는 이미지를 심어줬다.

중국이 주변국의 인정을 받는 패권국가가 되려면 베스트팔렌 질서를 받아들이고 민주화 조치를 이행해 나가야 한다. 공산주의를 고수하는 한 중국이 지구촌의 중심국가가 되거나 되도록 해서는 안 된다(윤평중 중2-17, 윤덕민 중2-24).

▎푸틴식 관리민주주의의 명암

소련 붕괴 이후 러시아의 대외정책은 서구와의 공조를 추구하는 통합노선, 서방 대안적 동맹구축을 지향하는 자주노선, 자주와 통합의 균형을 유지하는 중도 현실노선이 경쟁하는 구도였다. 러시아 대통령 옐친은 초기 친서방적 통합노선에서 후기 강경 자주노선으로 돌아섰다. 서방국가들이 러시아를 세계무대에서 한물간 2류 국가로 취급한 것이 자주노선 전환의 배경이었다.

옐친에 이어 3,4대 대통령으로 8년을 집권한 푸틴(2000~2007)은 자주노선과 통합노선을 중첩적으로 드러냈다. 약체화된 러시아의 현실을 직시하고 애국적 자기주장과 실용적 현실정치를 혼합시켰다. 미국과 서방의 국력이라는 현실을 수용하면서 국외자, 훼방꾼이 아니라 세계 정치무대에서 한 자리를 차지하는 것을 목표로 삼았다.

특히 2001년의 9.11 테러 이후 안보와 평화를 위한 미국과의 협조를 높여 나갔다. 그러나 요격미사일망 구축, 중앙아시아 군대 주둔 등 미국의 일방주의에 대한 패배의식이 커지면서 관계가 다시 악화됐다. 미국은 기업인 체포, 언론 공격 등 러시아의 비민주적 행태와 석유공급 무기화에 불만을 표시했다(랴자놉스키 외 2017).

전국 7% 득표해야 정당 인정 푸틴은 애국적 국가주의 이념을 중시했다. 각 나라는 자기들의 필요와 전통에 따라 국제적 가치를 적용해야 하며 거기에 다른 나라들이 개입할 여지가 없다는 의미였다. 그 연장선상에서 권위주의 대 자유주의, 국가주의 대 민주주의, 보편주의 대 민족주의 같은 2분법을 극복할 필요가 있다는 사고를 드러냈다.

2006년 이후에는 국가주의를 주권 민주주의로 바꿔 불렀는데 서구에서는 이를 '관리 민주주의'로 표현했다. 푸틴은 연방의회 연설에서 국가의 정신적 통합과 러시아의 독특한 가치를 존중해야 한다며 맹목적 외국 모델 추종을 직설적으로 경고했다. 또 소비에트 시기 범죄에 대한 국가의 책임 인정과 사과를 거부하고 긍정적 성취를 내세우는 것으로 과거사와의 화해를 이끌어냈다.

이런 담론을 포괄하는 관리 민주주의는 정치적 관점 경쟁을 축소시킨다는 데 그 핵심이 있었다. 푸틴은 그 일환으로 2001년 전국에서 5% 지지층을 확보해야 정당으로 인정받을 수 있도록 선거법을 고쳤다. 2007년에는 정당의 선거 참여 기본조건을 전국 7% 득표로 상향시켰다. 2007년 12월 선거에서는 통합러시아당(64.3%), 연방공산당(11.7%), 자유민주당(8.1%)과 관제 야당인 정의러시아당(7.7%)만이 국민 대표권을 가질 수 있었다. 서방 지향적 자유주의 정당들은 5% 문턱도 넘지 못해 정계에서 퇴출됐다. 관리 민주주의에 의해 정당 간 정책 갈등의 범위는 상당히 좁혀졌다.

푸틴은 2000년 1차 임기 시작과 함께 언론이 허위정보를 전달하는 수단이 되거나 국가를 상대로 한 투쟁도구가 되도록 해서는 안 된다는 언론정책을 발표했다. 또 객관적 정보 전달을 위해 국영매체가 언론시장을 장악하는 것이 바람직하다는 의견을 드러냈다. 결국 푸틴 정부에서는 친 정부 인사나 기업들이 언론사를 운영해 구소련과 비슷한 언론 상황이 조성됐다. 뿐만 아니라 폭로기사를 준비하던 유명 언론인들이 피살당하는 사건이 잇따라 일어났다. 전임 옐친 시대의 언론은 현재와 과거의 온갖 사회병리 현상들을 비교적 자유롭게 보도할 수 있었다(랴자놉스키 외 2017).

반국가적 언론, 사회단체 불용 푸틴은 시민사회단체(NGO)에 대해서도 유사한 압박을 가했다. 2차 임기가 시작된 2004년 5월 푸틴은 연방의회 연설에서 '외국과 연계해 국가이익과 갈등을 일으키는' 시민사회단체들을 향해 경고 메시지를 내보냈다. 푸틴은 2005년 관련법을 제정해 모든 시민사회단체를 다시 등록받고 인권과 관련된 몇몇 단체는 해산시켰다. 공고(GONGO) 즉 정부에 의해 조직된 관제 시민운동을 장려하기도 했다.

푸틴은 헌법상 3연임 불가 규정에 따라 2008년 5대 대통령 선거에서 후계자인 메드베데프를 당선되게 하고 자신은 총리가 됐다. 4년 뒤인 2012년 임기 6년(2009년 헌법 개정)의 6대 대통령 선거에서 63%의 지지율로 3선에 성공했다. 푸틴의 인기는 안정된 정부와 강한 지도자에 대한 국민 바람 그리고 꾸준한 경제성장 등에 원인이 있었다. 시장경제 지지, 서구문명과 러시아의 굴욕감 없는 통합이라는 원칙도 국민들의 지지를 받았다. 그러나 2014년 3월 우크라이나의 친 러시아 지역인 크림반도를 무력 합병하는 바람에 서방국가들이 러시아를 G8에서 축출하고 각종 제재조치를 내렸다. 유엔은 100개국의 찬성으로 무력합병을 불법으로 규정하는 결의안을 채택했다(랴자놉스키 외 2017). 푸틴은 2018년 7대 대선까지 4선에 성공해 러시아의 자르 녹재자라는 평가를 받고 있다.

🔍 역사 돋보기 - 푸틴 평가의 두 시각

푸틴의 1,2차 임기에 대해 긍정론자들은 경제 발전, 자유주의 개혁, 러시아의 안정과 정상화를 이뤘다고 평가한다. 실제로 러시아 경제는 2000년 푸틴 취임 이후 세계 경제위기가 시작된 2008년까지 계속 좋아졌다. 국민총생산은 연평균 6.7% 신장되고 인플레는 1999년 36%에서 2006년 9%로 낮아졌다. 1998~2008년 석유와 천연가스 가격앙등이 경제발전의 호재가 됐다.

반면 부정론자들은 석유횡재가 낭비되고 사기업 규제로 인한 성장 감소, 유럽 최악의 부패, 과중한 관료조직 및 안보기구로 인한 부담 등을 문제로 꼽았다. 또 고무적인 거시경제 지표 뒤에 지역간 경제격차, 빈약한 경제 인프라, 농업 생산성 정체 등 문제들이 도사리고 있다고 지적했다(라자놉스키 외 2017).

3) 동아시아 외환위기의 파장

1990년대는 정치적 민주화(공산권 붕괴)와 함께 자본의 세계화가 시대적 화두였다. 세계 자본의 초국가적 이동은 개별 국가의 경제를 위협하는 중대한 요인이 됐다. 해외자본 유입에 들떠 자본의 냉정한 생리를 간과하는 순간 국가는 위기에 빠질 수 있었다.

1997년 7월 태국에서 시작돼 인도네시아, 말레이시아, 한국 등 동아시아 전역으로 번진 외환위기는 높은 경제성장 가도를 달리던 동아시아 국가들의 경제를 도미노처럼 무너뜨렸다. 자본시장이 개방되면서 경제정책과 금융제도의 중요성이 커졌으나 이에 제대로 대비하지 않아 초국가 자본이동의 제물이 된 것이다. 외환위기로 경제파탄을 겪은 나라들은 1993년 세계은행 보고서에서 '동아시아의 기적'으로 회자되던 신흥국들이었다.

일본 역시 동아시아 외환위기로 심각한 피해를 입었다. 橋本하시모토 내각은 일본의 국채(1997)가 254조 엔으로 GDP 대비 90%(미영독불은 60%

전후)를 넘어서자 1997년부터 9조 엔 증세와 재정건전화 정책을 추진했다. 그러나 아시아 외환위기가 발생하면서 금융위기가 표면화되고, 재정구조 개혁법이 통과되면서 경기가 얼어붙었다. 일본의 GDP 성장률은 1997년 1.1%를 기록했으나 외환위기의 여파가 밀려온 1998년에는 마이너스 1.1%로 떨어졌다. 1999년에도 마이너스 0.3%를 기록했고 2000년 들어서야 2.8% 성장으로 돌아설 수 있었다.

대만은 1971년 유엔 의석을 상실해 국제고립의 길을 걸으면서 별다른 타격을 입지 않았다. 외자 의존이 없어 다른 동아시아 국가들과 달리 5.6%의 견실한 경제성장을 이어갔다. 싱가포르는 외환위기의 여파로 1998년 GDP 성장률이 마이너스 2.2%까지 떨어졌으나 곧 정상 수준을 회복했다(윤진표 2017, 나카무라 2006, 일본협의회 2011).

▎동남아 3개국 정권교체 불러

동남아 경제 파탄의 외형적 원인은 자본 순유입이 순유출로 급격하게 역전됐기 때문이었다. 외환위기를 겪은 동남아 신흥국들은 자본시장 개방으로 1995년과 1996년 국내총생산 대비 6.3%와 5.8%의 외자 순유입을 기록했다. 유입된 외자는 수익성이나 생산성을 무시한 채 아무렇게나 배분돼 부실대출이 급격히 증가했고 경제 실적도 나빠졌다.

이를 주시하던 세계 자본시장은 투자 위험도를 재평가해 자본을 회수하기 시작했다. 1997년과 1998년의 외자 흐름은 2.0%와 5.2%의 순유출로 반전됐다. 외자의 급격한 이탈은 과잉투자, 불안정한 고도성장 정책, 금융부문의 미성숙, 정부의 관리능력 부족 등과 겹쳐 외환위기로 발전했다. 민간 단기외자를 무분별하게 도입한 것이 위기를 확대시켰다. 여기에 고정환율제를 뒤늦게 변동환율제로 전환하면서 금융기관의 채무가 눈덩이처럼 불어나 지불불능 사태가 빚어졌다. 외환위기에 따른 통화가치 폭락은 금융마비를 불러왔고 곧 국가경제의 총체적 혼란으로 이어졌다(윤진표 2017).

태국, 인도네시아의 IMF체제 태국은 1980년대부터 경제발전 전략을 농업 중심의 내수형 산업화(수입대체)에서 수출주도 산업화로 전환했다. 경제가 성장하고 시장질서가 확대되는 가운데 자본시장이 개방되자 경제체질의 취약성이 그대로 노출됐다. 과도하게 밀려들어온 외자를 생산보다 부동산, 주식 등 돈놀이에 투입해 시장의 이상 팽창이 일어났으나 이를 적절하게 제어하지 못했다.

경제가 부실화되고 무역적자가 커지면서 대외신인도가 하락하자 단기 해외자금의 급속한 유출이 이뤄졌다. 결국 1997년 8월 바트화 폭락사태와 함께 외환위기가 발생했다. 내부적 요인에 국제투기자금이라는 대외요인이 겹쳐 총체적 경제난으로 이어진 것이다.

태국은 172억 달러의 구제 금융을 받는 조건으로 선 구조조정 후 경기부양, 변동환율제 채택 등의 IMF 프로그램을 받아들였다. 금융, 기업의 대대적인 구조조정과 재정건전화 및 민영화 정책의 고통을 겪으며 태국경제는 이후 조금씩 살아났다. 1998년의 국내총생산은 마이너스 10.4%를 기록했으나 1999년에는 4.1%, 2000년에는 4.5%의 플러스 성장으로 돌아섰다. 태국은 2000년 6월 IMF 관리체제를 벗어났다. 그러나 부패한 정치구조, 경제성장 도취 등 국가적 실패는 민주 신헌법 제정과 탁신 정권 등장이라는 정치적 파장을 불러왔다.

인도네시아는 1980년대 이후 경제자유화와 수출주도 산업화 정책으로 1990년대 말까지 비교적 높은 경제성장률을 유지해왔다. 그러나 수하르토 대통령(1966~1998)의 독재정권이 30년을 넘어서면서 소위 부패·족벌 자본주의가 판을 쳐 1997년 8월 외환위기에 빠져들었다. 루피아화 폭락 등 경제위기에 직면한 수하르토는 같은 해 10월 IMF의 경제 통제를 수락하고 423억 달러의 구제 금융을 받았다.

그러나 IMF의 경제개혁안에 소극적으로 대응해 시장의 신용을 잃으면서 루피아화가 거듭 폭락했다. 이 때문에 고율의 인플레(1998년 65%)가 발생하고 생필품 품귀에서 비롯된 반독재시위가 유혈폭동으로 이어졌다. IMF와의 합의에 따라 1998년 5월 연료비, 전기료, 교통요금 등에 대한 정부보조금을 철폐한 것이 폭동의 직접적 원인이었다. 이 때문에 수하르토는 대통령직에서 물러나고 하비비 부통령이 직을 이었다. 인도네시아는 1998년 GDP 성장률이 마이너스 13.1%를 기록했으나 1999년 0.8%, 2000년 4.9%의 플러스 성장률을 보였다(외교부 PDF12, PDF7, 윤진표 2017).

말레이시아의 독자회생 추진 말레이시아는 1992년 이후 계속된 외화 순유입이 1997년 2/4분기 들어 마이너스로 돌아섰다. 외화 유출이 늘어나면서 1997년 하반기 링깃화 가치는 40% 정도 폭락했다. 말레이시아는 외환보유고, 외채규모, 만기상환구조, 직접투자 비중, 금융 건전성이 태국보다 양호했고 정치권력도 상대적으로 안정돼 있었다. 마하티르 총리(1981~2003)는 외환위기가 서구 자본주의의 횡포에서 비롯된 것이라며 IMF의 구제 금융을 거부하고 독자적 회생개혁을 추진했다.

20여 년간 발전국가 체제를 이끌어온 마하티르는 1998년 1/4분기 경제성장률이 마이너스로 돌아서자 6월부터 정책기조를 경기부양으로 변경하고 고정환율제 등 자본통제 정책에 들어갔다. 미국과 IMF는 말레이시아의 대응에 우려를 표명했으나 뚜렷한 후유증 없이 위기를 버텨냈다. 금융, 기업의 구조조정과 국영기업의 민영화 등 고통을 겪긴 했지만 경제지표가 개선되고 대규모 자본유출도 발생하지 않았다. IMF 방식과 반대인 선 경기부양, 후 구조조정의 독자적 경제회생 방식은 나름대로 효과를 낸 것으로 평가됐다.

1998년 GDP 성장률은 마이너스 7.5%였으나 1999년과 2000년에는 5.4%와 4.1%의 플러스 성장을 기록했다. 말레이시아는 경제위기를 독자적으로 극복해 태국, 한국과 같은 경제사회적 상처를 입지 않아도 됐다. 그러나 마하티르가 이룩한 경제적 성취에 대한 회의와 불신, 하야 압력이 커지면서 바다위(2003~2009)로의 정권 교체가 이뤄졌다(윤진표 2017).

〈표5-3〉 동아시아 국가들의 외환위기 발생과 극복

국가	IMF차입	98/99 GDP	극복방법	IMF졸업
태국	172억달러	-10.4%/4.1%	선 구조조정	2000.6
인도네시아	423억달러	-13.1%/0.8%	선 구조조정	2001?
말레이시아	지원거부	-7.5%/5.4%	선 경기부양	독자회생
한국	582억달러	-5.5%/10.7%	선 구조조정	2001.8

자료: IMF, IBRD 외

한국의 외환위기 후유증

1998년 집권한 김대중 정부는 6.25 전쟁 이후 최대의 국난인 IMF 외환위기 극복에 정권의 사활을 걸어야 했다. 구제 금융으로 국가 파산은 면했으나 1997년 말 IMF 관리체제에 들어간 이후 하루 150개가 넘는 기업들이 도산하고 실업자가 하루 1만 명씩 늘어났다. 총외채는 1500억 달러를 넘어섰다. 100만 명 이상의 IMF 실직자가 쏟아져 나오면서 중산층은 몰락위기에 처했다. 정부는 외자 유치에 힘을 쏟고 국민들은 외채를 갚기 위해 금모으기 운동에 나섰다. 350만 명이 참여한 금 모으기 운동으로 227톤의 금을 모아 세계인들에게 IMF 극복의지를 보여줬다.

구조조정과 재정 유연성 악화 정부는 외환위기를 몰고 온 11개 대기업을 퇴출시키고, 나머지 대기업에 대한 구조조정에 들어가 30대 대기업 중 16개 대기업이 시장에서 사라졌다. 그 와중에 중소기업 3만 개도 함께 도산했다. 금융권에서는 국제결제은행의 자기자본비율이 8% 이하인 60개 금융기관이 퇴출되거나 해외에 매각됐다. 중소형 금융사들은 정리 합병 또는 폐쇄되고 환란의 원인제공자였던 종합금융사는 30개 중 1개만 살아남았다. 정부 및 공기업 구조조정에서는 108개 공기업의 4분의 1이 인력을 감축하고 3분의 1이 민영화되거나 통폐합됐다. 그럼에도 불구하고 여타 부문에 비해 구조조정이 부실했다는 비판을 들었다. 노동 분야는 IMF가 요구한 노동 유연성 확보를 위해 정리해고제와 파견근로제를 도입했다. 이후 산업현장에 비정규직 근로자가 크게 늘어나 지금까지 사회문제로 남아 있다.

IMF 관리 첫해인 1998년, 투자와 소비가 얼어붙어 국민총생산은 마이너스 5.5%(실질 7.0%)를 기록했다. 1999년에는 세계경제 호전에 힘입어 상반기 이후 플러스 성장세로 돌아섰다. 정부와 국민의 회생 노력으로 한국은 1999년 10.7%의 경제성장과 250억 달러의 경상수지 흑자, 외환보유고 700억 달러를 달성했다. 2000년에는 국민총생산 세계 13위, 총 교역규모 세계 12위를 기록해 이듬해 8월 IMF 관리체제를 벗어났다. 2002년에는 7.4% 경제성장률과 1인당 국민소득 1만1504달러(1996년 수준)를 회복했다.

한국은 IMF 관리체제를 조기 졸업했지만 경제위기 극복과정에서 공공채무가 국내총생산의 40%(1996)에서 65%(2001)로 늘어나 재정 유연성이 크게 악화됐다. 긴축재정 등을 통해 공공채무를 줄이지 못하면 정부 부문에서 제2의 경제위기가 초래될 수 있다는 우려가 나왔다. 환란 극복을 위한 신용카드 확대정책과 중소기업 및 벤처산업 육성정책은 일시적으로 경기 부양에 도움을 줬지만 금융채무 상환 불이행자와 부실 중소기업을 양산하는 부작용을 낳았다(한영우 2016, 차하순 외 2015, 윤진표 2017).

사회 변화 압력과 가치관 변화 IMF 관리체제는 시장구조 개편, 근로환경 악화, 빈곤 확대, 복지지출 증가 등 사회 전 분야에 심대한 파장을 몰고 왔다. 기업 및 금융기관들은 IMF의 강제에 의해 부실을 털어내고 세계 기준의 개방적 제도를 도입하지 않을 수 없었다. 삼성, 현대, LG 등 각 분야 대기업들은 세계시장에 진출해 초일류 기업들과 경쟁을 벌여야 했고 거기서 성공해 세계적 기업으로 성장하기도 했다.

구조조정의 한파로 평생고용 개념이 사라지고 살아남은 사람들도 임금이 삭감되거나 비정규직으로 전환되는 고통을 겪었다. 40,50대 실직자, 조기퇴직자들은 대거 자영업에 뛰어들어 사업에 실패하면 신 빈곤층으로 떨어지는 경우가 많았다. 사오정(45세 정년), 오륙도(56세 정년은 도둑 십보)라는 당시 유행어가 말해주듯 구조조정, 강제퇴직, 명예퇴직이 일상화되면서 직장생활이 황폐해지고 직업관도 통째로 바뀌었다. 취미나 적성, 사회 기여가 아니라 직업 안정성을 최우선 가치로 여기는 풍조가 확산되고 학교교육도 그에 종속됐다.

실직자, 퇴직자, 비정규직 근로자들이 쏟아지면서 국가의 복지지출도 크게 늘어났다. 처음에는 생계보전 등 기초 복지를 선별적으로 제공했으나 점차 보편적 복지로 확대되면서 정부의 재정구조를 악화시켰다. 경제위기로 생활고가 심화되자 국민들의 공동체적 인식이 허물어지고 민주주의와 통일문제에까지 부정적 영향을 미쳤다(차하순 외 2015).

🔍 역사 돋보기 - 해방 후 3대 사건

2015년 서울대 사회발전연구소의 설문조사에 따르면 한민족이 해방 이후 겪은 가장 큰 사건은 6.25 전쟁(39.7%)이었고 다음이 8.15 해방(15.9%), 3위가 IMF 외환위기(12.1%)였다. 2년 뒤 한국개발연구원이 지난 50년간 한국 경제에 가장 어려웠던 시기가 언제였느냐는 설문(1000명)에서는 IMF 외환위기가 1위(57.4%)를 차지했다. 응답자의 59.7%는 외환위기가 자신의 삶에 부정적 영향을 미쳤다고 응답했다. 외환위기로 가장 먼저 떠오른 생각은 금모으기 운동(42.4%)이었다. 당시 금모으기 운동으로 국제 금값이 하락하자 세계 금 생산업자 단체(World Gold Council)는 금 수출이 한국에 불리함을 알리는 역 PR에 나서야 했다(서울대사회발전연구소 사6-10, 최종석 삼4-10, 박진용 2015-2).

외환위기와 한·아세안 협력관계 1997년 동아시아 외환위기를 계기로 아세안(동남아시아 10개국)은 지역협력을 강화하기 위해 아세안+3체제(한중일)를 출범시켰다. 이때부터 한국의 동남아 관계가 궤도에 올랐다.
김대중 정부(1998~2002) 때는 한류가 본격화되고 외환위기에 따른 이주 및 기업 진출이 늘어나면서 동남아와 긴밀한 관계를 유지했다. 동북아 중심 국가를 내세운 노무현 정부(2003~2007)에서는 동남아에 대한 관심이 줄어들어 교류가 정체상태를 벗어나지 못했다. 이 시기 아세안은 아세안+6체제(호주, 뉴질랜드, 인도)로 지역협력을 넓혀나갔다(2005).

이명박 정부(2008~2012)는 전통적인 4강 외교에서 동남아시아, 서남아시아, 중앙아시아, 남태평양 등 아시아 전역으로 외교의 외연을 넓혀 동남아 국가들과의 협력관계가 진전을 보였다. 2011년 아세안은 아세안+8체제

🔍 역사 돋보기 - 동남아에서의 한미일

동남아는 2010년대 한국의 교역 비중, 해외투자, 건설시장, 해외여행자수, 인적 교류에서 세계 1,2위를 기록했다. 한국의 공적원조 수혜국 상위 10개국 중 5개국이 캄보디아, 인도네시아, 필리핀, 베트남, 라오스 등 동남아 국가들이다.
동남아의 한국에 대한 인식은 전반적으로 우호적이나 일본에는 미치지 못한다. 인도네시아, 말레이시아, 태국, 필리핀, 싱가포르에서 일본의 호감도가 높다. 미얀마, 캄보디아, 라오스 등 후발국에서는 한국의 호감도가 상대적으로 높은 편이다. 일본은 2009년부터 매년 일본-메콩 6개국 정상회의를 열어 동남아 지역에 대한 영향력 확대를 노리고 있다.
한편 미국은 동남아에서 지역 패권국가 등장 저지, 해상 및 공중 수송로의 자유통행 확보 등을 일관된 정책목표로 삼아왔다. 동남아 국가들은 미국이 일본과 중국의 군사적 팽창과 군사 패권주의의 위협을 완화해 줄 수 있을 것으로 기대하고 있다(윤진표 2017).

(미국, 러시아)로 확대됐다. 박근혜 정부(2013~2017) 때는 4강 중심 외교로 회귀해 동남아 외교가 상대적으로 위축됐다(윤진표 2017).

2. 좌파정권 교체와 10년 체제동란

미국 현대사는 1960년대부터 자유민주주의의 가치를 공유한 진보좌파 연합(민주당) 대 보수우파 연합(공화당)의 갈등과 대결로 이어졌다. 미국의 보수는 미국적 가치와 체제를 지키면서 빈곤 문제 등에서 정부보다 개인의 책임을 강조하는 자유방임적 입장을 견지해왔다. 정부의 역할을 줄이는 작은 정부를 지향하며 기독교적 도덕성을 중요한 가치로 내세웠다. 반면 진보는 소득 재분배, 인권 등 문제에서 정부의 역할을 강조하는 정부개입주의와 큰 정부를 지향했다. 유럽의 사회민주주의와 유사한 온건 개혁파에 가깝다. 급진적 의미의 진보라는 표현보다 자유주의(liberalism)라는 말을 널리 쓰고 있다(이주영 외 2006).

이에 비해 한국의 소위 진보는 미국, 유럽과 같은 사회민주주의보다 용공주의 또는 변형된 공산주의를 지향하는 부류로 이해되고 있다. 한국 진보는 종북 민족주의에 빠져 대한민국 건국과 현대사의 성취를 부정하고 북한의 세습독재나 각종 대남 도발을 옹호하는 입장을 보여왔다. 국내의 인권문제를 집요하게 부각시키면서도 북한의 인권에 대해서는 입을 다물거나 못 본척 했다. 이런 이중성이 인권을 친일 비판처럼 체제전복의 수단으로 삼고 있는 것이 아닌가 하는 의구심을 키우고 있다.
한국 진보에게 진보라는 용어를 사용하는 것은 부적절하고 격에 맞지도

않는다. 진보-보수의 구도는 용공좌파와 자유우파 정도로 지칭돼야 적절할 것으로 보인다.[10]

1) 김대중 정부 제2건국의 지향

대한민국은 건국 초기 자유민주주의 체제를 구축했으나 다른 신생국들처럼 정치현실이 제도를 따르지 못해 1980년대까지 권위주의 체제가 이어졌다. 하지만 산업화가 어느 정도 완료된 1987년 이후 자유민주주의가 정착단계로 접어들어 신생국, 후진국들의 모델국가로 떠올랐다. 그러나 민주화가 이뤄지자마자 용공좌경이라는 또 다른 체제 도전에 직면했다.

김영삼 정부 때는 자유민주주의 옹호 세력이 정권을 주도하고 좌경 운동권 세력 일부가 여기에 가담했다. 그러나 소수 좌경세력이 차별화된 정체성을 드러내며 정책기조에 상당한 변화를 불러일으켰다. 김영삼 대통령은 동맹보다 민족이 중요하다는 무모한 남북인식을 드러내는가 하면 상해 임시정부의 법통을 강조함으로써 대한민국 건국의 정당성에 의문을 표시하는 혼란을 보였다. 이는 김구의 해방 이후 변신을 연상시키는 것으로 국체 혼란의 예고편이나 다름없었다.

1997년 3월 김영삼 대통령은 민심 회복 차원에서 차기 대권주자인 이회창을 신한국당 대표로 영입했고 이회창은 그해 7월 경선을 통해 대통령 후보로 선출됐다. 경선에서 2위를 차지한 이인제는 신한국당을 탈당해 국민신당을 창당하는 엇길을 걸었다. 1997년 10월 국민회의 김대중과 자민련 김종필은 내각책임제를 매개로 대통령 후보 단일화 협상을 타결지었다.

---

10) 고영주 전 방송문화진흥회(MBC) 이사장은 '문재인은 공산주의자'라는 발언으로 형사재판에 넘겨졌지만 1심(2018)에서 명예훼손 무죄판결을 받았다. 민사재판 1심에서는 벌금형이 내려졌다.

김대중이 당선될 경우 각료 임명 및 해임 제청권은 실세총리인 김종필이 갖는다는 조건이 있다(차하순 외 2015, 한영우 2016, 이덕주 2007).

김대중 당선의 정치역학 그해 12월 옥외집회 금지, 미디어 선거로 치러진 15대 대선에서 김대중은 40.3% 득표율로 한나라당의 이회창(38.7%)을 39만 표 차이로 눌렀다. 3위 이인제는 19.2%의 득표율을 보였다. 김영삼이 당 바깥의 이인제를 밀어 여당 성향 500만 표를 분산시키고 김종필이 충청도 표를 모아줘 김대중을 대통령에 당선시킨 것이다.
김영삼의 오랜 정치적 동지였던 이민우는 김영삼이 차남 김현철을 차기 정권의 2인자로 만들기 위해 이인제를 밀었다고 폭로했다(2004). 이로써 50여 년 지속됐던 자유우파 정권이 밀려나고 좌파정권이 들어서 대한민국은 미증유의 사태에 직면하게 됐다.

대통령에 당선된 김대중은 전남 신안군 하의도 농민의 아들로 태어나 건준 참여, 장면박사 대자, 1972년 일본 망명, 1980년 내란음모죄 사형, 형 집행정지, 1982년 미국 망명 등 굴곡진 이력의 소유자였다. 대선에서 좌경 운동권의 비판적 지지를 받은 김대중은 지속적으로 사상문제에 대한 국민들의 의구심을 일으켰다.

2000년 4월 16대 총선에서 야당인 한나라당은 1998년 세풍稅風사건(국세청을 통해 1997년 대선자금 166억 불법모금)으로 이미지가 추락했음에도 불구하고 여당의 인기가 하락해 원내 1당(133석)을 차지했다(도표 참조). 여당인 새정치국민회의의 후신인 새천년민주당(민주당, 115석)은 의원 3명을 자민련(17석)에 꿔줘 교섭단체(20석) 구성을 도와주는 난센스를 빚었다. 김대중 정부 5년은 좌우, 여야 정쟁의 연속이었으며 정치개혁에서도 별다른 성과를 보이지 못했다(이덕주 2001, 차하순 외 2015, 한영우 2016).

〈표5-4〉 16대 총선 지역구 득표율 및 의석수 (전국구 포함)

대	시기	의석	여당		야당
16	2000.4	273(전46)	민주35.9%(115)	자민련9.8%(17)	한나라39.0%(133)

자료: 경기도선관위 PDF선1, PDF선2, News1 (약자: 전국구)

북한정권 회생시킨 햇볕정책

 김대중 정부 이후 한국은 자유민주 정체성을 지키려는 우파 세력과 용공 좌파 세력의 대립구도가 형성됐다. 1998년 임기가 시작된 김 대통령은 집권 초부터 6.25 전쟁을 실패한 통일전쟁으로 규정해 용공좌파의 통일관을 대변했다. 1998년 10월 대통령 자문기관인 제2건국위원회를 만든 것도 대한민국의 건국을 계승하기보다 이를 좌파적인 것으로 뒤집는다는 의미가 숨어 있었다.

 김 대통령은 미국 내셔널 프레스클럽 연설(1994)에서 처음 밝혔던 햇볕정책을 1998년 4월 영국에서 공식화했다. 북한은 김 대통령의 햇볕정책을 북한체제를 붕괴시키기 위한 술책이라 비난하고 민간 교류만 받아들였다. 이에 따라 정주영 현대그룹 명예회장은 1998년 6월과 10월 소떼 방북으로 판문점을 열었으며 금강산 유람선 관광사업을 성사시켜 1998년 11월 첫 배를 띄웠다. 1998년 북한을 다녀온 사람은 3317명으로 그전 9년간의 방문자 2408명보다 많았다. 북한은 입북료 등 거액의 실리를 챙겼다.

 북한은 햇볕정책의 와중에도 휴전 이후 계속된 무력도발을 멈추지 않았다. 1998년 6월 북방한계선 잠수정 침투사건, 7월 동해 무장간첩(시신) 침투사건, 12월 여수 반잠수정 격침사건 등이 이어졌다. 1999년 6월 15일에는 북한 경비정 6척이 서해 북방한계선 영해를 침범해 1차 연평해전이 일어났다. 북한의 선제 기관포 공격으로 시작된 전투에서 북한은 경비정 1척이 침몰해 다수의 사상자를 냈다(차하순 외 2015, 이영작 대4-10, 한영우 2016).

불법자금 건네며 정상회담 매수 집권 3년차인 2000년 김대중 대통령은 5억 달러의 불법자금을 건네며 남북 정상회담을 성사시켜 평양에서 김정일과 6.15 남북공동선언을 발표했다. 공동선언에서는 이적성을 띤 연합연방제 통일방안에 합의하고 개성공단 설치, 경의선 복구, 이산가족 방문과 면회소 설치 등을 추진키로 했다. 7월부터 열린 장관급 회담에서는 경의선 복원에 합의해 2002년 9월 기공식이 열렸다(2006년 3월 준공). 민간 차원의 예술, 체육 교류활동과 6차에 걸친 이산가족 상봉도 성사됐다.

회담 후 김 대통령은 김정일을 진지한 인물로 평가하고 전쟁 가능성이 없다고 말하는 등 독재자 옹호와 무책임한 안보관을 피력했다. 북한은 이때 당 간부 및 군중 강연자료에서 "남한의 주류였던 80%의 반공보수 세력이 밀려나고 숨어살아야 했던 20% 미만의 진보 운동권세력이 주류로 등장했다."고 밝혔다. 또 운동권 386세대(30대, 80학번, 1960년대 생)들이 청와대까지 진출하는 등 지난 시기에 상상할 수 없는 일들이 벌어졌다고 소개했다.

김 대통령은 2000년 6.15 선언을 계기로 용공성향을 더욱 노골화시켰다. 대통령의 대북정책에 대해 정면으로 도전하는 정치세력은 없었다. 그때부터 용공이 6.15 선언에 부합하는 진보적 주장이 되고 햇볕정책에 반대하거나 북한을 비판하는 것은 수구적 주장으로 매도되는 이념 역전현상이 일어났다. 한국의 주류로 자부하던 보수 세력은 이 무렵부터 주변부로 밀려나기 시작했다. 김 대통령은 햇볕정책으로 2000년 노르웨이의 노벨위원회로부터 평화상을 수상했으나 노벨상의 권위에 대한 의구심을 자아냈다.

한편 2000년 남북 정상회담의 대가로 현금을 불법 송금한 사실이 2002년 뒤늦게 밝혀져(2003년 특검) 대북정책의 정당성에 대한 비판이 이어졌다. 김 대통령의 행각에 대해 국민들 사이에서는 북한 내통이라는 평가가 터져 나왔다. 전 북한 노동당 비서 황장엽은 2001년 미공개 보고서에서 김대중은 김정일과 깊은 결탁관계였다고 단정했다(차하순 외 2015, 이덕주 2007, 한영우 2016).

9.11 테러로 남북관계 냉각 2001년 들어 미국과 일본의 보수화로 남북관계는 어려운 국면이 됐다. 미국의 부시 대통령이 북한을 악의 축으로 규정하며 압박을 가해오자 김정일은 상하이 방문, 서울 답방 등 실용주의 기미를 보이다 다시 경직되기 시작했다. 2001년 평양 민족통일축전 참가 인사가 보안법 위반으로 구속되고 9.11 테러 이후 군사 비상경계 조치가 내려지자 북한은 남북회담을 중단시켰다.

2002년 6월 29일 한일 월드컵 3,4위전을 치르던 날 북한 경비정의 연평도 보복 기습으로 우리 경비정 1척이 침몰하는 2차 연평해전이 일어났다. 보복성 도발을 유감스럽게 생각한다는 북측의 사과로 일단락됐으나 정부가 순직 장병(6명 전사)을 홀대하고 북한을 감싸고돌았다는 비판을 면치 못했다. 2002년 미국의 대북 강경정책에 동조해 정부가 핵, 탈북자, 납북자 문제를 들고 나오자 10월 남북 장관급 회담이 중단됐다.

김대중 대통령의 햇볕정책은 북한의 민주화나 개방화를 목표로 한 것이 아니라 북한에 대한 무조건적 지원만 강조하는 기형적인 것이었다. 햇볕정책은 파탄 상태의 북한 정권을 기사회생시켜 북한 동포들의 노예생활을 지속시키도록 하는 역효과만 냈다. 소떼 방북과 금강산 관광이 남북관계의 전기를 만든 것은 사실이나 북한의 민주적, 개방적 변화를 이끌어내는 데는 도움을 주지 못했다.

오히려 한국 국민들의 반공의식을 약화시키고 남북통일에 대한 환상만 심어줬다. 정부의 이념 정체성이 용공주의로 변질되면서 북한이 대한민국 안보의 위협적 존재라는 인식도 희미해졌다. 여기에는 1980년대 이후 좌경화된 역사교육이 많은 영향을 미쳤다. 북한 체제를 변화시키기 위해서는 원칙주의 대결정책 이외의 다른 대안이 있을 수 없었다(한영우 2016, 노중국 외 2016).

🔍 역사 돋보기 - 연방제의 이적성

연합제나 연방제는 이념과 체제가 같은 나라에서나 가능한 일이다. 연합제는 독립국가연합처럼 개별 국가가 독립성을 유지한 채 외교, 군사 등 일부 권한만 연합체에 위임하는 국가형태다. 연방제는 미국, 스위스처럼 연방이 전적인 외교, 군사권을 행사하고 연방 구성원이 그 이외 권한을 갖는 단일국가 체제다. 남북은 6.15 남북공동선언 2항에서 남측의 연합제 안과 북측의 낮은 단계 연방제 안이 서로 공통성이 있다고 인정하고 이 방향에서 통일을 지향하기로 합의했다. 이전의 한국 정부들은 북한의 연방제 주장에 대항한 임기응변적 통일정책을 제시했던데 비해 6.15 선언은 적화통일의 한 단계인 연방제 안에 조응해 이적성을 띠고 있었다. 김대중 정부는 정체불명의 남측 연합제 안이 국민들의 의심을 사자 이전 정부의 남북연합과 같은 것이라고 둘러댔다. 북한은 2001년 신년사에서 6.15 공동선언으로 50여 년 묵은 통일과제가 실현됐다고 말했다(류세환 2006, 국사편찬위 2017).

▌좌경 세력 부활과 체제투쟁

1960, 1970년대 독재와 유신 반대투쟁에 나섰던 운동권 세력 일부는 용공에 뿌리를 두고 있었다. 그 흐름이 1980년대 좌경 운동권으로 이어져 세를 키워나갔다. 대법원은 1996년 대학 총학생회를 대표하는 한총련(전대협의 후신)을 이적단체로 판결했고 1998년부터 내리 7년 동안 김정일을 이롭게 하는 이적단체 판결을 이어갔다. 범민련 남측 본부, 범청학련도 이적단체로 판결했다. 구 민주화 세력 일부는 2000년대까지 이들 좌경 운동권과 관계를 끊지 못하고 그 후원세력으로 남아 있었다.

김대중 정부는 한총련 등 이적단체로 몰려 쇠잔해가던 좌경 운동권을 기사회생시켰다. 교원노조법(1999), 민주화운동보상법(1999), 국가인권위원회법(2001) 등을 통과시켜 이들의 입지를 넓혀줬다. 좌경 세력의 한 축인 전교조는 교원노조법으로 합법화된 이후 좌경 체제투쟁의 중심세력이 됐다. 좌경 세력은 김대중 정권과 결합해 학교는 물론 노조, 시민사회단체, 일부 종교, 문화계, 여야 정당, 국가기구, 인터넷 언론, 신문방송을 동시다발적으로 장악해 나갔다. 자신들에 대한 도전을 수구세력의 색깔론으로 역공하며 대한민국의 공론 형성을 주도했다. 반미 민족공조를 유도하는 문예물들은 북한에 대한 비판의식을 허물었다(류세환 2006).

나라 전체가 용공체제 갇혀 체제투쟁에 나선 좌경 시민단체들은 정부 감시보다 대기업, 보수언론 감시에 열을 올렸다. 정치적 중립성, 재정적 독립성, 참여의 자율성과 같은 시민운동의 기본윤리는 안중에도 없었다. 시민단체 출신들은 운동권 출신들의 도움을 받아 방송 뉴스 프로그램의 단골 패널로 진출했다. 기존 시민단체들에도 침투해 1980년대까지 반공궐기대회에 나섰던 보수단체들까지 용공진영에 합류시켰다.

1990년대 말 시민단체 등 좌경 세력은 언론개혁이라는 미명하에 조선일보에 대한 위력적 안티조선 운동을 벌였다. 언론과 한나라당, 뉴라이트는 정도는 차이가 있지만 좌경 세력의 폭력투쟁으로 위축될 수밖에 없었다. 2001년 소설가 이문열은 시민운동이 홍위병 같다는 비판을 하다 조직적인 항의와 테러를 당했다.

김대중 정부는 2000년 총선에서의 야당 약진이 보수언론 때문이라고 생각해 세금 포탈을 표적 조사해 5000억 원 이상을 추징하고 조선, 동아, 국민 대주주를 구속했다. 한나라당과 보수언론은 정부의 언론장악 시도에 대해 정권 차원의 투쟁으로 맞섰으나 이념문제에 대해서는 입을 다물었다. 이 때문에 용공체제에 갇힌 국민들은 자기도 모르는 사이 위헌적 통일의 동조자나 방관자가 됐다. 용공체제는 언론, 교육을 통해 확대 재생산되면서 자유민주 체제의 정상적인 작동을 어렵게 만들었다(류세환 2007, 권희영 외 2014).

한반도기 등장과 3형제 뇌물사건 남북은 2000년 시드니 올림픽, 2002년 부산 아시안게임에서 한반도기를 들고 공동 입장했다. 한반도기는 헌법 및 형법 105조 국기모독죄를 위반하는 행위였으나 나라 전체가 감상적 민족주의에 젖어 생각 없이 넘어가고 말았다. 한반도기는 노무현 정부 때인 2003년 유니버시아드대회, 2004년 아테네 올림픽에서도 사용됐다. 용공주의가 만들어낸 잘못된 관행을 청산해야 한다는 지적이 나왔다.

김대중 정부는 집권 말기 대통령 아들 삼형제가 줄줄이 사법처리 된 3형제 뇌물사건과 측근의 부정부패로 도덕성이 만신창이가 됐다. 차남 김홍업과 3남 김홍걸(2002년 5월 최규선 사건)이 뇌물수수죄로 구속되고 장남 김홍일은 나라종금 사장으로부터 인사 청탁 대가로 거액을 받아 사법처리 됐다. 자식 단속을 잘못한 김영삼 정부 말기와 비슷한 사태가 벌어졌다(류세환 2007, 한영우 2016).

2) 노무현 정부의 2차 체제동란

2002년 12월 16대 대통령 선거는 김대중 대통령의 아들 비리 파문 속에 국민경선제라는 변수가 크게 작용했다. 과거처럼 당 총재 등 실세가 후보를 지명하는 체제였다면 공천 결과는 완전히 달라질 수 있었다. 노무현은 민주당 국민경선에서 이인제 의원을 제치고 대선 후보로 선출됐다. 하지만 지방선거 참패 등으로 지지율이 급락하자 당내에서 정몽준 국민통합21 대표로 단일화하자는 요구가 들끓었다.
2002년 한일 월드컵을 배경으로 국민통합21을 만들어 대선에 뛰어든 정몽준은 상당기간 대선 지지율 2위를 유지하며 한나라당 이회창을 위협했다. 여론조사에서 앞서던 정몽준을 누르고 노무현이 여당 단일후보로 선출된 것은 미스터리이자 이변이었다. 결국 2002년 대선은 여당인 민주당의 노무현, 야당인 한나라당의 이회창 구도로 좁혀졌다.

2002년 11월 시민단체와 방송은 미군 장갑차에 의한 여중생 교통사고(가해미군 무죄 평결)를 대규모의 촛불시위, 추모집회로 부각시켜 대통령 선거에 결정적 영향을 미쳤다. 민주당은 시민단체와 방송을 업고 김대업, 설훈 등을 앞세운 조작과 모함, 매도 등에 총력을 기울여 유권자들의 표심을 왜곡시키는데 성공했다. 노무현은 48.9%의 득표율로 46.6%를 얻은 이회창을 57만 표 차이로 눌렀다.

일제시대와 6.25 전쟁을 겪은 세대들은 엄청난 충격에서 벗어날 수 없었다. 노무현의 당선은 기성 정치인들에 대한 실망으로 한 번 바꿔보자는 공감대가 젊은 세대에 확산됐기 때문이었다. 그들은 전두환-노태우의 민정당 정권에 대한 혐오감과 김영삼-김대중 정권의 허상에 염증을 느끼고 있었다. 2003년 2월 해방 이후 세대로서는 처음으로 노무현이 16대 대통령으로 취임했다.

2002년 대선으로 한국은 외견상 절차적 민주주의가 단단해진 것처럼 보였으나 자유민주라는 헌법 가치는 크게 훼손될 수밖에 없었다. 노무현은 당선 이전 조선일보를 조폭언론으로 지칭하고, 전통우방국인 미국에 대해 반미면 어떠냐는 말을 내뱉었으며, 자유민주주의적 통일에 대한 시인을 거부했다(이덕주 2007, 차하순 외 2015).

탄핵과 탄핵 역풍, 민심이반까지 노무현은 2003년 11월 자신을 대통령으로 만들어준 민주당을 버리고 친노親盧 그룹으로 열린우리당(우리당)을 만들었다. 원로 김대중 계의 영향력을 벗어나기 위해서였다. 그러나 원 구성에서 여당인 우리당이 47석의 절대 열세에 몰린 반면 야당인 한나라당,

민주당은 195석을 차지해 국정운영이 거의 불가능해졌다.

민주당은 노무현에 대한 배신감으로 절치부심하다가 조순형이 대표로 선출된 2004년 3월 대통령 탄핵 정국을 연출했다. 한나라당이 탄핵에 가세해 총선 중립 위반, 대선 불법자금 수수, 실정에 의한 경제 파탄을 이유로 국회의원 재적 3분의 2의 찬동을 얻어 탄핵소추를 의결했다. 탄핵 의결로 고건 총리 권한대행 체제가 가동됐다.

탄핵안 가결 후 좌경 세력과 방송, 시민단체들이 결집해 탄핵역풍을 만들어냈다. 공정성과 객관성을 존립의 근거로 하는 지상파 방송은 뉴스 조작을 마다하지 않았다. 그 여세를 몰아 2004년 4월 17대 총선에서 좌경 386 운동권들이 주축을 이룬 우리당이 국회 과반수를 차지했다(도표 참조). 전대협 출신으로 공천을 받은 18명 중 비영남권 12명이 당선됐다. 1인 2표제 투표(지역 및 비례)로 극좌세력인 민노당도 10석을 차지했다.

야당인 한나라당은 121석을 유지했으나 민주당은 9석, 자민련은 4석, 국민통합21은 1석으로 몰락했다. 조선, 동아 등 보수언론은 17대 총선을 계기로 국회의원 후보자와 당선자들에 대한 이념 검증을 소홀히 해 면죄부를 줬다는 비판을 받았다. 2004년 5월 헌법재판소는 우리당의 총선 승리에 영향을 받아 탄핵소추를 기각함으로써 두 달간의 고건 총리 권한대행 체제가 종료됐다.

우리당은 2006년 5월 지방선거에서 유례없는 참패를 당했다. 독선과 오만, 분노와 증오를 동력으로 미래 건설보다 과거사 뒤집기에 열중한 노무

〈표5-5〉 17대 총선 지역구 득표율 및 의석수 (비례대표 포함)

대	시기	의석	여당	야당	
17	2004.4	299(비56)	우리42.0%(152)	한나라37.9%(121)	민주8.0%(9)

자료: 경기도선관위 PDF선1, PDF선2, News1 (약자: 비례대표)

현 정부와 우리당에 대한 민심 이반은 심각했다. 부동산 가격을 잡지도 못하면서 세금만 잔뜩 올린데 대한 불만이 가장 컸다. 반면 야당인 한나라당은 전라도, 제주도를 제외한 전 지역의 광역단체장, 수도권 기초단체장 92%를 차지하는 압승을 거뒀다. 노무현 대통령은 임기 말 지지도가 곤두박질치자 야당인 한나라당에게 우리당과 통합하자고 제의하는 등 좌충우돌의 행보를 보였다(이덕주 2007, 한영우 2016, 류세환 2006).

자유민주 체제 부정과 훼손

노무현 대통령은 초기 인사에서부터 보안법 위반자를 대거 청와대에 기용하고 간첩 석방운동을 벌였던 고영구를 국정원장에 임명하는 등 용공성향을 드러냈다. 이적단체인 한총련 의장을 청와대로 불러 합법화 방안을 논의하기도 했다. 노무현 집권으로 민청학련 세대와 1980년대 좌경 학생운동을 주도한 386운동권이 청와대, 행정부, 국회 등 권력 중심부를 장악해 들어갔다.

노무현 대통령은 2004년 이해찬에 이어 2006년 한명숙을 국무총리로 지명했다. 한명숙은 1979년 반공법 위반(크리스천 아카데미 사건)으로 중앙정보부에 구속돼 징역 및 자격정지 2년6개월 형을 선고받고 복역한 인물이다. 남편은 북한의 대남 공작부서가 조직한 남한 지하당인 통혁당 사건(1968)에 연루돼 13년간 수감생활을 했다.

노무현 정부 시기 좌경 시민단체들은 2004년 이라크 파병 반대, 국가보안법 폐지, 한미 자유무역협정 반대, 용공후보를 위한 낙선-당선 운동 등에 나섰고 6.15 선언의 연합연방제를 뒷받침하는 역할도 했다. 2005년에는 김정일 추종세력을 비판한 한승조 고려대 명예교수에게 집단테러를 가했다(류세환 2006, 이덕주 2007).

체제재판 된 친일·과거사 조사 노무현 정부의 대내정책 기조는 1980년대 용공 운동권의 시각에서 크게 벗어나지 않았다. 대한민국 현대사를 정의가 패배하고 기회주의가 득세한 특권과 반칙의 역사로 규정하고 대한민국의 건국을 잘못된 것으로 보는 자해적 인식을 드러냈다. 여론의 비판에 아랑곳하지 않고 대기업, 강남, 서울내 출신 등을 기득권 세력으로 낙인찍으며 주류세력 교체를 밀어붙였다.

민족정기를 바로잡겠다며 주요 국정과제로 내세운 친일 청산과 과거사 조사는 이런 맥락의 일환으로 볼 수 있었다. 일제 협력자들의 반역 범죄와 이승만–박정희–전두환–노태우 정부의 협력자들이 저지른 인권유린 범죄를 단죄하겠다고 나선 것은 민족정기를 바로잡기보다 대한민국 체제 뒤집기에 목적이 있다는 의구심을 일으켰다.

친일반민족행위자진상규명법은 2004년 3월 국회에서 통과돼 2006년 1차 106명(1904~1919년), 2007년 2차 195명(1919~1937년), 2009년 3차(1937~1945년) 704명 등 1005명의 친일파를 가려내고 활동을 마무리지었다. 학계가 아닌 정치권에서 친일파를 색출함으로써 여야가 상대 당 조상의 친일행위를 폭로하는 사태가 벌어졌다. 단순히 직위나 작위만으로 친일파를 규정하는 것은 문제가 있다는 지적이 많았다.

이승만–박정희–전두환–노태우 정부의 협력자들이 저지른 인권유린 범죄 등을 단죄하겠다며 구성한 과거사위원회(2005~2010)와 의문사진상규명위원회(2000~2004)도 엇길로 나갔다. 과거의 공안사건들을 용공조작으로 몰아 명예회복을 시켜주고 용공인물들을 민주화 인사로 둔갑시키는 등의 사태가 벌어졌다. 공안조직을 와해시키며 송두율, 한총련 등의 용공활동을 보호하고(2003) 강정구의 용공에 대해서는 인권보호를 명분으로 법무장관(천정배)이 사상 처음으로 수사지휘권까지 발동해(검찰총장 사퇴) 구속을 막아줬다(2005).

반면 노무현 정부는 북한의 정치범 수용소나 탈북자 인권유린에 대해서는 시종 입을 닫았다. 국군포로와 납북자 문제에 대해서는 말을 꺼내지도 못했다. 대통령은 북한 비판론자들에 대해 "전쟁을 하자는 거냐"는 왜곡된 논리를 앞세우며 화해협력 이외에는 대안이 없다고 강변했다. 국가인권위원회(2001)는 양심적 병역기피까지 인정을 요구하면서도 북한 인권에 대해서는 제대로 된 발언 한 마디 내놓지 않았다(류세환 2006, 한영우 2016).

행정수도, 국보법, 사립학교법 파동 수도 과밀화 해소, 국토 균형개발 등을 이유로 든 노무현 정부의 대선 공약, 충청권 행정수도 이전 계획은 국민들의 공감을 얻지 못했다. 타 지역 국민들은 그냥 해보는 소리 정도로 여겼지만 2002년 대선에서 노무현의 충청권 선거에 도움을 줬다. 위헌판결로 2005년 3월 행정복합도시로 전환됐지만 수도를 임의로 분할해 이후 지금까지 정부의 효율성을 반감시키는 부작용을 낳았다. 행정수도 이전은 영토인식과 통일의지를 후퇴시킨 의미도 컸다.

노무현 정부는 행정수도 이전과 함께 2004년 적화통일의 방패막이인 국가보안법을 '낡은 유물'로 치부하며 폐기를 추진했다. 국가보안법은 북한과 정전 즉 무력 대치상황에 있는 한국으로서는 자유수호법이라는 의미를 간과할 수 없었다. 권위주의 정부에 의해 정치적 도구로 악용된 예가 없지 않았지만 1980, 1990년대에 10여 차례의 개정을 통해 인권침해의 소지를 없앴고 대법원도 존속 필요성을 인정했다. 노무현 정부의 국가보안법 폐지 기도는 대한민국 체제전복의 안전핀을 뽑는 것이라는 자유우파 세력의 거센 반발로 무산됐다.

노무현 정부는 국가보안법 폐지와 더불어 사립학교법 개정, 보수언론 개혁 등 자유민주 체제의 근간을 뒤흔드는 기도를 거듭했다. 사립학교법은 사학 자율성 침해라는 강력한 반발에도 불구하고 2005년 12월 여당이 강

🔍 역사 돋보기 - 386운동권의 자폐성

386운동권의 정체성은 다중적이나 대체적으로 현실성이 결여된 좌경 민족주의 성향을 띠고 있었다. 그들은 자유민주 체제를 지키기 위해 이전 세대가 견지해왔던 반공주의와 한미동맹을 반민주와 반민족의 시각으로 접근했다. 민족(북한 주민이 아닌 북한 정권)을 우선한 나머지 한국과 북한의 체제를 동질적 가치로 간주하고 통일도 두 가치가 존중되는 형태로 이뤄져야 한다는 비현실적 사고에 젖어 있었다. 이는 북한 체제의 사악한 속성을 부정 또는 정당화하는 것이나 마찬가지였다. 국제질서에 대한 이해의 결여로 미국을 약자에게 자국이익을 강요하는 위선적 제국주의자로 파악하는 수준에서 벗어나지 못했다. 자유민주주의, 한미동맹의 기존 질서를 인민민주주의, 반미주의로 대체하겠다는 것이 그들의 목표라 할 수 있었다(차하순 외 2015).

행 처리했다. 보수언론 개혁을 위한 취재 선진화 방안(기자실 폐쇄)은 언론 길들이기 또는 탄압의 성격이 강해 지지율 하락의 원인이 됐다(한영우 2016, 류세환 2006).

▎햇볕정책 지속과 안보불안

386운동권이 주축이 된 노무현 정부는 집권 기간 내내 자주외교-자주국방이라는 비현실적 명분을 내걸고 반미노선을 추구했다. 대북관계에서는 대한민국을 북한과 똑같은 분열정권으로 간주하는 반체제적 입장을 보여 국민들을 당혹케 만들었다.

노무현 정부는 집권 동안 10차례의 남북 간 장관급 회담을 개최하며 햇볕정책의 기조를 이어갔다. 김대중 정부의 합의사항인 개성공단을 2003년 6월 착공해 2004년 12월 준공시켰다. 금강산 육로관광(2003)과 남북해운합의서(2005, 제주해협 북한 상선에 개방) 등 교류를 확대했으나 북한의 민주화, 개방화에는 아무런 도움을 주지 못했다. 개성공단은 북한의 극단적 폐쇄성과 한국에 대한 피해의식, 북핵 개발 등 정치안보 상황에 영향을 받아 안정된 운영이 어려웠다.

노무현 정부는 2005년 헌법 규정을 무시하고 '국가연합' 단계를 거친 통일을 주장해 파란을 일으켰다. 한국의 통일방안은 헌법 3조를 고려해 국가연합이란 말 대신에 남북연합(북한은 국가가 아닌 잠정 집단)이란 말을 써왔는데 이를 뒤집어버린 것이다. 통일부장관은 이런 문제가 제기되자 헌법 3조 대한민국 영토조항의 개정을 언급해 비판을 받았다.

2005년 6.15 기념행사부터는 여러 좌경단체들과 함께 대한민국 정부를 북한 통전부가 마련한 통일축전에 참가시키는 난센스를 빚었다. 같은 해 8월 15일 서울 민족축전에서도 이런 모습이 재연돼 대한민국 정부의 이념적 정체성을 이적단체 수준으로 전락시켰다.

노무현 대통령은 임기 4개월을 앞둔 2007년 10월 평양을 방문해 수십조 원의 경제 지원을 약속하는 10.4 공동선언을 발표해 또 다시 물의를 일으켰다. 북한 핵 문제에는 소극적으로 대처하면서 서해안 무력충돌을 막는다는 명분으로 해양 영토주권인 서해 북방한계선을 협의의 대상으로 삼아 국민들을 실망시켰다. 2007년 12월 김대중 정부 합의사항인 경의선 철도가 연결돼 문산-개성 화물열차 운행이 시작됐다(차하순 외 2015, 한영우 2016, 류세환 2006).

무책임한 전작권 환수 주장 미국은 테러와의 전쟁에 따라 2003년 3월 이라크 침공에 나서면서 다국적군 연합이라는 명분을 얻기 위해 한국의 파병을 요청했다. 노무현 정부는 시민사회단체의 격렬한 파병 반대에도 불구하고 2003년 4월 이후 연인원 1만9000명의 공병부대와 의료부대를 파견해 미국과 보조를 맞췄다. 이들은 2008년 12월 무사히 귀국했다.

이런 대미협력 노선과 달리 노무현 정부는 2004년 주한미군을 한강 이남으로 떠나게 만들고 북한 핵에 대해 군사, 경제, 외교 압박을 거부하는 등

한미 안보동맹을 시험대에 올렸다. 2004년 10월 전직 총리들을 포함한 1500명의 전직 장관, 국회의원, 예비역 장성들이 나라가 망국의 위기에 처했다는 시국선언을 했다.

노 대통령은 2006년 8월 선시삭선권(선삭권)을 2009년에서 2012년 어느 때 환수해도 상관없다는 요지의 발언으로 또 한번 파문을 일으켰다. 한국의 작전 능력 부족(특히 정보능력)이나 막대한 예산 부담, 북한의 적화의도에 대한 고려 없이 내놓은 정책발표였다. 전작권 환수가 치밀한 사전준비 없이 진행되면 미국의 전쟁 개입 역량이 제한돼 국가안보를 위험에 빠트릴 수 있었다. 그러나 대통령은 전작권 환수가 자주국방의 핵심요소라는 무책임한 주장만 거듭했다.

대통령의 발언에 경악한 안보분야 원로들은 전작권 환수가 대북 억제력의 주축인 한미연합사의 해체와 한미동맹의 와해를 불러올 것이라며 국민투표 또는 국회의결을 요구했다. 반대운동은 곧 전국으로 번져 일각에서는

🔍 역사 돋보기 - 북한개방 막는 종북좌파

햇볕정책은 한국 현대사 최악의 통일안보 정책이었다. 김대중-노무현 좌파 정권 10년간 대북 경제지원은 현금 3조 원과 현물 등 8조 원에 달했다. 막대한 퍼주기를 하고도 6.15 선언이나 10.4 선언에는 남북기본합의서와 비핵화 공동선언을 진전시키는 어떠한 언급도 담지 못했다. 북한은 핵과 미사일 개발을 완성하자 남한에 협박을 해대기 시작했다. 그러나 나라의 안보를 위기로 몰아넣은 좌파정권 누구도 잘못을 반성하거나 정책 실수를 인정하지 않았다.

북한의 양심적 엘리트들은 남한의 종북 좌파들이 넝마가 된 김정일-김정은 정권을 지탱해주는 바람에 북한의 개혁개방이 안 되는 것으로 생각하고 있다. 남한 정부들이 대결정책으로 북한의 장마당 시장경제를 활성화시켰다면 개혁개방을 앞당길 수 있었다는 이야기다 (박정훈 북2-13).

대한민국의 정통성을 부정하는 친북 반역 세력이 나라의 근본을 뒤흔들고 있다는 비난을 하기에 이르렀다.

하지만 노 대통령은 북한이 한국을 공격할 힘도 의사도 없다는 말로 비판을 빠져나갔다. 또 미국이 북한의 요구를 받아들여 현안문제를 해결할 책임이 있다는 식으로 북한 옹호에만 관심을 쏟았다(한영우 2016, 류세환 2006, 이덕주 2007).

3) 자유우파 정부의 재집권 10년

2007년 8월 야당인 한나라당 17대 대선후보 경선(여론조사 및 선거인단 선거)에서 이명박이 박근혜를 누르고 후보로 지명됐다. 경선에서 양자는 이전투구의 대립상을 보여 보수진영의 우려를 샀다. 여당인 우리당은 지지율 폭락으로 당명을 세탁하며 이합집산을 거듭한 끝에 통합민주당으로 되돌아가 정동영을 후보로 내세웠다.

2007년 12월 대선은 10년 좌파 정부에 대한 심판과 경제 살리기에 대한 기대를 반영한 선거였다. 노무현 정부의 실정과 무능으로 국민들 사이에서는 한나라당에서 개를 내세워도 당선된다는 풍문이 나돌았다. 선거 결과 한나라당 이명박이 48.6%, 1149만 표를 얻어 통합민주당 정동영(26.1%, 617만 표)을 크게 누르고 17대 대통령에 당선됐다. 무소속 이회창은 15.1%, 창조한국당 문국현은 5.8%의 득표율을 보였고 민주당 이인제는 몰락했다. 이명박은 오사카 출생으로 1960년대 6.3 시위를 주동해 3년 간 복역한 전력이 있었으며 현대건설 사장, 서울시장을 지냈다.

대선에 이은 2008년 4월의 18대 총선은 정치적 이슈 없이 여당은 정국 안정, 야당은 여당 견제를 내세운 가운데 치러졌다. 여당인 한나라당이 과반인 153석을 확보했고 야당인 통합민주당은 81석을 얻었다. 자유선진당(이회창)이 18석, 여당 속의 야당인 친박연대(박근혜)가 13석, 민주노동당이 5석, 창조한국당이 3석, 무소속이 26석이었다.

4년 뒤인 2012년 4월 19대 총선은 민주통합당과 통합진보당이 야권 단일후보를 공천해 여야 간 선거경쟁이 치열해졌다. 지역구 선거(246석)에서는 19개 정당과 무소속 후보들이 나섰고 비례대표 선거(54석)에서는 20개 정당이 후보자를 추천했다. 여당인 새누리당이 152석(127+25)을 얻어 과반에 성공했고 민주통합당은 127석(106+21)으로 의석을 늘렸다. 통합진보당이 13석, 자유선진당이 5석이었다(중앙선관위 온1, Joins.com).

〈표5-6〉 18, 19대 총선 지역구 득표율 및 의석수 (비례대표 포함)

대	시기	의석	여당	야당	
18	2008.4	299	한나라43.4%(153)	통합민주28.9%(81)	선진당5.7%(18)
19	2012.4	300	새누리43.3%(152)	민주통합37.9%(127)	통합진보6.0%(13)

자료: 경기도선관위 PDF선1, PDF선2, News1

4대강 사업과 탈 햇볕정책

이명박 정부는 출범 초 미국산 쇠고기 수입재개 협상에 안이하게 대응하다 위기에 몰렸다. 미국산 쇠고기는 2003년 광우병 발생으로 수입이 전면 금지됐으나 미국의 요청으로 2008년 4월 30개월 미만 쇠고기는 수입할 수 있도록 허용했다. 그러나 광우병 불안이 가시지 않은 상태에서 협상내용이 발표되자 촛불시위가 100일 이상 계속되면서 정부 지지율이 곤두박질쳤다. 일부 방송의 광우병 조작 보도가 시위를 확대시켜 6월 시위 참가자는 거의 100만에 이르렀다. 시위가 계속되면서 교육, 대운하, 공기업민영화, 정권퇴진 등의 정치적 공세가 이어졌다. 시위는 정부가 수입협상을 다시 해 위험요소를 줄인 뒤 진정됐다.

이명박 정부는 2008년 12월 국정과제의 하나로 한반도 대운하사업(4대강 사업) 추진을 발표했다. 총사업비 22조 원을 들여 한강, 낙동강, 금강, 영산강과 그 지류에 보 16개와 댐 5개, 저수지 96개를 만드는 대역사였다. 그러나 야당과 시민단체의 반대가 심하자 대운하사업을 4대강 살리기 사업으로 바꿨다. 홍수예방과 생태 복원, 다기능 복합공간 조성을 목적으로 2009년 7월 착공에 들어가 2013년 초 완공했다.

2009년 4월 노무현 전 대통령이 포괄적 수뢰죄(태광실업 13억 전달)로 검찰에 소환돼 조사를 받다가 5월 경남 봉하마을 부엉이 바위에서 투신했다. 2009년 8월 김대중 전 대통령이 86세로 사망하자 북한 조문단이 조화를 전달하고 이명박 대통령을 만났다.

2010년 이명박 정부는 전임 노무현 정부의 충청권 행정복합도시(행복도시) 건설계획이 국가발전을 저해하는 정책으로 보고 이를 무산시키려 했으나 여당 내 박근혜 세력의 반대로 뜻을 이루지 못했다. 노무현 정부가 추진한 행복도시 건설과 무턱 댄 공기업 지방이전 정책으로 국가동력이 크게 약화됐다. 2011년 4개의 종합편성 유선방송 채널이 방송을 시작했으나 방송언론 과잉을 불렀다는 지적이 나왔다(한영우 2016).

천안함 폭침과 연평도 포격 이명박 정부는 노무현 정부 때 망가진 미국과의 관계를 복원하고 외교의 외연을 아시아 전역으로 넓혔다. 북한에 대해서는 한국의 원칙적 입장을 견지하며 취임과 함께 비핵, 개방, 3000 대북정책을 내놨다. 북한이 핵을 포기하고 대외개방 정책을 도입하면 북한 주민의 1인당 소득을 3000달러 이상으로 높여주겠다는 유인책이었다. 북한은 이 제안을 거부하고 핵무장과 도발을 계속해 남북관계가 냉각됐다.

2008년 7월 북한은 금강산 관광객 박왕자에 대한 고의 총격사건을 일으킨 뒤 합동조사와 사과를 거부해 금강산 관광 사업(10년 누적 관광객 193만 명)이 중단됐다. 2008년 11월에는 이명박 정부의 대북정책에 불만을 품고 문산-개성 화물열차 통행을 중단시켰다. 2007년 12월 시작된 개성 관광사업(누적 관광객 11만 명)은 금강산 사업에 영향을 받아 2008년 11월 북한에 의해 일방 중단됐다. 같은 시기 북한을 통한 백두산 관광은 시작도 못해보고 좌초됐다. 2009년 김대중 조문단이 다녀간 뒤 관계가 다소 호전돼 이산가족 상봉이 몇 차례 이뤄졌다.

2010년 3월 남북적십자회담을 앞두고 북한은 잠수정을 서해 백령도 해역에 침투시켜 천안함을 폭침(승조원 104명 중 46명 순직)시켰다. 정부는 북한에 대한 신규투자 불허 및 남북교역 중단을 골자로 한 5.24 대북 제재 조치를 발표했다. 북한은 한동안 숨을 죽이고 있다가 2010년 11월 연평도를 기습 포격해 50분간 남북교전이 벌어졌다. 북한의 연평도 포격은 1953년 정전협정 이후 한국 영토에 대한 최초의 포탄 공격이었으나 이명박 정부는 응징조치를 취하지 않았다. 북한의 도발로 해병대원 2명과 민간인 2명이 숨져 남북관계는 더욱 악화됐다. 북한의 도발에 따라 선 대응 후 보고로 군의 대응 지침을 변경했다.
북한의 잇따른 도발에도 불구하고 일부 좌경 세력은 6.15 선언을 이행하지 않아 북한이 만행을 저질렀다는 등의 종북 행각을 보였다. 2011년 1월

역사 돋보기 - 전투적 민주주의

자유의 적에게는 자유를 허용할 수 없고 자유의 적과는 싸워서 민주주의를 지켜나가야 한다는 것이 전투적 민주주의 이념이다. 2차 대전 이후 서독은 전투적 민주주의를 헌법에 구체화시켜 헌법재판소, 위헌정당 해산제도를 발전시키는 한편 헌법보호청을 설치해 자유민주 헌정질서에 도전하는 단체와 개인에 대한 감시와 처벌을 계속했다. 이런 국가안보법 체계는 독일뿐 아니라 미국, 일본, 영국 등 다수의 자유국가들이 채택하고 있다. 형법의 외환죄나 내란죄 등으로 체제를 지켜내기가 어렵기 때문이다(류세환 2006).

미국의 오바마 대통령은 중국 호금도 주석과의 정상회담에서 북한을 견제하지 않으면 군사적 대응을 하겠다고 경고했다. 이명박 정부는 2010년 11월 서울 G20 정상회의, 2012년 3월 핵안보 정상회의를 개최해 한국의 국제적 위상을 높였다(차하순 외 2015, 한영우 2016).

▌북핵·사드 갈등과 탄핵사태

2012년 12월 18대 대통령 선거에서는 스마트 기기 보편화에 따라 카페트(카카오톡, 페이스북, 트위터)가 선거운동의 핵심 미디어로 등장했다. 선거는 정책 차별이나 쟁점 없이 여당인 새누리당 박근혜와 야당인 민주통합당 문재인의 양자대결로 압축됐다. 선거일 2일 전 박근혜 낙선을 목표로 출마했던 통합진보당(통진당) 이정희가 사퇴했다. 북한은 18대 대통령 선거에서 공개적으로 좌경세력을 옹호하고 북한 체제 비판세력을 헐뜯었다. 선거 결과 새누리당 박근혜가 51.6%, 1577만 표를 얻어 민주통합당 문재인(48.0%)을 누르고 대한민국 최초의 여성 대통령이 됐다. 이로써 자유우파 정권이 5년 재집권의 길을 열었다.

4년 뒤인 2016년 4월 실시된 20대 총선에서는 처음으로 사전투표제가 도입되고, 선거구 인구편차 위헌판결에 따라 지역구 253석, 비례대표 47석으로 선거구가 조정됐다. 여당의 압승이 예상된 선거전은 대통령의 결벽·독선주의와 그에 따른 내부 분열, 이전투구, 오만이 바깥으로 여과 없이 표출되면서 민심이반을 불렀다. 선거 결과 야당인 더불어민주당이 123석으로 1당에 올라선 반면 새누리당은 122석으로 참패했다(도표 참조). 집

〈표5-7〉 20대 총선 지역구 득표율 및 의석수 (비례대표 포함)

대	시기	의석	여당	야당	
20	2016.4	300	새누리 38.3%(122)	더불어민주 37.0%(123)	국민의당 14.9%(38)

자료: 경기도선관위 PDF선1, PDF선2, News1

권여당 겸 원내 1당이 총선에서 2당으로 밀려난 것은 사상 처음이었다. 호남을 석권한 국민의당(안철수)은 38석으로 1996년 15대 총선 이후 20년 만에 원내교섭단체(20석) 이상의 의석을 얻었다. 국민의당은 비례대표 정당 투표에서도 2위(26.7%)를 기록해 기성 정당들에 대한 불신을 반영했다. 16년 만에 여소야대 국회가 새얻됐나(한영우 2016, 중앙선관위 온1).

대중외교와 세월호 사태, 통진당 해산 박근혜 정부는 출범 첫해인 2013년 5월 오바마와 한미 정상회담을 가진데 이어 6월 습근평과 한중 정상회담, 2014년 7월 습근평 답방, 11월 한중 자유무역협정 타결 등 대중 외교에 집중하는 모습을 보였다. 이는 중국이 최대 교역 파트너인데다 남북문제에서의 영향력, 일본 아베 정부에 대한 과거사 공동 대응 등이 두루 작용한 결과였다. 중국도 한국과의 경제협력, 미국의 동아시아 정책 견제 등 접근 요인을 가지고 있었다.

박근혜 정부의 내정은 출범 초부터 내각을 제때 구성하지 못하는 등 인사정책에 문제를 드러냈다. 대통령의 유아독존 성향으로 보수우파의 구심력이 약화되면서 국정동력을 결집시키지 못했다. 2014년 4월 세월호가 침몰해 304명이 숨지는 참사가 발생했으나 정부의 대응이 도마에 올라 위기관리 능력에 대한 불신을 키웠다.

2014년 12월 정부의 위헌정당 해산심판 요청에 따라 헌법재판소가 사상 처음으로 통합진보당에 대한 해산결정을 내렸다. 민주노동당(2001)에 뿌리를 둔 통합진보당은 2004년 원내 3당으로 진입했으나 종북 노선갈등으로 이합집산을 거듭한 끝에 2011년 통합진보당으로 재결집했다. 2012년 선거에서 다시 원내 3당으로 복귀했으나 2013년 8월 이석기 의원이 내란음모 혐의로 체포되면서 위헌정당으로 몰려 해산됐다(한영우 2016).

박근혜 정부는 2016년 공공, 노동, 교육, 금융 등 4대 구조개혁을 추진했으나 집단이기주의와 정치동력의 약화로 반대세력의 벽을 넘지 못했다.

북핵 개발과 구멍 뚫린 방공망 북한은 2012년 4월 핵보유국을 헌법에 명시한 뒤 한국에 대한 불바다 협박을 계속하다가 이명박 정부가 평양 수뇌부 정밀타격설로 대응하자 발끈했다. 2013년 4월에는 남한이 자신들을 모독했다는 핑계로 개성공단을 일방 폐쇄했다. 123개 입주기업을 압박해 신임 박근혜 정부를 길들이겠다는 의도였으나 북한의 자충수가 되고 말았다. 개성공단 5만3000여 명의 근로자가 직장을 잃으면서 30만 명의 생계와 연간 8000~9000만 달러의 외화수입이 날아갔기 때문이다.

실무회담 끝에 2013년 8월 개성공단 정상화에 합의해 9월 재가동에 들어갔다. 그러나 2016년 1월 북한의 4차 핵실험 강행으로 박근혜 정부는 다음 달 개성공단을 전격 폐쇄했다. 전략 검토와 폐쇄 과정이 너무 조급했다는 평가를 들었다.

북한의 4차 핵실험과 잇따른 미사일 발사는 잠복했던 한미간 고고도 미사일방어체계 즉 사드(THAAD) 논의를 급진전시켰다. 사드의 한반도 배치는 2014년 미국에서 먼저 제안했으나 한국이 주변국을 의식해 도입을 머뭇거리다 2016년 7월 사드 1개 포대(구성비용 1조5000억 원)를 성주 성산리에 배치하기로 합의했다. 사드의 부지를 성주로 정한 것은 유사시 미군의 한국 상륙지점인 부산, 울산, 광양항 방어의 최적지였기 때문이었다(관련기사 참조).

그러나 전자파 피해 등을 우려한 주민 반대로 롯데가 운영하는 성주군 소성리 롯데 골프장으로 설치 부지가 변경됐다. 환경영향평가 결과 전자파는 일반주민에게 피해가 없는 것으로 나타났다. 국가 생존이 걸린 안보위기 앞에서 한국은 공론과 망동으로 안보 취약성을 그대로 드러냈다. 2016년 9월 박근혜-오바마 한미정상은 사드가 북핵 미사일에 대응한 순수 방어체제임을 재확인했다.

사드의 한반도 배치가 결정되자 한국에 우호적 태도를 보이는 듯 했던 중국은 폭력국가로 돌변했다. 자신들이 방치한 북핵으로 한국이 안보위협을 겪게 된 사실은 무시한 채 사드가 자국의 세력권 전략을 무력화시키는 미국 MD체계의 확장이라는 억지만 내세웠다. 한국을 향한 자신들의 안보침해(공격용 미사일 배치)에 대해서는 어떤 문제의식도 가지지 않은 채 강압적 대응으로 일관했다(한영우 2016, 문갑식 안3-11, 문갑식 안3-12).

중국은 이후 무차별적 경제보복에 나서 사드 부지를 제공한 롯데와 현대기아자동차 등 중국 진출 기업들이 심각한 피해를 입었다. 중국은 관광객 송출까지 중단시켰다. 박근혜 정부는 중국의 사드보복에 대해 자주적 원칙에 입각한 대응을 하지 못했다.[11] 2017년 4월 한미 양국(황교안 권한대행 체제)은 사드 반입 저지에 나선 시위대를 뚫고 사드 포대를 전격 배치했다.

🔍 역사 돋보기 - 한국과 이스라엘의 안보태세

북한이 가진 핵전력은 스커드(사거리 300~500km), 노동(1300km), 대포동 및 무수단 미사일(3000~4000km)의 3가지다. 현재 한국은 요격고도 15~20km의 스커드 방어 미사일(PAC-2 패트리엇, 천궁)만 보유하고 있고 고도 40km 이상 고각 발사되는 노동 및 무수단 미사일을 막을 수단이 없다. 이런 안보위기에도 미국 미사일 방어망(MD) 편입을 놓고 정치 싸움만 계속했다. 역대 대통령들이 북한 핵개발 20여 년을 허송한 끝에 박근혜 정부 들어서야 방공대책 마련에 나섰다.

반면 이스라엘은 1973년 4차 중동전쟁 때부터 미사일방어체계 개발에 들어가 상층(애로), 하층(아이언돔), 중층(다윗의 돌팔매) 3중 요격망을 완성했다(2015). 여기에 단거리 로켓포 등을 레이저로 떨어트리는 아이언 빔까지 확보해 4중의 요격 체제를 갖추고 있다(안3-10, 문갑식 안3-11).

정치관리 잘못이 부른 탄핵사태 박근혜 대통령은 국체혼란 시대에 부응한

---

11) 뒤를 이은 문재인 정부는 중국의 폭력적 내정개입에 굴복해 굴욕적인 삼불三不(사드추가 불가, 미국 MD가입 불가, 한미일 3국 동맹 불가)을 문서로 확인해줬다. 한국의 저자세에 맛을 들인 중국은 주권 유린적인 일한 一限(배치된 사드 체계 사용제한)까지 요구하고 나섰다.

강력한 리더십이 요구됐으나 집권 4년차에 접어들면서 스스로 무너지기 시작했다. 2016년 10월 최순실 태블릿 PC 보도로 시작된 국정농단 사태로 민심이반을 불러 정권의 기반이 붕괴되고 보수진영의 존립까지 흔들렸다. 야당, 언론 등 각계의 좌경세력에 대한 위험성을 과소평가한 채 독선적 국정운영을 하다 벼랑 끝에 몰리고 만 것이다. 불안한 자기관리로 좌경세력에게 총공세의 빌미를 준 것이 민심이반에 적지 않은 영향을 미쳤다.

2016년 12월 국회는 여당의원 다수가 가세한 가운데 13개의 탄핵사유를 들어 박근혜 대통령에 대한 탄핵소추안을 가결시켰다. 2016년 4월의 20대 총선과 여당인 새누리당을 망친 것이 탄핵사태의 배경이 됐다. 헌법재판소는 2017년 3월 재판관 8명 전원일치 의견으로 대통령 파면 결정을 내렸다. 대한민국 헌정사 최초의 현직 대통령 파면이었다.

탄핵심판을 위헌으로 주장한 법조인들은 대통령의 단편적 법률위반이나 부적절한 업무집행을 위헌으로 몰아갔다고 반박했다. 국회가 증거조사 없이 신문기사와 심증만으로 탄핵을 의결했고, 13개 탄핵 사유를 일괄 표결한 것도 적법절차 위반으로 판단했다(혜4-10, 복거일 혜4-11).

박 대통령 탄핵은 국정농단보다 정치 관리와 민심 관리를 잘못한 탓이 컸다. 여성이라는 약점도 작용했다. 그 정도의 일로 탄핵한다면 우리나라 대통령치고 그 올가미에서 벗어날 사람은 아무도 없을 것이다. 대통령들의 무지, 망상, 전횡, 방탕으로 나라의 경제와 안보를 말아먹은 진짜 국정농단들이 숱했지만 아무런 단죄도 받지 않았다. 법이 정치를 앞잡이 한 박 대통령 탄핵사태는 한국의 정치문화를 더욱 황폐하게 만들었다.

3. 2000년대 이후의 한국 경제와 사회

2017년 한중일의 GDP 세계 비중은 한국이 1.9%(1조5310억 달러)인데 비해 일본은 6.0%(4조8720억 달러), 중국은 15.2%(12조2380억 달러)를 기록했다. 중국의 GDP 규모는 1997년까지 한국과 비슷했으나 20년 만에 한국의 8.0배로 뛰어올랐다. 세계 1위 미국(26.1%) 다음으로 높은 수준이다. 한국이 경제에서 중국, 일본의 구심력을 벗어나 자주적 균형을 이루려면 양국으로부터 독립할 만큼의 임계점을 넘어서야 한다. GDP 세계 비중을 최소 4.5% 선으로 키워야 균형경제 유지가 가능하다. 경제 규모는 지금의 2배 이상, 1인당 국민소득은 5,6만 달러로 높여야 독자적 세력권을 형성할 수 있다는 이야기다.

한국이 균형경제와 경제안보를 지키기 위해서는 중국과의 관계설정 전략이 무엇보다 중요하다. 중국의 경제대국 부상은 한중관계의 안정을 위협하는 최대의 변수가 아닐 수 없다. 중국이 지근거리에 있는 폭력적 공산국가라는 사실이 그런 우려를 증폭시킨다. 사드보복과 같은 사태를 상존하는 위협으로 간주하고 그에 대한 대비와 경각심을 늦춰서는 안 될 상황이다(차하순 외 2015, 좌승희 2015).

1) 선진국 진입과 경제동력 저하

1990년대 이후 세계 경제 질서는 북미의 자유무역협정(FTA) 체결, 유럽연합 확대 등 지역주의 흐름을 보였다. FTA 후발국이었던 한국은 1998년 외환위기 수습과정에서 교역 불이익을 해소하기 위해 자유무역협정에 외교력을 쏟았다. 김대중 정부는 외교부에 통상교섭본부를 설치하고 칠레와 처음으로 자유무역협정을 체결했다(1999). 노무현 정부는 싱가포르(2006), 유럽자유무역연합(2006), 동남아시아 국가연합(2007), 미국(2007)과의 FTA 협상을 타결지었다. 시민단체의 격렬한 반대 속에 이뤄진 미국과의 FTA는 한국의 농축산업과 미국 자동차산업의 반발로 2012년에 가서야 발효됐다.

김대중-노무현 시기에는 반 기업 정서에도 불구하고 한국 역사상 처음으로 통신기술 등이 세계 선진 대열로 진입해 다수의 초일류기업을 탄생시켰다. 2000년대 초반 삼성전자는 반도체, LCD, 휴대전화, 가전제품 등에서 일본 기업들을 따돌리고 세계 최강자로 부상했다. 조선공업에서는 현대중공업, 삼성중공업, 대우조선이 조선업 세계 1,2,3위를 기록하고(2006) 한국기업이 수주량에서 세계 1~6위를 차지하는 실적을 보였다. 현대자동차는 자동차시장의 신흥 강자로 두각을 드러내 세계 빅5에 들었다(2005). 한국은 2007년 경제규모 세계 13,14위권으로 진입하고 1인당 국민소득은 처음으로 2만 달러를 넘어섰다(도표 참조)(권희영 외 2014, 차하순 외 2015).

미국 금융위기와 20-50클럽 가입 이명박 정부는 출범 첫해인 2008년 가을, 미국 발 금융위기로 곤욕을 치렀다. 미국의 부동산 거품으로 인한 금융회사 파산으로 한국경제는 코스피지수가 1000선대로 하락하고 달러당 환율은 2009년 3월 1500원대까지 오르내렸다. 2008년 경제성장률은 마이너스 0.6%, 국민소득은 1만9000달러로 떨어졌다. 2009년에도 경제 불황의 여파가 이어져 경제성장률은 1.6%에 그쳤고 국민소득은 1만7000달러로 곤두박질쳤다.

그러나 2010년 미일중과의 통화 스와프로 외환보유고가 늘어나고 대기업을 중심으로 경제가 되살아나면서 경제성장률은 6.3%로 올라가고 국민소득은 2만 달러대를 회복했다. 2011년에는 수출입 교역규모가 1조 달러를 넘어서 세계 9위를 기록했다. 한국은 1988년 1000억 달러, 1995년 2000억 달러, 2005년 5000억 달러를 돌파했었다.
2012년에는 미국, 일본, 프랑스, 독일, 이태리, 영국에 이어 세계 7번째로

20-50 클럽(국민소득 2만 달러, 인구 5000만 이상) 국가가 됐다. 외환보유액은 3168억 달러로 세계 8위를 기록했다. 이명박 정부 시기에는 정보통신 기업들의 도약이 이어졌다. 2008년 세계 금융위기 이후 삼성전자는 미국의 애플과 세계 스마트폰 시장을 양분하는 강자가 됐다. 삼성과 LG의 모바일은 애플에 이어 2, 3위로 올라섰다. 박근혜 정부 때인 2017년 한국은 인도, 유럽연합, 페루, 터키, 호주, 캐나다, 중국, 뉴질랜드 등 전 세계 52개국과 FTA 교역망을 유지했다(한영우 2016, 권희영 외 2014).

〈표5-8〉 1960~2017 주요국가 1인당 GDP/GNI 변화 (단위: 천 달러)

국가	1960	1970	1980	1990	2000	2010	2017
미국	3.0	5.2	12.5	23.9	36.4	48.3	56.7
일본	0.4	2.0	9.4	25.4	38.5	44.5	38.5
한국	0.1	0.2	1.7	6.5	11.9	22.0	28.3
말레이시아	0.2	0.3	1.7	2.4	4.0	9.0	9.6
러시아	-	-	-	3.4	1.7	10.6	9.2
중국	0.1	0.1	0.1	0.3	0.9	4.5	8.6
필리핀	0.2	0.1	0.6	0.7	1.0	2.1	3.6
세계평균	0.4	0.8	2.5	4.2	5.4	9.5	10.3

자료: data.worldbank.org/indicator/ 재구성

▌경제 평등주의의 부작용

정치적 평등 더 나아가 사회적 평등을 지향하는 민주주의와 불평등을 동력으로 하는 시장자본주의는 본질적으로 모순관계에 있다. 시장자본주의는 소수의 엘리트들이 경제 권력을 장악하는 체제여서 1인1표 민주주의와의 대립과 갈등은 계속될 수밖에 없다.

지난 60여 년간 유럽 선진국들은 경제 평등을 강조하는 사회민주주의의 기치를 내세웠다. 그러나 불평등 해소를 위해 인위적 노력을 가할수록 결과는 더 나빠졌다. 일본도 서구를 따라 1970년대 들면서 사회민주주의를 시작했지만 곧 잃어버린 20년(1991~2011)을 맞았다. 유럽과 일본은 소위 '자본주의의 불평등 모순'을 실증시켰다. 경제 불평등을 받아들이면 불평등

해소에 성공하지만 그렇지 않으면 불평등에 더 깊이 빠져들게 된다는 이율배반적 진실이다.

한국은 지난 60년 동안 상반되는 두 개의 경제정책 패러다임을 실험했다. 박정희-전두환 정부의 전반 30년은 경제 차별주의를 지향했고 노태우 정부 이후 후반 30년은 경제 평등주의를 내세웠다. 경제 차별주의를 지향한 전반 30년 동안 한국은 세계에서 가장 높은 경제성장률과 가장 낮은 소득 불평등을 실현해냈다.

반면 1987년 헌법에 유사사회주의 이념인 경제민주화(경제 평등주의)를 도입한 이후 30년은 경제 성장률은 낮아지고 분배의 양극화가 오히려 심화됐다. 개발연대의 경제 불평등을 해소한다는 명분으로 OECD 선진국들의 실패를 여과 없이 추종한 때문이었다(네루 2004, 좌승희 2015).

경제민주화가 경제체질 훼손 1990년대 이후 경제 평등주의는 여러 정부에서 다양한 형태로 나타났다. 1995년 WTO 가입으로 농업시장 개방이 가시화되면서 김영삼-김대중 정부는 백 수십조 원의 농업구조조정 자금을 성과에 관계없이 무차별적으로 살포했다. 변화와 성장을 이끄는 농민들이 아니라 놀고먹는 농민들을 우대함으로써 농민들의 성장 동기를 허물어버렸다. 김대중 정부는 연이은 농어촌 부채 탕감으로 농민들의 자립의지를 훼손하고 성실하고 창의적인 농민들을 허탈하게 만들었다. 그럼에도 불구하고 농촌농업 문제는 제대로 풀리지 않아 구조조정이 재정만 낭비했다는 비판을 받았다.

김대중 정부의 벤처육성 정책이나 노무현 정부의 동력산업 육성정책, 이명박 정부의 녹색성장 정책은 평등지원정책으로 일관해 성과를 내지 못했다. 핵심 경제정책이 평등 기반의 사회정책으로 변질돼버린 것이다. 민주화된 정치가 대중영합주의(경제 평등주의)로 흘러 3%대의 경제성장, 분배의 악화, 청년실업의 누증, 가계부채 폭증과 같은 문제들을 만들어냈다. 경제 평등주의는 거기서 그치지 않았다. 반일 생활권의 나라에서 수도권 성장을 규제하고 지방을 평등하게 지원해 기업과 지역의 하향평준화를 초래했다. 대기업들은 각종 평등 규제 때문에 해외투자로 몰려가 일자리를 해외에 수출하는 꼴이 돼버렸다. 기업에 대한 평등 규제가 남발되면서 경제의 활력도 떨어졌다. 평등주의의 소산인 노조에 대한 무절제한 관용정책도 경제성장 하락과 분배의 악화를 가져왔다(한영우 2016, 좌승희 2015).

면세 근로자 비율 세계 최고 평등주의에 바탕을 둔 정부 정책들은 장기 저성장과 소득 양극화를 부채질하는 원인이 됐다. 한국의 소득 상위 1%의 전체 국민소득 비중은 1995년 6.9%에서 2015년 12%대로 뛰어올랐다. 소득 상위 10%의 국민소득 비중은 48%까지 올라갔고 순자산비율은 60.7%(2016)나 됐다. 한국이 신흥국에서 선진국으로 진입한 젊은 산업국가라는 점을 감안하면 과도한 수치들이 아닐 수 없다.

소득 양극화의 또 다른 양태인 근로소득세 면세자 비율은 2013년 32.4%에서 2015년 세계 최고 수준인 46.8%로 급상승했다. 국가별 면세자 비율은 미국이 32.5%(2014), 호주가 25.1%(2013), 독일이 16.4%(2012), 일본이 15.4%(2014)다. 2015년 한국의 면세 근로자는 전체 근로자 1733만 명 가운데 810만 명에 달했다.

한편 가계부채는 2010년 843조 원에서 2017년(3분기) 1419조 원으로 7년 새 68.3%가 늘어났다. 가계자산 대비 부채비율은 33.8%로 호주를 제외하고는 가장 높은 수준이다. 한국의 가계자산 대비 가계 부채 증가율은 OECD 1위를 기록해 향후 금융위기가 발생할 경우 심각한 상황이 벌어질 수 있다는 경고가 이어지고 있다.

상황이 이런데도 좌파 정부와 대기업·공기업 노조는 상위 1%만 비판할 뿐 자신들이 속한 상위 10% 기득권층 문제는 못본척 하고 있다. 전체의 90%를 차지하지만 정치적 우군이 없는 비정규직과 중소자영업자 등의 삶에 대해서는 오불관언이다. 같은 일을 해도 4,5배 임금격차가 나는 노동시장 개혁에 대해서도 마찬가지 태도를 보이고 있다(박유연 경3-20, 경3-21, 정우상 경3-12).

▎국가채무 폭증과 경제성장 둔화

한국은 1980년대 초 정부 재정관리 우수국가가 됐다. 이 시기에 경제 체질을 바꾸는 굵직한 조치들이 추진됐지만 건전재정이 재정운영 원칙으로 자리매김했다. 1997년의 IMF 외환위기를 대규모 재정투입으로 신속히 회복할 수 있었던 것은 1980년대 이후 정립된 건전재정 원칙이 있었기 때문이었다. 한국은 경제의 수출의존도가 높아 GDP 대비 국가채무의 비율이 높아지면 대외 신인도가 무너질 수 있는 위험성을 안고 있다.

그러나 김대중-노무현-이명박-박근혜 정부 20년간 국가채무는 정권이 바뀔 때마다 두 배씩 폭증했다. 외환위기 직전인 1997년 말 한국의 국가채무는 60조 원이었으나 김대중 정부 5년차인 2002년에는 133조로 2배 이상 늘어났다. 노무현 정부 4년차인 2006년에 다시 2배가 넘는 283조가 됐다.

이명박 정부 때는 증가율이 둔화됐으나 4년차인 2011년에 420조(GDP 대비 34.0%)를 넘어섰다. 박근혜 정부 4년차인 2016년에는 1400조(GDP 대비 38.3%)로 폭증했다. 2016년 세수증가는 사상최대였으나 정부의 국가채무는 1년 전보다 오히려 35조 원이나 늘어났다. 공무원연금과 군인연금 충당부채(5년간 400조 원)가 국가채무 증가의 큰 몫을 차지했다.

노무현-이명박-박근혜 정부의 10여 년 간 한국은 재정 전반이나 대표 복지제도에 대한 중장기 재정관리 목표를 세우지 않았다. 재정계획이 무계획으로 치달아 5년만 존재하는 국가처럼 임기 내 지출소요만 제시할 뿐 재정에 어떤 영향을 주게 될 지는 발표조차 하지 않았다. 수치화된 관리목표가 없으니 영구적 대규모 지출을 수반하는 제도 도입을 예사로 생각했다. 대통령 5년 단임제가 이 같은 방만한 국정을 부른 원인이 됐다.

국가재무가 폭증한 것은 좌파-우파 정부 가릴 것 없이 선거용 공짜 복지를 늘리려는 시도가 그치지 않았기 때문이기도 했다. 정부의 불요불급한 복지 지출이 커지면서 민간 기업의 생산과 투자 활동이 제한됐고 그것이 성장률 하락으로 이어졌다(윤희숙 혼3-16, 차하순 외 2015, 혼3-11).

좌우파 정부의 내리막길 경제 김대중-노무현 좌파 정부 10년은 체제동란에 국가의 에너지를 낭비하는 바람에 국가 미래 건설이나 실업난 해결 등 경제 분야에서 성과를 보이지 못했다. 과거사 청산, 기득권 청산의 엇나간 좌경이념이 확산되면서 시장경제와 자유기업 활동을 비판하는 여론만 커졌다. 정치가 반 기업 정서를 부추겨 국민 간 이익 다툼과 갈등을 부채질하는 일도 적지 않았다. 시장과 자유기업 활동에 대한 적대감은 경제 성장률 둔화로 이어져 외환위기가 수습된 2000년부터 2007년까지 성장률은 5.2%(1991~1995년 8.0%대)에 그쳤다(도표 참조).

이명박-박근혜 우파 정부 10년은 친 기업 자유시장주의 원칙을 지향했지만 경제민주화의 영향으로 보수적 가치를 경제정책에 전면적으로 반영하지는 못했다. 이 때문에 경제성장률은 또 한 차례 기세가 꺾였다.

〈표5-9〉 좌파-우파 정부 20년 경제성장률 (단위: %)

김대중 노무현	1998	2000	2002	2004	2006	2007
	-5.7	8.8	7.2	4.6	5.2	5.1
이명박 박근혜	2008	2010	2012	2014	2016	2017
	2.3	6.5	2.3	3.3	2.8	3.1

자료: 통계청 PDF남6,7,8

이명박 정부는 747 대선 공약(연평균 7% 성장, 2017년 1인당 국민소득 4만 달러, 세계 7대 강국 진입)이 무색하게 집권 기간 중 4%대(금융위기 이후 3년) 성장에 머물렀다. 2008년 미국 발 금융위기가 수습된 2010년부터 2017년까지의 우파 정부 8년간 연평균 경제성장률은 3.4%였다. 하지만 소득 불평등의 지표인 팔마(Palma) 비율(상위 10%의 소득 점유율을 하위 40% 점유율로 나눈 비율)은 2011년 1.74에서 2017년 1.44로 내려가 어느 정도 성과를 보였다.

박근혜 정부 마지막 해인 2017년 세계경제포럼(WEF)은 한국의 국가경쟁력을 137개국 중 26위로 평가했다. 한국은 2008년 종합 13위에 오른 뒤 2011년 24위까지 떨어졌고 2014년부터 4년 연속 26위에 머물렀다. 거시경제(2위), 인프라(8위) 등에서는 선진국다운 평가를 받았지만 임금결정 유연성(62위), 노동시장 효율성(73위), 고용 및 해고 관행(88위), 노동시장 유연성(106위), 노사협력(130위) 등에서 후진국 수준을 벗어나지 못했다. 1997년에서 2017년까지 20년 동안 한국의 시간당 임금 상승률은 미국, 독일, 프랑스의 2,3배에 달했으나 노동생산성(2017)은 절반선에 머물렀다(차하순 외 2015, 손진석 경3-16, 경3-17, 경3-23, 경3-24).

2) 국가지향 상실시대의 사회상

2000년대 이후 좌우 정부들은 시대정신이나 국가지향이라고 할 만한 정신적 목표를 제시하지 못했다. 국가 선진화를 위한 정신문화 부흥이 시대적 요구였으나 내부 체제 투쟁에 매몰되거나 발목이 잡혀 그런 거시적 역사인식에 눈을 뜨지 못했다. 대통령 5년 단임제가 정부들의 국정 무책임으로 이어지고 좌우 정권교체에 따른 공직윤리와 기강이 무너지면서 나라가 표류하기 시작했다. 실패한 사회민주주의 국가의 무차별적인 보편복지로 국가의 역동성도 현저히 떨어졌다.

김대중 정부는 일본 대중문화에 대한 50여 년간의 빗장을 풀어 한일문화 교류의 물꼬를 텄다. 정몽준의 노력으로 성사된 2002년 월드컵 공동개최는 한국의 국제적 위상을 한 단계 높였다. 한국은 이 대회에서 4위를 차지하는 쾌거를 이뤘다.

노무현 정부 때인 2004년에는 일본 대중문화(영화, 음반, 게임)가 전면 개방됐다. 같은 해 경부고속철도와 호남고속철도가 동시에 개통돼 전국 반나절 시대를 열었다. 2004년 7월, 이른 감이 있었지만 근로자 주5일 근무제가 실시됐다. 2004년 아테네 하계올림픽에서는 종합 9위를 차지했다. 2007년 반기문 외무장관이 유엔 사무총장에 취임해 한국의 세계무대 진출을 가속화시켰다.

이명박 정부 시기에는 스포츠 분야의 성과들이 이어졌다. 2008년 베이징 하계올림픽에서 일본을 누르고 종합 7위를 기록했다. 2011년 7월에는 평창 동계올림픽(2018) 개최권을 획득했고 같은 해 8,9월 대구 세계육상선수권 대회를 차질없이 치러냈다. 2012년 런던 올림픽에서는 종합 5위를 기록해 스포츠 강국의 위상을 과시했다.

🔍 역사 돋보기 - 한류, 아시아로

1997년 무렵 중국에서 TV드라마로 시작된 한류韓流는 이후 대만, 홍콩, 베트남, 인도네시아, 필리핀, 몽골 등 세계 전역으로 퍼져나갔다. 한류는 개방성이나 역동성에서 홍콩(영화)의 항류港流나 일본(드라마, 게임)의 일류日流보다 파괴력이 컸다. 2003년에는 일본에서 한류 붐이 일어났다.
2000년대 이후에는 대중문화 뿐 아니라 김치, 고추장, 라면, 가전제품 등 한국 제품으로까지 한류가 확대됐다. 한류 확산에는 한국의 산업화와 근대화라는 국가적 요소가 크게 작용했다. 한국 기업들이 한류 붐의 사전 토대를 만드는 역할을 했다(두산백과 네1, 권희영 외 2014).

박근혜 정부 때는 간통죄가 폐지돼(2015) 성의 자기결정권이 커졌지만 불륜을 막을 수단이 사라져 가정파탄의 우려를 높였다. 2016년 리우데자네이루 하계 올림픽에서 종합 8위를 차지했다.

한편 한국은 이 시기에 유네스코 세계문화유산과 기록유산을 12종과 16종(중국 9종, 일본 3종)으로 늘려 한국 전통문화의 독자성과 깊이를 세계에 널리 알렸다(좌승희 2015, 시사상식사전 네4, 한영우 2016).

▌사회 평등주의와 저출산·고령사회

2000년대 이후 한국은 새로운 미래를 개척하는 노력이 부족했고 경제가 정체되면서 양극화 등 사회적 모순만 늘어났다. 좌우 정부들의 경제민주화, 사회민주화는 결국 N포 세대(N가지를 포기한 청년 세대)라는 풍조를 출현시켰다. 2010년 처음 등장한 신조어 N포 세대는 처음 연애, 결혼, 출산 3가지를 포기한 삼포세대로 시작해 집과 경력을 포함한 오포세대, 희망(취미)과 인간관계까지 포함한 칠포세대로 확장됐다. 그 연장선상에서 2010년 무렵 청년세대들은 대한민국을 헬(Hell)조선, 지옥불 반도라고 불렀다. 한국이 지옥에 가까울 정도로 희망이 없는 사회라는 자조적 의미였다(시사상식사전 네4).

저출산·고령사회의 원인이자 결과인 N포 세대의 범람은 역대 정부들의 무능과 실정이 초래한 사회 붕괴의 한 단면이었다. 정치가 종북용공 놀음과 탁상공론으로 날을 지새우는 동안 청년들은 좌절에 빠져 반사회주의자가 돼가고 있었다. 좌우 정부들은 공짜 복지를 늘리고 실효성 없는 아이 많이 낳기 정책으로 예산을 낭비하는 등 대중영합의 국정 관리로 일관했다.

돈으로 땜질한 저출산 대책 한국의 인구증가율이 1% 미만으로 떨어진 것은 1985년(0.99%)의 일이었다. 2000년대 들어 인구증가율 저하가 국가 미래에 대한 위협요인으로 받아들여지면서 주요 국정과제로 부각됐다.

2006년부터 2016년까지 노무현-이명박-박근혜 정부가 저출산 대책에 투입한 예산은 100조 원이 넘었다. 노무현 정부의 1차 계획(2006~2010)에 19조7000억 원, 이명박 정부의 2차 계획(2011~2015)에 60조5000억 원, 박근혜 정부의 3차 계획(2016~2020)에 21조4000억 원(108조4000억 원 중 1차 연도분)이 투입됐지만 정책효과는 거의 나타나지 않았다.

저출산의 주된 원인은 소득과 일자리 부족(경제), 생활방식 변화(사회)에 있었다. 결혼 적령기 청년층의 소득과 일자리를 늘려주는 경제정책과 탈가족-탈결혼을 친가족-친결혼으로 바꿔주는 다양한 사회정책이 요구됐었다. 그러나 좌우정부들은 경제민주화, 사회민주화라는 허울에 매달려 국가에 급박한 실용(차별주의)을 포기하는 바람에 저출산·고령화 문제를 해결하는데 실패했다.

엄청난 예산을 투입했음에도 20~49세 가임여성 독신 비율은 2000년 29.6%에서 2016년 49.0%로 치솟았다. 결혼을 필수로 생각하는 비율은 2006년 25.7%에서 2015년 14.9%로 지속적인 감소세를 보였다. 초혼 연령이 높아진 것도 저출산 문제를 악화시키는 요인이 됐다. 합계출산율(여성 한 명의 15~49세 가임기간 평균 기대출생아 수)은 2000년 1.47명에서 2017년 1.04명으로 세계 최저수준을 기록했다(도표 참조). 2017년의 합계출산율은 당초 예상보다 8년 정도 앞당겨진 것이었다(금원섭, 이기훈, 김동섭 사3-12).

반면 국내 65세 이상 노인인구 비율은 저출산과 연동되면서 2000년

〈표5-10〉 1960~2010년대 합계출산율 변화 (단위: 명)

연대	60~65	65~70	75~80	80~85	85~90	00~05	2017
합계출산	5.99	4.64	3.00	2.38	1.62	1.22	1.04

자료: 통계청 PDF남6,7,8,9

7.2%(고령화 사회)에서 2017년 14.0%(고령사회)로 높아졌다. 고령화 사회에서 고령사회로 넘어가는데 걸린 기간은 프랑스가 115년, 미국이 73년, 독일이 40년, 일본이 24년이었으나 한국은 17년밖에 걸리지 않았다. 유엔은 만65세 이상 인구가 7%를 넘으면 고령화 사회, 14%를 넘으면 고령사회, 20%를 넘으면 초고령 사회로 분류한다.

저출산·고령화는 15~64세 연령층(100명)이 부양해야 하는 65세 이상 인구 비율(노년부양비)과 0~14세 인구(100명)에 대한 65세 이상 인구 비율(노령화지수)을 계속 높여나가고 있다. 노년부양비는 2000년 10.1%에서 2016년 18.0%, 노령화지수는 34.3%에서 100.1%로 폭증했다(통계청 PDF남6,7,8,9).

역사 돋보기 - 다문화사회 변모

한국은 21세기 들면서 다문화 사회가 됐다. 1980년대 경제성장으로 1990년대부터 외국인 노동자와 농촌의 국제결혼 입국자가 들어오고 대학생, 연수생 등이 가세하면서 외국인 거주자가 크게 늘었다. 국내거주 외국인은 1995년 12만에서 2005년 48만, 2015년 136만을 기록했다.
한편 한국의 해외교민은 남북 총인구의 10%인 700만 명대에 이르고 있다. 해외교민은 한국의 경제성장과 한국 기업들의 세계화에 도움을 줬다. 한국은 1997년 재외동포재단을 설립하고 2009년 재외국민투표법을 마련해 국회의원과 대통령 선거 참여(2012)의 길을 텄다(권희영 외 2014, 통계청 PDF남9).

1인 가구 시대의 생활상

한국은 1948년 건국 이후 2018년까지 70년 동안 후진국에서 개도국, 중진국을 거쳐 선진국으로 올라선 세계에서 보기 드문 성공국가의 하나다. 개도국은 대략 1970년대 초반, 중진국은 1980년대 후반, 선진국은 2000년대 말 쯤 안정됐다. 한국의 급속한 경제지위 상승은 2000년대 이후 지식정보화 시대의 본격화, 각종 평등주의 사회정책의 도입과 더불어 광범한 생활상의 변화를 몰고왔다.

가정생활의 가장 큰 변화는 가족분리 추세였다. 해방 이후 우리나라의 전통 대가족제는 핵가족제로 대체됐으며 핵가족도 점차 부부만으로 구성되는 흐름(1970년 5.4%→2010년 20.6%)을 보였다. 3세대 이상 대가족 가구는 1960년 30.0%에서 2010년 12.5%로 줄어든 반면 2세대 핵가족은 65%에서 82%로 늘어났다.

2010년대 들어서는 1인 가구를 요인으로 하는 가족분리 현상이 심화됐다. 1인 가구의 구성비는 1995년 12.7%에서 2016년 27.9%를 기록해 처음으로 2인 가구(26.2%), 3인 가구(21.4%)를 넘어섰다. 가구의 평균 구성원 수는 1960년 5.6명에서 2016년 2.5명으로 줄어들었다(통계청 PDF남9, 국사편찬위 2017).

가족분리와 의식주 생활 변화 가족분리의 또 다른 요인은 이혼이었다. 혼인 대비 이혼 건수는 1952년 3.6%에 불과했으나 50년 뒤인 2002년에는 47.3%로 13배 이상 높아졌다. 2016년의 이혼 비율은 38.1%였다. 가족분리는 가족유대의 저하로 이어져 전체 살인사건 가운데 존속살해 사건 비율(2006-2013)이 미국, 영국의 3.4배 수준인 5.0%에 이르고 있다.

가족분리의 확대는 식생활과 주생활에 큰 변화를 일으켰다. 식생활에서는 가정간편식(냉동간편식, 라면 제외)이 크게 확산됐다. 중국, 태국 등의 외래 간편식이 출시되며 시장을 활성화시켰다. 가정간편식의 확대는 식생활은 물론 전기밥솥, 도시가스 사용량을 줄일 정도로 생활에 직간접의 영향을 미쳤다.

주생활에서는 가구 구성원의 영향을 받아 단독주택 비율이 떨어지는 만큼 아파트 비율이 높아졌다. 아파트 비율은 1990년 22.6%에서 2000년

47.8%로 10년 새 두 배 이상 높아졌고 2016년에는 60.1%(1003만 호)를 기록했다(서울대사회발전연구소 사6-10, 윤수정 사6-12, 김재후 온15, 통계청 PDF남9).

선진 건강수준과 세계 최악 자살 2000년대 이후 한국은 선진국 수준의 물질적 풍요와 넉넉한 여가생활을 가지게 됐다. 선진형 여가생활을 상징하는 해외여행은 1990년대 이후 폭증하는 추세를 보였다. 국제선 출국 내국인은 1999년 426만 명에서 2009년 880만 명, 2018년 2869만 명을 기록했다. 전체 인구 대비 비율은 9.1%에서 18.1%, 56.0%로 급상승했다. 한국의 2018년 해외여행자 비율은 일본의 3배를 넘고, 미국, 호주보다 앞서는 것이다.

기대수명, 유아사망 등 건강보건위생 지표도 현저히 개선됐다(도표 참조). 2015~2017년 OECD 국가별 기대수명(당년 태어난 아기가 생존하게 될 연령)을 보면 한국은 독일, 영국, 프랑스, 일본과 함께 최상위권을 형성했다. 한국의 기대수명은 후진국 시대인 1960년 51.52세에서 중진국 시대인 1990년 70.0세, 선진국 시대인 2016년 82.4세로 높아졌다.

보건위생 수준을 반영하는 1000명당 유아사망자 수(2015/2016)는 일본보다 떨어졌지만 미국, 독일, 영국, 프랑스보다 나은 수준이었다. 상수도 보급률은 1969년 32.4%에서 2015년 96.5%로 사실상 보급이 완료됐고 하

〈표5-11〉 2015~2017 OECD 국가별 건강위생 지표 (단위: 세, 명)

국가	기대수명	유아사망	자살자
미국	78.6	5.9	13.8
독일	81.1	3.4	10.6
영국	81.2	3.8	7.5
프랑스	82.4	3.7	13.1
한국	82.4	2.8	25.8
일본	84.1	2.0	16.6

자료: OECD

수도 보급률 역시 92.9%(2015)를 기록했다.

그러나 소득과 의식주, 보건위생, 여가생활 등의 긍정적 변화와 달리 정신건강(자살)은 오히려 나빠진 것으로 나타났다. 유가적 전통문화를 가진 한국에서 OECD 36개국 중 리투아니아 다음으로 자살자가 많다는 것은 충격적 사실이다. 인구 10만 명낭 자살자 수(2013~2015)는 한국이 25.8명으로 영국의 3배, 미국, 독일, 프랑스의 2배에 달했다. 일본도 자살자 수준이 높지만 한국과는 격차가 있었다.

한국의 높은 자살률은 청년실업, N포 세대, 1인 가구라는 사실과 무관할 수 없었다. 2009년에는 자살이 전체 사망원인 4위(6.2%)로 당뇨병(4.0%)으로 인한 사망보다 많았다. 2016년 연령별 사망원인을 보면 20대와 30대에서 자살이 1위를 차지했다. 무능하고 무책임한 정치가 사회적 약자인 청년세대들을 죽음으로 내몬 것이다.

3) 북한 3대 세습체제의 파탄

북한 김정일(1994~2011)은 2000년대 들어 남북 경협과 대북 경제지원이 진행되는 가운데 무력도발을 이어갔다. 북방한계선(NLL)을 침범해 2차 연평해전을 일으켰고(2002) 천안함 폭침사건(2010)에 이어 연평도 포격(2010)으로 6.25 전쟁 이후 처음으로 한국 영토를 직접 공격했다. 김정일은 이를 통해 국제사회의 관심 유도, 대남 압박, 경제지원 요구, 남남 갈등 유발 등 효과를 노렸다.

2011년 12월 70세의 김정일이 죽고 20대 후반의 김정은이 권력을 세습했다. 2010년 후계자로 지명된 김정은은 28세 때 인민군 대장에 임명됐고 2012년 당 제1비서, 당 중앙군사위원회 위원장, 국방위원회 제1위원장에 추대됐다. 북한은 헌법상 국가를 대표하는 최고인민회의 상임위원장과 행정의 집행과 관리를 담당하는 내각총리 등이 있었으나 당과 국방위원회를 장악한 김정은이 실질적 권력을 행사했다.

2012년 4월 북한은 노동당 규약을 개정해 당의 최종목표를 김일성-김정일주의로 규정하는 등 다른 사회주의 국가에서 찾아보기 어려운 퇴행적 모습을 보였다. 김정은은 집권 초기 권력 서열 2위인 고모부 장성택과 고모 김경희, 현영철의 지원을 받았으나 2013년 12월 국가전복 음모를 꾀했다는 이유로 장성택을 공개처형하는 등 공포정치로 권력을 강화했다. 개혁개방에 기대를 걸었던 서방은 크게 실망했고 중국은 북한에 대한 불만으로 경제지원을 대폭 줄였다. 2013년 북한의 대 중국 무역은 전체 교역의 89%를 차지했다(국사편찬위 2017, 한영우 2016, 통일부 PDF북1).

▎개혁개방 거부로 망가진 경제

북한은 1990년대 후반 경제위기로 붕괴 직전까지 가는 위기에 몰렸으나 1998년 김대중 정부가 햇볕정책을 추진하는 통에 간신히 숨통을 트게 됐다. 김정일은 2001년 중국의 경제발전 학습여행을 하고 중국의 권유로 시장경제 요소를 도입한 7.1 경제관리 개선조치(2002)를 발표했다. 조치에는 공장, 기업소의 책임 경영제와 독립채산제, 식량배급제 중단과 시장 개설 허용 등이 포함됐다.

이에 따라 2003년 300개 이상의 종합시장이 개설되고 2004년 가족단위 영농제(포전담당제)가 시범 실시됐다. 남북 경제협력에서는 개성공단 조업 등으로 2004년 남북간 교역액이 북한 전체의 20%까지 늘어났다. 그러나 2005년 이후 개인 경작지 및 상행위 단속, 종합시장 폐쇄, 화폐 개혁 단행(2009) 등 시장경제 확산을 막기 위한 정책으로 되돌아갔다. 2008년 이후 우파정권의 탈 햇볕정책으로 경제지원이 줄어들고 2010년 천안함 기습공격으로 5.24 제재조치가 내려지면서 남북 경제협력은 단절됐다. 2012년 김정은 집권 이후에도 북한은 개혁개방보다 체제 고수에 매달렸다. 2015년 경제건설 및 핵무력 건설 병진노선을 내세우며 20개 경제개발구 신설 등을 발표했으나 핵개발에 따른 대북제재로 경제난을 벗어날 수 없었다. 경제난 해결을 위해서는 개혁개방이 필요하고 체제유지를 위해서는 개혁개방을 해서는 안 되는 딜레마에 빠진 것이다.

2000년대 이후 북한의 경제성장률은 마이너스와 플러스를 오락가락하는 수준이었으며 GDP는 30조 원에서 조금씩 늘어났다. 2016년 북한의 GDP는 36조원으로 남한 1639조원의 45분의 1 수준이었다. 1인당 국민소득은 1990년대 초 유엔 중하위 소득국가 평균보다 높았으나 2009년 이후에는 최하집단인 저소득국가 평균과 비슷해졌다. 2012년 북한의 1인당 GNI(645달러)는 유엔 212개 국가 중 끝에서 20번째였고 네팔(663달러) 다음의 아시아 국가 꼴찌였다.

북한의 교역 상대국(2016)은 사실상 중국(92.7%, 60억6000만 달러) 한 나라뿐이고 러시아, 인도, 태국, 필리핀이 4500~7700만 달러의 소규모 교역을 했다. 2016년 교역총액은 65억 달러로 남한 9016억 달러의 138분의 1이었다(한영우 2016, 통일부 PDF북1, 북2-30, 북2-32).

대책 없는 식량난과 에너지난 인구 2300만의 북한은 연간 540~650만 톤 정도의 식량자원이 필요하다. 북한의 곡물 생산량은 1998년 311만 톤까지 떨어졌으나 2000년대 들어 양호한 기상 조건, 남한의 비료 지원과 국제사회의 농업 지원, 북한의 식량증산 정책에 힘입어 400만 톤대를 회복했다. 2010년대 들어서는 고난의 행군 이후 사상 최대치인 507만 톤(2014)을 기록하는 등 식량난이 완화되는 추세를 보였다.
그러나 북한의 식량난은 농업 인프라의 부족, 분배체계의 왜곡, 경제 양극화 등으로 여전히 불안정한 상태다. 유엔은 북한의 식량 절대량 부족 인구가 15~20% 선이며 인구의 절반 정도가 만성 영양실조 계층이라고 발표한 바 있다. 북한의 식량난은 인민공사를 해체한 중국의 토지소유제 개혁과 같은 혁신 없이는 해결이 힘든 실정이다.

북한의 에너지난은 경제 피폐로 수십 년째 공급량이 수요량의 절반에도 미치지 못하고 있다. 원유도입량은 1990년 1847만 배럴에서 2014년 388만 배럴로 줄어들었다. 공산권이 붕괴된 이후 구소련의 우호무역(도입량의 80%)이 폐지되고 국제시장 가격으로 원유를 조달하게 되면서 도입량이 급감할 수밖에 없었다. 북한은 1990년대 이후 최근까지 원유 도입의 대부분을 중국 원조에 의존하고 있다.

원유 도입 감소로 북한은 1990년대 이후 석탄생산에 사활을 걸었으나 2014년 생산량은 2709만 톤으로 1990년 3315만 톤의 81.7%에 머물렀다. 이는 북한이 오랫동안 주탄종유主炭從油 정책을 펴와 석탄 채굴심도가 깊어진데다 채탄장비 노후화, 자재 공급 애로, 홍수 등이 겹쳤기 때문이었다.

원유 도입량과 석탄 생산량 감소는 심각한 전력난으로 이어져 1980년대 후반 수준(수요량의 40%)의 전력 생산량도 회복하지 못하고 있다. 이에 따라 여러 가지 쥐어짜기 대책을 추진했지만 효과가 없었다. 북한의 에너지난은 대규모의 외자 도입 없이는 해결이 불가능한 실정이다(통계청 PDF북2, 통일부 PDF북1, 한영우 2016).

주민생활 한국 1960년대 수준 수십 년 지속된 경제난으로 북한 주민들의 생활은 참혹한 수준으로 떨어졌다. 월급 외에 농업, 상업 등 다른 부수입이 없으면 생활이 안 될 정도다. 가계를 꾸리는 주부가 몸이 아프면 식구들의 생계가 막막해지는 상황이다. 일부 특수계층만 금, 마약, 송이, 중고차 등 사업의 뒤를 봐주거나 비리를 눈감아주며 호의호식하고 있다. 중학교 이상 교육도 특권계급에만 혜택이 주어진다.

생존이 급박해 여가생활이나 건강, 보건위생은 돌아볼 여유가 없다. 명절과 일요일에도 생활을 즐긴다는 생각을 하기 어렵다. 2017년 판문점 공동

경비구역을 통해 귀순한 북한병사의 몸속에서는 회충 등 수십 마리의 기생충이 검출됐다. 수백 %의 기생충 감염률은 한국의 1960년대 수준에 가까운 것이었다. 북한 병사는 소장이 짧아 소화 기능도 온전치 않았으며 영양상태도 불량한 것으로 밝혀졌다.

세계보건기구가 발표한 2015년 북한의 기대수명은 세계 183개국 가운데 109위(한국 11위), 건강수명은 100위(한국 3위)였다. 신생아 10만 명당 산모 사망자수를 의미하는 모성사망비는 한국의 7배 이상이었고, 5세 미만아 1000명당 사망률은 8배 이상이었다(통일부 PDF북1, 최재천 북2-18, 북2-12, 북2-20).

역사 돋보기 - 북한 한류의 위력

북한은 1990년대 후반 황색바람(자본주의 풍조)이 일자 외부 정보 유입을 막기 위해 주민 처벌을 강화했으나 정보 차단에 실패했다. 한류가 활성화된 2003년 말 김정일은 한국 비디오 단속을 지시했으나 당과 군의 고위간부, 보위부 간부들이 1차 수요자였기 때문에 공염불이 되고 말았다. 한국방송을 못 듣게 하기 위해 라디오 자진 수거령을 내렸지만 평양의 40~50만 대 중 3만 대만 수거됐을 뿐이다.

김정은 집권이 시작된 2012년 무렵 서울의 최신 드라마가 평양에 도착하는 시간은 2주 쯤 걸렸지만 2017년 연말엔 1주 정도로 앞당겨졌다. 국경을 통해 밀반입된 한류 SD카드는 400여 개 장마당을 통해 북한 주민들의 데스크톱과 노트북 컴퓨터(400만대 추산)로 뿌려졌다. 김정은이 2017년 연말 한류와 시장경제 섬멸전을 벌이라는 지시를 내린 것은 북한체제가 한류로 하루아침에 무너질 수 있다는 위기의식을 보여주는 것이다(이덕주 2007, 안용현 2017).

북한 주민의 질곡과 해방정책

대한민국은 민주공화국(헌법 1조)이며 한반도와 그 부속도서를 영토로 하는(헌법 3조) 한반도 유일의 합법국가다(3차 유엔총회). 헌법 1조와 3조는 개정 불가 조항이며 한반도에 정통성과 합법성을 가진 나라는 한국뿐이라는 사실도 불변이다. 한국은 지금까지 한 번도 북한을 주권국가로 공식 인정한 적이 없다.

한국이 한반도 유일의 합법정부로 인정받은 1948년 12월 제3차 유엔총회에서 58개 회원국은 인권과 기본적 자유가 모든 사람과 모든 장소에서 똑같이 적용된다는 사실을 세계 최초로 인정한 세계인권선언을 채택했다. 그 이념과 내용이 많은 국가의 헌법과 법률에 반영됐으며 국제조약과 국제선언의 기준이 되고 있다.

그러나 공산당 일당 계급독재, 1인 절대독재를 당연시하는 북한에서는 인권이나 기본권이라는 개념이 발달할 수 없었다. 정권 수립 후 지금까지 종교, 언론, 집회와 시위, 결사의 자유 등 어떤 기본권도 허용하지 않았다. 북한은 종교를 아편 또는 미신으로 규정하고 있기 때문에 헌법에 명시된 종교의 자유는 장식품에 불과하다. 북한의 종교단체는 노동당의 외곽기구로 대외 선전도구 또는 외부지원 획득을 위한 수단으로만 활용되고 있다.

북한의 신문, 방송, 통신 등 언론은 조선노동당의 선전매체들 뿐이다. 신문은 노동당 기관지인 노동신문, 내각 기관지인 민주조선, 김일성사회주의청년동맹 기관지인 청년전위 등 3개 중앙지와 각 시도 당위원회에서 발행하는 평양신문, 함북일보, 자강일보, 개성신문 등 10여개의 지방지가 있다(류세환 2006, 이종훈 온25, 통일부 PDF북1, 신정록 북2-10).

북한의 인권유린과 유엔 제재 북한은 정권 수립 이후 지금까지 계층이동이 거의 안 되는 폐쇄적 3개 계층구조를 유지하고 있다. 북한의 정부당인 조선노동당 300만 당원들이 먹이사슬의 정점에서 권력과 부를 독점하는 구조다. 성별 불평등도 구조화돼 북한 여성은 가정과 사회에서 심각한 차별을 받고 있다. 성상납이 자본주의 사회를 뺨치는 수준이라는 것이 탈북자들의 증언이다.

이 같은 북한의 인권과 기본권 유린 실태가 국제사회에 알려지면시 유엔은 1997년 이후 유엔인권소위원회, 2003년 이후 유엔인권위원회, 2005년 이후 유엔총회를 통해 매년 북한인권결의안을 채택하고 있다. 유엔은 결의를 통해 고문, 공개처형, 정치범 수용소 등 각종 인권문제에 대해 우려를 표시하고 인권개선을 촉구해왔다. 그러나 한국의 좌파 정당과 정부들은 북한의 인권개선을 외면하거나 딴전을 피웠다.
2014년 11월 유엔총회는 111개국의 찬성으로 북한인권결의안을 통과시켜 반인도적 범죄를 저지른 김정은을 국제형사재판소에 회부할 것을 권고했다. 궁지에 몰린 북한은 한국과 미국을 격렬히 비난하고 나섰다(통일부 PDF북1, 한국민족문화대백과 네2, 한영우 2016).

북한 해방을 위한 통일정책 지금의 북한 세습체제는 중국, 베트남 등 정권교체를 해온 다른 공산국가들과 달리 체제붕괴의 불안감으로 개혁개방, 한류는 물론 이산가족 상봉조차 두려워하고 있다. 북한은 13만 명에 달하는 남한의 상봉신청자 가운데 2000년부터 2015년까지 20회에 걸쳐 2만 3000여명에게만 상봉기회를 허용했을 뿐이다.

북한 주민들을 폭압의 질곡에서 구해내기 위해서는 이승만 대통령의 북한해방정책(평화적 흡수통일)으로 되돌아가야 한다. 그것이 대한민국의 국시(헌법 4조, 자유민주적 기본질서에 입각한 통일)에 부합된다. 그런 민족사적 과제를 완수하기 위해서는 남한의 체제를 새로 다잡고 북한에 대한 변화 압박을 가중시켜야 한다. 연합연방제 통일을 주장한 6.15 선언을 무효화시키고 용공좌경 세력의 공직 임용을 배제하거나 제한하는 등의 국가

정상화 조치가 필요하다. 사회 각계에 침투한 프락치 세력의 제거에 대한 경각심도 늦춰서는 안 될 문제다.

유명무실화된 북한인권법을 헌법수준으로 격상시켜 북한 주민들의 인권을 민족통일의 대의로 삼는 것이 대한민국의 의무다. 인권법을 통해 반민족·반역사 범죄를 끝까지 응징한다는 각오를 드러내고 짐승우리 같은 정치범 수용소의 해체를 요구해야 한다. 북한을 변화시키기 위해 한류 등 모든 정보수단을 동원해 북한정권의 실체가 북한사회에 널리 퍼지도록 만드는 전략도 필요하다. 이는 북한 지도층 내부의 양심세력들이 체제개혁에 나설 수 있도록 여건을 조성해주는 일이기도 하다(류세환 2006, 국사편찬위 2017).

역사 돋보기 - 사이비 통일론 추방

북한을 주권국가나 동등한 국가로 간주하는 좌경세력의 점진적 북한 변화론, 민족공조론, 통일비용론, 평화공존론 등은 그럴듯한 포장으로 북한체제를 도와주려는 반통일적 논리에 불과하다. 북한 주민들이 영구히 질곡에서 벗어나지 못하도록 하는 이런 사이비 주장들이 더 이상 통일의 담론이 되게 해서는 안 된다.

점진적 북한 변화론은 일견 타당성을 가진 듯 보이나 한국을 사회주의화시키려는 의도를 숨기고 있었고, 실제로 그렇게 됐다. 민족공조론은 물과 기름 같은 체제의 이질성으로 인해 애초부터 성립될 수 없는 논리다. 통일비용을 줄이기 위해 북한을 도와줘야 한다는 통일비용론은 그보다 몇 배나 큰 분단비용을 간과한 계산법이다. 평화공존론은 한국의 체제를 허물기 위한 술책을 숨기고 있을 뿐 아니라 북한 세습체제를 영구화시키는 반국가적 주장이나 다름없다. 어떤 대통령은 전쟁이냐, 평화냐의 그릇된 2분법으로 국민들을 현혹시켰지만 전쟁과 평화는 2분법의 대상이 될 수 없다. 평화는 군사력을 통해 얻어지고 전쟁은 안보를 소홀히 할 때 일어나는 것이다(류세환 2006).

통일의 기회와 불안한 변수 중국 한반도의 통일은 자충수에 의해 올 개연성이 높다. 인류역사에 나타나는 통일의 방식은 전쟁, 협상, 흡수의 3가지다. 1975년 베트남이 전쟁으로, 1980년대 북예멘과 남예멘이 협상으로, 1990년 10월 서독이 동독을 흡수 통일했다. 한국은 불시에 닥칠 자충수 통일에 대비해 정신태세와 급변사태 관리 능력을 갖추고 있어야 한다.

통일정책에서 한국이 경계하고 주시해야 할 대상은 중국이다. 중국은 북한 유사시에 대비해 군 작전계획과 친중 정권을 세우는 것까지 염두에 둔 행보를 보이고 있다. 북한이 붕괴되면 중국에 흡수될 지도 모른다는 전망도 제기된다. 이런 관측이 나오는 이유는 한국 주도의 통일이 중국 국경을 가로질러 만주의 200만 조선족과 연대할 수도 있다는 중국의 불안감 때문이다. 적어도 민족 연대감을 통한 통일의 사회문화적 여파는 적지 않을 것으로 보인다. 한국은 중국과의 외교교섭에 밀리지 않는 역량을 키우고 중국의 한반도 통일문제 개입 시 심각한 사태가 벌어질 수 있음을 주지시켜야 한다(차하순 외 2015, 이덕주 2007).

참고자료

1. 단행본, 자료집

가시모토-하마구치/정혜중 역, 동아시아 속의 중국사, 혜안, 2015
경북대 한국사교재편찬위원회, 한국사, 경북대출판부, 2014
고려대 한국사연구실, 한국사의 재조명, 고려대출판문화원, 2016
교양국사편찬회, 교양 한국사, 문지사, 2015
국사편찬위원회, 고등학교 한국사, 교육부, 2017
권희영, 가야만 사는 길, 글마당, 2013
권희영 외, 고등학교 한국사, 교학사, 2014
김구, 백범일지, 청목, 2002
김용삼, 대구10월 폭동, 제주4.3사건, 여순반란사건, 백년동안, 2017
나카무라 마사노리/유재연-이종욱 역, 일본 전후사 1945~2005, 논형, 2006
네루, 세계사 편력, 석탑, 2004
노재봉 외, 노태우 대통령을 말한다, 동화, 2011
노중국 외, 한국 역사의 이해, 계명대 출판부, 2016
랴자놉스키-스타인버그/조호연 역, 8판 러시아의 역사(하), 까치글방, 2017
류세환, 대한민국 헌법 제3조, 조갑제닷컴, 2006
민족문제연구소, 친일인명사전, 민족문제연구소, 2012
밀(J.S.)/서병훈 역, 자유론, 책세상문고, 2006
박은봉, 한국사 상식 바로잡기, 책과 함께, 2007
박은식/최혜주 역, 한국통사, 지만지, 2010
박진용, 나라가 커지면 역사도 커져야, 매일 P&I, 2016
박진용, 역사 의병 한국사를 말한다, 매일 P&I, 2015-1
박진용, PR이론과 실무, 한울, 2015-2

반민족문제연구소 편, 친일파 99인 1, 돌베개, 1993
부락성傅樂成/신승하 역, 중국통사, 우종사, 1974
사우스웰/안소연 역, 세계를 속인 200가지 비밀과 거짓말, 이마고, 2007
새마을연구회, 새마을운동 10년사, 내무부, 1980
서울언론인 클럽, 시사110년사 상권, 서울언론인클럽, 1990
솅크만/이종인 역, 미국사의 전설, 거짓말, 날조된 신화들, 미래M&B, 2003
아사오 외/이계황 외, 새로 쓴 일본사, 창비, 2016
왕단王丹/송인재 역, 王丹의 중국현대사, 동아시아, 2015
윤진표, 현대 동남아의 이해, 명인문화사, 2017
이기백, 한국사 신론 개정판, 일조각, 1976
이덕일, 설득과 통합의 리더 유성룡, 역사의 아침, 2007
이덕일-김병기, 고조선은 대륙의 지배자였다, 위즈덤하우스, 2006
이덕주, 한국현대사 비록, 기파랑, 2007
이병철, 호암자전 5판, 중앙일보사, 1986
이영훈, 대한민국 역사, 기파랑, 2013
이주영-김형인, 미국 현대사의 흐름, 비봉, 2006
일본역사교육자협의회/송완범 외, 동아시아 역사와 일본, 동아시아, 2011
전계완, 일본, 다시 침략을 준비한다, 지혜나무, 2014
정경희, 한국사 교과서 무엇이 문제인가, 비봉, 2015
정광호, 신 중국, 중국인 이야기, 매일경제신문사, 2008
정주영, 시련은 있어도 실패는 없다, 현대문화신문사, 1992
좌승희, 박정희, 살아 있는 경제학, 백년동안, 2015
중앙일보사, 광복30년 중요자료집(월간중앙 1975년 1월호 별책 부록), 1975
차하순 외, 한국현대사, 세종연구원, 2015
최병욱, 동남아시아사-민족주의 시대, 산인, 2016
트루먼/손세일 역, 트루먼 회고록(하), 지문각, 1970
하타노 스미오/오일환 역, 전후 일본의 역사 문제, 논형, 2016
한국사특강편찬위, 개정신판 한국사 특강, 서울대출판문화원, 2015
한영우, 미래를 여는 우리 근현대사, 경세원, 2016
한중일3국공동역사편찬위, 미래를 여는 역사(개정판 4판), 한겨레출판, 2015

2. 온라인 자료

〈정부기관 PDF자료〉 PDF1 외교부, 미국 개황, 2014, PDF2 외교부, 중국 개황, 2016, PDF3 외교부, 일본개황, 2015, PDF4 외교부, 러시아 개황, 2013, PDF5 외교부, 대만 개황, 2013, PDF6 외교부, 필리핀 개황, 2015, PDF7 외교부, 인도네시아 개황, 2016, PDF8 외교부, 말레이시아 개황, 2014, PDF9 외교부, 베트남 개황, 2014, PDF10 외교부, 캄보디아 개황, 2014, PDF11 외교부, 라오스 개황, 2016, PDF12 외교부, 태국 개황, 2014, PDF13 외교부, 미얀마 개황, 2014, PDF14 외교부, 싱가포르 개황, 2016, PDF15 외교부, 몽골 개황, 2016, PDF20 외교부, 우즈베키스탄 개황, 2014, PDF21 외교부, 이스라엘 개황, 2015. PDF22 외교부, 터키 개황, 2013, PDF23 외교부, 폴란드 개황, 2013, PDF31 외교부, 유엔 개황, 2015

PDF남1 공보처 통계국, 1952 한국통계연감, 1952, PDF남2 내무부 통계국, 1960 한국통계연감, 1960, PDF남3 경제기획원, 1970 한국통계연감, 1970, PDF남4 경제기획원조사통계국, 1980 한국통계연감, 1980, PDF남5 경제기획원조사통계국, 1990 한국통계연감, 1990, PDF남6 통계청, 2000 한국통계연감, 2000, PDF남7 통계청, 2010 한국통계연감, 2010, PDF남8 통계청, 2017 한국통계연감, 2017, PDF남9 통계청, 2016 인구주택총조사, 2017

PDF북1 통일부 통일교육원, 2016 북한 이해, 2017, PDF북2 통계청, 2015 북한의 주요통계지표, 2015, PDF북3 통계청, 남북한 경제사회상, 1995
PDF선1 경기도선관위, 통계로 보는 선거 60년(분석편), 2012, PDF선2 경기도선관위, 통계로 보는 선거 60년(통계편), 2012

〈온라인 일반자료〉 온-1 중앙선관위, 사이버선거역사관(18,19,20대 총선), 온-2 세계은행(국제경제 통계), 온-3 IMF(국제경제 통계), 온-4 freedomhouse(국제정치 통계), 온-5 conservapedia(국제정치 통계), 온-10 ko.wikipedia(쿠데타 발생국, 19, 20대 총선), 온-11 매일경제, 매경닷컴(이중곡가제, 사오정-오륙도), 온-12 News1(총선, 지방선거), 온-13 국가기록원(향토예비군), 온-14 한국무역협회(구가별 교역비중), 온-15 김재후, 한경닷컴(2018 가정간편식), 온-16 news.chosun.com(푸틴 4선, 시진핑 재선), 온-17 jayuchoro00(국가원로회의 장경순 2017송년사), 온-18 jayoomedia 자유일보(西獨수상 좌지우지한 간첩), 온-19 이종훈, 세계를 바꾼 연설과 선언, 서해문집, 2006(세계인권선언), 온20 최성규, 『일본의 역사는 없다』아시아문화사 편, 2000(남연서), 온21 김성원, 한국축구발전사, 살림, 2006(2002 월드컵 유치), 온33 김태일, 시사인 http://www.sisain.co.kr/(IMF외환위기), 온34 joins.com(19대 총선)

〈포털 자료〉 네1 두산백과(레바논 내전, 소련, 훈센, 민주주의민족전선, 볼셰비키, 민주공화국, 트루먼독트린, 조선민족청년단, 고딘디엠, 공민학교, 임표, 동의대사건, 베스트팔렌조약, 경제사회발전 5개년계획, 국보위, 민족화합민주통일방안, 한류), 네2 한국민족문화대백과(민자통, 소급입법개헌, 김종필-오히라 메모, 부산미문화원방화사건, 한민족공동체통일방안, 2008 촛불집회, 핵가족, 북한인권결의안), 네3 한국근현대사사전(코민테른, 서울미문화원점거농성사건, 한민전), 네4 시사상식사전(4대강 사업, 대통령 탄핵사태, 일본 대중문화 개방, N포 세대), 네5 21세기 정치학대사전(한일회담), 네6 러시아역사 다이제스트100(대숙청과 개인숭배, 소비에트 연방 탄생), 네7 인물세계사(케말 파샤, 나세르, 등소평鄧小平), 네8 사회학사전(페레스트로이카), 네9 중국 현대를 읽는 키워드 100(일대일로), 네10 동남아시아사(황금의 땅) 외

3. 정기간행물, 기타

〈조선일보〉 세1-10 한희원, 재스민 혁명(161213 A31), 세1-12 김태익, 계급 없는 사회(171106 A34), 세1-13 김덕한, 유엔안보리(170914 A38), 세1-14 김태훈, 외교와 윤리(170114일 A27), 세1-15 노석조, 공명진, 쿠르드족, 약자가 설 땅(171107 A34, 170927 A30), 세1-17 정지섭, 레바논의 고난(171121 A34), 세1-19 포츠담 회담(150813 A10), 세1-21 강경희, 정치윤리와 개인윤리(160929 A38), 세1-22 공명진, 소련-핀란드의 겨울전쟁(180221 A32), 세1-24 AFP 최은경, 세계의 독재자들(180320 A16), 세1-26 박정훈, 글로벌 정글의 착한정부(180302 A26), 세1-27 노석조, 아랍의 봄 역주행(180330 A18), 세1-32 정지섭, 베트남과 팔레스타인(180405 기자의 시각), 세1-34 북한을 변화시킨 것은 제재다(180130 사설)

동남1-17 공명진, 훈센 독재 32년(171129 A32), 동남1-18 노석조, 아웅산 수지의 딜레마(170919 A34, 170920 A18, 171227 A27), 동남1-19 반공이 만든 태국군 개헌안(160808 A14), 동남1-21 김경필, 말레이시아 스캔들(181123 A18), 유1-12 이길성,

한국과 폴란드의 동병상린(170831 A30), 유1-13 강대국 인근 국가의 고민(301117호), 동북1-7 강천석, 한국의 불운한 지정학(160514일 A26), 동북1-8 김태익, 강대국 앞 한국의 운명(170805 A26), 독1-3 스탈린, 독재자의 새 얼굴(170805 A15 서평), 인 1-4 푸틴 통치 17년(170808 A23)

중2-7 디쾨터, 야만의 중국사(160820 A18 서평), 중2-8 대약진운동과 대기근 (170419 A23 서평), 중2-9 최유식, 중국의 패권 외교(170317 A31), 중2-10 마오쩌 둥 평전(170401 A16 서평), 중2-11 중국의 거짓 약속(170328 A34), 중2-13 이길 성, 중국의 패권주의(170410 A35), 중2-14 천안문 희생자 1만 명(171222 A18), 중 2-15 중국의 남중국해 패권주의(170714 A8), 중2-17 이길성, 문화대혁명 50주년 (160516 A23면), 중2-17 윤평중, 시대착오적 중화질서(160805 A34), 중2-18 송재 윤, 인권 말살 중국 현대사(161004일 A35), 중2-19 최유식, 습근평의 힘자랑 외교 (160826 A35), 중2-22 소득불평등의 심화(170907 A21), 중2-24 윤덕민, 중국몽의 허상, 30353호), 관2-10 이주흠(170515 A33), 러2-11 강규형, 스탈린의 패권적 야욕 (160613 A35), 미중2-10 안용현, 미중관계 현실(160616 A34), 관미2-10 선우정, 트 루먼과 카터(170501 A30), 관미2-11 선우정, 미국 대통령과 한미동맹(160511 A34)

북2-10 신정록, 조선노동당 먹이사슬(160506 A31), 북2-11 김진아, 유엔 북핵 제 재 결의(170927 A32), 북2-12 남북평균 수명(160521 A14), 북2-13 박정훈, 현대 사 최악 자살골, 대북지원(171229 A30), 북2-15 안용현, 북한의 한류 차단(171226 A34), 북2-18 최재천, 남북의 기생충 감염률(171121 A34), 북2-20 북한 병사 기생충 (171116 A14), 북2-22 남북한 주요 건강 지표(171124 A5), 북2-24 우상화 선전도구 초등교과서(160407 A8), 북2-30 북한 경제 변화(171216 A4), 북2-32 북한의 무역 상대국(171117 A10)

혼3-11 국가채무(170405 A31 사설), 혼3-13 탈핵이라는 탁상공론(171021 A27 사 설), 혼3-16 윤희숙, 재정관리 후진국으로(171127 A34), 혼3-22 인사검증 실패는 무 책임(170902 A27 사설), 혼3-24 이동훈, 이한수, 문재인 정부 고위직의 위선(171130 A38, 170902 A26면), 혼3-26 양상훈, 법을 가장한 폭력(171130 A38), 혼3-33 박정 훈, 탈핵, 반기업, 최저임금 자살골(171229 A30), 안3-9 양상훈, 북핵 26년 역대정권의 무책임(170907 A34), 안3-10 구멍 뚫린 요격망(170405 A31 사설), 안3-11 문갑식, 북한 미사일의 표적(170401 A27), 안3-12 문갑식, 불안한 안보의식(29952호 A27), 안3-49 이하원, 청와대 접수한 전대협(170717 A35), 안3-53 양승식, 임을 위한 행진곡(150515 A12)

정3-12 근소세 안 내는 사람 47%(170809 A28 사설), 정3-14 선우정, 지난 정권 단죄(171025 A38), 경3-12 정우상, 소득 상위 1%와 10%(161231 A26), 경3-14 외환위기 이후 한국경제 변화(170102 A6), 경3-15 김태기, 최저임금 1만원의 파장(170620 A35, 170717 A35 사설), 경3-16 손진석, 역대 정부 법인세(160421 A30), 경3-17 2017 한국 국가경쟁력 26위(170928 A8면), 경3-19 최저임금 1만원의 파장(171226 A35 사설), 경3-20 박유연, 가계부채 1400조(171201 A3, 171127 A3), 경3-21 박유연, 소득 상위 10%의 순자산(171127 A3), 경3-23 소득불평등(190413 A27 사설), 경3-24 김성모 외 20년간 2.5배 뛴 임금(190415 A2), 사3-10 김덕한, 한국의 세계 최고 의보(171220 A38), 사3-12 금원섭, 이기훈, 김동섭, 저혼인-저출산(170824 A2, 171109 A12, 171108 A12), 사3-22 김성모, 고령사회 진입(170904 A14)

이4-11 장면, 장면의 수첩(161026 A23 서평), 이4-12 이승만 시대 정치의 격조(170321 A21 서평), 이4-13 나지홍, 김명섭, 양상훈, 이한수, 박은혜, 이승만의 생애와 위대성(141113 A35, 150122 A10, 150716 A30, 150720 A12-150721 A8, 150902 A26)(140725 A20, 150422 A10), 이4-14 이한수, 여운형과 박헌영, 좌파 득세 이유(150109 A10), 이4-17 이영훈, 이승만 시대의 원조경제(150522 A10), 이4-19 정경훈, 이승만과 친일(매일신문 170204 A23), 이4-20 이철순, 다시 보는 대한민국 출범(180816 A23), 박4-10 류석춘, 민족주의의 효용성(160627 A34), 박4-12 김태훈, 박정희 동상 못 세우는 나라(171120 A35), 박4-14 이영훈, 박정희 경제 모델(170921 A25), 박4-16 안동일, 김재규의 10.26사태(170529 A31), 전4-10 전두환, 5.18은 북폭동(170613 A11, 170805 A10), 삼4-10 최종석, IMF사태(171115 A8), 대4-6 현길언, 4.3보고서는 정치문서(160602 A21 서평), 대4-10 이영훈, 햇볕정책 실패(160920 A34), 혜4-10 탄핵심판의 위헌성(광고), 혜4-11 복거일, 탄핵의 위헌성(170126 A25면), 현4-16 조선16 강철환, 북한 인권(170424 A35), 경4-12 김대기, 노태우 이후 제조업 붕괴(170925 A38)

사6-10 서울대사회발전연구소, 해방 후 최대사건(150812 A10), 사6-12 윤수정, 가족해체(180102 A12), 생6-70 주영하, 잉여농산물과 분식확산(150522 A10), 생6-76 김명환, 보행위반자 처벌(180328 A37), 생6-78 김명환, 체육선수 80% 영양실조(180207 A29), 생6-80 김명환, 병역기피(180704 A29), 과7-10 안용현, 간도는 한국 땅(150107 A16), 과7-20 공미라, 독도는 한국 땅(160310 A30), 과7-22 유하룡, 세계고지도 60% 동해 독도 표기(150812 A8), 과7-24 유석재, 최초 태극기 도안(180814 A8), 쟁7-19 윤해동, 친일의 회색지대(140616 A25), 쟁7-20 긍정사관과 부정사관(160324 A23), 쟁7-23 박명수, 한반도 분단 단초는 소련(170518 A27), 탁7-12 김태훈, 친일파 매도가 끝인가(29618호), 탁7-15 홍준기, 팽개친 순국선열(150812 A8), 탁7-12 박종인, 친일파 노론 수작자 56명(171008 A18), 탁7-18 김태익, 친일인명사전(160315 A31), 교7-12 자유 빠진 역사 교과서 집필기준(180203 A1), 교7-13 자유민주주의는 유신 반공 잔재(180203 A4), 교7-14 집필기준 시안, 남북 동등 서술(180206 A13), 교7-15 역사 교과서 좌파사관 바뀐다(180207 A10)

〈기타〉

김민구, 우리땅 대마도, 신한국운동추진본부 신한국 2호, 2017
김정강, 국한 혼용으로 東아시아성 살려내자, 신동아 2006년 6월호
매일신문사, Age60(1946~2006 사진집), 편찬위원회, 2006
박진용, 역사과 교육과정 시안의 문제점과 처리대책(제6차 교과서 국회 포럼), 2018-1
박진용, 한민족 성공−실패사의 교훈(목요철학인문포럼), 2018-2

사진 매일신문사 제공(2,3,4,5장)